经贸饭店

转役商来

贺教师节

农技问项目

成果主懒

李晨林

教育部哲学社会科学研究重大课题攻关项目

"十三五"国家重点出版物出版规划项目

全球金融危机与新常态下的中国产业发展

GLOBAL FINANCIAL CRISIS AND THE INDUSTRIAL DEVELOPMENT IN CHINA'S NEW NORMAL

段文斌 等著

中国财经出版传媒集团

经济科学出版社

Economic Science Press

图书在版编目（CIP）数据

全球金融危机与新常态下的中国产业发展/段文斌等著.
—北京：经济科学出版社，2016.3
教育部哲学社会科学研究重大课题攻关项目
ISBN 978-7-5141-6761-0

Ⅰ.①全… Ⅱ.①段… Ⅲ.①产业发展-研究-中国
Ⅳ.①F121.3

中国版本图书馆 CIP 数据核字（2016）第 062951 号

责任编辑：庞丽佳
责任校对：杨晓莹
责任印制：邱　天

全球金融危机与新常态下的中国产业发展
段文斌　等著
经济科学出版社出版、发行　新华书店经销
社址：北京市海淀区阜成路甲 28 号　邮编：100142
总编部电话：010-88191217　发行部电话：010-88191522
网址：www.esp.com.cn
电子邮件：esp@esp.com.cn
天猫网店：经济科学出版社旗舰店
网址：http://jjkxcbs.tmall.com
北京季蜂印刷有限公司印装
787×1092　16 开　29.5 印张　560000 字
2016 年 5 月第 1 版　2016 年 5 月第 1 次印刷
ISBN 978-7-5141-6761-0　定价：75.00 元
（图书出现印装问题，本社负责调换。电话：010-88191502）
（版权所有　侵权必究　举报电话：010-88191586
电子邮箱：dbts@esp.com.cn）

课题组主要成员

(按拼音顺序)

首席专家 段文斌

主要成员 安虎森 楚克本 韩 亮 胡秋阳 李宝伟
刘大勇 盛卫燕 万 军 张 云

编审委员会成员

主　任　周法兴
委　员　郭兆旭　吕　萍　唐俊南　刘明晖
　　　　刘　茜　樊曙华　解　丹

总　序

哲学社会科学是人们认识世界、改造世界的重要工具，是推动历史发展和社会进步的重要力量。哲学社会科学的研究能力和成果，是综合国力的重要组成部分，哲学社会科学的发展水平，体现着一个国家和民族的思维能力、精神状态和文明素质。一个民族要屹立于世界民族之林，不能没有哲学社会科学的熏陶和滋养；一个国家要在国际综合国力竞争中赢得优势，不能没有包括哲学社会科学在内的"软实力"的强大和支撑。

近年来，党和国家高度重视哲学社会科学的繁荣发展。江泽民同志多次强调哲学社会科学在建设中国特色社会主义事业中的重要作用，提出哲学社会科学与自然科学"四个同样重要"、"五个高度重视"、"两个不可替代"等重要思想论断。党的十六大以来，以胡锦涛同志为总书记的党中央始终坚持把哲学社会科学放在十分重要的战略位置，就繁荣发展哲学社会科学做出了一系列重大部署，采取了一系列重大举措。2004年，中共中央下发《关于进一步繁荣发展哲学社会科学的意见》，明确了新世纪繁荣发展哲学社会科学的指导方针、总体目标和主要任务。党的十七大报告明确指出："繁荣发展哲学社会科学，推进学科体系、学术观点、科研方法创新，鼓励哲学社会科学界为党和人民事业发挥思想库作用，推动我国哲学社会科学优秀成果和优秀人才走向世界。"这是党中央在新的历史时期、新的历史阶段为全面建设小康社会，加快推进社会主义现代化建设，实现中华民族伟大复兴提出的重大战略目标和任务，为进一步繁荣发展哲学社会科学指明了方向，提供了根本保证和强大动力。

高校是我国哲学社会科学事业的主力军。改革开放以来，在党中央的坚强领导下，高校哲学社会科学抓住前所未有的发展机遇，紧紧围绕党和国家工作大局，坚持正确的政治方向，贯彻"双百"方针，以发展为主题，以改革为动力，以理论创新为主导，以方法创新为突破口，发扬理论联系实际学风，弘扬求真务实精神，立足创新、提高质量，高校哲学社会科学事业实现了跨越式发展，呈现空前繁荣的发展局面。广大高校哲学社会科学工作者以饱满的热情积极参与马克思主义理论研究和建设工程，大力推进具有中国特色、中国风格、中国气派的哲学社会科学学科体系和教材体系建设，为推进马克思主义中国化，推动理论创新，服务党和国家的政策决策，为弘扬优秀传统文化，培育民族精神，为培养社会主义合格建设者和可靠接班人，做出了不可磨灭的重要贡献。

自 2003 年始，教育部正式启动了哲学社会科学研究重大课题攻关项目计划。这是教育部促进高校哲学社会科学繁荣发展的一项重大举措，也是教育部实施"高校哲学社会科学繁荣计划"的一项重要内容。重大攻关项目采取招投标的组织方式，按照"公平竞争，择优立项，严格管理，铸造精品"的要求进行，每年评审立项约 40 个项目，每个项目资助 30 万~80 万元。项目研究实行首席专家负责制，鼓励跨学科、跨学校、跨地区的联合研究，鼓励吸收国内外专家共同参加课题组研究工作。几年来，重大攻关项目以解决国家经济建设和社会发展过程中具有前瞻性、战略性、全局性的重大理论和实际问题为主攻方向，以提升为党和政府咨询决策服务能力和推动哲学社会科学发展为战略目标，集合高校优秀研究团队和顶尖人才，团结协作，联合攻关，产出了一批标志性研究成果，壮大了科研人才队伍，有效提升了高校哲学社会科学整体实力。国务委员刘延东同志为此做出重要批示，指出重大攻关项目有效调动各方面的积极性，产生了一批重要成果，影响广泛，成效显著；要总结经验，再接再厉，紧密服务国家需求，更好地优化资源，突出重点，多出精品，多出人才，为经济社会发展做出新的贡献。这个重要批示，既充分肯定了重大攻关项目取得的优异成绩，又对重大攻关项目提出了明确的指导意见和殷切希望。

作为教育部社科研究项目的重中之重，我们始终秉持以管理创新服务学术创新的理念，坚持科学管理、民主管理、依法管理，切实增强服务意识，不断创新管理模式，健全管理制度，加强对重大攻关项目的选题遴选、评审立项、组织开题、中期检查到最终成果鉴定的全过程管理，逐渐探索并形成一套成熟的、符合学术研究规律的管理办法，努力将重大攻关项目打造成学术精品工程。我们将项目最终成果汇编成"教育部哲学社会科学研究重大课题攻关项目成果文库"统一组织出版。经济科学出版社倾全社之力，精心组织编辑力量，努力铸造出版精品。国学大师季羡林先生欣然题词："经时济世　继往开来——贺教育部重大攻关项目成果出版"；欧阳中石先生题写了"教育部哲学社会科学研究重大课题攻关项目"的书名，充分体现了他们对繁荣发展高校哲学社会科学的深切勉励和由衷期望。

创新是哲学社会科学研究的灵魂，是推动高校哲学社会科学研究不断深化的不竭动力。我们正处在一个伟大的时代，建设有中国特色的哲学社会科学是历史的呼唤，时代的强音，是推进中国特色社会主义事业的迫切要求。我们要不断增强使命感和责任感，立足新实践，适应新要求，始终坚持以马克思主义为指导，深入贯彻落实科学发展观，以构建具有中国特色社会主义哲学社会科学为己任，振奋精神，开拓进取，以改革创新精神，大力推进高校哲学社会科学繁荣发展，为全面建设小康社会，构建社会主义和谐社会，促进社会主义文化大发展大繁荣贡献更大的力量。

教育部社会科学司

前　言

2009年底,"南开大学产业经济课题组"牵头申报的教育部重大课题攻关项目——全球金融危机对我国产业转移和产业升级的影响及对策研究,获得批准立项。

课题组在中标前即对相关领域问题有着比较扎实的积累,前期较大数量和较为深入的研究成果得到了评审专家的认可。现在呈现在大家面前的这份最终成果,是在吸收评审专家、开题专家、中检专家和鉴定专家意见的基础上,经过修改并定稿完成的。

本成果是在拓展和深化已有研究的基础上,进行了再创作,力求把握新常态,提出新认识、新见解和新对策。最终成果在相应部分标示出了最初发表的情况。此外,最终成果是研究周期内阶段性成果的再集成,大部分内容已经在核心期刊、研究报告或学术会议上使用,产生了一定的社会影响,已发挥服务国家经济社会发展的作用。

项目首席专家由南开大学段文斌教授担任。按拼音顺序,安虎森、楚克本、段文斌、韩亮、胡秋阳、李宝伟、刘大勇、盛卫燕、万军和张云,共同执笔和参加修改定稿。薄文广、杜传忠、葛顺奇、李长英、马云泽、乔晓楠、姚万军、郑昭阳等,参加了项目研究。冯晓琦、何文、刘秀莲、朴银哲、颜银根、周亚雄等参加了部分章节的写作。

段文斌

摘 要

2008年的国际金融危机是在经济全球化深入发展、国与国相互依存日益紧密的大背景下发生的，是全球经济失衡、经济虚拟化和国际金融体系重大缺陷共同作用的结果，充分暴露了世界经济发展方式不可持续的突出问题。理解这场危机，需要前溯布雷顿森林体系崩溃后发达国家以经济虚拟化为特征的新发展模式、中国在20世纪80年代再次融入国际分工体系后的新发展阶段，以及"中心—外围"格局下的国际产业转移。

这场危机又与中国发展方式转变、经济结构调整的关键时期不期而遇，新的挑战与既有矛盾相互交织。不仅如此，它将对国际产业分工和国际金融体系产生深远影响，中国发展的重要战略机遇期的内涵随之发生深刻变化——面临的机遇，不再是简单纳入全球分工体系、扩大出口、加快投资的传统机遇，而是倒逼扩大内需、提高创新能力、促进经济发展方式转变的新机遇。

在后危机时代的新常态下，中国产业发展的条件也发生了深刻变化。随着欧美国家的"再工业化"和"去杠杆化"，难以依托海外市场需求消化过剩产能。同时，随着劳动力成本的上升、资源能源和环境约束的强化，既有的低成本竞争优势将逐渐消失。单纯以扩大货币供给、大规模投资，进而刺激经济增长的传统做法已经难以奏效。因此，一方面依托创新驱动发展，提高劳动和全要素生产率，培育新常态下的新动力；另一方面依托全面深化改革，降低经济运行的"摩擦力"，以制度红利抵消过高的交易成本。

从产业升级的角度来看，其直接驱动力来源于消费需求和技术创新。其一，须立足于内生消费需求拉动产业升级，以消费结构升级带动产业持续成长。为此，就要从根本上避免业已形成的不利于劳动力的收入分配结构的固化。不仅要提高居民收入在国民收入分配中的比重，实现居民收入增长和经济增长同步；提高劳动报酬在初次分配中的比重，实现劳动报酬提高和劳动生产率提高同步。同时，要建立覆盖城乡居民的社会保障体系，实现基本公共服务的均等化。其要义在于释放居民所面对的风险和不确定性，进而将收入更多地用于消费而不是储蓄。

其二，须立足于内生技术能力推动产业升级，依托技术创新来改造传统产业和发展新兴产业。技术创新是分工深化与市场规模扩大循环累积的结果。随着30多年高增长，中国已拥有的制造业基础和基于加工组装能力的市场规模，使其逐步具备了实现自主创新的基本条件。目前的关键在于处理好政府与企业在技术创新中的关系。企业及其组织能力是技术创新的载体，中小企业技术创新的背后隐藏着大公司的影子，由大公司主导技术创新的本质并没有改变。因此，通过深化垄断行业改革、引入竞争机制和推进公平准入，在市场竞争中生成有竞争力的大公司，是实现技术创新的必由之路。政府在技术创新中的作用，主要是更多地运用竞争政策而不是产业政策，致力于建设有效率的市场体系，通过提高交易效率来降低交易成本，进而促进分工的深化。

从产业转移的角度来看，它应与城镇化相辅而行。农民变市民和农村变城镇过程的背后，实质上是非农产业发展的过程。唯有通过产业转移而实现非农产业的发展，才能实现农村劳动力转移和农村人口市民化，进而转变原有的生产方式和生活方式，实现真正意义上的城镇化。城市网络（City Networking）或城市群是均衡发展理念下可行的中国城镇化模式，其政策指向是适应区域多样性特征，摒弃"一刀切"式的思路，针对不同区域推行差别化政策。

基于城市网络，产业转移并非一般意义上的东部向中西部梯度扩散，而首先是不同中心大城市之间的产业转移，进而在极内扩散。城市网络模式不仅使城镇化得以持续推进，扩大了国内市场规模，而且深化了不同城市网络间的产业分工，以及城市网络中的大城市与中小城市间的产业内分工，提升了技术创新和产业升级的内在动力。

Abstract

The 2008 financial crisis occurred in a context of economic globalization and the growing interdependence among countries. Specifically, it was caused by the imbalance in global economy, economic virtualization and the fundamental defects embedded in the international financial system, showing clearly the unsustainability problem of existing development mode across the whole world. To fully understand the crisis calls for the necessity of looking backward to the new development pattern which has a key feature of economic virtualization in developed countries since the collapse of Bretton Woods system. Since 1980s, China stepped into a new development stage by fully involving into the international division of labor system with an international industrial transfer characterized by a pattern of "core-periphery".

The global financial crisis happened in a period which is also critical to both the transformation of development mode and the adjustment of the economic structure in China, with new challenges and existing conflicts being intertwined. The crisis also has significant impacts on both international industrial division of labor and the international financial system. At the same time, the connotation of the important strategic opportunity period of development in China is changing. In particular, the opportunity China is facing, is not to simply integrate herself into the global division of labor system, to expand exports, or to accelerate investment. Instead, China is forced to expand her own domestic demand, to improve innovation ability, and to promote the transformation of economic development mode.

The way of industrial development in China has changed significantly since the occurrence of financial crisis. Indeed, with the "re-industrialization" and "de-leverage" across European countries and United States, it becomes more difficult to rely on overseas markets to digest excess capacity. Moreover, with the rise of labor costs, and greater constraints of resources and environmental issues, the existing competitive advantage of low cost is disappearing. The traditional ways of developing economy, such as money supply increase and large-scale investment, become more and more inefficient. Therefore, on one hand, the economic development in China relies more heavily on new power, such as the development mode driven by innovation, improved labor and total factor productivity. On the other, it relies more on deeper and more comprehensive economic reform to reduce the friction of economic operation in order to offset the high systematic cost.

Consumer demand and technological innovation has become a direct driving force for industrial upgrading. This is because, firstly, the endogenous consumption demand facilitates industrial upgrading and upgrading of consumption structure promotes the sustainable industrial growth. Hence, the existing deficiencies embedded in the distribution structure of labor income have to be removed and thus, it is necessary to increase the proportion of residents' income in the national income distribution so that residents' income and economy could grow together. It is also important to improve the proportion of labor remuneration in the initial distribution to improve both labor remuneration and productivity. Meanwhile, a social security system has to be established so that both urban and rural residents have equal access to fundamental public services and allocate more income on consumption, instead of saving, when risks and uncertainties are under more control.

Secondly, it has been widely accepted that industrial development relies on improved endogenous technological capabilities and innovation is beneficial to both the transformation of traditional industries and the development of emerging industries. Technological innovation is the consequence of the division of labor and the expansion of market scale. With over 30 years of high speed growth, China has already established a foundation for manufacturing industry and a market for processing and assembling ability. As a result, China has well equipped for independent innovation and defining a clear function between government and enterprises in technological innovation becomes essential. Enterprise and its organization capability should play a role as the carrier of technological innovation. The technological innovations carried out by small and medium-sized enterprises also reflect the innovation motivation of large firms and the nature of large firm dominated innovation still exists. Therefore, the establishment of large companies in a competitive product market, by deepening the reform of monopoly industries, the introduction of competition mechanism and promoting fair access, is a compulsory way to achieve technological innovation. The main roles played by government in technological innovation are to employ more competition-oriented policies rather than industry-oriented policies, to be committed to building an efficient market system, and to deepen the division of labor by improving the transaction efficiency and reducing transaction costs.

Industrial transfer in China should be well coordinated with urbanization. The process of farmer citizenization and rural urbanization, essentially, is a process of the development of non-agricultural industries. Indeed, industrial transfer has become the only way through which the transfer of rural labor and farmer citizenization could be realized so that the original mode of production and the way of life would be altered to realize urbanization in a real sense. City Networking or urban agglomeration is a feasible mode of urbanization in China under the balanced development concept, and its policy directs to the adaptation of regional diversity, abandoning the idea of "one size fits all" and implementation of different policies in different regions.

Based on City Networking mode, industrial transfer is no longer the general sense of a gradient spread of industries from eastern regions to the west. It is, however, an industrial transfer between large cities and then a spread within the boundary of the pole. The City Networking mode not only makes the urbanization sustainable and expands the scale of domestic market, but also deepens the industrial division among cities and the intra industry division between the large and the small and medium-sized cities within the same city network and enhances the intrinsic power of technological innovation and industrial upgrading.

目录

第一章 ▶ 总论　1

　　第一节　经济虚拟化与国际产业转移　1
　　第二节　中国的奇迹：1978~2008 年的经济增长　7
　　第三节　中国经济增长中累积的问题　10
　　第四节　新国际产业体系和新国际货币体系　17
　　第五节　中国经济发展的全面转型　20

第二章 ▶ 全球金融危机的深层原因：一个综述　29

　　第一节　对 2008 年全球金融危机深层原因认识的共识与分歧　29
　　第二节　经济危机历史阶段划分与当前金融危机的新型特征　38
　　第三节　全球金融危机对经济的影响及全球经济调整　41

第三章 ▶ 美国金融危机的性质、根源及发展回顾　44

　　第一节　美国银行信用的崩溃与国家信用的介入　44
　　第二节　当代美国经济的特殊循环及其严重的对外依赖　48
　　第三节　美元危机的必然性及其发展趋势　53
　　第四节　美元和当代国际货币体系的危机　56

第四章 ▶ 国际货币体系演变的核心关系、决定因素及规律分析　58

　　第一节　国际货币体系演进历史的分析　58
　　第二节　国际货币体系的核心关系和决定因素分析　80
　　第三节　美国的问题及其在国际货币体系中的利益所在　84
　　第四节　欧元面临的重大问题与重大利益所在　87
　　第五节　美元单一国际本位制还能恢复吗　89

第六节　构建新国际货币体系的基本原则和可能方案　90

第五章 ▶ 为什么当代国际货币体系是不稳定的——双本位国际货币体系分析　94

第一节　当代美国核心经济恢复的可能性　95
第二节　美元—欧元双本位国际货币体系的动荡及其发展趋势　98

第六章 ▶ 全球金融危机的政府干预：短期目标与长期隐患　101

第一节　全球金融危机的发展　101
第二节　经济虚拟化与全球不均衡的货币、金融体系　103
第三节　政府干预金融市场政策的演进　105

第七章 ▶ 欧洲经济困境和欧元区的整合：能依靠欧盟自己解决吗　112

第一节　欧元确立历史的分析　112
第二节　欧洲统一货币历程背后的利弊分析　123
第三节　欧元的主要问题以及困境　125
第四节　欧洲主权债务危机以及欧元的发展趋势　127

第八章 ▶ 中国宏观经济中的主要难题与人民币国际化的必然性　129

第一节　内需不足的根源及其根本解决措施　129
第二节　如何解决中国国内的流动性膨胀问题　133

第九章 ▶ 人民币国际化的战略路径　137

第一节　中国大经济体和人民币小货币矛盾引发的国内经济运行问题　137
第二节　解决大经济与小货币之间矛盾的正确途径——推进人民币国际化　140
第三节　关于人民币国际化研究的文献综述　143
第四节　中国的实体经济与人民币购买力的支撑　146
第五节　当代不稳定的双本位国际货币体制需要人民币　147
第六节　人民币国际化的实证分析　148
第七节　人民币国际化的好处　153
第八节　人民币国际化的具体可行性分析　155

第十章 ▶ 中国居民消费结构的变迁与升级　157

　　第一节　引言　157
　　第二节　文献综述　161
　　第三节　分析方法　163
　　第四节　城市居民消费结构的支出弹性分析　165
　　第五节　城市居民消费结构的价格弹性分析　168
　　第六节　结论总结和政策启示　172

第十一章 ▶ 东亚产业政策与竞争政策的冲突与转型　174

　　第一节　功能性产业政策与选择性产业政策　175
　　第二节　选择性产业政策的作用机制及有效性　176
　　第三节　从产业政策到竞争政策　186
　　第四节　转型时期中国的产业政策与竞争政策　193

第十二章 ▶ 经济发展不同阶段日本的产业政策与产业升级　200

　　第一节　赶超时期日本经济结构的转型与升级　201
　　第二节　高速增长时期的产业政策与产业升级：以钢铁工业为例　205
　　第三节　成为发达国家后日本的产业政策与产业升级：以第五代计算机计划为例　211
　　第四节　后发优势的消失与自主开拓时代的迷茫　218
　　第五节　政治——经济二重结构与结构转型的困境　222

第十三章 ▶ 全球视野下的新兴产业发展模式探讨　226

　　第一节　发达经济体新兴产业的发展态势　226
　　第二节　金砖国家新兴产业的发展态势　234
　　第三节　主要经济体新兴产业发展的特点　242
　　第四节　技术创新与第三次工业革命　248
　　第五节　新兴产业的发展对未来全球产业格局的影响　252
　　第六节　对中国战略性新兴产业发展的思考　254

第十四章 ▶ 合资模式与中国汽车工业的技术依赖　259

　　第一节　技术学习与技术能力的形成　259
　　第二节　技术学习与后发工业国的汽车产业成长　262

第三节　合资模式与中国汽车工业技术升级的路径选择　264

第十五章 ▶ 美国政府资助科研项目的无形资产管理：体制、绩效与争议　268

第一节　政府资助科研项目无形资产管理的法律框架　268
第二节　联邦政府资助科研项目的无形资产管理体制　271
第三节　政府资助科研项目的无形资产管理体系　275
第四节　政府资助科研项目无形资产管理的绩效　276
第五节　存在的问题与争论　279

第十六章 ▶ 金砖国家的产业合作与产业升级　281

第一节　金砖国家工业化进程中的产业结构变迁　281
第二节　金砖国家产业发展面临的新挑战　287
第三节　通过产业合作推动金砖国家的产业发展　290

第十七章 ▶ 实现区域协调发展的战略选项　294

第一节　引言　294
第二节　区际差距的形成机理　297
第三节　实现区域协调发展的基本思路　300
第四节　小结　302

第十八章 ▶ 欠发达地区工业化所需最小市场规模　304

第一节　区域产业份额的确定　304
第二节　欠发达地区工业化所需最小市场规模　309
第三节　小结　311

第十九章 ▶ 区际产业分布不平衡与政府的有效调控　313

第一节　厂商自由选择区位时的区际人际收入变动　313
第二节　政府有效干预时的总体福利提高和最优产业分布　319
第三节　政府干预无效时的总体福利下降和次优的产业分布　321
第四节　小结　323

第二十章 ▶ 增长极形成机制及增长极与外围区的关系　324

第一节　引言　324

第二节　局部溢出模型概述　325

第三节　循环累积因果关系　329

第四节　增长极与外围区的关系　336

第五节　小结　340

第二十一章 ▶ 转移支付与区际收入差距收敛　341

第一节　引言　341

第二节　基准模型　342

第三节　税收补贴模型Ⅰ——对企业提供补贴　344

第四节　税收补贴模型Ⅱ——对劳动者提供补贴　349

第五节　小结　352

第二十二章 ▶ 税收政策与区际收入差距收敛　355

第一节　引言　355

第二节　模型构建　356

第三节　政策分析　361

第四节　小结　366

第二十三章 ▶ 户籍制度、高房价与城乡收入差距收敛　367

第一节　引言　367

第二节　基本模型：弗卢格模型　368

第三节　模型拓展：城市高房价与户籍制度　372

第四节　福利分析：城乡收入差距与城市不同群体收入差距　375

第五节　小结　381

第二十四章 ▶ 区际生态补偿主体与补偿模式　383

第一节　引言　383

第二节　基准模型　384

第三节　长期均衡与污染外部性分析　388

第四节　生态补偿模型　391

第五节　小结　398

附录　400

第二十五章 ▶ 环境标准与产业区位选择　405

第一节　引言　405

第二节　基本假设和模型框架　406

第三节　模型的主要变量　408

第四节　均衡的稳定性分析　410

第五节　小结　412

附录　414

参考文献　417

Contents

1 Introduction   1

    1.1   The Economic Virtualization and the International Industrial Transfer   1

    1.2   The Miracle of China: the Economic Growth Between 1978 and 2008   7

    1.3   The Problems Accumulated in the Process of Economic Growth in China   10

    1.4   The New International Industrial System and Monetary System   17

    1.5   The Comprehensive Transformation of Economic Development in China   20

2 The Fundamental Reasons of Global Financial Crisis: an Overview   29

    2.1   Various Views in the Understanding of Global Financial Crisis in 2008   29

    2.2   A Historic View of Economic Crisis and the New Features of Current Financial Crisis   38

    2.3   The Impacts of Global Financial Crisis on Economy and the Global Economy Adjustment   41

3　Financial Crisis in U. S: a Review on the Nature, Reasons and Formation　44

　　3.1　The Collapse of the U. S. Bank Credit and the Intervention of the National Credit　44
　　3.2　The Special Circulation of the Current U. S. Economy and Its Heavy External Dependence　48
　　3.3　The Inevitability of the Dollar Crisis and Its Development Trend　53
　　3.4　The Crisis of Dollar and the Current International Monetary System　56

4　Key Relationships, Determinants and Regularity of the Evolution of the International Monetary System　58

　　4.1　An Analysis of the Historical Evolution of the International Monetary System　58
　　4.2　An Analysis of the Key Relationships and Determinants of the International Monetary System　80
　　4.3　The Problems in U. S and Its Interests in the International Monetary System　84
　　4.4　The Major Problems Faced by Euro and Its Main Interests　87
　　4.5　Can the International Standard System of Single Dollar be Recovered?　89
　　4.6　The Basic Principles and Possible Options for Constructing a New International Monetary System　90

5　Why is the Current International Monetary System Unstable? An Analysis of the International Monetary System with Double Standards　94

　　5.1　The Possibility of the U. S. Current Core Economy Recovery　95
　　5.2　The Turmoil of the Dollar-euro Double-standard International Monetary System and Its Development Trend　98

6　The Government Intervention in the Global Financial Crisis: Short-term Goals and Long-term Hidden Trouble　101

　　6.1　The Develpoment of Global Financial Crisis　101
　　6.2　Economic Virtualization and the Unbalanced Global Monetary and

  Financial System 103

 6.3 Evolution of the Government Intervention Policies in the Financial Markets 105

7 European Economic Dilema and the Integration of the Euro Zone: Can They Solve the Problems on Their Own? 112

 7.1 An Analysis of the History of Euro 112

 7.2 An Analysis of the Pros and Cons of European Monetary Union 123

 7.3 The Main Problems of Euro and Its Dilema 125

 7.4 European Sovereign Debt Crisis and the Development Trend of Euro 127

8 The Key Macroeconomic Problems in China and the Inevitability of RMB Internationalization 129

 8.1 The Reasons of Domestic Demand Insufficiency and Its Fundamental Solutions 129

 8.2 How to Solve the Problem of Domestic Liquidity Expansion in China 133

9 The Strategy Path of RMB Internationalization 137

 9.1 Large Economy Vs. Small Currency: Evidence from China 137

 9.2 The Right Way to Solve the Contradiction of Large Economy and Small Currency: the Internationalization of RMB 140

 9.3 A Review of RMB Internationalization 143

 9.4 China's Real Economy and the Support of RMB Purchasing Power 146

 9.5 The Needs for RMB in the Current Unstable Double-standard International Monetary System 147

 9.6 The Empirical Analysis of RMB Internationalization 148

 9.7 Benefits of RMB Internationalization 153

 9.8 A Specific Feasibility Analysis of RMB Internationalization 155

10 Changes and Upgrades of Chinese Residents' Consumption Structure 157

 10.1 Introduction 157

10.2　Literature Review　161

10.3　Methods of Analysis　163

10.4　An Analysis of Expenditure Elasticity of Urban Consumption　165

10.5　An Analysis of Price Elasticity of Urban Consumption　168

10.6　Conclusions and Policy Implications　172

11　The Conflicts and Transition of East Asia's Industrial Policy and Competition Policy　174

11.1　Functional Industrial Policy and Selective Industrial Policy　175

11.2　Mechanism of Selective Industrial Policy and Its Effectiveness　176

11.3　From Industrial Policy to Competition Policy　186

11.4　The Industrial Policy and Competive Policy in a Transition Period in China　193

12　Industrial Policy and Industrial Upgrading at Different Stages of Economic Develpoment: Evidence from Japan　200

12.1　The Transition and Upgrading of the Economic Structure in the Catch-up Period in Japan　201

12.2　Industrial Policy and Industrial Upgrading in the High-growth Period: an Example from Iron and Steel Industry　205

12.3　The Industrial Policy and Industrial Upgrading after being a Developed Country: an Example from the Fifth Generation Computer Program in Japan　211

12.4　Disappearance of Late-development Advantage and Confusion of Independent Pioneering Era　218

12.5　Politics-economy Dual-structure and the Confusion of Structural Transformation　222

13　Discussion on the Development Model of Emerging Industries in a Global Perspective　226

13.1　Development Trend of Emerging Industries in Developed Economies　226

13.2　Development Trend of Emerging Industries in BRIC Countries　234

13.3　Development Features of Emerging Industries in Main Economies　242

13.4　Technological Innovation and the Third Industrial Revolution　248

13.5　The Influence of the Development of Emerging Industries on the Future Global Industrial Structure　252

13.6　Reflections on the Development of the Strategic Emerging Industris in China　254

14　Joint Venture Model and Technical Dependence of China's Auto Industry　259

14.1　Technology Learning and the Formation of Technical Capacity　259

14.2　Technology Learning and the Growth of Auto Industry in Latecomer Industrial Countries　262

14.3　Joint Venture Model and the Path Selection of Technology Upgrades of the Auto Industry in China　264

15　Intangible Assets Management of US Government Funded Projects: System, Performance and Controversy　268

15.1　The Legal Framework of Intangible Assets Management of the Research Projects Funded by United States Government　268

15.2　The Regime of Intangible Assets Management of the Research Projects Funded by the Federal Government　271

15.3　The System of Intangible Assets Management of the Research Projects Funded by the Government　275

15.4　Performance of Intangible Assets Management of the Research Projects Funded by the Government　276

15.5　Problems and Controversy　279

16　The Industrial Cooperation and Upgrading in the BRIC Countries　281

16.1　Industrial Structure Changes in the Process of Industrialization of the BRIC Countries　281

16.2　The New Challenges of Industrial Development in the BRIC Countries　287

16.3　To Promote the Industrial Development in the BRIC Countries through Industrial Cooperation　290

17 Strategic Options for the Development of Regional Coordination   294

17.1   Introduction   294

17.2   Formation Mechanism of Regional Gap   297

17.3   The Basic Views on How to Realize Regional Harmonious Development   300

17.4   Summary   302

18 Minimum Market Size for the Industrialization of Underdeveloped Areas   304

18.1   Determination of Regional Industrial Share   304

18.2   Minimum Market Size for the Industrialization of Underdeveloped Areas   309

18.3   Summary   311

19 The Unbalanced Distribution of Inter-regional Industry and the Effective Control of Government   313

19.1   Changes in Interpersonal and Interregional Income with Free Selection of Locations by Manufacturers   313

19.2   The Improvement of Aggregate Welfare and the Best Industrial Distribution with Effective Government Intervention   319

19.3   The Loss of Aggregate Welfare and Suboptimal Industrial Distribution with Invalid Government Intervention   321

19.4   Summary   323

20 Mechanism of the Growth Pole Formation and Its Relationship with Peripheral Regions   324

20.1   Introduction   324

20.2   The Outline of the Local Spillover Model   325

20.3   Cyclic Cumulation and Causal Relationship   329

20.4   The Relationship between Growth Poles and the Peripheral Region   336

20.5   Summary   340

21　Transfer Payment and Convergence of Interregional Income Gap　341

　　21.1　Introduction　341

　　21.2　Benchmark Model　342

　　21.3　Tax Subsidy Model Ⅰ—Subsidies for Enterprises　344

　　21.4　Tax Subsidy Model Ⅱ—Subsidies for Labors　349

　　21.5　Summary　352

22　Taxation Policy and Convergence of Interregional Income Gap　355

　　22.1　Introduction　355

　　22.2　Construction of Model　356

　　22.3　Policy Analysis　361

　　22.4　Summary　366

23　Household Registration System, High Housing Prices and the Convergence of the Income Gap between Urban and Rural Areas　367

　　23.1　Introduction　367

　　23.2　Benchmark Model: Pflueger Model 1　368

　　23.3　Model Development: Urban High Housing Prices and Household Registration System　372

　　23.4　Welfare Analysis: the Income Gap between Urban and Rural Areas and the Income Gap between Different Urban Population　375

　　23.5　Summary　381

24　The Main Body of the Interregional Ecological Compensation and Its Mode　383

　　24.1　Introduction　383

　　24.2　Benchmark Model　384

　　24.3　Long Term Equilibrium and the Analysis of Pollution Externality　388

　　24.4　Ecological Compensation Model　391

　　24.5　Summary　398

　　Appendix　400

25　Environmental Standards and Industrial Location Choice　405

　　25.1　Introduction　405

25.2 The Basic Assumptions and Model Framework　406
25.3 The Main Variable Model　408
25.4 An Analysis of Equilibrium Stability　410
25.5 Summary　412

Appendix　414

Reference　417

第一章

总　论

第一节　经济虚拟化与国际产业转移

国际金融危机是对全球经济失衡的强制平衡，而美国经济全面转型是导致全球失衡的首要前提。20世纪70年代初，美元与黄金脱钩，美国经济开始发生转型。至80年代初，美国经济出现了两个根本性变化，由此走上了新式发展道路，并形成了新的发展模式。

其一，美国的产业结构发生了根本性变化（见图1-1），"去工业化"和经济虚拟化成为其发展模式的鲜明特征。1980~2008年，美国实体经济部门增加值占GDP的比重由40%降为28%（其中的制造业由20%降为11%），传统服务业增加值的比重稳定在24%~26%，虚拟经济部门增加值的比重则由22%升至33%[1]。

---

[1] 实体经济部门包括农业、采矿、公用、建筑、制造、运输仓储、信息等产业，虚拟经济部门包括金融、房地产、职业服务等产业，传统服务业包括教育、医疗、救助、娱乐、休闲、餐饮、批发、零售等产业。

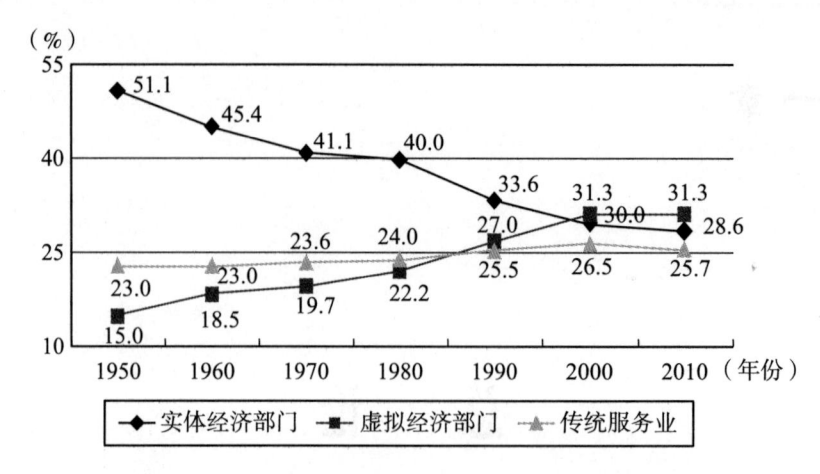

```
(%)
55
   51.1
       45.4
            41.1   40.0
40                          33.6
                                  31.3   31.3
                                  30.0   28.6
                            27.0
                     24.0   25.5  26.5   25.7
25       23.0  23.6  22.2
     23.0
         18.5  19.7
     15.0
10
   1950  1960  1970  1980  1990  2000  2010 （年份）
   ◆—实体经济部门  ■—虚拟经济部门  ▲—传统服务业
```

图 1-1　美国自 1950 年以来各产业 GDP 占比

资料来源：根据美国商务部相关数据整理，http：//www.bea.gov/index.htm。下同。

其二，美国的国际收支发生了根本性变化（见表 1-1）。与 1960~1982 年相比，1983 年以来经常项目由顺差转为逆差，这意味着美国由"世界工厂"变为全球"净消费者"。同时，资本项目由逆差转为顺差，境外美元资产膨胀。"去工业化"、经济虚拟化与贸易失衡、境外美元资产膨胀，是美国经济转型的统一过程。

表 1-1　　　　　　　　1961~2014 年美国国际收支　　　　　单位：百万美元

年份	经常项目	资本项目	年份	经常项目	资本项目
1961	3 822	-2 833	1974	1 961	482
1962	3 387	-2 263	1975	18 116	-22 833
1963	4 414	-4 053	1976	4 295	-13 430
1964	6 823	-5 917	1977	-14 335	17 985
1965	5 431	-4 974	1978	-15 142	5 145
1966	3 031	-3 660	1979	-285	-25 361
1967	2 583	-2 378	1980	2 317	-24 930
1968	611	-1 049	1981	5 030	-28 463
1969	399	1 117	1982	-5 536	-32 826
1970	2 330	-2 111	1983	-38 692	21 026
1971	-1 432	11 212	1984	-94 345	75 672
1972	-5 795	7 674	1985	-118 155	99 479
1973	7 140	-4 486	1986	-147 176	116 607

续表

年份	经常项目	资本项目	年份	经常项目	资本项目
1987	-160 655	167 804	2001	-395 328	413 452
1988	-121 153	138 260	2002	-458 087	500 374
1989	-99 486	47 187	2003	-521 342	531 062
1990	-78 969	50 903	2004	-633 768	535 382
1991	2 898	38 703	2005	-745 434	713 837
1992	-51 614	95 388	2006	-806 726	807 360
1993	-84 806	78 492	2007	-718 643	617 635
1994	-121 612	123 126	2008	-690 789	736 582
1995	-113 567	82 616	2009	-384 023	230 822
1996	-124 764	134 469	2010	-441 961	436 815
1997	-140 726	218 721	2011	-460 354	514 573
1998	-215 062	66 957	2012	-449 670	448 153
1999	-295 530	233 972	2013	-376 760	395 419
2000	-410 756	477 700	2014	-389 526	239 603

资料来源：根据美国商务部相关数据整理，http://www.bea.gov/index.htm。

与美国"去工业化"和经济虚拟化相伴随的是"就业创造"与"GDP 创造"的背离。2009 年，虚拟经济部门、实体经济部门和传统服务业的 GDP 创造均值依次为 19.29 万美元/人、13.74 万美元/人和 6.11 万美元/人。可见，虚拟经济部门的 GDP 创造能力明显高于实体经济部门和传统服务业。进一步，对比 2009 年不同产业部门的 GDP 贡献率与就业贡献率可以发现：（1）虚拟经济部门的 GDP 贡献率最高，而就业贡献率最低，分别为 33.58% 和 17.94%；（2）传统服务业的 GDP 贡献率最低，而就业贡献率最高，分别为 25.94% 和 43.72%；（3）实体经济部门的 GDP 贡献率与就业贡献率依然大体相当，分别为 26.87% 和 20.15%，但是已远低于 1950 年 51.09% 和 47.78% 的水平（见图 1-2）。

可见，实体经济虽然在拉动经济增长的同时带动了就业增加，然而一方面"去工业化"已大大削弱了美国实体经济的 GDP 创造能力（即在国民经济中的比重），进而其就业创造能力随之大幅降低；另一方面实体经济本身的"智能化"、"数字化"使其就业创造能力下降。2009 年以来，美国经济逐渐走出衰退并实现复苏，然而失业率依然居高不下（见图 1-3）。其症结在于"就业创造"与"GDP 创造"的背离。若要增加就业，则须扩大对传统服务业的投资，然而与虚拟经济部门相比它并不具有吸引力。对于虚拟经济主导下的美国经济，"奥肯定律"已然失效，凯恩斯主义适用于 20 世纪 30 年代工业化时期的大危机，但难以解释当代的"无就业复苏"。

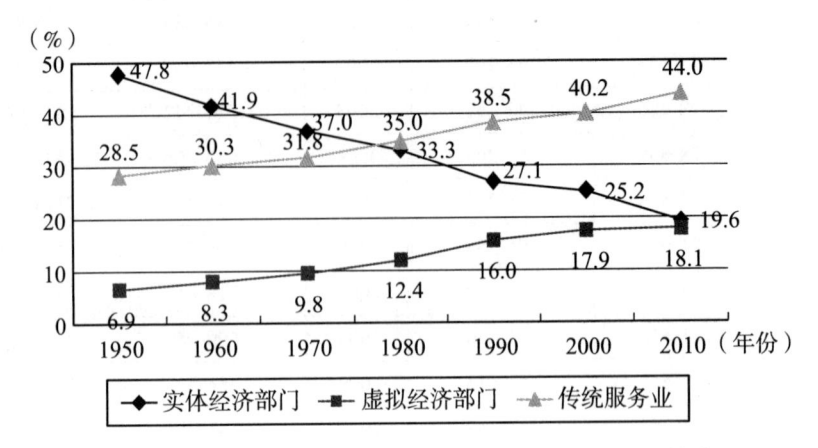

图 1－2 美国自 1950 年以来不同产业的就业贡献度

注：就业人数是指该行业全职工作人员（Full-time equivalent employees）与兼职工作人员（Part-time equivalent employees）的总和。

资料来源：根据美国劳工部相关数据整理，http：//www.bls.gov/schedule/archives/ empsit_nr.htm。下同。

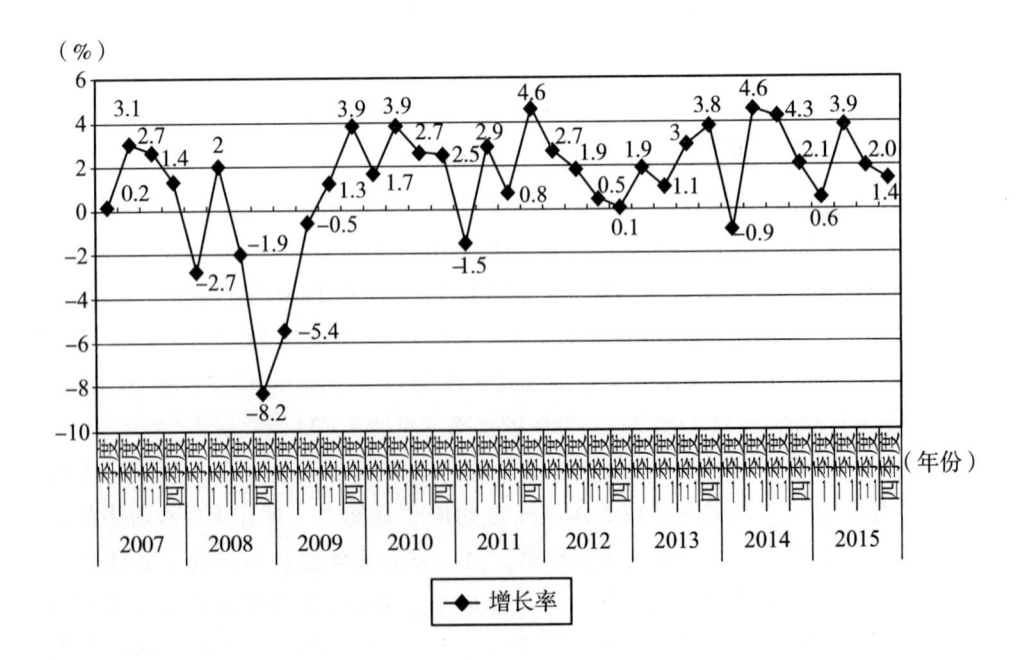

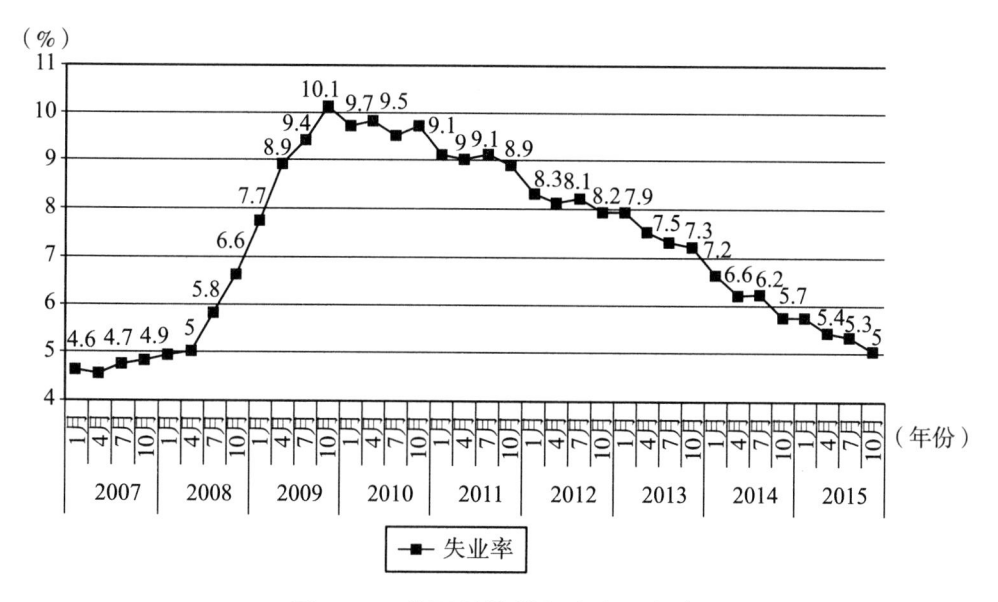

图1-3 美国经济增长率和失业率

资料来源：美国劳工部（http://www.bls.gov）和美国商务部（http://www.bea.gov）。

发达国家的经济虚拟化与其产业的国际转移，如同一枚硬币的两面，是相辅相成的。20世纪80年代，对外开放政策使中国经济加入国际大循环，开始再次融入国际分工体系。在这一轮全球化中，以美国为代表的发达国家，居于国际分工体系的"中心"，以中国为代表的发展中国家居于"外围"（见图1-4）。

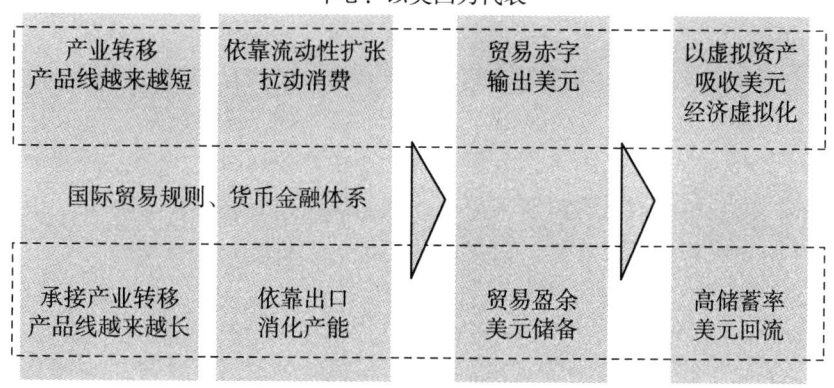

中心：以美国为代表

| 产业转移 产品线越来越短 | 依靠流动性扩张 拉动消费 | 贸易赤字 输出美元 | 以虚拟资产 吸收美元 经济虚拟化 |

国际贸易规则、货币金融体系

| 承接产业转移 产品线越来越长 | 依靠出口 消化产能 | 贸易盈余 美元储备 | 高储蓄率 美元回流 |

外围：以中国为代表

图1-4 "中心—外围"的国际分工格局

1. 发达国家通过直接投资和产业链整合，将产业链中的低端部分转移到"外围国家"①；中国凭借自身的组合优势，包括低成本的生产要素、相对完善的产业配套能力、规模大且快速成长的市场，承接了国际产业转移。不仅如此，随着"外围国家"学习能力的增强，发达国家的产业转移也逐步升级，即由低端走向中高端。因此，发达国家向发展中国家转移的产业越来越多，从发展中国家进口的产品线越来越长，而发展中国家从发达国家进口的高端产品线越来越短。

2. 美国依靠流动性扩张刺激消费，以中国为代表的新兴经济体依靠出口消化产能。美国通过贸易赤字获得商品，同时输出美元；以中国为代表的新兴经济体贸易盈余，成为美元的吸纳地。该循环的实质是发达国家用高端产品同发展中国家交换低端产品，同时通过有利的国际贸易规则和货币金融体系，最大限度地从这种交换中获取福利。

3. 高储蓄率的贸易顺差国（特别是中国），需要将外汇储备转换为美元资产，从而美元回流；美国依靠虚拟资产吸收境外美元，从而经济虚拟化，并进一步支撑了其流动性扩张。

可见，中心国家与外围国家相互间形成了"路径依赖"。美国通过经常项目的持续逆差向外输出美元，而且规模越来越大。美国贸易赤字的根源在于不断扩大的国内储蓄与投资间的缺口，是其私人与政府低储蓄和透支未来的结果。包括中国等新兴经济体在内的其他国家的资本流入美国，实质上是为美国的贸易赤字融资，美国则是通过在国际金融市场上大量融资来维持投资和消费水平。

"主导"与"挤压"是理解当代"中心—外围"的关键。一方面，以美国为代表的"中心国家"主导着经济全球化、国际分工格局和全球增长模式，"外围国家"生产什么、产品卖到哪里去这些带有根本性的经济问题，在很大程度上是由"中心国家"主导的。另一方面，"外围国家"对"中心国家"形成挤压，在发展中国家承接发达国家失去竞争优势的产业或产业环节的过程中，发达国家的产业链须向高端拉伸或培育出新兴产业，然而即使信息技术革命都难以让美国用高端产品交换所需的低端产品。因此，必然依靠虚拟资产吸收境外美元，从而导致经济虚拟化和经济失衡。

---

① 从国际投资头寸来看，美国仍是世界上最大的对外直接投资（FDI）净头寸持有方。2007 年年底，美国通过 FDI 吸收资金 2.4 万亿美元，而同时对外直接投资 3.3 万亿美元，FDI 净头寸达 9 100 亿美元。

第二节 中国的奇迹：1978~2008年的经济增长

1978~2008年的30年间，中国创造了经济持续高增长的奇迹（见图1-5）。30年的高增长是通过发挥要素组合优势和承接国际产业转移实现的。

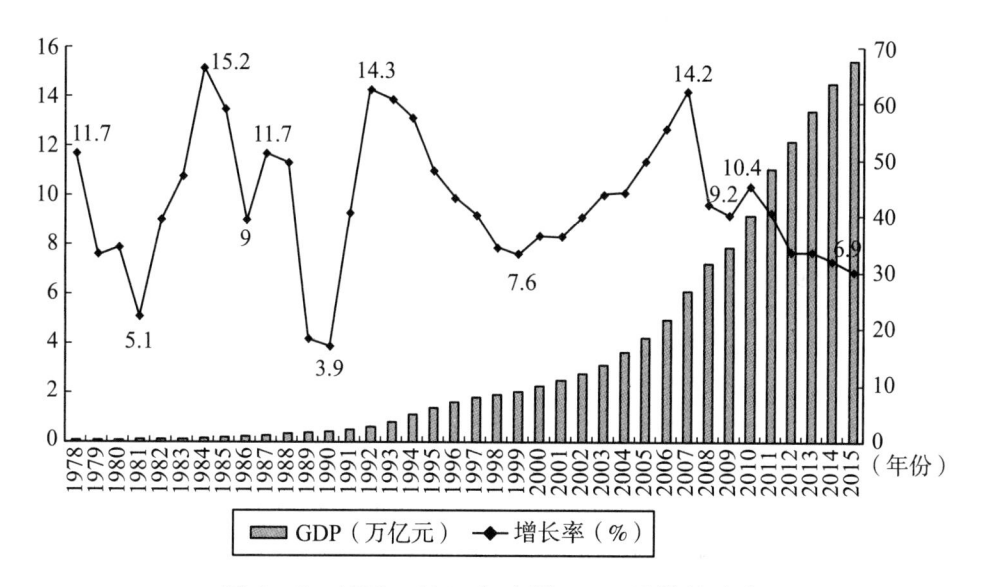

图1-5 1978~2015年中国GDP及增长速度

说明：GDP按现价计算，增长速度按不变价计算。
资料来源：国家统计局，http://www.customs.gov.cn。

低成本的生产要素、相对完善的产业配套能力、规模大且快速成长的市场，共同构成了要素组合优势。（1）中国的劳动力不仅成本低而且性价比高，具有分阶段的动态成本优势，其竞争力体现为从农民工到承接服务外包和研发国际化的延续；（2）高储蓄率和低利率政策使资本成本长期维持在低水平（个别年份甚至是负的实际利率），银行呆坏账的冲销和"债转股"还使得企业可以不必偿还本金；（3）只反映开发成本的能源和资源价格长期偏低，加之低污染成本，这些共同构成了生产要素的低成本竞争优势；（4）在计划经济中建立的相对完整的工业体系和体制转轨中对基础产业与基础设施的大规模投资，使中国具备了相对完善的产业配套能力；（5）作为发展中大国，不仅人口多、市场规模大，而且随着居民收入的增长，市场快速成长。

20世纪80年代第二轮国际产业转移兴起，发达国家发展以信息和生物技术、新材料、新能源为主的高新技术产业,加快传统产业改造,而把失去比较优势的传统产业和部分低附加值的技术密集型产业转移出去。在对外开放中,中国的要素组合优势与80年代的产业跨国转移相契合,引进了资本、技术和营销网络等,历史性地承接了国际产业转移。

改革开放对经济增长的推动作用,就在于把要素组合起来并形成比较优势,而这种组合比较优势正是中国经济持续高增长的原因所在。中国30年经济增长的以下特征就是要素组合优势的反映。

一、充分利用"人口红利"的二元增长

体制转轨使中国的人口由不流动转为流动,进而在二元增长格局中形成"人口红利"——延缓了资本报酬递减的过程,为经济增长提供了额外的源泉。人口抚养比是人口结构的生产性指标,1982~2000年中国的人口抚养比持续下降,对人均GDP增长的贡献率超过1/4。投资和出口对中国经济增长的持续拉动,实质上就是以劳动力的充分供给和低廉的劳动力成本为前提的。劳动力的充分供给使得工资水平缺乏弹性,从而一方面保证了资本积累率,另一方面造就了出口产品的竞争优势。

二、主导产业驱动的增长

在体制转轨中,消费需求成为产业成长的出发点和归宿,国内消费结构的梯度升级成为产业结构升级的动力。30年间中国的消费结构依次经历了:20世纪80年代由衣(纺织品)食(食品)到手表、自行车、缝纫机(所谓"老三样"),90年代再到彩电、冰箱、洗衣机(所谓"新三样")和空调、电脑,2000年以来进一步到汽车、住宅、旅游、教育的升级过程。相应地,主导产业也经历了由轻纺工业到新一代家电产品、基础产业和基础设施,再到汽车、住宅、通信、城市基础设施等先导性产业,钢铁、建材、化工、机械等中间投入品行业,以及能源、运输等基础行业的升级过程,并且主导产业成为经济增长的主要驱动力。

三、主要依靠要素投入、低成本竞争和市场外延扩张的粗放型增长

中国的改革是在较低的发展水平上起步的增量改革。一方面,面对着"人往

哪里去"和"钱从哪里来"的难题,发展非公有制经济就成为破解难题的理性选择。另一方面,广阔的增长空间引发了"先进入优势",从而使非公有制经济的发展不仅必要而且成为可能。因此,中国经济增长就表现为:高成长产业中先进入的企业取得优势,获得高回报→进入者不断增加,竞争加剧→企业间展开以低成本为基础的价格竞争→市场外延扩张。经济增长主要依赖要素投入和成熟技术的引进和扩散[①]。技术引进的渠道主要是通过创办外资企业和设备引进来"以市场换技术"。因此,大多数产业中以中低技术为主,以引进模仿为主,企业的核心能力并不在技术研发而在市场外延扩张上。

四、出口拉动的增长

在对外开放中,中国通过FDI发挥比较优势,融入全球生产网络,成为全球重要的劳动密集制造基地和低成本制成品出口大国,被认为是"经济全球化最大的发展中赢家"。实质上,超过一半的FDI是将中国作为出口基地的出口导向型项目,中国产业体系在国际分工中处于"二传手"的位置,即从发达国家和东亚新兴经济体进口上游关键零部件,在国内完成劳动密集环节的组装加工,向全球(主要是美、欧、日等发达国家)出口[②]。中国的外贸依存度已经由20世纪90年代的30%上升到60%,贸易格局依然是"两头在外,大进大出"(见图1-6)。这反映了国内要素组合在国际分工中的比较优势和竞争优势,劳动密集型产品出口的竞争优势实质是劳动力优势的输出。

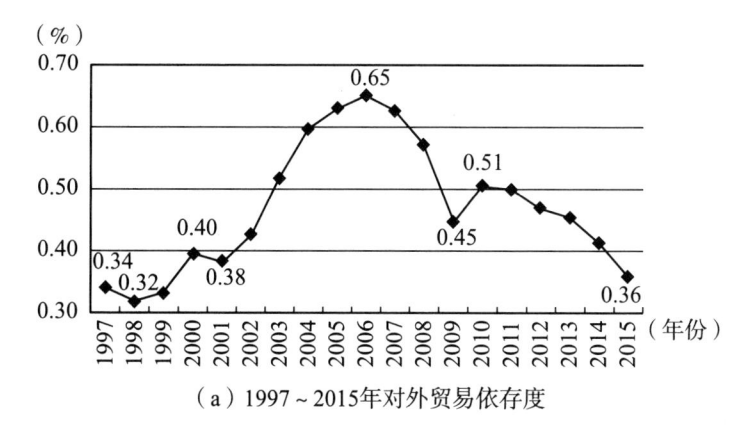

(a)1997~2015年对外贸易依存度

[①] 中国单位能源使用产生的GDP只有发达国家的1/5~1/6;1美元GNP消耗的煤电资源是美国的4.3倍,德国和法国的7.7倍,日本的11.5倍;用水量是全球平均水平的4倍,接近美国的10倍,日本的24倍。
[②] 中国机电产品出口比重近60%,其中IT等高新技术产品出口比重近30%,超过OECD国家的平均水平。同时还应看到,加工贸易占出口总额的50%以上,占进口总额的近40%。

(b) 1978~2015年外汇储备

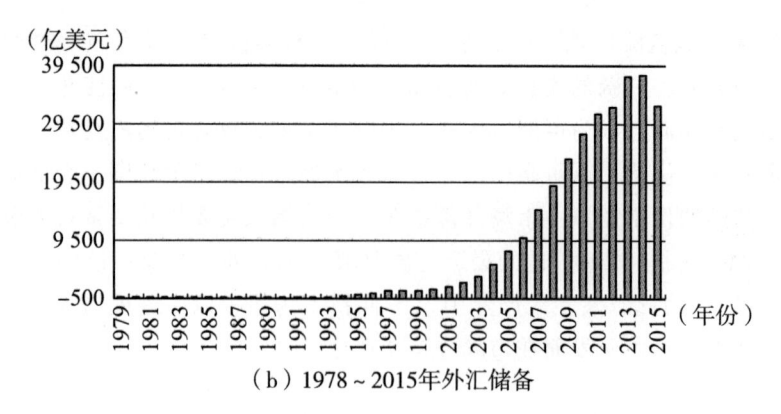

图1-6 中国外贸依存度和外汇储备

说明：对外贸易依存度=（年末人民币汇率×进出口总额）/国民生产总值。
资料来源：根据相关年份《中华人民共和国国民经济和社会发展统计公报》整理。

第三节 中国经济增长中累积的问题

中国30年的高增长总体上是主要依靠要素投入、低成本竞争和市场外延扩张的粗放型增长，并依靠出口的增长来支撑投资的增长和产业成长。这种高增长是在周期性经济波动中实现的。2008年中国经济运行出现下滑态势，是这种周期性经济波动的又一次反映。在高增长的同时，不仅累积了一系列问题，而且面临着一系列新变化。支撑经济增长的诸多因素在逐渐消失，而制约因素在不断生成和强化。

一、能源、资源和环境压力

2006年中国用世界消费总量15%的标准煤、30%的钢、54%的水泥，创造的GDP不足全球的6%。中国的能源缺口已经从1992年的1914万吨标准煤上升到2007年的4.63亿吨标准煤，对能源进口的依赖度相应地从1.75%上升到17.47%。其中，对石油和铁矿石的进口依赖度已经分别达到50%和60%。粗放型增长不仅造成能源和资源压力，而且带来严重的环境问题。目前，中国二氧化硫排放量为世界第一，二氧化碳排放量为世界第二。据世界银行估计，中国的环境成本相当于国民生产总值的3%~15%。在人均自然资源占有率偏低和粗放型增长的交互作用下，能源、资源和环境压力日益显现。应当指出，能源、资源和环境压力来源于增长方式而不是增长速度,因为判断增长速度是否过快应依照潜在增长率与实际增长率的对比。在就业压力依然较大的情况下难以得出增长速度过快的结论,10%以上的主要依靠技术进步的集约型增长可能就不会被认为过快了。

二、生产供应能力强与价值创造能力弱并存,处于全球产业价值链的低端

作为"世界工厂",中国目前有170多种产品产量居世界第一,774种产品出口居世界第一。然而,低技术含量和低创新能力必然导致低附加价值。中国的R&D投入占GDP的比重为1.35%,而创新型国家在2%以上。在全球R&D投入中美国、欧盟和日本占86%。中国的科技进步贡献率为39%,而创新型国家在70%以上。中国对引进技术的依存度为54%,其中70%的数控机床、80%的集成电路芯片制造装备依赖进口,而创新型国家在30%以下。创新型国家拥有的发明专利总数占世界的99%。仅占全球人口15%的富国几乎拥有世界上所有的技术创新成果,获得全球技术转让和许可收入的98%。中国在国际分工中所承担的主要是劳动密集型产品生产和资本技术密集型产品生产中的劳动密集环节,产品的技术含量低、附加值低并缺乏自主品牌。目前,中国机电产品出口比重近60%,其中具有自主品牌的机电产品不足10%。即便如此,中国在低端制造领域仍然受到来自其他发展中国家的竞争。

三、不利于劳动力的收入分配结构

比较1978~2008年中国实际GDP和居民收入增长率(见表1-2),可以发现1979~1998年实际GDP平均增长9.9%,实际工资平均增长4.4%,两者相差5.5个百分点。直至1999年的工资改革之后,这一趋势才得以扭转①。即便如此,1979~2008年实际工资平均增长率仍低于GDP平均增长率2.65个百分点,城镇居民可支配收入和农村居民纯收入的平均增长率分别低于GDP平均增长率2.82个和5.15个百分点。居民收入大部分来自劳动收入,反映劳动收入的职工工资总额在GDP中的比重处于下降态势,从1980年的17%下降到2008年的11.2%(见图1-7)。

---

① 统计意义上的劳动力收入水平的提高,主要是通过提高就业人数实现,而单位劳动力的收入却长时间在低水平徘徊。

表1-2　　　　　中国实际GDP和居民收入增长率　　　　　单位：%

年份	实际GDP增长率（1）	实际工资增长率（2）	（1）-（2）	城镇居民可支配收入增长率	农村居民纯收入增长率
1979~1998	9.9	4.4	5.5	5.8	4.2
1999	7.6	13.1	-5.5	9.3	3.8
2000	8.4	11.4	-3.0	6.4	2.1
2001	8.3	15.2	-6.9	8.5	4.2
2002	9.1	15.5	-6.4	13.4	4.8
2003	10.0	12.0	-2.0	9.0	4.3
2004	10.1	10.5	-0.4	7.7	6.8
2005	11.3	12.8	-2.4	9.6	6.2
2006	12.7	12.7	-1.1	10.4	7.4
2007	14.2	13.6	-0.6	12.2	9.5
2008	9.6	11.0	-1.4	8.4	8.0
2009	9.2	13.0	-3.8	9.8	8.5
2010	10.4	10.0	0.4	7.8	10.9
2011	9.3	8.5	0.8	8.4	11.4
2012	7.7	9.2	-1.5	9.6	10.7
2013	7.7	7.3	0.4	7.0	9.3
1999~2013	9.84	11.60	-1.76	9.14	6.72
1979~2013	9.81	7.56	2.25	7.27	5.49

资料来源：历年《中国统计年鉴》、《中国劳动统计年鉴》和国家统计局，http：//www.customs.gov.cn。

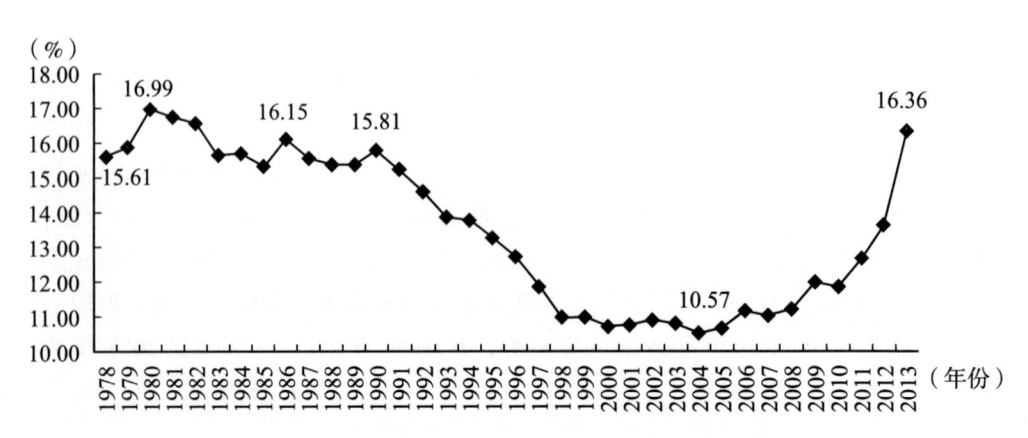

图1-7　中国职工工资总额在GDP中的比重

资料来源：历年《中国统计年鉴》。

四、通货膨胀与通货紧缩的交替反复

主要以低成本要素投入为支撑的粗放型增长必然引发过度投资，进而形成通货膨胀与通货紧缩的交替循环。20世纪90年代，中国的经济增长率由14.2%下降到7.6%的波动，已经反映出上述逻辑过程。始于2000年的新一轮经济增长反映出，由于剩余劳动力的大量存在和扭曲的要素价格，不仅产生了过度投资，而且过度投资不断向重化工业集中（见图1-8）。

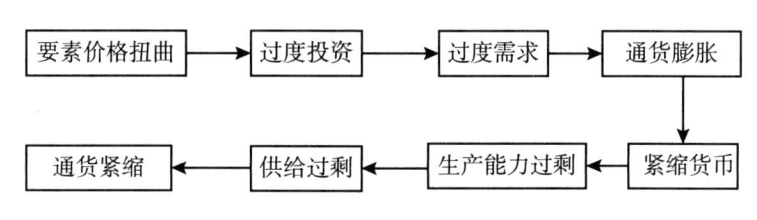

图1-8 通货膨胀与通货紧缩的循环

图1-8反映了由过度投资引发通货紧缩的传导机制。过度投资引起通货膨胀，需要从投资结构的角度来理解。投资可以分为长周期投资（如重化工业投资、房地产业投资等）和短周期投资（如一般消费品投资）。长周期投资在形成供给之前，一方面增加货币需求，使利率上升；另一方面吸收投资品和消费品，推动投资品和消费品价格上涨，并拉动短周期投资。短周期投资同样增加货币需求，推动利率上升。可见，过度的长周期投资对短周期投资的拉动，是形成过度投资的关键，进而引起过度需求和通货膨胀。

由通货膨胀转为通货紧缩，需要从收入分配的角度来理解。当长周期投资形成供给时，由于利率上升（资本成本增加）和投入品价格上涨，其产品价格必然提高。如果在生产扩大的同时，有支付能力的需求相应扩大，那么并不会出现经济衰退。相反，如果马克思所揭示的"生产无限扩大的趋势与有支付能力的需求相对狭小的矛盾"产生，则高增长将难以为继或经济将出现衰退。通货膨胀必然引发宏观调控通过紧缩货币来抑制需求，这样过剩生产能力和过剩供给就产生了，并进一步强化了增长速度的下降或经济衰退。

中国的体制转轨客观上已经给居民带来了风险和不确定性，这包括失业、养老、医疗、住房、教育等诸多方面。居民的理性选择必然是缩减当前消费和增加储蓄。同时，中国的经济增长并没有带来居民收入的同步增长，而且收入差距拉大。衡量个人收入差距的基尼系数，在2000年超过0.4的国际警戒线，此后一直保持在0.4以上，收入差距扩大趋势未得到有效抑制（见图1-9）。这样，消费需求不足已不可避免，生产无限扩大的趋势与有支付能力的需求相对狭小之间的矛盾已经显现。

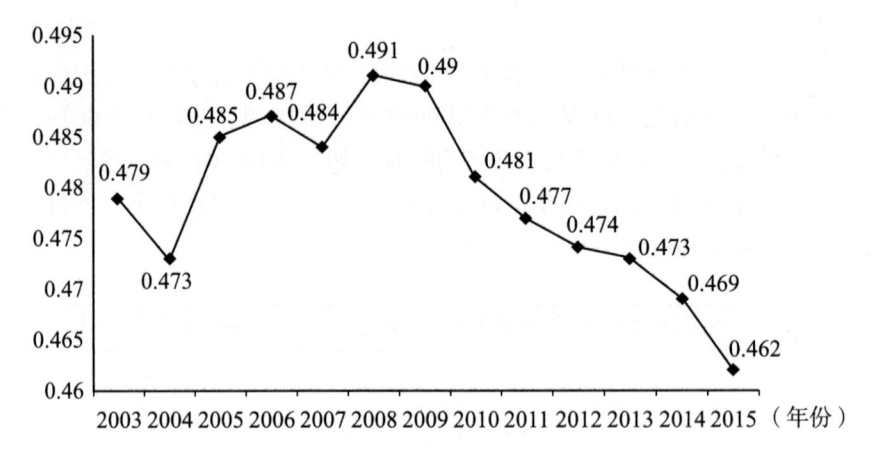

图 1-9　中国的基尼系数（2003~2015 年）

资料来源：国家统计局，http://www.stats.gov.cn。

五、实体经济承受着不利的外部冲击[①]

中国依靠出口的增长来支撑投资的增长和产业成长，对海外市场、技术和资本（其背后是技术和营销网络）依赖的增强，不仅可能固化中国产业体系在国际分工中的低端地位，而且必然使整个经济暴露在全球经济周期的影响之下，承受着不利的外部冲击（见图 1-10）。从 2008 年 11 月，当月出口同比由升转降，2008 年 11 月和 12 月分别下降 2.2% 和 2.8%，2009 年下降 16%。更需要注意的是，中国进口继 2008 年 11 月和 12 月分别下降 18.0% 和 21.3% 之后，2009 年下降 11.2%，这对于中国处于组装加工环节的国际分工地位而言，是出口深度下滑的反映。

---

① 通过进出口和 FDI 形成的直接冲击具有明显的结构性特征。C40（通信设备、计算机及其他电子设备制造业）产业对广东、浙江、江苏三省，对三资企业和民营企业的影响最为明显，这映射出了中国开放以来的贸易和外资格局。

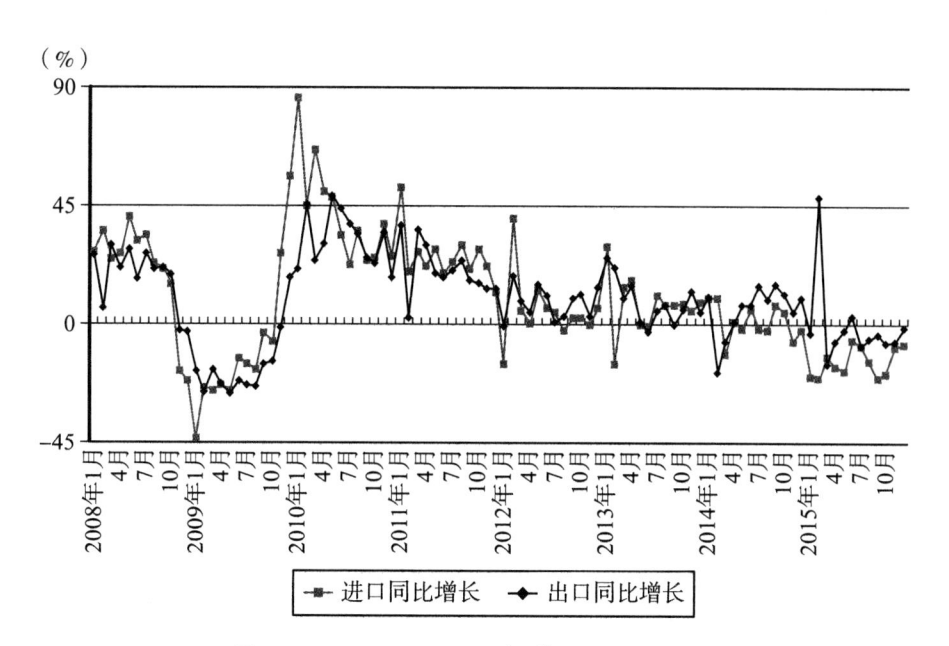

图 1-10　2008~2015 年进出口同比增长

资料来源：中国海关总署，http://www.customs.gov.cn。

根据商务部在《中国外商投资报告》中披露的数据，外资企业引进技术在中国引进技术总额中约占 50%，外资企业出口约占中国全部出口的 60%，中国高新技术产品出口的 88% 是外资企业实现的。2008 年 10 月~2009 年 7 月连续 10 个月，外商直接投资（FDI）同比下降（见图 1-11）。即使没有出现国际资本大规模外流，本轮危机通过 FDI 而产生的不利冲击也是显而易见的。

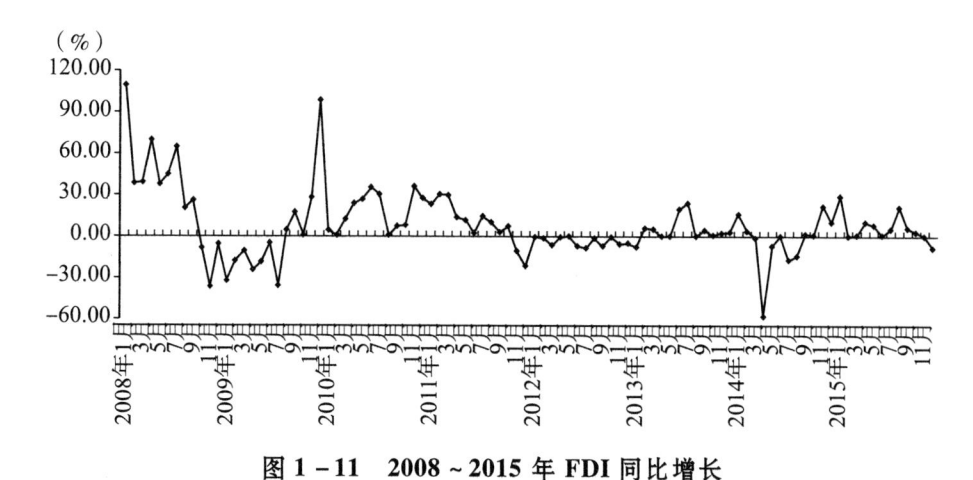

图 1-11　2008~2015 年 FDI 同比增长

资料来源：中国商务部，http://www.mofcon.gov.cn。

2008年1季度至2009年1季度的GDP增长率分别为10.6%、10.1%、9.0%、6.8%和6.1%,增速下滑明显(见图1-12)。2009年2月居民消费价格总水平(CPI)同比下降1.6%,连续第10个月下降,为6年来首次出现负增长。工业品出厂价格(PPI)从2008年12月开始,先于CPI出现负增长,同比下降的状况持续12个月之久(见图1-13)。可见,在全球性衰退中中国经济难以独善其身。

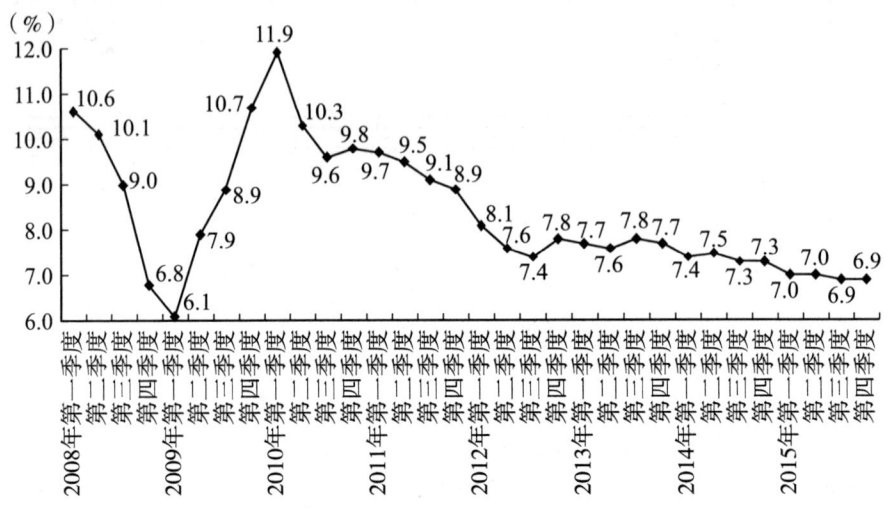

图1-12 2008~2015年季度GDP同比增长率

资料来源:国家统计局,http://www.customs.gov.cn。下同。

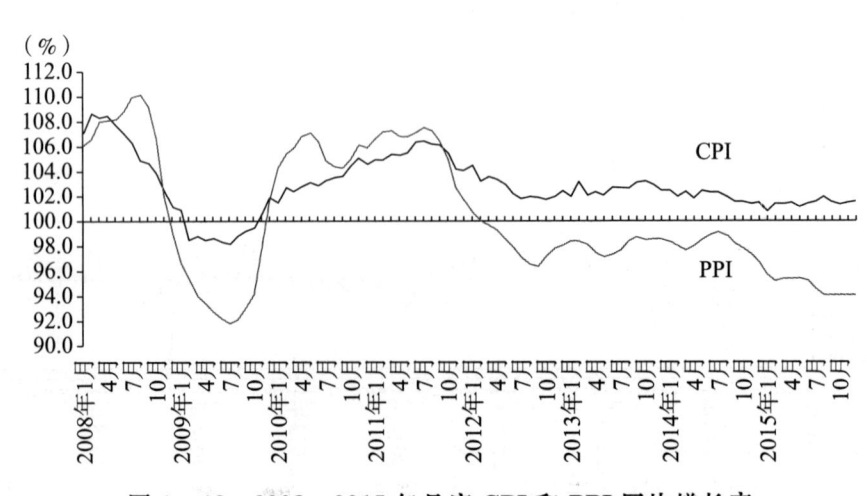

图1-13 2008~2015年月度CPI和PPI同比增长率

从 2000 年开始的新一轮经济增长，一方面尚未从根本上摆脱粗放型和出口拉动的增长方式，另一方面尚未从根本上摆脱不利于劳动力的收入分配结构。经济发展中的不可持续因素，在一定条件下必然通过经济波动反映出来。国际金融危机及由此引发的全球经济衰退，对中国形成了不利的外部冲击，这只是构成了诱发和加深中国经济下滑的外部条件。中国经济下滑是自身经济周期性波动的反映，而不利的外部冲击只是诱发性因素并加深了下滑走势。

第四节 新国际产业体系和新国际货币体系

国际金融危机充分暴露了世界经济发展方式的不可持续性，世界经济已由危机前的快速发展期进入深度转型调整期，转变经济发展方式是实现世界经济平衡有序发展的根本途径。虽然经济全球化的长期趋势不可逆转，但经济全球化将出现新的趋势，主要体现为欧美经济的"再工业化"、新国际产业分工和产业体系的逐步形成，以及有第三方加入的新国际货币体系的逐步形成。

一、从再工业化到新国际产业体系

透过本轮金融危机可以更清醒地认识 GDP 的本质。目前，世界通行的总量核算采用的是 SNA 体系，这是一种最终价值核算。在该体系下，华尔街创造的新价值与汽车业创造的新价值毫无二异，一样计入 GDP。其实，历史上还曾存在一种物质产品核算体系与之相对应，这就是已经淡出的 MPS 体系。在该体系下，华尔街并不创造物质财富，与汽车业截然不同。以美国经济为例，20 世纪 80 年代以前它既是 SNA 体系下的最大经济体，也是 MPS 体系下的最大经济体；而"去工业化"和经济虚拟化后，它只能是 SNA 体系下的最大经济体了[1]。GDP 这一总量指标实际上抹杀了实体经济与虚拟经济的界限，这在工业化时代并未产生实质性影响，但在"去工业化"时代则会掩盖 GDP 中的泡沫膨胀。只有拨开 GDP 迷雾，才能走出对 GDP 的迷恋。

透过本轮金融危机还可以更清醒地认识高科技和现代金融的本质。高科技只

---

[1] 我们讲美国经济的虚拟化是从结构角度作出的判断，即实体经济和制造业比重大幅降低。然而，从总量角度来看，美国依然是制造业大国。直至 2010 年中国制造业才以 1.995 万亿美元的产值，在全球制造业总产值中占到 19.8%，超过美国的 19.4%，首次成为世界制造业第一大国。

能来源于生产过程，即使产学研协同创新也不能脱离生产过程。不仅如此，高科技只有与生产过程紧密结合才能真正创造价值，才有真实意义。仅靠所谓高科技概念虽能创造货币财富和 GDP，但实际上创造的只能是价值符号和泡沫。金融从本源上就是由生产和流通派生而来，世界金融中心在历史上都曾充当世界工厂或贸易中心。人们一度撇开经济学基本原理，认为现代金融可以脱离实体经济而通过金融创新和衍生品发展起来。金融危机再一次揭示出，失去了制造业和实体经济，高科技和现代金融就失去了根基，只能是无源之水、无本之木。

欧美经济失衡、金融危机和债务危机是国际产业转移和经济虚拟化同一过程的结果，在本质上则反映了富人经济与大众经济的矛盾和冲突。就资本而言，高利润、高价值和高端化永远是追逐的目标，从微观角度看这并不成其为问题。但是，对国民经济则会造成严重后果，因为价值创造与就业创造并不总是一致的，对大众而言，就业乃民生之本，就业永远比 GDP 更为重要。"占领华尔街"运动打出的"1%对99%"口号的实质，就是富人经济与大众经济的博弈。资本忽视以所谓"低端"、"低价值"和"大众参与"为特征的实体经济，但政府始终要用政策来维系。

后危机时期，发达国家更加注重用科技引领实体经济发展，重返高端制造业，全球制造业生产方式和商业模式可能由此发生革命性变化[①]。例如，美国增加对新能源的投入，希望新能源能成为新的经济增长点。其实质是通过"再工业化"延长国内高端产品线，塑造新的竞争优势，以高附加价值产品平衡与外围国家中低端产品间的贸易。由此会带来两个需要特别重视的问题：

一是新型贸易保护的风险加大。发展新能源的一个基本障碍是：与传统能源相比成本过高，而依靠技术创新发展新能源的速度慢。因此，新能源的发展需要政府补贴。补贴的程度直接与传统能源价格相关。只有传统能源价格上涨到一定程度，补贴才能解除，新能源才能成为具有自生能力和可持续发展的产业。可行的办法就是提高传统能源的价格。如何提高？就是制定更严格的环境保护规则。实际上，发达国家酝酿把碳排放与贸易挂钩，征收"碳关税"，与其发展新能源是紧密相关的，是针对以传统能源为主的外围国家的新型贸易保护。

二是世界产业调整和发展的路径存在很大的不确定性。例如，发展清洁能源的大方向全球都认可，但在发展路径上仍有很大的不确定性。是在传统能源基础

[①] 美国着眼于可持续发展和高质量就业，提出将节能环保、智慧地球、大数据、重振制造业等作为主攻方向。欧盟大力发展可再生能源和节能环保产业，保持在绿色经济技术领域的领先地位。欧美学者预言，一种建立在互联网和新材料、新能源相结合基础上的第三次工业革命即将来临，它以"制造业数字化"为核心，将改变全球技术要素和市场要素配置方式，重新划分全球分工。2012 年年初，美国《华盛顿邮报》网站发表了题为"为什么现在轮到中国担心制造业了"的文章，提出未来 20 年美国将发展人工智能、机器人和电子制造三项技术，重塑美国优势，改变制造业竞争格局，"打败中国"。

上通过碳收集降低污染率的方式发展清洁能源,还是发展风能、太阳能、生物能源等新能源。为什么要强调这种差异呢?因为对产业发展路径的判断失误,会产生很大的负面影响。在20世纪80年代后期发达国家都认可,新一轮全球经济增长的方向是信息产业。但是对于信息产业的发展路径,美国与日本分歧很大。日本认为未来的信息产业发展方向是大型计算机,美国认为是计算机的小型化。结果证明,信息产业的发展按照美国的路径走,所以日本在后来的整个信息产业的10年繁荣中难以居于领先地位。所以,即使认定未来全球产业调整的重点是发展清洁能源,但对于它的路径还应该给予高度关注。这不仅对中国承接国际产业转移,而且对中国参与全球产业竞争有着重要意义。

在"再工业化"的同时,发达国家缩减财政赤字,居民改变消费模式。在应对本轮危机中,美国实际上是用更多的流动性来解决流动性过剩问题。虽然"无就业复苏"使美国只能维持超低利率,经济刺激计划难以退出,2012年9月又推出了第三轮量化宽松政策,但是缩减财政赤字和发展实体经济作为推动美国经济"再平衡"的两轮,缺一不可。发达经济体财政赤字的缩减,居民消费模式的改变,将会使市场需求成为后危机时期全球经济最稀缺的资源之一,进而全球贸易增长在短期内难以恢复到危机前的水平,这必将对中国的外向型经济形成制约。

二、从双本位体系到新国际货币体系

布雷顿森林体系确立了"美元霸权"地位,美元与黄金在20世纪70年代初脱钩后,欧洲各主权货币联合对抗美元的"蛇形浮动"制度并未实际奏效,美元的本位货币地位并未被动摇[①]。可见,多国的主权货币即使联合起来也难以与美元这种单一主权货币相抗衡,其根源就在于欧洲各国的经济发展水平存在明显差异。欧元诞生的实质,是以马克(其背后是强大的实体经济)为核心的众多主权货币的"结晶过程"。欧元的出现解决了"联合"的问题,使得国际货币体系演变为"双本位"体系。

根据国际货币基金组织公布的各国官方外汇储备,美元所占份额依然居于主导地位,但已由2000年的71.13%降至2008年的64.12%;同期欧元所占份额则逐年增加,由18.29%升至26.51%;英镑和日元所占份额维持在7.1%~7.5%。"双本位"国际货币体系是缺乏稳定性的货币体系。如果美元超发行或贬值,欧元势必跟进,否则欧元升值。这一方面将抑制欧元区出口,进而影响实体经济发

---

① 需要指出的是,储备货币不一定是本位货币,本位货币是其他货币的锚。

展，造成就业压力；另一方面将导致国际资本涌入进行投机套利，进而加剧欧元和欧元资产价格波动。反之亦然，如果欧元超发行或贬值，美元也势必跟进。两种本位货币轮番增发，世界因此从未像今天这样流动性膨胀。

欧元的出现并不能消除欧元区各国经济发展水平的明显差异，这也是欧债危机的症结所在。欧元区各国分享了货币一体化的"红利"。例如，德国可以将欧元区市场视同国内市场，从而支撑了其制造业出口；以"欧洲五国（PIIGS）"为代表的其他大多数欧元区国家依托欧元的本位货币地位，出现了类似美国80年代初的经济转型，同样走上了新式发展道路并形成了新的发展模式——经济虚拟化、经常项目逆差、大规模举债和境外欧元资产膨胀。因此，在分享货币一体化"红利"的同时，也就不得不共同面对债务危机的挑战。

"双本位"国际货币体系决定了全球经济的动荡，债务危机可能成为欧美经济实现"再工业化"和"再平衡"之前的一种常态。"中心国家"发展虚拟经济和债务经济，"外围国家"发展实体经济、输出商品和提供融资的国际分工格局，不可能造就一个"和谐世界"。从经济层面来看，建设和谐世界的必不可少的条件是国际货币体系的稳定，而这只能通过拥有强大实体经济的第三方的加入，以避免"双本位"体系下的"滥币陷阱"[①]。这同时也就意味着人民币国际化和"三足鼎立"的新国际货币体系的形成。

第五节　中国经济发展的全面转型

世界经济的深度调整和变革，将进一步倒逼中国经济发展模式的全面转型。目前，中国既存在实体经济和制造业大而不强的问题，也存在着虚拟经济和金融市场发展滞后的问题，产业升级与金融深化的双重任务需要在良性互动中一并完成。

一、商品输出、资本输出和人民币国际化

中国的市场化改革实质上有两重含义——对内搞活和对外开放。前者的突出

[①] 这就如同三角形是一种稳定的结构。其中的原因在于，若一种货币滥发，另外两种货币依然有能力充当本位货币，作为其他货币的锚地，而滥发的货币充其量只能是储备货币。同时，滥发的货币的国际地位衰落，这种"惩罚"是可置信的，因为"两边之和大于第三边"。

意义在于，使人口由不流动转为流动。这不仅为工业化贡献了"人口红利"，更重要的是使中国的生产要素（包括劳动力、资本、资源和能源）、产业配套、市场规模等潜在优势，积聚形成了现实的组合优势。同时，对外开放使中国的组合优势与国际产业转移相契合，引进了资本、技术和营销网络，并通过FDI融入全球生产网络，逐步成为"世界工厂"和出口大国。

在中国经济的市场化、工业化和国际化进程中，有两个年份和两场"群众运动"应当给予特别关注。1997年中国经济出现了改革以来的第一次通货紧缩，这是进入市场经济的根本标志，有效需求由此成为中国经济兴衰的一个基本决定因素。内需不足的必然结果就是扩大外需，因此商品输出浪潮成为了中国改革以来的一轮"群众运动"。这一系列现象并非"中国特色"，而是工业化国家的共同特征。

从1999年开始，中国的国际收支保持经常项目和资本项目的"双顺差"，而且已经由当年的263亿美元持续快速地扩大到2010年的4 717亿美元（见表1-3）。这一方面在国际市场造成人民币持续升值的压力，另一方面在国内造成流动性膨胀和人民币贬值。双顺差是人民币"内贬"和"外升"的同一根源。

表1-3　　　　　　　　中国的国际收支状况　　　　　　　单位：亿美元

年份	经常项目	资本项目	国际收支差额	外汇储备
1982	57	-17	40	69.86
1983	42	-14	28	89.01
1984	20	-38	-18	82.2
1985	-114	85	-29	26.44
1986	-70	65	-5	20.72
1987	3	27	30	29.23
1988	-38	53	15	33.72
1989	-43	64	21	55.5
1990	120	-28	92	110.93
1991	133	46	179	217.12
1992	64	-3	61	194.43
1993	-119	235	116	211.99
1994	77	326	403	516.2
1995	16	387	403	735.97

续表

年份	经常项目	资本项目	国际收支差额	外汇储备
1996	72	400	472	1 050.49
1997	370	210	580	1 398.9
1998	315	-63	252	1 449.59
1999	211	52	263	1 546.75
2000	205	19	224	1 655.74
2001	174	348	522	2 121.65
2002	354	323	677	2 864.07
2003	431	549	986	4 032.51
2004	689	1 082	1 794	6 099.32
2005	1 324	953	2 238	8 188.32
2006	2 318	493	2 600	10 663.44
2007	3 532	942	4 453	15 282.49
2008	4 206	401	4 451	19 460.3
2009	2 433	1 985	4 419	23 991.52
2010	2 378	2 869	4 717	28 473.38
2011	1 361	2 655	4 016	31 811.48
2012	2 154	-318	1 836	33 115.89
2013	1 482	3 461	4 943	38 213.15
2014	2 197	382	2 579	38 430.18

资料来源：国家外汇管理局（http://www.safe.gov.cn）。

由 M2 对 GDP 的比值（M2/GDP）可以看出，1980 年以来美国的该比值维持在 0.6 左右，即使为应对危机实施的前两轮量化宽松政策，分别释放了 1.7 万亿美元和 0.6 万亿美元的流动性，情况亦是如此。然而，1999 年以来中国的 M2 对 GDP 比值始终在 1.2 以上，2010 年达到了 1.89（见图 1-14）。"内贬—外升"的必然结果就是人民币和人民币资本输出，因此资本输出浪潮成为了中国改革以来的又一轮"群众运动"。

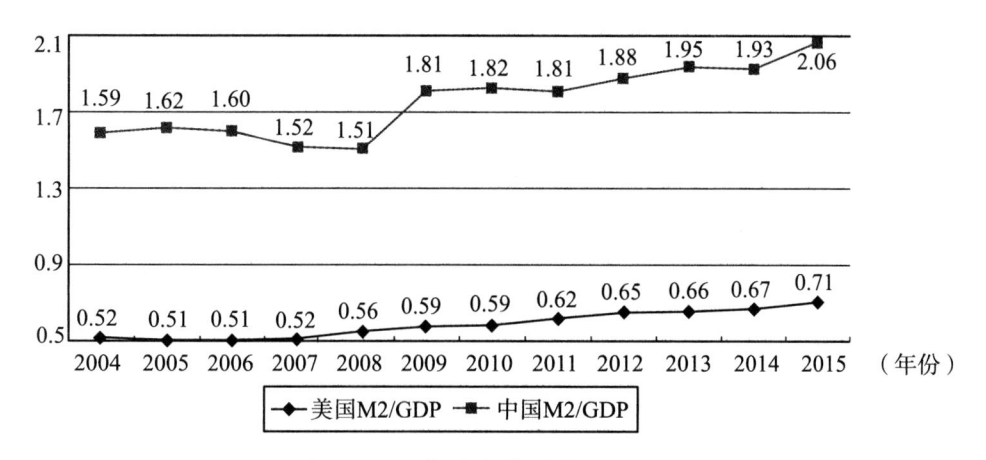

图1-14 中国和美国的 M2/GDP

资料来源：国家统计局（http://www.stats.gov.cn）、中国人民银行（http://www.pbc.gov.cn）、美国商务部（http://www.bea.gov）和国际货币基金组织（http://www.imf.org）。

2003~2011年，中国的非金融类对外直接投资年均增长超过50%，2010年以来超过600亿美元（见图1-15）。这就如同20世纪70年代前的美国和60年代后的德国，通过资本项目逆差输出本币和本币资本，以对冲经常项目顺差。同时，这也像当年的英美一样，通过资本国际化，实现用世界的资源支撑本国的"世界工厂"地位。当前，中国的资本输出实质上不仅是人民币国际化的现实起

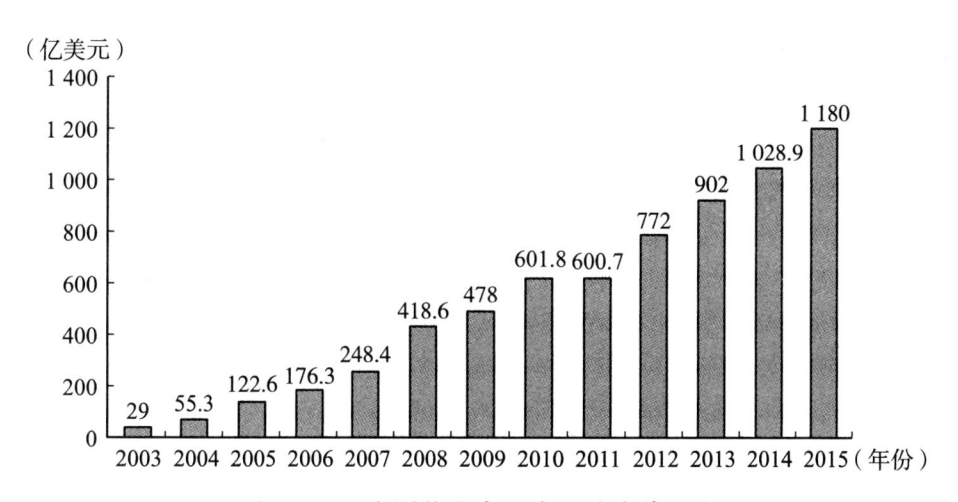

图1-15 中国的非金融类对外直接投资

资料来源：中国商务部，http://www.mofcom.gov.cn。

点，而且是一个重要支点。反过来，人民币国际化将有助于资本输出和全球配置资源。进一步，人民币国际化还将有助于避免双本位体系下的"滥币陷阱"，推动新国际货币体系的形成。这可以被认为是人民币国际化的双重意义。

在不同的历史条件下，已实现本币国际化的发达国家所走的路径并不相同。从目前来看，我国试图通过"跨境贸易人民币结算"和"人民币离岸市场"相结合的路径推动人民币国际化。这是存在问题的。跨境贸易人民币结算只会使中国的美元外汇储备增加，在美元长期来看趋于贬值的背景下，外汇储备的风险难以释放并将持续累积。人民币离岸市场必然倒逼资本项目开放，而资本项目开放是中国市场化改革（包括利率和汇率）的最后一步，这意味着市场化改革已基本完成①。进一步，离岸市场并非人民币国际化的条件，而是与人民币国际化相伴而生的结果②。

人们都知道美元贬值可以使美国逃债，但其中的道理又是什么呢？是一国海外资产与负债的币种结构。美国的海外资产（即对外债权，如在华 FDI）以外币计价，对外债务（如美国国债）以本币计价。美元贬值并不改变美国的债务负担，但其海外资产价值和投资收益折算为美元则会增加，因此偿债能力随之增强。在理论上，如果美元贬值足够充分，而美国在华 FDI 的收益率足够高，中国就会由美国的债权人变为债务人。在美国是全球最大的债务国和经常项目中的投资收益为正这样两个基本前提下，就不难理解在一些年份虽然其经常项目逆差相当大，但当年外债余额（净国际投资头寸）不增反降了。由此可见，在人民币国际化过程中应当：（1）减少美元债权或把美元债权转换为人民币债权，其含义是减持美国国债，同时向海外输出人民币（如发放人民币贷款）；（2）减少人民币债务或把人民币债务转换为美元债务，其含义是摒弃现实中依然存在的对外资的超国民待遇，同时鼓励中国企业"走出去"和扩大对外直接投资。从根本上讲，中国应扩大进口，减少顺差，追求进出口平衡增长，此时若以人民币结算则超过 3 万亿美元的外汇储备可以发挥担保的功能作用。

人民币国际化不仅意味着人民币"走出去"，走出去的人民币只有"回得来"，才能真正实现国际化。回得来不仅是指人民币持有者可以购买中国的商品和劳务，而且是指可以投资于中国的金融市场。后者正是制约人民币国际化的主要瓶颈，这就要求中国金融市场的发展。其中，最为基础的是利率市场化和人民

---

① 目前，在 IMF 规定的 40 个资本项目中，中国已有 2/3 以上的项目完全或部分开放，约 1/3 的项目存在较为严格的管制，如直接跨境证券投资、衍生品交易、短期外债等。这里讲的资本项目开放主要指的就是这些项目。

② 美元离岸市场发端于 20 世纪 50 年代，发展于 70 年代，而美元在 1945 年就取代英镑成为世界货币。

币汇率自由浮动①。应当指出的是，金融深化须围绕本国实体经济的需要而展开，只有这样才能取得一石二鸟、相得益彰的效果——一方面促进实体经济发展，另一方面推动人民币国际化。人民币作为拥有强大实体经济的第三方融入当前缺乏稳定性的双本位货币体系，也将使之演变为相对稳定的新国际货币体系。

二、内生市场需求、内生技术能力与产业升级

后危机时期，中国产业发展的条件发生了深刻变化。从外部来看，随着欧美国家的"再工业化"和"去杠杆化"，中国难以依托海外市场需求消化过剩产能。同时，随着后《京都议定书》时代的到来，节能减排的国际压力将不断加大。从国内来看，随着人口结构性变化的加快，劳动力充分供给的特征和人口红利逐步消失②。同时，随着反映市场供求关系、资源稀缺程度和环境损害成本的生产要素与资源价格形成机制的完善，中国将进入一个生产要素成本周期性持续上升的阶段，CPI 上涨将不仅是一个短期现象。

产业升级的直接驱动力来源于两个方面：消费需求和技术创新。首先，中国须立足于内生消费需求拉动产业升级，以消费结构升级带动产业持续成长。为此，就要从根本上避免业已形成的不利于劳动力的收入分配结构的固化。中国不仅要提高居民收入在国民收入分配中的比重，实现居民收入增长和经济发展同步；提高劳动报酬在初次分配中的比重，实现劳动报酬增长和劳动生产率提高同步。同时，要建立覆盖城乡居民的社会保障体系，实现基本公共服务的均等化。其要义在于释放居民所面对的风险和不确定性，进而将收入更多地用于消费而不是储蓄。特别需要关注的是，通过发展教育特别是针对农村和城镇低收入群体的教育，实现人力资本的积累，为城乡居民收入水平的提高创造条件。

近年来，随着刘易斯拐点的到来，劳动收入的差距已出现缩小趋势，然而总体收入差距依然在扩大，库兹涅茨"倒 U 曲线"的拐点尚未显现。其中的症结就在于财产性（或资产性）收入差距扩大，并成为致使整体收入差距扩大的主导因素。因此，消除不同群体在财产和资产占有上的不平等，已成为调整收入分配

---

① 人们对于人民币汇率自由浮动的最大担忧是人民币升值使出口变得更加困难，进而导致失业增加。最常见的案例就是《广场协定》后日本资产泡沫和经济衰退。实际上，日本资产泡沫形成的关键在于其央行推行的扩张性货币政策，而非日元升值。相反，日元升值促进了企业竞争力的提升，出口增加而非减少，顺差扩大而非减小。

② 自 20 世纪 80 年代初，中国劳动年龄人口的增长率开始下降而且速度逐渐加快，2020 年前后劳动年龄人口将停止增长。劳动力有效供给增长的放缓已经使得劳动力价格不断上涨。1999~2008 年，中国的实际工资增长率持续高于实际 GDP 增长率，实际工资平均增长 12.78%，实际 GDP 平均增长 9.75%，工资涨幅比 GDP 增幅高出 3.03 个百分点。

结构，进而扩大消费需求的题中应有之义。

其次，中国还须立足于内生技术能力推动产业升级，依托技术创新来改造传统产业和发展新兴产业。技术创新是分工深化与市场规模扩大循环累积的结果①。随着 30 多年经济高增长，中国已拥有的制造业基础和基于加工组装能力的市场规模，使其逐步具备了实现自主创新的基本条件。目前的关键在于处理好政府与企业在技术创新中的关系。企业及其组织能力是技术创新的载体。20 世纪 90 年代以来，中国的技术创新与发达国家表现出相似的特征，即中小企业成为了技术创新的主体②。实际上其含义完全不同，发达国家表现为中小企业的技术创新，其背后隐藏着大公司的影子，钱德勒式的技术创新并没有过时，不过是在 90 年代后取得了新的形式罢了，由大公司主导技术创新的本质并没有改变。因此，通过深化垄断行业改革、引入竞争机制和推进公平准入，在市场竞争中生成有竞争力的大公司，是中国实现技术创新的必由之路。政府在技术创新中的作用，主要是更多地运用竞争政策而不是产业政策，致力于建设有效率的市场体系，通过提高交易效率来降低交易成本，进而促进分工的深化。

三、依托城镇化形成多极增长的新格局

中国的城镇化有着巨大的潜力和空间③。在后危机时期，中国的城镇化对于提升产业成长的内在动力具有不可替代的作用，可以把城镇化作为需求侧扩大消费和供给侧产业升级的引擎，进而取得"一石多鸟"的效果。

推进城镇化的关键在于完善城市化布局和形态，城市网络（City Networking）或城市群是均衡发展理念下的可行模式。从中国城镇化历程来看，小城镇模式和大城市模式都存在着不可逾越的障碍。在小城镇模式中，土地等资源能源利用率低，大工业难以聚集，整体就业压力难以化解，服务业相互提供市场的效应难以发挥；而大城市模式的障碍集中体现为"大城市病"。城市网络就是把一个区域内的大城市与中小城市，经由产业链和现代交通通信整合为一个经济系统，实现所谓"同城化"（见图 1-16）。中心大城市与外围中小城市间的产业内分工，使得城市网络既可以形成并发挥集聚效应和规模效应，避免了小城镇模式的弊病，

---

① 市场不是作为某种产业产品的输出口，而是作为社会总产品的输出口，其规模是由生产的数量决定和确定的。

② 在中国，大约 70% 的技术创新、65% 的国内发明专利、80% 以上的新产品来自中小企业，而 95% 以上的中小企业是非公有制企业。

③ 2012 年中国城镇人口占总人口比重超过 50%，而发达国家城市化率一般已接近或高于 80%，人均收入与中国相近的马来西亚、菲律宾等周边国家的城市化率也在 60% 以上。

又避免了"大城市病"。中心大城市是技术创新和产业升级的策源地，外围中小城市为中心大城市提供产业配套。

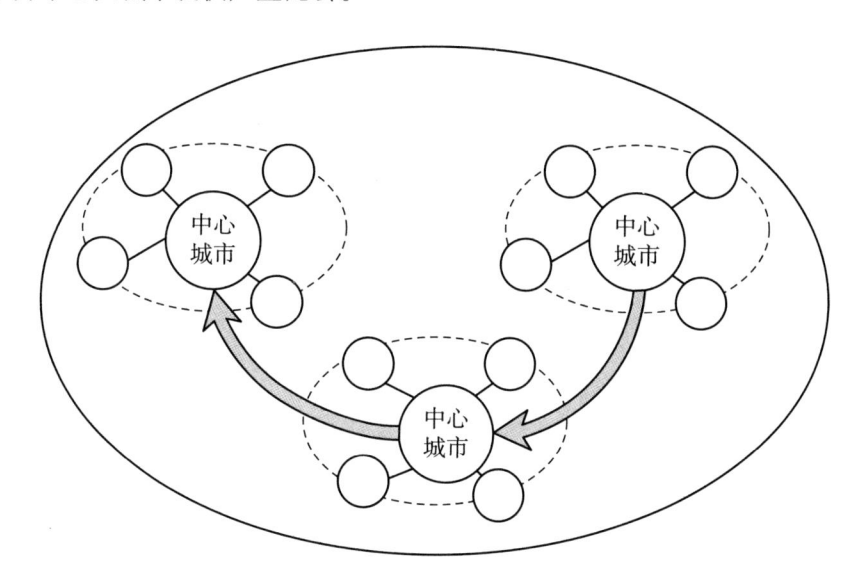

图 1-16 城市网络基本架构

每个城市网络作为一个增长极，其生成须主要基于各自的资源禀赋和比较优势。极与极之间形成产业分工，发展特色产业和优势产业。基于城市网络，产业转移就并非一般意义上的东部向中西部梯度扩散，而首先是不同中心大城市之间的产业转移，进而在极内扩散。城市网络通过拓展产业成长空间，培育新的产业成长极，形成多极增长的新格局。城市网络的政策指向是适合中国的区域多样性特征，摒弃"一刀切"式的思路，针对不同区域推行差别化政策。特别是加快推进中西部地区城市网络的形成，把城镇化作为统筹城乡和区域协调发展的重要抓手[1]。

城市网络模式使城镇化得以持续推进并创造出消费需求。一方面，农村居民人均资源占有量伴随城镇化相应增加，促进了农业适度规模经营，从而有利于提高农业效率、增加农民收入和扩大农村消费。另一方面，农民的市民化将扩大城市消费群体，其生活方式发生深刻变化，从而消费水平明显提高[2]。

同时，城镇化可以拉动投资需求。城市网络的重要基础，一是中心城市与外

---

[1] 2008年，中国东部地区城镇化率平均达到56%，而中部、西部地区分别只有43%和38%。2009年，城镇与农村居民收入之比为3.33∶1，东部地区与中西部地区人均国内生产总值之比为2.2∶1。

[2] 2008年中国农村居民人均消费支出为3 661元，城镇居民人均消费支出为8 869元，地级市居民人均消费支出为10 599元，36个大中城市居民人均消费支出为14 326元。这表明从乡村到城市，居民消费明显增加。

围城镇之间交通、通信等基础设施的完善，形成所谓"一小时都市圈"；二是社会保障和公共服务体系的完善。农村人口能否较为顺利地转入工业和城镇，是决定城镇化进程的关键。从目前来看，农民在城镇就业所享有的社会保障和基本公共服务的残缺，已经成为农村劳动力转移的主要制约因素，建立完善的社会保障和公共服务体系将有利地推进城镇化。城镇化进程不仅带来对基础设施和公共服务设施的投资需求，更为重要的是这种有效需求将成为消化钢铁、水泥等行业过剩产能的主要渠道。

由此可见，城镇化是扩大内需最雄厚的潜力所在。城市网络模式不仅使城镇化得以持续推进，扩大了国内市场规模，而且深化了不同城市网络间的产业分工，以及城市网络中的大城市与中小城市间的产业内分工，提升了技术创新和产业升级的内在动力。

总之，作为政府主导型特征鲜明的经济体，中国经济发展模式的全面转型须依托于政府经济职能的转变。概括起来，这至少包括：启动新一轮税制改革，减税并扩大教育、医疗、保障性住房、失业、养老、基础研究和共性技术研发组织等诸多公共服务领域的支出，致力于反垄断和竞争性市场建设，促进国内储蓄向消费和投资转化。

第二章

全球金融危机的深层原因：一个综述

在经济金融全球化30多年后，2008年全面爆发的全球金融危机，使全球实体经济受到重创，发达国家陷入严重衰退。发展中国家和新兴市场国家受到不同程度冲击，对于中国这样的发展中大国，面临"危"与"机"并存的局面，深入研究本轮金融危机的深层原因及其对中国经济的冲击。我们将国内外学者对本次全球金融危机进行的广泛的研究进行总结，归纳为以下几点：2008年全球金融危机暴露全球经济存在哪些深层问题？对全球经济金融失衡的不同认识，分别提出什么样的调整对策？全球金融危机对中国经济产生哪些影响？新一轮经济金融全球化将向何处去？我们金融危机发生之后有重要影响的文献资料进行了总结和综述。

第一节 对2008年全球金融危机深层原因认识的共识与分歧

从所获得的国际会议资料和文献资料来看，国内外知名学者和金融界专家达成的一个共识是：本轮金融危机是全球经济金融严重失衡的结果。但是，对到底是什么原因造成全球经济金融失衡的认识上存在很大分歧。可以分为以下几方面的观点：

一、西方主流学者对全球经济金融失衡的认识——发达国家流动性支撑的高消费模式与发展中国家出口导向模式，国际货币金融体系与产业链条可以维持

以克鲁格曼（2009）、伯南克（2008）、盖特纳（2008）、劳拉（Laura, 2008）、斯蒂芬·罗奇（Stephen Roach, 2008）、麦金农（2008）等为代表的西方国家官员和主流经济学家，他们普遍认为次贷危机反映了美国金融杠杆率过高、投机和政策失误的结果，但深层原因在于中美间经济失衡，即中国高储蓄、低成本、出口导向，与美国低储蓄、高消费形成镜像关系，潜在含义就是中美间经济失衡是造成次贷危机的主要原因，实际上把危机的主要原因归咎于中国等国低成本、高储蓄、低消费和出口导向发展模式，与美国流动性支持的高消费经济模式间的失衡，这种认识必然影响其对全球经济调整政策的认识。

劳拉（2008）、斯蒂芬·罗奇（2008）、麦金农（2008）认为是全球经济、金融失衡的结果，即现在是亚洲供应、美国消费的模式，特别关注了中国是供应链的中心，向美国提供商品，由美国消费者消费。这些学者认为这种模式在未来十年已经不再能维持了，这次危机不是一般的信贷方面的危机，不是一个普遍的商业周期，不是一个普通的经济衰退，也不是由高油价造成或供应方面的冲击造成的，这场危机是泡沫造成的。在经济金融领域出现这么多的泡沫，原因在于美国糟糕的货币政策，在高科技迅速变化的时代与全球化的过程中，美联储过度关注通胀。对于全球金融危机的形成机制这些学者承认房地产危机会引致银行危机，银行危机导致全面金融危机，而金融危机又对实体经济产生影响。劳拉进一步阐述了造成美国经济衰退的更重要原因是美国存在长期的结构问题，比如一些结构性的赤字。美国经济必须要解决社会保障、健康卫生等方面的赤字，几年来美国工薪阶层的实际购买力没有增长；在美国，医疗成本的上升比美国家庭的收入快2%~3%，考虑到通货膨胀的因素之后美国工薪阶层实际上已经没有钱了，这是美国长期面临的挑战。斯蒂芬·罗奇认为经济周期会是"V"形的，美国会进入一个比较微弱的增长周期，至少持续三年，甚至更长，美国会像日本一样经历长期的微弱增长。

以杜里、福尔克茨和加伯（Dooley, Folkerts and Garber, 1989, 简称为DFG）为代表的西方学者基于"中心—外围"国际经济关系，认为这种货币金融体系和产业链的中心—外围关系能够继续维持。他们不认为这种体系存在失衡和不合理，而是强调尽管东亚国家大量贸易盈余和低估本币模式在贸易领域产生了争端，但总体上东亚国家和美国市场力量的双方都从这种安排中获得了收益，因而这一体系能维持下去。在1945年开始的美元体系下，世界可分为"中心"

（美国）和"外围"。在 20 世纪 50 年代和 60 年代，较为重要的"外围"国是欧洲和日本。为从战后废墟中迅速恢复，这些"外围"国合作性地将其货币低估，以此促进制造业出口，并在技术含量更高的工业出口部门进行投资。"外围"国采取这种政策的直接"成本"是，迅速积累了低收益率、高流动性的美元资产。DFG 认为，上述"成本"很小，或者根本没有成本。以 20 世纪 50 年代和 60 年代的欧洲为例，德普雷、金德尔伯格和萨伦特（Despres、Kindleberger and Salant，1966）就曾提出，拥有发达的长期资本市场的美国仅仅提供了金融中介作用。美国向欧洲提供长期非流动性资本——主要是直接投资，当欧洲建立了美元账户和官方外汇储备时，美国又向欧洲借出更富流动性的资本。DFG 认为，直至今天，对那些国内金融市场欠发达的国家而言，这种国际货币金融体系和产业链条关系仍然是有帮助的。DFG 还提出，经济高速发展的东亚经济体便是当今的"外围"国。

二、核心深层问题是全球经济失衡，国际货币金融体系失衡是直接原因

坚持这种观点的学者同意本轮金融危机确实暴露了全球经济金融存在严重失衡，也确实存在发展中国家（特别是以中国为代表的亚洲国家）低成本出口供给，而美欧发达国家低储蓄、高消费的表象。但是，国内多数学者认为造成全球金融危机的原因在于美欧主导的国际货币金融体系失衡和发达国家主导的全球产业链严重失衡。国际货币体系造成全球流动性泛滥是直接原因，更深层的原因在于这种货币体系导致的全球经济结构失衡。戴相龙（2009）、余永定（2008）、刘骏民（2008）、李扬（2009）、"社科院中国经济增长与宏观稳定课题组"（2009）、黄梅波和熊爱宗等学者都认为国际货币体系的严重失衡是造成这次全球金融危机的重要原因。余永定、刘骏民和李扬等学者又进一步深入阐述了国际货币金融体系失衡与美国产业结构失衡，以及与美国同全球其他国家间产业失衡、贸易失衡存在的紧密联系，并认为这种错综复杂的联系是造成金融危机形成、爆发和蔓延的核心深层问题。

这些学者都注意到 20 世纪 80 年代国际间产业转移出现的重大变化：第一，发达国家与发展中国家的国际分工不仅表现为传统意义上的垂直分工，而且还表现为多层次的混合分工；第二，以跨国公司为载体的国际间产业转移表现出新的特点，即国际间产业转移由整体产业的梯度转移演变为跨国公司的某一产业链环节或工序的价值链梯度转移。其结果是发展中国家在全球化过程中表现为工业化和城市化进程的加快，而发达国家却表现为"去工业化"的过程。刘骏民、李宝

伟、张云（2008）从虚拟经济视角，更强调国际货币金融体系失衡，并深入阐述了国际货币金融体系失衡与美国经济失衡和全球经济失衡的关系问题。实际上美国经常账户逆差及其占 GDP 比例上升表现出外部不平衡，与我国近年贸易和经常账户顺差超常增长表现的外部不平衡，在相当程度上具有镜像关系。刘骏民认为中美贸易失衡的主要根源不在于人民币的汇率，而是美国国内长期的赤字财政和经济的去工业化，以及美国金融业过度鼓励消费贷款等靠金融杠杆拉动总需求的政策所致。从统计数据看，美国自1982年后就开始了长达26年的持续经常项目逆差，在80年代中期其经常项目逆差已经维持在1 180亿美元以上的水平了，随后，其规模不断扩大，而中国出口迅速增加是90年代末的事情，美国持续的经常项目逆差的主要原因不是别国的经常项目顺差，而是美元世界货币地位的前提下，通过其赤字财政和鼓励借贷消费的政策所致。当代严重的贸易失衡是发达国家政府推动的结果。布雷顿森林体系的建立完全是超经济力量所致，因此美元为中心的货币体系本身就不是市场力量自发产生的。

第一，非市场力量长期侵入市场均衡机制，导致其自动机制效率扭曲出现长期失衡状况。美国的强势美元和赤字财政的政策，以及鼓励借贷消费的政策导致了美国的经常项目逆差。第二，市场本身的确可以在较长时期内出现非均衡的发展趋势，失衡是市场机制变化造成的，美国经济的虚拟化和杠杆化，造成了"去工业化趋势"，市场中投机活动正在从"消除波动、发现价格"向"扭曲价格、制造经济波动"转化。这种市场内部因素的变化，并没有破坏市场自动的均衡机制，它却可以在时间上延长均衡机制起作用的时间。所以，美国经济失衡的根本原因还是长期鼓励财政赤字和长期刺激消费的政策。美国的市场经济失衡，其中政府和垄断造成了超市场力量介入，市场投机力量则在一定程度上起推波助澜的作用。产业结构失衡和贸易失衡本来是美国自己的失衡，当它发展壮大之后，开始影响世界所有与美元相关的国家和地区，这些国家的反应就是建立出口导向模式和积极扩大出口，产生的副产品就是积累了大量美元金融资产。美国超经济力量的长期过度介入，导致经常项目长期逆差，而市场力量则从外部纠正了美国超经济力量导致的失衡，美国不断消费着来自中国和世界其他国家的各种产品与资源，中国和其他为美国提供产品与资源的国家却不断积累着风险越来越大的美元金融资产。

美国经济形成两个循环机制：一个是借新债还老债以维持长期的财政赤字；另一个是一方面用美元现金购买世界其他国家的产品、资源和劳务，另一方面再向持有美元的国家和地区出售债券等金融资产以便收回美元现金，也就是经常项目持续逆差和金融项目顺差的保持。在国际关系上，只要美元的国际货币地位仍然巩固，用美元购买其他国家的产品、资源和劳务就可以继续，只要美国用来

"回流"美元现金的各种金融资产还被国际上广泛接受,美国通过经常项目逆差输出美元现金,再通过出售债券和金融资产使得美元流回的循环就可以持续。长期这样做的结果是:第一,导致美国去工业化的进程不断深化;第二,这将引起经济高度杠杆化,在将各类收入流资本化的同时,也将金融杠杆泛化到各个领域,导致各种投机活动盛行,并使得风险遍布于经济的各个领域,经济会越来越脆弱;第三,经常项目逆差导致的美元国际循环不断累积着美元和其他美元金融资产,在世界范围内推动着流动性膨胀和经济的虚拟化,并为国际投机活动的盛行创造条件,这将使得世界越来越动荡不安。

李扬(2009)同样强调全球经济失衡的根源在于在当前国际货币体系下,中心国家对于全球分工格局和经济增长模式的主导。一方面美国作为中心国家,利用国际货币发行国的独特地位,通过采购、直接投资和产业链整合等手段,将许多产品或某些生产环节转移到外围国家,从而提升国内生产效率,并降低美国的消费成本。另一方面,作为储蓄净输出国的中国,国内持续存在城市化和工业化过程,加上年轻人口结构和收入结构使得高储蓄率得以维持。并且中国需要通过储蓄净输出换取外部信用支持,这就为美元信用的输出提供了吸纳地,使美国主导的经济格局得以实现。全球经济失衡同时也是全球化加深的过程。作为中心国家,美国依托消费拉动增长的模式高度依赖金融体系的支撑,而风险控制环节的缺失非常容易引起系统性风险。

陈雨露、马勇(2009)基于历次金融危机发展中国家受到金融领域冲击的研究,回顾了在目前这种国际货币金融框架下,发展中国家为解决经济发展中存在的金融压抑问题,推行金融自由化要从本国实际出发。防止在金融市场加速开放过程中,造成宏观金融市场风险失控,保持国家控制力,提高危机金融稳定和保证经济安全的能力。

三、现代马克思主义经济学家的观点,资本主义生产关系在全球的拓展引发全球经济失衡

美国马克思主义经济学家瓦迪·哈拉比的观点最具有代表性,他指出这次金融危机决不仅是次贷危机、金融危机,本质上是资本主义经济危机。资本主义经济危机的实质就是生产过剩,剩余产品及产生剩余的生产环节是资本主义经济危机的根源。现如今生产过剩有双重表现:一是生产能力的过剩,因为相当数量的剩余是生产资料而不仅是消费品;二是资本在生产领域不能获利转而进入投机领域。资本闲置的事实表明生产能力大量过剩,另一方面则是需求严重不足,这就是生产相对过剩。此次经济危机的根源是生产过剩,剩余只产生于生产领域,金

融行业虽生大量利润，但并不生产剩余。资本主义克服经济危机只能通过摧毁多余的生产能力来完成。当今资本主义体系呈现金字塔式的分层结构，处于塔尖的是美帝国主义，接下一层是欧洲、日本等发达资本主义国家，这些地区大都有美国的驻军，再下一层是韩国、巴西等新兴国家，塔底则是非洲、拉丁美洲、巴基斯坦等广大发展中国家。上层国家在这样的资本主义体系中掠夺和剥削下层的国家。美国处于塔尖的位置，通过各种手段掠夺和剥削其他国家维持本国经济的繁荣和稳定，即便日本这样的发达国家也不能幸免。凯恩斯主义拯救不了美国和资本主义经济危机，因为它无法消除资本主义生产过剩。

四、传统金融危机理论的困境

现代西方主流经济学家从各自的认知角度对不同形态的金融危机进行了不同方式的研究，主要体现在过度交易、财政赤字、金融不稳定性、银行体系关键论、银行挤兑、道德风险、资产价格下降、综合性债务、金融创新过度等假说，在此基础上形成的金融危机模型至今已经经历了三代。第一代金融危机模型，也叫国际收支危机模型，它是由萨伦特和亨德森（Salant and Henderson，1978）、克鲁格曼（Krugman，1979）、弗勒德和加伯（Flood and Garber，1984）不断改进所得到的。最初是在1979年克鲁格曼利用萨伦特提出的金本位下的黄金投机理论，来研究固定汇率制度的货币危机问题；后经弗勒德和加伯的进一步发展，形成了所谓的第一代金融危机模型。它能够较好地解释资本账户相对封闭条件下的金融危机。第二代金融危机模型，也被称为自我实现危机模型，它是针对无法用第一代金融危机模型解释的欧洲货币体系危机、墨西哥金融危机而提出的。它是奥布斯特费尔德（Obstfeld，1994）、卡尔沃（Calvo，1995）、艾肯格林等（Eichengreen et al.，1996）、罗斯和韦普洛兹（Rose and Wyplosz，1996）、科尔和基欧（Cole and Kehoe，1996）将政府行为与市场交易者行为结合起来，基于自我实现机制的假设，运用多重均衡分析方法，以揭示拥有大量外汇储备、且宏观经济政策与稳定的汇率政策之间并没有出现不协调性的国家发生金融危机的原因。第三代金融危机模型没有统一分析范式，主要包括克鲁格曼（Krugman，1998）、柯塞蒂、皮塞蒂和鲁比尼（Corsetti，Pesenti and Roubini，1999）形成的道德风险模型，拉德勒特和萨埃（Radelet and Saehe，1998）、常和贝拉斯科（Chang and Velasco，1998）形成的金融恐慌模型，金融不稳定性模型，外资诱导模型，凯明斯基、莱因哈特（Kaminsky and Reinhart，1999），米什金（Mishkin，1999a，1999b），麦金农和皮尔（Mckinnon and Pill，1996）的"孪生"危机模型，查理和杰甘纳森（Chari and Jagannathan，1998）的羊群效应模型。第三代金融危机模型跳出了汇率机制、宏观经济政策以及共政策等宏观经济分析的范畴，转而关注金融中介、资产价格等方面在金融危机发生过程中所起的作用。但是第一代到第三代的金融危机模型在当前新型的金融危机面前是束手无策的，甚至根本就没有认识到这场风暴的来临，这源于它们要么局限于各种经济表面的现象，要么没认识到经济运行的动态性，没有深入到经济运行方式的本身中来分析，所以得出了从事实情况来看令人荒谬的结论。那如何突破当前这种传统金融危机理论的困境，从而构建第四代金融危机理论呢？

通过以上分析，可知经济运行方式发展的重要特征是经济不断虚拟化已经使得虚拟经济开始引领实体经济，这也是这次金融危机表现出新型特征的根本原因。随着经济虚拟化程度加深，货币资本的流动越来越多地参与相对价格的决定过程，从而在一定程度上决定着资源配置，这就从根本上改变了传统的资源定价方式和资源配置的方式。这使得我们的金融危机理论再也不能基于传统的"一般均衡"、"货币中性"和"经济增长"三个理论框架的支点上，从而得出主流经济学理论所谓的经济金融危机外生性、小概率性、不可预测性也无规律可循的结论。肯尼斯·约瑟夫·阿罗也说过，当前全球经济运行方式改变了传统的经济理论，所以当前的金融危机呼唤第四代金融危机理论的出现。金融危机理论的作用在于预测、判断，甚至避免金融危机的发生。而事实证明，前三代金融危机理论往往只能对已经发生的金融危机做出事后解释而无法对新情况提出有价值的意见，在该方面的功能似乎是微乎其微。因此，第四代金融危机理论必须从经济发展的大趋势、经济运行方式以及人类的发展规律中去寻找。

五、新金融危机理论的初步探讨

马克思《资本论》第三卷提出了虚拟资本的概念，按照马克思对虚拟资本之所以产生的分析思路，以资本追逐利益为本质的资本主义社会经济发展到某一阶段必然会出现经济的虚拟化。游离出实际生产中的虚拟资本构成了马克思货币金融理论的核心范畴，它被认为是金融等机构的资本中大部分股票、债券、衍生品等金融资产这棵大树不断茂盛的根。马克思在《资本论》中曾详细论述了商品的内在矛盾怎样孕育并发展为庞大的资本主义经济，而今天的虚拟资本的新发展也正是商品内在矛盾继续发展的产物（刘骏民，1997）。马克思指出资本主义商品经济的本质属性是价值增殖，因此，一切可能产生利益或者收入的地方都将会被资本所吞噬。那些原本没有市场价值的东西，包括有形的和无形的，如土地、股票和买卖的权利甚至是 CO_2 的排放等，它们通过资产证券化的过程中都被资本化了。人们的工资、利润、利息等收入被用来发行债券，这些债权也就都披上了价值增殖的外衣；银行、企业的各种应收款证券化取得了虚拟资本的形式；而对高收益的疯狂追逐使得由赌博、投机的活动带来的不确定性也被资本化了。所以虚拟资本在当代的发展，虚拟经济越来越表现出独立于实体经济而自行运行的特征，是资本主义生产方式进一步发展的必然结果。当虚拟经济的介稳性受到破坏之后，金融危机就必然爆发。因此，未来的金融危机理论需要以马克思虚拟资本理论作为其理论基础，认清当前虚拟经济运行方式的特点及与实体经济的关系。

（一）弄清货币资本使风险如何在经济系统中积聚、积累和分布

如何认识货币与经济的关系，关系到货币资本在风险的聚集、积累和分布中的作用问题。

货币中性的理论依据不外乎货币数量理论和一般均衡理论，前者从货币数量仅与名义变量的物价总水平有关的角度，后者从市场上所有的商品包括货币的超额供给和超额需求将自动调节到相等的角度，都得出了货币丝毫不会影响实际经济活动的结论，所以在主流经济学的一般均衡理论中，货币是多余的，它仅仅是交换媒介，可以忽略不计。同样，基于一般均衡理论的正统经济增长理论也认为，金融活动是不会直接创造实际GDP的，它促进经济增长的作用只能通过提高"储蓄转化为投资"的效率来实现。不可否认，货币数量公式在特定的历史时代背景下无疑是有效的理论工具，在虚拟经济发展还处于低级阶段的时候，忽略虚拟经济部门几乎对我们分析经济现象而得出的结果没什么大的影响，但在经济虚拟化的当前如果还这样假设就会产生南辕北辙的结论。当前经济虚拟化下的货币恒等式已经变成 $MV + M^*V^* = PQ + P^*Q^*$，$P^*$ 表示金融产品价格，Q^* 表示金融产品的数量，PQ 为商品市场总价值，P^*Q^* 为虚拟经济市场总价值，MV 为实体经济的货币流通量，M^*V^* 表示虚拟经济的货币流通量。此外，就美国而言，除去为金融投资的服务创造GDP以外，金融投资本身也在创造工资和利润，它们不但被直接计入美国的GDP，而且其份额越来越大。美国的统计数据正在向人们显示：储蓄（金融投资）在虚拟经济部门就像实际投资作用于实体经济一样，可以直接创造GDP；以金融保险和房地产及其租赁业为代表的虚拟经济部门创造的GDP已经达到总GDP的1/3。

事实已经证明，货币是非中性的。这与马克思虚拟资本理论中处理货币的逻辑是非常一致的。在虚拟经济高度发达的今天，不但虚拟经济已经居于GDP创造的顶端，而且货币资本的配置也正在成为资源配置顶端的市场机制，未来经济危机理论模型需要解决货币资本通过配置资源如何使风险在经济体系中聚集、积累和分布的问题。

（二）认识到实体经济与虚拟经济动态稳态关系

成思危（2003）认为虚拟经济系统具有复杂性、介稳性、高风险性、寄生性和周期性的特性。其中，寄生性是指虚拟经济是寄生在实体之上的，在实体经济系统中产生的风险都会传递到虚拟经济系统中，导致其偏离稳态。因此，成思危把实体经济系统看成经济系统中的硬件，并认为虚拟经济系统是经济系统中的软件。马克思认为虚拟资本具有独立于现实资本的运动形式，但它只不过是现实资本的一种存在形式（纸制复本）。实际上，虚拟经济本质上是以实体经济为支撑的，是为实体经济服务的，脱离实体经济基础的虚拟资产泡沫迟早要破灭。如对于一个封闭的国家来说，虚拟经济能提高实体经济的生产效率，而虚拟经济部门的利润所形成的购买力必须要有实体经济部门提供的物品与之相对应，否则经济系统将不能自我循环。此时，表现为虚拟经济的规模与实体经济的规模之间的动态相对稳定关系。假如是一个开放的国家，刘骏民（2010）把该情况下的动态稳态的条件称为成氏定理，是指随着本国虚拟经济在经济总量中份额的增长，将促进本国经常项目国际收支向逆差方向发展，促使本国金融项目的国际收支向顺差方向发展，只有二者可以长期保持均衡的时候，本国的虚拟经济才可以正常运行。不论是内部还是外部的失稳都会导致金融危机。所以，第四代金融危机理论要能体现实体经济与虚拟经济动态关系，看能否找到稳态的发展路径。

（三）金融杠杆泛化是经济虚拟化的本质，也是系统性风险动态积累的方式

经济虚拟化的本质是金融杠杆的泛化，而金融创新不过就是创造使用金融杠杆的新技术、新方法以便创造更多的金融资产和相应的收入。所以，金融衍生产品从其诞生起就具有双重属性：一方面它的出现提高了经济和金融体系的资源配置效率，通过杠杆化交易，用少量的自有资金支配比自身大得多的外部资金，推动了金融市场的繁荣和扩张，并通过利润创造所带来的财富效应推动了实体经济部门的发展；另一方面因其过度衍生和投机，信用链条延长，所涉及的参与主体众多。并且，杠杆化操作既可以放大自有资本的利润率，也可以以同样的倍数放大损失，甚至在危机期间使自有资本在瞬间损失殆尽，使整个金融市场所面临的系统性风险空前加大。如美国证券交易商和经纪商的杠杆率从1990年开始，该机构的杠杆率从10一直上升到危机前的46的高水平。随着杠杆率上升，金融资产持有的风险也在不断地被放大。当这种金融杠杆泛化到一些高风险的投资群体，原有的信用风险被再次放大。不断上升的违约率使得信用风险最终爆发，并沿着金融创新链条从原有资产向高端金融衍生产品传递，导致了金融体系的系统

性风险大爆发，从 2007 年开始，几乎所有金融机构都开始出售高风险的金融资产，清偿高企不下的债务，即开启去杠杆化过程。去杠杆化机制在各个金融市场间产生联动效应。美国金融通过高杠杆增加自己的盈利能力，杠杆效应在放大收益率的同时也放大了未来可能的损失。次贷危机形成的坏账被放大几百倍，并且由于链式反映而传至各个金融市场。由于美国金融机构弥补流动性的不足，不得不从全球抽回资本，以降低金融杠杆，这就产生了去杠杆化机制。由于这些资本的撤出，使得世界各地的股市、大宗商品的价格暴跌，价格信号产生了扭曲，对世界各国的金融市场都产生了极大的冲击，发生于美国的金融危机向世界蔓延开来。因此，第四代金融危机理论需要认识到金融杠杆是如何泛化的，如何认识"去"杠杆化机制及其所带来的系统性风险。

（四）源于虚拟经济部门的危机是未来金融危机的主要形式

实体经济是技术和生产成本支撑的价格系统，而虚拟经济是心理支撑的价格系统。前者随技术进步价格呈下降趋势，从而边际收益递减成为普遍的规律；后者则是心理支撑的价格系统，从众心理等因素导致其存在着正反馈和边际收益递增的普遍规律。这样，虚拟经济领域内在的波动性（或不稳定性）将随着它在经济中的比重增大而开始影响到整个经济的运行，使得 20 世纪 90 年代以后，经济不稳定性的根源从实体经济的物价不稳定逐渐转向资产价格的不稳定性。虚拟经济稳定已经成为当代经济稳定与国家经济安全的核心领域。这种不稳定性被成思危称为虚拟经济的介稳性，并分析认为主要来自三个方面：一是虚拟资本本身的虚拟性，其价格的确定不是依据本身内在的价值，而是依据人们对未来价格的主观预测；二是货币虽然还具有作为支付手段的使用价值，但已经不再具有真正能以某种实物来衡量的价值，已经被虚拟化了，货币的虚拟化增强虚拟经济的不稳定性；三是正反馈作用。所以，虚拟经济部门的不稳定性决定了未来危机的形式必然是金融危机。

第二节　经济危机历史阶段划分与当前金融危机的新型特征

新帕尔格雷夫词典把金融危机定义为，一个国家或几个国家与地区的全部或大部分短期利率、货币资产、证券、房地产、土地价格、商业破产数和金融机构倒闭数等金融指标的急剧、短暂和超周期的恶化。如果金融危机蔓延到其他经济领域，引发企业的大量倒闭、失业增加和经济萧条，则会转化为经济危机（张斌，2007）。仔细研究经济与金融危机史便可发现，不同历史时期的经济危机、金融危机都表现出不同的特征。大概可以把金融危机史划分为如下几个阶段，如表2-1所示。

表2-1　　　各个历史阶段分地区的金融危机发生的次数

地区\时期	1900~1924年	1925~1949年	1950~1971年	1972~2006年
非洲	1	0	0	21
亚洲	1	2	4	8
欧洲	2	12	0	7
拉丁美洲	13	18	9	38
总计	17	32	13	74

资料来源：根据 M. Reinhart & Kenneth S. Rogoff (2008) 整理而得。

　　第二次世界大战前，市场经济的运行主要由看不见的手支配，经济表现出周期性的涨落。实体经济可以明显地表现为："繁荣—衰退—萧条—复苏—繁荣"，而与此对应的资产价格则表现为："资产价格泡沫化—泡沫破裂—股价下跌、银行挤兑—资产价格膨胀—资产价格泡沫化"。所以，金融危机也是伴随着经济危机而出现的，二者具有同步性，并且相辅相成；实体经济的危机会导致金融危机的进一步深化，而金融危机又使实体经济进一步滑向谷底。这种古典式经济与金融危机的典型代表是1929~1933年的大萧条。第二次世界大战后至1971年布雷森林体系的崩溃这一阶段，世界经济处于快速的恢复与增长阶段，经济周期表现为经济增长率的波动，金融体系也只有小的波动，除了几个处于改革的国家外，整个银行系统是稳定的；由表2-1中可以发现，从1972年开始，世界经济进入到一个危机频发阶段，主要表现为由外债和汇率引起的货币危机，由房地产引起的银行业危机。以20世纪90年代发生的拉美债务危机、北欧危机、亚洲金融危机为典型代表，其往往以货币危机为先导，国际游资大量进出，资产价格暴涨，形成泡沫，最后泡沫破裂导致金融危机。与第二次世界大战前及2007年之前的金融危机相比较，美国的金融危机具有某些特殊的新特征。以莱因哈特和肯尼思·S·罗戈夫（M. Reinhart and Kenneth S. Rogoff, 2008a）的《2007年的美国次贷危机非常与众不同吗？》为导火索，关于美国金融危机是否定义为新型的金融危机一直争论不休。问题的重点在于，这些新特征重要吗，它是否是经济体系内部发展的某些不可逆转的根本性质的表象呢？传统的经济理论能否很好地解释它呢？本次危机的爆发并不是新古典经济学家们所认为的偶然因素，而是经济发展的历史必然结果。从经济运行的动态角度来看，本次金融危机确实具有新型的特征。本书认为把这次危机定义为新型的金融危机是具有重要历史意义的，它使经济学家们改变传统经济学理论来重新用认识经济运行的规律，加速了经济理论与事实相一致的进程。这种新型表现为在虚拟经济部门发酵很长时间而在空间上迅速放大。

一、发酵过程化：金融危机源于虚拟经济部门，表现出很强的独立运行的特征

金融危机在虚拟经济部门持续了很长时间才传递至实体经济。把2007年4月2日美国第二大次级抵押贷款公司"新世纪金融"申请破产保护作为危机的开端，之后的几个月内实体经济仍然保持增长。甚至在2008年9月15日全球股市遭遇"黑色星期一"即爆发全球性金融海啸之后的几个季度内，美国实体经济实际上还是处于一个健康良好的运行状态。从增长率的指标来看，2007年一直保持在4%~6%，平均增长率为5.33%；在2008年前三个季度依然保持正的增长率，分别为1%、3.5%和1.4%，直到2008年12月才出现负增长。从失业率来看，2007年全年平均失业率仅为4.6%，直到2008年5月之后才开始攀升，在2008年8月至11月还维持在6%多一点的水平，直到2008年12月才上升到7.2%，2009年2月达到8.1%。所以无论是从反映实体经济的重要指标失业率还是经济增长率来看，都可以得出这样的一个判断，即危机一直维持在虚拟经济领域，经过独立于实体经济的金融危机长达整整12个月的时间才扩散到实体经济领域。

二、空间迅速泛化：国际间传染速度之快让人惊骇，形成全球性的系统性金融危机

无论是从资本主义发达国家还是发展中国视角来看，当前这场金融危机都表现为明显的同期性，爆发于美国的危机很快蔓延至世界各个国家。正如克鲁格曼当初所做出的反应"没想到这种金融骨牌效应会到这种令人极为惊骇的地步"。据IMF 2008年的统计，在金融危机中，欧美金融机构共损失5.8万亿美元，其中美国损失4.4万亿美元，欧洲损失1.4万亿美元。而发展中国家也未能幸免于难，据亚洲开发银行2008年的统计，亚洲国家（不包括日本）共损失金融资产9.6万亿美元。金融危机使全球流动性突然短缺，使得发展中国家面临巨大的融资难题。发展中国家所获得的贷款数额，从金融危机前的1万亿美元猛降到现在

的 1 500 亿美元。世界银行 2009 年 3 月 8 日指出，金融危机将使穷国和发展中国家共 129 个国家存在数额高达 2 700 亿～7 000 亿美元的资金缺口，而国际金融机构已无力弥补这一巨大资金缺口。危机从一开始就没有局限于美国，而是在极短的时间内扩散到了全球金融市场的各个角落，所以表现为一种全球性的系统性金融危机。

第三节　全球金融危机对经济的影响及全球经济调整

由于对金融危机深层原因的认识不同，持有不同观点的学者提出的经济调整政策有很大差异。

一、西方主流学者的全球经济调整政策

因为对全球金融危机的根本原因存在认识上的巨大差异，西方主流经济学家几乎都不认为国际货币体系存在严重问题，而是更多强调美国经济失衡和国际贸易结构失衡，同时也提出中国等发展中国家在产业和出口导向政策方面存在问题。基于此，劳拉（2008）给出的药方是最有效的经济刺激方式不是由政府直接花钱，而是由政府提供贷款或贷款担保向按揭市场、中小企业、学生贷款、汽车公司提供担保。经济刺激政策可以是直接贷款，也可以是贷款担保，比如美国，很长时间以来直到 2007 年都在进行着经济扩张，而金融危机爆发后国内消费，包括和房地产相关的开支下降将不再能够支撑经济增长。由于美国现在还能在世界范围内融资，从这个意义上来说，美国还是有能力筹资进行市场进一步的干预。斯蒂芬·罗奇（2008）认为美国新的经济增长来源应该是基础设施投资和出口。劳拉、斯蒂芬·罗奇、麦金农等国内外学者认为未来十年的模式是全球合作，世界经济相互依存度是非常高的，那些有能力解决问题的国家应该一起配合和协调，只有那些有能力、有手段、有机构解决问题的国家采取措施，才能提升全球企业的信心。

二、基于国际货币金融体系和全球经济结构失衡的认识，对全球经济发展趋势的判断

有些学者强调国际货币金融体系失衡是全球经济失衡的重要原因。朱民

(2008、2009)对发达国家危机对策作了总结,将危机中政府的救市和经济刺激政策归纳为十个方面:降息、直接注入流动性、严禁卖空、金融机构国有化注资、为金融机构的债券担保、央行直接为企业融资、解决住房贷款抵押人的问题、向中小企业贷款、大规模财政经济赤字、通过国际货币基金组织向中小国家实行援助,防止危机的全球蔓延。朱民(2008)、刘骏民(2008)等学者都认为从长期看美国经济衰退是必然趋势,而欧洲问题比美国更为严重。主要在于欧洲金融行业创造的新产值占 GDP 的比重更高,因为金融受重创,所以经济下滑的风险更大,因为欧盟的房地产泡沫比美国还严重,欧洲银行的资产远远超过美国,欧洲的房价泡沫才刚刚开始变化。因为欧盟主要是在内部区域间出口,所以它的周期性扩大效应很大,可以看到欧洲地区经济衰退不可避免。日本的情况是过去几年主要靠出口,消费非常疲软,消费对整个经济的推动作用很小;因为世界需求的下降,日本的出口受到很大影响;日本今天的利率水平为零,日本的财政赤字是 GDP 的 168%,所以日本没有什么政策空间,这使得整个日本经济非常被动,当全世界经济都陷入衰退时,日本经济只能跟着进入衰退。

三、对失衡的国际货币、金融体系的认识

罗纳德·I·麦金农、克鲁格曼等人的观点具有典型的代表性,这些欧美学者认为短期内中国没有别的选择,全球其他国家也没有其他办法,只能继续用美元作为储备货币,因为整个世界都是以美元为标准的,从最近来看,美元仍然是一个安全货币,从长期来看,也许可以重新考虑国际货币机制如何重组。关于美元、欧元、日元的稳定性问题,还得选择以美元作为锚。

而中国的一些学者如周小川(2009)、戴相龙(2008)、刘骏民、李宝伟、张云(2008)等主张逐步推动人民币国际化是解决国际货币体系失衡问题的可行办法。为了解决国际货币金融体系失衡问题,首先改革国际货币金融体系,推进人民币国际化,首先逐步建立"三本位"货币体系,约束全球流动性泛滥,从而从根本上解决中国国内的流动性过剩问题。尽管经济全球化的趋势是不可能逆转的,但是现行国际货币金融体系内在矛盾没有有效解决,困扰世界经济的问题就始终存在。

刘骏民(2007、2008、2009)指出,1995 年以来,多边贸易的顺差和外国直接投资的大量流入,导致我国国际收支顺差,积累了大量流动性的美元资产,这便是人民币升值压力的国际基础。任何不能以本币放贷的国际债权国都会面临日益严重的货币错配问题,即"高储蓄两难困境"。今天,人民币也不例外。人民币既无法被用来在国际金融市场上发放贷款进行投资,也不能对储备美元资产

的风险进行对冲。随着时间的推移，美元债权进一步增多，国内美元资产所有者越来越担心人民币对美元升值的风险，于是会争相持有人民币，导致人民币更加升值；而外国人则会抱怨我国贸易顺差的持续增加，认为这是由于人民币币值被低估导致的，要求人民币升值，这使得人民币升值压力更大，进而造成国内美元资产持有者更多的担心。一旦发生将美元资产兑变为人民币资产的风潮，政府就会左右为难。今天中国走到了同样的历史关口，德国和日本应对本币升值压力与推进本币国际化的历史经验和教训值得我们借鉴。中国必须抓住自身经济快速增长和人民币汇率具有较强升值预期的这一黄金时期，顺势开放中国的资本账户，积极推进人民币国际化和向外输出人民币。利用高额外汇储备积极推进人民币国际化，使我国在国际货币体系中具有货币发言权，成为真正意义上的经济强国是当务之急。没有货币地位的经济大国是不能持久的。对当前的中国而言，要么人民币国际化，成为真正的经济大国；要么始终受制于外国强势货币和金融。高额外汇储备的最佳途径是支撑人民币国际化。

第三章

美国金融危机的性质、根源及发展回顾

美国在 2008 年之间经历了严重的金融危机，金融危机的核心是美国银行信用危机，美国政府的救市措施则是在用国家信用支撑银行信用，而美国国家信用已经不断透支，这次对金融危机的干预会更大地消耗美国的国家信用，国家信用的动摇会引起美元危机，更大的麻烦在于由此引起整个国际货币体系的危机。我们认为当美国境内的金融危机发展到美元危机的时候，国际货币格局将会改变，这将引起经济格局的巨大变化，经济格局的变化很可能像当年"苏联"解体一样，使另一个超级大国削弱为一般经济大国，为世界的货币格局和经济格局留下真空。世界会因此进入一个不稳定时期，市场经济的核心理念"经济自由化"将遇到巨大挑战，各发达市场经济国家的自由化方向会终止，世界向何处去将再次摆在世人面前。世界不乱最好，但中国要为"乱世"做好预案。

第一节 美国银行信用的崩溃与国家信用的介入

美国金融危机的核心问题是投资者对美国金融业的整体信心崩溃，重建信心是解决美国金融危机的核心。

一、次贷危机使美国银行信用崩溃

次贷危机的性质就是美国国内爆发的金融危机,它是美国以银行信用为核心的市场信用系统的危机,是美国长期信用扩张导致金融杠杆活动泛化的必然结果。金融杠杆就是用少量的钱去做大量资金才可以做的交易,其中尤其以收入流的资本化最为流行。因此,对于银行业和证券业,只要收入流相对稳定,不管有没有对应的实际资本,都可以证券化,这样就从微小的收入流"虚拟化"出大量的金融资产,它们多数没有任何实际资本对应。据美国财政部统计,截至2007年年底,美国居民、政府、金融机构等未到期债务资产总额有50万亿美元,美国居民住房抵押贷款总额约为12万亿美元,美国债券市场总值为27.4万亿美元,美国股票市场总值约为16.5万亿美元。此外,期货、期权以及保险领域等金融衍生品涉及的金额也十分巨大,仅"信用违约掉期"涉及担保的金额就从2000年的1万亿美元,暴涨到2008年3月的62万亿美元(这一数字只包括了商业银行向美联储报告的数据,并未涵盖投资银行和对冲基金的数据),其他衍生品如利率掉期等总额初步估计大约为260万亿美元。它们平时基本上是不存在的"资产",而在危机中它们却需要巨大的现金流来填补。正是这种杠杆活动的泛化导致"小资金捅出大窟窿"的事件普遍发生,如被接管的房利美和房地美两家公司,其自有核心资本合计832亿美元,而这些资本却支持着5.2万亿美元的债务与担保,杠杆比率高达62.5倍;美国前五大投行,包括倒闭的贝尔斯登和雷曼、被收购的美林以及现在转行为传统商业银行的高盛和摩根,其杠杆比率几乎都在30倍左右。因此,一旦这些金融机构因次贷违约率上升而导致账面资产出了问题,它们的核心资本遭受亏损,而又不能募集到新的资本金的话,它就必须降低自己的杠杆倍数,即这些金融机构不得不启动一个去杠杆化的过程,这个过程引起了人们对这些高杠杆率的金融机构资不抵债的深深恐惧,于是纷纷抛售这些金融机构的股票以及去银行挤兑等,直接引起了美国金融机构的倒闭风潮。目前美国的前五大投资银行已经全部终结:贝尔斯登和雷曼倒闭,美林被收购,高盛和摩根转行为传统商业银行,美国第五大储蓄银行华盛顿互惠银行被收购,美国第二大主营抵押贷款业务的印地麦克银行倒闭,破产的美国中小银行截至目前已经达到了12家(如第一优先银行、诚信银行等),根据美国联邦存款保险公司的数据,美国有倒闭风险的金融机构在其观察列表上不断增加已经达到235家。其总裁指出,存款保险公司可能必须向财政部借款,以应付银行倒闭风潮。故目前次贷危机就是美国境内银行信用的崩溃。

二、次贷危机产生的直接原因：金融杠杆活动的泛化

次贷危机之所以产生是美国低收入者住宅抵押贷款的证券化出了问题。银行批准贷款的选择顺序是收入从高到低，风险从低到高。只有当风险小、收入高的客户开发殆尽的时候，才会轮到低收入者获得贷款。它充分反映了杠杆使用过度的情况。金融杠杆的最大好处就是可以将货币收入的涓涓细流一下子放大成似乎有取之不尽的货币财富的大江、大湖，但同时也带来了以下两方面问题：

第一，杠杆活动泛化的同时导致货币收入和风险的放大机制也泛化了。比如，在次贷危机中倒闭的贝尔斯登投资银行为了赚取暴利，采用30倍杠杆操作，假设其自身资产为30亿美元，30倍杠杆就是其能动用900亿美元资金，也就是说，贝尔斯登能以30亿美元自身资产为抵押去借900亿美元的资金用于投资，假如投资盈利5%，那么贝尔斯登就获得45亿美元的盈利，相对于贝尔斯登自身资产而言，这是150%的暴利；但反过来，假如投资亏损5%，那么贝尔斯登赔光了自己的全部资产还欠15亿美元。

第二，金融杠杆的推广导致风险传染链条深入到了整个经济的各个方面，比如当代美国各个金融机构之间的资产负债表都相互联系，一荣俱荣，一损俱损，这就将金融业的脆弱性带给了整个美国经济。即使美国没有次贷危机也必然会有其他从杠杆化尖端金融产品开始的金融危机。

三、次贷危机救助措施的本质是用国家信用支撑正在崩溃的银行信用

次贷危机发生以来，美国政府的救市措施大致包括以下两项：

第一，美联储向陷入危机的金融机构直接注入资金。以前美联储只向商业银行提供贴现贷款，次贷危机发生之后，美联储推出了三项金融创新（定期贷款拍卖、一级交易商信用工具和定期证券借贷工具）直接救助金融机构。这些机制有两个主要特点：一是增加了美联储可以直接注资的对象，从以前的传统商业银行扩展到一级交易商、大型投行、保险公司；二是扩大了抵押品范围，商业银行要向中央银行借钱，就必须提供抵押品，以前的抵押品必须是高等级的国债，现在其他债券乃至次级债也可以，到现在，以美国国际集团为例，股权也可以了，可以在美联储抵押的资产质量在不断地降低。

第二，直接干预、重组乃至接管濒临倒闭的金融机构，以及最近由美国财政部出资7 000亿~8 100亿美元的救市方案。此方案计划由财政部发行国债筹集

7 000 亿美元，然后使用这笔钱购买金融机构的呆坏账，实际上美国政府是要成立一个类似于中国资产管理公司的机构，来购买并负责处理坏账，由财政资金兜底。

美国上述两项救市计划的目标是设法挽救正在崩溃的银行信用，这里有如下两点值得注意：

第一，美国直接注入流动性会暂时缓解濒临倒闭银行与金融机构的压力，其最大的好处是缓解了金融系统中过度杠杆化的风险，用现金将快要全面断裂的金融杠杆绑结实。问题是美国金融杠杆化的程度已经很深，要全面去杠杆化，需要注入的资金将不是 7 000 亿~10 000 亿美元所能奏效的。据美国经济分析局的调查，美国次贷总额为 1.5 万亿美元，但在其基础上发行了近 2 万亿美元的抵押贷款证券（MBS），进而衍生出超万亿的债务抵押凭证的结构化产品（CDO）和数十万亿的信用违约互换产品（CDS），IMF 估计次贷资产总的亏空在 3 万亿美元左右，而目前美国金融机构资产仅减记了 6 500 亿美元左右，进一步发展还会暴露出多少则没有人可以给出确定答案，美国 55 万亿美元的信用违约掉期市场和 260 万亿美元的利率掉期、股票掉期等衍生品市场都是定时炸弹。可以肯定的是作为暂时止住次贷危机进一步蔓延的措施，美联储注资的额度还要放大。如果金融危机仅限在美国境内，且金融机构能通过借贷自己解决面临的不良资产的时候，注入流动性和企业自发重组可以起作用，但是问题进一步严重到资不抵债申请破产保护的时候，就不仅仅是最后贷款人的问题了，而是需要政府直接干预，目前美国次贷危机已经严重到这一步，于是由保尔森和伯南克提出，诞生了美国自 1929~1933 年经济大萧条以来最大型的救市方案。

第二，美国第二项救市措施中采用 7 000 亿美元直接收购呆坏账，这本质上是将美国金融市场上的呆坏账从金融机构的资产负债表上转移到美联储以及美国财政部的资产负债表上，最终呆坏账并没有消失，而是由美国政府来承担了，这属于用国家信用去支撑银行信用。这里的问题是：首先，大规模使用国家信用支持银行信用，与美国一直推广到全世界的"自由市场经济"价值观背道而驰，这就注定了短期内不能恢复人们对美国金融业和对美国经济的信心；其次，此次注资救助方案需要大规模使用美国国家信用，即发行国债筹资来购买金融机构呆坏账。如果呆坏账仅限在美国境内，那么美国使用类似中国的呆坏账处理方法是可以救助的，但目前美国的国家信用关键在境外，美国国家信用的典型代表是国债，据美国统计局资料，2006 年年底境外投资者持有美国国债为 21 150 亿美元，占美国国债总量 43 229 亿美元的 49%。此次美国财政部大规模增发国债的救助行为必然危及美国国债的信用等级，目前由于担心美国国债等级下降，为美国国债保险的信用违约互换产品价格大幅跃升就是一个证明，这就会造成境外投资者对国债和整个美国经济的信心难以持续,如果大规模救助方案引起越来越多的人和国家对美国的未来看淡,就会引致美元和国际货币体系的危机。

四、次贷危机是美元危机的序幕

次贷危机会逐步扩展到其他金融资产危机,如印地麦克(IndyMac)银行是一家专门提供接近优级(Alt-A)贷款的银行,其倒闭证明资产信用风险已经由次级抵押贷款市场充分传递至接近优级贷款市场。迄今为止美国20个大城市的标准普尔Case希勒指数均下跌了20%左右,市场普遍估计美国平均房价还有10%~15%左右的下跌空间,房价继续下跌无疑将导致接近优质乃至优质抵押贷款的违约率继续上升,从而造成基于优质抵押贷款债权的衍生证券资产价值进一步缩水,导致境外投资者进一步对美元资产丧失信心。这会加剧境外对美元资产看跌预期,引起抛售美元资产,引起美元汇率新一轮下跌。因此美国更大的麻烦在境外,境外对美元资产丧失信心意味着对美国经济丧失信心,包括对美国银行信用和政府信用的进一步动摇,这会引起美元汇率的新一轮下跌。危机将会由美国境内发展到境外,由美国银行信用的危机发展到美国国家信用的削弱。

第二节　当代美国经济的特殊循环及其严重的对外依赖

一、美国当代经济的特殊循环

美国从1982年开始持续26年经常项目逆差,逆差规模从1982年的55亿美元增加到2007年的8 000亿美元,增长了145倍多。世界上没有一个非国际货币国家可以持续这样做。美元是国际货币,只要美国国内能够合理地创造出美元的货币收入,美国人就可以通过贸易逆差购买世界上任何产品和资源。美元现金就这样流出美国进入为美国提供商品和资源的国家,这些国家再用美元现金购买美国的债券和其他金融资产使美元现金流回美国。在这个循环中一头是不断消费别人的产品和资源,另一头就只好不断积累美国的债券和其他金融资产。美国消费别国的产品和资源越多,美国境外积累的债券和其他美元资产就越大,截至2007年年底,美国财政部统计数据表明美国境外资产约为13万亿美元,而美国GDP

也才13万亿美元。久而久之，美国和世界都对这个循环产生了严重的依赖。

一方面，如果美国失去了8 000亿美元的经常项目逆差，美国就会遭受严重的生活必需品匮乏，因为美国进口的产品虽然价值很低，却多数是日常生活中的必需品，其不会因为金融危机的影响就不使用；另一方面，如果美国的债券和金融资产不能在境外顺利出售，就意味着境外投资者对美元资产的信心丧失，不再接受美元资产了，这必然会引起抛售美元资产的风潮，进而引起抛售美元，美元贬值。显然，美元资产能否在境外顺利销售是美国当代特殊经济循环的关键环节。

二、美国经济的"去工业化"和经济"虚拟化"

在第二次世界大战后的20世纪50~60年代美国经常项目一直是顺差，金融项目一直是逆差，这个时期美国经济的对外循环方式是：通过资本项目逆差如对外贷出美元和对外美元援助输出美元，得到美元的国家再用美元购买美国制造业生产的产品，从而导致美国经常项目持续顺差。这种对外的美元循环方式导致对美国实体经济的持续的外部需求，刺激美国实体经济的发展。1971年美元停止兑换黄金以后，美元流出美国失去了黄金储备的约束，为美国持续经常项目逆差开了绿灯。20世纪70年代美国经常项目有五年是逆差，这标志着从经常项目顺差的循环方式向经常项目逆差的循环方式演变。1982年以后美国开始了持续经常项目逆差的时代。经常项目逆差的特殊循环方式是指美国通过经常项目逆差用美元现金买回其他国家的产品和资源，其他国家再用得到的美元现金购买美国的债券和其他金融资产。美元现金通过经常项目逆差流出美国，又通过金融账户流回美国。在这个过程中，一方面美国消费了别国的资源、商品、劳务；另一方面在境外留下了越来越多的美元债务和金融资产，更为重要的是，通过金融账户不断回流的美元刺激了美国境内可以炒作的"虚拟资本"（包括房地产、股票、债券及其他可以反复炒作的金融资产）的不断膨胀。也就是说，这种特殊的循环方式刺激美国虚拟经济的发展，并造成了美国实体经济的衰落。虚拟经济不断膨胀而实体经济却不断衰落的趋势，造成了虚拟经济与实体经济背道而驰的严重失衡。

（一）美国经济的"去工业化"——实体经济的衰落

斯坦福大学著名经济学家麦金农首先提出了美国经济的"去工业化"问题，他意识到美国持续的经常账户逆差会加快削弱美国制造工业，指出由于制造业的技术进步比其他部门要快，故美国很难在没有制造业的情况下保持技术上的领

先。我们认为,麦金农所讲的"去工业化"实质上反映的是美国实体经济的衰落。我们的研究证据有三点:

第一,美国在布雷顿森林体系建立之初的1945~1950年,其GDP基本上占世界GDP的一半,其中1945年为53%,1950年为50%;而到2006年美国GDP占世界GDP的比重已经不到30%了。

第二,从第二次世界大战后到现在,美国GDP的内部结构发生了重要变化。我们用农林牧渔业、采矿业、制造业、建筑业、批发零售和交通运输业表示美国的实体经济(依托于实实在在物质生产和服务的产业),用金融、保险服务业和房地产服务业表示美国的虚拟经济(依托于房地产、股票和债券等金融资产炒作的产业)。我们的分析表明(见表3-1),美国实体经济创造的GDP占其全部GDP的比例从1950年的61.78%,下降到2008年的33.99%,且实体经济中最具代表性的制造业1950年创造的GDP占总GDP的27%,到2008年则只占11.7%;而其虚拟经济创造的GDP占全部GDP的比例则从1950年的11.37%上升到2007年的20.67%。美国战后的三大支柱产业,汽车、钢铁和建筑业早已不再有往日的辉煌了,代之而起的支柱产业是金融服务业和房地产服务业。

表3-1 美国实体经济与虚拟经济各自创造的GDP及其占总GDP的比重 单位:10亿美元

年份	1950	1960	1970	1980	1990	2000	2002	2004	2006	2008
GDP	293.8	526.4	1 038.5	2 789.5	5 803.1	9 817	10 469.6	11 685.9	13 194.7	13 841.3
实体经济	181.5	286.3	518.8	1 332.1	2 293.4	3 637.1	3 676.4	4 088.8	4 563.1	4 704.7
制造业	79.4	133.4	235.5	556.6	947.4	1 426.2	1 352.6	1 427.9	1 549.1	1 615.8
虚拟经济	33.4	74.4	152	442.4	1 042.1	1 931	2 141.9	2 378.8	2 756.5	2 860.7
实体经济/GDP	61.78%	54.39%	49.96%	47.75%	39.52%	37.05%	35.11%	34.99%	34.58%	33.99%
制造业/GDP	27.0%	25.3%	22.7%	20.0%	16.3%	14.5%	12.9%	12.2%	11.7%	11.7%
虚拟经济/GDP	11.37%	14.13%	14.64%	15.86%	17.96%	19.67%	20.46%	20.36%	20.89%	20.67%

资料来源:根据IMF历年公布的数据整理。

第三,值得指出的是,上述美国官方提供的统计数字仍然过高地反映了制造业,对依赖金融资产创造和炒作产生的GDP还要大打折扣。如美国福特汽车公司曾经是美国制造业强大的象征之一,现在它的技术开发能力并不弱,但是卖车挣的货币利润远远不如其从事金融活动的利润。福特汽车公司 2004 年全年税前利润 58 亿美元,其中,有 50 亿美元的税前利润是福特公司经营信贷和租赁等金融业务所得。卖汽车赚的利润不过 8 亿美元,其中大部分还与亚洲的销售市场有关。福特更重要的是一个品牌和平台,靠这个品牌和平台,可以赚取金融服务、汽车俱乐部服务等非制造业收入。靠制造业赚钱对企业家已经失去了吸引力。许多像福特这样的制造业企业多在从事各类虚拟经济的活动。美国实体经济创造的 GDP 中,隐藏着越来越大的虚拟经济创造 GDP 的活动,这些收入中的绝大部分会被计入制造业的 GDP。这就是说,虽然 GDP 统计数字反映出的"虚拟经济不断增大趋势"已经十分明显,但还是不足以说明虚拟经济在当代美国经济中的地位。

(二) 美国经济的"虚拟化"发展

在美国经济"去工业化"不断发展的同时,美国经济的"虚拟性"却在不断加深。美国债券(其中就包括次贷)、股票、外汇、期货、金融衍生品市场、大宗商品期货市场、房地产市场成为美国人创造货币财富的机器。根据国际清算银行保守估计,2007 年底美国境内的地产、股票、债券、金融衍生品市值约为 400 万亿美元,为 2007 年美国 GDP 的 30 倍左右。这就好比美国是一只股票,用其虚拟资产总市值除以美国 GDP 算出的"市盈率"已经高达 30 倍左右,而其他国家类似计算出来的"市盈率"最多只有十几倍,如日本是 16 倍左右,中国是 10 倍左右,这充分说明美国经济已经如一只市盈率过高的股票一样,具有了一定的泡沫性。

三、美国特殊的经济运行方式

20 世纪 80 年代证券化浪潮以来,美国经济运行方式正在悄悄发生着重大变化,50～60 年代美国实体经济的雄风早已不再,美国人的生活已经不再依赖于"自己能生产什么和生产的数量、质量如何?"(中国则对此有严重依赖),而更多地依赖于"美元能买到什么"和"怎样创造出更多的货币收入"。炒股票、炒房地产等非制造业的经济活动完全可以不通过任何实体经济的增长而增加人们的货币收入。只要有货币收入不断被创造出来,人们消费支出就可以维持在高水平上,而只要有高的货币收入,美元的国际货币地位就可以确保人们的消费品供应。因此美国国内的经济运行方式不是"为人民生产什么",而是为人们能保持购买力来"生产"货币收入。它造成了两个值得重视的现象:一是虚拟经济活动的繁荣，只要能创造出货币收入，不管生产不生产产品和劳务都无所谓；二是以制造业为代表的实体经济也只将高价的生产环节留在国内，将低价环节转移到国外。这种曾经让我们一些经济专家羡慕不已的生产方式在危机进一步深化时也会带来巨大的麻烦。因为低价品都是生活必需品，没有需求弹性，例如人们不会因盐降价就在吃饭时多放一勺。所有生活必需品在收入下降时对其需求都不会有太大的减少。那些高价品则不然，收入减少时往往先减少其消费，如奢侈品、高尔夫球拍等。虚拟经济发展和高端高价生产保留的同时，美国富人也在增加，靠劳动工资生活的少了，靠资产收入生活的多了，越富有对资产收入的依赖越强。而金融危机最显著的一个功能就是将富人迅速变穷，特别是那些缺乏自保能力的中产阶级。当消费减少时，高价产品会先于低价产品萎缩，虚拟经济会先于实体经济萎缩。显然中国与此此种经济相比，抗金融危机的能力就强。也就是说虚拟经济越强对金融危机的抵抗能力越弱。

四、美国虚拟经济与实体经济严重失衡的含义

对美国当前金融危机根本原因的不同认识导致对其危机深度判断的重大差异。目前对美国金融危机的成因判断有以下三种：第一，比较普遍的观点是将次贷危机归咎为次级抵押贷款及其金融衍生品；第二，将次贷危机归咎为监管问题和信息披露问题，代表人物如欧洲央行行长特里谢；第三，将次贷危机归咎为全球经济失衡，代表人物如美国财长保尔森。前两种认识集中在金融创新、监管和信息披露上，这种判断的结果是危机仅仅限于金融危机对实体经济和人们消费的影响，只要这次危机可以渡过，美国和资本主义世界都不会有什么根本性的改变；保尔森的认识并没有比前二者更深入，仅仅说危机是贸易失衡造成的，经常项目逆差国和顺差国家都有责任。这些仅仅从纯金融的角度对次贷危机根源的认识，实际上都不认为美国危机会持续很长时间，尽管他们至今还看不清金融危机的底线在哪里，但实际上认为无论是监管层面的调整还是需要顺差国家协助的贸易失衡调整，所需时间都不会太长。

但我们分析得出，美国金融危机的根本原因是美国虚拟经济发展与实体经济发展的严重失衡，即使救市措施奏效，这个根本问题没有缓解危机就会反复发作，直到开始触及和缓解这个问题。美国实体经济与虚拟经济发展的失衡是美国长期积累的问题，不是短期内可以解决的，美国需要一个较长时期重建实体经济与虚拟经济协调发展机制，并需要时间重建其实体经济。因此，对美国当前金融危机的持续时间要有更长远的打算。

第三节 美元危机的必然性及其发展趋势

当前美国经济严重依赖于境外，美国境内人民的生活水平又依赖于其货币收入水平，而收入能否保证消费者消费水平又要看美元能否提供足值的购买力，来保证在境外能够购买到生活必需品。实际上就是境内依赖于货币收入的水平，境外依赖于美元的购买力。但境内美元收入水平又与境外对美元资产的信心密切相关。如果境外对美元资产失去信心，抛售美元资产与美元，美元汇率就会下跌，美国虚拟经济就要进一步受到打击，其创造货币收入的能力就会被严重削弱。这样美元会不会发生危机的决定性力量就逐渐被美国长年累月的特殊经济循环方式转移到了境外，这还在美国可控的范围内吗？

一、美元的最终支撑是美国的实体经济

货币没有含金量之后，其价值就是购买力，即单位货币能购买到的产品数量和劳务数量。如果说100美元购买的小麦从100公斤增加到120公斤，美元的购买力就增强了。当然，不是用某一种商品来衡量其购买力，而是用一篮子商品来综合地衡量其购买力。需要强调的是，货币购买力不能用购买多少张债券，多少只股票来衡量。因为100元股票可以卖100元，100元可以购买100元的债券不过是同义反复，金融资产不能判别货币价值大小，必须用不同的度量单位才可以判断，如用多少斤米、多少米布、多少度电、多少升汽油等来衡量100元人民币的购买力。这就是说，最终美元的购买力是用实体经济来支撑的。在正常情况下，美元在世界范围内进行贸易和投资，其购买力是由在全世界能买到的产品和劳务来衡量的；但如果发生严重的危机，人们抛售美元，其他国家拒绝接受美元的时候，美元的购买力就只能由美国自己的实体经济来衡量。这就是说美元最终购买力是由其本国的实体经济支撑的，美国实体经济越弱说明其美元最终购买力越弱。但在现实中，美元在境内外不断膨胀，而美国实体经济却不断萎缩，这就潜藏着巨大的危机。

二、投机活动猖獗为点燃美元危机提供了数不尽的火种

更重要的是来自境外投机者对美元地位的威胁。美国经济分析局数据表明境

外未到期美元债券的13万亿美元中,只有3万亿美元是各国官方手中的"官方外汇储备",余下近10万亿美元是在境外银行、金融机构、各类私募基金手中的美元资产。美国持续26年经常项目逆差导致世界范围内的流动性膨胀,养育了巨大的投机力量,1997年亚洲金融危机时初露头角的"金融大鳄"如今已经更大了,狙击小国的货币和掀起区域性的金融危机已经"喂不饱"它们,它们既具备咬上大国一口的胆量,也具备掀起更大风浪的实力。据高盛银行报告,全世界的对冲基金资产总额在1999年年底不过3500亿美元,2007年年底资产总额已经上升至1.8万亿美元,数量从3000只上升至17000只,9年增长率500%。它们所能撬动的资金要大于其自身十数倍到数十倍,如在次贷危机中倒闭的著名的凯雷资本下面的凯雷基金,其投机高峰期间,6亿多美元的资本金,把管理的资产放大到200多亿美元,杠杆倍数高达32倍。此外,从事国际业务的金融机构在危机时为了自保也要加入投机行列。美元一旦在国际上形成抛售风潮,立即就会形成"破鼓乱人锤"的局面。金融领域里的"铀235元素"已经"聚集到8公斤以上",只要有一个中子撞入,就会引起核爆炸式的连锁反应。而国际上的投机活动早已具备了各式各样的火星,它们随时都可能点燃燎原大火。

三、美元危机的性质

我们所说的美元危机不是指美元汇率持续下跌达到一定幅度的美元汇率危机,而是指美元支撑的危机,其核心是美元国际货币霸主地位的危机。境外美元过多,会导致美元资产的价格下跌和美元贬值,直到其萎缩至适合其实体经济的一个大致比例。美元目前在国际储备货币中占比为64%,其GDP占世界GDP的比例大约为30%,其贸易总额占世界贸易总额的11%,如果危机暴露了其实体经济衰弱的情况,这些比例可能在最近几年还要下降。显然,30%以下的实体经济却要支撑60%以上的世界货币的功能,总会出问题,通过破产、危机和贬值使得一些资产消失和缩水,使美元占比逐渐下降,直到符合美国实体经济的状况。美元危机就是世界货币体系的危机。那么当美元危机发生的时候,谁能拯救美元呢?

(一)美国无力自救

在次贷危机中,可以用美元来购买呆坏账支持美元金融资产的价格和信用。但当美元危机来临的时候,境外投资者抛售美元资产和美元,美元汇率持续下跌,这时需要用其他坚挺货币来购买美元以支撑美元的国际价格。但是截至2008年9月底,美联储公布的美国外汇储备只有725.6亿多美元(其中包括110亿黄金储备，94 亿特别提款权，47.7 亿美元在国际货币基金组织的头寸以及 472.5 亿美元的外汇储备头寸），相对于其巨大的 13 万亿美元境外资产几乎可以忽略不计。美国没有干涉美元汇率自救美元危机的能力。

（二）其余三大货币：欧元、日元、英镑也无力拯救美元

欧洲能否在美元出问题的时候伸出援救之手呢？欧洲自己的问题并不比美国少，且欧元和欧元计价资产正在以比美元资产还疯狂的速度膨胀：首先，国际货币基金组织统计的货币当局外汇储备总额中，美元外汇储备占比已经从 1999 年的 71% 下降到 2007 年年底的 63.9%，而欧元占比从 1999 年年底的 17.9% 上升到 2007 年年底的 26.5%，短短 9 年时间，欧元显示出比美元还要猛的扩张势头。其次，欧元计价的金融资产在国际间扩张的速度超过了美元资产，在国际债券和票据市场，从 2003 年 12 月末开始，以欧元计价的国际债券和票据余额超过美元，紧接着在 2004 年 9 月，欧元取代美元成为国际债券和票据市场发行量最大的币种，截至 2007 年年底，欧元已在国际债券和票据市场中占据半壁江山。欧洲也面临欧元滥发问题，无力拯救美元。日本虽然对美国言听计从，但美国在 1985 年广场协议的时候让日本上过当了，日本既无力（其 GDP 增长率一直很乏力，最近回到零增长）也无心拯救美元。最后，英镑占国际总储备货币的比例不到 5%，且英国自己的实体经济也很有问题。

（三）与相对强大的实体经济合作是唯一挽救美元危机的途径

美元国际货币地位最基本的支撑是其实体经济。因为美国遇到的根本问题是实体经济与虚拟经济发展的严重失衡。要根本解决问题就要重建制造业，那些美国人不愿意干的低端、低价行业要恢复需要较长的时间。除非美国许多白领被危机变成贫困人口，否则制鞋、织袜等低端制造业就难以恢复。例如，最近有关冰岛金融危机的报道说，破产银行的职员又操起了捕鱼的旧业。但这对美国太不现实了，如果美国自己的实体经济难于在短时间内恢复，与其他实体经济相对强大的国家合作也可以缓解其金融危机的损害。我们举一个最简单的例子，表 3-2 给出了 2005 年美国 GDP 中实体经济（用制造业、建筑业与交通运输业代替）与虚拟经济（金融与保险业）绝对值以及占整个 GDP 的比例，这时候可以看出美国当年虚拟经济是实体经济 1.05 倍。如果我们假定：中国实体经济可以全部嫁接到美国经济上，考虑到汇率的购买力评价，我们假定这里汇率为 1 美元兑换 5 元人民币，则嫁接之后美国的虚拟经济变为实体经济的 0.7 倍，使得实体经济对虚拟经济的承载力大为增强。我们这里仅仅是从美国与中国 GDP 中虚拟经济与实体经济的分解来说明中国实体经济嫁接给美国经济之后的增强作用，实际上还

可以通过如美国和中国虚拟经济与实体经济的存量指标如"市盈率"来探讨。这些指标都是一些大致性的描述，但可以肯定的是，由于中国是以实体经济为主的经济体，而美国是以虚拟经济为主导的经济体，这种嫁接会使得美国、中国乃至全球的虚拟经济与实体经济的发展能够更加协调。我们的研究曾经面对这样的问题，虚拟经济与实体经济的关系到底应该怎样才算是适当的？现在至少可以得出这样一个最粗略，但却可保正确的结论：当虚拟经济的发展不是与是实体经济的发展相互促进，而是导致实体经济开始萎缩或下降的时候，虚拟经济与实体经济的失衡就相当严重了。也就是说，虚拟经济与实体经济的关系表层显现为一个规模大小的比例问题，但更重要的实际是一个从历史看的发展趋势问题。这是虚拟经济与实体经济关系中最核心的关系。在虚拟经济与实体经济共同发展的基础上，如果虚拟经济发展得快一点，不但不影响实体经济的发展还在促进实体经济发展的时候，二者的关系就是正常的，但是，在美国二者长期的不平衡发展，使得美国出现了"去工业化"以及经济虚拟化的趋势。而当中国的实体经济嫁接到美国经济基础之上，美国与中国长期相互合作就能扭转这种趋势，这种前景使得全世界对美国和全球经济的信心可立即恢复，金融危机立刻可以得到缓解，即将蔓延开的美元危机也可以消失。可惜国家不能像企业那样重组。但合作总是可以的，合作方针和具体方案要在对中国本身发展的客观需要进行深入研究的基础上来制定。

表3-2 2005年美国与中国GDP中实体经济与虚拟经济的比较

	中国		美国	
	虚拟经济	实体经济	虚拟经济	实体经济
产值	14 551亿元人民币	81 088亿元人民币	25 750亿美元	24 530亿美元
占比	7.91%	43.39%	20.62%	19.64%

资料来源：中国国家统计局与美国经济分析局。

第四节 美元和当代国际货币体系的危机

在当代，任何信用货币一旦进入流通就没有自动退出流通的"出口"。这与黄金充当货币时不一样，如果黄金在流通领域过多，比如当一两黄金才换一个烧饼的时候，二者价值相差太大，人们觉得不合算，就会有人开始储藏黄金，流通中的用来做货币的黄金减少，储藏的黄金增加，做首饰等其他用途的黄金增加。

直到黄金重新"值钱",交换一个烧饼的黄金数量与一个烧饼价值相等时为止。当代信用货币没有储藏的价值,不会有人像窖藏黄金一样窖藏纸币。由于没有和黄金一样的自动窖藏的退出机制,当信用货币滥发的时候,它就只有贬值一途。美元如此,其他货币也是一样。截至2007年年底,国际货币基金组织统计表明美元外汇占世界外汇储备比重为64%,欧元占26.5%,英镑占4.7%,日元占2.9%,世界实际上进入了一个美元和欧元为主导,英镑和日元为辅的多元化货币体系。如果美元流动性膨胀导致其汇率不断下跌,欧元就会相对升值,如果任由美元对欧元贬值,欧洲经济很快就会被不断抬高的欧元价格拖垮,欧洲的出口会越来越困难。此外,欧元可以替代美元结算、计价,也使得人们在预期欧元还会升值的时候不断增发欧元债券。在多元化虚拟货币(或符号货币)的体系中,只要有一种主要货币开始滥发,就一定会拉其他货币下水,也跟着滥发,于是整个货币体系就掉入一个"滥币陷阱"之中,这将导致其他主要货币也有类似的"滥发"冲动。美国经常项目的持续逆差,累积26年,各国累计的巨额官方外汇储备(2008年年底第一季度全球外汇储备资产已经达到6.9万亿美元)以及更大的国际银行业的跨国要求权(近37万亿美元),加上规模庞大的对冲基金的疯狂金融投机活动,这一切都意味着世界货币体系正在进入无法控制的旋涡。

第四章

国际货币体系演变的核心关系、决定因素及规律分析

国际货币体系是固化了的世界经济格局,是整个国际金融和世界经济的最核心部分,也是最复杂的部分。它是由各国实力的对比与博弈产生的,直接决定着国际金融格局和全球贸易格局,也决定着各国的经济利益与经济发展,以及这些利益的保证。所以,本书这部分详细分析国际货币体系演进的历史,进而总结其演变过程的核心关系以及决定因素,抽象出其发展的历史规律。

第一节 国际货币体系演进历史的分析

国际货币体系正式形成于 19 世纪的金本位制的建立。国际货币体系自形成以来,主要经历了金本位制国际货币体系(the Classical Gold Standard System)、金汇兑本位制国际货币体系(the Inter-War Gold Exchange Standard System)、布雷顿森林体系(the Bretton Woods System)以及后布雷顿森林体系(Post the Bretton Woods System)。

本书这部分以历史发展的逻辑顺序对国际货币体系进行系统的梳理和分析,总结出不同形态国际货币体系的形成背景、表象特征、运行机制、所起作用、经济意义、存在缺陷、崩溃教训。在此基础上通过对比与演绎分析,揭示出国际货币体系的内在矛盾,以及国际货币体系核心关系与决定因素的演变,即早期是由

自然因素决定的，后来逐渐地演化为由各国的经济实力以及超经济因素的政府实力决定，而且这种因素越来越占主导地位。我们认为未来国际货币体系构架不是什么天才设计，而是世界经济格局变化和经济规律作用下多种力量碰撞的结果。阐明了国际货币的核心关系以及其背后的决定性因素，就会了解国际货币金融体系的未来发展趋势。

一、金本位国际货币体系（1870～1914）

国际货币体系始发于金本位制度。金本位国际货币体系的建立可以追溯到19世纪末和20世纪初西方各国家普遍采用金本位制的时候。该体系的制度安排是以一定量的黄金作为本位货币。该体系下的金本位制有三种具体的表现形式：一是纯粹的金本位制，此时金币作为唯一形态的货币在市场中流通，但是这种最为理想的制度未能在当时的任何一个国家出现过。二是美国和欧洲在第一次世界大战之前实行金本位制，此时金币与可兑换的银行券以及其他形态的货币混合使用，两者同时在流通领域流通。三是部分黄金数量比较缺乏的国家（如日本）因为缺乏黄金而实行了完全没有金币流通的金本位制度，也就是说，当时在这些国家流通的货币全部是可以兑换的银行券。

金本位制的产生、发展，并且成为最早的国际货币体系，以及它曾经的出色运行与走向崩溃并非是一个简单的自然过程，而是由核心因素在起着决定性的作用和自身必然的演变规律。

金本位制国际货币体系的形成背景：

作为最早的国际货币制度，金本位制大约形成于19世纪70年代，其基础是当时世界上很多国家实行黄金与本国通货的自由兑换及其固定汇率制度的确定。在这个过程中，英国首先在本国实行黄金本位制及其后来这种制度在国际金融领域和世界范围内的延伸与发展。这是整个金本位国际货币制度的根源。

在整个17世纪和18世纪，人们实行的货币制度是金银复本位制。但是在18世纪后半叶，工业革命使得以英国为首的资本主义工业化国家生产能力和产品数量都出现了大幅的提升，国际贸易的规模越来越大，频率越来越高，在世界经济中的地位也越来越重要。同时，无论是国际间还是国家内部的投资与借贷的规模越来越大，商人之间以及国家间的关系也越来越紧密。此时，国际经济领域客观上需要一个统一的、稳定性很强的货币本位机制来推动国际贸易运转和国际经济的发展。

由于此时的货币体系实行的是金银复本位，黄金和白银同时充当本位货币。所以，只有约束黄金的供给与白银的供给并保持一定的比例关系，或者在一个非常有限的范围内变化才能维持稳定的货币本位机制。

然而，后来（尤其是18世纪50年代美国内华达发现的巨大白银矿藏，以及相关开发技术的升级之后）白银产量的剧增，以及这种状态的不断持续，导致银价对金价出现了暴跌。金银两种本位货币相对价值的不稳定，两者的市场价格与官方定价存在着巨大的矛盾，引发了"劣币驱良币"的现象。这将当时的货币机制推入了混乱的局面。

这种混乱的货币机制严重妨碍了当时世界工商业霸主——英国的对外贸易和国际信贷。对此，英国于1816年通过《铸币法》，铸造金镑、发行金币，规定黄金与英镑的固定价格，将银币置于一个辅助货币的地位，并在随后的5年内废除了银币在小额交易中的法偿地位。1823年，英格兰银行在英国法令的允许下，恢复了银行券兑现，废除了对金币以及金块的出口限制，开始了真正意义上的金本位货币制度。葡萄牙作为当时的另一大海上贸易大国，与英国在贸易方面存在着频繁的往来和密切的关系，也于1854年加入到了金本位制行列。

同期，欧洲大陆的复本位制遭遇着前所未有的困难，而且越来越严重。工业革命的蓬勃发展带来了两个严重的问题，一是生产技术和生产能力的提高导致工业产品种类和数量的剧增，以及运输技术的巨大变革大大提升了运输能力、大幅降低了运输成本，引发了各国削减关税的行动，使得国际贸易往来频繁、交易数量大增，导致很多国家内部流通着多种境外的货币。二是蒸汽机技术在铸币领域的应用，使得大多数铸币企业成为了符号货币。例如，当时法国铸币（法定铸币）的含金量较意大利铸币的含金量，人们就不断地将法国铸币贮藏起来，改用意大利铸币，导致意大利铸币在法国的泛滥，直接威胁着法国铸币退出流通领域的可能。鉴于此，法国于1864年缩减其铸币的含金量。之后，瑞士便士成为了含金量最低的货币，从而法国、意大利、比利时等国开始改用瑞士便士，本国货币被贮藏，直接面临着被逐出流通领域的威胁。

这些国家已经意识到它们的货币其实是紧密联系、相互依存的。于是在1865~1890年的25年间召开了多次相关的国际会议，形成了拉丁美洲货币联盟和斯堪的纳维亚联盟，达成一致协议的法国、比利时、意大利、瑞士以及希腊等国将它们的货币含金量统一在0.835的基础上。

19世纪的前六七十年，实行黄金本位制的英国，其生产和贸易的扩张速度最快。因此，当不可兑换的纸币取代银币在当时的俄国和奥匈帝国流通后，使得银本位在德国以及东欧国家的外贸活动中不再具有任何优势。1870年7月到1871年5月的普法战争使得很多国家推迟了可兑换性，英国便成为了当时货币稳定的一个孤岛。由于德国对外贸易的大部分是在英国伦敦以英镑定值的信贷融资，因此它们的价值只有以黄金来衡量才能够稳定。另外，普法战争的战胜国德国从法国获得了巨额的战争赔款，建立了以黄金为新货币单位的金马克。鉴于上述两种原因，德国政府放弃了无约束的银币和银本位制度，采用了金本位制。

随着德国逐渐成为欧洲大陆实力最强的工业化国家，其实行的金本位制在欧洲大陆引发了连锁反应，大量白银从放弃复本位制的国家流入还在实行复本位制的国家，进一步地压制了白银的市场价格，加剧了白银流入国家（也就是实行复本位制国家）内部的通货膨胀和实际购买力下降的直接威胁。解决这种威胁、消除发生货币危机的唯一途径就是禁止银币的流通，废除银本位制。因此，法国及其盟国于1874年开始限制银币的自由铸造，在1878年完全停止银币的自由铸造，实行单独金本位制。之后的荷兰及其盟国（斯堪的纳维亚国家）也采取了同样的措施，实行了金本位制。俄国和日本也都于1897年放弃了原先的制度，实行了金本位制。在1900年，美国结束了长期的争论，实行了金本位制度。至此，各国间的货币关系已经被法定的含金量固定下来，资本主义国家基本上已经实行了金本位制。这种具有国际性的以金本位制度为基础形成的国际货币体系就是金本位制国际货币体系。

金本位制国际货币体系是各个资本主义国家内部金本位机制的国际化结果，是各自经济与政治势力博弈的结果，并没有一个统一、规范的法律基础。

作为王牌资本主义大国，其生产能力和经济实力在当时的世界经济中具有十分突出的决定性地位，在全球贸易和国际金融领域具有相当的霸权地位。以伦敦为中心的国际贸易网和以英镑为核心的国际支付网几乎遍及全世界每个角落。此时，英镑就扮演着国际贸易计价单位、国际间最主要清算手段以及各国最主要国际储备货币的角色，形成了以黄金与英镑为中心的金本位制度。因此，人们也将这种国际货币体系成称为英镑汇兑本位国际货币体系（Sterling Exchange Standard System）。

二、金汇兑本位国际货币体系

金汇兑本位（又称虚金本位）国际货币体系是那些选择金本位或者金币本位（Gold Specie Standard）国家的货币之间实行固定汇率，本国货币可以无限制兑换其他国家的货币，被兑换国以外汇或者黄金作为平准基金，准备随时出售，实质是间接的金本位制。在该制度的实行国，金币是被禁止和流通的，货币被规定法定含金量，国内只允纸币（银行券）流通。黄金和外汇同时成为了各国的国际储备。此时，纸币只能兑换外汇，不能直接兑换黄金，但可以在国外兑换黄金。因而，黄金不能自动发挥货币流通的调节作用，使得货币流通失去了调节机制和稳定基础，这也削弱了金本位制的稳定性，使得该体系不得不在美国大萧条的冲击下快速走向崩溃。

(一) 金汇兑本位国际货币体系的形成背景

第一次世界大战对世界经济产生了严重的破坏，世界经济格局也出现了巨大的改变，大部分国家经济严重受损，但也有一些国家工业化程度和生产能力突飞猛进，经济实力急剧提升。这主要表现为英国因为第一次世界大战，其海外资产严重缩水，资本债权下降了40亿美元，由第一债权国一下变成了严重的债务国；法国的海外资产损失了47亿美元，德国几乎失去了其整个海外资产。以英国为代表的欧洲制造业也失去了昔日的竞争力，出口的产品在境外市场不断萎缩。参战国为了筹集战争经费，在战争期间实行了扩张性的宏观经济政策，导致了国内严重通货膨胀，使得战后各国的物价和工资都出现了不同程度的上涨。由于上涨程度不一致，稳定的汇率环境也无法存在。而且，在工资和物价都上涨的同时，黄金价格却保持了原有的水平，这导致黄金产量的大幅下降，其中在1915~1922年间下降了近1/3。黄金数量的下降严重影响着生产力和国际贸易的发展，以及不稳定汇率环境都使得金本位制无法恢复。

第一次世界大战期间，美国大量的贸易出口和海外投资，使美国一跃成为了最大的债权国，极大地推动了美国金融机构和金融业务的发展。美国的金融市场与金融制度也在竞争中得到快速的发展，尤其是1913年美国联邦储备委员会的成立使美国的整个金融体系更加完善，逐渐将纽约打造成了世界金融中心。美元在世界上的地位与日俱增，美国也成为了实际意义上的世界经济霸主。

此时，英镑与美元之间的价格完全依赖于市场的供需关系来定价，不再受两国政府的干预。由于为战争融资，战争期间的英镑发行量过快，当1919年3月英镑与美元的钉住汇率制度被放弃时，英镑对美元的汇率由原先的4.86美元/英镑下跌为3.40美元/英镑，一年后跌至3.18美元/英镑，较战前平价时下跌了35%。对此，英国政府通过实行紧缩的宏观经济政策来恢复金平价和英镑在世界经济中的地位。由于紧缩政策过度严厉，导致英国物价和工资双双急剧下降，失业率大幅上升。因此，这种状态的持续性将英镑兑美元的汇率提升到了1922年的4.22美元/英镑。之后英国减缓了严厉的紧缩性政策，其失业率开始不断下降，物价和工资都出现了不同幅度的上升，并呈现出相对比较平稳的态势，吸引了大量境外短期性资金流入英镑。同时，美国在战争期间积累了大量的黄金，其货币供应量也大幅增加。这些因素的综合，引发了英镑汇率的上升，其中最高时的汇率为4.78美元/英镑，已经十分接近原先的4.86美元/英镑。

这种自由浮动的汇率不仅仅在英美两个国家之间，主要资本主义工化国家之间的汇率基本上都处于自由浮动状态。除美国以外，各资本主义国家都无法恢复到原先的黄金自由兑换状态，整个世界经济领域也没有明确的国际储备货币概念。受到战争的严重冲击，英国的工业生产和贸易出口都在持续地加速下滑，伦敦失去了全球金融中心的地位，英镑也失去了往日的辉煌。但是，美元并没有及时取代英镑在国际货币体系中的核心地位，也没能够被全世界广泛地接受。因此，此时的国际货币领域并没有核心货币。

各国为了自己的利益，通过汇率本身来调节国际收支，而不再考虑外部的不均衡。很多国家为了汇兑倾销而实行本币贬值的政策，也为了应对其他国家的汇兑倾销开始对外汇进行管制、对贸易进行限制，导致国际贸易不断萎缩，世界经济止步不动。面对如此严重的问题，该体系的32个主要成员国于1922年在意大利热那亚召开经济与金融会议，讨论如何恢复金本位问题，最后却通过了采取金汇兑本位制（也叫虚金本位制）的国际货币体系。

（二）金汇兑本位国际货币体系的运行机制

该制度保留着金本位时期货币价值的决定基础，货币仍然规定含金量。金币被禁止自由铸造，也不允许其在国内流通，取而代之的流通货币是各国中央银行发行的银行券。英国、法国等实行金本位制度的国家，其黄金的兑换必须受到一定数量的严格限制。实行金汇兑本位制的国家（如德国、意大利、奥地利等），其银行券只能用于购买外汇，而不能在本国直接兑换黄金，但是可以通过购买外汇的方式在金本位制国家兑换黄金。金汇兑本位制国家的货币与金本位制国家的货币保持一个固定的汇率，前者将自己的黄金和外汇存储在后者作为平准基金，以便在外汇市场波动时抛售这些黄金与外汇来稳定外汇市场，维持汇率和本币稳定。各主要金融市场仍然保持着本国的通货与黄金的可兑换性。

在该制度下，金币退出流通领域，市场只流通银行券，也就是可兑换黄金的银行券代替了金币。在理论上，虽然任何人都可以将自己持有的银行券兑换成等量的黄金，实际上却不可能出现所有人都最高限额的兑换，这节约了黄金的使用量。但是，金汇兑本位国家将黄金和外汇存在金本位制国家，并将本国货币与金本位制国家货币保持固定比例，使得前者依赖于后者的货币，从而在国际贸易和金融市场等领域受制于后者。因此，金汇兑本位制的实质是一种附庸或者说具有殖民性的国际货币体系（陈彪如，1990）。

由于黄金用来充当货币已经远远不能满足当时国际贸易和国际金融发展所需要的国际清偿能力，与黄金密切相关的主要货币也逐渐成为了许多国家的储备。因此，虽然金汇兑本位国际货币体系的形成具有一定的自发性，但是大部分国家都通过立法来推动本国央行持有黄金以及可以兑换黄金的境外资产。在1924~1932年，25个主要资本主义工业化国家的外汇数量和外汇占比出现了巨幅增长，其中1927年外汇数量增长了85%，外汇占比高达42.5%，具体情况如图4-1所示。

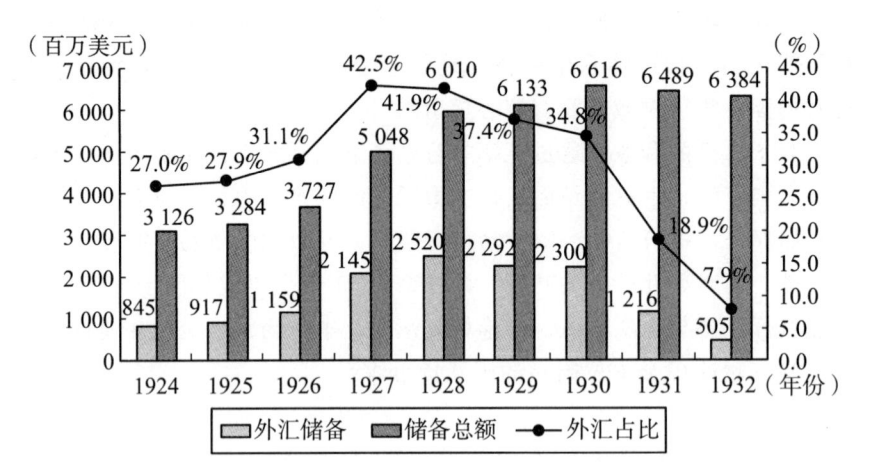

图4-1　1924~1932年25个主要国家的外汇储备总量及占比

资料来源：艾肯格林著：《资本全球化：国际货币体系史》（第2版），彭兴韵译，上海人民出版社2009年版。

外汇储备的大量增加在很大程度上节约了黄金的数量。但是纸币不能直接与黄金进行兑换，而只能与金本位制国家的货币兑换，然后再根据这些国家的相关规定来兑换黄金，这就导致币值不稳定、货币供应和国际收支自动调节机制不能起到相应作用。

虽然黄金数量得到了节约，但是黄金仍然处于短缺状态，而且分布也不均衡，导致黄金价格较一战前下降了35%~40%，以及主要资本主义国家之间不协调的平价关系和货币政策。如英国和法国分别以较高和较低的平价水平恢复黄金的可兑换，导致大量的黄金流出英国，其国际收支严重赤字，法国则成为了黄金流入国，国际收支处于盈余状态。

由于法国国际收支盈余主要是外汇资产，它于1928年6月通过立法禁止其央行存储更多外汇，并于1931年开始抛售以英镑和美元为主的外汇储备兑换黄金，引发了其他国家对英镑和美元采取相同举措，加大了英国和美国的压力。这导致伦敦和纽约两大金融中心收回债务国的短期信贷，使得这些英镑和美元在国际金融市场消失，引发外汇储备急剧下降。到1932年，外汇储备在全球总储备中的占比只有8%，这加大了全球通货紧缩的压力。

（三）金汇兑本位国际货币体系的缺陷与崩溃

金汇兑本位国际货币体系是在狭小的黄金基础上建立起来的，虽然节约了黄金的使用，但是无法弥补世界经济对整个黄金需求的缺口，更无法使用黄金来干预汇率波动。在这个过程中形成的英镑集团、美元集团和法郎集团各自为政，以各自的货币作为储备货币和清偿能力，并对国际金融主导权和世界经济领导权进行了无序的争夺，导致这个国际货币体系存在着巨大缺陷和严重的脆弱性。在1929~1933年大萧条的冲击下，金汇兑本位国际货币体系完全瓦解。

汇率平价格局的不合理是该货币体系的一个主要缺陷。在恢复金平价的过程中，各主要国家各行其是，导致部分国家币值被高估（如英国英镑、意大利里拉、丹麦克朗），另一些国家币值被低估（如德国马克、法国法郎、比利时法郎）的现象，这主要体现在国际收支状况上。例如，英国因为战争的影响，出口和投资都出现了大幅萎缩，债务不断上升，经常项目由战前的顺差变成了逆差，典型表现就是英国在世界制成品出口市场中的份额由1913年的30%下降到1929年的23%，而同期美国的该数值却由13%上升到21%。因为金平价定制相对较低，法国在该期间，基本上保持着国际收支顺差和黄金不断流入的状态，这又加剧了英国等币值高估国家的紧缩压力，导致国际收支更加困难，整个经济状况更加严峻。

国际收支调节机制与国际清偿能力无法正常运行。在金本位国际货币体系时代，英国凭借其强大的生产能力和雄厚的经济实力，保证了资金能够持续地从贸易顺差国流向贸易逆差国，使得当时的国际贸易格局与国际资本流动相互补充。然而，随着战后英国的衰落，英国的产品出口已经无法满足境外的需求，资金输出也起不到促进英国产品出口的作用，上述的互补性也不再存在。随着美元集团和法郎集团的崛起，它们在国际贸易领域对英国构成了强大的竞争威胁，使英国的国际收支陷入困境。而且，20世纪20年代欧洲农业的快速发展和关税保护主义的实施，导致农产品价格不断下降，引发农产品出口国贸易状况的恶化，使得这些国家的国际收支更加艰难。农产品出口国对外出口的减少直接使其收入下降，从而也降低了这些国家向工业化国家的进口，导致相应工业化国家出口市场的萎缩和出口收入的下降，使得原本已经陷入困境的国际收支雪上加霜。

第一次世界大战结束以后，英镑集团、美元集团和法郎集团分别将英镑、美元和法郎三种储备货币贷款给发展中国家，为发展中国家提供了必要的储备资产。然而，随着1929年世界经济危机的不断恶化，这些债权国不断地向发展中国家回收自己的贷款，引发这些国家储备资产的不断缩减，大量的黄金流向了债权国。其中18个债务国的储备资产（包括外汇储备和黄金储备）由1928年的21.45亿美元下降到1932年的11.64亿美元，下降幅度高达50%。虽然6个债权国的外汇也出现了更大幅度的下降，但是由于黄金的大量流入，其黄金储备出现了大幅上升，全球总储备出现了很大的增长。到1932年，这6个债权国的储备总额占整个储备的 4/5 以上（见图 4-2）。

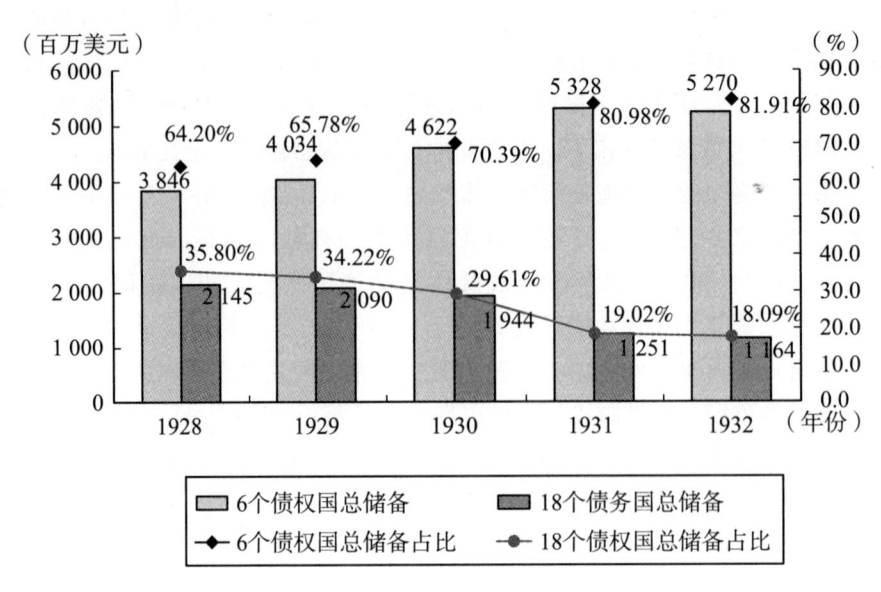

图 4-2　1928~1932 年 6 个债权国和 18 个债务国储备总量及占比

资料来源：引自 R. Nurkes. International Currency Experience：Lessons of the Inter-war Period. Princeton：Princeton University Press，1944.

正如 R. 努尔克斯（R. Nurkes，1944）所言，金汇兑本位国际货币体系的缺陷引发了国际货币储备总额急剧下降的主要原因不仅仅是外汇储备国将外汇兑换成黄金，更重要的是贷款国收回贷款，从境外收回大量外汇储备。由于兑换黄金导致外汇储备不断缩减，以及黄金不断流向债权国导致金汇兑本位国际货币体系下的国际清偿能力无法正常运作。

1929 年 10 月爆发的美国证券市场危机导致股票崩盘、原材料价格暴跌。巴西、阿根廷等原材料出口国的对外出口骤减，国际收支陷入困境，黄金大量外流，不得不放弃金本位制度。在固定汇率制度的环境下，美国的危机迅速蔓延到欧洲。美国的大萧条引发了美国工资和物价的大幅下跌，对此其他国家通过降低商品价格，以保持其出口竞争的优势。然而，美国经济的大萧条使得以前向美国出口产品的国家即使在降低价格的情况下也失去了美国市场。

经济危机席卷到欧洲大陆以后，愈演愈烈。1931 年因为经济危机的冲击，导致奥地利最大的银行——奥地利信用银行倒闭，并且引发了德国 Darmotsdter 银行和德国国民银行以及大批小银行的倒闭。迫于大量银行不断倒闭的压力，德国政府宣布禁止黄金输出，实行外汇管制政策。

远离欧洲大陆的英国并没有独善其身。世界经济危机的恶化导致其国际贸易和海上航运的收入,以及境外投资的收益都大幅萎缩,国际收支陷入困境。因此,各国纷纷向伦敦金融市场兑换黄金,掀起了抢购黄金的狂潮,导致大量黄金流出英国。英国被迫于 1931 年 5 月停止英镑与黄金的兑换。

大萧条在美国越来越严重,导致美国大批银行倒闭、大量黄金外流,信用危机加剧。对此,美国政府不得不于 1933 年 3 月停止银行券兑换、禁止黄金输出,最后以美元纸币在流通领域流通,将黄金集中于美国国库,也就是从根本上彻底放弃了金本位。

1934 年 1 月,美国宣布将黄金的价格提高到每盎司 1 美元。在美元贬值和英美两国放弃金本位的情况下,法国法郎和荷兰盾的币值呈现出偏高的状态,直接影响着法国的进出口贸易。法国的进出口总额分别由 1929 年的 356 亿法郎和 319 亿法郎下降到 1934 年的 140 亿法郎和 137 亿法郎。法国的国际收支也因此恶化,黄金外流现象严重,最后实行外汇限制、禁止黄金输出。

在大量银行倒闭和长期萧条的影响下,黄金集团已经无法维持下去,各参与国在 1936 年之前都重蹈德国、英国、美国、法国的道路,宣布本币贬值、停止黄金能兑换、实行外汇管制、禁止黄金输出,最终整个金汇兑本位国际货币体系完全崩溃。

三、布雷顿森林体系

金汇兑本位国际货币体系崩溃以后,各国为了应对大萧条的冲击纷纷采取提高关税、限制进口、签订贸易协定等行动,而不是进行有效的合作。此时,一些国家选择了钉住某种或者某些基准货币的政策,另一些国家选择了自由浮动汇率政策,几个货币集团相继出现,互相竞争。各国开始了货币竞相贬值的风潮,整个国际货币秩序陷入了混乱局面,呈现出无序状态,动荡不安。

1929~1933 年的大萧条以及第二次世界大战的冲击,使得世界经济与政治格局发生了巨大变化,美国的黄金储备与经济实力迅速上升,相当稳定,坐上了资本主义世界盟主的宝座。为了维持本国经济在境外的快速扩张,美国凭借自身强大的经济实力,在第二次世界大战结束之前的 1944 年 7 月召集 44 个国家的经济特使聚集美国新罕布什尔州的布雷顿森林,商讨战后的世界贸易格局,着手建立了一个以美元为核心的国际货币体系——布雷顿森林体系。该体系的基础是黄金,主要储备货币是美元。美元直接与黄金挂钩,其他货币则与美元挂钩,各国实行可调节的钉住汇率制,按照 35 美元/盎司黄金的官方价格从美国兑换黄金,并可按 35 美元/盎司的官价向美国兑换黄金。国际货币基金组织(IMF)则负责该体系的运行,同时监督国际汇率、提供国际信贷、协调货币关系。从此,国际货币体系进入了一个新的历史进程。

（一）布雷顿森林体系的特征与运行机制

虽然布雷顿森林体系是在美国强权的安排下，为了美国主导国际货币体系，根据美国的设想安排的，但是在各国利益的博弈下，该体系吸收了原先金本位国际货币体系的优点，在一定程度上考虑了其他国家的利益，借鉴了政府管制和灵活汇率的经验。因此，该体系提出了以下几个方面的宗旨：（1）建立国际储备体系，实行美元与黄金直接挂钩，其他会员国货币与美元挂钩，即同美元保持固定汇率关系；（2）成立国际货币基金组织（IMF）作为永久性的国际金融机构，负责向成员国提供短期资金借贷，协调货币供给关系；（3）实行固定汇率制度，规定成员国的货币含金量一经确定，就不得随意变动；（4）建立多边支付制度，取消经常账户交易的外汇管制，对会员国进行资金融通，帮助其调节国际收支的不平衡问题。其中的第一条是该体系的核心，这使得该体系在实质上类似于金汇兑本位国际货币体系，也是该体系被称为"黄金—美元"本位制的原因。因为美元在该体系下充当着黄金的等价物，美元由此走到了国际货币体系的核心位置，充当着国际清算的支付手段和主要国际储备货币，稳定了当时的国际金融市场和世界经济关系，也为其获取霸权地位铺平了道路。

布雷顿森林体系是以黄金为基础、美元为核心的国际储备货币的"黄金—美元"本位制，规定美元与黄金挂钩，其官方价格为35美元兑换1盎司黄金，或者1美元兑换0.888671克黄金。美元的含金量是成员国货币平价的依据。各成员国的货币与美元直接挂钩，其比价与黄金保持一定的联系，或者不规定含金量而直接规定比价。各成员国政府的货币机构或者央行可以按照官方价格将自己持有的美元向美国政府兑换相应的黄金。同时，为了避免美元兑黄金官价受自由市场金价的冲击，维护黄金官价的稳定，成员国共同协助美国在国际金融市场对这一固定的黄金官价进行维护。

布雷顿森林体系创设了永久性的国际金融机构——国际货币基金组织（IMF），以磋商和协调国际货币合作事项，稳定汇率，协助成员国改善国际收支。在金汇兑本位国际货币体系及其之后的"三国货币协定"时期，整个国际货币领域都没有一个固定的议事机构，缺乏相应的程序，国际货币关系处于严重混乱状态。国际货币基金组织的成立迅速成为了布雷顿森林体系的中心，具有一定的权力，并履行相关的义务，维护了国际货币体系的发展。国际货币基金组织（IMF）的各项规章制度和组织程序构成了当时国际金融领域的纪律保障，约束着国际金融行为，维护着国际金融市场的运行。但是，因为强权大国的博弈，该组织一直由美国及其他一些发达工业化国家操控，绝大部分发展中国家只能处于被动接受地位,无法享有相应的权利。

在汇率制度安排方面,布雷顿森林体系接受金本位时期规定汇率过于僵硬的教训和金汇兑本位之后的自由浮动对国际经济的消极影响,实行了可以调整的钉住汇率制度（Adjustable-peg Exchange Rate Regime）,也称为布雷顿森林体系的固定汇率制度。可调整的钉住汇率制度规定,美元以固定价格（35美元/盎司）钉住黄金,其他成员国货币与美元平价保持固定钉住的"双挂钩"。其他成员国货币的汇率与美元之间的汇率一旦确定,不得随意更改,汇率波动被限制在±1%的范围内。此时的格局为"黄金—美元—其他货币",美元处于中心地位,起到了国际货币的锚定作用。当汇率波动幅度超过1%时,各国政府必须共同协作,对国际金融市场和外汇市场进行干预,保证金价和外汇的稳定。当成员国出现基础性的国际收支失衡（如持续性的通货膨胀、永久的结构性冲击等）,可以自行将本国货币10%的幅度内进行贬值,也可以向国际货币基金组织（IMF）申请,且得到其同意以后,将本币贬值幅度调整10%以上。这种可调整的钉住汇率制度在短期内类似于金本位制的固定汇率安排,但是当出现"基础性国际收支失衡"时,就可以进行相应的调整,具有弹性汇率的特征。虽然具有弹性的特征,但是各主要工业化国家货币对美元汇率很少进行调整,如表4-1所示。

表4-1　布雷顿森林体系时期主要工业化国家货币兑美元汇率的调整

货币	汇率调整时间	汇率
英国英镑	1967年11月11日之前	1英镑=2.80美元
	1967年11月11日之后	1英镑=2.40美元
法国法郎	1958年12月29日之前	1美元=350法郎左右
	1958年12月29日之后	1美元=393.7法郎
日本日元	整个布雷顿森林体系期间	1美元=360日元
联邦德国马克	1961年3月6日之前	1美元=4.0马克
	1961年3月6日至1969年10月26日	1美元=4.2马克
	1969年10月26日之后	1美元=3.66马克
意大利里拉	整个布雷顿森林体系期间	1美元=635里拉
加拿大加元[1]	1962年9月2日至1970年6月	1美元=1.081加元

注:[1] 1962年9月2日之前及1970年6月之后,加拿大加元一直处于浮动汇率时期。

资料来源:[美]梅尔文（Melvin, M.）著:《国际货币和金融》,欧阳向军,俞志暧译,三联书店1991年版。

每个成员国都会根据其国民收入的大小及其在国际贸易中的比重向国际货币基金组织和（IMF）交纳相应数量的份额,其中25%是黄金或者可以兑换成黄金的货币，剩下的 75% 是该交纳国的本币。当成员国因为出口下降、经济结构失调、国际收支失衡等原因导致其国际支付陷入困境时，可以向 IMF 提出申请，向其借款以缓减国际支付。对于这类借款申请，IMF 有着严格的规定。任何一个成员国在任何一个年份的借款都不得超过其缴纳给 IMF 份额的 25%，累计不得超过所缴份额的 1.25 倍，且还款时只能使用黄金或者可以兑换黄金的货币。IMF 还规定了这些借款只能用于陷入国际收支困境国家的经常项目支出，不得用于资本项目支付。

布雷顿森林体系取消了外汇管制、双边结算和复汇率等歧视性措施，规定其成员国不得限制经常项目支付，不得采取歧视性货币政策，在兑换性的基础上实行多边支付。货币兑换只适用于经常项目交易，除此之外不得作为他用。IMF 允许条件不成熟的成员国延期履行货币兑换性义务。

为了解决国际收支调节负担的不对称问题，该体系设立了稀缺货币条款。当某个成员国的国际收支出现持续逆差，且该国货币在 IMF 的库存下降到其份额的 75% 以下时，IMF 就将这个国家的货币归为"稀缺货币"。同时，IMF 还会按照国际收支逆差国的需要对其进行限额分配，授权其他国家对"稀缺货币"进行临时性的限制兑换活动，以及限制进口"稀缺货币"国家的劳务。

虽然该体系在设计上继承了金本位的部分特征，但也有很多独特的表现。首先，该体系设有一个固定的协定，也就是《国际货币基金协定》约束各成员国的行为。同时，该体系还创造性地设立了固定的组织——国际货币基金组织（IMF）作为永久性的国际金融机构来维护布雷顿森林体系的运行。其次，"双挂钩"的固定汇率制度使美元走到了国际货币体系的中心，成为了最主要的国际储备货币，开始充当着国际货币的角色。另外，虽然从原则上来说，各成员国共同协助美国来调节收支问题，但是美国却只发行美元作为主要国际储备货币，从不承担任何调节的责任，反而是其他国家肩负着所有的调节责任。

（二）布雷顿森林体系的积极作用与经济意义

布雷顿森林体系的成立结束了第二次世界大战之前混乱的国际货币格局，形成了新的国际货币体系，并维持了其正常运转。美元处在布雷顿森林体系的核心位置，充当着国际货币的角色，将统一的计价标准和清算单位带入了国际货币体系与国际金融市场，实现了当时国际货币关系的稳定局面。美元作为最主要的国际货币，直接与黄金挂钩，在实质上充当着黄金或者作为黄金的补充。因此，在战后黄金产量不能满足世界经济增长需要的情况下，美元的对外发行弥补了当时国际清算能力的不足，也在一定程度上缓解了国际储备短缺的问题。

美国通过对外援助、馈赠、贷款美元等资本项目逆差的方式，以及购买境外服务、劳务、资源等方式将美元输出去,从而扩大美元在全世界的购买力。同时,该体系确定的可调整的钉住汇率制在很大程度上消除了外汇市场的波动,稳定了各国货币的汇率,方便了国际贸易结算,促进了国际贸易发展。因此,布雷顿森林体系所确立的稳定的国际货币关系对当时国际贸易的发展起到了很大的推动作用。

国际货币基金组织(IMF)的成立,引导了大部分国家在汇率方面的大范围合作,标志着各国都已经意识到国际货币体系中的共同协作对稳定国际金融市场、稳定本国货币都具有积极的作用。IMF所提供的短期贷款,在很大程度上缓减了很多欧洲国家因为战争而陷入的国际收支困境。同时,国际货币基金组织后来对亚洲、非洲等贷款数量的大幅上升,也促进了亚洲、非洲等发展中国家的发展,从而也就促进了世界经济的发展。同时,世界银行(World Bank)提供的长期贷款和技术援助对于成员国战后经济的恢复和世界经济的发展也都有很大的促进作用。

由于固定汇率制度下的国际外汇市场比较稳定,这直接降低了国际资本在国家间流动的汇率风险,促进了资本的国际化和生产的国际化,为后来的金融创新和金融市场全球化的发展提供了良好的环境。

(三) 布雷顿森林体系的缺陷与崩溃

布雷顿森林体系的建立与运行,结束了第二次世界大战前混乱的国际货币关系,在调节和监督各国汇率政策以及国际收支调节机制等方面起到了很大的作用,稳定了国际金融市场、促进了国际贸易发展、推动了世界经济增长。但是,该体系在制度上存在着很大的缺陷,尤其是随着世界经济的发展,这些缺陷所导致的问题越来越大,直至布雷顿森林体系崩溃。

该体系实行的金汇兑平价机制存在不可克服的内在矛盾。金汇兑平价制度实质是以美元为中心的、"双挂钩"型的固定汇率制度,使美元实际上获得了黄金的地位。在布雷顿森林体系建立的初期,欧洲和日本因为战争导致经济处于崩溃状态,黄金和外汇储备极度缺乏。这些国家的经济重建急需美国的资金和技术,美元就成为了抢手的货币。然而,随着以德国为首的西欧国家以及日本等经济的快速恢复和迅速崛起,各国持有的美元外储备,越来越多。此时,人们对美元与黄金平价的信心不断降低,引发它们不断向美国挤兑黄金。美国因为黄金储备流失过多,储备不足,难以履行兑换义务,也就无力进行市场操作和平抑金价,导致美元比价下跌,直接动摇了该体系的平价制度。

该体系规定,当某成员国出现"基础性国际收支失衡"时,可以调整汇率,但是却没有对"基础性国际收支失衡"作出严格的明确解释,很难对其进行判断，无法及时调整汇率，导致汇率只能滞后性地被大幅调整，直接影响这些国家进出口贸易的发展和本国经济的稳定。

国际收支调节作用十分有限。可调整的钉住汇率制度将汇率的波动范围规定在1%的狭小范围内，这种不能随便改动的平价制度使得国际收支调节作用十分微小。虽然在出现"基础性国际收支失衡"的情况下，IMF允许对汇率进行调整，但是这种调整的措施总是比较滞后，而且调整幅度也比较大，这引发了外汇投机活动，对经济造成比较严重的冲击，加剧汇率的不稳定，造成国际收支调节手段陷入更加严重的困境。

工业欠发达的低收入国家自身的黄金储备和美元储备都比较欠缺，加上国际上的政府信贷数量比较少，商业信贷的利率比较高，使得它们在国际金融市场上的融资非常困难。很多欠发达国家都是通过自己的国际储备、完全内部措施、完全外部措施，或者三者结合起来都无法调节自己的国际收支问题。例如，为了维护固定汇率和本国经济的外部平衡，国际收支顺差国就会采取扩张性货币政策，引发本国通货膨胀，而国际收支逆差国就会采取紧缩性货币政策，导致本国经济衰退和失业上升，但是美国除外。因为美国无须在逆差的时候采取收缩货币的政策，而且还可以通过固定汇率输出本国通货膨胀。

因为美英两国主张的冲突，导致IMF既没有很强的监管能力，也不能进行大规模的贷款，这就无法限制大国损人利己的行为，也不能为欠发达国家提供相应的贷款融资，导致国际金融格局的不平衡发展。因此，布雷顿森体系在汇率制度、国际收支调节机制、流通性的提供、监管与信心等方面存在很大的缺陷。

从布雷顿森林体系建立到1949年，欧洲和日本因为战争导致经济处于瘫痪状态，国际储备近于枯竭。这些国家为了恢复生产、重建经济，不断从境外进口技术和设备，构成了对外汇的强烈需求，尤其是对美元的强烈需求。在这个期间，美国的商品和劳务收支都在60亿~70亿美元，其中1947年高达115.3亿美元，美国政府的对外援助和资金转净额都处在50亿美元左右，美国的黄金储备也一直处于上升阶段，而其他国家的黄金储备总额一直在下降。美元在世界上的紧缺以及美国黄金储备的增长保证了美元的稳定性及其在国际货币体系中的优势地位。

然而，在美国的干预及IMF同意的条件下，世界上有30多个国家的货币对美元进行了不同程度的贬值，其中英镑对美元贬值幅度高达30%。其他国家货币对美元的贬值，欧洲和日本经济的复兴，以及朝鲜战争的爆发，将美国的国际收支迅速推向了困境之中。1950年，美国的商品和劳务收支较1949年缩减了70%，综合平衡首次出现负值，且高达36亿美元（见图4-3），拉开了美国国际收支逆差的序幕。

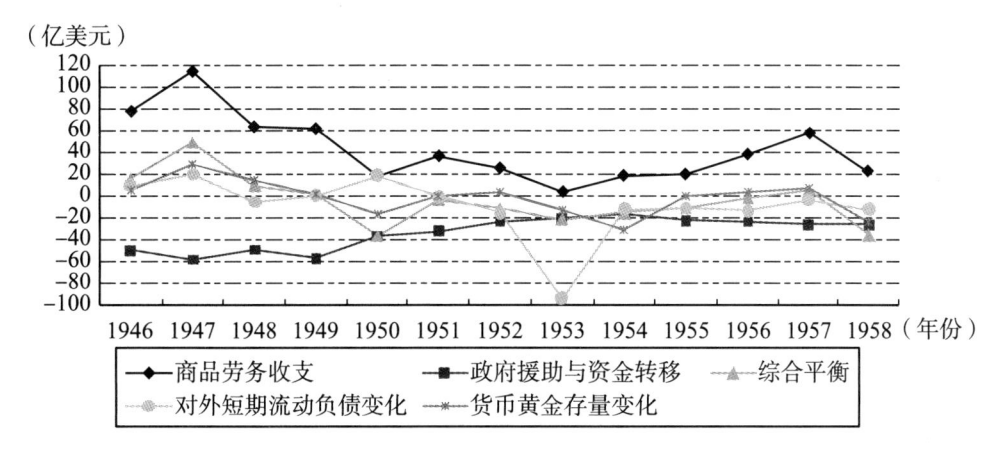

图 4-3 1946~1958 年美国国际收支状况

资料来源：引自 Victor E. Argy. ThePostwar International Money Crisis: An Analysis. London: Allen & Unwin, 1981。

在此后的 8 年内，美国的国际收支只有在 1957 年出现了 5 亿美元的小幅盈余，其余年份都处于逆差状态。在这个期间，美国的黄金流入和流出年份各占一半，对外短期流动性负债一直处于增长状态。例如，1958 年美国黄金流失数量为 22.8 亿美元，对外负债增加了 12 亿美元。但是，这几年的赤字并没有形成人们对美元信心的下跌，引发抛售美元的现象。因为美元资产的增加是这个阶段国际储备增长的主要来源。由于官方负债才能兑换黄金，所以即使在短期流动性比例从 1950 年的 39% 上升到 1958 年的 82%，但是官方负债对黄金的比例一直保持在 20%~30% 的小范围内（见图 4-4）。因此，此时的美国仍然有足够的黄金来应付兑换的需要。

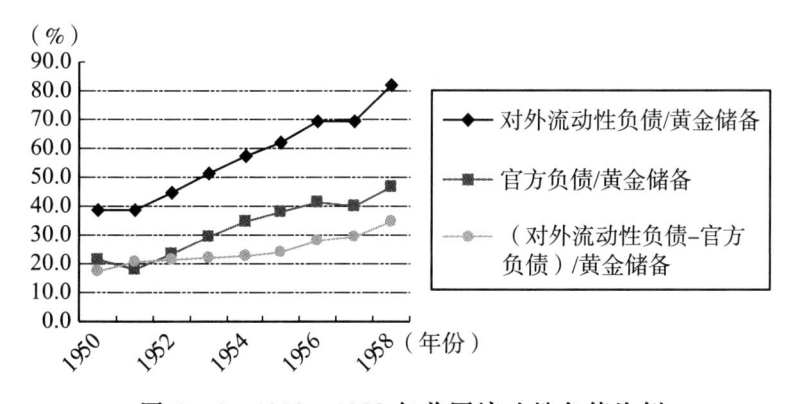

图 4-4 1950~1958 年美国流动性负债比例

资料来源：国际货币基金组织（IMF）网站（www.imf.org/external/data.htm）International Financial Statistics (IFS)。

1958年以后，美国国际收支逆差开始剧增，平均每年的增幅都超过30亿美元。美国国际收支逆差的持续存在导致大量美元流出美国并在境外不断被积累。在布雷顿森林体系初期的十年间，欧洲的战后重建工作非常迅速，到1958年的时候，很多国家已经积累了相当的外汇储备。这些欧洲国家的货币自由兑换愿望越来越大，并于1959年解散了"欧洲支付同盟"（EPU），正式开始了西欧国家的货币与美元的自由兑换。从此，美国的黄金储备不断减少，并于一年以后的1960年出现了黄金储备的数量小于短期流动性负债的数量，并且缺额越来越大（见图4-5）。美元在世界范围内的扩张和美国黄金数量的不断缩减，导致人们对美元信心的下降以及对美元投机活动的加剧。1960年10月，在欧洲金融市场上出现了大规模的抛售美元、抢购黄金的狂潮。此时，伦敦私人黄金市场价格猛涨到41.5美元/盎司，超过官价18.57%，美元开始大幅贬值，引爆了第一次美元危机。

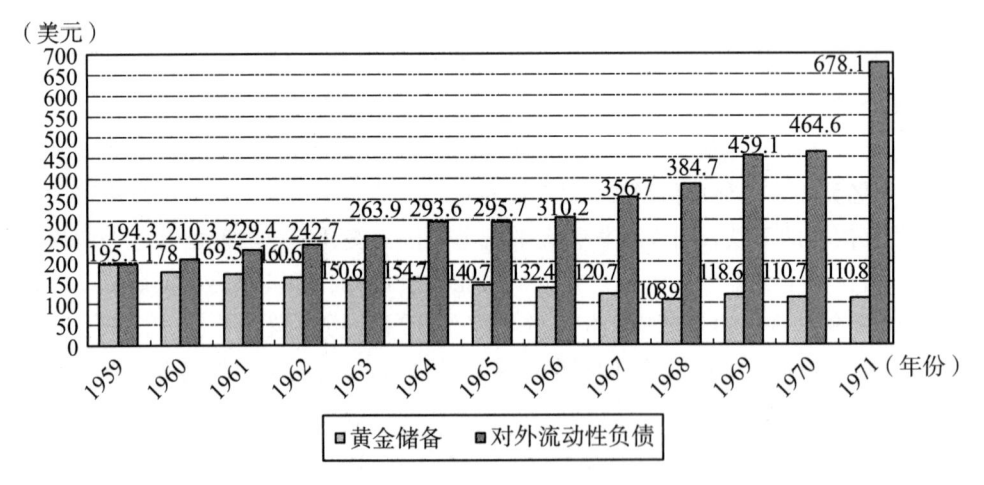

图 4-5　1959~1971年美国的黄金储备和对外流动性负债

资料来源：国际货币基金组织（IMF）网站（www.imf.org/external/data.htm）International Financial Statistics（IFS）。

作为布雷顿森林体系的核心货币，美元危机直接影响到国际货币关系和全球金融市场。对此，主要工业化国家仍然在利益博弈和相互磋商中进行了合作。1960年11月，美国、英国、法国、西德、日本、意大利、加拿大、比利时、荷兰、瑞典等十个国家在巴黎举行会议，签署了"贷款总安排"协定（GAB，General Arrangements to Borrow），也称为"十国集团"或者"巴黎俱乐部"。该协议规定，其资金总额为60亿美元（美国、英国分别承担20亿美元和10亿美元，其他成员国承担其余的30亿美元），主要用于在国际货币基金组织（IMF）缺少短期流动性时，可以向GAB成员国借款，转而将其贷款给所需要的成员国，以稳定其货币价格。该协定的实质主要是支持美国，稳定美元价格。1960年12月，美国联合英国、西德、法国、意大利、荷兰、瑞士和比利时7个发达的工业化国家建立了"黄金总库"（Gold Pool），以便低价时买入、高价时售出黄金来干预伦敦黄金市场，稳定黄金价格，从而保证美元地位。之后，14个国家又签署了总额为117.3亿美元的"互换信贷协定"（Swap Credit Agreement）。该协定为双边协定，主要规定为两国中央银行应在约定期间内相互交换一定金额的对方货币。在未使用之前，需以定期存款或购买证券的形式存于对方。若为平抑汇率需动用时，只要在两天之前通知对方即可。当约定到期，则应用实行互换时的汇率相互偿还对方货币。但是，这些措施并没有遏制美元汇率下跌，阻止黄金市价高涨的局面。

20世纪60年代中期，随着越南战争的不断升级，美国国际收支状况急剧恶化，黄金储备骤然减少，对外流动性负债越来越多，且这种趋势越来越严重。因此，美元兑换黄金的基础就越来越脆弱。到了1968年年底，美国的黄金储备已经缩减到108.9亿美元，对外流动性负债高达384.7亿美元，是黄金储备的3.5倍，官方负债为159.9亿美元，是同期美国黄金储备的1.6倍。而在1959年，美国的黄金储备为195.1亿美元，对外流动性负债和官方负债分别为194.3亿美元和101.2亿美元，都低于同期的黄金储备，其比值分别为99.6%和51.9%（见图4-6）。

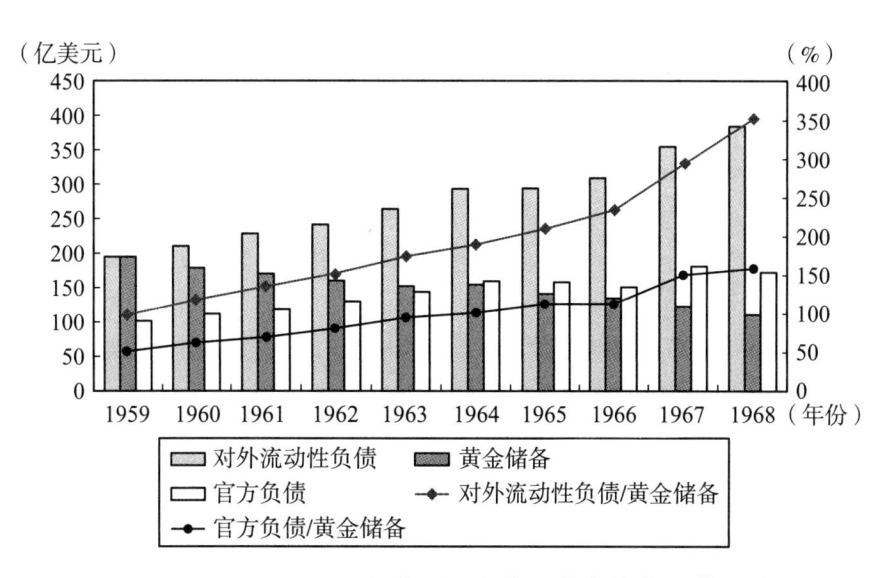

图4-6　1959~1968年美国的负债与黄金储备及其比重

资料来源：国际货币基金组织（IMF）网站（www.imf.org/external/data.htm）International Financial Statistics（IFS）。

这种恶劣的金融状况加剧了人们对美元信心的丧失，世界主要黄金市场（伦敦、巴黎、苏黎世）于 1968 年 3 月爆发了史无前例的抛售美元、抢购黄金的美元危机。黄金市场的黄金价格大涨，其中巴黎黄金市场的金价曾一度涨到 44 美元/盎司，美国的黄金储备在短期内大量流失。迫于市场压力，美国要求英国暂时性的关闭伦敦黄金市场。随后，美国召集"黄金总库"成员召开了紧急会议，宣布解散该组织，停止 35 美元/盎司黄金在自由市场的兑换，政府不再介入私人市场的黄金买卖。此时，黄金市场的黄金价格完全由市场的供求关系决定，但是在官方的贸易结算以及各国中央银行的黄金兑换中，黄金仍然保持 35 美元/盎司的官方价格。由于私人市场的黄金买卖价格是由供给来决定的，而非官价，这导致了当时的黄金具有固定不变的官价和随供需关系变化的市场价格，也就是人们所说的"黄金双价制"。由于官方不再向市场供应黄金，私人市场的黄金价格越来越高于官方价格，导致美元从本质上已经开始了贬值的历程，布雷顿森林体系的根基也因此被动摇了。随后的 5 月和 7 月又连续爆发了两次美元危机。

随着布雷顿森林体系弊端不断扩大，金融危机频频爆发、不断加剧，许多经济学家和多国政府提出了对国际体系进行改革的想法和方案，其中典型的有主张恢复金本位、实行世界美元本位、建设多种储备的国际货币体系、加强美元作为国际储备、彻底改革国际货币体系等。除了金本位制以外，其余的都是希望建立一种不受黄金约束的国际货币体系，其物质基础十分脆弱。各国矛盾的冲突和利益的博弈，使得某个或者某几个国家提出的方案都很难得到大家的共同接受。

但是面对美元作为国际储备资产地位的日趋下降，而黄金数量的供应又相当有限的局面，IMF 不得不提出一种集体创造和集体管理的储备资产——特别提款权（SDR，Special Drawing Rights）作为新的储备资产来补充美元，其与黄金的定价跟美元一样，为 35SDRs/盎司黄金。IMF 规定，SDR 是它分配给成员国使用资金的权利，与黄金以及可以兑换黄金的货币一起作为国际储备，并且在 1970 年年初到 1972 年年末的三年间设立 95 亿美元 SDRs。对于发生国际收支逆差的成员国，可以用 SDR 向 IMF 指定的成员国兑换外汇，以支付国际收支逆差或者清偿国际债务。但是，SDR 毕竟不是正式的货币，只是一种计价单位，不能直接兑换黄金和美元，也不能直接用于贸易或非贸易的支付。

特别提款权（SDR）的使用在一定程度上缓解了美国国际收支逆差的困境，促进了国际贸易的发展。但是，对巨额的美国国际收支逆差而言，这只是杯水车薪。20 世纪 60 年代中期以来，随着越战的升级，美国的军事开支不断增加，其财政赤字急剧上升，导致美国国内通货膨胀问题越来越严重，以及这个时期的经济衰退导致其产品在国际市场的竞争力不断下降，加剧了美国国际收支的逆差。1971 年前两个季度的美国国际收支逆差增加了 119 亿美元，其中的经常项目逆差占主要部分（1971年美国的经常项目首次出现了14.32亿美元的逆差）。到1971年，美国的黄金储备减少到110.8亿美元，较布雷顿森林体系建立之初缩减了60%多，其中1971年年初到8月上旬，美国的黄金储备就流失了近30亿美元。这加深了外国政府和金融市场对美元贬值的预期，进而纷纷抛售美元兑换黄金以及马克、日元和瑞士法郎等货币，以规避美元贬值的风险。当越来越多的境外投资者和政府都施压，将持有的美元兑换成其他资产时，美国被迫于1971年8月15日宣布停止美元与黄金兑换，这标志着布雷顿森林体系失去了存在的根基。

四、后布雷顿森林体系

布雷顿森林体系崩溃以后，国际货币关系和国际金融秩序再次陷入了混乱与动荡的局面，许多专家、学者、政治家提出了不同方案来构建新的国际货币体系，如恢复金本位、恢复"黄金—美元"本位、构建最优货币区等，但是均未获得实质性突破。针对黄金非货币化以后国际货币体系各种事态的发展，国际货币基金组织（IMF）于1972年7月组建了"二十国委员会"来负责具体拟定有关改革货币体系的方案。1974年9月，"二十国集团"提出了关于改进国际收支调节机制、确定主要储备资产以及实行稳定可调整汇率制度的《国际货币体系改革大纲》，并随之宣布自身解散，取而代之的是国际货币制度临时委员会。该委员会于1976年1月在牙买加首都金斯顿举行会议并修订条款，经过激烈竞争与反复磋商，达成了《牙买加协定》，形成了新的国际货币体系——后布雷顿森林体系，也称为"牙买加体系"。由于该体系缺乏国际货币体系的三大支柱——本位货币及其约束机制、统一的汇率制度、国际收支调节机制，因此又被称为"无体系的体系"。

（一）后布雷顿森林体系的特征与运行机制

后布雷顿森林体系的运行已经不再以黄金为基础，而且美元的地位相对于以前已经在逐渐下降，但是美国仍然是第一经济强国，美元依旧处于国际货币体系的中心。因此，后布雷顿森林体系是以美元为主导的多种储备货币制度，是混和汇率制度、多种国际收支调节方式并存的国际货币体系。

虽然《牙买加协议》提升了SDR的国际储备地位，增强其在国际储备中的占比，但是SDR创设条件的先天性缺陷无法与大国货币进行博弈，最终也未能够代替美元国际储备的主导地位。根据《国际金融统计年鉴》（International Financial Statistics）数据计算可得，SDRs在国际储备中的占比由1971年的4.5%下降到1977年的2.8%，在1982年增加到4.8%，之后基本保持不变（见表4-2）。

表4-2　　　1971~1990年各主要储备货币在国际储备中份额　　　单位：%

年份	1971	1977	1980	1982	1985	1987	1988	1989	1990
SDRs	4.5	2.8	3.1	4.8	4.8	4.7	4.8	4.8	4.8
美元	77.2	79.4	67.3	70.5	65.0	67.9	64.7	60.3	56.4
英镑	10.4	1.6	3.0	2.3	3.0	2.4	2.8	2.7	3.2
西德马克	1.9	8.2	15.2	12.3	15.2	14.5	15.7	19.1	19.7
日元	0	1.2	4.4	4.7	8.0	7.5	7.7	7.8	9.1

资料来源：1965~1975年数据来源于国际货币基金组织（IMF）的International Financial Statistics 1983年；1977~1990年数据来源于IMF《国际货币基金组织年报》（1978~1991年）。

此时的美元仍然是国际间最主要的计价单位、支付手段和价值贮藏手段。世界上绝大分国家的GDP、各种产品和商品、黄金价格、进出口总额、外汇储备等指标都是以美元计价。用美元结算的进出口贸易大约占全球贸易总额的2/3，国际金融市场的绝大部分外汇都是以美元进行交易。美元依旧是外汇储备中的主导货币，占全球外汇储备的65%左右，远远高于SDRs、英镑、西德马克和日元（见表4-2）。同时，美元还是国家贷款和国际债券市场上最主要的资产。

虽然该体系不是以黄金作为基础，而且《牙买加协议》明确提出"黄金非货币化"，废除黄金官价、降低黄金的货币作用。但是，这并没有彻底消除黄金的货币作用。黄金仍然是国际储备中的主要储备资产，充当着国际清偿手段，用以解决国际收支逆差问题。由于该体系将汇率浮动合法化，导致浮动汇率被普遍实施，引发汇率经常出现剧烈波动，使得一国货币很难被保值。相比之下，黄金的价值却呈现出比较不稳定的态势，被很多国家选为保值的手段。

随着西欧（尤其是西德）和日本经济的快速增长，它们在世界经济中的地位不断上升，西德马克和日元在国际贸易与外汇交易中被广泛使用，在国际储备中的占比分别由1977年的8.2%和1.2%上升到1990年的19.7%和9.1%，而同期的美元国际储备占比却由79.4%下降到56.4%（见表4-2）。

该体系实行了多种形式的国际收支调节机制，主要表现在汇率调节、利率调节、国际金融市场的调节、国际金融机构的调节以及外汇储备的调节，其中最主要的调节方式还是汇率调节。处于经常项目顺差的国家，外汇增加，其货币汇率随之上升，出口受抑制、进口就膨胀，国际收支很快恢复均衡；反之，汇率下跌，进口受抑制、出口就膨胀，国际收支也恢复平衡。但是，这种调节只适用于经常项目的调整，而对金融与资本项目不起作用，甚至会在国际游资的冲击下会起到反作用。对此，需要将利率调节、国际金融市场调节等方式加以辅助使用。

当一个国家将通货膨胀率控制在比较稳定的水平时,其名义利率水平的提高或者降低将会引发资金的流入和流出,从而起到调节国际收支的目的。国际金融机构和国际金融市场在调节国际收支问题上起到了很大的作用。国际收支逆差国可以向国际货币基金组织和其他国际金融机构贷款弥补国际收支逆差,当国际收支出现逆差的时候,可以将顺差获得的资金输送到国际金融市场,以缓减顺差引发的国内流动性膨胀等问题。当然,国际资本的流入与流出可能会引来国际游资的冲击,导致国际金融市场的动荡。20世纪70年代以来,国际货币基金所发放的各种贷款(如石油贷款、信托基金、中期贷款等)帮助很多处于国际收支逆差状态的国家摆脱困境,而且监督、协调了大量国家的调节政策,使顺差国和逆差国能够进行对称性调节,共同承担相应的义务。对于国际收支逆差较小的国家,可以通过动用外汇储备来调节,但是长期调节或者一次性的巨额调整将会导致外汇储备的大量流失。

(二) 对后布雷顿森林体系的评述

后布雷顿森林体系吸取了以前国际货币体系的先天缺陷和破灭的教训,解决了布雷顿森林体系的困境,在一定程度上稳定了国际金融市场,维护了世界经济的发展。

第一,以美元为主导,马克、日元、SDR等为补充的国际储备,摆脱了其他国家货币依附于基准货币的弊端。多元化的国际储备使得国际清算与支付手段不再依靠美国是否对外提供美元。在该体系下,即使美元储备超过美国的黄金储备或者出现美元贬值预期,也不会引发抛售美元、购入黄金的狂潮,导致发生美元危机,冲击国际货币体系。这在很大程度上解决了"特里芬两难"问题,维护了国际货币体系的稳定。

第二,混合汇率制度的安排使得各国可以按照自己的经济状况选择汇率制度,及时准确地反映世界经济的变化,加大了各国经济之间的协调性,增强了对外政策的灵活性。各主要储备货币根据外汇市场的供求变化自发地对汇率进行调整,及时灵敏地反映国际金融市场和世界经济形式的变化,保证了各国币值的真实状况,促进了国际贸易和世界经济的发展。在混合汇率制度下,各国可以充分考虑国内外经济条件,自主选择适合本国经济状况的汇率制度,可以较好地应对境外宏观经济和国际金融危机的冲击,保证本国宏观经济政策的独立性、有效性,促进本国经济的长期稳定发展。由于浮动汇率的合法化,各国无需向以往那样为了维护固定汇率而储备大量外汇和黄金,因此更多的外汇储备可以用来发展本国经济。

第三,以汇率调节为主,利率、国际金融机构、国际金融市场、国际储备等作为补充的国际收支调节机制在一定程度上解决了以前国际收支调节机制失灵的困境。在各国经济状况差异悬殊、世界经济发展不平衡的状况下，根据世界经济的大环境和自身经济的特点与发展目标，选择相应的调节方式。这减少了以前单一调节方式的代价，解决了以往国际收支调节机制失灵的困境，促进了国际贸易和世界经济的发展。

第二节 国际货币体系的核心关系和决定因素分析

未来国际货币体系构架不是什么天才设计，而是世界经济格局变化和经济规律作用下多种力量碰撞的结果。阐明国际货币的核心关系及其背后的决定性因素，就会了解国际货币金融体系的未来发展趋势。

一、布雷顿森林体系的核心关系

对布雷顿森林体系核心关系的认识涉及对国际货币体系演变规律及决定因素的认识。西方的传统观点是将第二次世界大战后布雷顿森林体系的核心关系看作汇率制度问题，布雷顿森林体系意味着固定汇率制度的建立，1971 年美元停止兑换黄金意味着建立浮动汇率制度。这样的认识引导我们将国际货币体系重建的核心放在"设计一个什么样的汇率制度可以更好地保证国际贸易和国际投资的环境更稳定"的问题上。

实际上，美国 1944 年是靠经济实力迫使世界签署符合美国利益的协议（美元与黄金挂钩，各国货币与美元挂钩），而在 1971 年又单方面撕毁协议，宣布美元不再兑换黄金，这也是凭实力来维护美国的最大利益。我们认为布雷顿森林体系及其演变的核心关系是美元的霸主地位，支持这个地位的是美国的经济、政治实力，而具体的货币和汇率制度则服从这个利益，是从属和可以有选择的。这样的认识将引导我们以我国和其他各国的利益关系为中心，以经济实力为支点来考虑如何重建国际货币体系。

二、政府因素是如何从边缘走到中心——当代国际货币体系形成的重要推力

在 19 世纪或更早的时期，国际贸易结算中是不承认纸币的，因为它没有价

值。在国际间实行的是金块本位，只有黄金才是货币，纸币只有在有稳定含金量和随时兑现保证的时候，才被作为黄金的代表进入流通，这就是金本位制度。此时，所有国际货币都是靠黄金的自然价值来保证其货币功能的。但是在20世纪20年代初实行的金汇兑本位就不再仅仅是靠黄金的自然力量来维持国际货币的地位了，少数国家（当时的美国和英国）承诺其货币可以兑换黄金，其他国家的货币则与这些国家的货币挂钩。在国际间流通的主要是承诺兑换黄金国家的货币，其他货币在国际贸易中的使用量很小。这种制度是靠黄金的自然力量与政府的信用一起来支撑的，相对于金本位和金块本位，政府信用已经越来越多地加入到金汇兑这种国际货币体系中来。但是直到金汇兑本位时，黄金仍然是国际货币体系形成的决定性因素，只不过政府作用在逐渐增强。布雷顿森林体系的建立则直接显示出了政府（美国政府）在国际货币体系建立过程中的决定性作用，尽管兑换黄金的承诺仍然占有重要地位。解读国际货币体系的历史发展进程，可以看到国际货币是怎样从依赖黄金价值的自然力量，向依赖政府超市场力量的转化过程。这就是说，目前条件下重建国际货币体系必须重视和依靠超经济的政府力量。

三、中央集权与货币的统一性

黄金等贵金属直接充当货币时，货币可以自动进入和退出流通领域。因为当一两黄金只换一个烧饼的时候，由于二者价值差别太大，人们觉得不合算就要储藏黄金，于是黄金自动退出流通，变成金银首饰和金块等；如果一两黄金换两头牛，黄金换回的价值比自己本身价值高许多，储藏的金银就会被铸造成货币进入流通。黄金靠自身的价值来自动维持其货币的功能和统一性。但信用纸币没有价值，没有这个自动进入和退出的机制，就不能靠其自身价值来维持货币的功能和统一性。信用纸币和符号货币的数量与统一性必须靠中央银行的中央集权来控制，目前所有国家的国内都是如此。这一点意味着重建国际货币体系的正确方向必须强调集权和有效控制，而不是分散决策的自由化。

四、20世纪国际货币体系的两个重要转折：1971年的美元和1999年的欧元

（一）1971年之后国际货币体系中的权利与责任失衡

1971年尼克松宣布美元停止兑换黄金，导致美国对外提供美元不再有黄金

储备的约束，理论上美国可以无限制的对外提供流动性。美元不再有含金量，它与任何国家内部的信用纸币一样，被彻底虚拟化了。而在20世纪70年代，没有任何货币可以向美元的世界霸主地位挑战。在缺乏替代货币的前提下，美元依然维持其世界霸主地位，这实际上确保了美联储世界中央银行的地位和权利，它有权向世界提供任何数量的流动性，却没有任何世界中央银行的责任和义务。这就是1971年以后国际货币体系中最根本的问题，国际货币权利和国际货币责任的失衡。

正是这个失衡导致了美元在世界范围内的泛滥，导致了美国国内实体经济与虚拟经济的失衡，导致了美国国内累计金融资产的膨胀和杠杆活动泛化，为今天美国的金融危机和正在开始的美元危机埋下祸根。

（二）1999年欧元的出现导致国际货币的统一性与多元化现实的矛盾

前文已分析过，失去自身价值的信用货币本身要求统一性，在第二次世界大战后到1999年之前，美元的世界霸主地位客观上满足了货币统一性的要求，或者说美元霸权之所以长期存在，因为它承担着世界货币的统一性的功能。1999年，欧元开始在国际间正式使用，2002年欧元完成了大多数欧洲国家的货币统一，并在国际上开辟了美元、欧元两大主要国际货币与英镑、日元两个次主要本位货币的多元化国际货币格局。在美国金融危机不断加深和美元霸主地位衰落的情况下，各国纷纷努力将自己的货币推向国际储备货币地位：印度成立了一个总理领衔的"推进卢比自由兑换和国际化"委员会，俄罗斯则直接宣布其天然气和石油交易时必须用卢布结算，拉美大国阿根廷和巴西最近也宣布开始双边贸易结算将不再使用美元，而以其本国货币比索和雷亚尔替代，这些国家都在推进经济增长的同时，为将其货币推向国际本位货币的地位做种种努力。当霸权遇到挑战的时候，实际上就是货币统一性遇到了挑战。我们认为美元霸主地位的衰落意味着国际本位货币的统一性正在丧失，国际货币体系开始进入无政府状态，开启了一个任由"虚拟货币"的流通规律来左右的时期。

五、当代美元、欧元两大本位货币的国际货币体系为什么会加速崩溃

世界面临金融危机的巨大危险，美国、欧洲和中国的关系将遇到空前挑战。而这一切变化的根源来自美国长期向世界注入美元国际本位货币，以及2000年后欧元国际本位货币类似美元的急速扩张。

（一）小国货币的从属性与霸主货币的缺乏约束

1971年美元停止兑换黄金之后，美元的霸主地位依然维持下来的原因有三个：一是20世纪70年代美国实体经济仍然十分强大，当时美国GDP占世界GDP的47%，其中制造业占其GDP比例还在21%以上；二是当时世界上没有美元的替代品；三是世界货币彻底虚拟化之后，"小国货币"难于摆脱美元霸主货币的决定性影响。

美国经济学家麦金农提出了"小国货币的原罪"说：如果小国经常项目不断逆差，它就要靠借外债来弥补其贸易逆差，这会导致其货币不断贬值，积累的债务负担越来越重，直到破产边缘（20世纪90年代初的拉美国家外债不断膨胀就是如此）；如果经常项目顺差，就会不断积累外汇储备，本币不断升值，外汇储备不断缩水，国内流动性充斥，资产价格高企，直到发生泡沫经济（20世纪80年代初到90年代的日本就是一例）。只有保持经常项目收支平衡，且与大国货币汇率保持稳定，才能避免损失。即使美元滥发引起美元贬值趋势，也是一样，小国必须调整以跟上美元贬值的步伐，不然自己货币升值过大或过小，都会引致大量对本币的投机活动，直至引起本国经济衰退（如1997年东南亚金融危机时的泰国等）。小国货币单独采取措施抗衡美元的结果无异于"自杀"，这就是美元霸权下小国货币附庸地位的悲哀。

这就是说，当代国际货币体系的命运完全依赖于对霸主货币的约束，在美元没有外部约束的情况下，就只好依赖于美国的"自律"，依赖于其货币当局是从全球利益来制定政策，还是仅仅考虑美国利益。不幸的是美国货币当局考虑的仅仅是美国的利益，而且不是其长远的根本利益。

（二）欧洲12国政府力量冲破美元独大的藩篱

当任何一个"货币小国"随着本国经济增强，打算将其货币推向国际货币的时候，最初总是要与美元保持一个相对稳定且汇率持续走强的趋势。但是其最终能否成为国际货币则取决于它能否有效借助政府超经济的力量冲破美元强势的束缚。日元和当年的西德马克都曾经在保持与美元基本一致的情况下试图摆脱美元束缚成为自主的国际货币。1985年的广场会议迫使日元迅速大幅度升值（1年时间内从213日元兑1美元大幅升值到80日元兑1美元），彻底封闭了日元在国际上继续扩张的道路；而1991年欧共体12国签订的《马斯特里赫特条约》则将马克摆脱美元影响的道路进一步拓宽，为欧元的诞生奠定了基础。没有这种超经济的政府力量合作干预，欧元是不可能出现的，美元的霸主地位也不会遇到实质性的挑战。欧元的出现最终打破了美元一统天下的世界货币格局，使得国际货币体系进入一个新的发展阶段。

(三)"滥币陷阱"将国际货币体系引向崩溃

欧元的诞生使得美元霸主地位受到挑战,从根本上动摇了当代国际货币体系中世界货币的统一性。我们研究表明在两大货币同时存在的体系中,存在着一个"滥币拉良币"的"滥币陷阱"。当美国国内长期财政赤字和居民长期低储蓄造成美国经常项目持续逆差的时候,美元大量流往美国境外,刺激了美国境内外美元资产的膨胀和积累。美元资产在境外泛滥导致美元汇率持续下跌,也使得刚刚诞生的欧元不断升值。如果美元不断贬值,欧元不断升值,欧洲的出口就会受到抑制直至衰退;与此同时,在欧元坚挺的时候,企业和金融机构以欧元计价发行债券容易取得成功,经纪商也更容易赚钱。于是,欧元国际债券从2003年起就迅速膨胀,到2004年9月,欧元取代美元成为国际债券和票据市场发行量最大的币种;截至2007年12月末,欧元在国际债券和票据市场中余额高达11万亿美元,占比为49%,欧元占世界官方外汇总储备的比例也从1999年的18%迅速上升到2007年的26.5%。在两大国际本位货币共存的情况下,一个主要货币的滥发一定会迫使另一个货币跟着滥发,且美元汇率下跌终究会拉欧元跟着一起下跌,而其他小国货币又必须跟进,反过来,如果欧元因过度发行而贬值,最终也会拉着美元和其他小国货币跟着贬值。显然,目前国际货币体系已经掉进了一个"滥币拉好币"的陷阱,整个系统变成了一个败德的货币体系,导致世界范围内的流动性不断膨胀,这就是"滥币陷阱"为什么会将世界货币体系引向崩溃的原因。

2002年以后国际金融资产大幅度飙升,全球各国货币当局手中的外汇储备从2002年的2.4万亿美元迅速膨胀到2007年年底的6.4万亿美元,5年扩张了1.6倍;国际债券与票据从2002年年底的9.3万亿美元扩展到2007年年底的22.8万亿美元,翻了1.5倍;全球对冲基金资产总额在2002年年底不过1万亿美元,2007年年底资产总额已经上升至1.9万亿美元,5年近乎增长了1倍,整个世界进入了一个金融资产迅速膨胀和泛滥的陷阱。正是欧元出现使得世界货币体系的统一性遭到破坏,世界货币数量进一步失去控制,导致国际货币、金融资产和投机资金的泛滥,迅速引发了整个世界货币金融体系的危机。

第三节 美国的问题及其在国际货币体系中的利益所在

由于国际货币体系的核心关系是利益关系,所以我们认为了解次贷危机对美国和欧洲的影响深度，了解美国和欧洲的利益所在，是认清当今国际货币体系客观上可能的改进及其演变路径的基础。

一、美国面临的问题

美元一直在国际货币体系中具有霸主的地位，但也正是美国长期滥用美元国际霸主地位的做法使美国发生了"百年难得一遇"的金融危机。欧元的出现动摇了美元的霸主地位。这次金融危机的迅速深化将美国逼到需要与世界上其他国家商量如何联手应对金融危机以及寻求外援的地步，故我们认为美国面临的最大问题是如何防止美国金融危机的进一步深化，并维持美元国际货币霸主地位的延续。

二、美元危机的必然性

（一）国际本位货币美元和欧元扩张的规模与速度

美元曾经面临崩溃，其停止兑换黄金挽救了美元的霸主地位，但问题并没有得到根本解决。1971 年，美元危机迫使尼克松总统宣布美元停止兑换黄金。之后，世界经济开始了一个新的时代。在布雷顿森林体系中，美元承诺兑换黄金，美元的支柱就是它的黄金储备。美元外流意味着美国的黄金储备外流，黄金储备就构成了美国对外提供美元的约束力量。当美元不再承诺兑换黄金之后，各国央行持有的美元储备便不能在美国兑换黄金，而只能购买美国财政部发行的债券和其他金融资产。债券和其他金融资产替代黄金成了支撑美元国际货币的支柱，美元不再需要黄金储备作支撑，只要有足够的债券、股票以及其他金融资产，就足可以替代黄金以应付来自境外美元回流的压力。境外美元的支柱从黄金储备改为债券和其他金融资产之后，境外美元的支柱虚拟化了，美元流往境外也就不再有约束。失去了约束，美元流往境外的速度加快，规模也越来越大。这加剧了美国经常项目的赤字化，美国经常项目逆差从 1982 年的 55 亿美元，迅速扩大到 2006 年的 8 000 多亿美元，24 年间增长了大约 143 倍。任何国家的 GDP 和实际资产都不会有这样的增长速度。美国现在持有的黄金和外汇储备不到 1 000 亿美元，而且长期保持在这个水平，因此其经常项目逆差就是美国 80 年代后对外疯狂注入美元的基本渠道。

观察美国的国际收支平衡表，从 1982 年开始，美国通过经常项目的持续逆差总共向外输出了 5.2 万亿美元，累计形成了 3.1 万亿美元的官方外汇储备。据统计，欧洲个人和非官方机构手中持有近 3 万亿美元储备资产，日本国内非官方机构和个人就持有近 2.4 万亿美元储备资产，是日本央行手中 8 000 多亿美元储备资产的 3 倍。中国外汇储备已经超过 1.5 万亿美元，非官方外汇头寸大约 2 400 亿美元。此外，石油输出国、韩国和中国台湾、中国香港以及拉美国家都有大量美元资产。在美元本位制的世界货币格局中，各国外汇资产大约 65% 以上是美元资产。按照美国财政部数据，2006 年年底美国外债总额总计约有 12.3 万亿美元（境外美国居民持有），而美国 2006 年的名义 GDP 不过 13 万亿美元，美国国内的全部现金 M1 不过 1.3 万亿美元，M2 不过 7 万亿美元。这些全球化的美元资产交易因大量投机活动而生成风险，各种"从众效应"、"蝴蝶效应"等的放大作用时常会使其形成金融风暴和金融危机。世界并非因失去了黄金而变得疯狂，实在是因为被过多地注入美元虚拟资产而变得风雨飘摇。

2000 年以后，第二大国际本位货币欧元在世界范围内迅速扩张，其占世界官方外汇储备的比例迅速从最初的大约 18%，上升到 2006 年的 25%。美元和欧元加在一起占世界官方外汇储的 90%（日元和英镑加在一起占大约 6%，其余货币的比例很小）。正是国际两大本位货币的高速增长导致了世界性的流动性膨胀。

（二）美元危机和国际货币体系动荡已经不可避免

大量美元（现在还有欧元）进入经济领域之后，短期可以靠各种对冲办法减少流动性，中期可以靠流往国外减少国内膨胀的流动性（仅对国际化程度相当高的货币），但从长期来讲，如果实体经济不够强大，长期累计起来的流动性的唯一解决途径就是贬值。根据美国的国际投资头寸表，截至 2014 年年底非美国居民持有美元金融资产的存量已经达到 19.3 万亿美元，而 2006 年美国 GDP 不过 15.3 万亿美元。美国通过债务经济不断消费世界各地的产品和资源，而各国得到的仅仅是美元和美元资产储备。"世界上没有免费午餐"如果还是正确的话，美国就一定会为此付出代价，美元危机因此不可避免。我们认为美元一定会发生危机的理由如下：

1. 美元支柱的虚拟化

自美元不再兑换黄金之后，美元的直接支持就是国际投资者对美国金融资产（特别是美国长期债券）的信任，对美元的信任实际上就在于对美元资产的信任。美元面临的风险已经不是传统意义上的市场风险、信用风险等，而演变为国际投资者对美元的信任风险。

2. 美国实体经济的退化

第二次世界大战后，美国 GDP 从占世界总量的 50% 已经下降到现在的近

25%（当然这仍然是一个不小的比例）。但是美国制造业 GDP 占其总量 GDP 的比例却从第二次世界大战后 50 年代的 25% 下降到现在的 12% 左右，而其地产、金融等服务占比却从 50 年代的 10% 左右上升到现在的 21%。显然，支撑美元最终购买力的美国实体经济正在不断被削弱。正常条件下，美国境外大量美元储备的对应物不仅仅是美国的实体经济和虚拟经济，也是各国在国际间提供的商品和劳务以及美国提供的大量国际性虚拟资产。但是如果有一天，某种投机活动引起的某种事件突然使得国际投资者对美元丧失信心，就会形成抛售美元金融资产的狂潮，这时美元的购买力就必须用美国自己的实体经济来衡量和支撑。美元的根本风险就在这里。

3. 国际投机基金规模巨大

国际个体和机构的对冲基金的规模已经达到 1.5 万亿美元，这些金融大鳄的单个"体重"早已超过百亿美元，它们已经长大，不会再仅仅钉住泰铢那样的小货币，而是要在美元、欧元、日元、英镑等主要货币市场上获得营养。小货币已经养不起它们了。此外，国际上经营外汇储备资产的主权财富基金已经达到 1.9 万亿美元，它们的行为也具有越来越大的投机性，而且越是在危机四伏的时期，它们为了自保，越是要抛售弱势货币及其资产。因此，投机者对美元的信心越来越成为美元潜在的支持力量，一旦投机者开始对美元投机，就可能引发全面危机。

4. 美国没有调控和平准美元汇率的力量

任何货币在其汇率大幅度下跌时，其当局都会干预汇率，用持有的黄金或外汇购进本币，以支持其汇率。这就需要足够支持其汇率的外汇和黄金储备。美国全部黄金和外汇加在一起，不足 1 000 亿美元，同巨大的境外美元和美元资产相比，杯水车薪。因此，美国自己无力直接干预美元汇率。目前美国靠调节利息率，来调节美元资产收益与其他国家资产收益的关系进而调节资金流入和流出，以便维持美元汇率。但这前提是人们只对资产收益短期变动感兴趣。当越来越多的投资者意识到美元和美元资产收益长期历史走势是加速下跌的时候，这种基础就动摇了。美元汇率一年多以来已经跌了 10%，且由于欧元的加速崛起，美元汇率的跌速正在加快。

第四节 欧元面临的重大问题与重大利益所在

我们的研究表明欧洲在此次金融危机中面临的经济情况也很严峻，大致概括为以下几个方面：

第一，前文已经分析过由于"滥币陷阱"规律的存在，欧元和欧元资产发行量正以比美元还快的速度膨胀。但更为严重的问题是欧洲也在迅速滑向美国的经济运行方式。欧元区中诸如西班牙、意大利、爱尔兰、希腊等也基本上都是依靠金融服务、地产和旅游等虚拟经济行业或靠近虚拟经济的其他服务业维持经济运行。其中西班牙、意大利、爱尔兰（其GDP占世界0.45%）从欧元诞生之后的2000年起都是经常项目持续逆差，而且迅速扩大。意大利2000年经常项目逆差占其GDP的比例为1%，2006年达到4%，2007年也有3%；爱尔兰的经常项目2000年还是基本平衡，此后持续逆差，2007年其经常项目逆差已经占到GDP的5%以上，西班牙则一直逆差，且逆差占GDP比重由原来的4%狂涨到10%，而美国最严重的2006年这个比例不到7%。整个欧元区的年度经常项目逆差已经达到1 500亿美元以上，可以看到欧元区内部一些国家正在高速重复美元的游戏：通过消费其他国家的商品和服务向外输出欧元，然后通过输出欧元计价的债券、股票等虚拟资本回收通过经常项目逆差流出的欧元。显然，欧元和欧元资产也正在全球迅速膨胀，欧洲经济在次贷危机影响下迅速恶化也根源于欧元和欧元资产的过度膨胀（换句话说，欧元区的虚拟经济与实体经济也失衡了）。欧元的表现也充分说明了目前成为国际储备货币的国家都只是通过储备货币地位获得利益，而不考虑储备货币国家的义务。

第二，欧洲的金融机构主要是银行业参差不齐，许多国家的金融业抗风险能力弱于美国。统计数据表明欧洲一些银行的杠杆比例比美国还要高，导致欧洲在此次金融危机中损失堪比美国。例如，2008年倒闭的雷曼兄弟发行的债券居然有一半是欧洲金融机构买走的，雷曼6 000亿美元的坏账，欧洲人承担了一半。

第三，欧洲整体经济比美国弱，且由多个经济体组成，经济体之间联系紧密相互影响不亚于美国的各个州之间的影响，但政府和金融机构的协调性和反应敏感度远比美国国内的整体性要差。于是，欧洲由于其不是一个统一的国家，利益摩擦不断，直接影响欧洲经济的一体化，欧元在欧洲维持"货币统一性"比美国困难。

第四，由于欧元区对成员国政府赤字有较严格的限制，因此欧元国际债券中最大的部分是公司债券，其信用较美国政府债券要差得多。所以，一旦投资者意识到欧元区的基本面问题，抛售欧元计价公司债券的速度要比抛售美国国债和机构债券的速度更快，我们估计欧洲问题绝不比美国小，欧元区的经济在未来一段时间内会受到更大的打击。

第五，目前欧盟内部应该已经达成一致，将此次金融危机看成是欧元挑战美元霸权机会的一个绝好时机，至少应该有效扩大欧元在世界外汇储备中的占比，它们准备重塑国际货币基金组织（IMF）在国际金融监管中的地位与作用。目前欧盟27国在IMF大约拥有31.6%的投票权，处于绝对领导地位，所以它们力促将IMF变为一个全球金融活动的实质监管机构，扩大IMF对金融活动的多边监督权。但我们认为，欧元区由于次贷危机引致的问题以及它们内部实体经济的问题实际上并不比美国少，甚至可能比美国更严重，所以在未来一段时间中无论欧盟提出什么样的提升欧元地位的方案，如果没有外援最后可能都会流于形式，因为从本质上来讲欧洲的经济和欧元要接受的考验与挑战并不比美国和美元少。

第五节 美元单一国际本位制还能恢复吗

我们认为，正像欧元不可能替代美元一样，无论美元如何走强实际上也不可能完全消灭欧元，固然美元走强会使得全球投资者争持美元资产，美国也会利用此机会进一步向外提供诸如国债等金融资产，美元在世界外汇储备中比重会上升，欧元地位会下降；但过一段时间当投资者发现手中美元资产越来越多，越来越不值钱的时候，它们又会转而持有欧元，于是欧元区的一些国家也会加速向外提供欧元资产，欧元在世界外汇储备中的比重也会上升，美元会下降；再过一段时间投资者又会发现欧元资产越来越多，越来越不值钱，它们又得继续转向支持美元……在此过程中，由于欧元区内核基本经济力量的存在（就是德国），我们认为欧元不会被消灭，其国际货币占比即使下降到最初的19%，世界还是两大主要国际本位货币的格局。于是只要这两个主要国际货币的对外发行没有约束，通过借钱（向外提供美元和欧元）来维持经常项目逆差的运行方式就不会停下来（实际上这种方式正在被越来越多的欧元区国家复制），与美国一样的经济运行不但不会停下来，还会进一步发展。这才是国际货币体系最需要重视的现状，只要两大国际本位货币国家不断通过经常项目向外提供本位货币，然后通过提供债券等金融资产回收本位货币，美元资产和欧元资产数量就会不断膨胀，美国和欧元区各国经济虚拟化程度也就不断加深，加剧这些国家虚拟经济与实体经济的失衡，从长期趋势来看欧元和美元危机都不可避免，国际货币体系必定面临越来越大的危机。我们认为，近期内无论美元与欧元在国际储备货币体系中占比如何演变，结果都是美元资产和欧元资产的进一步膨胀，国际货币体系危机程度会不断加深。

第六节 构建新国际货币体系的基本原则和可能方案

对未来国际货币体系的重建问题,我们认为要做的实际不是"设计",而是在规律认识基础上对可能结果的估计。

一、国际货币体系现存的基本问题

根据前文的分析,国际货币体系现存的基本问题有四个:

第一,2002年以前美元一币独大情况下,显示的最重要问题是国际货币发行(引起世界外汇储备、国际债券乃至全球投机资金力量迅速扩张)没有从全球各国利益出发的约束。美国有世界中央银行的权利,却没有世界中央银行的责任和约束。因此新体系要对国际本位货币的提供有从全球角度和世界各国利益出发的约束。

第二,欧元加入世界货币体系之后,出现了"格雷欣法则"的变种,"滥币陷阱"的新规律。它同美元一币独大的情况相比,并没有使得货币滥发的情况得到抑制反而使得货币在美元霸主时期的统一性被破坏,加速了国际货币体系的崩溃,最近卢布、墨西哥比索、印度卢比都试图国际化,给我们描述了一个争抢国际货币带来的利益,不考虑应有责任的一幅"货币无政府主义"的图画。显然,如果所有货币都变成世界货币,只能是使世界更加混乱。保持货币的统一性仍然是未来国际货币体系中最重要且最具技术性的问题。

第三,非强势本位货币特别是其中的非储备货币居于从属地位,其国内经济受到外来因素影响越来越大,且任何危机总是躲不过去。1997年的东南亚国家如此,2008年进入10月以来亚洲的巴基斯坦、韩国、印度、印度尼西亚、菲律宾,东欧的乌克兰、俄罗斯,拉美的巴西、阿根廷,非洲的南非也是如此,这些国家都出现了资金抽逃,汇率大幅波动,金融业岌岌可危且实体经济受到严重影响,金融危机正在向新兴市场国家迅速蔓延,它们多数是"无辜受害",应考虑现有货币体系对弱势国家的保护机制。

第四,现行国际货币体系目前最现实的危机就是直接支撑美元和欧元的主要是虚拟经济,而不是实体经济。美元国际本位货币的直接支撑是其债券和其他金融资产,美国债券市场余额为27.4万亿美元,境外债务为13万亿美元,美国当前金融危机的根源在其虚拟经济的过度膨胀,因此它将虚拟经济的不稳定性带给了美元和整个世界货币体系。欧元也类似，欧元计价的国际债券高达 11 万亿美元，但它更大的问题是欧元区的经济和政治摩擦带给欧元许多不稳定因素。由于美元和欧元直接的支撑——虚拟经济不稳定，美元和欧元为主要货币的体系就一定会不断处于动荡不安的状态，但更重要的问题是至今没有看到美国和欧元区有削减其虚拟经济的措施，哪怕是停止虚拟经济扩张的措施。这就是说，要么欧元区和美国经济实体化，要么必须有新的力量将更多实体经济的因素带进国际货币体系，否则就没有可能修改或重建国际货币体系。

二、国际货币体系的基本功能和目标

国际货币体系为什么要重建以及怎样重建，依赖于对国际货币体系功能和功能保障的认识。根据前面的分析，我们认为国际货币体系的基本功能是：为国际贸易、国际投资提供稳定的计价标准和支付手段，并为世界金融的稳定提供监管和调整的框架，防止金融危机；其建设目标是：建立一个更加包容有序的国际货币金融体系，各国应该共同推动增加发展中国家在国际金融机构中的发言权和代表性，增强国际金融体系的有效性。

三、未来国际货币体系重建的几种可能

目前，一方面各国都想参与新的国际货币体系构架，我们认为虽然新的国际货币体系要顾及中小国家的利益，但是国际本位货币本身的集权要求和统一性要求，实际上不允许过于民主，至少在执行中要集权，否则没有约束力；另一方面真正重建和构架的结果不是靠讨论，而是靠经济和政治实力。我们估计未来国际货币体系的重建有以下几种可能：

（一）现有美元与欧元主导的国际本位货币不能继续维持

我们认为现有美元和欧元国际货币体系的问题（上述四大基本问题）靠它们自身不能得到根本解决，如果欧元与美元合作能够解决问题，那人民币在未来国际货币体系构架中想挤进去实际也进不去，但目前的问题是这两个主要本位货币支撑的国际货币体系已经维系不下去了。美国和欧盟可能会联合制定类似巴塞尔协议的东西来规范国际金融活动，还会加强各国间合作以增强金融信息披露，以及及时协调干预措施等。这些虽然有必要，但是不解决前文分析的四大根本问题，国际货币和金融秩序的重建就只会沦于做表面文章，既不能缓解现在的危

机，也不能保证现有危机不再重犯和继续发作，国际金融环境也不会有根本的改善。

根据前文分析，我们认为由于美国经济的去工业化和经济虚拟化，美国不再有力量独立支撑国际货币体系，欧洲经济也已经虚拟化，其实体经济也存在很大问题，欧元也不可以支撑现行国际货币体系，它们无论如何联盟都不会阻止国际货币体系危机在未来的进一步发展。如果这些货币与印度、墨西哥或东亚联盟，货币联盟的国家越多，越不好协调；美元和欧元尚且如此，再加进一些并不比这些货币稳定的国家参与于事无补。因此，我们认为如果国际货币体系危机的事态不严重，世界各国都会各提各的方案，只有等危机严重了，需要担起责任而不是只顾眼前利益的时候（利益是付出巨大代价之后的长远利益），喧嚣才会会静下来，各国才会勇于承担风险和责任，顾及世界其他弱小国家利益的国际货币体系方案就会迎来尊重和拥护。

随着危机的进一步加深，美国和欧洲最终会意识到只有人民币才会将中国实体经济的稳定性带给国际货币金融体系。如果新一轮国际货币体系的构架和发展不是将人民币拉入，美元、欧元加上日元、英镑的体系尚能稳定住（它们已经占世界货币的95%以上了），人民币就没有机会，挤也未必挤得进去，人民币国际化必须从长计议，但这并不妨碍我们做各种各样的准备。

（二）美元—人民币联盟

如果人民币与美元建立一种货币联盟关系，即使美元—人民币联盟占世界货币比例还是美国的比例（64%），美元—人民币联盟还是可以稳住。当然，第一要务是协议控制货币供应量，稳定住美元—人民币联盟的货币数量以及计价金融资产的数量。这时，欧元如果滥发不会导致美元—人民币滥发，因为：首先美元—人民币联盟货币的占比远大于欧元占比，欧元滥发无异于自杀；其次最重要的是美国和中国实体经济联系的实力要远远的高于欧洲，这是对此联盟的最根本支撑。其他货币只能围绕这个核心货币浮动。当然这仅仅是一种假设性的估计，目的仅仅是表明我们对中国因素可能对世界货币体系起到稳定作用的信心。

（三）美元—人民币—欧元联盟

这种设想更有可行性。因为从目前来看美国还试图在全球维护其霸主地位，在此情况下，中欧存在极大的合作空间。但我们前文已经提过欧元今后的问题会很多，货币协调框架会更复杂一些。

四、国际货币体系的控制权及其机构

国际货币体系的控制权实际上一直掌握在个别国家手里。无论是世界银行还是国际货币基金组织对世界货币及其资产膨胀基本上没有控制权,所有的国际货币都有其本国货币当局根据本国利益和经济情况来控制。我们认为如果不可能建立世界中央银行(实际上也不可能建立),就只好将主要货币发行权掌握在各国货币当局手中的同时,加强90%以上货币发行的协议约束,相应的国际机构辅助约束是必要的,利用现有国际机构加强其监督和约束机制是必须考虑的。未来的国际货币体系必然还是具有"统一性"的国际货币体系,但会通过协议约束各主要储备货币组成为近似一元化的本位货币,其他国家在参与对本位货币约束机制的条件下自行决定自己的货币政策。

第五章

为什么当代国际货币体系是不稳定的
——双本位国际货币体系分析

在第四章分析的基础上,我们继续分析当代国际货币体系的研究现状。美元本位制使得美国经济走上了"去工业化"和"经济虚拟化"道路,导致美国核心经济的转变,虚拟经济与泡沫经济的本质区别在于前者更加依赖金融杠杆,后者更加依赖价格泡沫,这为美国金融危机奠定了基础;美国核心经济恢复的基本条件是"自由化"的经济环境,但美国政府在危机中的强力干预破坏了这个环境,导致美元危机的风险正在逼近;而欧元的出现则使得国际货币体系进入了类似"金银复本位"的"欧元—美元"双本位的国际货币体系。这是一种比金银复本位更加不稳定的国际货币体系,全球金融失衡和动荡根源于此。

我们认为国际货币体系是国际经济活动中的核心关系,当代贸易失衡、金融失衡和动荡都是起源于这个国际间的核心经济关系失衡。从1971年美元停止兑换黄金那一刻开始,世界就被迫接受了美国联邦储备银行的"世界中央银行"的地位,在美国长期行使世界中央银行权利,却毫不理会其应尽义务的情况下,世界逐渐陷入了金融失衡的漩涡,它改变了美国和部分发达国家的经济运行方式,刺激了这些国家的金融业出超和贸易入超,引起了全球的贸易失衡。这种失衡由来已久,并深深植入当代世界经济格局之中,绝不是靠调整人民币汇率或美联储的利息率所能缓解的,必须找到根源才能从根本上避免世界经济进一步堕入金融失衡、动荡和贸易失衡的深渊。

第一节 当代美国核心经济恢复的可能性

美国经济的虚拟化导致了金融杠杆的泛化,为金融危机埋下祸根。从这个意义上看,美国经济的恢复与美国是否加强监管毫无干系,反倒取决于美国核心经济能否恢复,怎样恢复,以及恢复到什么程度等。20世纪70年代以前那些凯恩斯干预有效需求的政策对于高度虚拟化的美国经济已经不再适用了。当代美国的问题不是消费增长,而是投资能否增长,而投资增长的主要方面不是传统的实际投资,而是被宏观经济学称为储蓄的"金融投资"能否恢复。如果美国核心经济不能恢复到往日的繁荣,美元资产被抛售的危险就会增大,美元危机就会发生。

一、"去杠杆化"为什么对美国经济恢复是一个致命羁绊

虚拟经济既然不是泡沫经济,它就不能靠大规模增加货币来恢复,而一定是靠金融杠杆来恢复。而目前美国限制金融业高管薪酬、限制金融创新、加强监管以及"去杠杆化"的一系列措施都不利于虚拟经济的恢复。美国经济的虚拟化是在金融自由化的环境中繁荣起来的,失去这个条件,美国1/3经济的保障就再也不能有往日的繁荣,没有这个高价经济的带领,美国整个经济就需要寻找新的引擎。没有了活跃的金融创新以及广泛和大规模的杠杆活动,美国的虚拟经济也就失去了动力。而要恢复金融创新以及杠杆活动的往日辉煌就必须有"金融自由化"的环境。次贷危机之后,由于美国政府对金融和房地产业的强势介入,美国的自由化环境已经被破坏得相当严重。当自由经济的核心价值观受到挑战,金融自由化的环境被强势政府抑制的情况下,恢复美国核心经济(金融与房地产服务业)就一定会困难重重。美国的证券业不能恢复往日繁荣,境外持有美元的企业、个人和政府就会削减持有美元资产的规模。而黄金非货币化之后,美元的直接支撑就是美国的虚拟经济,对美国虚拟经济丧失信心美元就岌岌可危了。

二、美元资产被大规模抛售的可能性正在增加

2009年10月初在国际市场上就出现过短暂的抛售美元资产和美元的风潮,抛售是由英国《独立报》的一篇报道引起的,报道称阿拉伯国家、中国、俄罗斯、日本和法国正在秘密商讨停止用美元结算石油交易的事宜,转而采用一揽子

货币进行结算。小道消息之所以能够引发抛售美元的风潮，根本原因还是美元与美元支柱已经虚拟化了，虚拟化的价值系统是心理支撑的价格系统，在美国经济恢复乏力的情况下，很容易引起对美元资产的恐慌。这也是美元未来前景黯淡的根本。从 IMF 最近公布的资料看，美元占官方外汇总储备的比例在缩小，从欧元出现之初的 70% 下降到危机前的 64%，现在则下降到了 62%。这组数据充分表明了官方储备当局减持美元资产的倾向，持有千亿美元及以下的国家往往会随时根据市场情况调整外汇储备构成，以避免损失。真正的风险在于：一旦投机者意识到境外美元资产过多以及美国实体经济基本面的问题，开始对美元投机，最初的交易就可能通过金融杠杆被迅速放大引发危机，而危机一旦露头，较小的外汇储备国家往往会像企业一样趋利避害，特别是那些有外汇主权基金的国家，它们不是美元的稳定因素，在美元出问题时它们往往会起推波助澜的作用。

目前美国金融业中的传统业务已经恢复，如存贷款业务、抵押贷款业务、股票买卖和发行业务等都有一定程度的恢复，而金融创新和各类债券的衍生物交易则再也不可能恢复危机前的繁荣程度和业务规模，因为去杠杆化和加强金融监管的趋势决定了靠杠杆化为生的证券业不可能再有往日的辉煌，所以在此情势下寻找美元替代品是越来越明智的投资选择，目前由于欧元经常比美元还糟，使得人们一时找不到明显的替代品。既使如此，寻找替代品的趋势还是越来越明显。实际上私人寻找美元的替代品并不困难（中国的人民币资产就是非常好的美元替代品），我们认为"美元没有替代"不是一个真实命题，而是一个心理命题。如果人们相信这个信条，他们就愿意持有美元资产。如果人们不相信这个信条，他们就一定会找到替代资产，包括其他货币的金融资产，其他国家的实际资产、股权等。当世界上有大约 1 万亿～2 万亿美元开始因寻求避险而被转手的时候美元危机就会出现。而非官方机构和私人投资者寻找到美元替代资产达到 1 亿～2 亿美元的规模是并不困难的事情。与制造业不同，在虚拟经济中，羊群效应、蝴蝶效应随时都会发生，将小事件扩散并放大成巨大的金融风暴。

三、"流动性陷阱"显示美国核心经济前景依然暗淡

按照凯恩斯的理论，在利息率很低的时候，利息率的调节作用就消失了，这时人们对现金的偏好无穷大，利息率无论怎样低人们也不再愿意持有任何资产，只希望持有现金，这就是所谓流动性陷阱。它意味着投资停止，经济运行陷于停顿。

在当前的这次金融危机中，美联储为了救市其资产已经从 2007 年 8 000 多亿美元迅速增加到 2008 年底的 2.25 万亿美元，翻了近三倍，它所增加的 1.4 万亿

美元的负债，导致 M1 从 2007 年的 13 472 亿美元迅速扩张到 2008 年底的 16 246 亿美元，M2 从 2007 年的 70 507 亿美元迅速上升至 81 711 亿美元。如此之快的货币供应增加，不但物价没有上涨，资产价格也没有上涨，资产价值还在大幅度缩水。这与美国任何时期都不同，已经维持了一年的这种状态并没有明显缓和的迹象，这就说明美国还处在流动性陷阱的状态中，人们持有现金不愿投资的状态没有根本改变。在这种状态下，只能恢复传统的存贷款业务和股票、国债业务，美国证券业的繁荣实际上也就是美国核心经济的恢复还远远看不到。

四、美元与美国金融业面临的"恐怖均衡"

美国前财长萨默斯告诉中国人不要指望抛售美元债券可以躲过风险。因为中国持有的美元债券太多了，如果抛售，美元资产价格会暴跌，中国存量外汇储备会蒙受巨大损失，因此他认为中美之间可以称之为金融"恐怖均衡"。

实际上完全不是这么回事。首先，中国的外汇储备只能用于境外，其在境内结汇时实际已经用过一次，完全不会影响到中国实体经济的运行。例如出口 1 亿美元的汽车，中国汽车制造商得到 1 亿美元，当汽车制造商将 1 亿美元换成 6.8 亿元人民币的时候，汽车制造商可以继续它的经济活动，1 亿美元到了外汇储备局手里，国内实体经济活动也就不再与转变为外汇储备的美元有关，因此中国外汇储备的状况并不直接影响中国经济运行。其次，如果中国出售美元债券，无疑美元债券价格会大幅度下跌，甚至引起美元汇率大幅度下跌，中国没有来得及卖掉的存量美元资产就会蒙受巨大损失。但是，外汇买卖有两种方式：一是卖掉美元债券收回美元现金，这样美元汇率会涨，美元债券价格会跌，中国就只会蒙受损失而无补偿；另一种是卖掉美元资产买进其他货币的资产，比如说欧元资产。这样"中国买什么什么就涨"的规律就会同"中国卖什么什么就跌"的规律同时起作用。欧元资产会大涨，卖美元的损失会从买欧元的利润中得到一定程度的补偿，自然这很难说欧元上涨得到的利益会大于存量美元资产下跌的损失。但前面已经说过，因为外汇储备是不会影响中国实体经济运行的，所以实际上中国大规模卖出美元资产同时买进欧元资产，对中国经济根本没有什么恐怖可言。

对美国就完全不同了：美国的核心经济是虚拟经济，制造业已经被边缘化。当境外大规模抛售美元资产的时候，美国的核心经济将再次遭受重创，美元会大幅度下跌，美国近 20 多年来的经济运行方式就会完全被破坏，美元下跌、美元资产被抛售会使美国遭遇比这次金融危机更加严重的局面。真正的"恐怖均衡"是针对美国的，美国将自己的经济命脉挂在了境外美元资产不被抛售上。目前这种暂时的均衡是极其脆弱的，对美国也将是极其恐怖的。这是美国当今最害怕出现的情况，任何其他情况都可以应付，唯独大规模抛售美元资产是美国无法应付的，所以美国经济和美元面临的才真正是一种"恐怖均衡"。

第二节 美元—欧元双本位国际货币体系的动荡及其发展趋势

美国历史上曾经长期处于"金银复本位"的不稳定状态，虽然为此一直存在着争论，但现在几乎所有的经济学家都公认它是一种不稳定的货币制度。在当代，贵金属早已退出货币领域，从1971～2002年欧元正式使用之前，美元是唯一的国际本位货币，欧元的出现打破了美元一统天下的格局，世界形成了"美元—欧元的双本位"货币体系，国际货币金融体系正在陷入一个空前动荡的时期。

一、从单一美元本位到当前极不稳定的双本位体制

在2002年以前，国际货币体系是美元本位的货币体系。这个体系是1971年美国宣布"美元停止兑换黄金"之后形成的。而2002年以后，欧元正式进入国际货币体系，从此美元一元化本位货币的格局被打破。到2008年年底，欧元占国际总储备货币的比例已经从最初的18%增长到了28%，欧元迅速成为一个与美元地位相当的国际本位货币。欧元和美元共同执行国际本位货币的职能——计价、交易媒介、支付和储藏手段。当前的国际货币体系非常类似于当年美国金和银同时流通的复本位货币制度，只是比金银复本位制度更加不稳定，因为金银同时作为价值衡量标准其生产率的变化会改变二者的价值比，导致套利机会，出现劣币趋良币的现象。而现在的双本位制之所以比金和银复本位制度更不稳定，是因为：无论是美元还是欧元，都是没有含金量的法币，它们的发行没有金银储备的约束，完全取决于欧洲和美国货币当局根据自己的利益需要，以及对未来的判断通过操纵货币政策来控制的。

二、"滥币拉良币"的怪圈

不加约束的双本位制度会使得国际货币体系进入轮番膨胀的滥发货币的陷阱即"滥币陷阱"。在金属铸币流通或金银复本位时期，货币都有自动退出的机制，劣币趋良币的格雷欣法则会使得流通中的货币数量与需要量大致相等。而在当

代，欧元和美元都是法币的时候，就不再有自动的退出机制。格雷欣法则就变种为"滥币拉良币"，即一种大货币滥发必然逼使另一种大货币也滥发，否则就会受到惩罚。例如，当美元过度膨胀的时候，欧元汇率坚挺，美元持续下跌，这一定会导致欧洲出口困难；同时，坚挺的欧元汇率会吸引越来越多的企业和其他经济机构发行欧元债券和其他欧元金融工具，从而逼使欧元滥发而膨胀；当欧元膨胀导致其汇率下跌的时候，美元坚挺，持续坚挺的美元汇率会损害美国的出口，并迟早会引起美元再度膨胀和再度贬值。而对于其他非本位的储备货币以及非储备货币（通称小货币），当本位货币滥发的时候，小货币不滥发，就会因不断升值而导致经济停滞甚至危机。如果本位货币不滥发，小货币滥发，就会自己引发本币贬值遭受抛售，就像1997年金融危机小国货币的悲惨遭遇一样。小国货币天生就是一种从属的货币，它甚至将自己国家经济带入一种大国经济的从属地位。总之，双本位国际货币的轮番膨胀会将整个世界带入一个更加动荡不安的国际金融体系之中。

在国际货币失去了贵金属做基础的情况下，无论利益关系如何，各国经济实力对比关系怎样，靠市场自发力量是不可能形成稳定的国际货币体系的，最终的渠道只有通过政府间的谈判，通过建立或利用现有的国际经济组织来实现国际货币体系的改革。当各主要当事国认识不到这一点的时候货币危机和金融危机就会不断打击它们，直到它们终于走到谈判桌前。在没有实际力量和利益关系再次一统货币天下的时期，最现实的就是各行其是，从而进入一个更加动荡的时期。这个时期是各种力量消长变动的时期。只有经历这样一个时期，真的衰退和真的实力上升都会经受考验，最终剥去伪装将真实经济力量暴露无遗。只有经历这样一个时期，我们才能最后明了美元的一统天下是否还能恢复，中国经济是否真的强大到可以支撑人民币与美元分庭抗礼的地步。

美元、欧元的货币当局根据自己的最大利益采取一切措施避免货币危机发生，而新兴市场国家和其他发展中国家也可以根据自己的最大利益寻求摆脱美元影响，推动非美元、非欧元结算的措施。一旦这个趋势越来越明显，世界就会进入更加不稳定的时期。投机机会会比金融危机前更多，由于现有投机力量巨大，一些发展中国家可能要为此付出巨大代价，可能引发新一轮的货币危机，国际货币体系会更加动荡不安。

三、多元化国际货币体系的历史趋势

最符合发展趋势和带有规律性的结果就是：以最有实力的主权货币为核心形成新的货币体系，也可以称多元化的货币体系，靠主权货币之间的联盟（包括协议及相关国际组织）来协调各主要货币之间的关系，靠几个大货币之间的相对稳定汇率协调机制保持国际货币的统一性和相对稳定性，靠以多打少来约束破坏协议的经济大国。例如，形成美元、欧元、人民币三者的汇率协调机制，如果美元破坏协议自行大规模扩张，欧元与人民币将联合行动抑制其做法，反过来也是一样。当然，其前提是没有一个国家（也包括美国）还可以凭自己的实力在货币领域一统天下。所有国家都要为自己最大利益努力，当这些努力撞在一起的时候，就一定是各种利益交织形成的最大势力左右全局，它们凭实力说话以实现其共同利益，并逼使不愿放弃超额利益的国家就范。最有实力的国家和利益集团将形成这个超级货币俱乐部。超级货币俱乐部就是由三四个最大的主权货币，通过协议形成联动的货币体系。各国保持相对独立的货币发行权，但要受到协议的约束。一旦违反协议约束，将受到其他有实力国家的联合打击。这种建立在实力基础上，以共同利益为纽带的"货币联盟"是唯一可行的改变，也是大势所趋的必然结果。它可冠以各种好听的名字，可以有各种变化。但以经济实力支持下的利益关系为核心则是新货币体系演变的根本。

第六章

全球金融危机的政府干预：
短期目标与长期隐患

国际货币体系的内在矛盾和经济虚拟化是推动当代全球金融危机形成的两大根本因素。国际货币体系的内在矛盾和美国债务自循环累积机制，制造了全球流动性膨胀并推动了全球经济虚拟化。这两大因素使得金融不稳定与宏观经济不稳定相互关系发生转变，金融不稳定成为影响宏观经济稳定的首要因素。正是基于这样的背景，金融危机中各国政府为维持金融稳定，必然要干预金融市场。

随着次贷危机愈演愈烈，两房、雷曼等金融机构的破产，金融危机蔓延到全球，并对实体经济产生巨大影响。究其根源，危机产生的原因实质与国际货币体系内在矛盾和经济虚拟化日益加深有关。在这个背景下，如何保证金融安全，实现金融稳定已经成为各国政府最为关注的问题。在众多关于金融危机和政府干预问题的传统文献中，缺少对现代金融危机形成机制和干预政策演进的总体研究。本章从国际货币体系的内在矛盾以及经济虚拟化的视角，对政府对金融市场干预的发展和演进进行了研究。

第一节 全球金融危机的发展

随着 20 世纪 80 年代以来各国推动金融自由化和经济虚拟化程度的不断加深，各国虚拟资本的比重大幅上升，虚拟经济呈现出脱离实体经济独立运行的趋势，金融危机的形成与虚拟经济范畴、金融自由化以及当今国际货币体系的关系越来越明显。当代经济虚拟化和全球不均衡的货币、金融体系的内在矛盾已经成为现代金融体系不稳定的重要背景因素。1997 年东南亚金融危机和 2007 年美国次级债危机，其发生机制和影响范围已经不同于以前的金融危机，我们需要在不均衡的国际货币、金融体系以及经济虚拟化这个背景下，来研究政府干预金融政策的演进。

传统研究常常把金融危机划分为银行业危机、证券市场危机、债务危机和货币危机。但经济虚拟化之后，规模庞大的投机活动导致资金在债市、股市、汇市、大宗商品期货市场、金融衍生品市场、房地产市场以及收藏业市场等之间循环流动并将它们连成一个有机整体，在此情形下依据发生领域区分金融危机的研究方式不再适用，因为这样的划分模糊了现代金融危机中各金融市场的联动性和整体性，割断了现代金融危机与虚拟经济整体之间的复杂关系。在 1990 年日本泡沫经济、1997 年东南亚金融危机、2007 年次级债危机中，金融危机形成背景更复杂，通过杠杆撬动的资金链条明显被拉长，各种类新金融机构的资产负债表之间形成了错综复杂的关系，金融危机的形成与发展已经跨越了银行、证券、房地产、汇市、大宗商品期货市场的界限。2007 年次贷危机首先从美国开始，但迅速蔓延到欧洲、日本等发达国家，新兴市场国家也受到了较强的冲击（见图 6-1），全球金融系统都受到重创。

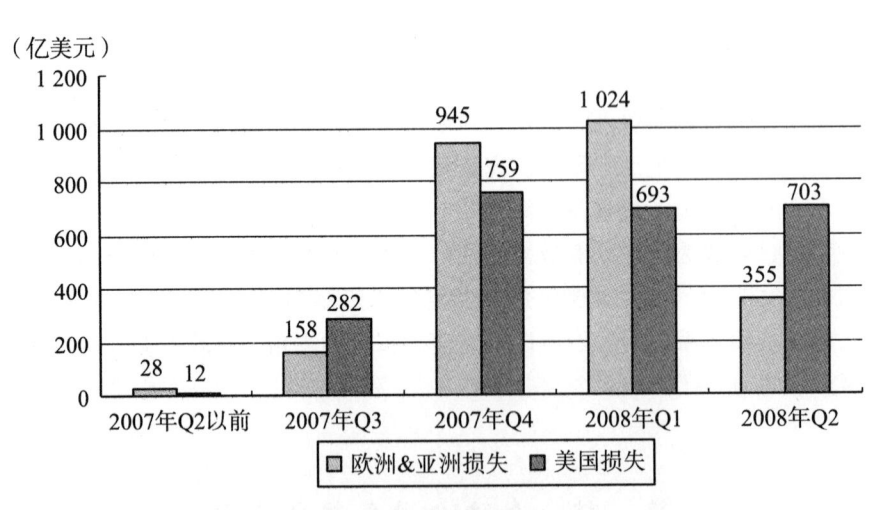

图 6-1 次贷危机全球金融系统损失分布图

资料来源：IMF 季度报告。

很多学者认为次级债危机表明全世界在给美国次贷危机买单，为什么美国的次贷危机能迅速扩展到全球，而且还使得全球投资者一起承担损失？这就牵涉美元在当今国际货币体系中的地位问题。美国在布雷顿森林体系崩溃之后，确立了美元在世界货币体系中的霸主地位，20世纪70年代初为摆脱经济滞胀和提高金融机构的竞争力推行了金融自由化，这个过程是在美元主导的世界货币体系下发生的，美国和欧盟获得世界货币体系主导权。格里塔·R·克里普纳（Greta R. Krippner）认为美国经济中出现的新问题是美国经济的金融化发展的结果。以强大国际化货币为基础，美国国债和其他资产成为一些国家重要的外汇储备资产，美国经济的持续发展可以不断地从其他国家获得低成本、甚至是无偿的资金。发展中国家和新兴市场国家在世界货币、金融体系中处于劣势地位，发展中国家建立出口导向型经济模式，需要为维持本币汇率稳定，而采用高频钉住或低频钉住美元或欧元的汇率政策，其国内实体经济发展和虚拟经济发展都深受影响。这些国家都持有大量美国等发达国家债券和货币作为外汇储备。麦金农指出发展中国家在资本市场不开放，但实行钉住国际货币的固定汇率制度，容易过度负债，特别是短期债务过高的风险，即存在"原罪"问题；而依靠对外贸易实现经济高增长，带来大量顺差的同时，在固定汇率制度下则会出现"高储蓄两难"问题。在此情况下我们认为：第一，当代金融危机的形成已经涉及各金融领域，迫切需要从虚拟经济这个综合的视角来审视当代的金融危机；第二，由于金融自由化推动带来资本流动的全球性，再考虑到美元在国际货币体系中的霸主地位，使得我们考虑金融稳定必须纳入国际货币体系的全球视野。

第二节 经济虚拟化与全球不均衡的货币、金融体系

目前全球经济已经进入虚拟经济时代，经济虚拟化的核心就是货币虚拟化以及通过资本化的虚拟资本创造。

一、货币虚拟化与经济虚拟化进程

1973年布雷顿森林体系崩溃后，美元最终与黄金脱钩，世界上再也没有任何国家的货币用贵金属作为其价值基础的时候，货币就完全虚拟化了。黄金的非货币化和自由主义推动的金融自由化导致了欧美国家浮动汇率制度的形成，为全球范围的经济虚拟化开启了大门。20世纪80年代以后，美国对外提供美元的主要途径是经常项目逆差。美国通过经常项目逆差用美元买回各类资源和其他国家的商品，其他国家再用出口这些资源和商品换回的美元现金购买美国的债券和其

他金融资产，当这些债务到期时，美国会用包括利息在内更多的美元现金偿还其债务，这些美元现金最终还会购买美国的金融资产或存入美国的银行。美元现金通过经常项目逆差流出美国，又通过金融账户流回美国。美国经常项目逆差从1982年的55亿美元，迅速扩大到2006年的8 115亿美元，25年间增长了大约148倍，任何国家的GDP和实际资产都不会有这样的增长速度。这个过程中，美国一方面消费了别国的资源、商品、劳务；另一方面却在境外留下了越来越多的美元债券和其他的金融资产。美元向外过度提供逼使欧元和其他国际货币也加入了过度提供的行列，导致了全球性的流动性膨胀，并导致了经济的虚拟化发展。

二、全球不均衡货币金融体系的内在矛盾与流动性膨胀——金融危机的国际背景

克鲁格曼（1984、1998）、麦金农（2006）等都阐述过布雷顿森林体系崩溃之后的汇率不稳定与金融危机问题；刘骏民（2007）提出由于作为国际货币美元的过度扩张引发全球流动性膨胀和经济虚拟化，进而导致全球金融风暴不断出现；左小蕾（2007）认为源于全球流动性过剩带来的资本流入，最终根源在于美元本位的货币体系。发达国家拥有世界货币体系的主导权，美元、欧元等成为全球最主要的储备货币、支付手段、结算工具、价值储藏手段、计价单位、资本市场交易工具、外汇市场干预货币及信息发布的主要媒介。由于美国具有世界货币地位，所以其国债发行机制缺少控制，美国向全球金融市场注入了大量美元，造成全球流动性过剩；各金融机构持有大量美元资金，各国外汇储备机构也管理着大量的美元资产。这些资金必然要在全球寻找投机或投资机会，在各国间大规模流动，造成了全球金融体系的动荡。

次级债危机使世界货币体系中存在的基本矛盾再次被放大，引起了广泛的关注。此前特里芬阐述了"布雷顿森林体系"核心货币国家存在丧失汇率独立性问题，即一国向全世界提供世界货币的同时，该国不能独立制定汇率政策。特里芬预见性地揭示了布雷顿森林体系中，美国面临汇率调整的难题。"布雷顿森林体系"崩溃30多年后，我们发现黄金—美元本位制被美元本位制所取代。"特里芬难题"很好地揭示了"布雷顿森林体系"的内在矛盾。但是，美国在1973年实际上逐步确立了美元本位制后，美国就确立其在世界货币金融体系中的主导地位。而美国在其"最初、最大金融违约"后，也就打开了全球资金的闸门。美国通过完善的金融体系和发达的虚拟经济部门，从全球吸收资金，推动了本国虚拟经济和新兴产业发展。虚拟经济成为其缓解资金流动冲击的泄洪区和蓄水池。这样美国就通过虚拟经济以及经济、政治和外交等手段，既推行了美元本位制，又

具有影响主要汇率水平的能力。从理论上讲，只要货币主导国家的虚拟经济与实体经济保持一个相对稳定的关系，全球投资者对美国经济的信心就能够维持，对其虚拟资产的投资就被认为是安全的，那么美国的财政赤字就可以维持，美国就可以持续享受这种优势地位带来的种种好处。而其汇率调控完全可以通过其他手段，与其他发达国家进行协调，并且这种汇率调控政策成为美国经常采用的另一项工具。

但是，不论美国主导的世界货币体系，还是欧元主导的世界货币体系都存在这种危险——一国或区域货币充当世界货币，会刺激该国或地区虚拟经济（主要是债券、股票和房地产，以及其他金融衍生品市场）的过度发展——价格过度膨胀和规模扩大同期出现，因为其他国家将该货币作为外汇储备，在没有更好的地方投资的时候，会将该储备货币投资回货币发行国家，通常是购买国债、股票、房地产等资产。这种虚拟经济过度膨胀会进一步刺激该国货币过度发行，这一趋势是不可逆的。全球货币金融体系存在的内在矛盾成为全球流动性膨胀和国际资本大规模流动的根源。这种货币发行与负债应该保持一个合理的比例才能保持稳定，但是发行国家虚拟经济的发展，发行国的发行冲动必然使这种世界货币的发行不能保持与全球实体经济发展相匹配，这种失调是造成全球流动性膨胀的根本原因。我们也知道一旦虚拟经济发展过度，偏离实体经济所能支撑的限度时，虚拟资产价格崩溃，进而出现金融机构因为风险失控出现资金断流时，大量过剩的资金却流向别的市场。因为纸币最终是不能退出市场的，全球流动性过剩问题依然存在。如果全球不均衡货币、金融体系没有有效的协调机制，这种危险就始终存在，类似次级债危机的情况就会在未来不断发生。

第三节　政府干预金融市场政策的演进

虚拟经济论基于非对称的国际货币体系以及经济虚拟化，探析政府在这种形势下如何在金融危机中进行救助，具体的分析仍然在政府干预理论的基本框架内进行。

一、政府干预金融市场的缘由与目标

在金融自由化和经济虚拟化进程中，虚拟经济规模的扩大以及杠杆活动的泛化使得金融链条更加复杂。金融自由化的发展和金融市场开放，又在国际范围内

打破了金融市场界限和国家金融界限，结果是在金融机构资产结构中，国际金融资产的比重在增加，并且金融链条被延长到全球范围内。随着这些新形势的发展变化，政府对金融市场进行干预的基础理论也随之演进。

新古典经济学对政府干预范畴的界定，是基于市场失灵的认识，主张政府在信息不对称、公共产品、外部性和自然垄断方面，发挥积极作用。青木对政府作用和市场作用之间关系的研究，提供了另一个可以对比的对象。青木对政府作用的描述，基本源于新制度经济学，主要强调政府在市场拓展、产权制度建立、规范和保护、提供公共产品、补充价格机制等功能。

但从当代金融危机的发展来看，金融危机不能主要依靠市场来自行解决，政府必须进行救援。在实践中，实际上早就出现了政府在危机中对金融市场进行救助的活动。正如上面所分析的，现行全球货币金融体系存在的内在矛盾，造成了全球流动性膨胀、国际资本流动和各国虚拟经济发展间的复杂机制，改变了金融机构的风险结构，加剧了金融市场不稳定性。传统理论认为是宏观经济周期变化影响着金融稳定性。现在看到的是金融不稳定与非对称的国际货币体系以及虚拟经济的不稳定息息相关，进而对宏观经济稳定产生重要影响。我们认为在全球货币金融体系不均衡发展的背景下，一国宏观经济和金融市场机制作用的发挥，不可能不受国际货币金融因素的影响；在缺乏国际金融监管和有效的政策协调机制的情况下，不可能仅仅通过本国经济和金融机制来化解国际货币金融风险，而国际货币、金融因素会加剧国内金融的脆弱性。所以，政府在维持国内金融稳定上具有重大的责任，这必然会超出新古典和新制度经济学理论所主张的干预范畴。在实践中，政府对金融市场干预的深度也确实在不断加深，政府不断尝试保持金融稳定和宏观经济稳定的各种政策机制。

二、政府对金融市场干预的演进模式分析

随着经济危机和金融危机的加深，政府干预在不断深化，围绕各种干预方式进行了广泛争论。从全球看，形成了两种模式：

第一种模式是在市场经济国家和地区，经过了由自由竞争市场经济向政府干预逐步强化的发展历程。新古典理论主张积极完善市场的资源配置核心功能，尽可能减少政府对经济的干预，认为正是政府政策造成了经济和金融的波动与危机。长期以来新古典理论所主张的市场失灵理论，被视为界定政府干预范畴的标准。但随着现代金融危机的发展，这个理论界限在实践中被彻底打破。在1998年香港金融危机中，作为最具自由竞争市场经济典范的中国香港，在国际游资冲击时，政府主动对汇市和股市进行最直接的干预，打退了国际投机客，保持香港

联系汇率体系和金融稳定，从而保持香港经济的稳定。香港特区政府的成功经验，让我们不得不思考政府在什么情况必须进行干预，这种情况下的干预是一种偶然，还是今后必然发展趋势。2007年爆发的次级债危机再次暴露了现代金融体系的脆弱性，现代金融危机是金融多种脆弱特性存在的必然结果，正如上文所阐述的那些基本特质。在这样机制复杂、规模巨大的金融危机面前，各国政府根本来不及考虑这些直接干预在其主流理论中是否有合理解释，存在什么风险，政府需要尽快实现金融稳定才是眼前最重的事情。因为金融体系一旦崩溃，整个经济将为此付出巨大代价，重建信用体系和市场信心将付出巨大成本，以及长时间的经济低迷（日本泡沫经济就是最佳例证）。没有一个私人机构能够承担得起这样的责任，政府就被赋予了在短期内干预金融市场，保持金融市场迅速稳定，并在危机后实现经济复苏的职能。并且在最近的金融危机中，越来越多的国家政府实施了稳定金融的直接干预政策。

2007年美国次级债危机爆发以来，美、欧、日本等国进行了异乎寻常的大规模直接救助，如美联储就创新出了三种新型的直接救助金融机构的手段：定期贷款拍卖（TAF）、一级交易商信用工具（PDCF）和定期证券借贷工具（TSLF），通过三种金融救援创新，一是有效延长了给金融机构贷款的期限；二是扩大了抵押品范围（从传统的国债抵押扩展到AAA非机构债券抵押）；三是增加了流动性供给的对象（从传统商业银行扩展到一级交易商、大型投行、保险公司）；四是有效降低了处于危机中的金融机构获得流动性的成本。三大创新的救援机制彻底打破了长久以来美欧等国政府不对金融市场进行直接干预的"惯例"。随着金融危机的不断深化，美欧政府对金融市场的干预在不断扩大。接管两大房贷机构，雷曼兄弟破产，随后美国政府7 000亿美金的救市方案出台，这已经是政府干预金融市场的最高形式。

第二种模式是政府干预金融市场的演进模式，是以中国为代表的发展中国家。这些国家正处于向市场化转变的阶段。这些国家政府一直以来对金融进行全面控制，虽然随着市场化改革，政府行政干预方式逐渐被放弃，政府干预正在向市场调控政策转变，但是政府依然对金融市场具有很强的控制力，例如大部分金融机构仍然具有很深的国有特征，政府通过行政管理机制控制着多数大型金融机构的管理体系。另外，在中国具有浓厚政府主导色彩的金融体系中，政府实际上充当了信用担保人，所以在很长时期里，尽管商业银行坏账率已经超过新巴塞尔的标准，但是市场并没有产生任何恐慌。从这个角度看，在经济高速增长过程中中国政府客观上维护了金融稳定，这是非常值得研究和思考的问题。政府可以通过货币政策、财政政策、资本管制和汇率管理政策等，仍然对经济有很大的直接干预能力。1997年以来中国两次都避免了国际金融危机对本国经济造成重大冲击，这得益于中国金融市场还没有完全开放，政府还具有很强的直接干预权力。政府维持金融稳定、市场信用体系稳定的坚定信心和能力发挥了积极作用。在次级债危机中，我们也看到欧洲央行以及美联储和财政部也放下长期奉行的自由竞争市场大旗，进行大规模直接干预。在与虚拟经济密切相联系的现代金融危机中，如果任由金融危机发展，将使信用体系遭到毁灭性的破坏，并不可避免地危及实体经济发展。所以，尽管政府干预产生明显的负面影响，但其积极作用也是显著的。

1998年以来金融稳定成为全球关注的焦点。如果以是否实现了金融稳定为最核心的评判标准，那么政府在金融危机中在短期内实行稳定金融的干预措施就是必要的。2007年美国次级债危机，让我们不得不对30多年的金融自由化和经济虚拟化发展进行反思，也必须重新考虑主流理论对政府干预金融市场的认识。

基于以上分析，我们将政府干预金融市场的研究与争论总结为下面几个问题，希望能够在这些领域继续研究：

（一）解决全球货币、金融体系内在矛盾的途径

这实际上是"布雷顿森林体系"崩溃以来造成全球金融不稳定的最根本问题。蒙代尔、克鲁格曼、米什金、麦金农都在试图寻找消除，至少缓解全球金融不稳定的良方。美欧发达国家积极推行了美元本位制、金融自由化和浮动汇率制度。掌握了国际金融决策权的发达国家总是强调金融自由化和浮动汇率的好处，却忽略了美元本位制不可克服的内在矛盾——一国货币充当世界货币，该国总是存在过度发行冲动，这种过度发行掩盖在市场交易机制和虚拟资产价格膨胀中，发展中国家持有大量该国虚拟资产作为外汇储备和资产，而该国很便宜地使用其他国家的资金，并且常常可以通过汇率调控实施"赖账"。由于全球流动性膨胀风险和经济虚拟化使我们很难确定均衡汇率的合理水平，实践也证明不能通过汇率调控来调节国际收支（日本泡沫经济时期，美、欧、日汇率调控结果是显著证据，日元兑美元汇率升高并没有使美国国际收支逆差问题得到解决）。所以各国就不能放弃对汇率和资本流动的控制，保持汇率相对稳定对于保持经济稳定极为重要。目前，比较可行的办法就是建立多元的全球货币体系，这是唯一的缓解途径，也就是本着"宽容、克制、合作"的精神进行多国间的谈判，以修正当前不稳定的世界货币体系，重建稳定、和谐、公平的国际货币金融新秩序。

（二）经济虚拟化程度的加深不断推动金融监管机制的强化

在主流金融理论中通常不将金融监管视看作干预，我们认为新监管措施的出现就是对市场机制的再一次修改和完善，会对金融稳定产生重要影响，我们应该

考虑新监管措施对金融稳定的影响。约翰·伊特韦尔和艾斯·泰勒认为金融市场监管的主要任务是："第一，通过管理系统风险和预防市场欺骗行为以及经济犯罪活动，确保市场的有效运作；第二，要保护消费者利益。"在1929年大萧条之后，随着金融市场的发展变化，监管思想和监管措施也在不断完善与发展。20世纪80年代以后，由于发达国家金融市场的竞争加剧，一些国家出现金融业务多元化发展，推动了金融混业经营的发展。金融机构的资产负债中虚拟资产的比重上升，金融机构风险来源变得更加复杂。一些虚拟资本价格的波动，使金融机构风险状况非常不稳定。因此，也迫使政府对金融市场的监管，由分业监管走向联合监管，并且越来越强调金融监管的专业性和效率。各国将中央银行制定货币政策的职能与监管职能分开，对银行、证券和保险业进行联合监管（英国成立了金融服务局）。当前金融市场监管强调风险管理，突出对信息披露问题、对金融交易行为和金融机构的经营状况进行严格实时监控管理，监管当局通过制定财务会计标准，强制金融企业披露更详细和及时的财务会计信息，保证金融市场的信息透明。2001年美国华尔街财务丑闻的出现，说明需要更充分、更及时的信息披露，需要对金融主体和中介机构进行更严格的金融监管。

（三）货币政策与财政政策的作用

鲁比尼（Nouriel Roubini）和亚当·S·柏森（Adam S. Posen）两篇评论性文章代表了关于这一问题的两种鲜明的观点。客观上，美国货币政策也开始关注资产价格波动问题，越来越多的政府意识到需要对虚拟经济发展作出调控，虽然保持资产价格稳定还不是货币政策的干预目标，但是正在被各国中央银行所关注。美联储前主席格林斯潘曾经明确表示，今后美联储在制定货币政策时，资产价格问题将被认真考虑。政府政策关注资产价格实际上就是通过政策信号引导投资者的预期，间接影响资产价格。对于次级债危机的形成，多数经济学家和格林斯潘本人也承认，是20世纪90年末以来宽松货币政策和信贷政策起很重要的推动作用。对于次级债危机的救助，充分显现了美联储货币政策当局处在两难境地，美联储如果继续向金融机构提供流动性，会加剧通胀；如果为抑制通胀，加息或收紧货币供给就会使金融危机继续恶化，抑制经济增长。

（四）政府是否应该充当最后贷款人，对金融市场进行直接救助

最后贷款人问题一直因为具有明显缺点，而存在争议。我们认为应该关注不同危机情况下最后贷款人作用的研究，建立最后贷款人机制，关键在于决定什么状况下应该发挥最后贷款人的作用。目前从理论上讲，还没有任何研究能给出明确的答案。但在实践中，已经有了很多有用的案例。

中国香港特区政府一直奉行对经济不干预的政策，所执行的自由经济政策被认为是多年来成功的基础。1998年香港特区政府在决定入市干预时，经受了来自各方面的巨大压力。事实上，干预的成功一方面是由于香港特区政府具有强大的外汇储备，另一个重要原因是中国中央政府做出了必要时向香港特区政府提供支持的承诺，这使得市场信心空前高涨，对国际炒家的信心造成沉重打击。

2008年7月为防止房地产和金融市场危机进一步加剧，美国财长保尔森表示房利美和房地美在美国住房融资体系中发挥着核心作用，而且必须以股份公司的形式继续发挥作用。美国住房市场正在进行调整，此时两家机构对住房市场的支持尤为重要。美国财政部表示将提高这两家机构的信用额度，并承诺，如有需要，美国政府将出资购买这两家公司的股票并出借资金。美联储也发表声明说，如有必要，美联储将对这两家非银行融资机构开放"贴现"窗口，即像对待商业银行一样为它们提供直接贷款，以解决融资困难问题。

（五）存款保险与再保险制度对金融市场稳定的作用

美国在1934年成立联邦存款保险公司，政府对一定数额的存款进行担保。同时，通过复兴金融公司，对大银行提供信贷支持，以增强其实力。主要目的是为银行客户存款保险，以避免一家银行破产波及其他银行的连锁反应。在金融市场发展过程当中，市场的稳定意义重大，政府必须在效率与稳定之间进行权衡，在保证市场稳定的同时就必然会牺牲一定的效率。但是，也有很多学者对保险机制提出批评，认为存款保险制度和最后贷款人一样，会使大金融机构产生依赖，即金融机构会认为在出现危机时政府一定会进行干预，从而出现"too big to fail"的问题，阻碍了市场优胜劣汰机制作用的发挥，降低了金融市场的效率。而次级债危机中，已经暴露出存款保险资金损失太大，出现资金短缺的情况，这是20世纪80年代储贷机构危机以来又一次存款保险不足的情况。

（六）资本管制和"托宾税"能否有效防止国际短期资本流动冲击和抑制虚拟资产过度膨胀

关于资本管制和"托宾税"都有成功的经验，也有失败的教训。关于资本管制的重要经验是在本国资本市场还不完善，金融监管体系还不够的情况，应该谨慎对待资本市场开放。实际情况表明，多数情况下"托宾税"并不能有效抑制资产价格膨胀和过度交易。一个需要关注的问题是"托宾税"的制定，需要考虑虚拟资产价格膨胀水平和汇率波动。如果通过虚拟资产价格变动和汇率波动，可以获得的利润水平，远超过"托宾税"税率的话，那么对国内虚拟资产的投资过热和国际短期资本流入，就起不到什么作用。

三、非对称国际货币体系和经济虚拟化条件下的政府干预金融市场演进趋势

如何解决政府干预过程中存在的道德风险，是政府干预金融市场问题研究的重要内容。金融危机中政府干预为什么常常备受争议，主要的担忧是关于政府干预的成本和隐含的风险，破坏市场机制和加大了道德风险。格林斯潘认为"道德风险"是政府在危机中对金融机构和市场进行救助必然要付出的成本，"我们不可能没有成本，却收获我国金融体系及其稳定带来的好处"。金融全球化和全球不均衡货币、金融体系造成国际金融风险，并使这种风险能够在国际间传递。经济虚拟化则使金融风险形成机制更加复杂、脆弱，也使得金融链条拉得更长。这种趋势下出现的金融不稳定对宏观经济稳定的影响就会更加重要。可以预见的是在危机出现时，任何国家和地区政府在短期内首先要采取各种手段保持金融稳定，然后再不断完善市场机制和监管机制，尽量降低道德风险对市场机制的破坏。

第七章

欧洲经济困境和欧元区的整合：
能依靠欧盟自己解决吗

本章主要探讨了目前欧洲经济的现状以及欧元的困境，指出欧元区正在危机的打击下不断进行整合。欧洲一体化进程持续了多半个世纪，在这个过程中，金融危机和货币危机不断袭扰着欧洲各国，但每一次危机过后，欧洲经济一体化总是有所前进，欧洲经济的整体影响也越来越大。当欧元形成的时候，欧洲经济一体化进入了一个以货币、金融统一为中心的欧洲经济整合的新时期，国际货币体系也因此进入了一个"双本位国际货币体系"的新时代。欧元的诞生为欧洲经济注入了新的活力，也带来了一系列新问题，它们集中反映在金融危机和债务危机中，这些危机正在逼迫欧盟朝着统一经济监管和政策调控的方向发展，朝着欧洲"中央集权"的方向发展。欧元的地位会在危机中不断巩固，而双本位国际货币体系却会将世界带进一个更加动荡的时期。

第一节 欧元确立历史的分析

一、欧洲货币体系

1979年3月，在德、法两国的倡议下，德国、法国、意大利、丹麦、比利时、爱尔兰、荷兰和卢森堡 8 个欧洲经济共同体成员国决定建立欧洲货币体系（EMS，European Monetary System）将各国货币的汇率与对方固定，共同对美元浮动。随着 1989 年西班牙的加入和 1990 年英国的加入，该体系扩张到了 10 个成员国。该体系在早期获得一定成就之后，随着其成员国经济的发展和世界经济格局的变化，其缺陷越来越严重，无法协调成员国的经济政策，最后引发了欧洲货币体系危机。

（一）欧洲货币体系建立的经济背景

欧洲货币体系是欧洲货币一体化进程中建立货币联盟最关键的一步，是区域货币体系的一大突破。该体系是为了应对 20 世纪 70 年代频频爆发的国际金融危机，以及欧共体内部的经济动荡，尤其是不断加剧的汇率波动和货币危机而形成的区域货币体系。

布雷顿森林体系的成立结束了当时国际货币竞争性的贬值，但是并没有建立一个真正的多边贸易体系。欧洲国家之间的贸易是在大量双边贸易基础上协定达成，根据可能出现的经常项目逆差额度来确定一个双边贸易额度，超过该额度的赤字必须通过黄金加以结算。当时的欧洲各国因为重建本国经济，对美国进口远远高于出口，导致各国都缺乏美元，也就是人们所说的"美元荒"（Dollars Gaps），引发所有国家都争取黄金和美元盈余。此时，任何一个国家将其货币进行自由兑换都会导致与其进行双边贸易的国家极力从中赚取盈余，将其兑换成美元，致使该国陷入严重国际收支逆差的困境。

面对如此的窘困，欧洲国家意识到，必须依靠欧洲各国自己的合作与努力，重新确立货币可兑换性。为了加强欧洲国家间的合作，充分利用"马歇尔"计划的援助，欧洲于 1948 年成立了"欧洲经济合作组织"（OEEC, The Organization for European Economic Cooperation）。1950 年，包括 OEEC 的 17 个成员国在内的欧洲国家成立了"欧洲支付联盟"（EPU, European Payments Union）以应对双边贸易信贷额度被耗尽而引发的欧洲内部支付系统的困境，迈出了欧洲货币一体化的第一步。1955 年 8 月，该联盟成员国签署了《欧洲货币协议》，进一步发展了欧洲内部的货币可兑换性。1957 年，"欧洲钢铁联盟"的所有成员国（联邦德国、法国、意大利、比利时、荷兰、卢森堡）签署了以建立关税同盟（"共同市场"）和共同农业政策为核心的《罗马条约》，并于第二年的 1 月 1 日确立了由这六个国家组成的"欧洲经济共同体"（EEC, European Economic Community）。1958 年 12 月，《欧洲货币协议》缔约国又签订了一项修改本协定的附加议定书，同意把各自国家的货币对美元的波动幅度由 ±1% 缩减至 0.75%，将欧洲国家货币之间的最大波动幅度由 2% 缩小到 ±1.5%，整个波动范围也由 4% 缩减至 3%。

随后，法国宣布法国法郎贬值并且实行有限制的自由兑换，接着英镑也开始了自由兑换，其他成员国也随之纷纷采取同样的措施。从此，"欧洲支付同盟"退出了历史舞台，取而代之的是该协定。

在"欧洲经济共同体"成立的初期，布雷顿森林体系的运行一直处于比较良好的状态，共同体内部物价稳定、失业率保持在较低的水平、国际收支处于盈余状态、货币呈现出稳定趋势，整个经济运行良好。因此，"欧洲经济共同体"并没有对货币合作给予充分的重视，也没有建立一个独立货币体系的需要。

然而，在 1968 年的第一次美元危机冲击下，法国法郎于 1969 年 8 月贬值 11.1%，同年 9 月西德马克升值 10%。同时，《罗马条约》的签订使得欧共体各成员国之间的经济与贸易关系更紧密，对加强货币合作的呼声也日益高涨。在 1969 年 12 月初的欧共体海牙会议上，联邦德国总理怀特·勃兰特提出了建立"欧洲经济与货币联盟"来协调欧共体成员国之间经济政策，尤其是货币政策，以摆脱该体系之外的汇率波动影响。

1970 年 6 月，欧共体通过了第一份关于创建"欧洲经济与货币联盟"的完整性理论构想——《维尔纳报告》（Werner Plan，简称《报告》），是欧元诞生史上第一份重要性报告。《报告》认为，建立该联盟的目标就是要维护欧共体经济稳定，促进其经济增长。这需要建立一个独立于任何一个成员国，只对欧洲议会负责，能够制定统一的、对成员国产生决定性影响的经济与货币政策的政策中心。同时，还需要建立一个类似于美联储体系的欧洲中央银行体系，以便对货币政策进行决策。

该《报告》提出，在 1971 年 1 月 1 日到 1980 年 12 月 31 日的 10 年内，分三步个阶段来实现货币统一计划。第一个阶段就是从 1971 年 1 月 1 日到 1973 年 12 月 31 日，主要目标是缩小成员国货币之间的汇率波动幅度，将所有成员国的货币都纳入欧洲货币体系的汇率机制，并筹建货币储备基金来稳定汇率，协调货币政策。第二个阶段是从 1974 年年初到 1976 年年底，主要是集中成员国的部分外汇来补充筹建的货币储备基金，加强欧共体干预外汇市场的能力，进一步缩小外汇波动幅度，促进资本流动的自由化。剩余的 4 年为第三个阶段，主要目标是实现劳务、资本和商品能够在欧共体内自由流动，且不受汇率波动的影响，促进固定汇率向统一货币发展，最终发行统一货币。但是，由于受种种原因的影响，如 1973 年的石油危机、随后在 1974 年爆发的世界性经济危机等加剧了欧共体内部的经济差距和发展的不平衡性，导致这个阶段的目标都未能实现。

1971 年 2 月 9 日，欧共体建立了"欧洲货币单位"（ECU，European Currency Unit），将其作为计价标准和结算手段。"欧洲货币单位"的价值跟美元等值，含金量为 0.888671 克。在美元经历了 1971 年和 1973 年的两次大幅贬值以后，

"欧洲货币单位"的含金量仍然没有改变，但是它的价值已经不再与美元相等了，而是与 SDR 等值。在 1971 年 SDR 与黄金脱钩，改为与 16 种"一揽子"货币定值后，欧洲共同体创设了新"欧洲货币单位"，并且将其成员国的 9 种货币组成的"一揽子"货币来决定新"欧洲货币单位"。各种货币在"一揽子"货币中的占比由其发行国 GDP 和贸易额在欧共体中的比例决定。但是，新的"欧洲货币单位"只起计价单位的作用，欧共体中的国际结算、国际储备、外汇干预都使用美元。

布雷顿森林体系崩溃以后，美元危机频频发生，严重冲击着欧共体货币汇率的稳定。为了应对不断加剧的货币危机和汇率波动，欧共体自身的经济状况和货币政策也发生了很大的改变。当时的欧共体委员会主席罗伊（Roy）重申了组建欧洲经济与货币联盟的重要性。欧共体成员国也已经在共同筹建欧洲货币体系这一问题上取得了广泛的基础。每次美元危机的爆发都会造成欧洲各国货币之间的汇率发生大幅度波动，直接冲击着欧洲货币的稳定。欧共体成员国一致认为，在新的国际货币体系诞生之前必须要建立一个符合欧共体自身情况和实际需要的区域性国际货币体系来应对频频爆发的美元危机对欧洲各国货币的冲击。

美元兑欧洲货币的汇率从 1977 年的 1 月 25 日的最高值 0.8381 一路下跌到 1978 年 10 月 30 日的最低值 0.6579，下跌幅度高达 21.5%，同期的美元、英镑和法国法郎对西德马克的汇率分别下跌了 26%、19% 和 19%。面对西德马克的不断升值，实行"蛇形制"浮动汇率的国家开始不断地调整本币与西德马克的比价。然而，这种比价的调整严重影响着"蛇形制"浮动汇率制度的稳定，更无法积极应对美元危机的冲击，直接挑战该汇率制度的发展。为了加强各国货币的合作与汇率的稳定，更好地抵御美元危机的冲击，组建欧洲货币体系由原来的广泛共识走上了实际操作。

作为欧共体第一经济大国的联邦德国，其经济在第一次世界大战后的增长主要是依靠对外贸易。但是，在西德马克不断升值的情况下，1978 年德国经济的增长开始转向依赖内需。美元危机使得西德马克持续升值，严重影响了德国商品在境外的竞争力，导致联邦德国的对外贸易萎缩，引发西德马克币值的波动。此时的联邦德国意识到，维护西德马克币值稳定的同时，必须要加强成员国货币汇率的联系，积极筹建欧洲货币体系。从此，作为欧共体第一经济大国的联邦德国开始在筹建欧洲货币体系的过程中发挥了重要作用。

到了 1978 年，欧共体各国的经济状况开始了好转，物价上涨的速度开始缓减，通货膨胀率为 1974 年的一半左右，各国通货膨胀的差异也明显降低。英国、法国、意大利等国的国际收支出现了顺差状态，英镑、法国法郎、意大利里拉的贬值压力减轻很多，而且西德马克显示出十分坚挺的趋势。这为欧洲货币体系的成立提供了十分良好的条件。

1978年12月，在布鲁塞尔召开的欧共体首脑会议决定从1979年1月1日起启动欧洲货币体系。当时欧共体成员国的联邦德国、法国、意大利、丹麦、荷兰、比利时和卢森堡加入了欧洲货币体系，欧共体另一成员国英国因为拒绝参加当时的欧洲货币汇率机制而没有加入。但是，意大利和爱尔兰则要求欧共体增加对它们的援助。法国提出，只有取消共同农业政策中的货币补偿金以后才允许该体系生效，这与德国的利益冲突。欧洲货币体系因为上述矛盾的协调，最终到1979年3月13日正式生效。

（二）欧洲货币体系的内容与运行

建立欧洲货币体系的目标就是要稳定汇率，巩固欧洲国家货币在国际货币领域的地位，把欧洲真正统一成一个市场，共同促进经济稳定、持续增长，为欧洲共同体的建设提供新动力。整个欧洲货币体系是由三大块内容组成的，一是欧洲货币单位（ECU，European Currency Unit），二是欧洲货币合作基金（EMCF，European Monetary Cooperation Fund），三是汇率稳定机制（ERM，Exchange Rate Stability Mechanism）。

欧洲货币单位（ECU）是"一揽子"货币，也是整个欧洲货币体系的核心。欧共体理事会根据欧洲货币体系各成员国GDP在近5年内的平均值、它们在共同体内部贸易所占份额以及它们在共同体原有短期货币支持基金份额来确定一国货币在ECU货币篮子中的含量。根据上述原则，在欧洲货币体系成立之初的构成中，西德马克占有近1/3的权重，法国法郎、英镑与荷兰盾的权重都在10%以上（见表7-1），而且这个构成可以在EMS生效之后的六个月内进行相应的调整。上述比重将随着各成员国经济状况的改变进行相应调整。欧共体委员会每隔五年就会对此权重进行审核与调整，而且还规定，当某成员国货币在篮子货币中的比重的实际变化幅度超过25%时，可以要求调整。随着成员国的加入和各国经济状况的改变，ECU的构成分别在1984年9月15日、1989年9月15日和1995年3月6日进行了调整（见表7-1）。

表7-1　　　　　　　　EMS运行过程中的ECU构成

货币名称	1979/03/13~1984/09/14 含量	1979/03/13~1984/09/14 权重（%）	1984/09/15~1989/09/14 含量	1984/09/15~1989/09/14 权重（%）	1989/09/14~1995/03/05 含量	1989/09/14~1995/03/05 权重（%）	1995/03/05以后 含量	1995/03/05以后 权重（%）
西德马克	0.828	33.0	0.719	32.3	0.6242	30.1	0.6242	32.68
法国法郎	1.15	19.8	1.31	19.2	1.332	19	1.332	20.79

续表

货币名称	1979/03/13~1984/09/14 含量	权重(%)	1984/09/15~1989/09/14 含量	权重(%)	1989/09/14~1995/03/05 含量	权重(%)	1995/03/05 以后 含量	权重(%)
英镑	0.0085	13.3	0.0878	14.3	0.08784	13	0.08784	11.17
荷兰盾	0.286	10.5	0.256	10.2	0.2198	9.4	0.2198	7.21
比利时法郎	3.80	9.6	3.71	8.3	3.301	7.6	3.301	8.38
意大利里拉	109	9.5	140.0	10.2	151.8	10.15	151.8	10.21
丹麦克朗	0.217	3.1	0.219	2.7	0.1976	2.45	0.1976	2.71
爱尔兰镑	0.00759	1.1	0.00871	0.3	0.008552	1.1	0.008552	1.08
卢森堡法郎	—	0.4	0.00871	1.2	0.130	0.3	0.130	0.33
希腊德拉克马	—	—	1.15	1.3	1.393	0.8	1.393	0.49
西班牙比塞塔	—	—	—	—	6.885	5.3	6.885	4.24
葡萄牙埃斯库多	—	—	—	—	1.440	0.8	1.440	0.71

资料来源：李卓. 欧洲货币一体化的理论与实践［M］. 武汉：武汉大学出版社，2005：81~83。

作为欧洲货币体系的核心部分——欧洲货币单位（ECU）的运行主要表现在三个方面，一是确定成员国货币的中间汇率标准和偏离指示器，二是充当欧共体官方信贷的计算单位和价值尺度，三是作为欧共体的储备资产和干预手段。

欧洲货币体系是通过平价网体系（Parity Grid System）和货币篮子体系（Currency Basket System）体系干预外汇机制，实现各国货币汇率的稳定。平价网体系是指欧洲汇率机制成员国货币间的任何两种货币确定一个中心汇率，具体汇率的高低由 ECU 作为标准。篮子体系中任何一种货币的汇率波动幅度都不能超过规定的波动范围，否则双边汇率的相关成员国有义务干预外汇市场，尽可能将双边外汇拉回到规定的范围内。ECU 作为各成员国货币汇率偏离中心汇率的指示器，对偏离幅度进行衡量。

ECU 是欧共体所有官方信贷、各成员国之间划拨清算和经贸往来的价值尺度与计价工具。欧共体的所有财政、关税、预算、统计、核算、农产品价格的制定、对外援助等都是以它作为标准尺度和计价单位。同时，《洛美协定》（Lome Convention）中的财政和技术等援助也是通过 ECU 加以核算。

欧洲货币合作基金（EMCF）自 1973 年 4 月成立以后，集中了成员国各 20% 的黄金储备和外汇储备，作为发行 ECU 的准备。因此，ECU 成为了各成员国的重要储备资产,也成为了 ECM 中仅次于美元和西德马克的储备资产。欧共体成员国的央行可以将此作为结算手段进行相互借贷用于干预外汇市场。当某两国货币间的汇率波动超出了规定的范围,相应的发行国有义务通过卖出强币和买入弱币进行干预。如果这些国家缺乏干预能力,可以向 EMCF 提供信贷援助,而且这些援助可以通过 ECU 加以清偿。因此,ECU 充当着欧共体的储备资产和干预手段。

"欧洲货币合作基金"(EMCF)集中了各成员国 20% 的黄金储备和 20% 的外汇储备,用以加大信贷支持力度、完善信贷支持制度,提供极短期信贷(Very Short-term Financing)、短期货币支持信贷(Short-term Monetary Support)和中期财政援助信贷(Medium-term Financial Assistance)。提供极短期信贷的目的就是为了增强成员国的外汇干预能力,维护外汇波动的幅度。当成员国双边汇率的波动幅度超过规定范围时,可以通过向 EMFC 申请以 ECU 记账、期限为 45 天(可延长至 90 天)、不受数量限制的极短期贷款来买进弱币和抛售强币,从上下两个方向同时压缩汇率波动幅度,从而增强外汇干预的效果。短期货币支持信贷是为了帮助陷入国际收支赤字的成员国的筹资需要,期限为 3 个月,但是最多可以延长到 9 个月。这种贷款的借贷数量受到借入国债务额度和贷出国债券额度的限制(见表 7-2)。中期财政援助信贷是为了向那些出现严重赤字且难以在短时间内扭转局面的成员国提供期限为 2~5 年的信贷。由于很难出现所有成员国都在同一时间内都发生严重的国际收支赤字,所以这类贷款的数额并没有具体规定。但是,作为一般要求,任何一个国家所申请的贷款都不能超过该类贷款资金的 50%。这类贷款的具体资金由各成员国分摊,各国对此的出资承诺见表 7-3。

表 7-2　　　　　　　　　短期货币支持信贷额度

成员	债务额度(百万 ECU)	债券额度(百万 ECU)	所占比例(%)
联邦德国	17 400	3 480	22.03
法国	17 400	3 480	22.03
英国	17 400	3 480	22.03
意大利	1 160	2 320	14.67
荷兰	580	1 160	7.34
比利时	580	1 160	7.34
丹麦	260	520	3.29
爱尔兰	100	200	1.27
合计	7 900	15 800	100

资料来源:Ypersele & Koeune. They European Monetarmy System. London: ECSC - EEC - EAEC, 1984: 2.

表 7-3　　　　　　成员国在中期货币支持信贷额度中的承诺

成员	金额（百万 ECU）	所占比例（%）
联邦德国	3 105	22.00
法国	3 105	22.00
英国	3 105	22.02
意大利	2 070	14.68
荷兰	1 035	7.34
比利时	1 000	7.09
丹麦	465	3.30
爱尔兰	180	1.28
合计	14 100	100

资料来源：Ypersele & Koeune. They European Monetarmy System. London：ECSC - EEC - EAEC，1984：2.

欧洲货币体系实行的是固定汇率机制，各参与国的货币之间保持一种可调整的固定汇率；对 EMS 以外国家的货币则实行联合浮动。这当中，EMS 成员国货币间的固定（或准固定）汇率，是通过 ECU 所确定的中心汇率及规定的波动幅度，以及必要的外汇市场干预措施实现的。当干预措施不能奏效时，则通过直接、最后的手段——调整中心汇率来达到新的稳定。

（三）欧洲货币体系的成就与发展——欧洲经济货币联盟

欧洲货币体系的运行在抑制成员国的通货膨胀和促进成员国汇率的稳定方面取得了很大成就。就欧洲货币体系成员国自身而言，其名义汇率变动率远远低于欧洲货币体系建立之前。根据 IMF 的研究报告显示，ERM 的汇率在 1974~1978 年的平均波动程度达到 28.4%，但是 1979~1989 年的平均波动率降为 12.7%，1987 年之后都保持在 10% 以内；而同期非 ERM 国家汇率的平均波动在 30% 左右。在 20 世纪 80 年代中期以后，ERM 的 CPI 平均增长率为 2.5%~3.5%，远远低于 1979 年以前 10% 左右的水平，也低于同期非 ERM 国家的 4%~5% 水平。汇率波动的降低，加强了成员国经济的协调性，也促进了对外贸易的发展。较低的通货膨胀率维持着整个经济的稳定运行。同时，在美元大起大落的 80 年代，相对稳定的欧洲货币体系对稳定当时处于动荡状态的国际金融市场有着积极的作用。

欧洲货币体系成立之后，其成员国不断增加，如果希腊、西班牙、葡萄牙也先后加入到欧洲货币体系之中。1990 年，英国加入欧洲汇率机制，加强了欧洲国家经济的趋同性和汇率的稳定性。绝大多数成员国都选择 ECU 作为储备货币，并给予其一般外汇的法律地位，并且成立了 ECU 清算体系。20 世纪 80 年代以来，世界经济出现了良好的发展态势，各国经济的竞争加剧，依赖性也加强。1985 年 12 月，欧共体委员会提出，在 1992 年年底建成一个没有国界限制，商品、劳务和资本可以自由又流动的欧洲统一大市场计划和《欧洲经济与货币政策合作联盟》。

随着欧洲统一大市场的逐渐成形，欧共体国家的经济也呈现出蓬勃的气势。在 80 年代中期，欧共体 12 国的经济总量占全球经济总量的 31% 左右，美国、日本分别为 39% 和 19% 左右，贸易出口额占世界总出口额的一半以上，远远高于美国的 15% 和日本的 14%，其国际储备为世界总储备的 1/2，美国和日本的占比仅为 22% 和 8% 左右。但是，欧共体的经济发展速度却远远低于美国和日本。面对激烈的外部竞争和内部各国经济的紧密联系，建立欧洲经济与货币联盟的进程被加速。1989 年 4 月 17 日，经济与货币联盟委员会提交了其研究成果《关于经济与货币联盟的报告》（也就是《德洛尔报告》）。《德洛尔报告》（以下简称《报告》）得到了欧共体委员会的一致同意，并在同年 6 月的欧共体首脑会议上得到通过。该《报告》对指出，未来的货币联盟必须能够保证货币的自由兑换、资本的自由流动以及实行固定汇率制度；各国的货币政策必须是该联盟所实行的统一货币政策。在该《报告》的基础上，产生了《经济与货币联盟条约（草案）》和《欧洲中央银行章程（草案）》。1991 年 12 月，在荷兰马斯特里赫特（Maastricht）召开的第 46 届欧洲共同体首脑会议通过并草签了《欧洲经济与货币联盟条约》和《政治联盟条约》，即《马斯特里赫特条约》（以下简称《马约》）。它为欧共体建立政治联盟和经济与货币联盟确立了目标与步骤，是欧洲联盟成立的基础。

《马约》明确规定了未来的欧洲经济与货币联盟必须实行单一的货币，实现高度稳定的物价和高度稳定的汇率，防止严重的财政赤字和债务积累。同时，该条约还对货币联盟的建设划分了三个阶段，并且对三个阶段的目标和任务做出了详细的规定。1990 年 7 月 1 日到 1993 年年底为第一阶段，主要是消除金融一体化的障碍，具体任务为促进欧共体所有成员国都加入欧洲货币汇率机制，缩小汇率波动幅度；取消外汇管制、促进资本流动；加强成员国在制定经济政策和货币政策方面的协调性，实现内部统一的大市场。从 1994 年 1 月 1 日起进入第二阶段，一直延续到 1998 年年底。这是一个过渡阶段，主要任务是进一步加强成员国之间的货币与汇率政策之间的协调性，以及各国经济的趋同性；制定各国的预算规则，即任何一个成员国政府的预算赤字（或实际赤字）不得超过当年 GDP 的 3%，政府债务不得超过当年 GDP 的 60%；通过立法保证各成员国中央银行的独立性,并规定其首要目标是稳定物价;建立欧洲金融管理局(欧洲中央银行的前身),进一步强化了欧洲货币体系的运行。此后为第三阶段,主要是组建欧洲中央银行,发行单一的货币——欧元,确定欧元为单一的法定货币;确定欧元区成员国货币与欧元兑换的永久性汇率,以及欧元与非欧元区国家货币的汇率;规定成员国以欧元为单位发行债券。

(四) 欧洲货币体系的缺陷与危机

在欧洲货币体系取得一定成就的同时,它的缺陷也越来越明显,而且随着欧洲货币体系的发展,这些缺陷也越来越恶劣,严重影响成员国货币政策的协调性,引发了后来的欧洲货币体系危机。

欧洲货币体系成员国获得了低通胀率的成就,却是以低增长率和高失业率为代价的。为了避免对外汇干预责任的不对称性,该体系通过设立"欧洲货币单位",以及依赖于成员国之间货币政策的协调性来干预外汇市场建立均衡汇率。但是,成员国之间经济发展的不平衡性、矛盾的冲突、彼此利益的博弈严重影响了该体系的稳定和发展。而且,仅仅通过强化欧洲汇率机制很难从根本上保证所有成员国货币汇率的稳定。

由于德国在欧洲货币体系中占有举足轻重的地位,其货币政策的走向在很大程度上直接影响着该体系的运行。统一后的德国,其经济实力大大增强。虽然马克在ECU中的份额不变,但是德国经济的增强提升了马可兑美元的汇率,也就提高了马克在ECU中的相对份额。这种相对份额的变化以及因为马克价值的变化引发的德国货币政策的变化对欧共体的宏观经济产生了巨大影响。但是,当时的英国、意大利等国家的经济却处于疲软状态,增长缓慢、失业严重。对此,这些国家实行了低利率政策,以帮助私人和企业增加投资、扩大生产、促进就业。但是,这与德国在20世纪80年代后期一直保持3%以下的低通胀率相违背,尤其是德国统一以后,出现了巨额的财政赤字,更是对通货膨胀极为谨慎。对此,德国拒绝了七国首脑会议降息的要求,而且在1992年7月把贴现率提高到8.75%。这直接引发了人们在外汇市场上大量抛售英镑、意大利里拉来抢购德国马克的狂潮,导致英镑和里拉汇率大跌,引发了1992年欧洲货币体系的危机。

二、欧元的诞生

欧元继承了马克等国际储备货币的地位,其诞生之后立刻获得了国际储备货币的地位和国际本位货币的角色,打破了美元在国际货币体系中单一霸权的局面,开始了与美元激烈竞争的时代,也将国际货币体系带入了"双本位"时代。

在欧洲货币体系（EMS）成立之初，马克是该体系的主要货币，在 ECU 中占有 33% 的比重。随着 EMS 的发展，该比重基本围绕 33% 进行微小波动。尤其值得注意的是，德国马克一直是 SDRs 五种定值货币之一。在 1991 年 SDRs 的组成中，马克占 21%，仅次于美元的 40%，日元、英镑和法国法郎分别为 17%、11% 和 11%。IMF 根据上述五个国家在国际金融和国家贸易领域的相对重要性，每五年对 SDR 的组成进行一次修订。现在的 SDR 组成为美元占 44%，上升了 1%；欧元占 34%，较马克在 1991 年的占比上升了 13%；日元和英镑各占 11%。最为重要的是，当时马克币值的稳定是全球闻名的，而且其在全球外汇储备中的占比为 15%～16%，远远高于欧元区成员国法国法郎 2% 左右的占比、荷兰盾 0.3% 左右的占比，其他成员国货币的占比几乎为零（见图 7-1）。马克的国际储备占比仅次于美元，这为欧元的诞生奠定了良好的基础。

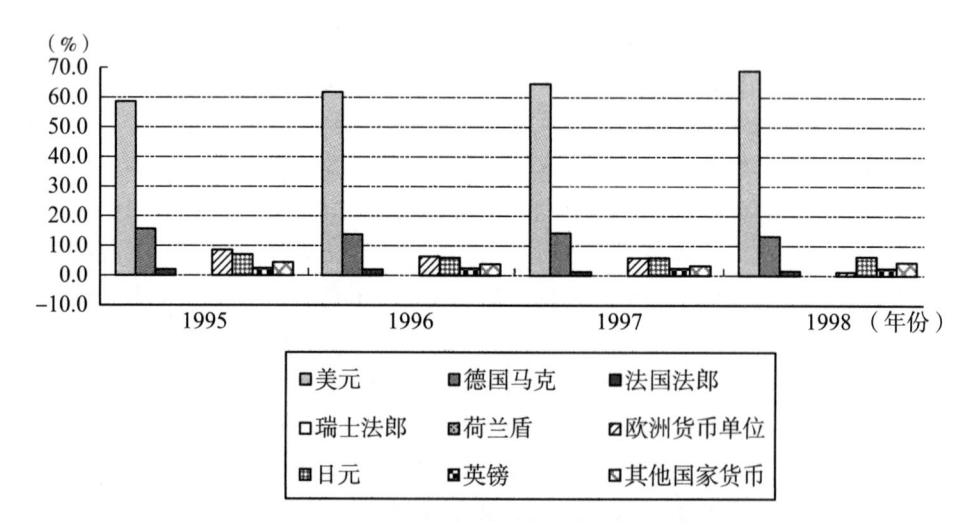

图 7-1　1995～1998 年各主要货币国际储备占比

资料来源：根据国际货币基金组织（IMF）网站（imf.org/external/np/sta/cofer/eng/cofer.pdf）数据整理计算得到。

另外，在欧元诞生之前的 1998 年，欧元区 15 国的 GDP 占全球 GDP 的 20%，略低于美国 21% 的份额。同年，欧元区成员国进出口贸易总额占全球进出口贸易的 20%，高于美国 16% 的占比；欧元区成员国的黄金与外汇储备占全球总量的 20.6%，是美国 4.1% 的五倍；而且前者的股票、债券、银行贷款总量为 27 万亿美元，超过美国同期的 23 万亿美元。

根据经济趋同性报告，欧盟委员会于 1998 年 5 月 12 日在布鲁塞尔确定德国、法国、芬兰、奥地利、比利时、爱尔兰、卢森堡、西班牙、葡萄牙、荷兰、意大利 11 个国家加入 EMU，此后被称为"欧元区"（Eurozone）。同年 7 月 1 日，欧洲中央银行（ECB，European Centural Bank）在法兰克福成立，主要负责控制通货膨胀、调节利率等。从1999年1月1日开始，欧元成为EMU的官方记账单位，但是欧元现钞并不进入流通领域，各国原有的货币仍然是本国法币。此时的欧元只是名义代表，但是，各成员国货币与欧元有一个永久性的固定汇率（见表7-4）。

表7-4　　　　　　以单位欧元与各成员国货币的兑换率

德国马克（DEM）	1.95583	爱尔兰镑（IEP）	0.787564
法国法郎（FRF）	6.55957	卢森堡法郎（LUF）	40.3399
荷兰盾（NLG）	2.20371	希腊德拉克马（GRD）	340.750
比利时法郎（BEF）	40.3399	西班牙比塞塔（ESP）	166.386
意大利里拉（ITL）	1 936.27	葡萄牙埃斯库多（PTE）	200.483

资料来源：欧洲中央银行（ECB）网站（www.ecb.int/stats/html/index.en.html）ECB Statistics。

从2002年1月1日起，欧元现钞正式流通，所有商业活动必须使用欧元。所有成员货币必须在同年6月30日之前按照固定兑换率兑换成欧元，此后这些货币不再具有法币的地位，欧元就成为唯一的法币。

第二节　欧洲统一货币历程背后的利弊分析

欧洲经济一体化的历程意味着各主要的欧洲成员国为消除彼此间的利益矛盾，追求各自经济更快更好地发展而坚持不懈的努力。建立欧洲经济一体化的初衷是为了维护各成员国的利益，它是从欧洲共同体逐渐发展而来。当然欧洲经济的一体化、甚至欧元的出现主要来自以下四个原因：一是以美国经济利益为核心的布雷顿森林体系；二是第二次世界大战之后欧洲经济的迅速崛起；三是欧美经济的利益冲突；四是关键人物即法国戴高乐的提倡。

第二次世界大战结束之后，布雷顿森林体系的建立将世界经济利益的格局进行了新的固化，且将美国利益定格为该体系的核心利益。特别是美元成为世界货币之后，美国对整个世界经济拥有了前所未有的控制力。同时，在第二次世界大战中付出沉重代价的英国、法国等国其经济影响力也不可避免地受到了大大的减弱，主要表现在两个方面：一是欧洲各主要国在第二次世界大战前对海外殖民地的控制能力被大大削弱；二是欧洲各主要国家对殖民地控制权的范围也开始受到美国势力渗透，经济利益也开始遭受威胁。欧洲整体利益的存在及其与美国相冲突的标志性事件即1957年《罗马条约》的签订，从维护国家基本利益的角度来看，欧洲共同体的建立主要是针对布雷顿森林体系，维护欧洲各成员国的经济利益，避免和减弱由于布雷顿森林体系过于维护美国经济利益而给自身经济发展带来的负效应。

随着欧洲各国经济的不断发展，特别是在60年代到70年代期间，摆脱美国对其经济控制力的趋势和决心越来越明显。同时，随着美国黄金的不断流失，1971年，美国开始对其他国家停止兑换黄金，由此所谓的浮动汇率制度开始出现。在浮动汇率制度下，美元相对不再稳定，由此也导致欧洲各国货币的不断波动甚至经常出现货币危机。为了保持经济的稳定发展，不在受美元波动的负面影响，欧洲共同体推出了"蛇形浮动汇率制度"，即各个成员国间的货币汇率保持固定，并联合应对美元的波动性（"蛇形浮动汇率制度"建立的初衷主要是既可以维护欧洲各国内部贸易的正常往来，又可以此减弱或消除由于美元波动给欧洲经济带来的负面影响）。但现实的情况是各成员国之间的经济发展程度相差较大，而各国的经济发展差异又主要集中体现在它们各自货币间的汇率上，所以该汇率制度并没有取得预期的效果。因此，在不同货币的前提下，仅靠各国统一的经济行动是不可能削弱美元波动对欧洲经济的影响，于是建立统一货币——欧元被逐渐提上日程，1991年的《马斯特里赫特条约》将制定欧洲统一货币的时间表进行了明确的规定，随之欧元区诞生。欧元的出现反映了一种特殊的经济现象，"欧元之父"——蒙代尔为保证欧元的顺利实施提出了一系列的要求，如各成员国间经济发展速度、就业率、通货膨胀水平、政府赤字等各个经济指标不能存在太大的差异。他进一步指出，上述经济指标的差异代表着各国经济实力的差异，因此不可避免地会造成利益得失的分配不均，继而使得欧元无法顺利推出。然而从欧元诞生的历程来看，上述一系列的要求并没有阻挡欧元顺利推行，反而在2008年的金融危机中凸显。但与此同时，蒙代尔在针对欧元提出的一系列要求中，德国马克作为欧元"核心货币"的地位没有得到重视，但这一点对于我们更好地认识和理解此次欧元危机具有重要的意义。从国际储备货币的角度来看，1999年之前，德国马克是世界第二大国际储备货币，其在各国外汇储备的比重中仅次于美元约占15%，远远高于英镑、日元等国际储备货币的比重。因此，我们可以设想一下，倘若仅仅靠欧洲其他国家的货币，如法国法郎、意大利里拉等小货币是不可能形成欧元的。也正是人们缺少对核心货币的正确认识，导致了各个地区都要建立所谓地区货币的潮流，如拉美、东南亚等。事实上，区域货币的形成是需要如德国马克这样的国际货币来支撑的，即以马克为核心将其他各国货币聚集起来进而形成代表更强经济实力的欧元。进一步讲，一个新货币的诞生是需要强大的经济实力来支撑的,而德国则可以做到这一点。因此,我们可以说欧元的形成过程不是简单地将一些货币"拼凑"起来,而是在以马克为核心的基础上,将其他各国货币如法郎、里拉等凝聚起来的过程。

从欧元形成历程及其与美元相抗衡的过程来看,所谓各国货币形成的联合在长期是无法与一国的独立主权货币相抗衡的。当前的欧元虽然是相对统一的货币,但其不是一个主权货币,也正是这一点导致其不断遭受经济打击,如希腊、意大利、西班牙的债务危机接连不断地出现等,有人已经开始发出当初欧元的出现本身就是个错误的论断,甚至还有些经济学家已经开始预言欧元在不久的未来将走向崩溃。但是值得我们思考的是,不断打击欧元更深层次的原因到底是什么,而这种打击是会导致欧元区的解体还是会促使欧洲央行采取必要的措施使欧元成为一个真正的主权货币。

第三节 欧元的主要问题以及困境

第一,各欧元区成员国使用欧元作为本国货币之后,金融业得到迅速的发展,即表现为"泛欧洲化"和国际化,即一些经济发展相对落后的国家的银行和其他金融机构仅仅靠提供欧元债券等金融业务即可获得巨大的利润,各国的虚拟经济随之繁荣起来。简单来说,这些国家的经济发展模式逐渐发生了扭曲,即"寄生性经济",它们不需要提供实物产品或出卖物质资源就可获得更多的货币收入,因为欧元是世界货币。创造货币收入最为简单的途径即大力发展金融业和房地产业。观察统计数据可以发现,各主要成员国的制造业创造 GDP 所占比重正在不断下降,如法国的制造业占比从 1999 年的 16.09% 下降到 2009 年的 10.63%,下降幅达近 6 个百分点。同时,各国虚拟经济创造 GDP 所占的比重正在不断上升。因此,我们可以总结欧元的出现直接导致了欧洲整体经济的虚拟化。举个更为形象的例子:假设有一批靠卖饼过活的人群,当他们突然有一天发现仅仅靠经营虚拟资产可获得更多的收入时,理性自然会让他们抛下手中的工具,进入舒适的办公室。但是如果有一天金融危机的爆发,想要重回卖饼市场却发现,自己的位置已经被别人占领。

第二,欧元是一种世界货币,相对过去,欧元区成员国发行欧元国债更容易被市场接受,特别是容易被其他国家作为一种美国国债的替代品接受。欧元区各国在享受利益的同时,也不可避免地导致了财政赤字的不断增加和国债、外债的增加。如爱尔兰的财政盈余占 GDP 的比重为 2.61%,而到 2009 年却由盈余转为赤字，比重高达 14.38%；希腊的财政赤字比重也发生了重大的变化，由 1999 年的 3.24% 增加到 15.4%；西班牙的财政赤字则从 1999 年的 1.44% 猛增到 2009 年的 11.14%。总之，大部分欧元区成员国的财政赤字都超过了占 GDP 比重 3% 的规定。在这里，我们可以发现这种债务经济的发展形势在本质上与美国的虚拟经济是一样的，因此，债务经济也是经济虚拟化的表现形式之一。

同样可以发现欧元区各成员国外债也在迅速的增长，2009 年的相关数据显示，所有成员国的外债都已超过其 GDP，甚至在一些国家比重非常之高（除德国相对稳定一点），如葡萄牙的外债比例为 234%，爱尔兰外债比例甚至达到了 1 072%。欧元区债务的膨胀直接导致了欧元国际债券存量的快速增长，2000 年 12 月，美元占比为 50.02%，欧元占比为 29.74，日元占比为 7.81%，英镑占比为 7.55%，然而在 2010 年各国国际债券在国际债券总额的比重却发生了重大的变化，欧元国际债券的占比达到了 44.7%，而美元国际债券降至 37.3%。因此，欧元的诞生使得欧元债券疯狂扩张。

第三，随着欧元区各成员国虚拟经济的不断发展和财政赤字的不断扩张，大部分成员国的贸易收支也发生了重要的变化，即经常项目开始朝着逆差的方向发展，且有不断扩大的趋势。具体来看，除德国与荷兰的经常项目保持顺差之外，其他国家的经常项目均表现为逆差，尤其以希腊、爱尔兰和葡萄牙最具代表性。贸易逆差的不断扩大让人们意识到，汇率的波动对于贸易的影响程度已经远远不及一国国内经济结构即实体经济与虚拟经济的比重对贸易收支的影响。不论欧元汇率如何波动，德国与荷兰的贸易收支依然保持顺差，但是其他国家的逆差却不断扩大。因此，汇率对于欧元区各国的贸易调节作用正在逐渐减弱甚至已经失灵，若想治理过大的贸易逆差，则需要欧洲统一的宏观经济政策来进行调整。

第四，导致金融危机和欧元债务危机重要的原因是，欧元区各成员在统一经营金融业务的同时，缺乏统一的金融监管政策和货币政策。因为如果成员国在经营欧元业务时不实行统一的监管政策，债券的发行权利不集中管理，则直接后果是导致各国间的利息率差异不断加大，进而使得大规模的资本在欧元区流动。而这些金融问题又都会反映在欧元汇率上，继而导致各成员国利益得失的不平等。倘若其他成员国对于希腊等出现债务危机的国家不出手相救，后果则更为严重，将直接导致整个欧元区金融业的混乱，其经济也将受到致命的打击。但是，如果救助这些债务国，则会增加一些经济实力相对发达国家如德国、法国的负担，造成经济利益得失的不平等。因此，这将迫使欧元区的金融监管政策如政令统一、监管统一、债务审批权力统一等向中央集权的方向发展。事实上，欧元区正在向着中央银行集权的方向发展，如 2010 年 2 月欧盟成员国在布鲁塞尔达成协议，建立了泛欧金融监管体系，即欧洲监管局和欧洲系统性风险委员会。其中，欧洲监管局主要负责监管银行业、保险业和金融交易；欧洲系统性风险委员会则主要对欧洲金融风险进行监控。

第五，欧元区由于缺乏中央财政直接导致其对宏观经济的协调能力、危机的应对能力相对较差。与美元相比，如在应对金融危机的过程中，美国可以及时采取相应的经济措施，然而欧盟则相对滞后，其中重要的原因在于欧洲没有统一的中央财政。因此，为应对频频出现的债务危机，欧盟27个成员国于2010年5月9日成立了"欧洲金融市场稳定基金"（EFSF），负责为出现财政困难的成员国提供贷款，其额度一般依据各国认缴的份额。同时，该机构还可以通过市场的方式募集资金。总之，在一系列债务危机的逼迫下，欧洲逐渐出现具有"准中央财政"性质和功能的金融机制与相关机构。同时，欧盟内部由于实行有差别的税率制度，导致大规模的外资直接流入低税率国家，这势必严重影响整个欧盟经济的稳定性。如爱尔兰的税率明显低于其他国家。因此，采取有效的救助机制和中央财政协调机制是保证欧元区经济稳定发展的重要条件之一。

第四节　欧洲主权债务危机以及欧元的发展趋势

关于"欧元解体"的论断意味着欧元区成员国需要放弃欧元而重新使用各国旧时的货币，这显然是不现实的。从宏观的视角来看，整个欧元区在使用欧元的十年间其整体经济实力得到了很大的提高。具体来看，自欧元诞生之后，一些相对落后的小经济体可以获得其他经济体的支撑，同时，还可以享受欧元是国际货币所带来的利益，特别是其国内虚拟经济及其国际金融业务的巨大发展所带来的巨大利益；对于一些强大的经济体如德国和法国而言，也可以享受整个欧洲与其一致行动来对抗美元和其他经济体冲击的利益，在欧元出现之前这是不可能的。因此，倘若欧盟解体，则意味着小经济体将失去其他经济体的支撑，同时也无法再获得欧元为其所带来的巨大经济利益，其经济将面临崩溃的地步。同时，大的经济体德国、法国等其各项经济指标还好，实体经济依然处于发达的水平，倘若欧元区解体将失去其与美国相抗衡的优势。总之，使欧元区各国重新使用旧时的货币放弃欧元是不符合各方利益的，因此，它们必须走下去。

通过对美元与欧元的比较，以及从近年来部分成员国的债务危机对于整个欧元区的经济冲击来看，中央集权化是欧元区唯一可走的道路。首先，各国的金融业、货币权利必须实行中央统一，若二者不能实行中央集权化，欧洲央行不能拥有超越各成员国对于货币的调控权力，则欧元区还会不断遭受金融危机和债务危机的冲击，直到实现中央集权为止。其次，是要实现统一的中央财政，通过上文分析可知，如果欧元区没有统一的财政，在应对一系列危机以及其他突发性经济事件的过程中则无法采取及时有效的措施；同时各国税率的不统一，导致各成员国间的利益无法得到统一的配置，从而破坏欧元区经济的稳定。最后，简化欧元区的决策程序，提高其对经济政策的协调能力，以及应对重大经济问题时的反应速度。

因此，我们认为欧元区不仅不会解体，而且会不断地朝着中央集权的方向发展下去，否则将会不断遭受一系列诸如希腊债务危机的事件的打击，直至欧洲"统一大业"的完成。欧洲中央集权的形成将更加有助于整个欧元区经济的发展，当然这个过程还需要时间。

如今的中央银行制度要求货币的发行不再受黄金等贵金属的约束，因此，中央政府在原则上可以根据本国经济或政治上的需要随意增发货币。也就是说，货币的供给量可以完全由货币当局控制，可以根据各种理论模型和经济指标如失业率、通货膨胀率等提供流动性。如果欧元与美元在博弈过程中进入这种状态的时候，自然就会进入"滥币陷阱"。

所谓的"滥币陷阱"是指如果美国没有节制的增发美元，则欧元为保持汇率水平不变则必须跟着增发，否则欧元区的贸易会受到严重的影响，出口会大大减少，进而抑制国内实体经济的发展；同时，汇率的波动增加游资对于欧元金融资产的投机性交易，进而导致欧元资产价格的波动性；反之，当欧元进行滥发时，美元同样会受到相同的影响。当然，在两种本位货币不断滥发的过程中，一般的国际储备也必须随着波动，否则其国内经济将受到更为严重的影响。对于本币连储备货币都不是的国家而言，当其经常项目持续表现为顺差的时候则会发生"外汇占款"进而导致本币的增发；当其经常项目持续表现为逆差的时候则会发生债务危机（如90年代拉美债务危机），外债过多会引起本国的财政赤字，进一步又会导致本币在国内的增发。因此，在当前的国际货币体系下，如果两种本位货币相继增发货币，则世界其他国家出于保护本国经济利益的考虑，势必也会随之增发货币，最终必然导致全球的流动性膨胀，即进入上文所讲的"滥币陷阱"。同时，世界各国的企业、银行、政府、消费者、投机家和经济政策制定者们都被卷入这个巨大的流动性漩涡当中。当面对新的金融危机时，各个国家又束手无策，而只能继续增发货币。综观当今世界的经济发展形式，全球流动性过于膨胀，经济前景也充满不确定性，因此，势必会出现一个新的经济变革来改变当前的经济格局。

第八章

中国宏观经济中的主要难题与人民币国际化的必然性

前面章节分析了当代国际货币体系的主要问题，本章结合中国宏观经济的形势分析人民币在未来国际货币体系中的地位。美国核心经济的高度虚拟化导致美国政府的一系列刺激经济政策失效，其中多数变为填补呆坏账窟窿的行为，这就注定了美国经济在三四年内不可能有根本性的好转；在欧洲，除德国外其他国家的经济虚拟化程度比美国还高，所以它们的呆坏账情况比美国还严重；日本也正在遭受着日元升值与出口大幅下滑的冲击。这些使得世界将在一两年内处于前所未有的剧烈动荡之中。而中国恰在此时来到了经济大国的门口，我们认为在此情况下中国宏观经济领域有两个难题必须要解决，否则中国的大国之路会被人为的延长，甚至中断。

第一节　内需不足的根源及其根本解决措施

内需不足是所有低水平市场经济体都需要解决的问题，亚洲四小龙的成功经验是依赖外需从而渡过了内需不足的难题。但是大国不可能长期依赖外需，增加内需是根本，而内需中消费又是根本。解决消费需求低下的根本措施不是经济增长，特别不能是投资拉动的经济增长，相反经济可持续增长的根本却是消费持续稳定增长。因此，解决内需不足的关键是解决收入差距问题和社会保障体系问题。投资拉动的增长模式最终会遇到消费不足的瓶颈，解决了消费过低问题，就从根本上解决了高储蓄率问题，也就从根本上解决了有效需求不足问题，中国就迈过了当代宏观经济领域中的第一个难题。

一、有效需求不足是所有低水平市场国家必须面对的问题

在世界历史中，有许多国家都是以市场为基础的经济体。如1949年以前的中国，20世纪50年代的印度、埃及，等等，它们以私有制为基础，价格完全自由，土地和一切生产资料都可以自由买卖，可以说具备了公认的市场经济运行条件。但是，这些国家的平均收入水平太低，普遍生存困难，普通民众购买力极其低下，市场也极其有限。生产稍有发展，增长的经济中就会有很大一部分转化为富人的收入，低水平经济下的两极分化严重，贫困问题得不到解决，消费需求增长缓慢，不能适应低水平下民族经济发展的需要。凯恩斯理论对此的解释是当经济发展到一定程度的时候，边际投资预期收益率下降，边际消费倾向下降，加上灵活偏好上升，有效需求必然下降；而马克思理论对此的解释则是随着经济增长，出现生产的无限扩大与劳动者有购买力的支付需求越来越小的矛盾，两极分化越来越严重，消费不足终究会引起需求不足，引起经济危机。不论哪种理论，实际上都明确指出了市场经济会周期性遇到有效需求不足引起的经济危机。于是发展中国家解决贫困问题就只好借助于计划经济、经济计划和国有化（印度、埃及等都曾有过国有化浪潮）。越是贫穷，有效需求就越低，生产的产品就越是难于在境内市场上销售。突破内需不足的难关往往需要很长时间，因为经济好容易增长一点儿就会被有效需求不足打回原地。显然，对以市场为基础的低水平经济国家，"有效需求不足"是经济发展的一个瓶颈，不解决这个问题，就不可能根本摆脱落后的状态。

以私有制为基础的低水平市场经济无法解决两极分化问题，因为它必须先解决经济增长问题，而低水平市场经济体是不可能靠内需来支持高速经济增长的。于是，要快速增长就必须将目光转向境外市场。第二次世界大战后，日本和西德的迅速崛起给了人们巨大的启发，在它们崛起的过程中，外部需求起到了弥补内需不足的重要作用；亚洲四小龙紧随其后的成功验证了一个规律：出口替代（也就是增加外需）是以市场经济为基础的低水平经济国家迅速摆脱内需不足羁绊的有效途径。

二、中国如何走上依赖外需的道路

1997年是中国经济体制转变的一个分水岭，因为在此之前，中国经济从来没有经历过因有效需求不足引起的经济衰退。无论是计划经济实行以来还是在旧中国，甚至更早，中国经济一直是以生产落后，物资匮乏为"危机"的主要内容。这就是说：在旧中国虽然可以称为市场经济，却是低水平的农业经济，持续凋敝的农业经济无周期可言；而计划经济无论工业化程度如何都不会有"有效需求不足的经济危机"。显然，1997年的通货紧缩是中国有史以来第一次遇到需求不足引起的经济下降，或生产相对过剩问题。以1997年为分水岭，中国进入了市场经济的运行轨道，从此有效需求开始主导中国经济的兴衰。当时有报道说"将近4亿双鞋的库存"，广州出现"将牛奶往河里倒"的现象，"成千上万的纺纱锭被当作过剩的生产力砸掉"，等等，这些资本主义市场经济初期的现象出现在1997年后的紧缩经济中，足以标识中国经济进入市场经济的运行轨道。从此，"有效需求"成为中国经济能否持续增长的基础支柱，当然能否高速增长也在于有没有支持高速经济增长的市场需求。

在紧缩的经济形势下，中国提出了"扩大内需"的口号（如振兴东北、开发西部等）。但在经济水平较低时，内需扩大的条件尚不成熟，扩大外需就是中国解决有效需求不足瓶颈的重要发展阶段。加入WTO对拉动外需起着重要作用，与以出口替代来拉动经济起飞的其他经济体一样，中国依靠外需渡过了工业化过程中最艰难的一个重要阶段——低水平内需不足的阶段。只有打破了农业经济向工业经济过渡中这个令人困扰的瓶颈之后，才可能有实力解决两极分化问题（包括社保体系和税收体系的进一步改革），才可能进入经济大国的发展路径。于是，中国带着严重依赖外需的产业结构来到了经济大国的入口，也来到了解决内需不足的第二个阶段：较高水平经济条件下（或对外需依赖过重条件下）解决内需不足的阶段。小经济体可以长期依赖外需拉动，如亚洲四小龙，而大经济体是不能长期依赖外需的。这也是中国必须解决内需问题的一个基本原因。

三、中国的核心经济与核心需求的特点

目前，中国的核心经济是制造业，在经济下滑的时候刺激对制造业的核心需求来恢复经济活力应是政府干预的主要方向。这需要对我国核心需求有一个较为清醒的认识。我国核心需求的两个特点：一是消费占比过低，投资占比过大；二是出口占比过大。

消费占比过小是我国自 1997 年以来，宏观经济领域长期没有解决的一个问题。如果经济高增长的好处是富人增加的收入过多，低收入者得到的收入少，就会出现消费占比过低，而储蓄率高的结果。因为富人储蓄率要高于穷人很多，收入差距拉大就一定会造成消费占比过低，同时出现高储蓄率的状况；而储蓄率越高，经济增长对固定资本投资的依赖也就越大（因为正常经济运行要求储蓄等于投资）。从 20 世纪 90 年代中国经济开始市场化改革以来，消费占比在下降，投资占比在上升。

1990 年我国居民消费占 GDP 的比例为 48.8%，2000 年为 46.4%，到 2007 年为 37.1%，而美国长期保持在 70% 左右，显然消费过低就使得我国的内需必须依靠投资来解决。我国 1990 年固定资产投资占 GDP 的 34.9%，2000 年为 35.3%，2007 年为 44.2%，虽然我国不再是计划经济，但经济结构并没有远离计划经济时期的经济结构。消费比例下降，投资比例上升的趋势反映我国收入差距正在加大，也反映我国高增长依赖投资越来越重的趋势将加重产能过剩，从而必须依赖外部消费来维持经济增长的问题会越来越严重，它会从根本上威胁可持续发展的路径。我国总需求的另一个趋势就是出口占 GDP 比例的持续上升，它与我国消费占 GDP 比例下降，投资占比上升的根本趋势相关，1990 年我国出口需求占 GDP 的比例为 15.4%，2000 年为 20.9%，2007 年为 36%。

我国总需求形成如此结构的基本逻辑可以概括为：经济增长中的两极分化问题没有得到有效的缓解，消费占比不断下降，储蓄增加，经济正常运行对投资的依赖增加，投资增加导致产能膨胀，膨胀的产能最终还是要在境外找到消费需求，最终导致经济过度依赖投资，过度依赖外需的状况。

四、振兴生产还是振兴消费

有效需求不足是中国面临的核心问题，但有效需求不足的本质不是投资不足，而是消费不足。钢铁、纺织、造船等一系列行业存在或部分存在产能过剩问题，显然，振兴经济的根本在于振兴消费需求，而不是继续扩大产能，加大了我国经济对投资的依赖。这种依赖加大的必然结果就是对外需的依赖。

在短期我国振兴产业的计划是有效的，因为我国对投资依赖的比例过大也表明我国经济对政府的依赖要大大高于美国和欧洲国家。在总需求中，政府消费占大约 14%，政府直接投资占 GDP 的 4%，加在一起占 GDP 的 18%。政府对城市建设投资和公共设施投资的影响力也是巨大的，通过城市建设投资集团等政府企业，我国政府直接影响着市政建设和公共投资，并通过国有企业和招商机构对总投资具有重要的掌控能力，这是欧美政府不可能具有的能力。中国短期内恢复总需求和恢复经济较快增长并不困难。但是从长远出发，增加消费需求是根本。消费增加就是要缩小收入差距，加大社会保障力度，稳定不同收入群体的生活，既是当前和谐的需要，也是长远发展的需要。短期内的产业振兴计划一定要与长远的增加消费目标一致起来，也要与调整过剩产能的政策一致起来。

美国和欧洲，特别是北欧一些国家的"福利社会主义"解决贫富差距，扩大社会福利保障体系的经验可以借鉴，这可以大大缓解工业化经济中的有效需求不足的问题。中国政府已经有能力来解决福利保障问题，我国政府约有6万亿元的财政收入，而且政府负债率较低，我国的国债余额占GDP的比重大约为20%，而美国为71%，欧元区为67%，日本为163%，所以我国政府的财政力量足以解决我国的养老、医疗和教育保障问题。此外，政府通过增加举债，一方面可以加大福利措施的力度，另一方面也有利于稀释因为长期双顺差过度增加的流动性，这将有利于人民币国际化的进程。

缩小收入差距，健全社会保障体系，以增加消费为核心来扩大内需将是当代中国宏观经济要解决的第一个难题，这也是我国走向大国之路必须安全迈过的第一道门槛。

第二节　如何解决中国国内的流动性膨胀问题

中国正在迅速成为经济大国，这是自鸦片战争以来中国几代仁人志士梦寐以求的。但是，在今天的经济大国中如果其货币不是国际储备货币，这个国家就会在货币、金融领域被边缘化。当代中国宏观经济领域要解决的第二个难题就是必须要谋求人民币的国际化，人民币要真正获得国际储备货币的地位。

中国必须谋求人民币国际本位货币地位有两个原因：第一，本币是国际储备货币是一国成为经济大国的必备条件；第二，中国长期双顺差导致外汇占款的流动性膨胀持续不断，21世纪依赖持续的双顺差使得国内资金只进不出的态势持续过久，就像堰塞湖不断蓄积水源而没有出口一样，最终会累积出问题来。认清这两个原因对理解当代中国宏观经济的运行特征具有十分重要的意义。

一、"双顺差"怎样触发紧缩政策

中国经济进入21世纪之后，迅速形成了一种靠外需和投资拉动的高经济增长模式。这个时期的基本特点是国际收支的双顺差，即经常项目顺差和金融项目顺差。这导致了外汇储备的迅速提高,至今我们已经有接近 2 万亿美元的官方外汇储备。如果以 1 美元兑换 6.7 元人民币的汇率计算,中国累计因外汇占款已经发行的人民币现金(M1)就达到 13.4 万亿元,而中国 2008 年的 M1 总量不到 15 万亿人民币。显然,境内人民币发行几乎完全是因为外汇占款。这就使得我国货币政策的独立性受到了威胁。人民币增加完全是国际收支顺差的结果,被动的对冲流动性成了央行不得不采取的主要政策。流动性膨胀一定会转化为资产价格上升和物价上升的压力。为了防止房地产泡沫,中国在 2007 年年末和 2008 年年初一直实行打压房地产泡沫的政策。为防止通货膨胀,中央银行连续提高利息率,提高准备金比率。这些政策首先在股市,然后在房地产市场引起了交易萎缩和市场下滑。到 2008 年下半年,当消费物价明显上升的时候,就只有更严厉地实行紧缩流动性政策这个唯一的选择了。

因为人民币没有国际化,缺乏国际出口,在国内流动性膨胀的时候不能适时地调节人民币资金的进出入境。没有国际出口缓解人民币膨胀的压力,那么由外汇占款引起的流动性膨胀就只好堵在境内,引起境内资产价格膨胀和物价上涨。这就是说人民币国际化实际上也是我国经济运行方式正常化的需要。

二、全球金融危机引起的出口下降加速了我国经济的下滑趋势

2008 年下半年,金融危机对美国和欧洲的影响加剧,欧、美和日本等发达国家经济迅速恶化。这引起了对中国进口产品的大幅度减少,出口在 2008 年年末的大幅度萎缩加剧了中国正在紧缩过程中的经济进一步下滑。为纠正经济下滑,从 2008 年 10 月和 11 月开始重启宽松的货币政策,虽然流动性环境恢复到以前的宽松状态,经济回暖却还需要一段时间,就像勒紧缰绳可以让奔跑的马儿迅速减速,而放开缰绳马儿却不一定立即就恢复原来的速度一样,它需要鞭策性的刺激政策。目前中国流动性充裕的状况并没有得到根本改变,所以许多学者担心,一旦经济增长又会出现过热和物价上涨的情况。从这个角度看,人民币国际化的进程将为人民币疏通进出入境的通道。只要控制得当原先单靠境内消化流动性的状况一定能够得到改善。但前提是控制得当,也就是说要有控制资金大规模进出入境的能力。

人民币成为国际储备货币之后,中国就可以迈过当代中国宏观经济领域的第二个难题,成为真正的经济大国。

三、应对货币冲击风险的实力与建立"风险控制实验区"

人民币国际化的真正挑战在于资本项目的完全开放。资本市场不开放人民币国际化就不可能落实。人民币完全开放一直被看作洪水猛兽,其根本原因是害怕境外资金的大规模进出引发金融危机。但是,这是中国必须要经历的过程,如果什么代价也不付,什么风险也不承担就不可能成为大国。

要具备应对风险的能力有两个条件:一是有应对大规模外部冲击的实力;二是要具有一定的应对货币冲击的技巧和经验。

(一)应对大规模外部冲击的实力

应对外部货币冲击的实力有两个方面,一是本国经济要有实力,包括:要有强大的实体经济,使得境外人民币有实际购买力基础;同时也需要有较为发达的虚拟经济,以便境外人民币短期资金流回时可以大规模购买各种金融资产和房地产,正像美国亚洲金融危机中突然回流了 18 000 亿美元资金,并没有引起物价上涨,而仅仅是股市和房市攀升一样,靠较发达的虚拟经济可以缓解外部的货币冲击力。二是要有充足的外汇储备作人民币的平准基金。当人民币汇率下跌时及时干预,维持其稳定的汇价,这也是外汇储备的最佳用途。中国有近 2 万亿美元的外汇储备,这个实力意味着人民币在 1 美元等于 7 元人民币的水平上可以应付 14 万亿元人民币同时回流而不必使人民币汇率下跌。至少可以支撑人民币达到国际官方外汇总储备 7 万亿美元的 20%~30%。这就是人民币成为国际储备货币的直接支撑。

此外还有一个非常有意义的经验:我国曾经长期出现高经济增长与高呆坏账率并存,却没有发生银行和金融机构大规模倒闭的金融危机,其背后有许多类似呆坏账处理的经验可以总结,中国曾经不怕呆坏账,至少等于说在资本市场不开放条件下,中国不会发生自酿的金融危机。

(二)要保护好中国公众对银行业的信任

中国公众之所以对国有银行有很高的信任度,不是因为银行业经营的好,管理得好,而是相信国家对银行的支持。与美国不同,中国金融业不是由银行信用来支撑的,而是由国家信用、政府信用来支撑的。人们之所以在国有银行呆坏账率达到 30% 以上还丝毫不减信心,也没有恐慌,是因为人们相信政府不会不管,而中国政府也从来没有让公众失望过。要破坏对政府的信心也十分容易,只要四大国有银行有一个倒闭，公众对政府的信心就会荡然无存，国有银行不倒闭，中国人民就永远不会真正体会什么是金融恐慌，谁也不愿意体会恐慌的感觉。这种信心不容易建立，却很容易遭到破坏。公众对国家和政府的信心是防范金融风险最重要的武器。

（三）建议在国内局部地区建立"风险控制实验特区"

人民币国际化是必须要面对的，资本市场开放也是躲不开的，何况我国对外依存度过高的调整需要时间，更需要对动荡的国际货币环境有防御能力；即使我们不想做大国，至少要想办法避免小国总是被攻击，被货币大国牵着鼻子走的境况。控制风险，应对大规模冲击是无论如何也要取得的经验，只有这样才能顺利解决我国宏观经济运行领域的另一个难题。

可控条件下的资本市场开放已经势在必行。邓小平鼓励利用经济特区实验取得经验再全面推开的办法屡屡获得成功。它告诉我们，从局部开始进行"资本市场全面放开"的实验，不但需要，而且可行。局部开始进行"资本市场全面放开"的意思就是将某些局部地区全封闭，控制其境内所有资金与外部的往来，包括人民币和外汇的进出；所谓"全面放开"则是在局部范围内，也就是只在"特区"的范围内对所有金融房地产项目的放开。中国要取得经验必须单独开辟这样一个特区，由监管当局派员组成联合监管机构对其进行监管和干预。这个大的原则确定之后，细节可以在后面实践过程中调整，自然此局部地区要为国家民族的大局承担金融全面放开的风险。

如果我们能在两三年内将消费占GDP的比例提高到50%甚至以上，我们就可以解决中国宏观经济领域的第一个难题；如果同时人民币可以成为国际储备货币（占外汇总储备的15%以上），我们就具备了控制外部冲击的能力，就可以顺利地解决我国宏观经济运行领域的第二个难题，几年之后一个新兴的负责任的大国将给世界带来稳定和持续繁荣。

第九章

人民币国际化的战略路径

人民币国际化是一个规律性和历史趋势性的问题，违反规律会招致越来越大的经济困境，如果尊重规律，顺势而为则会使已经积累起来的矛盾日益缓解和得以解决。规律和趋势所涉及的必然是经济体的核心问题，即主要矛盾，一旦主要矛盾得以解决其他问题将迎刃而解。人民币国际化的好处绝不是目前在学术界流行的所谓"铸币税"所能涵盖的，那是蝇头小利，一个民族不应该也不可能靠"食利阶层的生存方式"生存。人民币国际化首先是为了摆脱小货币引起的整个国家经济的从属地位，从而摆脱目前中国宏观经济政策的被动地位；其次是争取与本国经济规模和经济性质相适应的国际货币、金融的话语权和自主权；最后是积极推进人民币国际化实际上可以有效缓解当前内需不足的问题。

第一节 中国大经济体和人民币小货币矛盾引发的国内经济运行问题

经济越是增长，大经济与小货币的矛盾就越是突出，中国经济客观上对人民币国际化的要求就越迫切。

一、当前中国经济中的主要矛盾与流动性膨胀的基本背景

低水平经济的主要矛盾是有效需求不足与经济增长之间的矛盾，当依赖外需解决了低水平时期的经济增长瓶颈问题，并导致经济进入高增长路径之后，新的矛盾产生了：这就是经济高增长与流动性持续膨胀之间的矛盾。依赖外需解决市场经济发展最初阶段的经济增长瓶颈既然是一个规律（也就是所谓"出口替代"），中国在金融项目对外没有放开的条件下的高增长就必然会导致经常项目持续顺差，同时持续的高增长使得中国经济在世界上具有越来越大的吸引力，外资大量涌入使得中国在经常项目顺差的同时也持续出现金融项目的国际收支顺差，这就是近年来常被提到的"双顺差"的国际收支状况。中国持续的国际收支双顺差导致了持续的资金输入，引起了严重的流动性膨胀。实际上自21世纪以来持续的双顺差使得国内资金只进不出的态势持续过久，这就像堰塞湖不断蓄水而没有出口一样，最终会累积出问题来。认清这个原因对理解当代中国宏观经济的运行特征有十分重要的意义，它是我们一切问题的根源。

二、国内流动性膨胀的严重程度

外汇占款导致的人民币流动性增加都是在境内没有对应产品的。当中国企业出口100亿美元的产品时，中国企业得到100亿美元的收入，然后企业可以用这100亿美元的销售收入在中国银行兑换700亿元人民币（假定汇率为1：7）。当与官方结汇时，100亿美元会进入国家外汇管理局成为官方外汇储备，同时人民银行会增加700亿元人民币基础货币投放。但是，因此而增加的700亿元人民币却没有对应的产品和劳务，因为这是出口产品的收入，产品已经进入国外的消费领域。金融项目的外汇收入也是一样，作为境外投资进来的美元和其他货币在国内产品市场上都没有相应的产品对应。这就是说，截止到2013年年底中国通过外汇占款曾经在中国境内投放了大约264 207亿元人民币的现金（M1 = 现钞 + 可以开支票的活期存款），而没有相应的实际产品对应。表9-1的数据则充分表明了我国的基础货币完全是由外汇占款引起的。

表9-1　　　　2008~2013年我国外汇占款与基础货币数据　　　单位：亿元

年份	2008	2009	2010	2011	2012	2013
外汇占款	149 624.26	175 154.59	206 766.71	232 388.73	236 669.9	264 207.44
基础货币	129 222.33	143 985.00	185 311.08	224 641.76	252 345.17	271 023.09
外汇占款比重（%）	116	122	112	103	94	97
货币供应量（M2）	475 166.60	610 224.52	725 851.79	851 590.90	974 148.80	1 106 509.15

资料来源：中国人民银行。

三、流动性膨胀触发国内紧缩货币政策导致经济运行波动

上述这种被动的无实际对应产品货币的发行行为就是小货币从属地位的典型表现，它对中国经济正常运行和宏观调控造成了巨大压力，因为流动性快速膨胀一定会转化为资产价格上升和物价上升的压力，这时只有不断压缩流动性才能保持正常的宏观经济环境。在流动性持续膨胀的背景下，2006年年底至2007年年底我国的股票市场出现了少有的牛市，同时全国大中城市的房地产市场也呈现出火爆的态势，各种虚拟资产价格不断上涨。由于担心资产价格快速上升所带来的经济泡沫化危险，中国人民银行、证监会等部门出台了一系列的紧缩性政策，从2006年年末至2007年年末，多次调高基准利率和存款准备金率，同时在股票市场提高交易印花税率以及在房地产市场提高首付比例。这些紧缩性政策固然将大量的流动性从虚拟经济部门中挤压了出来，但问题是从虚拟经济部门挤压出的流动性不会凭空消失，它们只能从虚拟经济部门流动到实体经济部门，引发了国内CPI、PPI迅速持续走高。当消费物价明显上升的时候，就只有更严厉地实行紧缩流动性政策（如信贷控制）这个唯一的选择了。到了2008年下半年，流动性得到了控制，但此时前期货币从紧政策与金融危机引致的出口下滑结合在一起导致了中国经济在2008年第四季度出现了迅速的下滑，但又不得不采取放松银根的措施刺激经济，使得中国恢复之前的流动性规模。

但问题是无论央行怎么应对，当前中国流动性膨胀的问题并没有得到根本解决，所以经济稍有起色又有许多学者在讨论是否要微调货币政策以避免出现资产价格快速上升和物价上涨的情况。其实真正的问题不在中国人民银行，而在于持续的双顺差，流动性膨胀完全是外来因素造成的。除非人为制造贸易逆差，否则这个问题就不可能得到缓解。而经常项目逆差对于"对外依存度"高达70%的

中国经济来说无异于"自杀",也就是无异于人为地停止中国经济高增长。显然,解决问题的正确答案绝对不是想办法搞成"贸易逆差"或经常项目收支平衡,也不是拿外汇储备去买境外的什么东西,正确的答案只能是继续经常项目顺差的同时,通过金融项目的国际收支逆差向外输出人民币流动性,实现人民币的国际化,并通过境外人民币的不断增加,形成新的境外对中国出口产品的需求。

四、当前主要矛盾引起的困境及其启示

中国经济高增长与双顺差并存必然会导致流动性膨胀的机制并没有因为2008年11月以前的紧缩政策而有任何改变,它使得当前中国经济运行处于两难困境:在短期内中国经济依然高度依赖外需的情况下,只要经济保持高增长,就必然会持续双顺差,流动性膨胀的压力就越来越大,流动性膨胀会导致资产价格膨胀和物价上涨;在越来越严重(也是累积的)的流动性膨胀局面下,政府被逼无奈会采取越来越严厉的紧缩措施,但这又会导致经济下滑;此后又必然采取放松银根的政策。但根本问题是如果中国经济继续增长,同样的问题还是存在,流动性膨胀又会再次出现,再次困扰我国的经济。"两难困境"背后的启示是:一方面昭示我们客观上需要以居民消费为核心来增加内需;另一方面则预示着客观上需要人民币国际化。双顺差意味着资金长期只进不出,就像堰塞湖"只蓄水不泄洪"一样,我们必须认识到正确的决策不是"拒绝蓄水"的问题,而是需要"泄洪"渠道的问题。疏通人民币对外流出的金融渠道,而不是拒绝欧元、美元的流入才是中国流动性持续膨胀要告诉我们的真实答案。它符合"经济大国客观上需要本币国际化"的规律,也是解决"大经济与小货币之间矛盾"的唯一出路。

第二节 解决大经济与小货币之间矛盾的正确途径——推进人民币国际化

在目前情况下,必须增加人民币的国际市场供给,打开人民币和人民币资产流往境外的出口,积极推进人民币的国际化,这样才是保持中国经济平稳运行的正确选择。因为:第一,只有向外输出人民币和人民币资产才可以减轻国内流动性不断膨胀的压力;第二,只有这样才有可能通过金融项目的逆差来对冲中国经常项目的顺差,使得中国制造业和经济增长在不受太大冲击的前提下保持中国

经济平稳运行；第三，只有增加国际金融市场的人民币供给，才能大幅度缓解人民币汇率升值的压力。在人民币国际化路径的选择上，我们认为第二次世界大战后美元和西德马克国际化的经验需要认真吸取，而日元的惨痛教训也值得引以为戒。

一、第二次世界大战后美国通过金融项目持续逆差巩固美元霸主地位

第二次世界大战后美国凭借自己强大的经济实力（1950年美国工业产量占世界工业总产量的56.4%）和巨额黄金储备（1949年美国黄金储备占世界黄金总储备的73%）将美元推向了国际货币霸主的宝座。从第二次世界大战后开始直到1970年以前的25年内，美国以对外美元援助、对外美元贷款的方式，通过金融项目的逆差，大量向外输出美元；而获得美元贷款和援助的欧洲各国和日本，则再用美元购买美国的钢铁、化工、汽车以及其他制造业的产品。美国通过金融项目的国际收支逆差输出美元，再通过经常项目顺差回收美元，这种美元环流过程一方面刺激了美国以制造业为核心的实体经济，巩固了美国的世界工厂地位；另一方面也巩固了美元的国际货币霸主地位。

总结美元国际化的经验有两条：第一，第二次世界大战后美元国际化的支撑是美国持有巨额黄金储备以及强大的实体经济；第二，美元国际化的途径是通过金融项目的逆差输出美元，再通过经常项目国际收支顺差流回美元。此种途径既有力促进了美国工业经济的繁荣，又保持了美元的国际货币霸主地位。

二、20世纪70～80年代联邦德国马克的国际化经验以及日元的失败教训

目前中国的宏观经济运行特征与20世纪70～80年代日本和德国面临的情况类似，都是经济高度依赖外需从而导致巨额经常项目顺差，进而导致国内流动性充斥。我们在研究过程中发现，由于日本和德国两国政策选择的不同（日本采取的是"推挡"政策，而德国采取的是"疏导"政策），日本走上泡沫经济道路，而德国则平稳增长直到以马克为基础创造出新的国际硬通货"欧元"。这个经验对当前的中国是十分重要的。

在20世纪70～80年代日本经济的黄金发展时期，日本采取的是"堵"和"推挡"政策，没有充分利用境外居民对日元合理的升值预期，对金融账户的高

度控制限制了日元和日元资产对境外的供给，错失了向境外输出日元积累日元储备的最佳时期。在 1972～1980 年，日本金融账户累计的逆差约为 30 亿美元，这意味着其对外输出日元的上限就是 30 亿美元，这么小的数量自然不会形成大规模的日元国际储备。由于这段时间没有充分向外输出日元，这使得日本由于经常项目顺差累计导致的国内资金充斥，物价水平和资产价格持续上涨，1970～1980 年日本 CPI 年均增长高达 9%，为日后泡沫经济埋下祸根。1980 年日本实现了资本账户自由化，日本终于认识到了本币国际化的重要性，开始积极推动。1981～1985 年短短五年时间日本的金融账户持续逆差累计达到了 1 360 亿美元，使得日元在世界外汇储备中比重由基本没有扩张到 8%，严重威胁到了美国。但由于日本在政治上对美国的依附，日本同意了由美国主导逼迫日元升值的《广场协议》。《广场协议》生效后，日本没有想到的是短短 1 年时间里日元大幅度升值，从 320 日元兑 1 美元升值至 80 日元兑 1 美元，使得非居民持有日元的预期收益几乎丧失殆尽，加上此时日本的经济发展已经开始减速，日元与美元、马克、英镑相比优势已经不大，境外投资者已经不再愿意大规模持有日元通货进行国际长期储备。醒悟过来的日本政府和央行固然不断地想向外输出日元，减轻国内流动性膨胀的规模，同时形成日元国际储备，以图获取长久之利，但丧失了 20 世纪 70～80 年代战略机遇期的日本最终成效并不十分明显，主要是由于此时在国际上对日元的需求量已经大幅度减少，尽管日本不断想增加日元国际供应量，由于没有日元储备的需求者，最终没有形成较大的境外日元储备。而日元快速升值后严重打击日本的出口，导致日本国内实体经济衰退，同时日本国内流动性充斥的状况因日元流出日本的数量不够，而没有得到缓解，最终形成泡沫经济。

而西德则完全不同，早在 1956 年联邦德国就在贸易顺差和经济增长的基础上实现了金融账户基本自由开放。在联邦德国经济高速增长的 20 世纪 70～80 年代，西德马克开始成为硬通货，与日元一样进入持续升值通道，从 1972 年 3.22 马克兑 1 美元升值到 1980 年的 1.79 马克兑 1 美元。但是联邦德国政府采取的不是鼓励联邦德国企业和公民用美元去买境外资产的政策，而是通过金融项目逆差直接输出马克，增加国际货币市场上的马克供给，这既可以缓解境内流动性膨胀的状况，又可以缓解马克升值的压力。这是真正的流动性"疏导"政策，同联邦德国的"疏导"政策相比，当时日本鼓励用美元到境外购买资产的政策不过是"拒绝再输入美元"的政策。联邦德国这个时期对外输出累计达 680 多亿美元的马克，同期日本不过输出 30 亿美元的日元。这也大幅度缓解了因持续经常项目顺差导致的联邦德国国内资金充斥的情况。在美国滞涨、日本国内资金充斥的整个 70 年代，联邦德国的 CPI 维持在 5% 的水平。联邦德国马克也从 1970 年占世界官方外汇总储备的2.1%上升到1980年的10.2%，到20世纪80年代末这个比例进一步增加到18%，90年代中后期下降到15%左右。马克成为世界第二大储备货币为后来形成欧元打下坚实的基础。当年如果没有联邦德国马克，仅靠意大利里拉、法国法郎、西班牙比索等货币是无法形成欧元的。

总结联邦德国马克的经验：第一，强大的实体经济和充足的美元等外汇储备支撑了联邦德国马克的国际化；第二，金融项目国际收支逆差大规模输出联邦德国马克疏导了联邦德国境内的流动性膨胀，并成为马克国际化的主要渠道。

今天的中国与日本、德国走到了同样的历史关口，两国应对国内流动性膨胀、本币升值压力和推进货币国际化的历史经验告诉我们，必须抓住中国经济增长和人民币汇率具有较强升值预期的这一段黄金时期，顺势适度开放中国的金融账户，在政府和货币当局主导下通过金融账户逆差积极推进人民币和人民币资产的向外输出，否则中国经济有可能和日本一样，在本币不断升值压力的逼迫下，国内不断累积流动性，而又没有及时向外输出本币，最终导致国内经济进入泡沫化，承担泡沫经济破灭的苦果。与此同时，第二次世界大战后美国的经验告诉我们通过金融项目逆差增加人民币通货和人民币资产的向外输出量，再通过经常项目顺差吸收回流的人民币通货，这种循环方式能够有效刺激国内制造业经济的繁荣，保持整体经济平稳快速的增长。

第三节 关于人民币国际化研究的文献综述

一、人民币国际化的内涵及利弊分析

货币国际化顾名思义是指一国法定货币的使用和职能扩展到国际范围。国内外学者一般根据货币的三大职能对货币国际化的概念进行界定，并基本形成了一个相对完整的理论框架。例如，柯亨（Cohen，1971）最早从货币职能的角度定义国际货币，他认为国际货币的职能是货币国内职能在国外的扩展，当私人部门和官方机构出于各种各样的目的将一种货币的使用扩张到该发行国以外，这种货币就发展到国际层次。特维斯（Tavals，1997）指出当一种货币在没有该货币发行国参与的国际交易中充当记账单位、交易媒介和储蓄手段时，该货币就国际化了。哈特曼（Hartmann，2002）通过对国际货币不同职能进行了具体的分类，进一步丰富和发展了货币国际化的概念，他认为作为支付手段，国际货币是在国际

贸易和资本交易中被私人用于直接的交换以及两个其他货币之间交换的媒介货币,被官方部门用做外汇干预和平衡国际收支的工具;作为记账单位,国际货币是商品贸易和金融交易的计价,并被官方部门用于确定汇率评价;作为价值储藏手段,国际货币被私人部门选择金融资产时使用,如表示的非居民持有的债券、存款、贷款价值,官方部门拥有国际货币和以它计价的金融资产作为储备资产。因此,根据上述国外学者特别是哈特曼对于国际化货币概念的界定可以将国际货币的职能以表格的形式总结如表9-2所示。

表9-2　　　　　　　　　国际货币职能及应用

货币职能	官方部门的应用	私人部门的应用
交换媒介	干预外汇市场与平衡国际收支	国际贸易与资本交易结算
汇账单位	确定本国汇率评价	国际贸易与资本交易计价
价值储藏	国际储备	投资与货币替代

表9-2的划分为我们理解人民币国际化提供了一个简单清晰的理论框架和标准:首先,人民币现金在境外享有一定的流通度。其次,国际上主要的金融机构及各国的央行将人民币和人民币计价的虚拟资产(如以人民币计价的债券、股票等)作为一种投资工具,为此以人民币计价的虚拟资产需要不断扩大其广度和深度。根据目前美国经济的运行方式①,发达的金融市场是其实现和保证美元国际化地位的重要支柱之一,因此发达的虚拟资本市场也是人民币国际化的重要标准之一。最后,以人民币结算的贸易额在全球贸易中要达到一定的比重,并保证较大规模的交易区域。

近年来,随着我国经济的快速发展以及中国与世界经济的联系日益紧密,关于人民币国际化的呼声越来越高。国内学者纷纷展开了关于人民币国际化相关研究,其中大致可以分为两种观点:第一类学者持有积极的观点,即支持人民币国际化。例如,李伏安(2009)通过回顾以美国为核心货币的国际货币体系的历史演变,以及对当前的经济金融形势的研究,提出应当加速当前国际货币体系的改革步伐及建立人民币国际化这一新的国际货币体系格局,并强调了中国综合国力进一步的增长及金融资本市场深化改革对于实现人民币国际化的重要性。宗良(2010)认为金融危机的爆发使得以美元为本位的国际货币体系遭到普遍质疑,

---

① 从1982年至今,美国经济开始了经常项目逆差,资本项目顺差的时代,美国通过经常项目逆差利用美元购买国外的资源和消费品以满足国内的消费需求,而其他国家利用得到的美元购买美国的债券及其他金融产品,刺激了美国虚拟经济的不断发展与深化,继而美国发达的金融市场使得美元成为一种国际投资工具。

导致改革之声此起彼伏，而此时国际货币体系的重构恰好可以为人民币国际化提供了一个重要的历史机遇。王元龙（2009）指出人民币国际化是中国全面融入经济金融全球化的必由之路，不仅具有必要性，而且更具有紧迫性。黄海洲（2009）分别从微观层面、宏观层面及国际层面的分析入手，指出人民币国际化将担当起中国改革开放新的助推器，在微观层面，人民币国际化可以逐步提高人民币在对外经济交易中的计价频率，从而降低中国出口企业面对汇率波动的风险；在宏观层面人民币国际化使得中国的货币政策不再受制于美国货币政策，进而既有利于中国宏观经济风险控制的有效机制，也有利于当前巨额的外汇资产管理。刘骏民（2008）从虚拟经济的视角指出解决中国目前流动性膨胀困境，必须积极向外疏导人民币和推进人民币国际化，并从实证的角度论证了人民币国际化的可能性。

第二类学者对待人民币国际化则持有更加谨慎的观点。例如，李永宁（2010）指出虽然此次的美国次贷危机为中国赢得了宝贵的国际战略机遇，即微观上中国在经济领域有所作为的时机出现了，但是加速推进人民币国际化的政策举措却不具有现实意义。姜波克（2009）从国际货币面临的政策两难的角度分析人民币国际化，他指出人民币国际化将使得中国在享受国际货币利益的同时，政策自主权将受到极大的削弱。

总体来看，大多数国内的学者认为人民币国际化利大于弊，支持人民币国际化，即适时逐步让人民币成为国际计价、交换和价值储藏的货币。

二、关于货币国际化的文献综述

欧元的出现使得美元的国际货币地位受到了极大威胁，从国际外汇储备的币种构成来看，1999~2006年间，美元所占的比重从最高的71%降低到65%左右，而欧元占比则一直攀升至25%左右。正是在此国际经济形势不断变化的背景之下，关于货币国际化的文献也不断增加。其中以国外学者为主，如哈耶克（Hayek，1978）指出货币作为一种资产，持有者最为关心的是它的实际购买力；从动态的角度讲，一国货币国际地位的变化很大程度上取决于该货币的稳定性或"未来价值的可预测性"。艾肯格林（Eichengreen，1998）通过对历史数据进行计量分析证明了欧元将会超越美元成为最主要的国际储备货币，但同时指出这将是一个缓慢的过程；他还指出建立稳定有效的国际投资市场，货币发行国的央行必须实行持续灵活的管理政策和积极发挥最后贷款人的作用。黄海波（2001）指出欧元具有挑战美元的经济潜质，如经济规模与美国大致相同，金融市场也正在不断深化当中等。但也同样存在一些不稳定性，特别是欧元区各成员国之间的经济状况差异较大。因此得出形成欧元与美元相抗衡的国际货币体系的局面将是一个极其缓慢过程的结论。瑞吉（Rey，2001）指出媒介货币的出现取决于各国的商品偏好，而不是取决于他们的相对规模，当一国的商品出口越多，即商品被国外需求的越多，则对该货币的国际需求也就越大。梅尼和弗兰克（Menie Chin and Jeffre Frankel，2007）通过面板数据模型计量分析了从1973~1998年间各国央行外汇储备持有的币种构成的决定性因素，其中主要变量包括：货币发行国的总量（GDP占世界比重）、通货膨胀率、汇率水平及金融市场的发达程度，并对欧元是否会超越美元成为主要国际货币进行了相关预测。

总之，由国内学者的研究可以发现，他们通常采取定性的分析方法，很少涉及对人民币国际化的定量研究上；而从国外学者的研究中可以看到，绝大部分都是关于欧元挑战美元的分析，特别是在各国央行的外汇储备构成上，很少涉及人民币。下面本章主要从实证的角度深刻分析和研究货币国际化的决定性因素，并结合当前中国经济提出人民币国际化之路的可行性。

第四节 中国的实体经济与人民币购买力的支撑

人民币成为国际本位货币的基础有两个：一是本章第三部分已经分析过的巨额外汇储备，二是与之相适应的强大的实体经济。所谓实体经济强大，可以从两个方面来衡量：第一，从总量上来看，目前中国经济总量已经世界第四，进出口贸易量世界第三。根据2007年世界银行按照购买力平价计算的中国GDP约占全球GDP的10%，远高于中国名义GDP在世界GDP中的5.1%占比；而按照世界上颇有影响的统计学家麦迪森（Angus Maddison）的购买力平价模型计算，2006年美国占世界（PPP）GDP总量的19.6%，中国占16.8%，并列第三的日本和印度各占6.1%，德国第四占3.5%。我们想强调的是，按货币实际购买力计算的GDP，不论是哪种计算方法，中国的GDP占比都会高于其名义占比，而美国则相反。显然，从规模总量上来说中国是有强大实体经济支撑的国家并不为过。

第二，从GDP内部的具体结构来看，这里需要突出的是中国GDP创造主要靠的是实体经济。表9-3给出了2014年中国与美国GDP中实体经济（用制造业、建筑业与交通运输业代替）与虚拟经济（金融、保险和房地产服务业）绝对值以及占整个GDP的比例。

表 9-3　2014 年中国与美国 GDP 构成中实体经济与虚拟经济的比较

	中国		美国	
	虚拟经济	实体经济	虚拟经济	实体经济
占比	9.11%	47.22%	19.43%	18.72%

资料来源：中国国家统计局与美国经济分析局。

2014 年底中国实体经济创造的 GDP 占中国 GDP 的比例为 47.22%，美国的这个比例是 18.72%。实际上自 20 世纪 80 年代以来美国 GDP 创造主要靠的是金融和房地产服务业，当前这二者创造的 GDP 加在一起占其 GDP 的 21%，加上高端职业服务业的 13%，美国有大约 1/3 的 GDP 是靠虚拟经济创造的，而中国的这个比例是 9.11%（2014 年年底）。数据充分表明中国是实体经济强大，美国则是虚拟经济强大。但是从理论上来讲，货币在没有含金量之后，其价值就是其购买力，即单位货币能购买到的产品数量和劳务数量。比如说，100 美元购买的小麦从 100 公斤增加到 120 公斤，美元的购买力就增强了。当然，不是用某一种商品来衡量其购买力，而是用一揽子商品来综合的衡量其购买力。与之相对应的则是，货币购买力不能用购买多少张债券、多少张股票来衡量。因为 100 元股票可以卖 100 元，100 元可以购买 100 元的债券不过是同义反复，金融资产不能判别货币价值大小，而必须用不同的度量单位才可以，如用多少斤米、多少米布、多少度电、多少升汽油等来衡量 100 元人民币的购买力。这就是说，黄金非货币化条件下货币的购买力是用实体经济来支撑的。所以，实体经济的衰落会带来本币购买力和国际地位的衰落，而实体经济的强大会给本币的国际化以巨大的支撑力，从这个逻辑上来讲人民币国际化完全是有强大实体经济支撑的。

第五节　当代不稳定的双本位国际货币体制需要人民币

在 2002 年以前，国际货币体系是美元本位的货币体系。这个体系是 1971 年美国宣布"美元停止兑换黄金"之后形成的。而 2002 年以后，欧元正式进入国际货币体系，从此美元一元化本位货币的格局被打破。到 2008 年年底，欧元占国际总储备货币的比例已经从最初的 18% 增长到了 28%，欧元迅速成为一个与美元地位相当的国际本位货币。当美元占国际货币总储备的比例下降到 64% 左右，欧元占国际总储备的比例上升到 28% 左右的时候，新的国际货币体系形成了，这就是美元和欧元的双本位货币体系（英镑和日元加在一起占外汇总储备的比例不到6%，它们是国际储备货币，但不是国际货币体系中的本位货币）。这个制度类似于当年金和银同时流通的复本位货币制度，复本位货币制度会产生劣币驱良币现象，是不稳定的；而现在的双本位制，比金和银复本位制度更不稳定，因为无论是美元还是欧元，都是没有含金量的法币，它们的发行没有金银储备的约束。欧元和美元的境外数量是欧洲和美国货币当局根据自己的利益需要，以及对未来的判断通过操纵货币政策来控制的，它们的国际发行量没有任何有效的约束。

不加约束的双本位制度会使得国际货币体系进入轮番膨胀的"滥发货币的陷阱"。当美元过度膨胀的时候，欧元汇率坚挺，美元持续下跌，这一定会导致欧洲出口困难；同时，坚挺的欧元汇率会吸引越来越多的企业和其他经济机构发行欧元债券和其他金融工具，从而逼使欧元滥发而膨胀；当欧元膨胀导致其汇率下跌的时候，美元坚挺，持续坚挺的美元汇率会损害美国的出口，并迟早会引起美元再度膨胀和再度贬值。双本位货币的轮番膨胀会将整个世界带入一个更加动荡不安的国际金融体系之中。这一切是发达资本主义国家长期去工业化趋势和经济虚拟化趋势发展的结果，不可能靠其自身力量逆转。国际货币体系越是动荡，就越是需注入新的稳定因素。环顾当今世界，没有比有强大实体经济支撑的人民币更稳定的因素可以制止由美元、欧元形成的双本位货币体系的螺旋形膨胀的怪圈。

无论是从国内经济趋势还是从国际货币环境的演变来看，人民币国际化都是大势所趋，如果不能顺势而为，就一定会在中国和世界"憋出"更大的问题，只有顺势而为才可以使各方面的问题都得到缓解和解决。

第六节　人民币国际化的实证分析

一、国际外汇储备的比重构成

目前，关于货币国际化的计量研究最具有代表性的是琴恩和弗兰克（Chinn and Frank，2005）模型，该模型以国际储备的比重构成作为衡量一国货币国际化程度的指标。本书一方面将从数据范围上进行扩充（数据来自1980~2008年的IMF国际储备币种构成）；另一方面对于变量的选取进行相应的改进，并对计量模型进行了更为严谨的修正。一般主要国际货币以美元、欧元、日元、英镑、马克、瑞士法郎、法国法郎和荷兰盾 8 个币种为代表。图 9-1 和图 9-2 显示了自 1980~2009 年间在国际储备中，7 种主要国际货币占比的变动趋势。根据占比的高低本书将以美元、欧元、日元、英镑、马克这 5 个币种作为主要的研究对象。其中美元占比从最高的 80% 降到 50% 左右，且近几年一直呈现下降的趋势；欧元则呈现上升的趋势，2009 年占比为 27.4%；而日元的占比近几年也在不断下降，2009 年约占 2.9%。

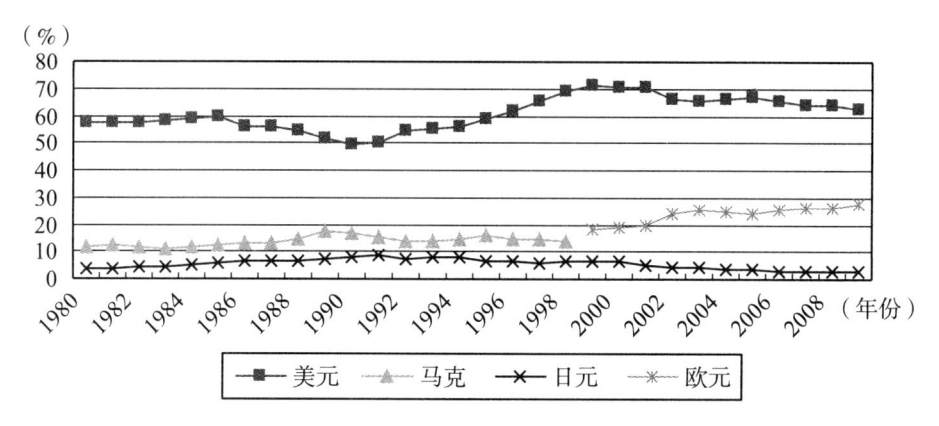

图 9-1　各国中央银行外汇储备持有的币种构成——主要国际货币

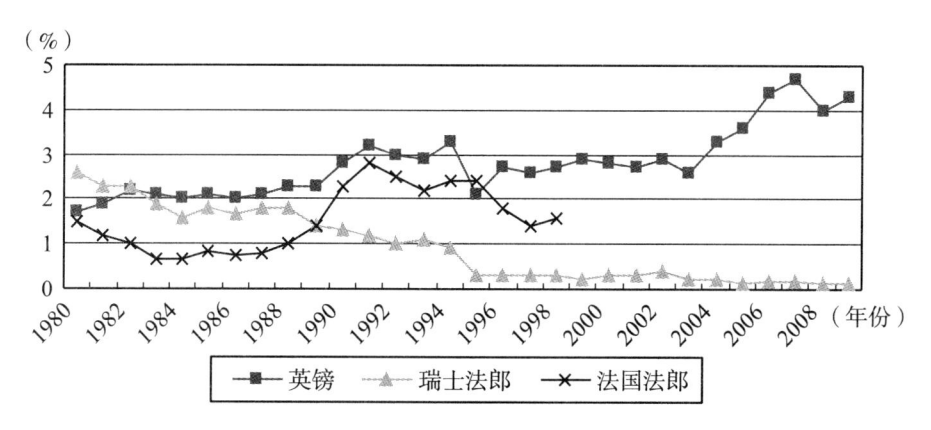

图 9-2　各国中央银行外汇储备持有的币种构成——小国际货币

资料来源：国际货币基金组织网站。

二、指标选取及理论解释

为了对货币国家化程度进行定量的分析，我们必须选取一些能够衡量和影响一国货币国际化程度的指标，并将其量化。根据前文中关于货币国际化内涵的界定及相关文献，我们可以将价值储藏、交换媒介和计价单位作为衡量一国货币国际化程度的参考指标。本书将沿用梅尼和弗兰克（Menzie Chinn and Jeffre Frankel，2007）的方法，利用国际货币的价值储藏功能衡量一国货币的国际化程度。

作为价值储藏功能的国际货币通常被其他国家的央行作为一种外汇储备，以债券的形式持有，因此，世界其他国家央行所持有的一国货币在其外汇储备的币种结构中所占的比例越高，则表明该国货币的国际化程度越高。同时在自变量的选取上，除了惯用的一些因素，如国际货币发行国的经济总量、通胀率、汇率的波动、国际货币发行国金融市场的宽度和深度等，本书还尝试进行了补充，如发行国的贸易水平、人均GDP等因素。下面对个别变量进行经济学解释。

第一，汇率的波动，汇率波动体现了一国货币对外升值与贬值的程度，根据国际货币价值贮藏的定义可以判断，当货币具有一种长期的升值趋势时，则对本币的需求大。

第二，通货膨胀率和汇率水平，二者体现了一国货币对内对外的稳定程度，当一国货币的币值越稳定则持有者持有该货币的信心才会越坚定。

第三，进出口贸易总额，货币发行国的贸易水平越高，意味着发行国与世界其他经济体的贸易往来越密切，即相互间的"贸易依存度"越高；另一方面由于规模效应，在贸易结算中发行国货币的使用可以大大降低交易成本，并且还可以避免汇率波动的风险。因此，当货币发行国的进出口贸易总额越大时，其货币的国际化程度可能也越高。

第四，人均GDP，首先货币作为一种负债的表现形式，其代表国家的资信水平，国际货币则意味着发行国对世界其他经济体的负债。当发行国越富有其资信水平就越高，货币的国际化程度也就越容易被接受。因此，在本书的研究中也把人均GDP作为影响货币国际化的因素之一。另外，通过对当前国际货币发行国（如美国、日本、英国等）的人均GDP的测算发现，其人均GDP均位于世界前列。

第五，虚拟资本市场的高效性，高效的虚拟经济体系具有一定的广度、深度和弹性。广度是指市场参与者的类型复杂程度；深度主要是指市场中是否存在足够大的经常交易量，从而可以保证某一时期、一定范围内的成交量变动不会导致市价的失常波动；弹性则强调市场价格机制的机动灵活性。发达的虚拟资本市场将使得本国货币显示出强大的活力，提高世界各国持有和使用该货币的意愿：一方面发达的虚拟资本市场有利于激发国外投资者对本国的投资需求，继而促进其对本国货币的需求；另一方面，还可以吸收大量的资金，成为一个隔在外部金融冲击与本国实体经济之间的一个"缓冲器",以避免该国经济由于游资的大量涌入而导致的剧烈波动,进而保证国外投资者持有本币的信心。上述讨论的因素将作为经验研究的主要指标,为了对货币国际化程度进行实证研究,下文将对各主要指标进行量化处理,如表 9-4 所示。

表 9-4 变量定义一览表

变量名	变量	变量说明
Share	储备货币比例	世界各国央行外汇总储备中各国货币的比重
GDP ratio	一国 GDP 的比重	一国 GDP 占世界 GDP 的比重
Inflation	国内通胀率水平	一国的 CPI 水平
Exchlevel	一国汇率水平	一国货币对一单位 SDR 的汇率
Exchvar	汇率的波动情况	本币对 SDR 汇率的标准差
Intertrade	进出口总额	进出口总额占世界贸易总额的比重
Finance market	金融市场发达程度	股票、债券等金融资产占 GDP 的比重
GDP per capital	人均 GDP	GDP 与该国人口总数之比

三、实证检验及结果分析

本书在实证研究中采用了动态面板数据经济计量分析方法。基于琴恩和弗兰克尔(Chinn and Frankel,2005)考察式进行回归,本书采用 Hausmann 检验方法对模型设置的随机效应和固定效应进行检验。在本研究中,Hausman 检验的 P 值在模型(1)和模型(3)表现为不同程度的显著性,这说明在这两个模型中应选用随机效用模型,而在模型(2)和模型(4)中建立固定效用模型[①]。

在加入虚拟变量的模型(3)和模型(4)中,虚拟变量 year > 1998 不显著,这表明 1999 年欧元的出现并没有引起国际储备币种结构的影响因素的显著性变化。

表 9-5 显示的 4 个模型中,由 GDP ratio 所测度的经济规模的系数均显著,该结果与我们的假设相一致,即一国货币的国际化必须建立在强大的经济实力基础之上;同时在模型(2)中 GDP ratio 系数最大,在(1)、(3)、(4)模型中仅次于贸易因素的系数,这表明一国经济规模的大小是支撑其货币国际化的决定性

---

① 1999 年欧元的诞生使得德国马克、法国法郎等国际货币被取代,使得本书的数据失去了连贯性,因此,有必要在方程的基础上引入虚拟变量以检验欧元的出现是否会导致国际储备中各币种结构的影响因素会发生显著性变化。

因素之一。另一方面，一国的贸易水平与储备货币占比显著正相关，这也符合我们的假设，这里是用一国的进出口总额占世界贸易总额的比重来作为衡量贸易水平的变量。这隐含着一国要么拥有强大的实体经济，如德国、日本表现为顺差，要么拥有发达的虚拟经济，如美国表现为贸易逆差。更进一步我们还发现，贸易因素系数在模型（1）、(3)、(4) 中均大于其他影响因素的系数，这表明一国的贸易水平也是支撑其货币国际化的决定性因素之一，这也与瑞吉的观点相一致。

表 9-5　　　　　储备货币占比的面板数据回归结果

变量	模型（1）	模型（2）	变量	模型（1）	模型（2）
GDP ratio	1.462*** (0.0000)	1.528*** (0.0000)	GDP ratio	1.2725*** (0.0000)	1.3286*** (0.0000)
△Inflation	-0.6134** (0.0188)	—	△Inflation	-0.7709** (0.0307)	—
△Exchlevel	-0.0188 (0.8347)	—	△Exchlevel	-0.0479 (0.596)	—
Exchvar	-1.949*** (0.0000)	-1.906*** (0.0000)	Exchvar	-2.229*** (0.0000)	-2.257*** (0.0000)
Intertrade	1.569*** (0.0007)	1.4024*** (0.0023)	Intertrade	2.074*** (0.0001)	1.949*** (0.0004)
Finance market	0.00323* (0.0534)	0.00337** (0.0464)	Finance market	0.0034** (0.0334)	0.0035** (0.0397)
GDP per capital	0.000224** (0.0225)	0.000104 0.2097	GDP per capital	0.00053*** (0.0021)	0.00044** (0.0123)
			GDP ratio *Dum-year>1998	1.358339 (0.1071)	-0.844264 (0.2115)
			Inflation *Dum-year>1998	7.1162*** (0.0007)	—
			Exchlevel *Dum-year>1998	0.137646 (0.6202)	—
			Exchvar *Dum-year>1998	1.6686 (0.17451)	1.799662 (0.1574)
			Intertrade *Dum-year>1998	-3.446852 (0.1142)	2.982428* (0.0571)
			Finance market *Dum-year>1998	-0.000268 (0.3869)	-0.081332 (0.4104)
			GDP per capital *Dum-year>1998	-0.006861 (0.9425)	0.000369 (0.2049)

续表

变量	模型（1）	模型（2）	变量	模型（1）	模型（2）
N	114	114	N	154	154
R^2	0.893	0.887	R^2	0.935	0.923428
Hausman Test	Chi-sq	Chi-sq	Hausman Test	Chi-sq	Chi-sq
	10.127 (0.1815)	11.149 (0.048)		15.3979 (0.3515)	26.457973 (0.0032)

注：*、**、*** 分别表示变量系数在1%、5%、10%的水平上显著。

在模型中，变量 △Inflation 与变量 Exchvar 的系数均为负且显著，这表明一国货币越不稳定则越会导致其在国际储备中比重的降低，因为它不满足投资者对币值稳定性的要求。变量 Finance market 为正且显著，这表明一国的金融市场越发达，越有利于提高该国货币在国际储备中的比重。外汇一般以债券的形式持有，一国的虚拟资本市场越发达才越能保证债券的流动性与安全性，进而促进该国货币的国际需求。变量 GDP per capital 系数为正且显著，这也符合我们前文的假设，在一定程度上体现了货币发行国的资信水平，但我们进一步发现该变量的系数非常小，因此我们也可以认为人均 GDP 对于提高货币在国际储备中占比的作用不是很大。

通过上述对国际储备货币占比影响因素的实证分析，我们可得出如下结论：首先，国际货币发行国在全球产出、贸易及金融方面必须占有较大份额，这是保证货币国际化的基础因素；其次，国内物价稳定和币种升值潜力也将有助于提高货币在国际储备中的份额；最后，人均 GDP 对于提高本国货币占比的作用不大。

第七节 人民币国际化的好处

人民币国际化的好处绝不是所谓"铸币税"，这仅仅是蝇头小利，仅仅是一时占点便宜，最后要付出巨大代价的。人民币国际化的最大好处是摆脱小货币的附庸地位，争得货币金融上的主导权。我们已经看到了美元的货币主导权：一方面体现在美元资金配置的决定权上，另一方面体现在其世界范围内价值标准的主导权上。

所谓资金配置主导权就是美国通过美元资产的买卖和美元资金的借贷，在世界范围内配置着美元资金，美元可以在世界上买到任何资源，美元资金的配置权实际上就是在世界范围内配置资源的权利。所谓价值标准的主导权，就是美元的国内计价功能延伸到国外，全世界各国国内的价格系统都要通过其本币与美元的汇率来与世界对接。美元既然是价值标准，美国的价格系统也就成了整个世界价格系统的基准：一方面各国都与美国对接，以便确定自己的价格系统在世界经济中的地位；另一方面各国都要受到美国货币政策调节的强烈影响，这个影响大小取决于它们参与世界经济的深度和广度。这次美国金融危机就是一个鲜明的例子。美国感冒全世界"发烧"，其他国家参与全球化越深就越是烧得厉害。所谓中国争取货币主导权也就是首先摆脱小货币的从属地位，其次是更进一步争取货币金融上的话语权。这个话语权不是空的，它实际上是世界重大事务的决定权或分享这种决定权。欧元就是欧洲长期谋求货币话语权的结果，2002年前以前美元一币独大，欧洲的话语权极其有限，美联储的货币政策不必考虑欧洲的反应，或者说，美国人在采取可能影响世界的货币政策时不必考虑欧洲货币的反应。而2002年欧元出现后就不同了，欧元在短时间里已经从占世界外汇总储备的大约18%迅速上升到28%，美元不能忽视欧元的存在。无论欧元是膨胀还是紧缩都会直接影响到美元，并通过影响美元汇价影响到美国金融，从而影响其核心经济。美国人过去自己说了算，现在是美元和欧元相互影响，美国不能一家说了算。我们认为人民币国际化谋求的是：世界货币体系不能欧洲和美国两家说了算，中国代表发展中国家要有至少1/3的话语权，也就是不论哪国只要是对世界有重大影响的政策或事件，中国都要有1/3的决定权，或采取应对措施的权利。

　　如果再具体一点，人民币国际化的好处还有很多，前文已经说明目前人民币国际化的主渠道不是通过人民币的贸易结算逆差，而是通过金融项目的国际收支逆差，通过对外人民币贷款、人民币援助和为境外机构发行人民币债券来输出人民币；境外政府、企业和个人拿到人民币之后，其中大部分会形成对中国出口产品的需求，小部分会成为对中国金融资产的需求。这就是当年美国在20世纪50~60年代，以及西德在20世纪60~70年代的情况。这就是说，通过金融项目国际收支逆差的人民币国际化可以增大国际市场对我国产品的外需，从而加强中国实体经济发展。此外，人民币国际化将真正使得我国金融业国际化、规范化，逐渐规范化的金融业会使我国在世界范围内的资源配置上有一定的支配权，资源的获得也要比现在更方便，人民币国际化还有一些好处，如大宗商品定价权也不再忽视中国等。人民币国际化是个逆水行舟的问题，不想要人民币国际化的好处可以，但问题是我们必须接受所有小货币的坏处。

第八节 人民币国际化的具体可行性分析

人民币国际化的具体空间可以大致根据中国外汇储备占世界总储备的比例和中国与美国 GDP 占世界比例的发展变化中大致框定。

一、从外汇储备的支撑力看人民币国际化具体空间

2014 年年底，世界各国的外汇储备总额大约为 12 万亿美元，而中国有 3.8 万亿美元，占世界总储备的 27%，这是人民币国际化的最大支撑。它意味着如果政策对路，措施得力，中国有资格、有能力将人民币推向国际化的水平应该是占世界总储备的 1/4 到 1/3。也就是人民币将是美元、欧元之后的第三大货币。人民币有潜力超过英镑和日元的地位。所以外汇储备的最佳用途就是做本币国际化的汇率平准基金，而不是用来买任何产品和资源。

二、从 GDP 消长关系看人民币国际化具体空间

根据世界银行的数据，20 世纪 50 年代，美国 GDP 占世界 GDP 的比例大约为 40% 以上，到 60 年代大约为 36%～38%，2000 年下降到 30%，2007 年下降到 25%。按照世界银行公布的数据，中国名义 GDP 占世界名义 GDP 的比例已经从 80 年代初的 1.71% 增加到了 2007 年的 5.98%，按实际购买力计算的这个比例是大约 10%。本章的第四部分已经分析过，中国经济的名义 GDP 与按购买力计算的 GDP 相比是大大缩小了的，100 美元所买到的任何实际产品和劳务都不可能是 100 元人民币所能买到同类产品数量的 6～7 倍。日元在此方面是一个相反的案例，日元汇率夸大了日本经济在世界经济中的比重，使得其名义值远远高于实际值；而中国则由于人民币汇率偏低，大大缩小了其经济在世界经济中的比重。从 GDP 的消长关系中至少可以肯定，美国经济在世界经济中的比例正在缩小，而中国经济在世界经济中的比例则在增大。按照美国学者康纳的说法，美国 2008 年 GDP 占世界 GDP 的比例是 22%，欧盟是 20%，中国是 15%。中国无论是 6%，是 10%，还是 15%，可以肯定的是它正在迅速增大，而其他发展中国家都不具备这样的规模。所以，我们认为人民币完全有条件超过英镑，成为美元、欧

元之后的第三大货币。

如果能在10年内将人民币推动成为国际储备货币，占全球外汇总储备的10%以上，中国就具备了控制外部冲击的能力，也可以安全地迈过人民币货币地位的门槛，此后一个新兴的负责任的大国将给世界带来稳定和持续繁荣。

第十章

中国居民消费结构的变迁与升级

第一节 引　言

一、扩大消费内需与产业结构升级

中国经济在经历了20世纪90年代的增速下降之后，自世纪末开始重回增速上升通道，但在2008年爆发的全球金融危机冲击下再次下滑并在相对低位徘徊。新世纪以来，对中国的经济增长在需求侧起主要带动作用的不再是消费需求而是投资需求并持续至危机之后。而影响中国经济增速几番起落的主要是投资需求和净出口需求的增速波动。

中国经济的产业结构在这种增速波动和需求侧带动因素的结构性转变中发生了明显的变化。首先，最终需求结构向投资需求和净出口需求倾斜，消费需求的结构升级趋缓，不利于我国的产业结构升级。分析表明，除第一产业的份额呈现长期的下降趋势外，第二产业在投资需求和净出口需求的拉动下恢复性地维持在高位份额，而第三产业的份额上升趋势则有所减缓，其微弱的份额提升主要是填补了第一产业让出的份额空间。其次，长期高水平的投资增长率形成了过剩的产能，尤其在工业部门较为突出。产能扩张一方面面临着来自能源环境及人口等自然条件方面日益严峻的内部压力，另一方面处于发达经济体的恢复前景依然不明朗的外部市场环境不确定性之中。因此，继续依靠投资需求和出口需求拉动经济增长已经变得不可持续。

中国经济已经进入了一个人均收入达到国际中等水平的新发展阶段，经济内部结构发生了明显的变化，因此需要在新的历史条件下，思考后危机时期中国经济的发展道路。中国政府显然对此有充分的认识，提出了以收入分配结构调整、扩大内需和产业转型升级等为内容的转变发展方式的战略方针。

中国经济需要通过内生出市场需求改变原有过度依赖外需的增长模式，提升在新国际产业体系中的战略地位。扩大市场需求即为使有支付能力的需求与生产的扩大相协调，更多地以国内消费来消化由投资形成的过剩产能，进而驱动产业的结构调整与持续发展。同时，把消费结构升级与扩大消费需求结合起来，也是产业结构调整升级的重要动力。

事实上，中国的消费需求问题备受关注，主要包括两方面的研究：一是着眼于宏观及结构因素，从通货膨胀和利率以及收入分配格局等角度对在总量层面上的消费需求及消费率等的变动进行的分析；二是基于消费理论以及着眼于消费行为等微观层面因素，并结合中国的经济转型等国情因素，对中国的居民消费倾向变动等进行的分析。

相对而言，中国居民的消费结构问题是一个相对薄弱的研究领域。随着收入水平的提高、价格形成机制的完善，中国居民的消费结构会有怎样的变动特征、潜在的消费增长领域何在？在这一章我们采用《中国统计年鉴》1998~2010年省际面板数据，运用 AIDS 模型，着眼于收入和价格这两个重要的消费影响因素着手，来分析城镇消费结构及消费增长潜力。我们发现：事实上，必需品与享受型消费品的转化并不是单向的，必需品在产业结构升级的过程中也会寻求自身的升级。一方面，除食品和家庭设备及服务两类必需品的支出弹性下降之外，医疗保健和交通通信类消费品的支出弹性也经历了较大幅度的下降，它们的"必需品的性质"越发突出，这表明我国的消费结构正在经历一个更高层次的升级。各类消费品支出系数的估计结果除了文教娱乐外均显著，说明城镇消费支出的增加对于消费结构的升级有显著的作用。比较特殊的是，被认为是必需品的衣着类消费品，无论是从支出系数还是从支出弹性的变化过程来看，均体现为享受性消费品。另一方面，消费品的价格变化会对城镇居民的消费结构产生较大影响，其关系以互补关系居多，食品、家庭设备用品及服务和居住同多数商品为互补品。必需品价格的上升使得在必需品上的消费比例上升，从而挤占其他消费品的消费，在一定程度上影响消费结构的升级。另外，我们发现衣着类消费品的性质已经不能单纯地被定义为必需品了。

二、中国城镇居民的消费结构变迁

我国实行市场化改革以来,居民的消费结构正发生着快速的变化,尤其是城镇居民的消费结构,先后经历了生存型和温饱型,之后达到了小康型,并正在向着更高的消费结构发展。

根据《中国统计年鉴》,我国居民消费品分为 8 大类:食品、衣着、家庭设备、医疗保健、交通通信、文化教育娱乐、居住和其他商品及服务。本书的居民消费结构变迁是指居民消费的 8 大类商品的消费比例变化。各商品大项的消费比例分别以名义消费比例和实际消费比例来分析,基期价格选择 1998 年。

在这 8 大类商品中,按照居民的需求层次,可以分为两大类:必需消费品和发展享受型消费品,一般认为食品、衣着、家庭设备和居住为必需品,而医疗保健、交通通信、文教娱乐为发展享受型商品。但随着经济的发展,过去的发展享受型消费品有可能变为必需品,比如手机、基础教育等随着经济的发展会变成每个居民都必须拥有的。

如图 10-1 所示,食品大项的名义消费比例从 1998 年的 44.48% 下降到 2010 年的 36.52%,下降幅度达 8.81%。食品大项的实际消费比例从 1998 年的 44.48% 下降到 2010 年的 27.6%,下降近 14 个百分点。居民食品实际消费比例的下降幅度比名义比例下降幅度更大,这或许是由于食品大项这一类消费品的相对价格在 12 年间下降了,即食品变得相对更加便宜。

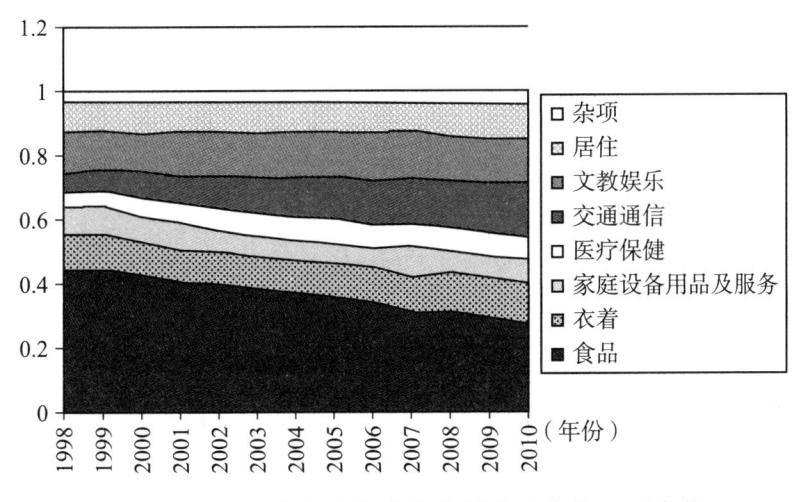

图 10-1 八大类商品的消费比例变动趋势(不变价)

衣着的名义消费比例从1998年的11.1%下降到2004年的9.56%，此后上升到2010年的10.72%。衣着的实际消费支出比例由1998年的11.1%下降到2004年的9.9%，此后上升到2010年的12.36%，总体呈上升趋势。这说明除去价格因素，居民衣着消费的比例在上升，而欧美国家衣着消费占比基本在3%~5%左右。我国衣着类商品消费的比例还有很大下降的空间，居民消费潜力有待进一步挖掘。

家庭设备用品及服务的名义消费比例由1998年的8.24%下降到2005年的5.62%，此后上升到2010年的6.74%。家庭设备用品及服务的实际消费比例从1998年的8.24%下降到2006年的5.8%，此后上升到2010年的7.5%。名义消费比例和实际消费比例变动趋势相似。

医疗保健的名义消费比例由1998年的4.7%上升到2010年的6.5%。城镇居民医疗保健的实际消费比例由1998年的4.7%上升到2010年的6.9%，上升幅度比医疗保健名义消费比例上升幅度大，这表明居民健康意识逐步提升，居民的发展享受型消费支出有了增加的趋势。

交通通信的名义消费比例由1998年的5.9%上升到2010年的14.7%。城镇居民交通通信的实际消费比例由1998年的5.9%上升到16.9%，尤其是2002年以后上升幅度较大。1998年以后，政府加大了基础设施投资，交通条件有了很大改善，尤其是进入21世纪后，我国的互联网和电子通信行业获得较快的发展，因而城镇交通通信消费比例在这13年间有了非常大的改观。

文教娱乐的名义消费比例由1998年12.67%上升到2002年的14.96%，此后下降到2010年的12.08%。城镇居民文教娱乐的实际消费比例由1998年的12.67上升到2006年的14.9%，此后下降到2010年的13.58%，总体呈上升趋势。

住房名义消费支出比例由1998年的9.4%上升到2010年的9.8%，城镇居民住房实际消费支出比例从1998年的9.4%上升到11%，尤其是2007年以来，居民实际住房支出比例上升较快，这段时期是金融危机后房地产调控宽松时期，这表明政策对房地产刺激作用明显。

杂项商品的消费比例从1998年以来有轻微上升，但总体变化不大。

三、居民消费结构升级潜力的基本分析框架

第 i 种商品消费占总体消费的份额 w_i 可表示如下：

$$w_i = \alpha_i + \sum_j \gamma_{ij} \log p_j + \beta_i \log(v/p^*)$$

这里，p_j 为商品 j 的价格，v/p^* 为实际支出。

根据公式，w_i 受自价格弹性、交叉价格弹性和收入弹性的影响，随着各类商品价格和实际支出的变化，消费结构也发生变化。

收入和价格两个变量对于居民消费的刺激作用得到了广泛的共识（王曦，2002；李军，2003；臧旭恒等，2005；杨汝岱等，2007；方福前，2009；杨文芳等，2010），主要探讨了通过收入分配和补助政策来增加居民的可支配收入和调整消费品的相对价格，从而刺激总消费。

目前国内文献大多探讨的是如何通过收入分配和补助政策来增加居民的可支配收入与调整消费品的相对价格，从而来刺激总消费，但是缺少对收入水平和价格影响消费结构升级的计量分析。

本章将建立计量模型并基于中国 1998～2010 年省级数据，首先估计中国城镇居民各类消费品的支出弹性和支出系数，讨论收入水平的提高将带动消费结构发生怎样的变化。其次本章还将研究价格水平的变动将如何作用于居民的消费结构，探讨各类日常消费品价格的变动是否会显著地影响居民的消费结构，如果有影响，那么具体的方向又如何。

第二节　文　献　综　述

在消费结构的实证研究方面，已有文献有一大部分是使用 ELES（扩展线性支出模型）进行分析的，如黄赜琳等（2007）用 ELES 模型计算了上海城镇居民 2003～2005 年各类日常消费品的边际消费倾向、需求的收入弹性和自价格弹性，并使用这两个弹性值分析商品收入效应和价格效应的严重程度，由此发现市场上的消费热点。周发明等（2010）使用 1995～2007 年的数据，建立 ELES 模型计算了城乡居民年均基本需求支出量、边际消费倾向和需求收入弹性，发现我国城乡居民消费结构存在显著的差异。臧旭恒和张治军（2004）使用 ELES 模型计算了 1990～2001 年山东省城镇居民的边际消费倾向、收入弹性、自价格弹性和交叉价格弹性。分析显示山东省城镇居民基本生活需求均得以满足，已经实现了由温饱向小康的转变。龙志和（2001）采用 ELES 模型，对 1998 年我国城镇居民消费结构进行分析，从静态简单分析了 1998 年城镇居民各类消费品的需求收入弹性和需求价格弹性。仇恒喜（2001）运用 1999 年数据，使用 ELES 模型研究了我国居民 1998 年的消费结构的变化趋势。

另一种近年来被广泛使用的分析消费结构变化的模型是 AIDS 模型（几乎理想需求模型）。与 ELES 一样，AIDS 模型也是在消费者满足理性假说的假设前提下,从特定的效用函数出发,求解消费者支出选择,并建立可计量的经济模型。但也有区别,在经济含义上,ELES 模型可以计算出收入变化、消费品自身价格和其他消费品价格变化对某类消费支出绝对数额的影响,但无法直接显示这些变化到底如何造成消费结构的变化;而 AIDS 模型则可以直接计算出实际支出变化、各类消费品价格按同一比例变化、消费品价格变化对各类消费支出占总支出比重的变化情况,因此更直观、准确地表现出各种变量对消费结构的影响(臧旭恒和孙文祥,2003)。另外,ELES 模型无法测定价格水平对各类消费品消费支出的影响,也无法判断其显著水平。而 AIDS 模型很好地解决了这一问题。AIDS 模型以各类消费品的消费比重作为被解释变量,研究收入水平和价格水平如何直接作用于它(袁志刚等,2009)。

使用 AIDS 模型研究我国消费结构问题的文献相对缺乏,臧旭恒和孙文祥(2003)使用 2001 年数据,运用 AIDS 模型发现,对城镇居民来讲,除食品和文教娱乐的自价格弹性估计结果没有通过显著性检验外,其他消费的自价格弹性都小于 0。这说明大部分消费的支出比重都会随着价格的上升而下降,但价格变化对食品和文教娱乐支出占总支出比重的影响不很明显,这可能是因为食品属于基本消费品,而城镇居民对文教娱乐的需求相当强烈所致。价格水平的提高对城镇居民食品支出比重几乎没有影响。周津春(2006)采用 AIDS 模型对 2004 年陕西省、山东省和江西省农村居民的食物消费调查数据进行分析,考察了影响农村居民食物消费的各种因素。袁志刚等(2009)使用 1996~2006 年数据,运用 AIDS 模型计算了支出系数、自价格系数、交叉价格系数,发现升级中的商品价格水平的上升会显著影响到居民消费结构,特别是衣着类价格上升会使得食品消费比重上升,二者存在关联。在自价格系数方面,发现衣着类存在显著负效应,家庭设备和居住存在显著负效应,二者逐渐成为刚性需求。食品自价格系数为不显著的负值。居住类消费品的价格对多种消费品支出比重均有显著影响,而食品和衣着价格也显著影响居住。

另外,还有少数学者采用其他方法研究居民的消费结构。例如,程大中(2009)采用"非均衡增长模型"估算了服务需求的价格弹性和收入弹性。发现对于全国绝大多数地区来说,服务价格而非收入水平的上升是导致居民服务消费支出比重上升的首要因素;在服务业实际供给比重基本不变或提高不大的情况下,消费者服务支出的扩大不是基于实际供给的增加,而是由于服务价格的上升。

已有的使用 AIDS 模型研究消费结构问题的文献使用数据老旧,难以对消费结构正在经历的变化做出准确反应,而且往往缺乏动态的分析。

第三节 分析方法

消费者行为理论基于个体消费者的行为偏好,然而多数文献研究所采用的数据是加总的,如加总的商品和加总的消费者,因而基于消费者行为理论构建的消费系统理论需要满足效用的可分离性,但是商品的可加总性假设与多数检验研究不符,而本章所采用的 AIDS 模型只需满足消费者的可加总性,即代表性消费者假设,PIGLOG 形式的成本支出函数满足这一假设(Blanciforti,Green and King,1986)。

PIGLOG 成本支出函数为:

$$\log c(u, p) = (1 - u)\log\{a(p)\} + u\log\{b(p)\} \tag{1}$$

其中,$\log a(p) = a_0 + \sum_k \alpha_k \log p_k + \frac{1}{2}\sum_k \sum_j \gamma_{kj}^* \log p_k \log p_j$

$\log b(p) = \log a(p) + \beta_0 \prod_k p_k^{\beta_k}$

$c(u, p)$、u、p 分别为成本函数、效用函数和价格,$u \in [0, 1]$,$a(p)$ 为必需品,$b(p)$ 为奢侈品,利用成本最小化和谢帕德(Shepard)引理,可以得出 AIDS 模型的表达式:

$$w_i = \alpha_i + \sum_j \gamma_{ij}\log p_j + \beta_i \log(V/P^*) \tag{2}$$

如果考虑消费者习惯(w_{it-1})和地区($dumD_l$)特定效应对消费比例的影响,公式(2)可变为:

$$w_{it} = \alpha_i^* + \alpha_i^{**} w_{it-1} + \sum_{l=2}^n \theta_{il} dum D_l + \sum_j \gamma_{ij}\log p_j + \beta_i \log(V_i/P^*) \tag{3}$$

其中:

$$P^* = \alpha_0^* + \sum_k (\alpha_k^* + \alpha_k^{**} \log w_{kt-1} + \sum_{l=2}^n \theta_{kl} dum D_l)\log p_k$$
$$+ \frac{1}{2}\sum_k \sum_j \gamma_{kj}^* \log p_k \log p_j$$

不过由于 P_t^* 太过复杂以致存在计量上的困难,我们可以用 stone 价格指数来代替:

$$\ln P^* \approx \ln P_{stone} = \sum_{i=1}^n w_i \ln P_i$$

由于 AIDS 模型是由成本支出函数推导出来的,而不依赖于消费者效用函数,因此对该模型不需要施加严格的限制，只对 AIDS 模型施加齐次性和对称性约束。可加性约束过于严格，这里不做限制。

可加性：$\sum_{i=1}^{n} \alpha_i^* = 1, \sum_{i=1}^{n} \alpha_i^{**} = \sum_{i=1}^{n} \gamma_{ij} = \sum_{i=1}^{n} \theta_{il} = \sum_{i=1}^{n} \theta_{il}^* = \sum_{i=1}^{n} \beta_i = 0$

齐次性：$\sum_{j=1}^{n} \gamma_{ij} = 0$

对称性：$\gamma_{ij} = \gamma_{ji}, i \neq j$

根据公式（3）和 stone 价格指数，我们可以得到 AIDS 模型消费支出弹性、自价格弹性和交叉价格弹性：

i 商品的支出系数为：$\sigma_i = 1 + (\beta_i + \sum_{l=2}^{n} \theta_{il} dumD_l)/w_i$

i 商品的自价格弹性为：$\varepsilon_i = -1 + \gamma_i/w_i - (\beta_i + \sum_{l=2}^{n} \theta_{il} dumD_l)$

i 商品对 j 商品的交叉价格弹性为：$\varepsilon_{ij} = \gamma_{ij}/w_i - (\beta_i + \sum_{l=2}^{n} \theta_{il} dumD_l) w_j/w_i$

我们估计得到的消费方程的参数不随时间变化，但是各商品的消费支出比例会随着时间变化，因而我们能够计算出消费者对各商品每一年的支出弹性，并依据弹性的变化来考察居民消费结构的变化。

本章采用《中国统计年鉴》1998~2010 年 30 个省级面板数据来分析城镇消费结构及消费增长潜力。居民消费可以分为 8 大类：食品、衣着、家庭设备、医疗保健、交通通信、文化教育娱乐、居住和其他商品及服务。根据公式（3），选择的指标为省级人均消费支出占比、省级 8 类商品的居民消费价格指数（以 1998 年为基数）、省级人均消费支出及省级总居民消费价格指数（以 1998 年为基数），以滞后一期的消费支出占比代表消费习惯。

为了获得稳健的估计结果，我们在公式（2）、公式（3）的基础上估计了 3 个联立方程组模型。模型 1 估计原始方程（2）式，也称为静态 AIDS 模型。模型 2 加入消费者习惯的影响，引入滞后一期的消费支出占比，滞后项以 1997 年的消费占比补充。模型 3 考虑地区特定效应和习惯变量，采用加法引入方式，即地区哑变量仅影响截距项，并施加齐次性和对称性约束。

本章采用似不相关回归法（SURE）估计上述模型，AIDS 模型的优劣主要依赖均方根误差项（RMSE）来判别，并结合拟合度（R2）及似然值（ll）选择更合适的模型。表 10-1 显示，除模型 1 外的其他两个模型的 RMSE 值较低，R2 值和 ll 值较大，说明这 3 个模型的拟合效果良好。鉴于模型估计的系数非常多，不便于将所有 3 个模型的估计结果都报告，本章将根据分析的需要报告结果。从这 3 个模型的估计结果来看，消费习惯（滞后项）系数在 1% 的水平上非常显著，因此为了考察消费习惯的影响，本章报告模型3的结果（见表10-1）。

表10-1　　　　　　　　模型1~3拟合度比较

	模型1	模型2	模型3
RMSE	0.0376	0.0154	0.0129
R2	0.282	0.880	0.915
Ll	9 095.0	10 516.4	10 881.5

第四节　城市居民消费结构的支出弹性分析

支出弹性是指随着收入水平的提高，居民对各种消费品的需求随着支出的改变而变化的程度，支出系数则是指消费品的消费比例的变化程度。消费品之间的支出弹性和支出系数差异，表明了消费品的不同消费特征。通过对比不同时期的支出弹性和支出系数，可以发现居民在消费过程中对不同消费品的消费倾向的变化，即消费结构的变化方向。

i商品的支出弹性小于1，说明对该商品的消费增加幅度低于收入的增长幅度，基本生活必需品往往具有此特征，故被称之为必需品。而如果支出弹性大于1，说明收入增加之下对该商品的消费增长幅度更大，奢侈消费品往往具有此特征，故被称为奢侈品。

一、支出弹性

从表10-2的支出弹性结果来看，食品的支出弹性小于1，说明食品消费属于必需品型消费。从时间序列来看，从1998年的0.88下降到2010年的0.85，说明居民食品支出对收入的敏感度下降。通常认为，以恩格尔系数为代表的食品消费比重会伴随收入水平的提高而下降。上述结果表明，中国城镇居民的消费结构在食品消费比重下降方面表现出了升级特征。

衣着的支出弹性大于1，并从1998年的1.114上升到2010年的1.118，呈轻微上升趋势，这表明随着居民消费支出的增加，在衣着消费上的支出有所增加，说明衣着消费在我国表现出奢侈品的特征。这可能是由于，中国城镇居民的衣着消费已不再是得到基本温饱，而进入到了一个通过衣着呈现多样化、个性化等个人美化阶段。不过，根据各国衣着消费的经验来看，当衣着消费达到基本满足后，虽然服饰越来越多样化，但其消费占比已基本稳定或略有下降，如欧美发达国家在 2005 年前后衣着消费占比约为 5%。1998~2010 年，我国衣着消费占比先下降后上升，基本在 10% 左右波动，从欧美的发展经验来看，衣着消费占比应该还有下降的空间。

表 10-2　　　　　　　　　支出弹性估计结果

年份	食品	衣着	家庭设备用品及服务	医疗保健	交通通信	教育文化娱乐服务	居住	杂项商品与服务
1998	0.87771	1.114402	0.746292	1.186431	1.50534	0.980347	0.875903	1.098333
1999	0.870043	1.121531	0.756126	1.165977	1.445765	0.981904	0.881098	1.096264
2000	0.862069	1.126873	0.720961	1.138836	1.351288	0.981418	0.896552	1.097384
2001	0.857592	1.126368	0.705219	1.136476	1.322581	0.982061	0.898261	1.095442
2002	0.855626	1.129592	0.675969	1.123843	1.289017	0.983356	0.886957	1.103077
2003	0.853448	1.129724	0.668254	1.120793	1.270758	0.982648	0.891061	1.101515
2004	0.855818	1.132845	0.631393	1.120136	1.255319	0.982684	0.885406	1.100299
2005	0.851731	1.125992	0.628114	1.116799	1.239044	0.981983	0.885069	1.095714
2006	0.84796	1.122469	0.635253	1.123669	1.227445	0.981996	0.8875	1.094101
2007	0.850096	1.121881	0.652824	1.126323	1.220913	0.981264	0.880977	1.093575
2008	0.856426	1.122469	0.660163	1.126323	1.238095	0.979387	0.885182	1.090054
2009	0.851041	1.121299	0.674455	1.126504	1.218659	0.979267	0.883234	1.086563
2010	0.847491	1.11847	0.689911	1.136476	1.203666	0.979387	0.881699	1.090296

家庭设备用品及服务的支出弹性小于 1，并从 1998 的 0.75 下降到 2010 年的 0.69，这表明家庭设备用品及服务对收入的敏感性降低，也说明家庭设备用品及服务日益成为居民消费的必需品。在这一点上，袁志刚等（2009）的研究表明家庭设备用品及服务的消费支出系数为正，同本章结果有差异。

医疗保健的支出弹性大于 1，属于奢侈品消费。动态来看，医疗保健消费对收入敏感度在下降，支出弹性从 1998 年的 1.19 下降到 2010 年的 1.14。这一方面说明中国城镇居民更加重视生活质量的提高，另一方面也表明医疗保健对居民生活的重要性不断上升以至于对收入敏感性下降。

交通通信的支出大于 1，属于奢侈品消费。动态来看，交通通信的支出弹性从 1998 年的 1.51 下降到 2010 年的 1.20，下降幅度较大，居民对交通通信的支出敏感度在下降。这说明交通通信在民众中的普及程度不断扩大，日益成为必不可少的消费品。

文教娱乐消费的支出接近于1，从1998年的0.980下降到2010年的0.979，基本未变。

居住的支出弹性小于1，属于必需品消费。支出弹性从1998年的0.876上升到2010年的0.882，上升幅度较小。2010年我国居住支出占居民总消费支出的10%左右，而发达国家居住支出比例大都在20%左右，因此我国居住消费的潜力还有待挖掘。

杂项商品和服务的支出弹性从1998年的1.098下降到2010年的1.090。

总结起来看，在城镇居民的八大类消费性支出中，支出弹性由高到低进行排列分别为交通通信（1.20）、医疗保健（1.14）、衣着（1.12）、杂项商品和服务（1.09）、教育文化及娱乐服务（0.98）、居住（0.88）、食品（0.85）和家庭设备用品及服务（0.69）。其中，食品、家庭设备用品及服务、教育文化和娱乐服务以及居住，这四类消费的支出弹性小于1，属于必需品类型；衣着、医疗保健、交通通行以及其他杂项，这四类消费的支出弹性大于1，属于奢侈品类型。

二、支出系数

消费弹性反映在消费结构上，由于对收入富有弹性，因此奢侈品类型的消费的支出系数会大于0，也就是收入提高之下对其消费的比例会提高，反之，必需品类型的消费的支出系数会小于0，收入提高之下对其消费的比例会下降。根据本章公式，i商品的支出系数为$100 \times \varepsilon_i = -1 + \gamma_i/w_i - (\beta_i + \sum_{l=2}^{n} \theta_{il} dumD_l)(\%)$（见表10-3）。

表10-3　　　　　　　　支出系数估计结果

商品	食品	衣着	家庭设备	医疗保健	交通通信	文教娱乐	居住	杂项
支出系数	-0.0544***	0.0127***	-0.0209***	0.00883***	0.0300***	-0.00249	-0.0117**	0.00335**
	(-9.89)	(4.2)	(-4.26)	(3.12)	(6.61)	(-0.77)	(-2.39)	(2.21)

注：* 为10%显著性水平，** 为5%显著性水平，*** 为1%显著性水平。

从表10-3的支出系数结果来看，食品、家庭设备用品及服务、教育文化和娱乐服务以及居住，这四类支出弹性小于1的必需品型消费，其支出系数也相应地小于0；衣着、医疗保健、交通通行以及其他杂项，这四类支出弹性大于1的奢侈品型消费，其支出系数也相应地大于0。

三、小结

本章的估计结果与一般认为的各类消费品的属性基本一致，食品、家庭设备和居住类消费品的支出系数显著为负，说明随着收入水平和消费支出的增加，这几类必需品型的消费支出占比会下降，而支出系数为显著的正值的医疗保健和交通通信类消费品的消费支出占比则会显著增加，从而在整体上体现出我国城镇居民消费结构的升级。

不过，值得留意的是，必需品与奢侈品的转化并不是单向的，不只奢侈品会随着居民生活水平的提高而逐渐变成必需品，必需品在产业结构升级的过程中也会寻求自身的升级，增加自身的品质和品牌等要素，在给消费者带来更大效用的同时，也会使自己向奢侈品转化。在本书结果中，通常被认为是必需品的衣着类消费，无论是从支出系数还是从支出弹性的变化过程来看，均体现为奢侈品特征。一个合理的解释或许是，近年来居民衣着消费逐渐呈现多样化的趋势，居民在衣着类消费品上所要获得的已经远不只是满足基本需要，而是追求衣着的个性化和品质。此外，一般认为，文教娱乐、医疗保健、交通通信属于奢侈品消费，但从我们得出的结论来看，文教娱乐在我国并不属于奢侈品。

总体来看，在提高居民收入的背景下，中国城镇居民的消费结构将从家庭设备及服务、食品、居住以及文教娱乐方面，向交通通信、医疗保健和衣着方面中线转移，后者将成为伴随收入提高的消费结构升级热点领域。不过，居住的消费比重虽然处于下降阶段但未来或有上升空间，而衣着则可能不会成为消费结构升级的长期热点。

第五节　城市居民消费结构的价格弹性分析

一、自价格系数与自价格弹性

需求价格弹性是需求变动率与引起其变动的价格变动率的比率。一般而言，必需品属于刚性需求，对价格不敏感，其价格弹性较小，而奢侈品往往对价格较为敏感，其价格弹性较大。

从表 10-4 给出的自价格弹性来看，食品价格弹性的绝对值从 1998 的 0.78

下降到 2010 年的 0.74，家庭设备用品及服务价格弹性的绝对值从 1998 年的 0.50 下降到 2010 年的 0.39，这表明食品和家庭设备用品及服务对价格的敏感性在降低，说明食品和家庭设备用品消费的必需品特征更加明显；居住的价格弹性的绝对值从 1998 年的 0.64 略微上升到 2010 年的 0.66。居住虽然也是居民消费的必需品，但可能由于居住价格上涨太多导致居民的价格敏感性上升。

表 10-4　　　　　　　　　　自价格弹性估计结果

年份	食品	衣着	家庭设备用品及服务	医疗保健	交通通信	教育文化娱乐服务	居住	杂项商品与服务
1998	-0.78532	-0.99396	-0.50325	-0.97336	-0.83629	-0.98315	-0.64571	-0.71951
1999	-0.77527	-0.9928	-0.52169	-0.97725	-0.85912	-0.98428	-0.66005	-0.72548
2000	-0.76482	-0.99192	-0.45574	-0.98241	-0.89534	-0.98393	-0.70271	-0.72225
2001	-0.75895	-0.992	-0.42621	-0.98286	-0.90634	-0.9844	-0.70743	-0.72785
2002	-0.75637	-0.99148	-0.37135	-0.98527	-0.91921	-0.98534	-0.67622	-0.70581
2003	-0.75352	-0.99145	-0.35688	-0.98585	-0.92621	-0.98483	-0.68756	-0.71032
2004	-0.75663	-0.99094	-0.28774	-0.98597	-0.93213	-0.98485	-0.67194	-0.71383
2005	-0.75127	-0.99207	-0.28159	-0.98661	-0.93837	-0.98434	-0.67101	-0.72706
2006	-0.74633	-0.99264	-0.29498	-0.9853	-0.94281	-0.98435	-0.67772	-0.73172
2007	-0.74913	-0.99274	-0.32794	-0.9848	-0.94532	-0.98382	-0.65971	-0.73324
2008	-0.75742	-0.99264	-0.3417	-0.9848	-0.93873	-0.98244	-0.67132	-0.7434
2009	-0.75036	-0.99283	-0.36851	-0.98476	-0.94618	-0.98236	-0.66594	-0.75348
2010	-0.74571	-0.9933	-0.3975	-0.98286	-0.95193	-0.98244	-0.66171	-0.7427
自价格系数	0.0713***	0.00208	0.0392***	0.00168	0.0115	0.00182	0.0323***	0.00967**

从价格系数所表示的消费品价格上升对自身消费份额的影响来看，表 10-5 显示（对角线上的黑体数据），上述食品、家庭设备、居住类和杂项为显著的正值，表明食品、家庭设备用品及服务和居住的价格上升将会导致其支出比例的上升，即随着这些消费品价格的上升，其消费份额会随之上升，这些消费品存在刚性需求，属于必需品。

表 10 - 5　　　　　　　　　　价格系数估计结果

lnP	食品	衣着	家庭设备	医疗保健	交通通信	文教娱乐	居住	杂项
食品	**0.0713** *** (**9.27**)	-0.00756** (-1.96)	-0.00253 (-0.40)	-0.0123*** (-3.21)	-0.0113** (-2.10)	-0.0239*** (-5.26)	-0.0130** (-2.04)	-0.000691 (-0.30)
衣着	-0.00756** (-1.96)	**0.00208** (**0.49**)	0.000702 (0.14)	0.00600* (1.77)	-0.00128 (-0.29)	0.00262 -0.9	-0.00015 (-0.03)	-0.00241 (-1.04)
家庭设备	-0.00253 (-0.40)	0.000702 (0.14)	**0.0392** *** (**-3.53**)	-0.0176*** (-3.00)	-0.0206*** (-2.82)	-0.00782* (-1.77)	0.00953 (1.25)	-0.000871 (-0.24)
医疗保健	-0.0123*** (-3.21)	0.00600* -1.77	-0.0176*** (-3.00)	**0.00168** (**0.3**)	0.0137*** (2.78)	0.0103*** (3.25)	0.0028 (0.51)	-0.00452* (-1.68)
交通通信	-0.0113** (-2.10)	-0.00128 (-0.29)	-0.0206*** (-2.82)	0.0137*** (2.78)	**0.0115** (**1.28**)	0.0238*** (5.46)	-0.0207*** (-2.97)	0.00474 (1.61)
文教娱乐	-0.0239*** (-5.26)	0.00262 (0.9)	-0.00782* (-1.77)	0.0103*** (3.25)	0.0238*** (5.46)	**0.00182** (**0.42**)	-0.00584 (-1.20)	-0.000971 (-0.55)
居住	-0.0130** (-2.04)	-0.00015 (-0.03)	0.00953 (1.25)	0.0028 (0.51)	-0.0207*** (-2.97)	-0.00584 (-1.20)	**0.0323** *** (**3.12**)	-0.00495 (-1.50)
杂项	-0.000691 (-0.30)	-0.00241 (-1.04)	-0.000871 (-0.24)	-0.00452* (-1.68)	0.00474 (1.61)	-0.000971 (-0.55)	-0.00495 (-1.50)	**0.00967** ** (**2.15**)
消费习惯	0.455*** (19.46)	0.591*** (15.8)	-0.115*** (-2.84)	0.701*** (14.9)	0.706*** (25.84)	0.524*** (17.35)	0.548*** (17.4)	0.610*** (14.94)

注：* 为 10% 显著性水平，** 为 5% 显著性水平，*** 为 1% 显著性水平。

与以往研究相比，自价格系数的估计出现显著差异的是衣着类消费品。根据袁志刚等（2009）的研究，衣着类消费品的自价格系数为显著的 -0.03278，而本章得出的结果是不显著的正值。这说明在以前，当衣着价格上升的时候，居民会明显有意识地降低对衣着类的消费支出比例；而我们估计的系数为正值，说明当衣着价格变动时，人们会调整对它的需求来稳定其在消费总支出中所占的比例。衣着类在袁志刚等（2009）的研究中表现出一定的奢侈品的性质，而在我们的估算结果中，它是介于享受型与必需品之间的一种状态。由于人们越来越追求衣着的个性化、多样化，在满足了基本需求之后更加追求品质，衣着类消费品或许已经不能单纯地被当作必需品来处理了。

从表 10-4 和表 10-5 中还可以看出，衣着、医疗保健、交通通信和文教娱乐的自价格系数虽然为正，但自价格系数均不显著，说明这些类别的消费品具有奢侈品性质，居民消费的价格弹性较大。当这些消费品价格上升的时候，居民可能通过有意识地减少这些消费品的支出来稳定消费比例。从这些消费品的自价格弹性来看,衣着的自价格弹性基本维持在 0.99 左右,无明显变化;医疗保健的价格弹性从 1998 年的 0.97 上升到 0.98;交通通信的自价格弹性从 1998 年的 0.84 上升到 2010 年的 0.95;文教娱乐的自价格弹性从 1998 年的 0.983 下降到 2010 年的 0.982,基本未变。这一结果与自价格系数的结果相同,均表明这些类别的消费品具有较强的奢侈品特征。

二、交叉价格系数

需求交叉价格弹性(Cross-price elasticity of demand)表示一种商品的需求量变动对另一种商品价格变动的反应程度。交叉弹性系数可以大于 0、等于 0 或小于 0,它表明两种商品之间分别呈替代、不相关或互补关系。可替代程度越高,交叉价格弹性越大。

从本章估计的 28 个交叉价格系数来看,有 15 个系数在 10% 及以下的水平上显著,这表明消费者在购买某一商品时,不会在所有商品间做过多的权衡。交叉价格系数为正,表明这两类商品为替代品;交叉价格系数为负,这两类商品则为互补品。为了清晰地显示商品间的替代或互补关系,我们根据表 10-4 的交叉价格系数计算了表 10-6。

表 10-6　　　　　　　　八大类消费间的替代或互补关系

商品	食品	衣着	家庭设备	医疗保健	交通通信	文教娱乐	居住	杂项
食品	—							
衣着	互补	—						
家庭设备	—	—	—					
医疗保健	互补	替代	互补	—				
交通通信	互补	—	互补	替代	—			
文教娱乐	互补	—	替代	替代	替代	—		
居住	互补	—	—	—	替代	—	互补	
杂项	—	—	—	—	互补	—	—	—

注:表内仅列出交叉价格系数显著的商品间的替代或互补关系,表内左下方空白处与右上部分对称。

可以看出,商品间的互补关系较多、替代关系较少。食品与多数其他多种商品为互补关系;衣着与医疗保健存在显著的替代关系;家庭设备用品与医疗保健和交通通信类消费品为显著互补关系，而与文教娱乐为替代关系；医疗保健与交通通信、文教娱乐和居住为替代品，与杂项为互补品；交通通信与文教娱乐为替代品；文教娱乐与居住为互补品；居住与医疗保健为替代品，与食品和文教娱乐为互补品。

概括起来，食品、家庭设备及服务、居住等必需品型的消费对价格不敏感，属于刚性需求，与其他消费品支出之间多为互补关系。当此类必需品型消费的价格上升时，由于其价格刚性的必需品特征，居民无法大幅度减少消费，因此就要减少对其他消费品的支出。这种必需品越是基础，对其他消费品的支付就要减少得越多，这种减少使得对其他消费品的需求减少，从而表现出该必需品与其他消费品之间的互补关系。

衣着、医疗保健和交通通信等奢侈品型的消费对价格较为敏感，其相互间多为替代关系。但此类消费的价格上升时，首先减少对其自身的需求，同时相应转移至其他奢侈品的支出，表现为与其他奢侈品呈现替代关系。

必需品容易挤占其他消费品的消费，或许还有这样一种机制：尉高师和雷明国（2003）通过一个家庭效用最大化模型分析得出，我国消费不足的根源在于我国经济转型所导致的居民"大额刚性支出"的上升。就我国实际国情来说，大额刚性支出主要用于"婚嫁期"对居住类和家庭设备类这样在中国具有必需品特征的消费支出。这样就限制了当期的消费支出数额，从而减慢消费结构的升级速度。可见，从这一角度来看，必需品尤其是占居民消费支出比例大的必需品的价格下降，能够减少居民对大额刚性支出的支付，从而增加当前可用于购买享受型消费品的支出，有利于消费结构的升级。

通过以上分析，我们认为，一方面，在产业结构升级的过程中，要有针对性地发展需求潜力大，需求价格弹性高的产业，以更好地适应居民消费结构的升级和拉动经济的快速发展，另一方面，也要充分重视必需品，因为如果其价格过高，会很容易地挤占居民对其他消费品的需求。

第六节 结论总结和政策启示

本章采用《中国统计年鉴》1998～2010年30个省级面板数据，运用AIDS模型分析了城镇居民的消费结构及消费增长潜力。我们发现：

第一，在八大类消费支出中，食品、家庭设备、居住和文教娱乐属于必需品。其中，文教娱乐在我国城镇居民消费中并未表现出一般认为的奢侈品特征。随着收入水平和消费支出的增加，这几类必需品型的消费支出占比会下降，另外，其支出比重不会明显随其价格波动而波动，但会减少对其他各类消费的支出。

第二，衣着、医疗保健、交通通信和其他杂项服务支出属于奢侈品。其中，衣着类消费品的性质不能单纯地被定义为必需品。随着收入水平和消费支出的增加，这几类奢侈品型的消费支出占比会上升，另外，其支出比重会随其价格波动而波动，但主要在此类奢侈品之间互为替代。

第三，随着发展阶段的不同，必需品与奢侈品之间时有转化且并不是单向的，不只奢侈品会随着居民生活水平的提高而逐渐变成必需品，必需品在产业结构升级的过程中也会寻求自身的升级，增加自身的品质和品牌等要素，在给消费者带来更大效用的同时，也会使自己向奢侈品转化。

在本章结果中，通常被认为是必需品的衣着类消费，无论是从支出系数还是从支出弹性的变化过程来看，均体现为奢侈品特征。一个合理的解释或许是，近年来居民衣着消费逐渐呈现多样化的趋势，居民在衣着类消费品上所要获得的已经不只是满足基本需要，而是追求衣着的个性化和品质。然而，从发达国家来看，在衣着产品的个性化和高品质化提高到一定水平之后，衣着支出可能会重归必需品行列。

此外，一般认为，文教娱乐、交通通信等属于奢侈品消费，但从本章结果来看，文教娱乐在我国并不属于奢侈品。这一方面可能与中国家庭对文教活动的重视程度有关，另一方面可能也与我国文教娱乐体系尚不够成熟发达，相对欠缺为个人的个性化发展提供高层次和多元化的文教及娱乐产品有关。

总体来看，在提高居民收入的背景下，中国城镇居民的消费结构将从食品、家庭设备及服务、居住以及文教娱乐方面，向交通通信、医疗保健和衣着方面重心转移，后者将成为伴随收入提高的消费结构升级热点领域。不过，居住的消费比重虽然处于下降阶段但未来或有上升空间，而衣着则可能是阶段性的比重上升，不会成为消费结构升级的长期热点。

对于政策而言，一方面，要充分关注食品、居住和文教等必需品的价格上升，因为这将挤占奢侈品的消费支出，影响消费结构的升级；另一方面，要有针对性和阶段性地发展衣着、医疗保健和交通通信等收入弹性及价格弹性高的产业，以更好地适应居民消费结构的升级及拉动产业结构升级。

第十一章

东亚产业政策与竞争政策的冲突与转型[①]

自20世纪60年代以来，以日本和韩国为代表的东亚地区在推动产业升级和经济持续高速增长方面的成就引起了国际社会的极大关注，世界银行称之为"东亚奇迹"。尽管人们对于东亚经济奇迹的原因有着种种不同的甚至是对立的解释，但大家普遍注意到：以积极干预经济为特征的"发展型政府"及其推行的产业政策与东亚地区的经济发展和产业成长之间有着很强的相关性。日本可以说是产业政策的发祥地和最为成功的实践者，日本式的产业政策被韩国、中国台湾等国家和地区先后效仿，大大缩短了它们产业结构升级和产业演进的过程。在20世纪八九十年代，东亚地区的政府主导型经济体制以及政府通过推行产业政策促进经济增长的"东亚模式"，不仅成为学术界研究的热门问题，也成为许多发展中国家争相效仿的典范。但随后而来的亚洲金融危机所暴露出的产业政策后遗症使人们逐渐认识到，对于后发工业化国家来说，尽管产业政策在特定时期和特定条件下能够推动经济迅速增长，但随着市场机制的不断完善，以推动产业成长、增强产业国际竞争力为目的的经济政策有必要进行适应性调整，选择性产业政策应当逐渐让位于旨在促进和维护市场竞争的竞争政策。

[①] 本章部分内容曾发表于：冯晓琦、万军：《从产业政策到竞争政策：东亚地区政府干预方式的转型及对中国的启示》，载于《南开经济研究》2005年第5期。

冯晓琦、万军：《中国转轨时期的产业政策与竞争政策》，载于《经济问题》2005年第7期。

第一节　功能性产业政策与选择性产业政策

  主流经济理论认为，市场经济的有效运行建立在个人和企业的自由决策和自主行动的基础之上。在市场经济制度下，通过市场机制的运转和企业之间的竞争过程，最终能够实现资源的有效配置、生产力的提高和技术进步。按照这种观点，任何针对产业部门的经济政策其目的都在于：维护和促进市场竞争以保证市场机制的有效运转，或者通过政府干预克服"市场失灵"。这种理论框架将市场机制置于其他一切因素之上，政府干预的领域和作用非常有限。但日本式的产业政策挑战了这种理论。东亚地区的发展型政府在某些产业部门通过有意识的限制自由贸易和约束国内竞争，反而推动了幼稚产业的成长和国际竞争力的提高，并最终带动了整个国民经济的持续高速增长。

  在20世纪70年代以前的经济学著作中，还很难找到"产业政策"这个词。时至今日，尽管作为经济政策体系重要组成部分的产业政策已经被很多国家特别是发展中国家的政府所认可和实施，但产业政策仍然没有一个公认的明确定义，与它的目标、产业所涉及的范围和所使用的政策工具相比，其含义是模糊不清的。总结迄今为止的文献，关于产业政策的定义大体可以分为广义的产业政策和狭义的产业政策，这两类产业政策"一类属于政府的规制，具有共性，所有的经济主体都必须遵循，例如市场准入标准、竞争规则、关税政策、国际贸易规则等。另一类是带有特殊性的、针对个别产业制订的发展规划、投融资和税收等政策。前者属于广义的产业政策，后者属于狭义的产业政策"[①]，也可以分别称之于"功能性"产业政策和"选择性"产业政策（Sanjaya Lall, 2000）。

  发达国家特别是欧洲的经济学家和政治家在讨论政府与产业发展的关系时，常常在广泛的意义上使用产业政策一词，他们讨论的产业政策通常指的是政府通过提供人力资源培训和R&D补贴等方式来提高产业部门国际竞争力的政策，即"功能性"产业政策。功能性产业政策建立在"市场失败"的理论基础上，其政策功能是对市场机制的缺陷起弥补作用。除了个别的情况外（例如欧盟对欧洲煤钢联盟和空中客车公司的产业政策），这种广义的产业政策一般没有特定的产业指向。欧美国家通常采用这种类型的产业政策，它在整个经济政策体系中不占主要地位。

  狭义的产业政策也就是日本式的产业政策，其政策功能是主动扶持战略产业

[①] 吕政. 完善我国产业政策需要明确的问题[J]. 中国社会科学院院报, 2004.5.27.

和新兴产业，缩短产业结构的演进过程，以实现经济赶超目标。由于它有着特定的产业指向，因此也被称为"选择性"的产业政策或"部门性"的产业政策。与功能性产业政策注重市场机制在资源配置中的基础作用有所不同，选择性产业政策更加强调政府在资源配置中的作用。日本著名经济学家小宫隆太郎指出，产业政策是"政府为改变产业间的资源分配和各种产业中私营企业的某种经营活动而采取的政策。换句话说，它是为促进某种产业中的生产、投资、研究开发、现代化和产业改组而抑制其他产业的同类活动的政策"①。在同样的意义上，江小涓作了一个简洁的概括："产业政策是政府为了实现某种经济和社会目标而制定的有特定产业指向的政策的总和"②。大量文献中谈及的东亚国家和地区的产业政策通常是指这种选择性产业政策，即在经济发展的某些阶段，政府为了实现某些既定目标而针对特定产业及产业内企业实施的扶持和管制等干预政策的总和，其目的是推动这些产业及企业迅速形成能够参与国际市场竞争的核心竞争力，进而推动国内产业结构的升级并带动国民经济的全面发展。如果不特别标明，本书中所称的产业政策均指的是选择性产业政策。

产业政策不是某一类型的单项经济政策，而是由一组相互关联的经济政策构成的有机整体。一般认为，产业政策主要由产业结构政策、产业组织政策、产业技术政策和产业布局政策等几部分组成，从作用对象和目的来说，大体可以分为对主导产业或者新兴产业的扶持政策和对衰退产业的援助政策两大类。后发工业国的政府通过综合运用贸易政策（特别是进口保护或出口推动政策）、金融政策（影响对产业信贷的供求）、税收优惠、投资激励、政府直接投资及所有权、对外国直接投资的严格控制、鼓励产业规模化的政策、劳动力市场管制等产业政策工具，实现对国内主导产业和重点企业的扶植，并通过这些产业或企业的关联作用，带动出口能力的不断扩大和国内经济的持续增长。

第二节 选择性产业政策的作用机制及有效性

一、产业政策的逻辑起点

在新古典经济学看来，在市场机制这只"看不见的手"指引之下的资源合理

---

① 小宫隆太郎. 日本的产业政策 [M]. 国际文化出版公司，1988：3.
② 江小涓. 经济转轨时期的产业政策 [M]. 上海三联书店，1996：9.

配置，将会有效地推动产业成长和经济发展。政府干预的领域应当局限在纠正市场失灵，选择性的产业政策会扭曲价格机制和竞争过程对于资源配置的调节作用。但也有一些经济学家认为，发展中国家在经济发展的起步阶段，通常面临技术落后、国内储蓄不足、产业部门残缺不全、国内市场容量有限等不利情况，市场机制不能充分发挥资源配置的作用，因此，政府的积极干预会有效地弥补市场机制的不足。后发工业化国家的经济发展历程通常体现为产品结构从单一到多样化的过程，这些国家在力图实现产品结构多样化的时候，通常面临着信息外部性和协调外部性的问题，在这些领域市场力量是无能为力的。对于后发工业国来说，形成新的产业部门或者创造新的产品需要开拓型企业家的投资。而企业家在准备投资于新的产业或者新的产品前，对于这项投资的成本结构和投入产出比并不清楚，从国外引进的技术也必须经过适应性的改进才有能适应本国市场的需求，企业家进行开创性投资的过程被称为"自我发现"。对于企业家来说，一旦投资失败，他将独自承担全部经济损失；而一旦投资成功，如果没有足够的进入壁垒，他通过"自我发现"了解到的关于进入这个产业或者投资这个产品的相关知识将可能通过某些渠道外溢，模仿者的蜂拥而至将使企业家通过创新实现的垄断租金很快丧失。因此，如果经济运行完全由市场自发调节，由于个人成本和社会收益的不对称，后发国家的企业家将不会有足够的热情去从事"自我发现"，从而阻碍这些国家的产业升级和动态比较优势的形成。除了存在信息外部性以外，后发工业化国家在产业发展中还面临着协调外部性的问题。任何一个产业部门都是由一条完整的产业链构成的。对一个新产业或者一项新产品的投资，如果想产生利润，往往需要生产配套产品的上下游部门或企业同时进行投资。在后发工业国经济发展的早期阶段，由于跨部门的互补性投资规模十分巨大，超出了民间部门的投资能力，就需要由政府出面协调民间部门的投资行为（Dani Rodrik，2004）。林毅夫则从另外一个角度探讨了产业政策的必要性。后发国家的工业发展通常是沿着现有产业链逐渐实现产业升级，后发国家的企业能够从先行国家的产业发展中获得充分的信息，对下一个发展阶段具有市场前景的产业或者投资领域产生共识，对投资回报率产生很高的预期，从而导致趋同性的投资，形成投资中的"潮涌现象"，其结果最终导致相关产业的产能严重过剩，最终极大地降低投资回报率。由于政府相对于企业拥有更多的信息优势，更加了解市场需求和全社会的投资、信贷总量，政府有必要通过推行产业政策让企业了解相关信息，并通过设定市场准入条件和银行信贷标准来引导企业的投资方向，以避免企业过度的重复投资（林毅夫，2007）。这些经济发展的初始条件构成了后发工业国政府通过产业政策扶持产业发展的逻辑起点。

二、选择性产业政策的作用机制

(一) 选择并扶持主导产业

在对于后发工业化国家而言,在某些条件下,有效的产业政策能够大大缩短这些国家产业结构升级和产业演进的过程。霍夫曼、克拉克、库兹涅茨等经济学家运用统计方法对经济发展过程中产业结构的变化进行了研究,发现了在产业结构演进过程中三次产业依次在产业结构中占据主导地位的演变规律,这些研究成果为后发工业国选择支柱产业、制定产业政策提供了理论依据。尽管在经济结构、发展水平、技术能力等诸多方面与发达国家之间存在着较大的差距,但经济发展上的落后也为后发工业国提供了迅速赶超的后发优势。后发工业国普遍具有劳动力资源丰富、劳动力价格低廉的优势,虽然技术水平落后,但只需要支付较少的费用就可以引进国外的成熟技术,并通过消化吸收的技术学习过程逐渐形成生产能力和创新能力,迅速缩短与发达国家在技术上的差距。在主导产业的建立之初,由于国内企业达不到经济规模、技术水平相对落后、生产成本居高不下,根本无力与国外企业和产品竞争,政府可以通过保护性的贸易政策为主导产业和相关企业的成长壮大提供市场环境。随着经济增长不断演进和渐次的产业升级,后发工业国的比较优势将沿着资源密集型—劳动密集型—资本和技术密集型产业的方向演进,与此同时,产业政策扶持的产业领域也应当发生相应的调整(UNCTAD,2006)。最早运用产业政策的国家是日本。从第二次世界大战到70年代,日本先后实现了从劳动密集型产业到资本技术密集型产业的有序替代,在主导产业更替的过程中实现了持续的经济增长。第一次石油危机之后,日本又推动产业结构从重化工业向知识密集型产业的升级。这种通过"挑选主导产业"促进产业结构高级化的产业政策被韩国和中国台湾相继效仿。这些东亚国家和地区在经济发展初期,面对本国资源禀赋的初始状态,制定了由政府推动的不平衡发展战略,通过实施建立在这一战略基础之上的产业政策,促进了产业成长和产业升级。

(二) 组织企业竞赛并挑选优胜者

选择性产业政策的关键在于,为了实现特定的经济发展战略目标,产业政策不仅要根据产业结构演进规律选择有待扶持的主导产业,还要根据某种游戏规则选择主导产业中的优胜企业。政府通过中间组织或者直接与企业沟通,制定出能够为企业所接受的明确的、透明的游戏规则。在此基础上，政府通过组织企业间的竞赛，根据竞赛的结果选择需要扶持的目标企业并给予支持。政府是竞赛的组织者和裁判员。在日本，通产省是产业政策的协调人，而韩国的企业竞赛裁判员则是经济企划厅。

在经济发展的不同阶段，东亚国家和地区政府在产业政策框架内组织的企业间竞赛表现为两种不同的类型：一种是在经济发展的早期阶段，在劳动密集型的传统产业部门内进行的以出口能力为优胜标准的企业竞赛。在给定的游戏规则之下，企业各显所能，通过扩大生产规模、提高技术能力努力提高产品质量、降低产品价格，不断提高国际竞争力，扩大出口能力。政府根据企业的出口业绩辨别竞赛的优胜者并给予分配银行信贷、税收优惠、外汇额度等奖励。在设置激励机制的同时，政府还建立了严格的惩罚机制，业绩没有达到政府设定的最低目标的企业，将会受到被逐出优胜者之列的惩罚，政府给予的种种优惠也会随之取消（Amsden，1989，Wade，1990）。这种有奖有罚的激励机制也被称为"胡萝卜加大棒"。另一种类型的竞赛发生在产业结构升级时期的重化工业部门。按照传统的经济学理论，东亚国家的要素禀赋决定了其比较优势在于劳动密集型产业，重化工业由于技术和资本密集且上下游产业之间的关联关系十分紧密，民间部门难以承担规模巨大的跨部门互补性投资，这就需要由政府出面协调民间部门的投资行为。政府根据企业过去的经营业绩，挑选出一些具有一定的经营规模和技术能力的企业，向它们颁发石化、汽车等重化工业部门的生产许可证。为了保证政府挑选的这些企业能够获得足够的利润，以吸引它们从事重化工业领域的投资和生产，政府通过许可证管理设置了严格的行政准入制度。在市场准入壁垒的保护下，重化工业领域的在位企业不仅可以获得政府给予的各项补贴，还能够在垄断性的市场结构中获得超出竞争性市场中正常利润的额外收益。如果说在重化工业部门发展之初，由于初始投资巨大并且未来收益的不确定性使民间部门望而却步，那么政府的补贴政策和进入管制使率先进入这些产业部门的企业获得的垄断利润及其产生的示范效应，必然吸引着更多的企业争取进入这些产业。在东亚国家的政府看来，产业部门的过度进入必然会导致恶性竞争，产生重复投资和资源浪费，不仅会降低产业的平均利润率，而且会导致产业生产能力的过剩。在有限的市场容量下，产业中的企业数量越多，则企业平均的经营规模越小，达不到重化工业部门的最小经济规模，从而影响这些产业部门的国际竞争力。但是如果实行严格而僵化的市场准入管理，在位企业在保护性的市场环境中又会减弱降低成本和技术创新的努力。因此，日本、韩国等国在产业结构向重化工业升级的过程中，对资本和技术密集型产业部门实行了"延缓进入"的动态市场准入管理制度。在位企业通常被要求协调其投资规划，以控制生产能力的过度增长，政府产业政策的主管当局还从技术创新能力、市场份额、财务状况等方面对在位企业提出了严格的绩效标准，达不到标准的企业将不能享受产业政策所提供的种种优待。同时政府在市场准入问题上也发出明确的信息，经过一段时间后将再度选拔一批企业进入重化工业部门（金滢基，马骏，1998）。这种以"延缓进入"为特征的重化工业部门的企业竞赛，迫使在位企业不断扩大生产规模，积极消化、吸收引进技术并在此基础上开展创新研究，努力降低生产成本，不断提高产品的市场竞争力，以应对更多企业进入后导致的激烈的市场竞争。对于潜在的市场进入者来说，为了获得宝贵的生产许可证，它们也必须制定长期的发展计划，在资金、技术、人力资源等方面为未来的市场竞争进行积极的准备。在一个"生产能力有序扩张"的框架下，政府的产业政策推动了东亚国家和地区新兴产业的成长和产业结构的升级（世界银行，1995）。

三、产业政策的实施效果评价

（一）产业政策的有效性之争

在后发工业国经济发展的过程中，产业政策究竟发挥了多大的作用？关于这个问题一直存在着激烈的争论。一些学者强调产业政策对于经济赶超的必要性，政府通过干预资源在不同产业之间的配置过程，能够在较短的时间内迅速实现产业结构的升级，因此，产业政策对于东亚地区的产业发展和经济增长是至关重要的[①]。持否定态度者则认为，东亚经济成功并非归功于产业政策（Marcus and Pack，2003）。产业政策有效实施的前提是人为扭曲产品和要素价格，由于与赶超经济相伴而生的公共规制、过高的法人税以及限制竞争的商业习惯等弊端长期得不到革除，使生产要素很难从低效率的产业部门释放出来并顺利转移到高效率的产业部门，从长期看，反而拖累了经济增长（新庄浩二，2003）。支持产业政策的理论在20世纪80年代和90年代上半期一度非常流行，但批评产业政策的声音从来就没有平息过。亚洲金融危机使理论之争的态势出现逆转，主张亲善市场、反对产业政策的新古典理论再度占据上风。但由于近年来奉行"华盛顿共识"的拉美国家经济发展不尽人意，而政府干预较为明显的中国、印度、越南等

---

① 参见 Chalmers Johnson，1982，"MITI and the Japanese Miracle：The Growth of Industrial Policy"，Stanford, California：Stanford University Press；Amsden, Alice H. 1989，"Asia's Next Giant：South Korea and Late Industrialization"，New York：Oxford University Press；Wade, Robert. 1990，"Governing the Market：Economic Theory and the Role of Government in East Asian Industrialization"，Princeton：Princeton University Press.

国的经济增长极为迅速，对政府干预和产业政策持肯定态度的观点又有所抬头（UNCTAD，2006）。为应对国际金融危机，美国政府对金融和产业部门的救援和干预逐渐升级，各国政府对重要产业的发展也都进行了不同程度的干预，以研究产业政策著称的丹尼·罗德里克（2010）称为"产业政策的回归"。政府在经济发展中的作用问题又一次成为学术界关注的焦点。

尽管对产业政策的评价存在着严重的分歧，但学者们对于产业政策对技术进步的推动作用的认同度相对较高。他们认为，对于后发工业化国家而言，市场在技术变迁的动态过程中并不能自发地实现效率，正是这种外部性赋予政府重要的角色（斯蒂格里茨，2005）。在一些学者看来，如果对东亚国家和地区工业化过程中技术变迁的动态过程和机制加以考察就不难发现，政府积极有效的干预决定了后发国家技术进步的速率和方向（Lall，2004）。在技术创新速度越来越快、成本越来越高的时代，仅仅依靠企业的力量去推动一个国家的技术创新是远远不够的，政府在推动技术进步中的作用将会越来越重要。日本之所以能够从第二次世界大战的废墟中仅仅用了二十多年的时间就完成了全面的经济赶超和技术跨越，技术立国的发展战略功不可没。通产省推行的产业政策，始终把推动技术进步放在非常重要的位置上，对于企业的技术创新起到了重大的推动作用。日本工业的技术进步最初主要依赖于从国外引进先进的设备，通过对引进技术的消化、吸收和再开发，企业逐渐掌握了核心技术，并开发出世界领先的生产技术。在此基础上，通产省、产业界和大学共同制定并实施了具有前瞻性的长期科技发展计划，并逐步建立并完善了日本政府指导和支持下的官民合作开发体制。正是得益于政府的鼓励和产业政策的支持，日本才逐渐形成了官产研一体化的国家技术创新体系，从而有效的支撑了日本的技术进步和经济增长（Freeman，1987）。金麟洙通过对韩国电子、汽车、造船等行业的深入研究，也认为有效的政策有助于产业的技术赶超（金麟洙，1998）。有的学者虽然并不赞同产业政策，但也对"国家创新体系"这个"产业政策的孪生姐妹"给予一定的认可（约翰·威廉姆森，2005）。

近年来，在政府是否有必要通过产业政策来干预产业发展的问题上，一些经济学家从新的角度进行了思考。产业政策曾经有破坏竞争的坏名声，有些经济学家认为在发达经济体中，竞争和创新活动扮演着核心角色，因此无需产业政策，但阿洪（Aghion，2011）通过实证数据否定了上述观点，认为在一个纯粹自由放任的经济体中，创新活动可能走向错误的方向。同样，跨行业的学习溢出效应是存在的，因此产业政策的存在是有必要的。通常认为，产业政策是对市场失灵的修正，但惠特福德和施兰克（Whitford and Schrank，2010）提出，在分散化的生产过程中，存在着"网络失灵（network failure）"，网络失灵和市场失灵、政府失灵一样普遍存在，认为产业政策不仅是对市场失灵，更是对网络失灵的修正。

但也有很多的实证研究却并不支持产业政策的有效性。世界银行通过广泛的调查后认为，东亚国家和地区的经济发展应当归功于市场机制，因为这些国家和地区的产业发展方向在很大程度上与建立在比较优势之上的市场发展方向相吻合。这些专家运用计量经济学的方法，对产业政策与全要素生产率（TFP）之间的相关性进行测算后认为，并没有足够的证据证明产业政策够系统地提高全要素生产率。在1966~1985年间，在重化工业优先发展政策的推动下，韩国钢铁工业得到了迅速的发展，但同期钢铁工业的TFP增长水平却远远低于钢铁企业生产能力的扩张速度。相反，这一时期并未受到产业政策扶持的纺织业和服装业的TFP增长率却很高，因为韩国在这些产业领域具有比较优势。因此，世界银行的专家认为，政府选择产业并不比市场选择的效率更高，"能够证明产业政策系统地促进行业发展提高生产的证据，其说服力不够"①。霍尔库姆（Holcombe，2013）主要以韩国为例，论证了企业的发展应归功于企业家精神而不是产业政策。产业政策反而会导致接受补贴的公司缺乏企业家精神，企业也会失去创新的动力。产业政策在短期内可能有效，但长期将导致激励制度的扭曲。因此，政府应该通过完善法规、保护产权，建立一个公平的竞争环境，促进企业家精神的发挥，进而提升产业创新水平和生产率。

在日本跻身于世界最发达国家之列后，由一些日本著名经济学家共同完成的总结性研究报告《日本的产业政策》认为，与人们的通常看法相反，第一次世界大战后日本的经济发展史，特别是曾经被普遍给予高度赞赏的日本产业政策的历史，其实是民间企业在市场机制和竞争压力的驱动下不断地否定政府控制性直接干预意图的过程。不仅如此，日本的产业政策还导致了严重的后遗症，它扭曲了经济结构，限制了正常的市场竞争，在不少行业，特别是重化工业领域形成了寡头垄断体制。因此，"战后的日本，至少从学术界的立场来看，对产业政策存在的意义似乎否定性的看法比较多"②。迈克尔·波特等人通过对日本具有国际竞争力的机械、电子、运输设备等20个产业和民用航空器、软件、证券等7个国际竞争力较弱的产业进行比较研究后发现：在日本具有国际竞争力的产业部门，没有大量的政府补贴，企业竞争中也没有或者很少有政府干预；相反，在发展并不成功的产业部门，处处活跃着政府的身影。波特等人由此认为，公认可以解释日本成功的政策介入这个国家失败的方面要比成功的方面普遍得多（迈克尔·波

---

① 世界银行. 东亚奇迹-经济增长与公共政策 [M]. 中国财政经济出版社，1995：215.
② 伊藤元重等. 市场的失败和补充性产业政策 [M]. 见小宫隆太郎等编. 日本的产业政策 [M]. 国际文化出版公司，1988：241.

特等，2002）。不少学者看来，将日本产业结构的迅速升级和国民经济的持续高速增长归功于政府干预和产业政策是有失偏颇的，"除了战后初期有限的短时期之外，支持高速增长的因素基本上是通过建立在竞争基础上的价格机制和旺盛的企业家的作用取得的"①，产业政策至多是市场机制的补充。

（二）产业政策有效性的制度条件

一些学者运用现代经济学工具对产业政策的作用机制进行了深入的研究后认为，"相机性租金"是产业政策的基本作用机制（青木昌彦，1998），产业政策的本质是政府设置租（或者准租、租的机会）并将它们在产业和企业间的分配和运用过程，政策的成败取决于租的分配效率和运用效率（宋磊，2002）。从经济学的角度来看，"租"是指要素所有者获得的收入中超过这种要素的机会成本的剩余。东亚国家和地区在制定和实施产业政策的过程中，通过一系列产业政策工具，为关键性产业部门提供了获取超过竞争性收益率以上收益的机会，或者说创造了"政策性"租金，使它们有可能获得高于因竞争性方法所能产生的收益的机会，这种收益可以被理解为一种变相的补贴。在实际的产业政策过程中，政府可支配的经济资源包括税收、信贷、外汇等，政府可采用的产业政策工具包括市场准入、价格管制、贸易保护等。但总体来说，无论采用哪些产业政策工具和手段，其最终效应都类似于向被扶持产业和企业提供了直接和间接的补贴。为了保证各种显性和隐性补贴的效率，就不能够采取对产业内所有企业间均匀分配的方式，而应采取按照某种绩效标准进行分配，这样才可能会促使企业为获得补贴而按照政府制定的游戏规则去提供较之竞争性方式下供给不足情形为多的商品。世界银行将这种产业政策补贴分配方式叫做"与业绩挂钩的报酬"（世界银行，1995），青木昌彦则称之为"相机性租金"，即事先由政府设定产业政策的补贴规则，企业能否获得取决于他们是否达到了事先设定的相对客观的标准，依据企业的表现或结果来确定是否给予补贴以及补贴的程度。产业政策的有效性很大程度上取决于这些补贴是作为产业内的公共产品来分配，还是根据企业实际绩效来分配。

如果将产业政策的实施过程视作政府与企业间的博弈，那么有效的产业政策的制定和实施应当保持政策的动态一致性，游戏规则应当公开透明，在执行过程中严格按照事先规定的原则进行补贴的分配，从而使企业形成合理的预期，增强产业政策的激励效果。从博弈论的角度看，承诺行动对参与人是很有意义的。一旦其他参与人断定某个参与人的威胁承诺是不可置信的，他们将根据效用最大化

---

① 小宫隆太郎，奥野正宽，铃村兴太郎编．日本的产业政策［M］．国际文化出版公司，1988：535．

原则选择自己的行动空间，从而改变博弈的结果。因此，参与人在博弈之前采取某些措施限定自己的行动空间，就有可能使自己的承诺变得可置信，从而改变博弈的均衡。如果政策的制定者因为拥有可以随时选择新政策法令的自由而在执行政策的过程中采取机会主义的行为，即使这种行为的动机是社会福利更大程度的增进，一旦企业部门预料到政府承诺的不可置信，双方的博弈会导致更糟糕的结果（迪克西特，2004）。如果政府在产业政策实施过程中违反了自己制定的游戏规则，没有兑现事先的承诺或者没有按照公开透明客观的规则进行操作，将会改变企业对政府行为的理性预期，产业政策的激励效应将会大大减弱，产业政策所提供的补贴甚至会成为某些既得利益集团耗费稀缺资源进行非生产性寻租的目标。这种情况在东南亚国家特别是在印度尼西亚的产业政策执行过程中比比皆是（Hal Hill，1996）。

　　产业政策的有效性不仅取决于政府主导的择优机制的公正性和完善性，还取决于某些特定的制度条件。世界银行（1997）认为，这些制度条件包括：企业和政府官员之间不仅相互信任，也会遵守它们各自的承诺；利用国内外竞争性市场的压力来迫使企业去有效地利用资源或创新，从而推动产业政策的实施；应当按照比较优势的原则来制定一个国家的产业发展战略，那种为促进新兴工业而提供高度保护但又不鼓励提高效率的政策，反而会损害国家推动工业持久发展的机会。如果不具备这些制度条件，产业政策很可能最终沦为既得利益集团的寻租工具。罗宾逊（Robinson，2011）认为产业政策可以促进发展，也可以阻碍发展，主要取决于政策背后的政治因素。当产业政策的执行者自愿或出于政治目的而希望政策获得成功时，这些产业政策才能取得明显效果。

　　尽管东亚国家和地区的产业政策曾经获得了很大的成功，但产业政策并非放之四海而皆准。林毅夫（2012）在新结构经济学的框架下对这个问题进行了系统地思考，认为过去大多数发展中国家的产业政策之所以不成功，原因在于这些国家的政府过于雄心勃勃，在选择需要扶持的产业时偏好那些脱离本国资源禀赋和竞争优势、过于超前的产业。他试图发展出一个增长甄别与因势利导框架，帮助发展中国家的政策制定者识别与该国比较优势相吻合的新产业。常（Chang，2011）通过对产业政策领域各种争论的回顾和分析，总结出七个方面的结论：政策的指向性越强则效果越好，过多的目标将可能导致政策失效；政府官员不见得比企业家更聪明，但官员们可以从更长远、更宏观的视角作出决策；对产业政策的需求和政策执行之间存在着许多政治经济方面的问题，即使产业政策是正确的，也难以被很好地执行；政策的设计者和执行者都必须有足够的能力，在一个国家成功的政策照搬到另一个国家则可能会变得一团糟；尽管在实践中对接受政策扶持的企业的绩效作出评估并非易事，但也不是没有办法；在发展中国家，出口对于实现产业政策的目标有着非常重要的意义；随着全球贸易和投资的规则发生改变，很多传统的产业政策工具不是被禁止了就是受到严格的限制，执行产业政策变得更难，但是这些限制不应被夸大。

市场机制天然就具有优胜劣汰的择优功能，那么，东亚地区在产业政策领域为什么选择用企业竞赛替代市场竞争，用政府择优代替市场择优呢？一些研究者认为，这是因为这些国家经济发展之初市场发育不完善，市场机制不健全。但也有学者指出，原因在于东亚地区具有长期的极权主义传统，政府从骨子里就不信任市场。在产业政策的支持者看来，由于政府拥有比企业强大得多的信息搜集和处理能力，并且政府较之于企业能够更好地把握经济发展的全局和产业成长的规律，基于国民经济发展的整体考虑，需要政府对产业发展进行全面的规划和积极的引导，以克服企业经营的功利性和视野的狭隘性。但产业政策支持者往往忽视了一个问题，无论政府的认知能力有多强，政府的行业规划替代不了市场机制的自然选择。在市场经济条件下，市场竞争导致的产业内利益结构调整才是企业创新和产业成长的动力来源，市场竞争压力下企业家对新获利机会的敏感和创造性的革新，往往会改变企业间的竞争优势，优胜劣汰的竞争机制会引导资源的流动，进而推动了产业成长。选择性产业政策下的政府择优行为，实际上是政府对市场机制的侵蚀，是政府主观选择对市场竞争下的生存检验的替代。尽管在特定的时期、特定的制度背景和特定的市场条件下，产业政策确实可以推动重点企业和重点产业的发展，但这种发展的代价是：在"扶优扶强"的同时也鼓励和创造了国内市场的垄断，窒息了市场自发的择优机制，扭曲了资源的配置，使产业政策扶持下实现的产业成长具有很大的脆弱性。

关于产业政策的争论还会长期进行下去。尽管目前主流经济学界充斥着对产业政策的口诛笔伐，但诺贝尔经济学奖获得者斯蒂格里茨对此反驳道：如果东亚不执行产业政策，他们会做得更好吗（斯蒂格里茨，2003）？世界银行在一份报告中比较客观地指出，尽管对于积极的产业政策作用的认识仍然很不一致，但它很可能是非常重要的（World Bank，2005）。纵观战后几十年来东亚地区的经济发展历程，在经济发展的特定阶段政府干预也许是有必要的，但随着产业政策后遗症的不断暴露和经济全球化的需要，日本、韩国等东亚国家逐渐实现从选择性产业政策向竞争政策的转变，市场机制正在这些国家的资源配置和产业发展中发挥着越来越大的作用。

第三节 从产业政策到竞争政策

一、市场经济中的竞争政策

竞争是市场经济的本质要求，也是市场机制发挥作用的核心过程。市场竞争有助于激发技术创新、提高企业效率、推动产业发展并最终改善消费者福利。在一个完善的以市场机制为主导的经济体制中，价格机制这只"看不见的手"指引下的资源配置过程，同时也是一个市场参与者之间通过公平竞争和优胜劣汰不断分化的过程，在竞争机制的筛选下，低效率的企业最终被淘汰，由此释放出的生产要素被高效率的企业所吸收。效率较高的企业通过技术创新和不断扩大经济规模来逐渐增加市场份额，产业演进的结果通常是少数优势企业拥有较多的市场份额，最终形成垄断竞争或者寡头垄断的市场结构。竞争推动的经济资源的集中使大企业逐渐形成了规模经济的优势，但这种规模经济反过来又会演变为一种阻碍竞争的力量。大量的理论分析表明，垄断不仅将导致资源配置无效率，还将阻碍垄断厂商在生产过程中采纳效率最高的可利用技术和投资于新产品的研发，从而导致生产无效率和动态无效率，最终损害消费者的福利。在西方发达国家，无论是学术界还是政界的共识是：经济势力的过度集中将会妨碍自由秩序。因此，相应的公共政策的出发点是，为了保障社会民主和市场经济的正常运作，就必须运用超经济的强制力量实现经济势力的分散。"竞争政策考虑的不只是保护单个的竞争者，而是要把竞争作为一种制度加以保护"[1]。因此，以约束各种不正当竞争行为、限制易于导致垄断的市场结构、促进和维护竞争为目的的竞争政策被视为市场经济的基本制度。

竞争政策是政府使用的一系列决定市场运作的竞争条件的措施和工具。它包括竞争法和竞争倡导等形式。竞争法是政府所制定和执行的有关企业行使市场权力与运用支配地位的一套规则与纪律，其根本目标是有效地配置资源，控制和消除私人限制性商业行为，确保市场的有效运作，由此达到社会福利最大化。竞争法被称为市场经济的宪法，被视为重建社会民主和政治秩序的基石。竞争政策的基本理念是：尽可能的实现市场的配置效率、生产效率和动态效率。竞争政策的

---

[1] 曼弗里德·诺伊曼. 竞争政策－历史、理论及实践 [M]. 北京大学出版社，2003：8.

目标通常包括：确保资源的有效配置；阻止少数大企业滥用市场主导力量、限制价格等行为；利用反托拉斯法拆散垄断企业，除非有足够充分的经济上的理由证明垄断比竞争性企业更有利于资源配置；限制企业滥用市场主导地位并缔结提高价格和减少消费者选择余地的契约，以保护消费者的利益；创造有利于技术进步和创新的竞争环境；向国内外的竞争者开放市场准入。

如果将美国在1890年制定的《谢尔曼法案》视为西方国家竞争政策的起源，从那时到现在全球范围内已经有大约70个国家实施了以反垄断法为核心的竞争政策。在西方发达国家，垄断的形式主要包括串谋、固定价格、水平和纵向的一体化等，竞争政策也因此主要分为两类：限制不当竞争特别是市场权力的滥用和限制能够运用市场权力的市场结构。狭义的不当竞争通常包括企业之间以书面或口头协议以及其他方式合谋进行的确定、维持或者变更商品价格、串通投标、限制商品的生产或者销售数量、搭售商品等行为；广义的不当竞争还包括垄断高价、掠夺性定价、差别待遇、拒绝交易、强制交易、搭售或者附加不合理的交易条件、独家交易、限制转售价格等经营者滥用市场优势地位的行为。竞争政策对企业之间的合并行为给予了特别的关注。因为企业合并将形成足以影响市场供给和产品价格的市场势力，企业合并后形成的新企业的经营规模越大、市场份额越多，对产业内市场结构的影响就越大。大规模的企业合并从经济后果来看同企业间的垄断协议一样能够损害竞争。无论是何种类型的合并，都将导致产业内厂商数量的减少以及竞争程度的减弱，如果大规模企业合并的直接经济后果是产生了具有市场市场支配地位的新企业，那么这样的合并就可能导致反竞争的后果。为了防止能够运用市场权力的市场结构的形成，就应当密切监控企业之间的合并行为。在欧美国家，禁止垄断协议、禁止滥用市场支配地位和控制企业合并构成了反垄断法的三大支柱。发达国家早期竞争政策的主要目标是限制和消除卡特尔等各种类型的不当竞争行为，但现在竞争政策的首要任务则是限制过度的经济集中，有效控制占据市场支配地位的企业。

如果说美国和欧洲的竞争政策关注的重点是私人限制竞争行为，那么东亚国家制定竞争政策时面临的问题则与之有很大不同。在东亚国家，阻碍市场竞争的垄断力量主要来源于政府机构而不是私人部门。在东亚国家推行产业政策的过程中，政府认为自己拥有足够的信息和完全的能力来挑选优胜者并给以政策扶植，为保证产业政策的实施，政府人为设置了一系列包括贸易限制、进入管制、价格控制、按规定分配投入品等容易滋生寻租行为的壁垒，由此带来的后遗症是压抑了竞争，降低了资源配置的效率。因此，东亚国家竞争政策的着眼点应当是减少以产业政策为特征的政府指令对市场竞争的替代，减少政府部门设置的市场准入的行政壁垒，减少政府对私人部门的种种不合理的限制（J. O. 哈利，2003）。对于东亚国家来说，竞争政策的含义要比西方发达国家更加丰富，它不仅包括竞争法，还应当包括旨在放松管制和促进投资、贸易自由化的各项政府规章。在讨论东亚的竞争政策时，世界银行曾经意味深长地指出，竞争政策应当遵循竞争中性的原则，所有的商业参与者应当能够按同等条件参与竞争，也就是说，将没有特殊的企业集团能够依靠扭曲了竞争的政府干预受益（世界银行，2005）。

二、产业政策与竞争政策的区别

关于产业政策与竞争政策的关系，即使在西方学者之间也存在不同意见。一些学者将竞争政策理解为产业政策的一部分，认为它是"一种产业政策武器"[①]。但有更多的经济学家和法学家认为竞争法是市场经济中的经济宪法（曼弗里德·诺伊曼，2003），世界银行也认为竞争政策是一国投资环境的重要组成部分，是一个国家中对于生产率和社会福利具有重大影响的微观基础的基本支柱（世界银行，2003）。

如果我们对产业政策的内涵不加分析，确实难以判断产业政策和竞争政策重合的领域及其区别所在。产业政策和竞争政策从表面上看存在着一些类似之处，比如从性质上看，产业政策和竞争政策都是政府干预微观经济运行的政策手段；从目的上看，二者都是为了提高企业的市场竞争力，促进产业部门的发展；从功能上看都能够在某些方面弥补市场失灵的缺陷。从这些方面来看，在某些条件下，产业政策和竞争政策也存在着相互融合的可能。因此，国内的一些学者通常也将竞争政策作为一种特殊的产业组织政策，甚至有学者认为竞争政策应当服从于产业政策。但如果我们将产业政策区分为"功能性产业政策"和"选择性产业政策"，就会发现东亚国家和地区广泛推行过的"选择性产业政策"和竞争政策之间其实存在着根本性的区别：

（一）产业政策和竞争政策体现了两种不同的资源配置机制

正如第一节所揭示的，产业政策能够得以实施并发挥预期作用的前提条件是政府能够对资源配置产生重大的影响。后发工业化国家的政府为了实现赶超型战略，往往借助于产业政策工具，通过对发达国家工业化历程的观察和模仿，人为推动工业化过程中的产业结构变迁。在快速工业化阶段中，从主导产业的选择到重点企业的识别不是通过市场竞争实现的自然选择过程，而是政府根据其认知水

[①] 阿伦·休斯．竞争政策．新帕尔格雷夫经济学大词典（第一卷）[M]．经济科学出版社，1992：597．

平作出的人为选择，政府通过对资源配置进行直接干预的方式来实现产业政策的目标。竞争政策则通过营造一个公平、有序的市场环境和竞争秩序，使市场的参与者通过市场竞争实现优胜劣汰，产业成长和企业竞争力的提高是通过市场竞争和价格机制来实现的，资源配置的核心力量是市场机制这只看不见的手，政府并不直接干预经济运行，其作用是制定市场竞争的规则，并依据法律法规对市场竞争中的不正当竞争行为和滥用市场势力的行为以及可能有碍经济效率的市场结构进行规制。可见，尽管产业政策和竞争政策可以同时并存于同一种经济体制之中，但只有在两种完全不同的资源配置机制下才能充分发挥各自的职能。

（二）产业政策和竞争政策的政策目标、实施手段往往存在着明显的对立和冲突

扶持产业领域的"国家队"是产业政策的重要目标，政府通过财政、金融、税收、外汇等手段对选定的"优胜企业"进行大力扶持，以图在尽可能短的时间内培育出具有国际竞争力的企业。实现规模经济是企业降低生产成本从而增强竞争力的重要手段，产业政策往往鼓励"优胜企业"通过增加固定资产投资和收购兼并方式迅速扩大经营规模，提高市场占有率。而竞争政策则对企业市场份额的不断扩大和行业集中度的提高持警惕的态度，对企业之间的水平和垂直合并更是十分审慎，20世纪60年代日本通产省试图通过合并造就汽车行业世界级大企业的设想就因为遭到了公平交易委员会的抵制而流产。产业政策虽然也不排斥竞争，但更强调企业间既竞争又合作的关系。在产业政策的制定者看来，如果对市场准入不加限制，任何一个高利润的产业都会吸引大量的私人投资，从而导致重复投资、惨烈的价格战和生产能力过剩。因此设定行政性的进入壁垒，试图保护在位"优胜企业"的利益，并避免投资浪费。作为市场竞争的替代品，政府组织在位企业之间的竞赛，引导他们实现政府制定的出口业绩、技术进步和企业规模等一系列绩效指标，但政府始终认为过度竞争的后果比竞争不足要严重得多，因此企业间的竞赛只能是在政府管制之下的有节制的竞赛。例如，为了避免过度竞争，韩国汽车企业的市场份额由政府确定，日本政府则鼓励建立某些类型的卡特尔。与此相反，竞争政策鼓励企业间的激烈竞争，以市场分享和固定价格为目的的企业间协议会损害消费者福利，将遭到竞争政策的严厉禁止。

（三）产业政策有着明确的产业指向，而竞争政策没有明确的产业指向

产业政策并不是扶持经济中的所有行业，在资源总量给定的条件下，某些受到产业政策扶持的行业和企业获得的增加的资源，一定是某些不受扶持的行业和

企业减少的资源，因此产业政策是非中性的，从静态效率上看是非帕累托改进的。产业政策是生产者导向，以支持生产企业的成长为出发点，很少考虑消费者利益。竞争政策作用的对象是所有的可竞争性行业及其中的企业，除了某些成本函数具有次可加性特征的产业得以享受到竞争法的适用除外，其他任何行业和企业违反竞争法的行为都不得豁免。竞争政策以消费者利益为导向，它保护竞争行为，但不保护竞争者。

由于选择性产业政策和竞争政策存在上述的重要差别，特别是它们发挥各自功能的市场环境是完全不同的，因此二者即使可以同时在一个经济体中形式上共存，也很难同时充分发挥各自的作用。在20世纪50~70年代日本产业政策鼎盛时期，日本公平交易委员会在经济中的作用微乎其微。韩国早在1980年就颁布了竞争法，但1997年以前这部法规形同虚设（权五乘，2003）。20世纪90年代以来，随着经济全球化步伐的加快，市场机制日益成为世界范围内资源配置的基础性方式，竞争性的市场需要与之相适应的竞争政策，与此同时亚洲金融危机的爆发则凸显了产业政策的式微并昭示了竞争政策的重要性。尽管由于经济体制、发展水平、历史背景和文化环境的差异，不同国家的竞争政策的具体内容之间存在着较大的差别，但各国竞争政策的目标基本是一致，那就是：优化资源配置、促进和保护竞争、追求经济效率、促进技术进步和保护消费者福利。

三、东亚地区产业政策的式微与竞争政策的兴起

欧美发达的市场经济国家视竞争政策为市场经济有效运作和产业部门有序竞争的基本制度保证，而在很长一段时间里，东亚国家和地区更重视通过产业政策推动产业成长和国民经济迅速发展。但长期实施产业政策也给东亚国家和地区带来了严重的后遗症："那些孕育了大型工业财团的直接信贷和税收优惠形成了后来的产业结构，即这些财团直接或者间接使大量资产集中在极少数富裕而具有政治影响力地家族手中"[1]，"在一个寡头市场环境中，政府造成的银行之间相互隐性担保，引导着银行的贷款投向并鼓励企业从事风险高的投资项目"，"产业政策是将直接信贷导向经济中缺乏效率的部分，妨碍了金融部门的成熟，造成了不良资产的累计"[2]。一旦国内外市场环境突然出现较大的变化，这些经济中的结构性缺陷就暴露无遗，被持续的经济增长所长期掩盖的结构性矛盾最终集中爆

---

[1] [美] 约瑟夫·斯蒂格里茨等著. 东亚奇迹的反思 [M]. 王玉清等译. 中国人民大学出版社, 2003：14.

[2] 同上：15.

发,并在东亚国家和地区之间连续传导直到演变成亚洲金融危机。尽管导致亚洲金融危机的原因非常复杂,但不可否认,缺乏有效的竞争政策是诱发危机的重要因素之一。一个不难观察到的事实是:在东亚国家和地区,普遍不存在竞争法或者竞争法名存实亡(Abon, Edgardo B, 2002),在韩国、中国香港、菲律宾、印度尼西亚和泰国这五个遭受金融危机影响最为严重的东亚国家和地区中,只有韩国和泰国有竞争法,但在此以前从未被严格执行过。政府扶持的个别家族控制着庞大的商业帝国,企业内部缺乏有效的法人治理结构,家族企业之间的相互持股使企业在公司控股权方面脱离了市场压力,规模庞大的家族企业在政府和金融机构的支持下开展大规模的重复的低效益投资,若干大型家族企业基本垄断了国内重要的产业部门,从而阻碍了市场机制功能的正常发挥,市场竞争状况受到严重影响。因此,确立并积极有效地实行竞争政策对于东亚国家和地区有着重要的意义。

东亚地区的政府在推动主导产业发展的同时,经常采取扶持重点企业的办法来培养能与跨国公司竞争的本国大型企业。在产业政策的设计者看来,企业具有国际竞争力的一个前提条件就是拥有巨大的规模经济,但是仅仅依靠市场竞争过程、通过优胜劣汰实现产业集中的周期太长,因此有必要通过政府推行的合理化的产业组织政策抑制过度竞争,通过"扶优扶强"推动大企业的迅速成长。在这样的产业政策设计思路之下,政府鼓励或者默许的公共垄断或者私人垄断就成为一国境内合法的经济存在(Nam-Kee Lee, 2002)。这种政府为了迅速提高产业竞争力而鼓励的企业垄断,往往破坏了竞争机制正常运转不可或缺的市场结构。这些垄断企业在国内市场的成功是以国内消费者的福利损失甚至国民经济发展为代价的,那些没有经过国内市场激烈竞争的严峻考验,而仅仅依靠垄断地位坐享其成的企业在国际市场上很难具有竞争力。以韩国为例,韩国政府将大型家族企业视为经济增长的引擎并给予大量的扶持,这些企业为了维护寡头垄断地位并满足政府的规模经济偏好,利用政府的优惠贷款开展了大量的投资,使这些企业的经营规模迅速膨胀,但很多投资并没有产生预期效益。由于政府保护和扶持下企业规模的扩张并不是以企业核心竞争能力的同步提高为前提,在产品市场和资本市场发生变化的时候,这些人为扶持的企业"国家队"的脆弱性就充分暴露出来,最终导致债务危机并引发国内经济危机。韩国的教训表明,即便是在大力发展大型企业以促进经济增长的阶段,为了防止市场的过度集中对产业长期竞争力的损害,也有必要制定并实施适当的竞争政策(Asian Development Bank, 2005)。

从第二次世界大战后日本的经济政策来看,日本政府既积极推行产业政策,也制定了反垄断法。慑于美国占领当局的压力,日本在20世纪40年代末期就制定了《禁止垄断法》,但很长时间里,这部法律体现的竞争政策在日本经济中很少得到真正的贯彻，实际上竞争政策长期匍匐于产业政策的阴影之下（吴小丁，2006）。日本的反垄断法中有着很多的"适用例外"条款，比如曾经在第二十四条第三款与第四款分别设立了"不景气卡特尔"与"合理化卡特尔"适用除外制度，使在欧美国家遭到严厉禁止的"卡特尔"等限制竞争的很多经营行为得以合法地逃避法律的惩罚。从 50 年代开始，通产省及其主导的产业政策在日本的政策体系中处于至关重要的位置，竞争政策则处于无关紧要的位置。通产省的官员们基于增强日本企业的国际竞争力考虑，认为没有足够的生产规模就不足以与西方跨国公司竞争，而日本的企业普遍规模过小，如果容忍企业间的自由竞争，将容易产生过度竞争的问题，而过度竞争又会制约企业的规模经济，因而通产省提出了新产业体制论，主张通过产业重组、官民协调方式，排除过度竞争，实现规模经济。为了实现这一目标，就必须缓和反垄断法的执行，推动日本经济中的垄断与集中，从而增强日本企业的竞争力。在产业政策与竞争政策的冲突中，基本上是产业政策占了上风。但从 70 年代开始，日本经济中市场机制的调节作用逐渐增强，政府干预逐渐让位于市场调节，产业政策的重要性开始下降，竞争政策的作用日益显现。随着日本经济全球化进程的加速，日本长期实行的通过贸易壁垒保护国内市场、通过经济管制限制国内市场竞争的政策招致国外政府和企业的强烈批评，日本在内外压力之下开始重视竞争政策的运用。泡沫经济的崩溃使日本更加深刻地认识到政府主导型经济体制和产业政策的弊端，经济政策的重心从以往重视生产者和销售者向重视消费者转变。日本从 90 年代中期起先后实施了四个规制改革计划，对 6 000 多项规制进行了改革，改革重点由"经济性规制领域"扩展到"社会性规制领域"（王德迅，2007）。规制改革使日本产业政策的主要执行者通商产业省的行政审批项目大幅减少，小泉政府在 2001 年进一步将通产省改组为经济产业省，其相当一部分决策权被移交到内阁府"经济财政咨询会议"，经济产业省不再具备昔日通产省广泛干预经济运行的权力。日本确立了积极执行竞争政策的方针，对《禁止垄断法》等法律法规进行了修改，力图废止反垄断法适用除外制度，进一步推进日本经济公平自由竞争，使日本市场更加开放和更具有竞争性。一位日本学者由此总结到，战后以来的五十多年时间里，日本国内一直存在着倡导重构卡特尔国家和追求竞争性市场经济这两股力量的交锋，而最终结果是竞争政策取得了胜利（高桥岩和，2005）。

20 世纪 90 年代以来特别是亚洲金融危机以来，韩国的经济体制也开始进行由政府主导型体制向市场主导型体制的转轨，韩国公平交易委员会（KFTC）的地位得到了很大的提高、作用也大大增强。KFTC 采取了一系列积极的措施，努力改善国民经济结构、创造并维护良好的市场竞争环境。它制定了《公司治理的良好行为准则》，规定财团对其子公司的投资不能超过其资产的 25%，从而限制了家族财团内母、子公司通过交叉投资形成的盘根错节的相互持股网络的无限膨胀。大财团被迫开展"瘦身"运动，大型财团缩减经济规模使其能够专注于所擅长的产业领域，企业的竞争力反而得到了较大的提高。现代汽车、三星电子、LG电子等企业逐渐成长为真正意义上的世界级企业。KFTC还积极促进公共企业的私有化，放松民间部门进入某些产业领域的限制，以避免公共垄断直接演变成私人垄断。尽管近年来韩国竞争政策的作用显著增强，但政府长期实施产业政策对经济结构和经济运行的影响短期内难以彻底改变，OECD在对韩国的规制改革进行了系统的调研后认为，韩国面临的挑战是减少垄断和反竞争行为，特别是在受政府鼓励和保护的领域。因此，韩国竞争政策最突出的问题是建立一个能够让大财团在同等条件下与其他市场主体竞争的大环境（OECD，2007）。

在经历了从广受赞誉的东亚模式到经济结构调整的痛苦转折之后，日本、韩国等东亚国家和地区对于政府干预和市场竞争的关系有了更加刻骨铭心的认识：如果说在经济发展的早期阶段由于市场机制不够完善，政府干预经济也许是必要的，那么在经济发展和市场发育的一定阶段政府干预应当逐渐淡出。亚洲金融危机以来，东亚国家相继进行了以市场经济为导向的改革，随之而来的是大范围的私有化、放松管制以及境内外融资的自由化，政府对经济活动的干预和影响大大的减少了，政府推动产业发展的政策正在实现从产业政策向竞争政策的转型。

第四节　转型时期中国的产业政策与竞争政策[①]

一、改革开放以来中国产业政策的回顾与评价

从20世纪70年代末期开始，中国放弃了优先发展重工业的发展战略，转而发展那些国内要素丰富因而生产成本相对低廉的劳动密集型产业，并按照国家之间基于比较优势的专业分工开展国际贸易，从而极大地推动了中国的工业发展和产业结构升级。从过去30年的发展经验来看，中国的发展战略和产业政策很大程度上借鉴了日本和东亚新兴工业化国家和地区的经济发展方式，与世界银行所总结的"东亚模式"是大体吻合的。

---

① 本部分与冯晓琦合作完成。

中国的经济体制改革不断深化的过程，也是一个经济运行的协调方式由政府的直接干预逐渐被价格机制和竞争过程所替代的过程。在这个史无前例的制度变迁过程中，政府在经济中的地位和作用也发生了深刻的变化，作为计划经济时代全面干预企业运行的全能型管理者的政府，在转轨过程中开始使用产业政策来引导产业结构的变化和微观经济主体的行为。由于产业政策具有很大的政府干预弹性，它既可以通过间接干预的方式而成为增进市场机制的工具，也可以通过项目审批、价格管制等强制方式体现政府的意志。因此，无论人们对改革方向持何种态度，都能够认同产业政策这种新的政府微观经济干预方式（江小涓，1996）。在1986年制定的《国民经济和社会发展第七个五年计划》中，"产业政策"一词首次正式出现在官方文件中。1989年2月14日国务院颁布《中国产业政策大纲》，第一次勾画了中国产业政策的整体框架。产业政策的制定和规划至今仍然是我国政府部门的一项重要工作。从2004年到现在，国家先后制定并颁布了《汽车产业发展政策》、《钢铁产业发展政策》、《水泥工业产业发展政策》、《煤炭产业政策》和《林业产业政策要点》等。在金融危机席卷全球的关键时刻，国务院在2009年又相继审议并通过了汽车、钢铁、有色等十大产业调整与振兴规划，为中国的工业部门应对全球经济危机提供了政策支持。

近年来，一些学者根据大量的实证资料对中国产业政策的绩效进行了比较详细的分析，对产业政策的实际效果褒贬不一。从产业政策的执行情况来看，它在迅速提高一些投资巨大的短线产品的供给能力以及消除基础设施领域长期存在的短缺现象方面发挥了重要的作用。例如，冰箱压缩机、电视显像管、轻型汽车发动机等中间产品曾经严重供不应求，由于它们是影响相关产业发展的关键部件，引起了政府的高度重视，正是得益于政府集中投资，这些关键部件的供求矛盾得到了迅速缓解，进而推动了国内冰箱、彩电和轻型汽车等产业部门的迅速发展（江小涓，1999）。为了打破基础设施瓶颈对国民经济发展的制约，国家在"七五"和"八五"期间用于交通、运输、邮电等瓶颈产业的固定资产投资约4 825亿元，比前六个五年计划期间的投资总数增加了28倍，使公路的通车里长10年增加22%，民航航线里程增长307%，城市电话交换机总容量增长20多倍，使运力大幅增长，通讯快速发展，在很大程度上缓解了交通运输和通信紧张的局面（赵英，2000）。

但也有很多的证据表明，产业政策的执行效果与政策设计的初衷相去甚远。除了基础设施建设领域以外，产业政策对竞争性产业成长的促进作用不很明显，没有足够的证据证明产业政策重点扶持的竞争性产业获得了长足的发展。汽车业是政府介入程度最深、干预力度最大的竞争性行业之一，它作为重要的战略性产业而长期受到产业政策的严格保护和资源配置倾斜。为了解决产业组织结构长期存在的"小、散、乱、差"的不合理问题，促进具有一定经济规模和市场竞争力的大型企业的组建，政府不仅设置了一些基于所有制歧视的市场准入壁垒，还通过"拉郎配"式的产业重组和经济联合，人为拼凑出一些总资产规模较大而实际上并无竞争优势的企业集团。一些被政府视为"国家队"的大型汽车企业，在外无跨国公司冲击、内无民营企业竞争的市场环境中长期享受着产业政策赐予的高额利润，使他们没有足够的通过技术学习提高技术能力、改善经营管理的动力，核心竞争力始终没有得到实质性的提高（路风、封凯栋，2004）。

与政府推行产业政策的初衷相反，在家电、洗涤用品等政府干预相对较少、管制程度不高、国有经济不占绝对优势的产业，经过产业发展初期的所谓重复投资和过度竞争之后，市场结构经历了"集中—分散—再集中"的轮回，产业组织结构通过竞争得以优化，一批具有大批量生产能力和先进生产技术的企业被市场机制优选出来。由于各类新企业的大量进入以及在位国有企业的扩张乏力，80年代中后期工业部门的集中度曾经呈现出明显的下降趋势。食品、饮料、纺织、建材、机械等工业部门都出现了新企业快速进入的趋势。在化纤、橡胶、日用化工、炼油等14个工业部门中，1984年有3个工业部门的CR4超过30%，而到1990年只有炼油业部门的CR4超过30%。进入90年代以后，竞争机制开始发挥越来越大的作用。尽管放松市场准入一度使竞争性行业的市场集中度和行业利润率迅速下降，但很快就呈现出市场竞争促使优势企业迅速成长，推动市场集中度上升进而促进行业利润率提高的现象。例如，食品制造业、饮料制造业、纺织业等产业的CR8分别从1990年的2.3%、5.4%和1.4%上升到2000年的9.4%、15.9%和4.1%，销售利润率也分别从1990年的2.34%、0.91%和1.54%上升到2000年的4.05%、5.92%和2.85%（魏后凯，2003）。竞争性市场结构的形成使中国的大部分竞争性产业呈现高速增长和繁荣活跃的特征。实践表明，"许多行业改革以来高速发展的过程，就是不断突破政府有关部门预测、脱离其规划、摆脱其干预的过程。如果政府的干预大部分得以实现，这些行业的发展就会被延迟许多"[①]。

二、中国产业政策失效的制度分析

尽管中国的产业政策在很大程度上效仿了日本、韩国，但并没有取得东亚邻国那样的成功，其中的原因比较复杂。中国产业政策诞生于从计划经济体制向市

[①] 江小涓等. 体制转轨中的增长、绩效与产业组织变化-对中国若干行业的实证研究[M]. 上海三联书店，1999：51.

场经济体制的转型时期,这就使得产业政策的制定和实施难免受到传统体制下某些制度因素的制约:(1)中国不存在日、韩那样的专门制定和执行产业政策的具有权威性的"先导机构";(2)地方政府与中央政府之间的利益冲突严重干扰了产业政策的有效实施;(3)国有企业占绝对主导的产权格局也削弱了产业政策的择优机制。

产业政策执行部门的权威性是产业政策有效性的必要条件。通常认为,政府产业政策执行部门的权威性越高,支配产业政策工具的能力越强,就越有利于产业政策目标的实现。在日本、韩国利用产业政策促进经济发展的时期,产业政策的执行部门——日本通产省和韩国经济企划厅——都拥有超出其他政府部门的行政地位和执行能力,这就保证了它们能够综合利用财政、金融等政策工具去努力贯彻国家的意志。但中国的情况有很大不同。以中国汽车工业产业政策为例[①],汽车产业政策的不同政策功能由不同的行政管理部门行使,汽车工业的主管部门机械部对汽车工业的管理权力是非常有限的,它的管辖范围局限于汽车工业产业链的制造部分,延伸不到汽车工业的流通领域。实施产业政策不可或缺的财政、金融工具则分别掌握在财政部和中国人民银行。机械部对汽车工业不具备完整的控制权,又不能综合运用各种产业政策工具,这是中国汽车工业产业政策没有发挥预期效力的一个重要原因(Huang, Y., 2002)。

产业政策是中央政府从国民经济的整体利益出发而制定的促进特定产业和地区发展的政策体系。由于产业政策具有非中性的特点,它不可能在各产业之间和各地区之间均匀地进行资源配置,因此,产业政策不可避免地会与某些地区的经济利益发生冲突。在经济转轨过程中,行政性分权体制使得地方政府的资源配置能力日益增强,地方经济利益不断膨胀,而中央政府的宏观调控能力则相对有所削弱,这就给地方政府留下了很大的行动空间,使其在执行产业政策时经常采取变通措施,以求得地方利益的最大化:有利于本地区的产业政策就坚决执行,与本地区关系不大甚至需要牺牲本地区利益的就拖延执行或者设法不执行。中央政府与地方政府在实施产业政策方面的博弈,也在很大程度上影响了产业政策的效力。

按照世界银行的观点,东亚国家之所以能够通过有效地制定和实施产业政策推动了产业升级、技术进步和出口增长,一个必不可少的制度安排就是存在一个独立于政治压力之下的政府部门。从这一结论不难引申出一个推论,如果国家试图通过产业政策来扶持的产业部门中的企业主要由政府投资的公共企业构成,那

[①] 在整个20世纪80年代和90年代,中国各政府部门制定的产业政策不可胜数,但针对特定产业部门制定的完整系统的产业政策只有一部,那就是1994年颁布的《中国汽车工业产业政策》。

么产业政策的公平性和有效性将会大打折扣。中国实施产业政策的微观基础与日、韩等国迥然不同。外国政府面对的是民间企业，中国政府面对的是国有企业。在中国，除了轻工行业以外，其他行业在制定产业政策时，都是有意无意地以国有企业为对象的（赵英，2000）。由于在中国大规模实施产业政策的20世纪八九十年代，国有经济在工业中占有主导地位，国有企业承载的政策性负担决定了它只能在一个受到保护和免予市场竞争的环境中才能生存。一旦政府通过竞赛的方式来决定相机型租金的分配，背负沉重社会负担的国有企业无疑会在激烈的竞争中处于劣势，国有企业与政府的关系决定了国家通过竞赛的方式来实现设定的效率目标是很困难的。这种微妙关系在很大程度上扭曲了产业政策的激励机制，使产业政策制定和执行的游戏规则最终选择了对国有企业的保护和对非国有企业的限制，而不是所有企业间的开放式的公平竞赛，过多的有特定指向的扶持性政策反而强化了现有的利益格局，扭曲市场机制的作用，使国有企业在高度的保护和缺乏竞争的环境中成长缓慢。

三、开放经济中的竞争政策选择

成功地加入世界贸易组织是20世纪伊始中国经济发展中最重要的事件。加入WTO不仅意味着中国经济将有机地融入日益一体化的全球经济之中，从而能够充分利用国内、国际两个市场在配置资源方面的积极作用，更意味着中国将接受一套被WTO成员共同接受的旨在推进公平、公开、非扭曲竞争的游戏规则和促进经济、贸易发展和市场化取向的制度体系。在加入WTO的背景下，如何处理好产业政策与竞争政策的关系问题成为中国亟待解决的重要问题。经济全球化推动了资源的全球配置，必然在一定程度上削弱了主权国家直接调控本国资源的能力，从而大大压缩了产业政策的实施空间。因此，对于包括中国在内的发展中国家来说，在开放经济条件下要想推进产业发展，必须将竞争政策置于比产业政策更优先的位置。在WTO规则的约束下，选择性产业政策将逐渐让位于以完善市场机制为目标的竞争政策。政府在推行一些不违反WTO规则的功能性产业政策的同时，更应当放松对于各类经济主体参与市场竞争的限制，并规范市场主体的竞争行为，使之遵循自愿、公平、等价、有偿、诚实信用的规则，维护公平交易、公平竞争的秩序。这就要求中国应当尽快实现促进产业发展的经济政策的转型，从选择性产业政策转向功能性产业政策，从产业政策为主导过渡到以竞争政策为主导。

近年来，中国的产业政策出现了积极的变化，功能性产业政策逐渐成为产业政策的主流。国家把调整优化产业结构作为经济发展的主线，将节能减排作为产业政策的重要任务，通过完善资本、土地、自然资源等生产要素市场，特别是资源性产品的市场定价机制，使资源价格真正反映稀缺程度，以此来控制高耗能高污染的资源密集型行业的过度扩张。国家还将增强自主创新能力作为调整产业结构的中心环节，通过信息引导支持企业做好研发规划，强化围绕重大基础、共性技术及有关标准的攻关组织和协调，强化技术标准的制定、实施和协调指导，并积极推进高新技术产业的集聚，以此提升产业动态能力，进而推进产业发展和经济结构优化升级。

自从中国正式将社会主义市场经济体制确定为中国经济体制改革的目标模式以来，市场机制在中国经济的资源配置中日益发挥着基础性的作用。尽管竞争机制日趋完善，但反竞争的暗流也不可小觑。中国现阶段面临的反竞争势力主要体现在三个方面：

（一）经济性垄断

随着中国经济的迅速发展，在一些产业部门开始出现内资企业的市场势力扩张所导致的经济性垄断。在部分产业领域不仅出现了价格联盟、产品市场垄断等经济性垄断现象，而且开始出现具有市场支配地位的企业压制和扭曲竞争的行为。国内近年来频频出现的企业价格联盟就是典型的卡特尔，这些企业价格联盟不仅涉及的产业较广，而且政府的直接参与程度也很高，对正常的市场秩序造成了很大的破坏。随着近年来激烈的价格战的重新洗牌和大公司的资本经营战略，在很多行业领域已经出现了寡头垄断的局面，因此，加强合并规制也势在必行。

（二）外资垄断

随着经济对外开放的日益扩大，中国已连续多年成为吸引外国直接投资最多的国家之一，但与此同时，人们也开始担心，拥有资金、技术和管理优势的外资企业是否会形成市场垄断。一些学者认为，跨国公司的确有寻求垄断利润的行为和动机，但随着国内市场结构从少数跨国公司占优势地位转向激烈竞争，单个跨国公司很难形成市场垄断。因此，中国的市场开放只要面对多家跨国公司，就能够在绝大多数产业中形成有利于推动竞争的市场结构（江小涓，2002）。但国家工商行政管理局通过调研发现，拥有资金、技术、市场优势的跨国公司滥用市场地位限制竞争的现象日益突出（国家工商局，2004）。近年来，愈演愈烈的跨国公司对我国若干行业、特别是装备制造业龙头企业的"斩首式"并购，更增强了人们对跨国并购会导致市场垄断的担忧。跨国公司对产业的渗透加强使得其利用市场地位和力量操纵价格和产量成为可能，因此，我国应当尽快完善反垄断法，建立规制外资并购的法律框架。

（三）行政垄断

构成发达国家市场经济微观主体的是私人企业，因此发达国家反垄断法规制的对象主要是严重影响市场竞争的私人限制竞争行为。但中国目前的情况有所不同，作为一个正在由计划经济向市场经济转轨的国家，现阶段中国市场上最主要的垄断势力并非主要源自私人部门的限制性商业行为，而更多的来自于政府部门为了维护所属行业和所辖区域的企业利益滥用行政权力而形成的进入壁垒和市场分割。这种由于政府滥用行政权力阻碍市场竞争的行为是转型经济的重要特征之一，行政性垄断对中国市场经济体制的完善和有序市场竞争的形成都造成了极大的破坏。因此，旗帜鲜明地反对行政垄断，应当是中国竞争政策有别于其他国家的特色之一。反对行政垄断应当成为中国反垄断法的首要任务。

我国竞争政策的逻辑起点与发达国家有很大的不同。发达国家市场经济运行的微观基础是私人企业，所以，它们制定竞争政策的目的是控制私人限制竞争的行为。而我国的经济体制和经济发展阶段决定了我国竞争政策具有三重指向：(1) 通过放松对市场准入的管制，营造一个各类所有制主体都能同台竞技的市场竞争环境；(2) 限制政府及其下属部门滥用行政权力限制竞争的行政垄断；(3) 限制包括跨国公司在内的企业滥用市场地位损害竞争的行为。我国竞争政策目标的多元性决定了我国不能完全照抄发达国家的竞争法，而是要根据中国的实际情况，制定和完善由反垄断法和促进竞争法组成的竞争政策体系。

我国的经济体制和经济结构是独特的，正处于由初步工业化向重化工业化升级的发展阶段，又面临着完善社会主义市场经济体制的重任，这就决定了我国的竞争政策既要未雨绸缪的体现发达国家竞争政策中对私人限制竞争行为的监管，还要接受东亚国家的教训，对政府长期干预形成的行政性垄断进行限制。此外，由于转型国家的特点，放松管制和支持竞争性产业民营化也是我国竞争政策的重要方面。放松管制使市场机制发挥作用的空间大为扩展，使更多的投资主体能够进入长期由国有企业独享高额利润的产业部门，它有利于增加产品数量，改善产品和服务质量，降低价格，增进消费者福利，并使产业部门变得更有效率和竞争力，还可以有效地防止由原来的国家垄断演变为民营化之后的私人垄断。只有建立健全竞争政策，才能够在国民经济的各个产业部门创造并保护竞争机制。经过长达10年之久的艰苦工作，《中华人民共和国反垄断法》终于在2007年获得通过，并于2008年8月开始实行，这为我国竞争政策的实施提供了法制基础。但切实有效执行一套系统的、透明的、稳定的竞争政策，从而建立起公平、有序的竞争秩序，仍有很长的路要走。

第十二章

经济发展不同阶段日本的产业政策与产业升级[①]

以1980年《八十年代通商产业政策构想》的发表为标志,战后日本的经济发展大致可划分为两个时期:从战后初期到20世纪70年代末是经济赶超时期,在这一时期,日本国民励精图治,实现了经济飞速发展的奇迹;从80年代初到现在是自主开拓时期,日本完成经济赶超使命,跻身世界一流经济大国之列后,经济反而出现了停滞的迹象。通常认为,日本经济发展的成功与政府推行的产业政策密不可分。在日本经济起飞时期,政府选择若干战略性产业,在与私人部门协调的基础上,通过制定和实施产业政策主导了经济发展的方向,影响了民间部门的决策和商业活动,从而推动了主导产业成长和产业结构升级。在经济发展的不同阶段,日本的产业政策表现出了不同的内容和特点,因此在绩效上也有所差异。通过分析不同时期产业政策及其对主导产业的影响,我们能够对产业政策在扶优汰劣、促进经济存量调整方面的作用和局限性产生更深入的认识。

---

① 本章部分内容曾发表于郭树言,欧新黔主编:《推动中国产业结构战略性调整与优化升级探索》,经济管理出版社2008年版。

第一节　赶超时期日本经济结构的转型与升级

一、高速增长时期的经济结构与经济发展

这一时期日本的经济发展有以下特点：

第一，建立在高储蓄基础上的高投资是经济增长的推动力。较高的投资率是推动第二次世界大战后日本经济高速增长的重要动力。从20世纪50年代开始，日本的投资率连续二十多年保持在30%以上。日本居民部门较高的储蓄率为高投资提供了有力的支撑，正是依靠充足的储蓄，企业能够以较低的利率获得资金，从而显著增加资本存量。在50年代初期，日本企业的设备还普遍非常陈旧，为了推动工业部门的技术更新和现代化改造，实现设备的大型化，在政府主导下，民间部门在五六十年代进行了大规模的设备投资，设备投资不仅使企业扩大了生产规模，提高了劳动生产率，生产能力得到大幅度增长，而且也成为经济增长的重要推动力量。持续的民间设备投资使日本出现了四次较快的经济增长时期，即1954～1957年长达31个月的"神武景气"；1958～1961年长达42个月的"岩户景气"；1962～1964年长达24个月的"奥林匹克景气"和1965～1970年长达57个月的"伊奘诺景气"。直到70年代以后，日本的投资率才开始下降。

第二，出口成为日本经济增长的重要拉动力量。日本是一个资源匮乏的国家，第二次世界大战失败使日本失去了所有的海外殖民地，发展经济首先就面临着严重的资源约束。日本之所以在战后初期选择贸易立国，是因为发展工业就必须进口资源，为了保证进口的顺利实现，就必须大力推动出口。在这个思路下，政府和产业部门对经济发展战略达成了广泛的共识，即日本应当建立"出口主导型"的经济增长模式。经过几十年的不懈努力，日本的商品出口由小变大，由弱变强，成为世界主要的贸易大国之一。日本通过大力发展外向型经济，不仅逐渐积累起本国的财富，还通过引进技术、边干边学及其导致的生产率提高，实现了产业间相对技术效率的改变，最终使日本形成新的比较优势。日本政府在贯彻出口导向型发展战略的过程中，通过产业政策引导本国的资源向有效率的部门流动，从而推动本国具有比较优势的产业部门的扩张，而这些产业部门的产业关联效应和技术溢出效应又带动了整个产业结构的升级。

第三，持续的技术引进和高强度的技术学习促进了技术进步。技术进步是现

代经济增长源泉中最持久的动力要素。日本之所以能够迅速实现经济赶超，与其对技术因素的重视密不可分。日本的技术进步最初主要依赖于技术引进。从20世纪50年代开始，日本就积极制定并实施多项引进技术政策，鼓励和推动企业从国外引进先进技术和设备。在引进技术的同时，日本企业通过对国外技术的消化、吸收和再开发，逐渐掌握了核心技术，不仅推动了产品的创新，还开发出了很多世界领先的生产技术。通过持续的技术引进和技术创新，日本工业的现代化程度和生产能力获得了极大的提高。

第四，经济增长和产业结构升级实现了良性互动。经过战后二十年的发展，日本的产业结构已经和发达国家比较相似，农业占GDP的比重下降很快，从60年代初的9.6%下降到70年代初的5.1%，第二产业的比重变化不大，始终在40%左右，服务业的比重有所上升，从60年代末期开始，服务业在国民经济中的比重已经超过50%，成为名副其实的第一大产业（见图12-1）。产业结构升级的过程也是对劳动力等生产要素重新配置的过程。从就业结构上讲，农业吸纳的就业人口比重从60年代初的24.7%下降到70年代初的15.9%，但在此期间第二产业吸纳的劳动力只增加了4个百分点，从农业中释放出来的剩余劳动力主要被服务业所吸收。快速的经济增长推动了产业结构的转变，产业结构、就业结构和需求结构的转变又为日本经济的进一步增长提供了新的动力。

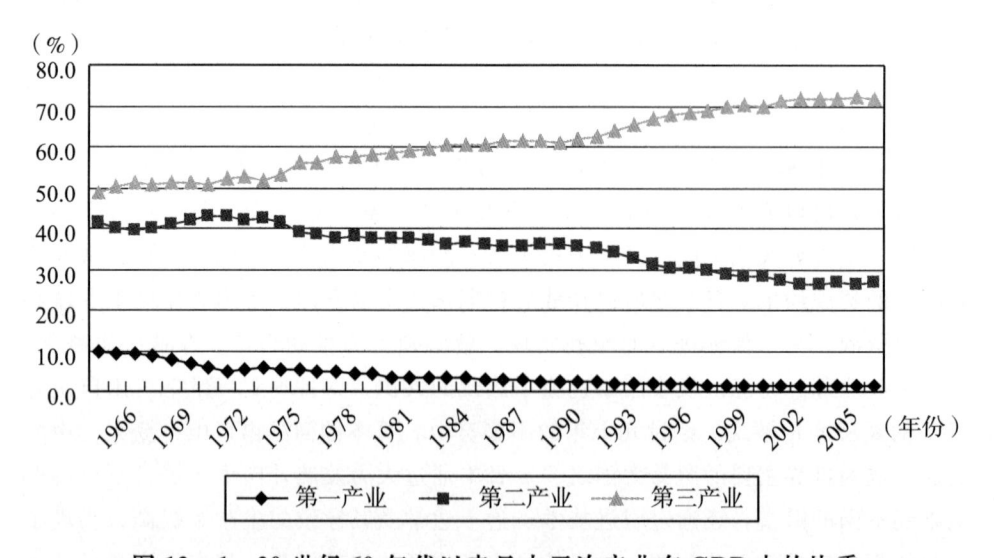

图12-1 20世纪60年代以来日本三次产业在GDP中的比重

资料来源：根据日本总务省统计局：《第58回日本统计年鉴（2009）》的相关数据绘制。

二、从粗放型发展向集约型发展的转型

日本通过优先发展资本密集型重化工业，曾经使日本经济在较长时期内取得了持续高速经济增长的辉煌业绩。到20世纪70年代初，在日本产业结构中重化工业所占比重已居西方发达国家之首。但连续十几年的重化工业化战略也积累了很多问题，如环境污染日益严重，日本在60年代的经济高度成长期曾得到过"公害大国"的恶名；追求重化工业所需要的规模经济效益而导致产业与人口过度向"东京圈"集中等。70年代的第一次石油危机沉重打击了日本经济，战后持续十几年的高速增长时代宣告结束。这种变化使日本政府痛切地认识到，在国际能源和资源价格的波动日益频繁的市场条件下，继续维持过去那种以高能耗、高投入、高产出为特点的粗放型经济发展方式是不可能的。面对国际经济环境的剧烈变化，日本开始推动产业结构从高能耗、低附加值的重化工业向相对低消耗、高附加值的知识密集型产业的转型。日本的经济发展方式出现了明显的变化：

第一，主导产业实现了低耗能产业对高耗能产业的有序替代。日本制造业通常被分为原材料型制造部门、加工型制造部门和其他制造部门三大类型，钢铁、化工等原材料型制造部门尽管产值巨大，但存在高耗能、高污染的问题，汽车、家电、电脑等加工型制造部门，不但能源、资源消耗少，而且产品附加值也很高。日本政府70年代初提出了《70年代通商产业政策构想》，主张要推动日本的产业结构从资本密集型的重化工业逐步向知识、技术密集型工业化结构升级，其重点发展部门包括：电子计算机、集成电路、飞机制造、原子能、防公害机械、信息产业等。70年代的产业结构升级战略取得了积极的成果。1975~1979年间，钢铁、石油制品、化工等高耗能产业固定投资额分别下降了30%、32%、37%，而同期精密仪器、电机等产业则分别增长了141%和118%，年均增长率为30%[1]。1970年日本汽车出口占出口总额的比重是7.5%，仅相当于钢铁出口比重的一半左右，到了1980年，汽车出口比重就达到17.9%，跃居第一位，比钢铁出口高出约6个百分点[2]。尽管钢铁工业曾经作为主导产业，为日本经济从复苏走向繁荣起到了不可替代的拉动作用，但从70年代末开始，随着日本产业结构的高级化，钢铁工业在日本经济中的主导产业地位逐步让位于汽车、计算机等高加工度的产业部门。

---

[1] 姜维久. 日本能源结构与经济增长方式转变过程的启示[J]. 社会科学战线，2007（4）.
[2] 丁敏. 日本产业结构研究[M]. 世界知识出版社，2006：99.

第二，经济发展中的能耗水平不断下降。第一次石油危机使作为当时主导产业的钢铁、石化等重化工业部门的生产成本迅速上升，并向下游的消费品生产部门传导，引发了严重的通货膨胀，继而在 1974 年导致了第二次世界大战后日本的首次经济负增长。此后，日本政府先后颁布了《能源使用合理化法》和《开发替代石油能源法》等法律，鼓励全社会实现能源使用合理化。企业也积极开展旨在节约能源的技术创新，主要产业部门的能源单耗和原油单耗不断下降。图 12-2 显示了从 1978～1984 年日本乙烯产品的节能率变化，1978 年乙烯产品生产中的节能率比 1976 年提高了 10%，此后几年节能率直线上升，1984 年的相对节能率就提高了到了 35%。在政府的引导和市场的压力下，日本制造业不仅注重生产过程中的节能降耗，还积极开发面向国内外市场的节能型新产品，从而大大提高了日本产品的国际竞争力。日本的汽车工业正是凭借低油耗的小型汽车打开了美国市场，并逐步成长成为日本最有国际竞争力的制造业部门。

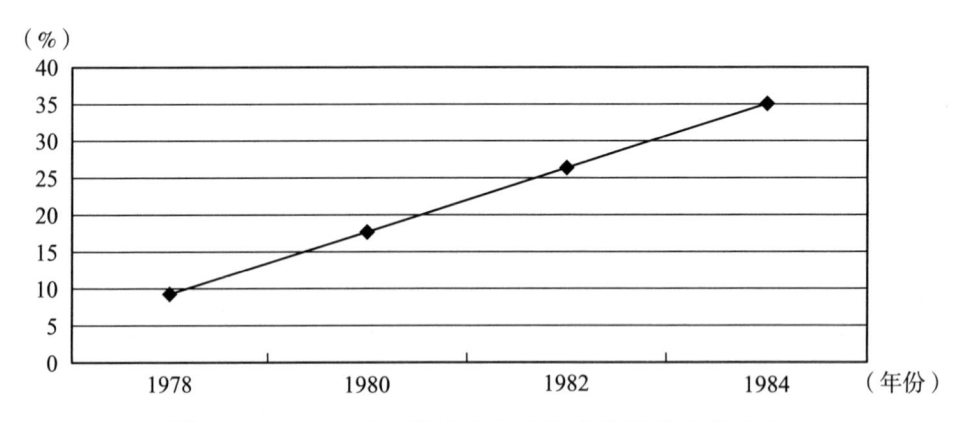

图 12-2　石油冲击过后日本乙烯产品的节能率变化

注：节能率是以 1976 年为基准的数值。

资料来源：根据［日］产业学会编.战后日本产业史［M］.东洋经济新报社 1995：181. 数据制作。转引自李毅.对日本危机的一点看法［D］.中国社会科学院世界经济与政治研究所国际产业经济研究室工作论文，2009（2）.

第三，全要素生产率成为经济增长的主要源泉。产业结构的有序升级使汽车、电子、电器这些加工型制造业部门成为日本新的主导产业。新主导产业部门的成长不仅扩大了日本的出口规模，而且提升了日本的生产率，使全要素生产率的提高成为 90 年代以前驱动日本经济增长的主要源泉。70 年代的结构调整对经济增长的积极作用在 80 年代得到了充分体现，在 1980～1985 年和 1985～1990 年两个时间段，日本的全要素生产率的年均提高幅度分别是 1.4% 和 2.6%，显著高于同期的发达国家美国、西德和法国。80 年代上半期，全要素生产率对经济增长的贡献值为39%，80年代下半期则上升到50%。可以说，经济增长一半的功劳归功于全要素生产率的提高（侯珺然、郭士信，2002）。美国著名统计学家乔根森曾经在产业层面上比较过日本、美国和西德的生产率差异，他发现在1960~1979年间，日本的交通设备、电器机械和金融三个部门的全要素生产率的年平均增长率达到了3%以上，同期美国和西德没有一个产业的全要素生产率能达到这种增长速度（乔根森，2001），而交通设备和电器机械正是70年代崛起的日本新型主导产业。

第二节　高速增长时期的产业政策与产业升级：以钢铁工业为例

产业政策是在经济发展的某些阶段，政府为了实现某些既定目标而针对特定产业及产业内企业实施的扶持和管制等干预政策的总和。日本通过对西方发达国家经济发展历程和经济结构变迁规律的研究和模仿，在经济发展的一定阶段，由政府选择某些具有较强的关联效应、技术和资金较为密集的产业，通过保护性的贸易政策和财政、金融、税收、外汇等倾斜政策，扶植这些产业发展，从而推动重点产业部门的成长和产业结构的升级，继而改变国家竞争优势。在20世纪五六十年代日本经济高速增长时期，产业政策对一些产业部门的成长起到了积极的推动作用，钢铁工业是产业政策扶持下成功实现迅速发展的典型产业之一。

日本的钢铁工业是在第二次世界大战的废墟上重建的。第二次世界大战结束后，日本政府面临的首要任务是迅速恢复经济。在能源、原材料极其短缺的情况下，政府采取了将物资和资金重点投入到以煤炭和钢铁为中心的少数战略性产业，以煤炭、钢铁等行业产能的增加为突破口来推动经济复兴的政策，即所谓"倾斜生产方式"。在这一政策的作用下，日本的钢铁工业实现了恢复性的增长。为了进一步扩大生产规模、提高技术水平、降低生产成本，日本在五六十年代连续实施了三次钢铁工业产业合理化计划，使钢铁工业从幼稚产业成长为具有国际竞争力的出口部门，一度成为日本最重要的支柱产业之一。从1973开始，日本一直雄踞世界第一大产钢国的宝座。虽然在90年代末中国的钢产量超过了日本，但日本钢铁企业在产品质量和生产技术上仍然处于世界领先地位。

一、日本钢铁工业产业政策制定与实施的基本情况

20 世纪50 年代初，日本确立了"贸易立国"的基本国策，政府和产业部门对经济发展战略达成了广泛的共识，即日本应当建立"出口主导型"的经济增长方式，通过产业结构的不断升级，推动重化学工业、尤其是机械工业出口的增长，改变日本在国际贸易中的比较优势。但当时钢铁工业规模太小，技术设备陈旧，使得钢铁产品的成本和价格高居不下，不仅制约了机械工业的合理化投资，也阻碍了机械工业的出口增长。为了促进钢铁工业这个国民经济基础产业部门的发展，通产省于 50 年代初开始实施钢铁工业合理化计划。

通产省的钢铁产业政策是根据产业合理化审议会提出的方针和投资计划制定的。审议会是通产省下属的独立咨询机构。通产省在制定钢铁产业政策之前，向审议会提出咨询，然后根据审议会提出的答询报告来制定政策。审议会的成员由通产大臣任命，人员构成来源广泛，既有产业界和金融界资深人士和退职官员，也有行业协会负责人和大学教授，答询报告的形成过程实际上就是不同利益集团之间的信息交换和互相说服的过程。因此，通产省根据答询报告制定的钢铁工业合理化计划，在钢铁业中基本能够顺利实施。日本钢铁工业产业政策的决策过程体现了一种自下而上的决策体制，因而决策的科学化和民主化的程度较高。

在政府的直接控制与行政干预下，第一次和第二次合理化计划分别于1951 年和 1956 年实施。这一时期钢铁工业发展的重点是大规模的技术引进和设备更新。为了实现这一目标，政府采取了优惠贷款、特别折旧制度、减免固定资产税、免除重要设备的进口关税、外汇优先给给等一系列扶持措施。在产业政策的支持下，在五十年代末期，日本钢铁工业初步实现了生产设备的大型化和生产技术的现代化，产品的生产成本不断降低，钢铁出口迅速增长。为了继续扩大产业规模、进一步降低生产成本，日本从 1960 年开始实施第三次钢铁工业合理化计划。第三次计划的实施与前两次有很大的不同，政府不再对设备投资的调整进行直接干预，而是由民间企业在政府的协调下自行完成。进入 20 世纪 60 年代后，日本钢铁企业的规模和成本优势已经基本形成，钢铁产品在国际市场也具备了一定的竞争优势，产业政策的重点也从鼓励企业生产规模的扩张转为推动生产组织结构的调整。第三次钢铁工业合理化计划结束时，日本已经成为世界钢铁生产和出口大国，钢铁产量跃居世界第一。经过将近二十年的连续三次产业合理化计划的实施，日本的钢铁工业形成了很强的国际竞争力，确立了在国际竞争中的比较优势。

20 世纪 70 年代的两次石油危机沉重打击了日本经济,面对国际经济环境的剧烈变化,日本政府开始推动产业结构从重化工业向高科技产业的转型。在产业结构升级的背景下,以高耗能、高污染为特征的钢铁工业开始显现出生产能力过剩的危机,政府对钢铁工业的产业政策也从产业扶植政策转为产业调整援助政策。尽管钢铁工业曾经作为主导产业,为日本经济从复苏走向繁荣起到了不可替代的拉动作用,但从 70 年代末开始,随着日本产业结构的高级化,钢铁工业在日本经济中的主导产业地位逐步让位于计算机等高科技产业部门。

二、日本钢铁工业产业政策的主要内容

在日本经济高续增长的时期,在钢铁工业发展的不同阶段,日本政府应时而变,根据当时的实际情况和国内外经济环境制定和实施了不同的产业政策,推动企业在技术进步的基础上进行了持续的大规模设备投资,形成了现代化的钢铁生产体系,极大地促进了钢铁工业的发展。在这一时期,日本钢铁工业产业政策具有以下特点:

(一)通过保护性的贸易政策,为钢铁工业的成长创造了条件

尽管通过倾斜生产方式的支持,日本的钢铁工业由萧条转为复苏,但与西方发达国家相比,日本的钢铁工业规模小、成本高,技术落后。日本政府官员和学者普遍认为,如果实施自由贸易政策,钢铁工业部门将受到国外的巨大市场冲击。因此,在整个 50 年代和 60 年代上半期,日本通过保护性贸易政策对钢铁工业进行了保护,试图通过构筑一系列的关税和非关税壁垒,尽可能地减轻来自国外跨国公司的竞争压力。根据 1951 年修订的关税税率法,日本对生铁、钢锭和钢材分别征收 15%、12.5% 和 15% 的高额通过进口关税,这一税率水平一直维持到 60 年代末期才逐步降低。与此同时,日本还通过进口许可证制度和外汇配额制度,高筑起钢铁产品进口的非关税壁垒。保护性的贸易政策使日本钢铁产品的进口比率始终维持在很低的水平上。1950 年钢铁产品的进口比率为 0.07%,1960 年为 1.6%,1970 年为 0.2%,1977 年为 0.4%。在 60 年代中期,在来自国外的压力下,日本逐渐放弃了对钢铁工业的保护,但此时日本钢铁企业已经形成了较强的竞争能力。保护性贸易政策使日本钢铁工业在快速成长时期能够避免来自国外的严重冲击,为国内企业消化吸收引进的技术、通过扩大生产规模降低生产成本赢得了宝贵的时间。

（二）充分发挥政府资金对民间金融的引导作用，为钢铁业的大规模设备投资提供资金保障

钢铁工业的技术经济特征决定了这一产业具有明显的规模经济性。推动钢铁企业实现规模经济性，是日本钢铁工业产业政策的重要目标之一。在20世纪50年代初期，日本钢铁企业的设备还普遍非常陈旧。为了推动钢铁工业的技术更新和现代化改造，实现设备的大型化，政府主导了大规模的设备投资。但在整个50年代，日本政府和企业的财力都非常有限，而钢铁工业大规模的设备更新需要巨大的资金投入，完全依靠政府的财政支持和企业自我积累都是不现实的。日本开发银行是代表政府向钢铁等支柱产业提供资金支持的金融机构。日本政府充分利用日本开发银行贷款的引导和隐性担保作用，有效地吸引了民间金融机构增加对钢铁工业的信贷投放。在第一次合理化计划期间，钢铁工业投资总额为1 282亿日元，来自开发银行贷款的资金为172亿，占投资总额的12%。在第二次合理化期间，钢铁工业投资总额增加到为6 255亿日元，而开发银行提供的贷款仅为95亿日元，在总投资中所占比重下降到1.5%。60年代以后，只有少数能够振兴国产化技术、防止公害污染的钢铁项目才能得到日本开发银行的贷款。但与此同时，世界银行贷款和民间投资则迅速增加，为钢铁工业大规模的设备投资提供了资金保障。

通过三次产业合理化计划的实施，日本钢铁业集中资金建设了十几个采用先进技术和现代化设备的大型钢铁企业，扩大了生产规模，提高了劳动生产率，降低了原料能耗，生产能力得到大幅度增长。1981年，日本有12家企业钢铁年产量达到了500万吨，其中年生产能力超过1 000万吨的有5家，遥遥领先于其他发达国家。

（三）鼓励企业的技术引进和技术创新，促进钢铁工业的技术进步

日本钢铁产业政策在鼓励企业扩大生产规模的同时，始终把推动技术进步放在非常重要的位置上。日本钢铁工业的技术进步最初主要依赖于从国外引进先进的设备，在此基础上，通过对引进技术的消化、吸收和再开发，日本企业逐渐掌握了核心技术，并开发出世界领先的钢铁生产技术。在第一次和第二次合理化计划时期，政府鼓励引进和推广国外的先进设备和技术，支持的技术发展重点分别是轧钢设备的现代化和新建高炉和纯氧顶吹转炉。轧钢设备的改造主要是通过从美国大量进口带钢连轧机和其他现代化的轧钢设备，以替代老式的递回式轧机。在第二次合理化阶段，政府积极推广从国外引进的连续铸钢法和纯氧顶吹转炉炼钢。从这一时期开始，技术引进的主要形式开始发生重要的变化，设备进口总额

在设备投资总额中所占比重减少到约10％，而引进国外技术的件数则成倍增长，此后，日本钢铁工业技术发展的重点从引进国外设备和技术转向消化吸收，并最终具备自主创新能力。

日本政府主要通过关税政策、税收政策和外汇政策来促进钢铁工业技术进步。1951年日本修订了《关税税率法》，对钢铁等产业的重要设备进口实行免税待遇，为钢铁企业引进国外先进设备创造了良好的条件。日本在钢铁工业实行了特别折旧制度，以加速设备更新。1951年修订的"租税特别措施法"规定了特别折旧制度，它实际上是以重要机械等为对象制定的税制优惠措施，其目的在于更新战时、战后陈旧的机器设备，增强企业的国际竞争力。按照这一制度，凡是属于政府指定的机械设备可在3年内实行特别折旧，其折旧率比一般折旧率要高出50％。1952年日本又制定了《企业合理化促进法》，规定合理化机械可在购入第一年内按购入价格的1/2进行折旧，并可减免固定资产税。钢铁业是政府指定实行特别折旧制度的产业部门，钢铁业的主要设备也被指定为特定机械设备，特别折旧制度给钢铁工业带来很大的好处。通产省的一份抽样调查结果显示，当时炼铁工业的总收入中，免税部分高达47.1％，其中特别折旧金额就占了免税收入的62％。特别折旧制度有利于吸引投资向钢铁产业流动，推动了钢铁工业的设备更新。此外，日本还通过外汇配额制度支持钢铁等重点产业部门的技术引进，有选择地将有限的外汇投入到那些有能力消化、吸收并改进、提高引进技术的优势企业，以支持这些企业引进先进技术，提高技术能力。

通过持续的技术引进和技术创新，日本钢铁工业的现代化程度和生产能力获得了极大的提高。在炼铁方面，实现了高炉的大型化，1956年2月，堪称当时世界最大规模的富士制铁公司2号高炉顺利投产，此后，八幡制铁、川崎制铁、新日本制铁所、日本钢管公司等企业的大型高炉相继投产，到20世纪70年代末，世界最大的10座高炉中，日本占有7座；在炼钢方面，从1960～1970年十年时间里，日本钢铁业拥有的纯氧顶吹转炉数量从13座增加到了83座，其设备能力从484.3万吨增加到了9148万吨，增加了17.9倍；在轧钢方面，实现了轧钢生产的连续化、高速化和自动化。技术进步使钢铁产品的成本不断下降，1956年日本普通钢材的成本是美国的1.08倍，1976年仅为美国的55％，形成了强大的成本优势。

（四）推行产业组织政策，推动钢铁产业的市场集中

日本钢铁工业产业政策的终极目标是使钢铁工业成为具有强大的国际竞争力的出口产业，而实现规模经济是提高钢铁产业国际竞争力的关键因素。从20世纪60年代开始，在促进设备大型化的同时，为了扶植能与国外跨国公司分庭抗

礼的优势企业，日本开始运用产业组织政策，通过行政指导的方式鼓励产业改组和企业合并，促进钢铁工业的市场集中。

60年代的日本面临着开放市场的压力。通产省基于增强日本企业的国际竞争力考虑，认为没有足够的生产规模就不足以与西方跨国公司竞争，而日本的企业普遍规模过小，如果容忍企业间的自由竞争，将容易产生过度竞争的问题，而过度竞争又会制约企业的规模经济，因而通产省提出了新产业体制论，主张通过产业重组、官民协调方式，排除过度竞争，实现规模经济。1968年10月，通产省发表了产业结构审议会重工业部会钢铁小委员会《关于今后钢铁产业发展》的答询报告，主张高效率地建设新型钢铁厂，号召发展企业合并、共同投资和集约化经营，表明了鼓励钢铁工业进行产业改组的态度。在此影响下，1969年，八幡、富士这两家当时生产和销售规模排名第一和第二的钢铁企业向公平交易委员会提出了合并的申请。通产省对这一事件给予了鼓励，但并没有采用金融、税收等手段进行积极干预。虽然围绕着这一合并是否会对钢铁业的竞争产生实质影响的问题，在日本国内产生了激烈的争论。但在通产省的支持下，日本公平交易委员会最终还是通过了承认合并的决议。1970年，八幡、富士两大钢铁企业合并为新日本制铁，并进入世界最大钢铁企业的前三强。新日铁在国内的钢铁半成品和主要钢材的市场占有率超过30%，表明日本钢铁工业的市场集中度得到提高。

（五）利用各种出口减税措施，鼓励企业积极拓展国际市场

钢铁工业被日本视为重要的出口部门。在三次合理化计划完成以后，日本钢铁工业的生产规模不断扩大，技术水平和产品质量不断提高，生产成本不断下降，具备了很强的国际竞争力，开始全面开拓国际市场。为了推动钢铁部门的出口，日本政府采取了各种出口减税措施，积极支持钢铁企业的全球拓展战略。20世纪50年代，政府制定了出口收入扣除制度，规定出口收入可以按照一定比例从应税收入中扣除。60年代初，政府制定的出口特别折旧制度规定，如果企业的出口额增加，它可以按照出口增加额实行特别折旧。1964年，政府又制定了开拓国外市场准备金制度，对国际贸易收入的一定比例实行免税政策，它可以作为准备金，用于企业积累。这些措施激励了日本钢铁企业的海外扩张。

三、日本钢铁工业产业政策的主要经验

尽管日本的钢铁工业产业政策也存在着一些未尽人意的方面，但总的来说，产业政策对不同时期钢铁工业的发展起到了积极的推动作用。日本钢铁工业产业政策的主要经验在于：

（一）产业政策应当具有符合产业成长规律的明确目标

钢铁工业是资金和技术密集型产业，技术经济特征决定了规模经济和技术水平是产业竞争力的核心。尽管在钢铁工业发展的不同时期，日本产业政策的具体内容不断调整变化，但政策重点始终是促进企业规模经济和技术水平的提高。由于产业政策的目标始终围绕着产业发展最重要的环节，从而保证了产业政策的有效性。

（二）产业政策应当对产业发展中的关键环节提供支持

在日本钢铁工业从幼稚产业成长为主导产业的过程中，始终面临着资金、技术等一系列问题，政府的作用并不是体现在主动承担产业发展的全部责任，而应当通过政策的导向作用，调动民间部门的积极性，吸引产业部门和金融部门向政府鼓励的发展领域进行投资。

（三）产业政策应当创造有效的激励机制

在日本钢铁工业发展之初，政府通过产业政策限制了来自国外的竞争，为本国企业营造了一个短暂的保护性的政策环境。但政府也不断要求和鼓励企业开拓国际市场，迫使企业苦练内功，不断扩大企业规模和技术能力，最终形成国际竞争力。

第三节　成为发达国家后日本的产业政策与产业升级：以第五代计算机计划为例

从 20 世纪 70 年代开始，日本经济发生了深刻的变化。经过战后三十年的经济高速增长，到 70 年代末，在大多数的制造业产业领域，日本企业逐渐拥有了强大的国际竞争力，日本的总体经济规模也跃居世界第二。但两次石油危机重创了日本经济，日本政府认识到，应当努力促使日本的产业结构从资金密集型的重化工业向知识密集型的高科技产业升级。1980 年 3 月，通产省产业结构审议会发表《八十年代通商产业政策构想》，认为日本正在已经从"追赶现代化"时代转向"迅速迈进世界一流国家的时代"。在日本经济新的发展阶段，"技术立国是日本的奋斗目标。有效地利用头脑资源进行创造性的技术开发，提高竞争能力和经济实力，才是日本的必由之路"。在这种背景下，从 80 年代开始，日本的产业政策开始出现新的变化，产业技术政策在产业政策体系中的重要性日益突出，在政策导向上更加重视技术进步与产业发展的紧密结合，强调高科技对产业结构调整的先导作用。日本产业政策支持的重点是知识密集型的新兴产业，大力发展超大规模集成电路、第五代电子计算机、智能机器人等尖端产业，以及生物产业和新能源产业等下一代基础产业部门。

在日本政府看来，以计算机为核心的信息产业应当在促进日本经济实现"创造性的知识密集化"方面起核心作用。计算机产业是节省资源与能源的典型的知识密集型产业，并且具有很高的产业关联效应，可望成为开创 21 世纪的主导产业。随着 20 世纪 70 年代末 VLSI（超大规模集成电路研究计划）等尖端技术赶超计划的成功，日本对本国的技术发展水平和研发能力产生了一种自信和乐观的态度。80 年代初，日本认为本国的计算机技术已达到世界先进水平，产业发展目标不应当去追赶欧美最新技术，而应该积极发展领先技术，实现技术跨越。因此，日本选择了若干国际技术前沿领域开始了技术攻关，其中影响最大的是第 5 代计算机研究与开发计划，日本试图实现计算机的人工智能化和知识处理的智能机化，从而领导知识革命的新潮流。

一、日本第 5 代计算机研究与开发计划（FGCS）的基本情况

日本的计算机工业是在追赶 IBM 的过程中成长起来的。在 20 世纪六七十年代，IBM 先后推出了 360、370 系列大型计算机，从而确立了在世界计算机领域的绝对领先地位。1966 年，通产省电子工业审议会正式提交了《加强电子计算机工业国际竞争力的措施》的答询报告，这个报告为日本计算机产业的发展指明了基本战略方向。从 60 年代末开始，在通产省的扶持下，日本在计算机产业相继实行了大型项目制度、开发补助金制度等扶持政策，并针对产业关键技术启动了 VLSI 等一系列技术赶超项目，极大地缩小了与 IBM 等欧美企业在技术领域的差距，并且在随机动态存储器（DRAM）等领域超越了欧美。与此同时，日本也面临着欧美国家的指责，批评日本企业不善创新，只会拷贝西方技术。在这种背景下，日本制定了雄心勃勃的技术跨越计划，一方面计划在超级计算机等领域继续追赶欧美企业，争取向市场提供性能更好、成本更低的大型计算机，另一方面则决心超越 IBM，研制全新的第五代计算机，引领 IT 技术发展的新潮流。

所谓第五代计算机是具有人工智能的计算机，它能克服传统机的技术限制，具有并行处理和以知识库为基础机制的推理能力，能将人类的推理能力、逻辑判

断能力以及图形和语音辨识力等与计算机结合,使计算机具有听、看、写、说、想、学的能力。这一计划最初由通产省提出,为了保证决策的科学性,1979年通产省成立了由东京大学元冈达教授主持的第五代计算机研究委员会("元冈委员会"),用了三年的时间,对这一计划的关键技术、市场前景等进行了系统的调查、分析与研究。委员会先后召开了100多次会议,对知识处理的计算机推理技术、操作大规模数据库和知识库的计算机技术、高性能工作站技术和分布式功能性计算机技术等相关重要技术问题进行了深入研究,最终采纳了通产省电子信息综合研究所渊一博所领导的研究小组提出的并行计算机方案,形成了FGCS的技术框架和研究目标,并于1981年10月19~22日在东京举行国际研讨会,正式向全世界宣布了研究开发第五代计算机的宏伟计划。

日本第5代计算机研究与开发计划是由通产省主持,以日本"新一代计算机技术研究所"(ICOT)为中心开展的。FGCS原定的研发计划从1982年开始,到1992年结束。整个研发分为三个阶段进行:从1982~1984年为初始阶段,研究目标是发展相关的基础技术;从1985~1988年为中间阶段,研究目标是开发中小型子系统;从1989~1992年为最后阶段,研究目标是研制成功一个原型机系统。在十年的开发中,FGCS计划实现了部分研究目标。在第一阶段,试制成功了按序推理机PSI1、世界上第一台非诺曼机和知识库管理系统的基础——关系数据库机DELTA等;在第二阶段,试制出具有初步"学习"能力并能进行接近推理的"知识信息处理"的"个人顺序推理机"。1992年6月初,在东京召开的第五代计算机国际会议上,展示了FGCS计划的最终成果——一个包含有1 000个处理单元(PE)的并行推理机原型系统PIM。第五代计算机研究虽然取得了一些成果,但普及应用仍很困难,因此,从1993~1994年又实施了两年的后续研发计划,试图将已经开发的并行推理软件技术推广普及到当时流行的计算机上,但最终未获成功。

在通产省的最终评估报告中,自诩FGCS计划"原先计划的目标已实现",并说大部分的海外研究者都评价为"极好或卓越"。尽管这项计划在技术上取得了部分突破,但最终没能攻克关键性的技术难题。FGCS计划的目标是研制出拥有1 000个处理器并能进行人机对话的计算机,但最终展示的原型机虽然在硬件配置上与最初目标基本吻合,但远远未能实现用自然语言进行人机对话、程序自动生成等关键目标。更重要的是,与FGCS计划当初的市场设想完全相反,90年代世界计算机应用的主流方式是个人电脑和小型工作站通过通信网络相连接的分布式网络,统治了计算领域几十年的大型机时代已经宣告结束。尽管从纯技术的角度来看,第五代计算机在某些领域确实取得了远远领先于欧美企业的技术突破,但由于它的功能与设计已经与市场主流应用背道而驰,使得第五代计算机基本丧失了商业价值，产业化更是无从谈起。从这个意义上来看，FGCS 计划彻底失败了。由于通产省的技术预测失误，通产省和日本 IT 企业穷十年之功的研究成果不仅没有产生直接的商业价值，而且由于研发方向的偏差，使一度缩小的日美 IT 企业之间的技术差距继续扩大，延缓了日本计算机产业的发展，在 90 年代末席卷全球的知识经济浪潮中，日本 IT 企业在商业和技术上没有太大的作为。对于第五代计算机项目的研发，原 ICOT 研究所所长内田俊一伤感地总结道："这是日本领导了世界计算机研究的第一个也是最后一个项目"，它是政府主导下的官民合作开发体制的"最后一个太阳旗项目"。

二、日本扶持第五代计算机等尖端技术研发的产业政策

（一）政府预测关键技术，制定和实施大型科技计划

自 20 世纪 70 年代以来，为了提升本国产业部门的国际竞争力，日本的一个重要政策措施是，由政府及其下属咨询机构对未来科学技术发展的趋势开展研究和预测，通过制定国家中长期科技发展目标和任务，选择有利于提高本国科技水平和企业技术能力的关键技术，并对其研发给予优先支持。日本政府不断出台科技发展规划和产业技术政策，引导和推动高技术产业的发展。1981 年设立了"下一代产业基础技术研究开发制度"，1984 年提出"科技基本政策"（10 年规划）、1986 年公布"人类新领域研究计划"、1988 年提出高温超导的跨学科研究计划。为了实现这些目标，日本政府制定了几十个大型科研计划，如"开发软件生产技术计划"、"超大规模集成电路计划"、"第五代计算机发展计划"、"新一代智能机器人计划"等。在日本的技术赶超时期，政府通过制定符合本国经济发展水平和企业技术能力的产业技术政策，来规划和引导相关产业的技术发展方向，并通过对新技术的研发给予财政支持等方式优先配置稀缺资源，从而促进了企业的技术创新和技术进步。

（二）不断完善研究开发补助金制度，为技术研发提供资金支持

自 20 世纪 70 年代以来，日本不断加大对包括计算机在内的高科技产品研发的资金支持，目前日本 R&D 经费总额占国内生产总值的比例在西方发达国家中是最高的。日本对计算机产业的扶持很大程度上是通过提供开发补助金的方式实现的。从 60 年代末开始，根据电子工业审议会提出的《加强电子计算机工业国际竞争力的措施》的答询报告，通产省开始设立大型项目资助制度。70 年代初，

为了推动日本信息产业的发展，日本先后制定了《关于信息处理振兴事业协会的法律》和《特定电子工业及特定机械工业振兴临时措施法》，在这些法律的框架之下，日本政府于1972年开始实行"促进电子计算机开发补助金制度"，以促进能与IBM 370系列抗衡的新机种的开发。此后，政府相继为超大规模集成电路、光学计量控制系统、科技用高速计算机系统等项目分别提供了数百亿日元的开发促进费用补助金。为了扶植第五代电子计算机关键技术的开发，通产省在十余年时间里累计投入约568亿日元的巨额研发费用，为第五代计算机技术的研制提供了充足的资金支持（见表12-1）。

表12-1　　　通产省在FGCS计划不同阶段的资金投入

研发阶段	财政年度	阶段目标	年度财政预算（千日元）	阶段财政预算总计（千日元）
初始阶段	1982	开发基础的技术和工具	426 000	8 272 356
	1983		2 722 702	
	1984		5 123 654	
中间阶段	1985	开发实验性的中等规模子系统	4 779 480	21 630 636
	1986		5 491 071	
	1987		5 631 129	
	1988		5 728 956	
最后阶段	1989	开发实验性的原型机系统	6 482 971	24 181 826
	1990		6 942 997	
	1991		7 163 832	
	1992		3 592 026	
后续阶段	1993	推广普及已开发的并行推理软件	1 388 072	2 796 144
	1994		1 408 072	
总计（千日元）			56 880 962	56 880 962

资料来源：根据中村吉明・渋谷稔：《日本の技術政策－第五世代コンピュータの研究開発を通じて－》整理，通産研究レビュー第5号，1995年5月.

（三）建立官民合作开发体制，共同分担研发风险

与钢铁工业等传统产业部门不同，计算机等高技术产业的技术开发不仅投资巨大，而且技术的不确定性很强。在日本计算机产业尚未取得竞争优势的时候，

单个企业既没有足够的财力、也没有足够的人力来独立承担高强度、大规模的技术研发。为了推动计算机产业的迅速成长，分担企业的技术开发风险，日本政府对产业政策的实施方式进行了创新，逐步建立并完善了日本政府指导和支持下的政府与企业联合研究开发的官民合作开发体制。在每一个技术攻关计划中，政府都要邀请若干家大企业参与，政府不仅通过提供补助金等方式提供研发经费，还参与研发活动的组织和协调。官民合作体制能够集中政府和企业的研究力量，共同开展重大项目的技术攻关，从而将国内相对分散的研发力量整合了起来，避免了重复研究、分散了风险和成本，促进了企业的技术交流和技术体系升级。

为了推动第五代计算机技术的开发，通产省于 1982 年专门成立了"新一代电子计算机技术开发研究所"（简称 ICOT）。ICOT 集中了来自通产省电子技术综合研究所和参加过"超级计算机计划"的日本六大计算机企业（富士通、日立、NEC、三菱、东芝和冲电气）以及松下、夏普、NTT 等国内著名电子公司和研究机构的 100 名一流技术专家。ICOT 设有七个研究室，分别负责硬件、基础软件和应用软件的开发研究。此外，研究计划中的若干部件分别由六大计算机企业和东京大学配合 ICOT 共同开发。这种由政府统一制定技术研发目标，并将政府研究机构、企业研发部门和大专院校相关研究力量和科研经费集中使用的官民合作开发体制，在推动日本计算机产业的技术自立和技术进步方面曾经发挥过积极的作用。但这种官民合作开发体制有效运行的前提是，政府预测的技术发展方向不能有大的失误，否则这种举全国之力的技术开发模式可能会导致劳民伤财的后果。

（四）采取税收优惠、低息贷款等经济政策鼓励高科技发展

日本政府对电子、软件、新材料、生物工程等高技术产业实行税收优惠和特别折旧制度，并给予政府补贴。1985 年日本政府制订了"促进基础技术开发税制"，规定对于购置用于新材料、尖端电子技术、电气通信技术、宇宙开发技术等基础技术开发的资产，免征 7% 的税金。地方政府在征收地方税的时候，对上述领域的技术研发企业也采取同样的税收优惠措施。日本对于企业的研发活动还给予了优惠的金融支持，高新技术企业可以获得低息贷款，研发成功的企业需要按照按优惠条件还本付息；但如果研发失败，则只需归还本金、免付利息。按照这些政策，参与研发第五代计算机的企业可以直接从中受益。

三、第五代计算机研发计划失败的教训

在第二次世界大战后几十年的经济赶超中，日本形成了一套比较完善的扶持

后进产业发展的产业政策,并且能够根据产业发展阶段的不同和国内外经济环境的变化及时进行调整。从 20 世纪 80 年代初,日本经济的赶超时期基本结束,日本开始进入国际技术前沿的探索时期。尽管日本政府运用产业政策的经验更加丰富,政府财力更加雄厚,但产业政策对高科技产业的扶持效果却大不如以前,在实现技术跨越方面屡屡无功而返。第五代计算机开发计划的失败就是一个比较典型例子,此外,日本在模拟高清晰度电视的研发、软件工业推广和维护援助计划(SIGMA)等项目上也都遭遇了失败。

第五代计算机开发计划给我们提供了以下教训:

(一)由于高科技研发的不确定性,由政府来主导产业技术发展方向的做法并不可取

在第二次世界大战后很长一段时期里,日本政府通过选择主导产业并加以大力扶持,以促进这些产业迅速成长,继而推动产业结构升级。这种政府主导的发展战略以及为实现战略而推行的产业政策在经济赶超阶段可能会比较奏效,因为有发达国家的产业发展经验可资借鉴。但随着国内产业结构的高科技化和经济结构的日趋复杂,政府认知能力的局限性蕴涵着预测失误的可能。如果政府对下一个阶段战略性产业和关键技术的判断出现较大的失误,挑选并扶持主导产业的政策不仅可能导致大量资源的浪费,还有可能延缓相关产业的发展。在第五代计算机项目中,日本政府过高估计了新的人工智能技术取代现有大型计算机技术的可能性,从而导致了研发计划在商业上的失败。

(二)政府推动的产品开发项目或者科技攻关计划不仅要关注对新技术的突破,更应该考虑新技术的市场需求

第五代计算机计划把重点放在少数技术前沿的突破上,而不是致力于推动现实应用。在第五代计算机计划的制定者看来,第五代计算机使用的人工智能技术是对当时的大型计算机技术的一场革命,一定会受到使用者的欢迎,因此在整个研发过程中几乎没有考虑到新旧技术的兼容性、消费者的习惯和费用等问题,完全按照研发者自己的思路去开发独特的软硬件。但研发者没有预料到个人电脑和计算机工作站的迅速普及以及互联网的爆炸式扩张,这些意料之外的技术发展,使日本自行开发的第五代大型计算机系统游离于市场主流之外,完全丧失市场价值。

(三) 对于赶超型国家来说，追求现行技术的完善比追求全新技术的突破更为现实

后发国家技术追赶的过程通常是通过引进—消化—吸收—再创新的路径实现的，因此这些国家通常掌握了集成创新和消化吸收再创新的能力，能够沿着主流的技术路线不断改良现有的主导技术。赶超型经济模式的特点决定了这些国家极少从事原始创新，因此在基础研究方面也比较薄弱。因此，赶超型国家在实现技术创新的过程中，比较务实的研发路径可能是，运用积累的工程技术能力不断完善现有的主导技术，并实现改良技术的产业化，同时逐步加大对基础研究的投入，在条件成熟的时候再寻求在某些技术领域的原始创新。在20世纪80年代日本开展的尖端技术研发计划中，试图实现全新技术突破的第五代计算机计划失败了，但致力于改善并行处理、高速逻辑和存储芯片等生产领域已有技术的超级计算机项目却取得了技术和商业上的成功。

第四节　后发优势的消失与自主开拓时代的迷茫

从20世纪80年代开始，日本经济发展面临的国内外环境发生了深刻的变化。经过第二次世界大战后三十多年的经济高速增长，日本的经济规模一举超越联邦德国，成为世界第二大经济体。在经济赶超的过程中，日本的产业竞争力也日益增强，国际市场份额不断扩大。1980年3月，通产省产业结构审议会发表《八十年代通商产业政策构想》，宣布日本已经结束了战后以来的"追赶现代化"时代，正"迅速迈进世界一流国家的时代"。正如日本前首相大平正芳曾经指出的："明治维新以来，日本的目标就是赶超欧美先进国家……可以认为，通过模仿先进国家的知识和技术发展自己的时代已经过去了；已经迈入依靠自己的力量，开拓新领域、走自己道路的创造性发展阶段了"[1]。尽管日本当时就认识到了赶超时代的结束和自主开拓时代的到来，但当时很少有人意识到，新时代的到来也给日本经济发展方式提出了严峻的挑战，赶超时代推动经济迅速发展的体制机制可能会成为进一步发展的桎梏，新的经济环境要求发展方式进行大的调整。由于认识上的局限和传统体制的制约，三十年来日本经济发展方式的转变进展缓

---

[1] 日本大平正芳纪念财团编著，中日友好协会，中日关系史研究会编译．大平正芳[M]．中国青年出版社，1991（9）：755-756．

慢，使日本的经济发展受到了很大的困扰，甚至导致了"失去的十年"。

格申克龙曾经指出，后发国家存在着后发优势，它们可以直接利用发达国家丰富的知识存量，只需要支付较少的费用就可以引进国外的先进技术，并通过消化吸收的技术学习过程逐渐形成生产能力和创新能力，迅速缩短与发达国家在技术上的差距。不仅如此，后发国家还可以通过对发达国家经济结构和社会制度的模仿和移植，建立起更加有利于本国经济发展的制度安排。日本在80年代以前的经济快速发展为这个理论提供了完美的现实注解。但随着赶超时代的结束，日本的后发优势不复存在，无论是经济规模还是产业结构，日本和欧美发达国家站在相同的起点上，下一步如何实现经济的可持续发展，日本再也没有可供借鉴的模式，一切都必须靠自己探索。但日本没有能够迅速适应这种变化，在新的自主开拓的时代，陷入了没有航海图指引的发展方向的迷惘。

一、泡沫经济的崩溃与失去的十年

20世纪80年代前半期，日本企业的国际竞争力达到了顶峰，日本与欧美国家之间的贸易摩擦愈演愈烈。在这种背景下，由原日本银行行长前川春雄牵头组织的一份研究报告首次提出：日本经济应当从出口导向型转变为内需主导型。这是自主开拓时期日本第一份明确提出转变经济发展方式的政策咨询报告，但"前川报告"的着眼点在于改善由于贸易顺差和国际收支盈余而带来的国际经济摩擦，而不是从经济结构和制度安排上进行彻底的改革。

80年代中期"广场协议"的签署导致日元大幅度升值，给日本的出口部门造成很大的冲击。为了提高经济景气，日本政府采取了宽松的货币政策，以期拉动内需，改善企业的经营环境。但由于与赶超经济相伴而生的公共规制、过高的法人税以及限制竞争的商业习惯等弊端长期得不到革除，迫使许多企业利用日元升值的机会进行海外投资，充分利用相对廉价的海外要素禀赋进行生产，以进一步巩固日本制造业的竞争优势，这就使得日本经济出现了产业空洞化的问题。在日本经济实现赶超的过程中，日本的人均收入随着经济增长而不断增加，人们的需求结构也相应地在不断升级，在当时汽车、家电、住房等耐用消费品普及率已经很高的情况下，仅靠货币政策的刺激短期内难以催生出新的消费热点和经济增长点。因此，企业即使能够比较容易的获得信贷支持，也很难在国内寻找到新的生产性投资机会。宽松的货币政策使经济中出现了大量的流动性，过量的货币在实体经济中又找不到与其规模相匹配的投资机会，在资本逐利本性的驱动下，流动性大量地向房地产和证券领域聚集，使得这些资产的价格大幅上扬。在80年代末期，日本的经济泡沫达到了顶峰。

为了阻止资产泡沫的进一步膨胀，日本央行在 1990 年开始加息，连续的加息效应最终刺破了越吹越大的泡沫经济。股市和房地产价格的暴跌，不仅使银行的不良资产规模激增，也严重损毁了企业和家庭的资产负债表，极大地影响了他们对于未来经济前景的信心。由于 80 年代的设备投资过度和经济泡沫破灭后债务增加的影响，企业设备投资迅速减少，投资对经济增长的推动力量大不如以前。企业经济效益的大幅下滑，也严重影响了居民收入水平，使人们的消费意愿减弱，储蓄意愿增强，消费需求对经济增长的作用也在减弱。即使日本央行不断降低利率，甚至使基准利率接近零利率，也没能有效地拉动国内需求，反而使日本经济出现了经典教科书中才会有的"流动性陷阱"。日本政府推动的公共投资和政府消费对提高经济景气起到过短暂的刺激作用，但走走停停的财政刺激不仅没有起到足够的作用，反而使预算赤字剧增。这些因素的累加，导致 90 年代以来日本经济增长的急剧下滑，至今尚未走出低增长的泥潭。

二、在寻找新主导产业的迷雾中求索

日本促进产业结构高级化的方式曾经被被总结为"挑选主导产业"。政府直接干预资源配置，使之向经过挑选的产业倾斜；政府还选择那些能够在国际市场上大显身手的企业"国家队"，并通过贸易保护、财政补贴、价格控制、金融约束等产业政策对它们加以扶持，使这些特定产业部门的企业具备竞争优势。通过这种方式，从第二次世界大战后到 70 年代末，日本先后实现了从劳动密集型产业到资本技术密集型产业再到知识密集型产业的有序替代，在主导产业更替的过程中实现了持续的经济增长。进入 80 年代以后，日本就一直在寻找下一代主导产业。日本政府对以计算机为核心的信息产业给予了高度的关注，认识到计算机产业是具有高度产业关联效应的知识密集型产业，在促进日本经济实现"创造性的知识密集化"方面将发挥核心作用。为了将计算机产业培育成 21 世纪的主导产业，日本政府在政策、资金、人力资源等方面提供了大力的支持。但由于日本政府在技术发展前沿的选择上决策失误，极大地延误了日本信息产业的发展，使其对日本产业发展和经济增长应有的拉动作用远未充分发挥出来。

90 年代以后，日本又试图以制造业的发展为基础，选择新的产业经济增长点：以发展超高速光纤通信推进整体的产业信息化步伐，将建立和发展生物技术产业作为战略目标，推动纳米技术研发尽快走向产业化。此后，IT 领域、环境能源领域、医疗健康生物技术领域、纳米技术和材料领域以及服务领域这五大领域也曾被视为未来新的经济增长点。在应对金融危机的过程中，日本政府于 2009 年 4 月推出了"经济危机对策"的新经济刺激计划，将再支出 15.4 万亿日元，重点之一就是主打绿色牌，以推动包括太阳能产业、新型环保汽车和清洁家电等在内的新能源产业的发展，促进未来经济增长。

尽管自80年代以来，日本朝野为寻找新的主导产业群一直在努力，但至今尚未发现可与钢铁、家电、汽车产业媲美的、能够极大地推动日本经济发展的主导产业。这种努力本身就表明日本仍未摆脱赶超型发展方式的思维，仍然试图通过预测经济技术前景来发掘产业部门的竞争潜力，并采取必要的措施来推动新型主导部门的发展，以带动关联产业的发展。日本已经身处世界产业和技术前沿，由于新兴的技术及与之相关的市场都具有极大的不确定性，开拓新兴产业的任务只能由企业自己来完成。为了鼓励企业的创新，政府的任务应当是推动建立起有利于创新的制度环境和激励机制，例如建立有效率的资本市场、鼓励风险投资、为技术创新和技术扩散提供补贴等。只有在一个鼓励创新的制度下，企业在追求创新垄断收益的过程中才会逐渐发现并形成新型主导产业群，这个过程充满着试错，政府是无法代替企业的。此外，日本政府及相关智囊机构形形色色的主导产业预测，仍然没有改变经济追赶时期以制造业发展为核心的观念，没有适应发达国家信息技术革命和经济服务化的新趋势，那种以工业化为前提的预测理念也使得主导产业的搜寻工作走进了死胡同。

三、技术跨越失去了方向

在日本经济的赶超时期。日本企业通过对引进技术的消化、吸收和再创新，技术能力得到了大幅提升，在很多产业领域已经接近技术前沿。在这一时期形成的官产学研相结合的国家创新体系，推动了日本在超大规模集成电路研究计划等尖端技术领域赶超计划也获得了很大的成功，这极大地增强了政府和企业对本国技术创新能力的信心，认为日本应当实现从技术追随者向技术领先者的转变，积极探索国际技术前沿。持续的技术创新和技术突破不仅可以开启产业发展的新领域，而且能够有力地回击欧美国家对日本企业"只会拷贝西方技术而不善创新"的指责。在这种背景下，日本通过对新兴技术发展方向的分析和预测，精心选择了若干技术前沿领域，并制定了雄心勃勃的技术跨越计划，其中影响最大的是第五代计算机计划。

第五代计算机研究与开发计划（FGCS）于1981年启动，开发过程历时十二年。为了更好地开展FGCS计划，通产省累计投入约568亿日元的巨额研发费用，从国内著名电子公司和研究机构中抽调了100名一流技术专家，组建了"新一代电子计算机技术开发研究所"。这个项目之所以失败，不仅因为它最终没能攻克关键性的技术难题。更重要的是，通产省缺乏对IT产业发展方向的洞察，使项目研究的方向与市场演进的轨迹南辕北辙。FGCS 计划启动之前，国际信息产业领域的主流是美国 IBM 公司所主导的大型机，受"超大规模集成电路研究计划"成功的鼓舞，日本希望通过 FGCS 计划的成功，在大型计算机领域实现对 IBM 的超越。但始料未及的是，从 20 世纪 80 年代开始，全球计算机产业逐渐进入个人电脑时代，到了 FGCS 计划结束的 90 年代，个人电脑已经彻底颠覆了统治了计算领域几十年的大型机。尽管第五代计算机在某些领域确实取得了远远领先于欧美企业的技术突破，但由于技术路线和市场定位的错误，使得第五代计算机基本丧失了商业价值。由于技术预测失误导致的研发方向偏差，耗时十年且耗资巨大的 FGCS 计划最终以失败而告终，日本通过实施 FGCS 计划，执全球信息产业之牛耳的愿望也化作泡影。这对日本的信息产业也产生了很大的影响，在 90 年代美国主导的全球知识经济浪潮中，日本 IT 企业不得不继续沿袭技术追赶的传统路径，在技术方向上紧紧追随美国企业。同样因为对技术演进方向的预测失误，在美国企业纷纷关闭模拟电视生产线的同时，日本却在高清晰度模拟电视上不断加大投资力度，最终也遭遇了市场失败。

在经济的赶超阶段，日本可以充分发挥后发优势，借鉴发达国家的产业发展经验，选择并大力扶持主导产业，推动新兴产业成长和产业结构升级。但随着日本跻身发达国家之列后，再也找不到可资借鉴的对象，进入自主探索时期的日本经济不得不面对技术进步和市场发展所呈现出的多样性和不确定性的挑战。在这个阶段，如果仍然由政府主导前沿技术和新兴产业的发展方向，一旦政府的判断出现失误，就可能降低资源配置的效率，延缓新兴产业的发展。

第五节　政治——经济二重结构与结构转型的困境

对于 20 世纪 90 年代以来日本经济停滞的原因，国内外有很多文献进行了探讨。而其深层原因，正如一位日本经济学家所指出："现在日本陷入了前所未有的经济危机、金融危机。危机发展到这种地步，人们已经指出的原因有提高消费税率、不良债权、亚洲金融危机等等，但所有这些不过是表面的原因而已。在本质上，最重要的原因是日本型的社会、经济体制正在发生种种制度疲劳"[①]。

在日本的经济赶超时代，为了推动经济的高速增长和产业的迅速发展，日本逐渐形成了一套富有日本特色的发展方式和经济体制：经济增长主要依靠制造业

---

① 汤元健治. 政府与民间共同进行结构改革 [J]. 日本经济研究中心会报，1999，3 (15).

的设备投资和工业品的大量出口来推动；发展型政府通过以产业政策为核心的政府干预，对企业的投资决策和经营行为产生了广泛的影响，尤其是在那些具有明显的规模经济和外部性的新兴产业部门，政府设立各种规制，有意识的限制自由贸易和约束国内竞争，以推动幼稚产业的成长；银行与企业间、大企业与关联企业之间建立起了以主银行制和相互持股制为特征的长期交易关系；企业内部形成了终生雇佣制和年功序列工资制；科技进步则通过引进—消化—吸收的机制实现应用技术领域的技术赶超。第二次世界大战后三十年日本经济的飞速发展证明，对于实现经济赶超而言，这种发展方式及与之相适应的经济体制是行之有效的。

但是在自主开拓时代，传统发展方式和经济体制的局限性就充分暴露出来了，出现了所谓"制度疲劳"。稀缺资源向制造业的过度倾斜，阻碍了服务业的升级和劳动生产率的提高，在美国已经实现经济服务化和服务贸易迅速发展的背景下，日本还不得不继续将制造业作为促进经济增长和扩大出口的支柱产业；政府之手的无处不在，压抑了民间经济自主调整的积极性和灵活性；由于缺乏以市场为导向的激励机制，民间企业的创新意愿和创新能力都不尽人意；银企之间和企业之间的长期契约，使公司治理结构形同虚设；企业的内部雇佣和提拔制度不利于人力资源的合理流动，割裂了统一的劳动力市场；长期以来技术创新上的拿来主义，使日本始终不能站在尖端技术的最前沿。在经济全球化不断发展、科技进步日新月异、新兴市场经济国家迅速成长的时代，经济发展方式转型的滞后使日本市场机制的调节功能和市场竞争的生存检验作用得不到充分的发挥，阻碍了技术进步和新兴产业的成长，最终影响了日本经济的长期增长。

日本政府长期实施以产业政策为核心的政府干预，虽然在经济赶超时期推动了经济的增长，但也使日本经济形成了奇特的二重结构：即同时存在一个面向国际市场竞争的高效率的出口部门，和一个主要面向国内市场的生产率低下的内需部门。麦肯锡公司曾经做过一项研究，如果以1999年美国相关产业的劳动生产率为100，那么日本的出口主导型制造业部门为120，其中汽车、电子机械、钢铁等主要出口部门的生产率分别为145、120、115，具有很强的竞争力。政府对出口主导型制造业部门既无管制也无补贴，这个部门的就业也只占日本就业的10%。与此同时，包括食品业、纺织业和家具业在内的主要面向国内市场的制造业部门的生产率平均只有63，而包括零售、医疗和商务服务等在内的服务业部门的生产率平均也只有63，基本没有国际竞争力[①]。经合组织的一份研究报告也认为，日本服务业的竞争力在OECD国家中排名相当靠后，四项指标有三项名列倒数第一（Randall S. Jones and Taesik Yoon，2008）。效率低下的内需型制造业和

---

① 新庄浩二. 日本产业结构的变化与再生 [J]. 产业经济评论，2003（2）.

服务业部门既受到政府的严格管制，也得到大量补贴，它们的就业占总就业的90%。受低效率部门的拖累，日本经济整体的生产率只有69，远低于美国。

低效率部门的广泛存在，正是传统发展方式的后遗症。为了推动产业发展，政府对很多产业领域通过产业政策等方式实行规制，以保证企业能够在一个免受外国企业冲击和国内过度竞争的环境中顺利成长。在制度性因素影响下，民间企业也逐渐形成了封闭性和排他性的交易习惯。由于缺乏竞争的压力，这些内需部门的生产率提高缓慢。服务业部门生产率的长期低下，必然导致服务价格的提高，使需要相关服务的制造业成本上升、利润下降。由于日本的经济结构缺乏灵活性，大量的资本和劳动力滞留在这些效率低下的部门，不能配置到最有效率的产业部门，必然拖累了日本的整体生产率水平的提高，进而影响经济增长。

从90年代开始，日本社会就出现了要求进行结构改革的呼声。90年代中期，桥本内阁曾推出了包括结构改革在内的六大改革计划。此后，以高呼"没有结构改革就没有经济景气"而上台的小泉内阁在任期内也曾推出过《结构改革和经济财政的中期展望》，期望"通过今后几年的集中调整，在中期实现以民间需求为主导的切实的经济增长"。尽管历届内阁提出的结构改革方案在具体内容上有所不同，但从本质上讲，都是希望建立更加灵活的经济结构和运行机制，使生产要素能够由低效率的产业部门释放出来，顺利转移到高效率的产业部门，从而推动经济的持续增长。但迄今为止，日本的结构改革仍然困难重重。这是因为，在经济的双重结构之下，还隐藏着一个政治上的双重结构：代表着低效率部门利益的国会议员们与企业界和政府官员形成了政经结合的"铁三角"，使日本经济和社会中存在着一个反对结构改革的政治力量，任何试图削弱低效率部门利益的议案和政策建议都将会受到阻挠。

日本经济结构的转变之所以艰难，是因为经济—社会中的双重结构改革难以推进，而导致这种双重结构形成和固化的根源，正是曾经被人们津津乐道的推动战后经济发展的独特体制。在经济高速增长时期，政府主导型经济体制和以政府直接干预产业发展为特征的产业政策曾经辉煌一时，但经济停滞使得它们的弊端充分暴露了出来。规模庞大的企业在政府和金融机构的支持下开展大规模的重复的低效益投资，若干大型企业基本垄断了国内重要的产业部门，从而阻碍了市场机制功能的正常发挥，市场竞争状况受到严重影响。一旦国内外市场环境突然出现较大的变化，这些经济中的结构性缺陷就暴露无遗，被持续的经济增长所长期掩盖的结构性矛盾最终集中爆发，导致了长达二十余年的经济萧条。正如"日元先生"神榞英资所指出的："日本经济问题的出路不是如何调整宏观政策，而是如何改革微观和结构性的政策"①。

当前，日本安倍政府正在雄心勃勃实施着推动经济复兴的经济政策。在安倍经济学的三大支柱中，最核心的无疑是结构改革。如果安倍的着眼点主要放在立竿见影的财政政策和货币政策上，而没有足够的勇气和才智去直面不同主体之间的利益冲突，并推动实质性的结构改革，那么，安倍经济学留给日本的，可能只是一场"危险的实验"。

---

① 神原英资：《日本为何难以推进结构性改革》，载于《国际经济评论》2002（3-4）.

第十三章

全球视野下的新兴产业发展模式探讨[①]

全球金融危机推动了国际产业格局的调整变化,世界主要经济体正在把争夺科技制高点作为国家战略重点,大力发展新兴产业。发达经济体更加注重根据新兴产业的发展规律,合理选择产业发展的关键环节和领域进行政策支持,并不断改革制约新兴产业发展的制度安排。俄罗斯、巴西、印度和南非等新兴经济体,都从各自的产业和技术优势以及未来的市场需求出发,加快在新技术开发和新兴产业发展中的布局,积极推动本国新兴产业的成长。新兴产业正在成为引导未来经济社会发展的重要力量之一。研究借鉴世界主要经济体在新兴产业发展方面的经验,对于中国新兴产业的发展不无裨益。

第一节 发达经济体新兴产业的发展态势

一、美国通过发展新兴产业,确保科技优势和产业领先地位

(一)将推动技术创新和新兴产业的发展上升为国家战略

美国政府历来重视科技创新,奥巴马政府更是将创新视作调整美国经济结

---

① 本章部分内容曾发表于万军、冯晓琦:《全球视野下的中国战略性新兴产业发展模式》,载于《江西社会科学》2012 年第 5 期;万军:《发达经济体新兴产业发展的态势、特点和启示》,载于《中国市场》2012 年第 8 期。

构，重新恢复美国经济活力的关键。美国于 2009 年 9 月推出了《国家创新战略：推动实现可持续增长和高质量就业》，2011 年 2 月又推出新版本的《国家创新战略：确保经济繁荣和增长》，认为美国未来的经济增长和国际竞争力取决于创新能力，只有大力发展新技术和新产业，才能实现美国经济快速和可持续的增长，才能提供更多的高收入工作岗位。而要实现这一目标，美国公共部门和私人部门就必须携起手来，大力发展教育、加强基础研究、发展信息技术、改善基础设施，形成良好的促进技术开发和产业创新的生态环境。新版本的《国家创新战略》将清洁能源、生物技术、纳米技术、先进制造业、空间技术、健康护理技术和教育技术作为美国推动技术创新和新兴产业发展的优先方向。此后美国政府又相继出台了《纳米技术发展战略》、《国家先进制造战略计划》、《国家生物经济蓝图》等，对相关领域的发展战略和政策进行具体部署。

（二）全社会研发投入不断增加

尽管金融危机重创了美国经济，但对美国研发投入的总体水平没有产生大的影响。美国的研发投入主要来自于联邦政府、企业、高等院校和其他非营利机构，企业是研发经费的主要提供者和研发活动的主要承担者。联邦政府提供的研发投入主要用于基础研究、共性技术研发以及研发设施和设备，尽管它在全社会研发投入中所占比重并不太大，但对于研发的导向作用非常明显。奥巴马在就职伊始，就提出要把全社会研发投入占 GDP 的比重提升到 3%，以进一步推动美国的技术创新和新兴产业发展。从 2009～2012 年，美国的研发投入占 GDP 的比重一直稳定在 2.8% 左右，占全球研发投入的比重也一直保持在 32% 左右[1]。从美国联邦政府 2013 财年的财政预算来看，即便在政府不得不大幅削减财政赤字、财政支出非常紧张的情况下，用于研发的预算总额仍高达 1 422 亿美元，按照名义价格计算，仍比上年增加了 1.2%[2]。美国以其良好的研发环境、雄厚的人力资源还吸引了大量的外国公司在美国设立研发机构，这对美国的新技术研发也起到了积极的推动作用。

（三）清洁能源成为新兴产业发展的优先方向

美国将新能源产业的技术突破和产业发展放到了非常突出的位置，希望通过大力发展尖端的清洁能源技术，引领新的清洁能源产业革命。这样不仅能够继续

---

[1] Battelle: 2012 Global R&D Funding Forecast.
[2] Matt Hourihan, Federal R&D in the FY 2013 Budget An Introduction, http://www.aaas.org/spp/rd/rdreport2013/13pch01.pdf.

保持美国在技术前沿的领先地位,实现产业发展和就业增加,而且可以减少对海外能源的依赖,从而确保美国的能源安全,更可以实现减少温室气体排放的节能减排目标。奥巴马在《国家安全战略》中明确指出,"能够带领世界建设清洁能源经济的国家将拥有巨大的经济和安全优势","美国在引领清洁能源技术的发展方面正面临新的机遇,一旦成功,美国将执清洁能源领域新产业革命之牛耳,这会成为美国经济繁荣的主要推动力量"[1]。美国议会也制定并颁布了《美国可再生能源法》等相关法案。美国在《2009年美国复苏与再投资法案》中,将高达900亿美元的资金投向清洁高效能源的开发与利用,其主要投资方向包括:提高能源效率、风能和太阳能等可再生能源的推广、交通和高速铁路、智能电网技术的开发和建设、先进电池及电动汽车等的国内生产、绿色创新和就业培训、碳捕获和封存技术的开发和推广、清洁能源设备生产税收抵扣。近年来,奥巴马政府与国会之间就政府债务问题进行着持续的博弈,这使得联邦财政状况经常处于捉襟见肘的状态。即便在财政比较困难的情况下,奥巴马政府也一直在为新能源提供力所能及的资金支持。在2013财年的联邦政府预算草案中,用于新能源的研发、示范和推广的资金为67亿美元。在2014财年的联邦预算中,预算资金比上年又增加了大约30%,以继续支持包括先进的生物能源、新兴核能技术等在内的新能源技术研发。为了更好地推动美国在清洁能源应用和提高能效方面的突破性的技术开发,美国还设立了能源高级研究项目办公室(ARPA-E),专门向能够创造与清洁能源相关的就业岗位、具有商业机会和新产业发展潜力的项目提供资助。ARPA-E迄今为止已经资助了180个项目。在这些政策和法律的推动下,美国围绕着新能源的技术开发及商业化应用开展了大量的投资,并取得了明显的效果。

美国对新能源发展的扶持已经开始取得明显的效果,新能源领域吸引了大量的投资。安永会计师事务所2013年公布的"可再生能源国家吸引力指数(RECAI)",将美国列为全球最佳可再生能源投资国之首。在奥巴马的第一个任期内,美国的风能和太阳能的发电量已经翻了一番。在新能源领域中,风能发展的速度最为迅猛。美国风电协会2013年年初发布的一份报告显示,2012年美国风电新增装机容量为13 124兆瓦,较上年增长28%,创历史新高(见图13-1)。美国风电累计装机容量从2001年的4 141兆瓦增加到2012年的60 007兆瓦,提高了约14倍。据美国能源信息署(EIA)提供的数据,2012年美国的风力发电约占全国总发电量的3.4%,预计2014年能够满足4.2%的电力需求。国际风能协会在2013年年初发布的《全球风电统计2012》表明,2012年美国累计风力装

---

[1] The White House, National Security Strategy, May 2010: 30.

机容量已占全球总量的 21.2%，是仅次于中国的世界第二风力发电大国。美国的太阳能发电发展也很迅速。2009 年以来，美国已经在公共土地上设立了 25 个大规模的太阳能发电项目，能够为 440 万户家庭提供电力，同时还提供了大约 17 000 个工作岗位①。美国在智能电网等能源基础设施建设方面也取得了一系列进展。能源部资助两亿美元并由佛罗里达电力照明公司负责实施的美国第一个大规模智能电网已于 2013 年在佛罗里达州投入运行。

近年来，清洁能源提供的电力在美国电源结构中所占份额不断上升，2008 年仅为 2.8%，2012 年上升到 5.6%。按照奥巴马政府的设想，在 2035 年的美国电力供给结构中，清洁能源发电的比例将达到 80%。美国正在推动一场以新能源为主导的新兴产业革命，为持续的经济增长和繁荣打下坚实的基础。

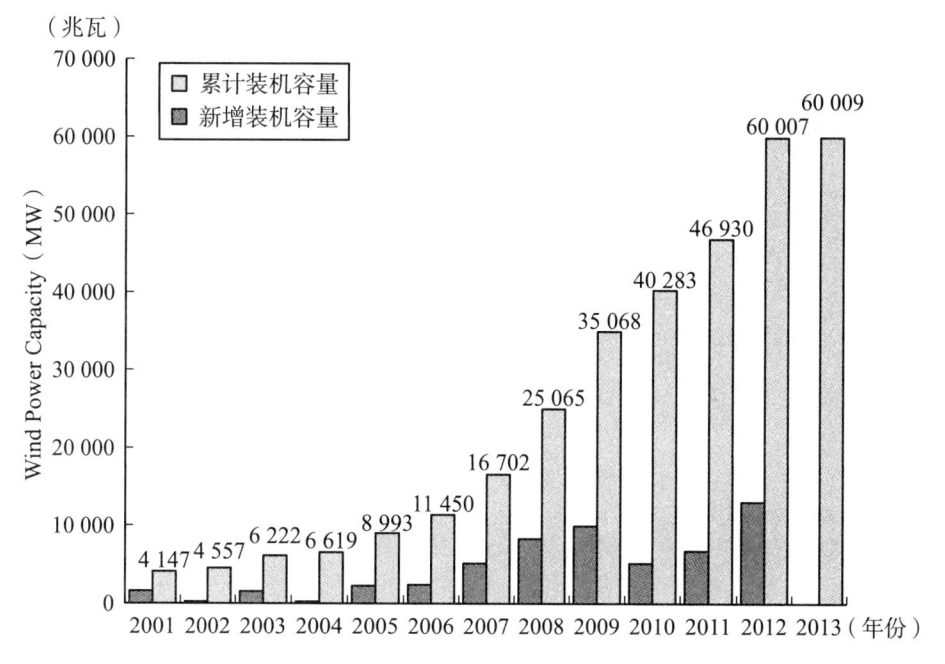

图 13-1　2009~2012 年美国风电装机容量变化情况

资料来源：美国风电协会（AWEA）：U. S. Wind Industry First Quarter 2013 Market Report Executive Summary.

---

① President Obama's Plan to Fight Climate Change, http://www.whitehouse.gov/share/climate-action-plan. （说明：有关数据来自白宫网站这篇文章，网页中未标明作者。）

二、欧盟以低碳经济理念推动新兴产业发展

（一）"创新"和"绿色"将成为未来十年欧盟发展战略的重点

为了更好地推动欧洲经济从危机中复苏，并在未来的全球竞争中继续占据有利位置，欧盟委员会于 2010 年出台了《欧洲 2020 战略》，对未来十年欧洲经济的发展目标和战略重点进行了规划。欧盟将"创新"和"绿色"置于显要位置，希望通过技术创新和产业创新，建立起基于绿色低碳经济的整体竞争力，进而重塑欧盟的经济活力，拉动就业的增长。欧盟各国也纷纷将推动创新、发展新兴产业作为重塑竞争优势的主要方式。英国政府在《打造英国的未来：新产业，新就业》报告中，提出了英国未来应当重点发展低碳产业、生命科学及制药业、数字产业、先进制造产业等新兴产业。为了落实这个战略，2011 年英国实施了"技术与创新中心计划"，迄今为止，已经先后成立了制造业技术与创新中心、海上可再生能源技术与创新中心、再生医学技术创新中心、卫星应用技术与创新中心以及数字经济技术与创新中心五个创新中心，为英国在相关领域的产品和服务商业化开发提供了重要支撑。德国政府也通过了《德国 2020 高技术战略》，确定了气候与能源、保健与营养、交通、安全和通信五个需要重点发展的领域，并提出了一系列推进高科技发展的政策措施。

（二）以发展低碳经济为核心，开展科技研发和产业投资

发展低碳经济、推动环境保护、实现节能减排历来是欧洲各国关注的目标。《欧洲 2020 战略》将实现绿色能效和可持续增长等低碳经济发展理念列为该战略的核心目标之一。欧盟确定了 2020 年要实现的三个 20% 目标，即：二氧化碳排放减少 20%，可再生能源占能源的份额提高 20%，能源效率提高 20%。为了实现这些目标，欧盟委员会发布了"低碳技术发展与投资路线图"，准备在 2010～2020 年间总投资约 530 亿欧元，在风能、太阳能、可持续生物能源、碳捕捉运输与储存、智能电网和可持续核裂变能等领域实施六大"欧洲产业行动"。与这一战略重点相配合，2011 年欧洲投资银行在应对全球气候变化、降低温室气体排放领域投资了 180 亿欧元，占全年总投资额的 30%。欧洲各国在确定本国未来需要重点发展的关键技术和新兴产业时，也大都将与低碳经济相关的技术研发和产业发展置于重要位置，并在研发上大量进行投入，使相关新兴产业的发展进入快车道。以环保产业为例，根据德国环境部 2012 年年初发布的《德国环保产业报

告》，环保产业的迅速发展，不仅使德国的节能减排成绩斐然，2010 年的大气污染排放较 1990 年下降 56.4%，这个新兴产业也成为年产值 760 亿欧元的支柱产业。

随着欧盟国家能源结构的调整，欧洲的新能源研发和应用有了很大的发展。根据欧洲风能协会提供的数据，2011 年欧盟新增可再生能源发电装机容量为 32 043 兆瓦，比上年增加 37.7%，可再生能源占当年全部新增发电能力的 71.3%。近年来欧洲风力发电一直在持续增长，年度新增风电装机容量从 1995 年的 814 兆瓦增加到 2011 年的 9 616 兆瓦，平均年增长率为 15.6%。目前欧盟风力发电的总装机容量已达到 93 957 兆瓦，发电量可满足欧盟电力总消费的 6.3%。在欧洲国家的引领下，全球的光伏太阳能应用呈现爆炸性的增长，总装机容量从 2000 年的 1 400 兆瓦猛增到 2012 年的 102 156 兆瓦，增长了 73 倍。从 2012 年的数据来看，欧洲的光伏市场份额占全球市场的 70%。在推动新能源的多样化方面，欧洲也取得了长足的进步。2012 年 6 月，欧盟统计署发表的欧盟及 27 个成员国可再生能源发展统计报告表明，近年来包括水电、风能、太阳能和生物质能在内的可再生能源应用发展很快，2010 年在欧盟能源消费结构的比重已达到 12.4%，这个趋势持续下去，2020 年可再生能源在能源结构中占比达到 20% 的目标有望实现。

德国是全球可再生能源发展最成功的国家，它是欧洲风电装机的第一大国，国际风能协会提供的数据表明，2012 年德国新增风电装机容量 2 439 兆瓦，累计装机容量为 31 332 兆瓦，均名列欧洲第一，全球第三。德国还是全球最大的光伏太阳能市场，2012 年其光伏新装机容量 7 604 兆瓦，总装机容量 24 800 兆瓦，均比位居其后的意大利高出近一倍[①]。

（三）政府和企业的研发支出稳中有升

全球金融危机和欧洲主权债务危机使欧洲经济近年来一直欲振乏力。尽管《欧盟 2020 战略》要求各国加大研发强度，使欧盟各国研发费用占 GDP 的比重提高到 3%。但在目前的经济形势下，这一目标实现起来并不容易。尽管如此，各国政府为了实现通过创新提升本国企业国际竞争力的目标，即便在财政状况非常紧张的情况下，一般也会保证政府在科技研发方面的预算不被削减。2011 年 11 月底，英国财政大臣在"秋季预算声明"中就表示，将追加 2 亿英镑的科学资本经费，用于智能电网和低碳汽车示范项目、下一代超级计算机研发等优先发展的技术领域及科研基础设施建设。德国联邦教研部 2012 年的财政预算将达 129

---

① EPIA：GLOBE MARKET OUTLOOK FOR PHOTOVOLTAICS, 2013–2017.

亿欧元，同比增长11%。

不仅政府的研发支出基本保持稳定，欧盟的企业研发投入也较以前有所增加。根据欧盟委员会发布的《欧盟2012年度企业研发投资记分牌》即便在欧债危机的冲击下，欧盟企业仍计划在2012~2014年期间将研发投入增加4%。在研发投入最多的前1 000家欧盟企业排行榜中，上榜企业最多的国家依次是德国、法国和英国，其研发投入占欧盟的比重分别是34.1%、18%和15.8%。这表明，欧洲创新活动比较活跃的地区仍然主要聚集在经济发展状况相对较好、科技研发基础雄厚的德、法、英等国。从行业来看，制药和生物技术、技术硬件与设备、软件和计算机服务、休闲品以及健康设备和服务分列研发强度最大的行业前五名。尽管2011年清洁能源没有进入全球研发投入最多的前15名行业，但清洁能源领域的研发投入较上年增加了22.5%，保持了连续三年的快速增长。2011年全球有7家以清洁能源为主业的企业进入全球R&D投入规模的前1 500强，其中6家为欧洲企业。这7家企业包括了3家风能企业和4家光伏太阳能企业，它们在清洁能源方面的研发投入总计7.841亿欧元。这表明，欧盟的创新要素正在向医药、信息技术、健康服务、清洁能源等新兴产业领域集聚。

三、日本在新兴产业的发展中寻求经济增长新动力

（一）重点扶持具有技术优势和市场潜力的环境与能源等新兴产业

战后日本的经济发展史，就是一部挑选相对于本国而言的新兴产业并将其培育为主导产业的历史。日本曾经创造了经济赶超的奇迹，但20世纪90年代以来陷入了"失落的二十年"。为了重振本国经济，日本近年来不断提出新产业发展战略，经济产业省在2004年和2005年制定了"新产业创造战略"和"新产业创造战略2005"，提出将燃料电池、机器人、信息家电、影音文化服务、健康福利、环境能源和商务支持这七大产业作为未来的主导产业而加以扶持，试图创造出引领世界的新兴产业群。经过长期的研讨，日本内阁于2010年6月通过了《新增长战略》最终决议，提出了"绿色创新"环境与能源强国战略、"生命创新"健康强国战略、科技与IT导向国家战略等七大战略领域，希望通过相关产业的发展来带动国内需求的增加，从而在未来十年内实现日本的经济复兴。日本经济产业省随即发表《产业结构远景》报告，提出了要对基础设施行业、环保和新能源产业、文化产业、医疗护理健康产业以及包括机器人、航空航天技术等在内的尖端产业五大新兴产业进行重点扶持。

(二) 进一步加大研发强度，确保优势产业的领先地位

日本是发达经济体中研发投入最多、研发强度最大的国家之一，近年来全社会研发投入占 GDP 的比重始终在 3% 以上。日本政府对科技研发一直进行不遗余力地支持，2011 年和 2012 年的政府科技预算总额分别为 36 484 亿日元和 36 695 亿日元，占 GDP 的比重均为 0.75%。自 2001 年以来，在日本政府的科技预算中，主要用于研发投入的科学技术振兴费总体上在持续增加。尽管受金融危机的影响，2010 年科学技术振兴费一度出现下降，但 2011 年和 2012 年科学技术振兴费均比上年度有所增加，其中 2012 年将达到 13 590 亿日元，同比增长 1.8%。在日本内阁提出《新增长战略》后，日本综合科学技术会议很快制定了第 4 期《科学技术基本计划》框架，提出要继续提高日本的研发强度，政府每年的科技投入应当占到 GDP 的 1%，在 2011~2015 年间每年的政府科技预算应当增加到 5 万亿日元左右。

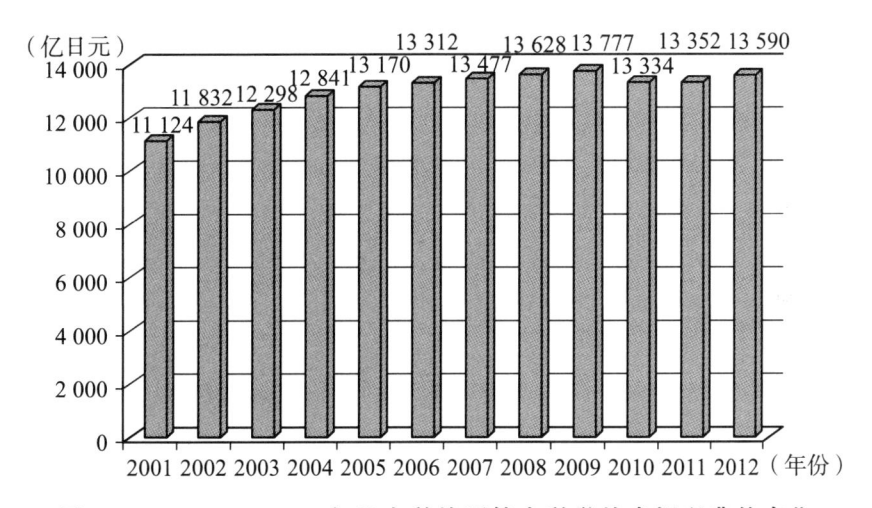

图 13-2　2001~2012 年日本科技预算中科学技术振兴费的变化

资料来源：内阁府政策统括官，平成 24 年度科学技术关系予算案の概要について。

日本企业也将技术研发视为提高产业竞争力的利器，持续进行大强度的研发投资。《日刊工业新闻》多年来一直进行企业 R&D 投入调查，2012 年的调查结果显示，日本主要企业的研发投入已持续三年增长，2012 年较上年增长 4.2%。汽车和医药行业是研发投入增幅最大的行业，环境、能源企业的研发投入也有了显著增长，在技术领域也取得了一些重大突破。日本在太阳能薄膜电池技术领域始终保持着世界领先的技术优势，2013 年日本成为世界上首个掌握海底可燃冰采掘技术的国家。在推动技术进步的同时，日本更加注重将技术优势转化为产业

竞争优势。在新能源汽车领域里，日本不仅取得了一系列重要的技术进展，而且实现了混合动力汽车的规模化生产和销售，进一步巩固了日本新能源汽车的全球领先地位。

第二节 金砖国家新兴产业的发展态势[①]

一、俄罗斯新兴产业发展态势[②]

（一）颁布《创新发展战略》

俄罗斯拥有丰富的自然资源和雄厚的科研实力，但其经济结构不够合理，经济增长过于依赖能源产业。全球金融危机导致的石油价格暴跌，给俄罗斯经济造成了严重的冲击，也使俄罗斯痛切地认识到，应当尽快实现由能源依赖型经济向创新驱动型经济的转型。因此，俄罗斯近年来加快了发展新兴产业的步伐。

2010年俄罗斯政府起草了《2020年创新发展战略》并上网征求意见，经多次修改，2011年12月俄罗斯正式批准了新版本的《2020年创新发展战略》（Инновационная Россия—2020），对2020年前俄罗斯创新的目标、重点方向和国家政策作了较为明确的规划。这份文件指出，实施创新发展战略的目标是使俄罗斯经济成为创新型经济，并以此为突破口，尽快实现向创新型的经济现代化迈进。文件还设定了国家创新型经济增长战略的预期目标，一些具体指标较先前的版本有所上调。这些指标主要包括：（1）市场目标：到2020年，包括核能、航空技术、航天技术、特种船只建造等5~7个产业部门在世界高科技产品和服务市场所占的份额不低于5%~10%；（2）研发投入目标：到2020年，国内研究与开发支出占GDP的比重应该达到3%（较早版本为2.4%，2009年实际比重为1.24%），其中，国家财政拨款不低于45%，政府支出占国内生产总值的1.3%（较早版本为1.1%），私人部门的研发投入占国内研发总支出的一半以上；（3）产业与出口目标：从事技术创新的企业所占的比重达到40%~50%；俄罗斯在全球高科技出口中

---

① 无特别标明，本书所引用的"金砖国家"资料与数据均来自中国科技部网站"国内外科技动态"相关文章。

② 本章的俄罗斯部分与刘秀莲合作完成。

所占比重从 0.3% 提高到 2%；在 GDP 构成中，创新产业的总增加值从 12.7% 提高到 17%~18%；（4）教育目标：2009 年在世界前 200 所大学中没有一所俄罗斯高校，到 2020 年至少有 5 所俄罗斯大学应进入世界大学前 200 名；（5）专利目标：10 年后俄罗斯公民和俄罗斯公司每年在欧盟、美国和日本专利局注册的专利数量应超过 2 500~3 000 个（2008 年为 63 个）[①]。

（二）确定关键技术和重点产业

2011 年 7 月 7 日，梅德韦杰夫签署总统令，确定了俄罗斯科技优先发展的八大领域以及 27 项关键技术。这八大领域包括：安全与反恐；纳米技术；信息与通信；生命科学；未来尖端武器、军事和特种技术装备；自然资源合理利用；交通与航天系统；能效、节能、核技术。俄罗斯对这些重点领域的发展战略都进行了具体的规划，并实施了配套的扶持政策。俄罗斯对纳米技术非常重视，2007 年，俄罗斯设立了"2008 年至 2011 年俄联邦纳米工业基础设施"国家专项计划。该计划成果斐然，政府共投入 50 亿卢布（约合 1.7 亿美元）对研发单位提供设备采购专款支持，初步建立起国家纳米技术网络体系。俄罗斯正在制定到 2020 年纳米工业发展构想，其重点是实现纳米技术产品的商业化和产业化，让科研成果走出实验室，使纳米技术产品的产值在 2015 年达到 9 000 亿卢布（约合 300 亿美元）。在生命科学领域，俄罗斯制定了"2020 年前俄罗斯联邦制药和医学工业发展联邦计划"，加大了对医药产业的政府支持力度，2011~2015 年的首期财政投资将达到 61.5 亿卢布（约 2 亿美元）。俄罗斯在 2015 年前将重点推动医药产品创新开发中心的建立和人才培养，在 2015~2020 年将重点开展新药品和医疗产品的研发，最终在国际医药市场上赢得一席之地。

（三）增加研究与开发投入

为了推动技术创新和新兴产业的发展，俄罗斯政府加大了研发投入的力度。2011 年俄罗斯对民用科学拨款约为 2 278 亿卢布，较上年增长 32%，其中用于基础研究的预算增长了 9%，对应用研究的预算增加了 50%。但从俄罗斯财政部网站公布的 2012~2014 年联邦政府预算政策来看，未来三年联邦政府对民用科学研发的预算将会逐年下降，从 2012 年的 2 547 亿卢布（约合 90.9 亿美元）下降到 2014 年的 1 990 亿卢布（约合 71 亿美元）。但与此同时，联邦财政预算中支持应用研发的部分将有所增加，并主要向超级计算机与网格技术、航天与远程通信、核技术、医学与制药、节能 5 大领域重点倾斜。

---

① "Инновационная Россия—2020"，参见俄罗斯报摘网站 2011 年 9 月 1 日。

(四) 建立高新技术园区

为了加速科技成果从实验室到产品的转化,推进产学研的结合,俄罗斯还设立了一批高新技术园区。2010年3月,俄罗斯在莫斯科郊外的斯科尔科沃建立了创新科研中心,重点支持通信技术、生物医药、空间技术、核能和能源节约这五个领域的企业发展。"斯科尔科沃"创新园区建园以来运作良好,被誉为俄罗斯的"硅谷"。普京在2011年4月发表的年度政府工作报告中指出,政府已经投入600亿卢布建设经济特区和高新技术园区,还将继续投入170亿卢布。已经建成24个经济特区和12个高新技术园区,已有670家从事生物医学和纳米技术等领域的企业入驻园区。普京要求,俄罗斯创新产品在总产量中的比例应当不断增加,十年以后要从目前的12%提高到25%~35%。

二、印度新兴产业发展态势

(一) 以创新战略引领产业成长和经济发展

20世纪90年代以来印度信息产业、制药业等新兴产业的异军突起,已经成为新兴经济体技术追赶过程中的标志性事件。印度充分利用自身独特的劳动力资源禀赋,抓住了经济全球化的有利契机,将丰富的科技人力资源优势转化为高科技产业的竞争优势,使本国的新兴产业获得了快速的发展。印度将创新视为经济繁荣增长的引擎和21世纪国家竞争力的源泉。为了更好地推动本国的技术创新和新兴产业的发展,2010年印度总统宣布,将2010~2020年确定为印度的创新十年。在印度总理的建议下,印度成立了国家创新委员会,为2010~2020年创新战略设计发展蓝图,以促进产业创新、教育创新和社会创新,并推动创新成果实现商业化和规模化生产,从而建立起有印度特色的包容性发展的创新体制框架[①]。

(二) 提升研发投入规模和研发强度

随着近年来印度经济的快速发展,印度在科技研发上的投入也在不断增加。1992年印度的科技研发总支出为451亿卢比,2000年就增加到1 440亿卢比,2008年更是上升到3 778亿卢比,即使按2000年的不变价格计算,印度2008年

---

① National Innovation Council, Report to the People, First Year, November, 2011.

的研发支出也比 2000 年提高了近一倍。印度的研发投入在全球研发投入中所占比重也从 2002 年的 1.6% 提高到 2007 年的 2.2%。印度科技研发支出的增长与国民经济的增长大体同步,研发强度(研发投入占 GDP 的比重)从 1992 年的 0.76% 逐步上升到 2008 年的 0.88%(见表 13-1),但这一比例较之于发达国内明显偏低,也不及中国等其他新兴经济体。2003 年印度政府曾经表示要在 2007 年之前将整个研发支出在 GDP 中比重从当时的 0.8% 增加到 2%,这一目标显然没有实现。预计印度在下一个五年计划将大幅增加科技预算,以更好地支持以创新为导向的研发活动[①]。

表 13-1　　　　2000~2008 年印度研发支出的变化　　　　单位:百万卢比

年份	总研发支出 (当前价格)	研发支出名义 年增长率 (%)	总研发支出 (按 2000 年不变价格)	研发支出实际 增长率 (%)	研发支出在 GDP 中的比重 (%)
2000	143 976	15	143 976	11.14	0.81
2001	161 988	13	156 879	8.96	0.84
2002	170 382	5	160 219	2.13	0.81
2003	180 002	6	163 037	1.76	0.80
2004	197 270	10	172 756	5.96	0.78
2005	216 396	10	179 600	3.96	0.75
2006	287 767	33	229 538	27.80	0.88
2007	329 416	14	248 954	8.46	0.87
2008	377 779	15	274 128	10.11	0.88

资料来源:UNESCO Science Report 2010;The Current Status of Science around the World.

在发达国家,国内研发投入的主体是企业,而印度研发投入的主体仍然是政府,政府支持的研发支出占到了国内研发总支出的 2/3。但随着企业实力不断增强,尤其是在政府鼓励新兴产业发展政策的引导下,越来越多的社会资金流向制药产业、信息产业等技术密集型的新兴产业,使得企业的研发投入也在迅速增加,在国内研发总支出中所占的比重从 1991 年 14% 上升到了目前的 28%。高等院校和科研机构在国内研发总支出中的占比约为 5% 左右。从产业部门来看,研发支出最大的产业依次是:制药业、交通运输业、电子设备、信息产业、化工、生物技术、机械设备等。其中制药业是研发投入增加最快的行业,2000 年以来

---

① UNESCO Science Report 2010;The Current Status of Science around the World.

研发支出的年均增长率高达35%。正是得益于持续的大强度研发投入，印度已成长为世界制药业大国。印度制药业2008年销售额约为190亿美元，比1980年增加了60倍。

（三）制定优惠政策以吸引社会资本投资

新能源是印度新兴产业发展的重点领域之一。印度经济的迅速发展使得经济增长与能源短缺之间的矛盾日益凸显，印度原油的进口依存度已经高达75%，确保能源安全成为印度经济持续发展必须解决的一个重大问题。为了更好地保障本国的能源供应，同时在方兴未艾的全球新能源产业竞争中获得一席之地，印度政府近年来实施了一系列扶持政策，并取得了明显的效果。

为了更好地推动新能源产业的发展，印度调整了政府机构，将原"非传统能源部"更名为"新能源和可再生能源部"，负责印度新能源的发展战略规划、政策制定和执行。印度提出了明确的新能源发展目标，2012年可再生能源发电在印度电力需求中的比重要提升到10%，在电力构成中的比重也要达到4%~5%。为了实现这个目标，政府推出了一系列鼓励投资的优惠政策。例如，为太阳能发电项目提供财政支持，为新的光伏发电及太阳热能项目提供30%的资金支持以及5%的低息贷款；通过国家清洁能源基金，建立绿色银行，向各类可再生能源项目提供资金支持等。这些财政金融政策吸引了大量的社会资金投向新能源产业。彭博新能源财经（BNEF）提供的数据显示[①]，2011年印度可再生能源产业吸引的投资达103亿美元，投资增幅比上年的68亿美元大幅增加52%。其中对太阳能项目的投资为42亿美元，与上年的6亿美元相比，增幅达600%，太阳能发电装机容量由2010年的18兆瓦增加到277兆瓦，预计2012年还会增加500~750兆瓦；2011年风电领域的投资更是高达46亿美元，新增装机容量2 827兆瓦，预计2012年将进一步增加到3 200兆瓦。印度一跃成为2011年全球清洁能源投资增长速度最快的国家。

（四）鼓励跨国公司设立研发基地

近年来印度经济的蓬勃发展，使很多跨国公司充分认识到印度高素质的科技人力资源在先进技术研发领域的巨大潜力。印度政府对跨国公司从事研发活动持开放的态度，这鼓励着越来越多的跨国公司涌入印度。目前已有包括通用电气、Intel、微软、谷歌、摩托罗拉、IBM、现代、辉瑞制药、葛兰素史克等世界著名

---

① Bloomberg New Energy Finance, India saw record $10.3bn clean energy Investment in 2011, 2 February, 2012.

企业在内的两百多家跨国公司在印度设立研发中心。这些跨国企业雇佣着数以千计的当地技术人员，在不少新兴技术的前沿领域开展研发并取得了一系列创新成果：AMD 公司的印度研发中心承担了该公司所产芯片中近一半的研发工作，位于班加罗尔的韦尔奇中心已成为通用电气公司在美国之外规模最大的设计与开发机构。印度不仅在 IT 技术研发领域成就斐然，随着越来越多的跨国制药巨头纷至沓来，印度也逐渐成为全球新药临床实验中心。印度不再仅仅以成本低廉的软件开发中心而闻名，它在信息产业、生物制药等新兴产业的高端技术和产品方面的出色研发能力，正在吸引着更多的跨国公司前来设立研发基地，从而推动先进技术和新兴产业的迅速发展。

三、巴西新兴产业发展态势

（一）制定科技发展战略

巴西是拉丁美洲经济发展最快、技术能力最强的国家。为了给巴西的经济增长奠定坚实的技术基础，巴西对本国的科技发展战略和国家创新体系进行了整体规划，并于 2007 年公布了《巴西科学、技术和创新发展行动计划（2007～2010年）》。这个计划的内容包括：扩大和加强全国科技创新体系，促进能源、生物、航天、国防、公共安全等战略领域的创新；推动企业科技创新；促进战略领域的研发和创新；完善社会发展的科技推广和创新。为了推动科技研发和技能培训，巴西政府加大了研发投入的力度。这个计划规定，到 2010 年在研发和培训方面的投资要达到 410 亿雷亚尔（合 228 亿美元），使研发支出占国内生产总值的比重从 2007 年 1.07% 提高到 2010 年的 1.5%[①]。

（二）重点发展新能源产业

两次石油危机对巴西经济造成了很大的冲击，为了减少对海外能源的依赖，巴西充分利用自身的优势，大力发展以生物质能为重点的新能源产业。巴西拥有丰富的土地资源和适宜的气候，甘蔗和玉米的产量分列世界第一和第三位，发展生物质能的条件极为优越。巴西政府不断加大生物质能技术研发的资金支持力度，仅在 2008～2009 年度，巴西科技部在生物柴油项目就投入了 4 000 万雷亚尔。为了鼓励全社会对生物质能的开发和应用，巴西出台了一系列法律和公共政

---

① "巴西制定科技创新发展行动计划"，中国（巴西）投资开发贸易中心网站，http://cbitc.mofcom.gov.cn/aarticle/guonyw/200711/20071105240922.html

策。2005年颁布的第11 097号法律规定，巴西燃料油中必须添加一定比例的生物柴油，该比例随着年限的变化而逐渐增加，从法律颁布3年后开始实行2%的过渡性添加比例，8年后添加比例应该达到5%。除了通过法律手段对生物质能的开发应用作出强制性规定以外，巴西还出台了一系列鼓励性的公共政策，以增加新能源对社会资本的吸引力。生产生物柴油的企业可以从巴西社会发展银行获得项目资金90%的融资，种植生物柴油原料的农户也可以获得融资贷款[1]。在巴西政府的鼓励和引导下，巴西的生物质能产业发展非常迅速，2009年巴西的乙醇燃料和生物柴油的产量分别为260亿升和16亿升，生产规模仅次于美国，乙醇燃料的出口居世界第一。

(三) 民用航空工业已形成全球竞争优势

大型客机是现代制造业中产品附加值最高的高端产品之一，它融汇现代高新技术于一体，不仅具有技术密集和资金密集的特点，而且具有很长的产业链，对上下游产业的拉动效应极为显著。大型客机产业的发展，对一个国家的经济增长和国家安全都会产生重大的影响。美国、欧盟等发达经济体历来将大型客机产业作为重要的战略性产业加以扶持。在很长一段时间里，由于资金和技术的制约，发展中国家一直没有能力涉足民用航空工业。

巴西民用航空工业的崛起是近年来全球航空工业发展中的重要事件。巴西民用航空工业最初还只能生产简单的教练机，在政府的扶持和企业的努力下，巴西航空工业公司已经在全球支线飞机制造领域形成了巨大的竞争优势。为了扶持以巴航为代表的本国民用航空工业的发展，巴西政府采取了一系列扶持措施，取得了积极的效果。如创设了出口融资资助计划（PROEX），通过直接融资或者利率平衡支付方式对巴西的飞机出口提供出口信贷。巴西航空工业公司以满足客户需求为宗旨，以降低飞机使用和维修成本为目标，通过自主研发和国际合作，技术能力得到了很大的提高，相继研发生产了ERJ135/140/145和E170/175/190/195两大系列的商用喷气飞机，基本覆盖了40~120座级支线飞机的运力范围，成为世界上唯一一家仅用两个飞机系列就能提供支线喷气式飞机全部航程服务的制造商。巴西航空工业公司在全球支线飞机市场上奋力赶超，目前已经拥有了约50%的市场份额。目前，巴西航空工业公司已成为全球最大的支线客机生产商和全球第三大民用飞机生产商。

---

[1] 赵刚等：《巴西大力发展新能源产业的做法与启示》，载于《高科技与产业》，2010年第1期。

四、南非新兴产业发展态势

(一)制定发展规划,增加研发投入

尽管南非近年来经济发展很快,并且在某些产业领域还居于世界前列,但总的来说,南非的科技基础仍然相对比较薄弱。为了促进本国的新技术研发和新兴产业发展,从而为经济的可持续发展奠定坚实的科技基础,并在某些新兴产业形成国际竞争力,南非科学与技术部近年来出台了一系列政策,对国家创新体系和优先研发领域进行了系统规划,并提出了相关政策。2002 年南非科技部就出台了《南非国家研究与开发战略》,提出了推动创新、促进科技人力资源开发、建设有效的政府科技管理体制这三项战略重点,为南非的科学研究与技术创新体系勾勒了整体框架,明确了重点研发的领域[1]。在此基础上,近年来南非不断制定新的战略规划,进一步明确了需要重点支持的关键技术领域。南非相继出台了《南非纳米技术战略》、《南非生物技术战略》、《2008~2018:面向知识经济的十年创新计划》、《面对全球变化重大挑战的国家研究计划》、《南非国家航天战略》等战略规划,并实施了一系列配套政策。为了更好支持相关领域的技术研发,南非政府在 2010 年 11 月公布的《新经济增长路线》中提出:要不断增加对科技研发的公共和私人资本投入,使全社会研发投资占 GDP 的比重从 2007~2008 年度的 0.93%,增加到 2014 年的 1.5%,2018 年要进一步增加到 2%。不断增加的研发投入也要得到相应的回报,南非每年获得的专利数也应当从 2008 年的 91 件,增加到 2014 年的 200 件/年[2]。

(二)以新能源产业为重点,推动新兴产业发展

南非的煤炭储量为世界第五,但国内缺乏石油资源,因此南非的电能结构以火电为主。经济增长使得电力的供求矛盾日益突出,大量使用燃煤发电也会导致环境污染和碳排放增加。为了改善本国的能源供给状况,形成合理的能源结构,南非近年来积极推进新能源产业的发展。南非在 2003 年 11 月就发布了可再生能源政策框架文件,提出了到 2013 年可再生能源满足全国能源需求总量的 4%

---

[1] The Government of the Republic of South Africa, South Africa's National Research and Development Strategy, August 2002.
[2] 科技日报国际部,《2010 年世界科技发展回顾》,中国科技网,http://www.stdaily.com/kjrb/content/2011-01/01/content_262385.htm.

（约100亿千瓦时）的发展目标。为了鼓励新能源投资，南非出台了"可再生能源保护价格"、"可再生能源财政补贴计划"、"可再生能源市场转化工程"、"可再生能源凭证交易"以及"南非风能工程"等一系列政策措施。南非对可再生能源项目提供了不同形式的补贴，对于设在南非境内、技术实现了商业化、发电能力最小为1兆瓦（或者生物柴油年产量在91.4万升以上，生物乙醇年产量在149.5万升以上）的可再生能源项目，能源部可再生能源财政补贴办公室（REF-SO）将给予一次性的补贴；针对可再生能源发电成本高于火电发电成本，从而使得可再生能源在上网竞价时缺乏竞争力的情况，南非能源管理局发布了"可再生能源保护价格"（REFIT），对可再生能源发电的价格实行保护性收费价格，因此，尽管垃圾填埋沼气、小型水电、风能和集热式太阳能4种可再生能源发电的价格分别为：0.9兰特/千瓦时、0.94兰特/千瓦时、1.25兰特/千瓦时、2.1兰特/千瓦时，大大高于目前火力发电价格0.33兰特/千瓦时，但可再生能源的发电依然能够送入电网。这些优惠政策大大激发了企业投资于新能源的积极性。南非还计划在北开普省阿平顿建造发电能力为100兆瓦的太阳能发电厂，在西开普省建造一座发电能力为100兆瓦的风力发电厂。这些项目的实施，有助于南非实现2013年可再生能源发电量达到100亿千瓦时的既定发展目标。

此外，南非还利用本国生物多样性资源丰富、地理纬度较高等独特优势，积极开拓生物制药、航空航天等新兴产业领域，力图在这些产业形成一定的优势。

第三节 主要经济体新兴产业发展的特点

一、将新兴产业发展纳入国家战略

第一次产业革命以来的全球产业发展史表明，创新和竞争是产业演进的主要推动力量。但在技术创新速度越来越快、成本越来越高的时代，仅仅依靠企业的力量去推动一个国家的技术创新是远远不够的，政府在推动技术进步中的作用将能够发挥重要的作用。新兴产业具有战略性、不确定性、正外部性和复杂性的特征，容易产生市场失灵，这就为政府干预提供了很大的空间。尤其是对于新兴经济体来说，新兴产业在起步阶段，通常面临着技术研发能力不足、国内产业部门配套能力欠缺、国内市场容量有限等不利情况，市场机制不能充分发挥资源配置的作用，政府干预的积极作用可能更为明显。

为了促进本国的技术创新和新兴产业发展，以期在未来的全球经济竞争中占据有利位置，无论是美国、欧盟和日本等发达经济体，还是中国、俄罗斯、巴西和印度等新兴经济体，都不约而同地将新兴产业的发展上升到国家战略的高度，美国提出了《国家创新战略》、欧盟提出了《欧洲2020战略》、日本提出了《新增长战略》；一些新兴经济体也先后提出了未来的科技和产业发展规划，如中国的《国务院关于加快培育和发展战略性新兴产业的决定》，俄罗斯的《2020年创新发展战略》，印度的《走向更具包容性和创新性的印度》、巴西的《巴西科学、技术和创新发展行动计划》、南非的《南非国家研究与开发战略》等。这些国家不仅颁布纲领性文件对新兴产业的发展进行系统规划，还出台了一些配套的政策措施，来鼓励和扶持新技术的开发和新企业的成长。

二、重点发展的新兴产业主要集中在新能源等领域

新技术的发展会催生一批新兴产业，并带动关联产业的发展。因此，每一次在经济系统中引入重大的新技术，总会带来新一波的长期经济增长，实现经济质的变化与飞跃。如果能够认识到新技术发展的可能路径和新产品的市场前景，围绕着正在孕育中的革命性技术进行持续的投资，一旦技术创新最终取得重大突破，新的技术和产品将不仅会取代原有的技术和产品，而且能够创造新的市场，形成新的产业。因此，各国纷纷选择具备重大技术潜力和市场前景的关键技术和新兴产业进行扶持，以期在未来的全球产业格局变化中占得先机。尽管在选择需要突破的关键技术和需要发展的新兴产业时，不同国家会根据本国的实际情况做出各自的选择，但节能环保、清洁能源和生命科学等领域成为各国共同关注和选择的领域。从表13-2不难看出，新能源和低碳环保产业成为各国竞相发展的重点产业领域，这表明，以高耗能、高碳排放和高污染为特征的传统经济发展方式已经对全球经济的可持续发展构成了严峻的挑战，向低能耗、低碳和低污染的经济发展方式转型已经成为世界各国的共识。而生命科学的进步能够有效控制疾病，提高人们生活的质量，因而也备受各国政府的重视。

表13-2　　　　　　　不同国家重点扶持的新兴产业

产业\国家	美国	英国	德国	俄罗斯	日本	韩国	中国
新能源	√	√	√	√	√	√	√
低碳环保	√	√	√	√	√	√	√

续表

产业＼国家	美国	英国	德国	俄罗斯	日本	韩国	中国
生命科学与健康护理	√	√	√	√	√	√	√
信息与通信	*	√			√	*	
纳米技术与新材料	√	*	*	√	*	*	
高端制造业	√	√			√		√
新能源汽车	*	*			*		√
空间技术	√	*		√	*		*
文化产业					√	√	
其他产业	√		√	√	√		

注：画"√"号的为近年来有关国家在政府发布的推动创新和发展新兴产业的纲领性文件中提出的优先发展的重点技术和新兴产业领域，画"*"号的为这些文件中虽然提及，但没有单独作为大类列出，而是包含在前述重点领域之中的技术和产业领域。

资料来源：根据美国《国家创新战略》、英国《新产业，新就业》、德国《德国 2020 高技术战略》、俄罗斯《俄罗斯联邦科学、技术和工程优先发展领域》、日本《产业结构远景》、韩国《新增长动力规划及发展战略》、中国《国务院关于加快培育和发展战略性新兴产业的决定》等整理。

三、增加研发投入，夯实创新基础

为了推动技术创新和新兴产业发展，各国纷纷在科技研发方面投入巨资，在科技领域展开激烈的竞赛。根据著名的美国 BATTELLE 研究所发布的《2012 全球研发投入展望》，按购买力平价计算，2011 年世界各国在研发上的总投资大约为 1.33 万亿美元，比上年增加 6.5%。美国仍然保持世界第一研发大国的地位，2011 年其研发投入达到 4 272 亿美元，超过了位居其后的中国、日本和德国研发投入的总和，占全球研发投入的 32%（见表 13-3）。随着"金砖国家"的崛起，全球科技研发投入的格局正在发生重大的变化。尽管日本和欧洲研发投入总体规模一直相对稳定，但"金砖国家"研发投入的持续大幅增加，使得日本和欧洲在全球研发投入中所占比重近几年一直缓慢下降。在"金砖国家"中，中国研发投入的增长最为迅速，按购买力平价计算的研发费用总额每年都以 10% 左右的速度在增加，从 2010 年的 1 493 亿美元增加到 2011 年的 1 749 亿美元。印度的研发投入增加也很快，从 2010 年的 325 亿美元增加到 2011 年的 380 亿美元，增幅为 16.9%。俄罗斯、巴西和南非的研发投入也在逐步增加，2011 年研发投入分别达到 275 亿美元、249 亿美元和 53 亿美元。由于"金砖国家"研发投入持续的大幅增加,使得它们在全球研发投入中所占比重也在持续上升。中国在全球研发投入的占比从 2010 年的 12% 上升到 2011 年的 13.1%,超过日本成为研发投入的世界第二。尽管"金砖国家"的研发投入增加很快,但与发达经济体相比,其研发投入占本国 GDP 的比重仍然偏低,中国只有 1.6%,其他"金砖国家"占比更低。这表明,随着"金砖国家"经济的持续增长,其研发投入的规模仍然存在着很大的增长空间。

表 13-3　2010~2012 年全球主要国家的研发投入规模及增长率

类别	2011 年研发投入全球排名	国家	2010 年研发支出总额（按购买力平价计算，10 亿美元）	2010 年研发支出占 GDP 比重	2011 年研发支出总额（按购买力平价计算，10 亿美元）	2011 年研发支出占 GDP 比重	2012 年研发支出总额（按购买力平价计算，10 亿美元）	2012 年研发支出占 GDP 比重
发达经济体	1	美国	415.1	2.83%	427.2	2.81%	436.0	2.85%
	3	日本	148.3	3.44%	152.1	3.47%	157.6	3.48%
	4	德国	82.9	2.82%	87.9	2.85%	90.6	2.87%
	5	韩国	49.0	3.36%	52.7	3.40%	56.4	3.45%
	6	法国	47.4	2.21%	49.2	2.21%	51.1	2.24%
	7	英国	39.3	1.81%	40.7	1.81%	42.4	1.84%
	10	加拿大	25.9	1.95%	27.0	1.95%	28.6	2.00%
新兴经济体	2	中国	149.3	1.48%	174.9	1.55%	198.9	1.60%
	8	印度	32.5	0.80%	38.0	0.85%	41.3	0.85%
	9	巴西	23.9	1.10%	27.5	1.20%	30.0	1.25%
	11	俄罗斯	22.9	1.03%	24.9	1.05%	26.9	1.08%
	28	南非	4.9	0.93%	5.3	0.95%	5.5	0.95%

资料来源：BATTELLE：《2012 全球研发投入展望》。

四、调整科技人力资源政策,吸引更多的科技人才

雄厚的科技人力资源是科技进步和新兴产业发展的必要条件。随着全球主要经济体在科技研发和新兴产业发展方面的投资不断加大,科技人力资源的国际竞争也日趋激烈。按照美国国家科学基金会的预测,2012 年美国在科学和工程领域的就业缺口将达两百多万人。为了保持科技领先地位,美国除了通过不同层次的教育体系培养大量的科技人才之外,还不断加大从其他国家引进科技人力资源

的力度。为了留住本国的科研精英并吸引更多的国外专家,欧洲国家也对青年科技人员的研发创新活动进行大力资助。自 2008 年以来,欧洲研究理事会通过实施青年才俊计划项目,已累计向 2 200 多名优秀青年科技人才提供了研发资助。科技人力资源的国际竞争加剧了新兴经济体的人才外流。在科学和工程领域,美国向外国科技人员发放的临时工作签证主要是 H-1B 签证。据美国国家科学基金会发布的《2012 科学和工程指标》披露(见图 13-3),2009 年获得 H-1B 签证的外国就业者中,有 39% 来自印度,10% 来自中国(不含台湾地区);在获得博士学位并拥有 H-1B 签证的外国就业者中,有 29% 来自于中国(不含台湾地区),16% 来自于印度(见图 13-4)。

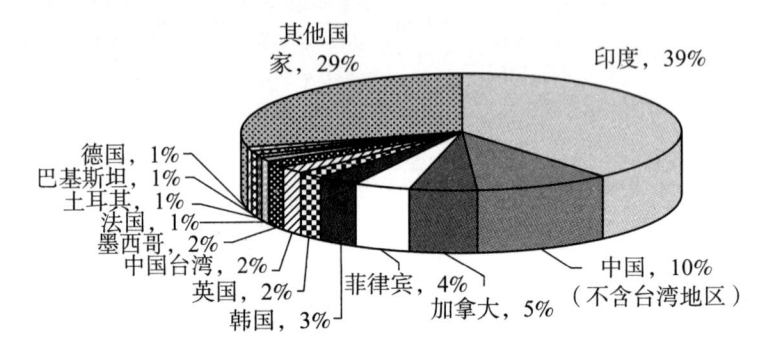

图 13-3　2009 财年获得美国 H-1B 签证的外国就业者的国家(或地区)来源

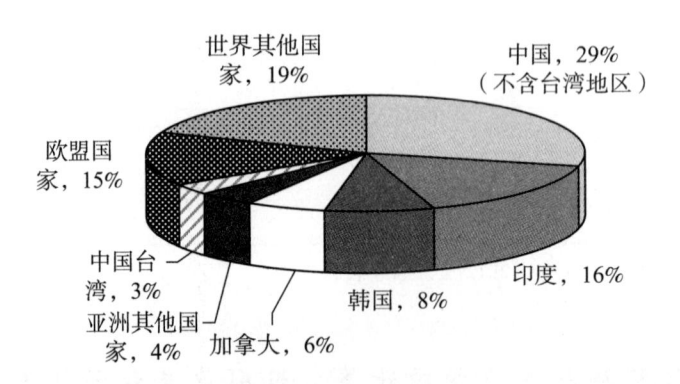

图 13-4　2009 财年获得美国 H-1B 签证的博士学位获得者的国家(或地区)来源

资料来源:美国国家科学基金会:《2012 科学和工程指标》。

人才流失的状况迫使新兴经济体不断改善科研环境和激励政策,以鼓励科技人才留在本国。2010 年俄罗斯政府设立了总额为 120 亿卢布(约合 4 亿美元)的高校科研专项计划,用以鼓励俄罗斯高校与外国科学家开展联合研发工作,以充分利用国外高级智力资源。为了吸引国际顶尖人才参与南非的科研工作，提升南非的科研水平，南非提出了首席科学家计划，在全球范围内招揽顶级科技人才。在首席科学家五年的任期内，每年可以获得 250 万~300 万兰特（约合 37 万~44 万美元）的政府资助。南非目前已经设立了 92 个首席科学家席位，未来将扩展到 210 个席位。在大力引进外国专家的同时，"金砖国家"也在教育上加大投入。按照《巴西科学、技术和创新发展行动计划（2007~2010 年）》的要求，巴西从 2008 年开始将硕士生和博士生的奖学金额度上调 20%，将科学和工程类学生从 9.5 万名增加到 16 万名，以吸引更多的学生申请高级学位。而作为世界科技人力资源大国的印度，不久前也出台了包括设立塔塔科技创新奖金、允许科学家可以在研发项目中按贡献进行提成、可以从企业收取科技咨询费等措施，以减缓人才外流。面对着新兴产业日新月异的发展和科技人力资源供求状况的变化，世界主要经济体都在调整科技人力资源政策，力图不断完善科技人力资源的培养和利用状况，以人才培养、引进和使用为核心的教育和科技人力资源战略正日益得到各国的重视。

五、政府营造良好的创新环境，公私联手促进新兴产业发展

在长期的发展过程中，发达经济体已经形成了一个有利于创新的制度环境，但它们仍然在不断地审视现有体制机制中不利于提高创新效率的因素，并针对存在的问题提出系统的解决方案，以期改善创新生态，吸引更多的资源向创新领域集聚。正如欧盟在《欧洲 2020 战略旗舰计划：创新型联盟》中所指出的，在后危机时代，欧洲必须打破"一切照旧"的发展模式，要将创新作为压倒一切的政策目标。专利制度改革能够促进创新型企业的发展，使知识产权成为发达经济体企业竞争优势的源泉之一。美、欧、日都在积极推动专利制度的改革。2011 年 9 月 16 日，奥巴马签署了《美国发明法案》，这是《美国专利法》实施近六十年来最重大的一次改革。美国专利审核的平均时间将从 35 个月缩至 20 个月，使更多被积压的专利变成市场价值和就业机会。为降低欧盟企业在各国申请专利时的重复投入，欧盟也在积极推进解决单一专利问题，争取在 2014 年授予第一个欧盟专利。各国都在努力探索产学研结合的最佳方式，美国将设立若干个创新中心，为科学家和企业家共同开展创新提供机会，加快科技成果从实验室到市场的进程。欧盟委员会于 2012 年 2 月底通过决定，推出新的加强欧盟创新公私伙伴关系（EIPs）行动计划，以整合教育、研究和创新"知识三角"。尽管发达经济体遭受了金融危机的重创，但由于它们对创新的高度重视，技术创新和商业模式创新依然非常活跃，正在孕育着新的技术革命和产业革命。

六、遵循新兴产业发展规律，提供更加有效的政策支持

从发达经济体扶持新兴产业发展的政策措施来看，政府根据新兴产业发展的特点和规律，从供给和需求两个方面对新兴产业的发展提供激励：在供给激励方面，通过向技术和产品的供给者提供技术研发和产品开发补贴、统一技术标准等方式，降低企业技术创新和技术转化的成本和风险。为了激励私营部门加大研发投入，奥巴马一直在呼吁将研发和实验支出的税收抵扣制度进行简化和永久化，并提议将抵免扩大20%。在促进新兴产业实现规模化生产的名义下，发达经济体还积极推动相关领域国际标准的制定和应用。2011年11月，美、欧、日达成协议，将在联合国世界车辆法规协调论坛（UN/WP29）框架下合作推进电动汽车国际标准。新兴产业行业标准的制定和实施，不仅能够推动新产品的产业化，还能使发达经济体通过制定产业标准牢牢控制价值链的高端。

在需求激励方面，通过加大公共采购力度、产品应用示范、向消费者提供各种形式的消费补贴等需求鼓励措施，激发新产品和新技术的市场需求，为新兴产业提供更大的市场空间。为了启动电动汽车市场，美国能源部提供了9 980万美元，实施了电动汽车和充电设施示范推广项目"EV项目"，在美国11个主要城市部署11 210个充电器（站），并为车主免费入户安装充电器。为鼓励消费者购买电动汽车，美国先是推出了返税政策，根据汽车排量不同，购车者在年终报税后可获得2 500~7 500美元的税收返还。目前又简化了返税手续，在购车时由销售商直接返回给消费者，从而有效启动了电动汽车的市场。

第四节 技术创新与第三次工业革命

一、三次工业革命的分期

近年来，国内外关于第三次工业革命的讨论不断升温。杰里米·里夫金的《第三次工业革命》、彼得·马什的《新工业革命：消费者、全球化以及大规模生产的终结》等著作以及《经济学人》杂志的专题报告《第三次工业革命：制造业与创新》都引起了广泛的关注。工业革命通常是指这样一种经济现象，即随着工业部门内出现持续的大规模技术创新，不仅使全社会的劳动生产率产生了前

所未有的增长，而且使社会生产的组织形式发生了根本性的变革①。尽管对于第三次工业革命的内涵、特点和趋势还存在着争论，但一个不难观察的事实是，以现代科技为依托的先进制造技术已日趋成熟并正在得到广泛应用，这将在很大程度上改变制造业的要素组合和生产方式，并导致全球生产格局的调整，进而对国家间的产业竞争优势产生重大影响。

学术界关于工业革命的轮次和分期有着不同的观点，即便在目前热议第三次工业革命的学者中也存在着分歧。杰里米·里夫金将作为工业革命基础的新能源与新型通信技术的结合视作分期的标准。第一次工业革命起源于英国，随着蒸汽机的发明和广泛使用，以及煤炭的应用和印刷技术的普及，机器大生产取代了手工作坊，极大地推动了社会财富的增加。第二次工业革命始于20世纪的前十年，电信技术和燃油内燃机的结合使人类进入了大规模生产的时代。目前正在进行的第三次工业革命则建立在新能源与互联网有机融合的能源互联网基础之上，能源互联网与数字化制造的结合将为未来的低碳化经济和个性化生产开辟广阔的前景。《经济学人》则以生产方式的变革作为分期标准。第一次产业革命导致机器生产取代了手工制作。在第二次产业革命中，流水生产线的发明和应用使规模化生产成为主流的生产方式。方兴未艾的制造业数字化正在推动第三次工业革命。建立在人工智能、纳米材料和互联网基础上的制造技术变革将颠覆传统的生产方式，大规模生产将让位于小批量、个性化的生产。

关于工业革命分期的争论还在持续，但越来越多的现象表明，当今世界正处于新科技革命的时代，一些重要科技领域显现出发生革命性突破的先兆，第三次工业革命已经初现端倪。

二、第三次工业革命的新特征

持续的技术进步为第三次工业革命奠定了坚实的基础。第三次工业革命并不是制造技术的局部突破或者某些生产设备的重大更新，它是制造业综合技术进步的集中体现。近三十年来，在快速成型、人工智能、纳米材料、清洁能源等关键技术领域不仅发生了一系列革命性的技术变迁，不同领域的重大技术之间也在相互影响和深度融合，使先进技术的产业化应用逐渐成熟和不断完善，正在推动着制造业的整体性变革。与前两次工业革命相比，第三次工业革命表现出了一些新特点，其核心特征是工业化与信息化的深度融合、从工业文明向生态文明的转

---

① 参见 H. J. 哈巴库克，M. M. 波斯坦：《剑桥欧洲经济史（第6卷）》，经济科学出版社2002年9月版，第259~260页。

型,这主要体现在以下几个方面。

(一) 生产工艺数字化

传统的生产工艺是将原材料切削成各种零部件,然后组装成最终产品,而第三次工业革命中的生产工艺变革则简化了复杂的制造流程,实现了从产品设计到制造的数字化。以3D打印技术为例,它通过电脑软件设计出产品,并借助CAD计算机辅助设计对产品数据进行处理,形成数字切片,其原理类似于将一个立体物品切成薄薄的切片,最后通过"分层加工,叠加成型"的添加制造工艺,快速成型生产出产品。

(二) 制造过程智能化

智能制造技术是推动第三次工业革命的关键技术之一,引领着未来制造业的发展方向。随着人工智能、机器人等技术的不断成熟,未来工厂的自动化生产线将由新型传感器、智能控制系统和工业机器人所操控。这不仅能够提高生产过程的稳定性,具有人工智能的控制系统还能够感知和检测生产系统并全方位监控生产过程,对所有产品进行严格的质量管理,使产品瑕疵和质量缺陷降到最低。制造过程的智能化将极大地节约劳动力的使用,但对劳动者的素质提出了更高的要求。

(三) 工业日趋绿色化

自人类进入工业文明时代以来,社会生产力获得了极大地释放,但随之而来的资源能源消耗和生态环境恶化对可持续发展也构成了严峻的挑战。随着各类环保技术、节能减排技术的突破,以及资源回收与再利用的循环经济模式在工业领域的广泛应用,环保因素和资源效率正在重塑现代工业的生产制造模式,以低能耗、低排放和低污染为特征的绿色制造已经成为第三次工业革命的一大亮点。

(四) 新能源应用网络化

新能源与互联网技术的结合所形成的能源互联网将从根本上改变现有的能源利用格局。第二次工业革命时期的能源利用以电气化为特征,在特定的地区集中发电并通过大型电网进行分配。随着第三次工业革命的推进,分布式发电技术能将每一座建筑物转化为微型发电厂,就地收集和使用可再生能源;储能技术的发展和能源互联网的搭建,使建筑物生产的富余能源得以储存并通过能源互联网实现共享;陆地交通运输工具也将转向插电式以及燃料电池动力汽车,还可以通过共享电网平台完成汽车的充电。能源互联网有利于解决人类面临的能源困境,并推动经济的可持续发展。

三、第三次工业革命对全球制造业生产方式的影响

(一) 生产制造模式从大规模生产转向个性化定制生产

在第二次工业革命初期,以福特制为代表的大规模生产方式使工业生产的规模经济效应得到了充分发挥,尽管这种生产方式能以相对低廉的价格满足主流市场需求,但由于产品系列相对单一,难以满足消费者的个性化需求。随着日本经济的崛起,以丰田公司为代表的大规模定制生产方式开始大行其道,它利用柔性生产系统实现产品的模块化设计和精益生产,最终以合理的价格为偏好不同的消费者提供功能和结构有一定差异的产品系列。而第三次工业革命中应运而生的可重构制造系统和快速成型技术则能够满足更加个性化的市场需求。可重构制造系统自身就具有模块化的特点,通过对生产设备构件的重新组合,能及时调整制造系统的工序、工艺和产能,迅速生产出功能和结构有较大差别的产品系列。而快速成型技术的普及则能满足极端个性化的消费者需求。大规模定制和个性化生产相结合的新生产模式既可以实现批量生产带来的成本节约,又能使消费者享有更加多样化的产品选择。

(二) 生产组织方式从工厂化转向网络化

在传统的生产模式下,企业将产品的制造过程进行分解,由不同的生产工序完成不同的零部件生产,最后进行产品组装,这一系列复杂的生产流程必须依托开阔的工厂来完成空间布局。第三次工业革命推动的3D打印技术与互联网的结合,使产品制造能够摆脱空间的束缚。企业根据用户需求设计出产品原型,并通过互联网在全球范围内采购零部件,同时获取所需要的各类协作服务,最终完成个性化定制和社区化生产。这种基于互联网的协同生产模式实现了社会制造网络的无缝链接,使生产组织方式从工厂式的集中生产让位于网络化的社会生产,大大缩短了传统制造业的产业链,提高了生产效率。

(三) 产业组织形态从大企业主导的产业链转向中小企业的网络集聚

在大规模生产方式下,大企业成为产业组织形态的主体,众多的中小企业依附于以大企业为核心的全球产业链,在特定的地理空间上形成产业集群。随着个

性化定制和社会化生产的不断发展，分散合作式的商业模式将变得更为普遍，产业组织形态也将发生相应的变化。快速成型技术的普及将使得制造业的门槛大大降低，中小企业不再为大规模投资和专用性资产所困惑，可以借助于互联网来构建虚拟的产业集群，甚至能组建微型跨国公司，迅速整合各种社会资源，通过小批量、低成本的方式提供独特的定制产品，更快、更好地满足消费者的个性化需求。第三次工业革命将推动形成中小企业与大企业分庭抗礼的市场竞争新格局。

第五节　新兴产业的发展对未来全球产业格局的影响

一、新兴产业将重塑产业发展格局

当前，科学技术正以前所未有的速度迅速发展，大大促进了新兴产业的快速成长。在科技进步的推动下，建立在节能环保技术、清洁能源技术、生物技术、信息技术、新材料技术和先进制造技术等高新技术基础之上的一批新兴产业部门正在脱颖而出。目前信息技术产业已经发展成为新的主导产业，新能源产业群和生物技术产业群正在蕴育过程之中。随着新兴产业的迅猛发展，在不远的将来会形成一个以新能源与环保产业、信息产业、生物技术产业及相关高科技产业为新经济增长点的产业发展新格局。

新兴产业的发展会导致传统产业的产业链重构，对传统产业造成很大的冲击。例如，如果电动汽车逐渐普及，传统汽车制造领域长期形成的以发动机、变速箱和车载电子设备为核心的产业链将受到挑战，越来越多的供应商将会加入到以动力电池、驱动电机和电子控制领域为核心的新产业链中。但新兴产业的发展并不必然意味着传统产业的消亡，新兴产业有着很强的渗透性。随着清洁能源、低碳环保和信息技术的不断成熟，这些技术会向其他产业部门扩散，对这些产业的渗透和带动效应日益增强。如果传统产业部门利用新技术的支持，对工作流程和组织结构进行改造，开展广泛的流程创新、产品创新和商业模式创新，就有可能提高要素组合的产出效率，改善产品和服务的质量，最终与新兴产业一起，共同推动实现建立在低碳环保基础上的可持续经济增长。

二、强化发达经济体在全球价值链中的优势地位

发达经济体的跨国企业已经构筑了一个遍及全球的国际生产网络,并处在全球产业链的高端。国际生产网络的快速扩张,使发达经济体的大型制造企业将低附加值的生产制造环节转移到具有比较优势的发展中国家,自己则专注于研发、管理、财务运作和营销等价值增值环节具有相对竞争优势的核心业务。从前述表13-2可以看出,发达经济体不仅都在大力发展低碳环保、生命科技和信息技术等重点领域,还根据各自的技术优势,分别在空间技术和高端制造业等领域寻求突破,一旦这些新兴产业成长为发达经济体的主导产业,国际分工和全球产业格局也将随之发生重大变化。随着关键技术的不断创新,处于技术前沿的发达经济体的企业有条件率先利用这些新技术,不断提高要素组合的效率,强化发达经济体在各个产业中高附加值环节上的优势,并进一步将低附加值的环节向新兴经济体和发展中国家转移,从而继续占据着国际产业竞争的制高点。在汽车制造业领域这一趋势已经初露端倪,发达经济体专注于混合动力汽车、电动汽车等新能源汽车关键部件的研发,传统汽车的零部件和装配业务向中国等新兴经济体转移的步伐正在加快。

三、为新兴经济体向价值链高端跃迁提供了机遇

近年来,新兴经济体充分利用了经济全球化的机遇,利用本国的资源禀赋优势承接国际产业转移,经济得到了快速的发展,并成为带动全球经济实现复苏的重要力量。但由于受到旧的国际分工格局的影响,新兴经济体的产业部门普遍处于产业链下游的低附加值环节,向产业链上游发展困难重重。新兴产业的兴起使新兴经济体有机会在技术研发和产业发展上与发达经济体站在同一条起跑线上,为新兴经济体改变在全球价值链中的位置提供了难得的机遇。经过多年的迅速发展,新兴经济体的研发能力和产业配套能力都有了长足的进步,在某些技术领域还处在国际前沿,这也使它们具备了发展新兴产业的条件。目前,主要的新兴经济体都在从各自的技术优势和未来的市场需求出发,加快在新技术开发和新兴产业发展中的布局。中国在七大战略性新兴产业、俄罗斯在空间技术、生物技术、纳米技术等领域、印度在信息技术、空间技术、核能技术等领域、巴西在航空技术、海洋工程、生物质能等领域都取得了一定的进展,为实现产业升级奠定了良好的基础。

第六节 对中国战略性新兴产业发展的思考[①]

一、政府营造创新环境，市场引领产业发展

处理好市场与政府的关系，对于新兴产业的成长是至关重要的。战略性新兴产业的形成和演进，表现出与传统产业迥异的路径和特征。面对新兴产业发展中技术与市场的不确定性，政府能够发挥关键的作用，这一点已经被全球新兴产业发展的实践所证实。政府通过实施符合新兴产业发展规律的政策，引导创新要素向符合未来产业发展方向的领域集聚。随着新兴产业的逐渐成熟和市场扩张，会吸引本国的经济资源向这些产业部门流动，从而推动新兴产业成长为主导产业和支柱产业，而这些产业部门的产业关联效应和技术溢出效应又会带动整个产业结构的升级。

尽管如此，政府在新兴产业发展中的作用也不能被过度夸大。在人类需求日趋多样化和技术创新日趋复杂化的背景下，新兴产业技术路径的演化和主导产品的形成只能是通过市场机制和竞争过程而最终实现，政府在其中可以起到很大的作用，但政府决策代替不了市场选择。从主要国家已经颁布的推动技术创新和新兴产业发展的纲领性文件来看，其政策着力点主要在促进技术创新和推动新技术的商业化应用上，对可能产生的基于革命性技术的产业部门一般称之为"新兴产业"[②]，并不冠以"战略性"的称谓。因为新的产业部门能否成长为具有战略意义的主导产业，起决定作用的因素是市场选择而不是政府的认定。演化经济学的研究已经表明，在新兴的技术领域，通常会涌现出大量竞争性的技术方案，哪一种技术路线最终成为主流技术并影响相关新兴产业的形成和演进，取决于市场竞争。即便在新兴技术领域挑选出的主导产业，其未来的前景也是不确定的。在这方面，日本提供了前车之鉴。日本在经济追赶时期，曾经通过"挑选主导产业"并加以扶持的选择性产业政策，推动了不同阶段主导产业的有序更替，从而促进了产业结构的高级化。而当日本跻身于全球产业发展和技术创新的前沿之后，寻

[①] 本部分与冯晓琦合作完成。
[②] 各个国家对"新兴产业"没有统一的明确定义，美国和英国的官方文件使用的词汇是"New Industries"，日本称作"新成长产业"，中国则称之为"战略性新兴产业"。

找下一代主导产业的努力就失去了方向。由于对技术发展前沿的判断失误，日本政府主导的第五代计算机研究虽然投入了巨大的人力物力，但最终因为与市场发展趋势背道而驰，不仅无功而返，而且延误了日本信息产业的发展。对于在新兴产业成长过程中政府和市场的功能定位，美国政府的认识显然更加深刻。《美国创新战略》中就明确指出，民间部门是创新和新产业的引擎，政府的作用是支持创新系统，主张通过市场化的方式推动技术创新和新兴产业发展。

这就启示我们，在中国发展战略性新兴产业的过程中，政府除了为关键技术的研发提供资助和以需求补贴的方式去启动市场之外，更应当主要致力于提供鼓励创新的制度安排，如建立和完善为新兴产业提供融资的多层次资本市场，大力发展各层次的教育和人力资源培训、加大知识产权保护的力度，使企业能够在一个相对宽松的经济环境中开展创新活动，让一些勇于创新的企业和充满冒险精神的企业家率先对所面临的经济环境约束做出反应，并通过创造性的技术革新或者生产组织方式创新，改变生产经营过程中的要素组合方式，从而在市场竞争中获得先机。先行者的成功会通过示范效应和模仿效应逐渐扩散，最终使创新企业的技术和组织方式成为经济中的主流。

二、合理选择关键领域，大力支持技术创新

改革开放以来，中国的产业部门的获得了巨大的发展，企业的技术能力取得了长足的进步。但与国际先进水平相比，中国的技术水平仍然存在着较大的差距。制造业关键技术的自给率较低，一些高技术含量的关键设备基本上依靠从发达国家进口；绝大部分制造业企业技术开发能力和创新能力薄弱，原创性技术和产品数量不足。大力发展战略性新兴产业，有利于显著地提升我国的自主创新能力，从而在新一轮的全球产业竞争中把握先机。

在扶持新兴产业发展的过程中，政府应当遵循产业成长规律，合理选择支持产业发展的关键环节和领域。新兴产业是技术创新所驱动的产业，在推动新兴产业发展的诸多因素中，技术进步是决定性的因素。技术进步依赖知识积累和人力资本投资，技术、知识的创新和人力资本投资都具有很强的外部性，能够使生产呈现出规模收益递增的趋势。技术进步是创新型企业在追求利益最大化的过程中自主最优选择的结果，一切有利于创新活动的努力都有利于新兴产业的发展。因此，政策目标应当始终围绕着技术创新这个新兴产业发展最重要的环节。在推动新兴产业发展的问题上，政府既无必要、也无能力去承担产业发展的全部责任，而应当通过政府有限的研发资金的导向作用，吸引产业部门和金融部门向具有潜力的技术领域进行投融资。

政府对研发活动的资金支持也应当体现明确的导向性，主要的支持领域应当集中在基础研究和产业发展的共性技术领域。这一点在发达经济体中已经表现得尤为明显。从发达经济体的研发投入结构来看，政府是基础研究、重大关键技术、共性技术等研发活动的重要资助者，企业等私人营利性机构才是科技研发经费的主要提供者和研发活动的主要承担者。通常认为，由于创新技术具有正的外部性，一旦技术通过某些渠道外溢，模仿者的蜂拥而至将使企业通过创新实现的垄断租金很快丧失。由于企业成本和社会收益的不对称，因此企业家将不会有足够的热情去开展创新。而近年来的研究则表明，技术创新其实可以分为共性技术创新和私人技术创新（Tassey，2005）。新兴产业的形成离不开共性技术创新，由于共性技术通常具有技术复杂、投入成本巨大、正外部性明显等特点，从而导致社会投资的不足，这才是政府的研发资金应当真正扶持的领域。在基础研究和共性技术研发的组织方式上，政府可以鼓励产学研之间以及企业之间组建技术创新联盟，整合各方的研发力量，共同开展重大项目的技术攻关。在共性技术创新取得重大突破的前提下，企业为寻求更多的获利机会，会不断地自发推动私人技术创新，市场最终会选择最能适应市场需求的技术和产品，从而推动新兴产业的成长。在技术创新领域，政府不应当设定技术路线，而应当鼓励企业去积极探索多元化的技术路线和产品，由市场来完成对技术和主导产品的生存检验。

三、认识新兴产业发展规律，有序促进新技术的产业化

新技术的商品化和新产品的产业化是新兴产业发展中非常重要的环节。从实验室的新技术转变为被市场所接受的新产品，这是新技术产业化过程中"惊险的一跃"。从发达经济体新兴产业发展的历程来看，在新兴产业发展的早期阶段，由于产业内还没有形成占主流的主导产品，企业之间的竞争是产品竞争，不同企业竞相推出基于多样化的技术路线的新产品，由市场来决定产品的应用前景。在这个阶段，由于技术创新和产品创新非常频繁，商业模式也不成熟，为了避免巨大的投资风险，新技术和新产品的产业化规模一般不会很大。只有当市场选择出主导技术之后，新兴产业发展才会进入稳定增长阶段，企业竞争的重点也随之从产品竞争过渡到成本竞争。在这个阶段，只有既具有技术优势又具有规模经济和成本优势的企业才能在市场竞争中生存和壮大。

但从中国近年来战略性新兴产业的发展来看，在《国务院关于加快培育和发展战略性新兴产业的决定》颁布之后，各地掀起了大力发展战略性新兴产业的新浪潮。地方政府对新兴产业的投资回报率产生了很高的预期，但由于对新兴产业成长规律的认识不够深入，还是按照发展传统产业的思路去引进大项目和推动企

业规模扩张，结果形成了地区间的趋同性投资。为了推进本地区的新兴产业发展和产业结构升级，一些地方的政府通过提供廉价土地和政府补贴等方式，将大量稀缺的资源导向技术并不成熟的新兴产业，通过优惠政策引领了大规模的投资，形成了大大小小的各类新兴产业园区，最终导致相关产业的产能严重过剩。太阳能和风能产业在 2010 年还被作为新能源领域的新兴产业加以扶植，在 2012 年却被列为需要制止盲目扩张的产业。这些产能过剩的项目大多集中在价值链低端的装配环节，对推动前沿技术创新并无实质意义。这种基于技术引进和规模扩张的新兴产业发展模式，背离了提升技术能力、实现技术赶超、推动产业升级的出发点，又回到了投资驱动 GDP 增长的老路上。

从产业技术的发展状况来看，中国大力发展的七大战略性新兴产业大都处于产业发展的早期阶段，普遍存在技术变革剧烈、市场需求有待引导等问题，现阶段不仅需要通过包括财政补贴、贴息贷款、研发投入税收抵免等手段，大力扶持创新型中小企业的发展，鼓励企业开展新技术和新产品的研发和商品化，积极推动企业商业模式的创新；还要通过产品应用示范、购买新产品补贴等需求侧补贴的方式，让更多的消费者去使用新技术和新产品，激发对新产品和新技术的市场需求，为新产品大规模的市场推广创造良好的条件。

四、通过新兴产业的渗透，推动传统产业升级

当前，中国经济的可持续发展越来越多地受到劳动力、资源和环境等内外部因素的约束，通过调整经济结构、推动产业升级来实现经济发展方式的转变，已经成为全社会的共识。在寻找经济增长新源泉的过程中，新兴产业引起了广泛的关注。发展新兴产业的积极意义，不仅仅在于它可以引领未来产业的发展方向，显著地提升中国的自主创新能力，进一步增强中国产业的国际竞争力。从中国现实的产业结构来看，通过新兴产业的渗透作用，实现传统产业内的优化升级，其积极意义可能并不亚于产业间的升级。

传统产业是相对于新兴产业而言的构成既有产业体系的主要产业部门。改革开放以来，劳动密集型产业已经成为中国在国际市场上最具竞争力的产业部门，以重化工业为代表的资本密集型产业的市场竞争力也有了显著增强。在未来较长的一段时期，传统产业仍将是中国经济增长的依托和开拓国际市场的主力。不可否认，随着国内外经济环境的急剧变化，这些传统产业正面临着新的挑战，但传统产业仍然存在着很大的发展空间。传统产业提供的产品与人们的日常生活息息相关。随着人们收入水平的继续提高，以及政府扩大内需政策的不断落实，将会为传统产业创造多不胜数的差异化的市场机会。从这个意义上讲，只有夕阳产品

和夕阳技术，而没有夕阳产业。只要传统产业中的企业能够提供优质的产品和服务，满足某一个细分市场的需求，它就有生存和发展的空间。

尽管传统产业部门竞争优势尚存，但其整体上处于全球产业链的低端则是不争的事实。传统产业要想更好地应对经济环境变化的挑战，就必须利用先进技术，提升产业动态竞争能力，尽快实现产业内的优化升级。从这个意义上讲，中国新兴产业的发展，实际上为传统产业升级提供了有力的技术支撑。随着清洁能源、低碳环保和信息技术等新兴产业向传统产业的不断渗透，有利于实现传统产业与新兴产业的有机融合，从而推动传统制造业和服务业加速转型为先进制造业和现代服务业，进一步提升中国产业整体的国际竞争力。

第十四章

合资模式与中国汽车工业的技术依赖[①]

改革开放以来，为了尽快缩短与世界先进汽车生产国之间的技术差距，中国汽车工业采取了以建立合资企业为主的技术学习模式。然而，"以市场换技术"的产业技术政策并没有取得预期的效果。中国的汽车工业与战后日本的汽车工业几乎同时起步，比韩国汽车工业的建立还要早十年。今天日本、韩国的汽车工业已经拥有了国际竞争力，并成为本国重要的出口部门，而中国在加入世贸组织之时，汽车工业仍然作为"幼稚工业"被保护着。中国汽车工业之所以缺乏竞争力，技术能力低下是其中一个重要原因。本书试图利用一个技术学习与技术能力形成的分析框架，来剖析中国汽车工业形成技术依赖的原因。

第一节 技术学习与技术能力的形成

技术通常是指把投入转化为产出的具体生产流程以及在实施这种转化中采用的构成这些活动的知识和技能的总和（金麟洙，1998）。技术是由显在知识（public knowledge）和缄默知识（tacit knowledge）构成的。显在知识能够以资本货品、教科书、操作手册、专利、工程图纸、设计方案和其他技术文件等形式存在，尽管它也包含了创造知识的个人和组织的独特经验，但它作为一种可编码化

[①] 本章部分内容曾发表于冯晓琦、万军：《技术学习与技术能力的提高：后发工业国技术进步的一个分析框架》，《生产力研究》2006年第10期。

的知识，能够通过技术交流、技术培训、技术贸易以及外国直接投资等方式得到广泛的传播和扩散。缄默知识是存在于特定组织的专有知识，通常以组织惯例和特定团队集体经验和技能的形态存在（纳尔逊和温特，1982）。不同组织的缄默知识源于组织演进中的集体学习过程，由于不同组织在成长过程中所面临的环境变化和所需要解决的问题千差万别，由此组织在成长过程中需要不断的对显在知识进行学习、理解并创造新的显在知识。在这个集体学习过程中，由于不同组织的内部结构和外部环境的差异决定具有组织特征的独特的缄默知识也不断积累。由于不同组织成长过程的差异性，导致依赖于过去的机会和市场经验而形成并积累的、以组织为载体的缄默知识是难以模仿和复制的。企业在成长过程中为了应对各种挑战而不断的学习，并在持续的学习中将通用的显在知识与组织独有的缄默知识有机结合起来，使企业的知识存量不断积累，表现为企业技术能力的不断提高，并最终具备创新能力（贾根良，2004）。

上述分析表明，企业"技术能力"就是企业在持续的技术变革过程中，选择、获取、消化吸收、改进和创造技术并使之与其他资源相整合，从而生产产品和服务的累计性学识（或知识）（安同良，2004）。它包括生产能力、投资能力和创新能力。其中，生产能力包括维护现有设备运作、原材料控制、制定生产计划、质量管理、故障处理、工艺和产品调整等生产管理能力；投资能力是能够扩大生产能力和建立新的生产设备的能力；创新能力则是指创造和实施新技术的能力，包括为获取具有商业价值的知识而进行的基础研究和应用研究，以及将这些知识转化为新产品、新工艺和新服务的研发（金麟洙，1998）。对后发工业国的企业来说，这三种技术能力的形成具有阶段性，通常最先形成的是生产能力，然后是投资能力，创新能力是企业技术能力的最高阶段。

技术能力并不是自动形成的，它依赖于企业持续性的有效的集体学习过程。技术学习是指企业利用各种知识来源形成技术能力的学习行为和学习过程。后发工业国企业的技术学习来源一般分为三种：（1）从国外引进技术进行学习。发达国家作为技术创新的先行者，一般也是技术贸易的输出国。后发工业国的企业可以通过国际贸易进口凝聚着先进知识的资本货品，或者通过购买技术许可证等技术贸易，或者利用外国直接投资带来的技术转移，或是通过商业性的展览、培训、信息交流，或者通过大众媒体以及学术交流等渠道从国外获得先进的技术或者知识。（2）从国内公共科研机构、商业组织或者其他渠道进行学习。本国的高等院校、科研院所以及上下游企业都可以为企业提供新的知识来源。（3）企业内部的学习。它包括"干中学"、"用中学"等能够提高生产能力、投资能力的学习和"研发中学"等能够提高创新能力的学习。"干中学"和"用中学"发生在生产制造过程中，通过长期地或强化性地使用某项技术，能够进一步地加深对该项技术功能和特性的理解，不断地提高生产技能，并在此基础上形成投资能力。"研发中学"发生在企业的研究与开发领域，研发活动不仅能够产生具有商业价值的新知识和新产品，而且能够提高消化、吸收和利用现有知识的能力，从而能使企业的技术能力在特定的技术进步方向上得以提高。

应该说，来自于国内外的各种技术学习渠道只是为企业技术能力的积累和提高提供了足够的信息和知识来源，只是企业形成创新能力的必要的条件。如果企业没有技术学习和技术创新的决心和动力，没有在技术学习上投入高强度的持续性努力，企业的技术能力一般停留在生产能力，至多形成投资能力，很难形成技术创新能力。企业生产能力的形成并不困难，通过引进设备并对设备的使用进行必要的培训，企业的生产者一般都会形成基本的生产技能，经过反复的"干中学"和"用中学"，劳动者的生产技能会越来越熟练，表现为学习曲线的不断下降和企业劳动生产率的提高。投资能力是扩大生产能力和建立新的生产设备的能力，它是长期的生产能力，建立在短期生产能力之上。一般而言，经过一段时期的生产能力的积累，企业逐渐会形成投资能力。而创新能力的形成路径与生产能力和投资能力的形成路径则大不相同（见图14-1）。引进的技术是技术先进国企业充分利用显在知识和缄默知识的智慧结晶。其中体现的显在知识比较容易被技术引进企业所理解，但缄默知识只附着于特定的组织之中，是难以把握的。对于后发工业国的企业来说，创新能力的形成只能是在自主研发的过程中，逐渐理解相关技术和产品的技术原理和设计理念，掌握设计方法、制造方法、关键技术和工艺诀窍，形成自己的缄默知识，通过不断地模仿性创新，最终能够设计出具有自主知识产权的新产品和新工艺。

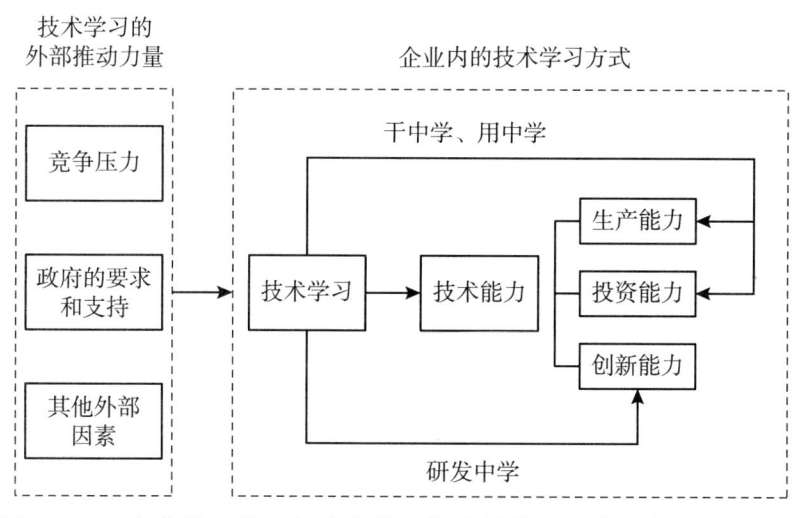

图 14-1　企业技术学习与技术能力提高的外部激励因素和内在机制

第二节 技术学习与后发工业国的汽车产业成长

由于汽车工业强大的关联效应及其对经济增长的推动作用,第二次世界大战后一些后发工业国先后涉足汽车工业,试图建立起既具有独立性又具有国际竞争力的汽车产业。日本和韩国成功地实现了这一目标,目前已经成为世界第二和第六大汽车生产国。巴西、墨西哥、西班牙、南非、泰国等国也先后形成了大规模的汽车制造能力,成为汽车业跨国公司全球战略布局中的重要生产基地。世界银行考察了一些后发工业国汽车工业发展的经验教训后,以技术引进和技术进步为主线,总结出了汽车工业产业发展的四个阶段(见表14-1)。

表14-1　　　　　后发工业化国家汽车产业发展的四个阶段

技术	国内能力	产品	市场	产业结构
第一阶段　封闭环境中的进口替代				
技术落后,通常与当时世界先进水平有20~30年差距	整车和零部件都由国内自制	产品设计简单落后,质量低劣,成本高昂,通过进口限制和政府补贴保护国内企业	国内市场以国产汽车为主,也有少量特殊用途的车辆需要进口	不成规模的分散的产业结构,降低成本还没有成为产业发展的推动力量
第二阶段　引进国外技术:装配技术能力的发展				
国内汽车业从国外引进技术,最初的技术进口的重点是发展装配能力。	通过CKD和SKD发展国内技术能力。但国内还不具备生产重要零部件和特殊原材料的能力,仍需进口。	产品设计和质量提高,但仍落后于国际水平,产品的可靠性和安全性和售后服务尚不完善。	规模不大并且受保护的国内市场以国产汽车为主,但先进技术、重要总成和某些整车仍需进口。	装配活动的经济规模是四万辆,产业内的领先者能达到这一规模,产业结构仍然散、乱。

续表

技术	国内能力	产品	市场	产业结构
第三阶段　大规模生产和制度建设：生产技术能力的发展					
引进技术的重点转向零部件部门和上游产业。	国内企业掌握了现有车型的生产技术，实现了大部分零部件的国产化，质量、安全性和售后服务网有了很大发展，但产品技术和特殊零件仍需进口。	产品设计虽然简单但已经开始与时代同步，但与世界水平仍有数年差距。新车型不多。企业开始综合考虑产品生产、质量、安全性和售后服务网络等问题。	随着国内经济增长，汽车市场规模开始扩大。随着企业实现规模经济和生产效率提高，车价快速下降。	整车的经济规模上升到十五万辆到三十万辆之间，小企业被淘汰，产业结构逐渐形成寡头垄断格局。
第四阶段　产品设计的创新：产品技术的发展					
随着自主开发能力的提高，技术引进越来越少。	国内企业已具备产品创新、企业发展和市场销售能力。	产品质量达到世界先进水平，新车型的不断推出既必要也有可能。	国内企业产业具备国际竞争力，参与国际竞争，不再需要产业保护。	随着 R&D 和产品开发的成本增加，企业生产规模增加到一到二百万辆。寡头垄断格局形成。

资料来源：World Bank："China industrial Organization and Efficiency Case Study：The Automotive Sector" Report No. 12134 – CHA, December 31, 1993.

后发工业国在汽车工业发展之初，国内的技术能力远远落后于当时的世界先进水平。技术水平的初始状态决定了后发工业国汽车工业都是从引进发达国家的生产技术（主要是装配技术）和设备，并进口各种零部件进行组装，通过 CKD 和 SKD 在"干中学"和"用中学"逐渐形成生产能力。从国外的经验来看，后发的汽车工业生产国从技术先进国家引进技术发展本国技术能力的模式可分为两种：一种模式是购买资本货品和技术许可证等技术贸易的方式引进技术，然后消化吸收引进的技术并逐渐形成创新能力，另一种模式是引进外资，由跨国公司提供生产技术和设备，在东道国投资建立汽车厂引进车型进行生产。第一种模式的代表是日本和韩国。20 世纪 50 年代初期，在日本通产省的大力支持下，日产、五十铃等日本汽车厂商通过技术贸易的方式有计划地从欧洲引进轿车生产技术，并进口散件开始组装轿车。仅仅过了十年时间，日本企业就完全掌握了汽车生产的核心技术，并创造性的发明了后来风靡世界的"精益生产方式"和"下请制"。70 年代的第一次石油危机使以省油为特色的日本汽车迅速占领世界市场，汽车工业成为日本最大的出口部门。韩国汽车工业的诞生也得益于通用公司和福特公司的装配技术输出。经过从模仿到创新的艰难历程，韩国汽车工业逐渐具备了自主开发能力，生产出了具有自有品牌的成本低廉的汽车，成为国际汽车产业中的一个后起之秀。尽管由于产业部门的初始状态决定的企业技术学习来源具有共同特点，但其他的后发汽车工业生产国的技术发展路径与日韩两个东亚国家完全不同。巴西、墨西哥、西班牙、加拿大、泰国等国家的技术引进是通过跨国公司的直接投资来实现的。跨国公司在这些国家设立了大规模的汽车制造基地，生产的汽车主要供给这些国家和周边国家的汽车市场。这些国家形成了很强的整车装配能力，由于当地政府的国产化要求，也形成了具有一定规模和技术能力的零部件配套体系，但这些国家的汽车企业基本不具备新车型和重要零部件的独立研发能力，为了与时俱进的提高汽车工业的技术水平，就需要不断的向跨国公司购买新产品的相关生产技术，对发达国家的汽车工业产生了很强的依赖性。与通过技术贸易实现的技术转让模式相比，通过引进外资实现的技术转让更容易产生对国外技术的依赖性。

第三节　合资模式与中国汽车工业技术升级的路径选择

改革开放之初，中国汽车工业是在非常落后的情况下开始对外开放的，国内技术能力低下，国家对汽车产业的投入也严重不足，中国汽车工业不仅需要引进先进技术，也需要相当数额的资金投入。在汽车主管部门和国内汽车企业看来，通过鼓励外国跨国公司和国内有实力的汽车企业共同建立中方控股的合资企业，不仅能够引进先进的生产技术，而且还能借助外方的直接投资解决汽车工业发展的资金问题。这一点在1994年出台的《汽车工业产业政策》中表达得很清楚。"国家鼓励汽车工业企业利用外资发展我国的汽车工业"（第二十七条），有资格与中国企业建立合资公司的跨国公司不仅应当"拥有独自的产品专利权和商标权"、"具有产品开发技术和制造技术"，还必须"具有足够的融资能力"（第二十八条）。产业政策的设计者显然并不希望外国资本控制中国的汽车工业，在《产业政策》中也设定了一些条款对外国直接投资的股权比例和子公司数量进行限制，"生产汽车、摩托车整车和发动机产品的中外合资、合作企业的中方所占股份比例不得低于50%"（第三十二条），"外国（或地区）企业同一类整车产品不得在中国建立两家以上的合资、合作企业"（第二十九条）。但是，利用外国资本发展汽车工业的合资模式一旦被官方认可，就会活跃地复制自身，而不以产业政策的限制意志为转移。轿车工业率先走上了合资之路，中国轿车工业"三大三小两微"八家定点生产企业有七家是通过合资方式建立起来的,唯一一家通过购买技术许可证的方式建立起来的轿车企业天津夏利在艰难地支撑十几年后,也在2001年与日本丰田成立了合资公司。从轿车工业开始,中国汽车工业的其他生产企业也先后选择了合资之路。

诺思曾经指出:"人们过去作出的选择决定了其现在可能的选择"①。中国汽车工业技术引进的合资模式,在选择之初可能是由当时汽车工业的初始条件决定的具有偶然性的选择。但这种技术学习模式会产生很强的路径依赖,对合资企业技术学习的过程和技术能力的形成产生深刻的影响。路径依赖是指某种制度安排或者某项技术因偶然性事件的影响一旦出现,在先发优势的作用下,通过规模效应、学习效应、协作效应和适应性预期等因素的共同影响,使这种制度安排或技术不断的自我强化,最终挤占其他或许是更优的制度安排或技术的生存空间。通过合资模式,合资企业不仅可以迅速获得单纯依靠国内技术力量所无法提供的技术能力,而且可以减少研发中的不确定性带来的风险,缩短研发周期,使新产品上市时间大大提前。良好的市场绩效使合资模式存在着报酬递增和自我强化的机制,在进入新的产品领域或者实现技术能力升级时,合资企业仍然倾向于从合资外方直接获得技术援助,而不是通过自主开发形成独立的技术创新能力。

对于合资汽车企业来说,它通过对国外合作伙伴提供的车型进行国产化,曾经在一定程度上推动了中国汽车工业的技术学习和技术能力的提高,但国产化政策也有很大的局限性。国产化本身并不是目的,而是一种通过引进先进技术来开展技术学习,进而提高企业技术能力的手段。国产化工作是针对引进的特定车型而展开,其内容是以国产的零部件替代进口的零部件。国产化对中国汽车企业技术能力的作用主要体现在汽车的生产能力上,囿于引进车型的限制,与国产化相关的研发不需要多少创造性,而整车的自主开发则需要充分发挥设计人员的想像力,能够从根本上改变一个企业的设计理念和产品意识,因此国产化并不能必然导致整车设计开发能力的提高。国内主要汽车生产企业将大量的人力、财力和物力都投入到国产化过程中,即便是技术开发机构的主要职能也从自主开发设计新产品转变为引进车型的国产化服务,使企业的自主创新和自主研发能力日益萎缩。汽车技术的输出方出于竞争战略的考虑,转让的车型一般是处在产品生命周期的成熟期甚至是衰退期、即将在国际市场上被淘汰的车型。德国大众公司在向上海大众转让桑塔纳轿车车型后,就在本国将这个产品淘汰了。曾经位列"三大三小"之列的广州标致在高度保护的中国汽车市场上都难以立足,就是因为其转让的车型实在太落后,连没有多大选择余地的国内消费者都不认同。因此,国内

---

① 诺斯:《经济史中的结构与变迁》,上海三联书店,上海人民出版社1994年版,中译本序第1页。

企业围绕引进车型的国产化开展的技术学习固然有利于企业技术能力的提高,但针对落后于国际主流技术水平的车型进行的国产化工作,会将国内企业的技术水平始终锁定在某种落后的状态之下,形成"引进车型—国产化—原车型被淘汰—再引进—再国产化"的闭锁回路。

跨国公司在中国投资的目的是充分利用中国的区位优势和资源禀赋,以形成全球范围内最优的资源配置效果。在跨国公司的战略布局中,它在中国投资的合资企业具备生产能力就可以了,不要求它们具备独立的创新能力。相反,这些当地子公司形成创新能力的努力必然会增加企业的研发支出,从而减少跨国公司的利润,这不符合它的利益,因此,除非出于某种战略利益的考虑,跨国公司在东道国的子公司建立自主创新能力的努力是不被鼓励甚至是被限制的。比如,中国目前最大的汽车合资公司——东风汽车有限公司投资 3.3 亿元人民币在广州设立了乘用车研发中心,但合资外方日产公司明确表态:该研发中心只是日产全球研发体系中的一部分,不会独立研发车型。设立研发中心的目的在于研究将日产车型全盘照搬到国内后的生产及配套的国产化问题,至多再根据国内的需要进行一定的适应性改进研发[①]。在一些研究者看来,中国汽车工业并不具备技术优势,放弃耗资巨大的自主研发,借重跨国公司的研发力量,充分利用中国的劳动力优势发展汽车装配业务是符合中国比较利益的明智选择。因为这样做并不影响汽车工业在中国国民经济中的重要位置,跨国公司主导的汽车工业发展也是推动中国经济增长和扩大居民就业的重要因素,未来汽车产品的出口也将极大的繁荣中国的出口贸易。但我们不能不承认另外一个事实,如果中国不具备汽车产品的创新能力,以整车装配为特点的中国汽车工业只能处在跨国公司全球价值链的最低端,只能获得汽车产业巨大价值增值中较低的附加值。

不可否认,中国汽车产业的技术水平与国外先进水平有不小的差距。但中国汽车业已经形成了比较完备的零部件供应链体系,骨干企业通过长期积累也形成了一定的研发能力,这些企业的研发部门通常就是产业级的技术创新平台。如果过于倚重合资模式,跨国公司出于其全球竞争战略的考虑,通常会强化合资企业的生产功能,削弱乃至取消合资企业的研发功能,这种战略安排对于研发能力不太强的中小企业来说影响并不大,但对于曾经是行业排头兵的骨干企业将产生重大影响。国内汽车业市场换技术的结果一再表明,国内骨干企业完成合资以后,企业研发部门的职能被大大削弱,即使没有被撤并,其职能也通常从新产品、新技术或新工艺的自主研发,沦落为国外产品和技术的市场适应性研发或者重要生产设备的改良和维护,附着在这些企业研发部门的承载着相关行业几十年技术积

---

① 宁平:《合资企业漠视技术队伍自主研发渐成海市蜃楼》,载于《中国经营报》,2004 年 5 月 11 日。

累和开发经验的行业技术研发平台的地位大大降低甚至化作乌有，将会严重削弱了行业的自主创新能力。如果"以市场换技术"政策不着眼于提高中国优势企业的技术创新能力和核心竞争力，只是被动的参与跨国公司主导的全球生产体系建设，有可能使中国沦为发达国家中低端产品的生产加工基地。按照世界银行的标准来判断，技术依赖型的技术进步模式已经将中国锁定在汽车产业发展的第三阶段，如果不打破这种路径依赖，升入第四阶段将遥遥无期。

企业技术能力形成的初始状态以及竞争优势的形成途径，对不同类型企业技术能力成长路径的选择会产生很大的影响。政府寄寓厚望的某些大型汽车企业已经被路径依赖锁定在合资模式之中，它们对企业自主开发和创新能力的建设缺乏足够的信心和坚定的决心。打破路径依赖的唯一希望来自于激烈的市场竞争以及竞争压力下企业创新能力的建设。在加入 WTO 前夕，中国放松了对汽车工业的准入限制，奇瑞、吉利、长城等一些新企业获得汽车生产许可证。尽管这些企业的经营机制比较灵活，但由于它们起步较晚并且规模不大，不仅难以获得跨国公司的投资，连依托国内大企业也不容易。它们形成技术能力的唯一途径只能是通过技术贸易引进生产设备和生产工艺。对于这些企业来说，要想尽快形成生产能力，并向市场提供具有一定技术含量且具有相对成本优势的产品，构建企业的竞争优势，就必须努力了解和熟悉所引进技术的操作流程和操作技能，并继而理解技术诀窍，在此基础上最终开发出适合中国市场需求的质优价廉的产品，因此对于企业的技术学习提出了更高的要求。由于在跨国公司和国内大企业的夹缝中生存，迫使这些企业形成了强烈的技术学习愿望和较强的消化吸收能力，不仅投入巨资开展自主研发，而且与国外的专业设计公司开展联合研发，它们正在通过高强度的"干中学"和"研发中学"形成包括创新能力在内的技术能力。奇瑞在不到 3 年的时间里自主研发出成本极低的 3 个平台，4 个系列车型；吉利通过与意大利汽车项目集团和韩国大宇株式会社的技术合作进一步增强了自己的研发实力，并在市场上站稳了脚跟[①]。这些企业已经通过生产能力和创新能力的形成和提升，在中国汽车市场上获得了立足之地。有理由相信，自主开发这种有利于形成核心竞争能力的行为方式将在这些企业的成长历程中得以保留并反复强化，最终将使这些企业的技术能力呈现螺旋形的上升。

市场竞争最大的风险和最大的魅力都来自于未来的不确定性，我们无法准确预测十年以后中国汽车市场的寡头垄断者究竟是谁，但我们可以肯定，如果其中还有本土企业，那么它们一定是具有自主创新能力并且拥有自主品牌的企业。

---

① 武卫强：《自主品牌第三势力轮廓初现》，载于《中国青年报》，2004 年 4 月 7 日。

第十五章

美国政府资助科研项目的无形资产管理：体制、绩效与争议

对任何一个经济体来说，持续的技术创新和科技成果商业化是经济发展和产业升级的基本前提和必要条件。第二次世界大战结束以来，美国持续的经济增长和技术创新很大程度上得益于其高强度的研发投入和有效率的科研成果商业化机制。作为世界上经济最发达、技术最先进、军事最强大的发达经济体，美国一直高度重视通过知识产权战略的调整来推动技术创新和技术扩散，不仅构建了完备的知识产权保护体制，还形成了一套以市场机制为基础的公共研究组织以及非营利机构技术转让政策体系。面对科学技术日新月异的发展和全球产业竞争力状况的变化，美国及时调整政府资助科研项目的无形资产管理体制和政策，不断提升产学研之间的技术合作和技术转让水平，确保美国在经济和科技领域继续保持强大的竞争优势。

第一节 政府资助科研项目无形资产管理的法律框架

第二次世界大战结束以来，美国政府一直非常重视对科学研究的支持，并投入了大量资金资助大学、政府实验室等公共研究组织开展科技研发活动。美国政府资助的研发活动虽然取得了丰硕的研究成果，但由于政府科技项目无形资产管理体制的僵化，使得科技成果的商业化水平很低。在1980年以前，美国的科技

创新成果实行"谁投入，则谁所有、管理并受益"的模式。联邦政府资助研究成果几乎都倾向于归属于政府所有，通过免费或通过非排他方式授权给公众使用，或者直接放弃权利，纳入公共所有（Eisenberg，1996）。截至 1980 年，美国联邦政府拥有 2.8 万个由政府资助而产生的专利，通过专利使用许可而用于生产的数量仅占 5%，而作为重要科研力量的美国大学每年获得的专利从未超过 250 项（GAO，1998），实现科技成果转化的则更少。极低的科研成果转化率导致了大量的科研成果浪费，也在一定程度上影响了美国企业在国际市场上的竞争力。

为了更好地推动科研成果向社会生产力的转化，1980 年 12 月 12 日，美国国会通过了由参议员伯奇·贝赫（Birch Bayh）与罗伯特·多尔（Robert Dole）提出的《大学与小企业专利程序法案》（University and Small Business Patent Procedures Act），也就是著名的《拜杜法案》（Bayh–Dole Act），后被纳入美国法典第 35 编（《专利法》）第 18 章，标题为"联邦资助所完成发明的专利权"。《拜杜法案》的立法目标是：利用专利系统来推动政府资助研发成果的商业化应用；鼓励小企业积极参与政府资助的研发活动；确保非营利组织和小企业的创新能够以一种促进自由竞争、且不会阻碍后续研发的方式被使用；促进美国产业部门及其员工在美国境内的创新能够实现商业化并为公众使用；对于政府的资助创新，政府可以得到相应的权利，以满足政府需求和保护公众，避免该创新未使用和未合理使用；并使相关的行政成本最小化。该法案最重要之处在于，明确了政府资助科研项目所获发明的知识产权权利归属，同时也确定了技术转让的政策原则。《拜杜法案》的通过与实施，使美国科技成果转化的局面为之一新。

美国在通过《拜杜法案》的同时，也通过了《史蒂文森—魏德勒技术创新法》（Stevenson–Wydler Act），1986 年又对该法进行了修订，改称为《联邦技术转让法》（Federal Technology Transfer Act of 1986），技术转让法进一步确认鼓励产学合作的原则以及加强联邦实验室向民间部门技术转让的政策目标，细化了联邦政府资助的发明的权利归属以及利益分配。继《拜杜法案》和《联邦技术转让法》之后，美国又在一系列相关的法律中对政府资助科研项目的无形资产管理和商业化问题做出了相应的规定。这包括 1984 年的《商标明确法》（Trademark Clarification Act）、1989 年的《国家竞争力技术移转法案》（National Competitiveness Technology Transfer Act）、1995 年的《国家技术转让与升级法》（National Technology Transfer and Advancement Act）以及 2000 年的《技术转让商业化法》（Technology Transfer Commercialization Act）等（见表 15–1）。

表 15-1　与政府资助科研项目无形资产管理相关的美国法律

通过时间	法律	相关内容
1980	Bayh-Dole Act of 1980 拜杜法案	适用对象：该法主要针对大学、小企业和其他非营利组织等机构由政府资助的研究项目所产生的发明。大企业和外国人等主体不适用该法。这里的"发明"包括所有可以申请专利或受其他知识产权法保护的成果。 主要内容：(1)大学等非营利组织及小企业如果利用联邦政府提供的资助开展研究所获得发明成果，在一定期限内可选择是否拥有该成果知识产权的所有权；(2)政府可以拥有在全球范围实施该发明的非独他、不可转让、不可撤销的、不必支付权利金的使用授权。
1980	Stevenson-Wydler Technology Innovation Act 史蒂文森-魏德勒技术创新法	立法目标：确立及鼓励联邦实验室向产业部门的技术转让。 适用对象：联邦实验室 主要内容：将推动技术转移确立为联邦政府的职能，要求每个联邦实验室设立研究及应用办公室，每年用实验室总预算中的0.5%来开展技术转让工作。
1986	Federal Technology Transfer Act 联邦技术转让法	立法目标：它是对1980年《技术创新法案》的修订，建立联邦实验室与产业界开展研发合作的机制。 适用对象：政府所有/政府运营的联邦实验室，不适用于政府所有/委托运营的联邦实验室。 主要内容：(1)将开展技术转让列为联邦实验室的一项工作职责，鼓励联邦实验室与产业界开展研发合作和技术转让，将合作研究开发协议的签订权授予政府所有/政府运营的联邦实验室。(2)设立联邦实验室技术转让联合体。(3)允许发明人参与技术转让收益的分配，其所得不少于转让费的15%。但除了总统特别批准之外，发明人每年从技术转让中获得的收益不得超过十万美元。
1989	National Competitiveness Technology Transfer Act 国家竞争力技术转让法	立法目标：授予联邦实验室权限，鼓励其积极与企业建立合作关系。 适用对象：政府所有/政府运营以及政府所有/委托运营的联邦实验室。 主要内容：(1)将产研之间的合作研究与开发协议视为提升美国产业竞争力的重要工具；(2)政府所有/委托运营的联邦实验室也可获得合作研发协议的签订权，可以与产业部门开展联合研发和技术转让。

续表

通过时间	法律	相关内容
2000	Technology Transfer Commercialization Act 技术转让商业化法	立法目标：为政府资助的科研成果的商业化运用提供更加宽松的环境。 主要内容：（1）调整联邦实验室签订合作研究开发协议的权限，允许联邦实验室对合作研究与开发协议签署之前所产生的联邦所属发明进行授权。（2）如果中小企业提出技术转让申请，在同等情况下，可获得优先授权。

资料来源：根据美国相关法律整理。

第二节 联邦政府资助科研项目的无形资产管理体制

一、大学对于政府资助科研项目的无形资产管理

美国的大学承担着教学和科研的双重功能。大学不断地产生着各种发明创造，大学教职员工和学生在产生发明的过程中，如果没有受到联邦机构的资助，那么按照美国《专利法》的相关规定，发明所有权归学校或者发明人持有。对于接受联邦机构的资助而形成的发明，则必须按照《拜杜法案》的规定来确定权属。

（一）政府资助研究项目的无形资产权利归属

按照《拜杜法案》的规定，对于联邦政府资助的研究所形成的发明，大学在一个合理的期限内（通常是两年），有权选择是否拥有研发成果知识产权的所有权。但大学也要承担相应的义务，包括：在发明人的相关报告提交学校后，学校应当在两个月内及时向政府机构提交研发成果；如果大学选择保留权利，则大学应当在一个合理的期限内（通常是一年），负有申请专利的义务，而且应当声明该成果受到了政府资助。如果大学放弃对相关发明的所有权，则该发明的所有权归政府所有。

（二）关于知识产权商业化

如果承包人选择保留发明的所有权，则它必须要承担专利申请以及将专利授

权许可给企业的义务；大学专利的授权要优先用于发展美国产业；大学在向企业提供专利许可时，要优先向小企业提供。但在现实中，这一条并没有得到很好的落实，从美国总审计署提供的一份报告来看，截止到20世纪90年代末期，美国专利申请及转让最活跃的前十所研究型大学所制定的专利政策中，都没有特别强调要优先向小企业提供专利授权（GAO，1998）。

（三）关于无形资产的利益分配

发明人有权分享专利授权许可的收入；在向发明人进行分配后，大学应将专利技术转让所得、全部专利授权许可所得用于教学和科研工作。《拜杜法案》对于具体的利益分配方法未作明确规定。在实际的利益分配中，根据专利许可所获收益的多少，各利益主体分配的比例也有所不同。以哈佛大学为例，如果专利授权收益在五万美元之内，则35%分配给发明人，30%分给发明人所在的系，20%分给学院，15%归大学所有。如果专利转让费用超过5万元，那么相应的比例变为25%，40%，20%和15%（Andrew F. Christie 等，2003）。

（四）政府的权利

（1）政府对受资助单位不保留的发明享有所有权；（2）在适用例外的情况下，比如说，由承包人拥有会损害公平竞争，则发明所有权归政府所有；（3）事后介入权：某些情况下，联邦政府可以要求保留权利的受资助单位给予第三方实施发明的许可，或者由联邦政府直接授予第三方实施发明的许可。这些情况包括：受资助者在适当的合理期间内，未能采取有效的措施，通过专利授权许可的方式将某项发明商业化，以达到该创新的实际应用或使用；专利授权没有优先授予美国产业；出于其他联邦法律规定的保护公共健康、安全或公共使用的需要。但从实践来看，由于行使政府介入权的程序十分繁琐，迄今为止，还没有一起美国政府行使介入权的实际案例。（4）无偿实施权。政府机构在与每家小型企业和非营利组织签订的资助合同中，都必须含有下述条款：对于受资助者的所有创新的权利，联邦机构都有一个为美国政府或代表美国政府在全球实施该创新的非排他、不可转让、不可撤销的、不必支付权利金的使用授权。

二、政府研究机构对于政府资助项目的无形资产管理

与大学有所不同，对于美国的政府研究机构（主要是各类联邦实验室）来说，政府资助项目形成的发明的专利申请和技术许可，主要受《史蒂文森—魏德

勒技术创新法》及其修订版《联邦技术转让法》和其他相关法律的规范和约束。

（一）政府资助研究项目的无形资产权利归属

《联邦技术转让法》允许政府研究机构对自己的发明拥有所有权，并允许其将发明以许可或排他许可的方式转让给企业。如果政府研究机构没有申请专利或者没有将其进行商业化，发明人可以取得发明的所有权。

（二）关于知识产权商业化

在《史蒂文森—魏德勒技术创新法》中明确规定，"联邦政府应当确保实现研发投入的效益最大化，因此，应在适宜情况下实现联邦科研成果向州政府、地方政府和私营企业的转让"。为了更好地推动无形资产管理和技术转让，该法案要求年预算二千万美元以上的政府研究机构都必须设立研究和技术应用办公室，每年须用研发总经费的0.5%进行技术转让工作。政府研究机构应将技术转让列入人事考核指标，要求每一个雇员都应当承担技术转让的责任。

在技术转让的方式上，政府研究机构也需要遵循类似《拜杜法案》的规定，小企业有优先获得许可的权利；如果被许可方在美国获得排他许可，其必须在美国境内"大量生产"许可的产品，以满足国内需求；此外，政府研究机构还可以与私人企业之间建立合作研究开发制度，政府研究机构可以向研究伙伴提供人员、设备等服务（不能提供资金），以获得合作伙伴的研发资金等支持，并共享研究成果。

（三）关于无形资产的利益分配

允许政府研究机构通过技术转让来获得收益，并将技术转让所获得收益的一部分分配给相关发明人，其份额不少于技术转让收益的15%，但除总统特许外，每年分配给相关发明人的技术转让收益不得超过十万美元；发明人以外对技术价值有贡献的共同研究者也可以参与分配奖金。专利转让收入中扣除发明者报酬后的剩余部分，政府研究机构可以用作本年度或下一年度的研究开发支出。

（四）政府的权利

联邦政府享有不支付许可费的非排他许可权，但仅限于政府；如果与政府签订协议的发明者没有履行其义务，政府有权采取合适的行动。

三、企业来自政府资助项目的无形资产管理

《拜杜法案》规定,联邦政府资助的研究所形成的发明的所有权可以归研究执行单位拥有。在1980年的最初版本中规定,如果研发项目受到了政府资助,那么,承担此类项目的小型企业及非营利组织应当及时向政府提交研发成果,并选择是否保留发明所有权的权利,"经由联邦政府提供资助的研究合约,小型企业及非营利组织(包括大学)能够选择是否拥有研发成果知识产权的权利"。也就是说,只有小型企业和非营利机构才可以申请专利,也允许政府机构本身申请并持有专利。大型企业、外国人以及管理经营的授权人(MEO Contractors)不包括在内。如果小型企业或非营利组织选择保留权利,则该单位负有申请专利的义务,并声明该成果受到了政府资助。

1984年美国国会对《拜杜法案》进行了修正,扩大了可以拥有政府资助项目无形资产的主体范围,所有与政府签约的研发项目承担者,无论是小型企业和非营利机构,还是大型企业,都可以将受政府资助的研发成果申请专利并成为专利持有人(见表15-2)。

表15-2　　美国联邦政府资助科研项目的无形资产管理体制

机构类型		政府研究经费的分配		
		大学	政府资助科研项目承包人	政府科研机构
经费使用		用于大学日常的教学科研	按照委托研究合同,提供给大学、私人研究机构等项目承包人	提供给政府研究机构,用于日常科研工作
适用法律		美国普通法以及各大学的知识产权管理政策	《拜杜法案》及相关法律	《技术创新法》及修正案
权利归属	机构对发明的所有权	通常归大学所有	在政府拥有非排他许可权的前提下,承包人可获得所有权	政府所有。除非政府在形成发明的过程中并未提供足够的支持
	获得发明的机构的雇员对发明的所有权	通常完全归大学所有	政府机构可以酌情决定由发明人持有	政府机构可以酌情决定由发明人持有

续表

政府研究经费的分配				
权利归属	政府对发明的所有权	没有	可以有。在承包者放弃所有权,或者政府启动"介入权"的情况下,政府可拥有所有权	拥有
研究成果商业化	谁来决定是否将发明商业化	大学	承包人	政府研究机构
	如果未能商业化怎么办	由大学来决定。发明人可以获得所有权	政府可以行使"介入权"	发明人可以获得所有权
	商业化成功后的利益分配	由大学来决定。技术转让收益通常在大学、院系和发明者之间分配	发明人必须参与收益分配,结余部分用于教学科研	发明人必须参与收益分配,结余部分由研究机构支配

资料来源:Andrew F. Christie,Stuart D'Aloisio,Katerina L. Gaita,Melanie J. Howlett and Elizabeth M. Webster(2003),Analysis of the legal framework for patent ownership in publicly funded research institutions. Report of Department of Education,Science and Training,Australia.

第三节 政府资助科研项目的无形资产管理体系

美国通过制定和完善相关的法律法规,不仅为政府资助科研项目的无形资产管理构建了制度框架和政策体系,还推动了相关机构的建立,从而使无形资产管理政策能够得到有效地落实。这些机构主要包括:(1)美国商务部技术管理局(TA):它是美国联邦政府技术转让政策的执行机构,下设技术政策办公室(OTP)、国家标准与技术研究院(NIST)、国家技术信息服务中心(NTIS)三个机构。其工作目标是关注大学和联邦实验室的技术转让,执行《拜杜法案》赋予的各项职能,促进大学、联邦实验室与企业的合作。(2)"爱迪生(Edison)"系统:美国联邦法律规定,所有的联邦资助接受者和承包人必须向联邦机构报告基于资助协议的发明和专利细节。为了更好地了解和监控联邦资助项目的无形资产管理和利用状况，20世纪90年代末期，美国国立卫生研究院开发了一个关于发明情况的在线信息管理系统，该系统以美国大发明家爱迪生的名字来命名。目前已经有包括国防部、国家科学基金会等三十余家提供研发资助的联邦机构加入了这个系统，有大约500名接受资助的单位或承包商组织已注册和使用该系统。接受资助的项目承包者须将项目形成的发明情况上传到这个系统，通过这个系统，任何一家提供资金的联邦机构都可以了解有关发明的权属和使用情况，如被资助者是否打算拥有相关发明的所有权，是否已经申请了专利，有关专利是否已经授权企业使用等，从而更好地监督被资助者履行《拜杜法案》等相关法律的执行情况，更好地推动科技成果的商品化（Christie et al，2003）。（3）大学技术转让办公室：各大学成立技术转让办公室，在《拜杜法案》及联邦相关法律的框架下，制定各学校自己的无形资产管理政策。（4）美国大学技术管理协会（AUTM）：它成立于1974年，是一个以技术转让为主要目标的组织。团体会员来自研究性大学、研究机构、教学医院和政府研究所，是世界著名的技术转让专业组织。1979年，其成员仅有113个，1989年达到691个，1999年达到2 178个，现在则超过了3 500个。（5）联邦实验室研究及技术应用办公室（Office of Research and Technology Applications），职能与大学技术转让办公室类似。（6）联邦实验室技术转让联合体（FLC）：它是全国性的联邦实验室网络，FLC的雏形问世于1974年，《1986年联邦技术转让法》颁布后正式成立。FLC的使命是扩大成员机构之间的沟通，加强与州政府和地方政府、企业、学术界和其他外部参与者之间的交流和对话，全方位促进联邦实验室和美国的大中小型企业、学术界、州政府和地方政府与联邦机构之间的技术合作，推动联邦实验室的研究成果和技术迅速进入美国经济，促进科技成果向生产力转化。目前，大约300名联邦实验室和中心及其上级部门是FLC的成员。FLC本身并不转让技术，它致力于提高联邦实验室的技术转让效率。时至今日，FLC不仅成为一个研讨科技成果商业化发展战略的论坛，也成为连接实验室与外部市场的纽带。

第四节　政府资助科研项目无形资产管理的绩效

《拜杜法案》及相关法律的通过或修订标志着美国政府资助的科研项目无形资产管理体制的重大变革，这对美国科技成果商业化的推进作用是极为明显的。正如英国《经济学家》杂志所指出的，"《拜杜法案》的意义在于，它把所有在政府财政支持和帮助下完成的发明和发现从实验室里解放出来。"因此，这一法案被誉为"美国国会在过去半个多世纪中通过的最具鼓舞力的法案，如果没有该法，就没有美国今天科技创新层出不穷的繁荣局面。"

一、专利申请和授权数量大幅增加

《拜杜法案》的通过大大激励了大学和政府研究机构开展研发活动并获取专利。根据 AUTM 的调查，从发明创造、专利申请、专利授予、生产许可等方面来看，1991 年后美国大学的技术转让效率在稳步提升（见图 15-1）。专利技术的转化率出现了飞跃式提高，由 1980 年的不到 10% 上升到了 2003 年的 30%。1980 年之前，美国大学的专利申请数量每年平均不到 250 项，而其中能够商业化的专利就更少了，但是到了 2003 年情况发生了巨大的变化，这一数字变为了 3 933 项，增加了十几倍。1991~2002 年，每年平均的发明数量从 6 087 个上升到了 15 510 个，专利数从 1 584 上升到了 7 921 项。2003 年，30 个 AUTM 会员共向市场推出了 472 种新产品。

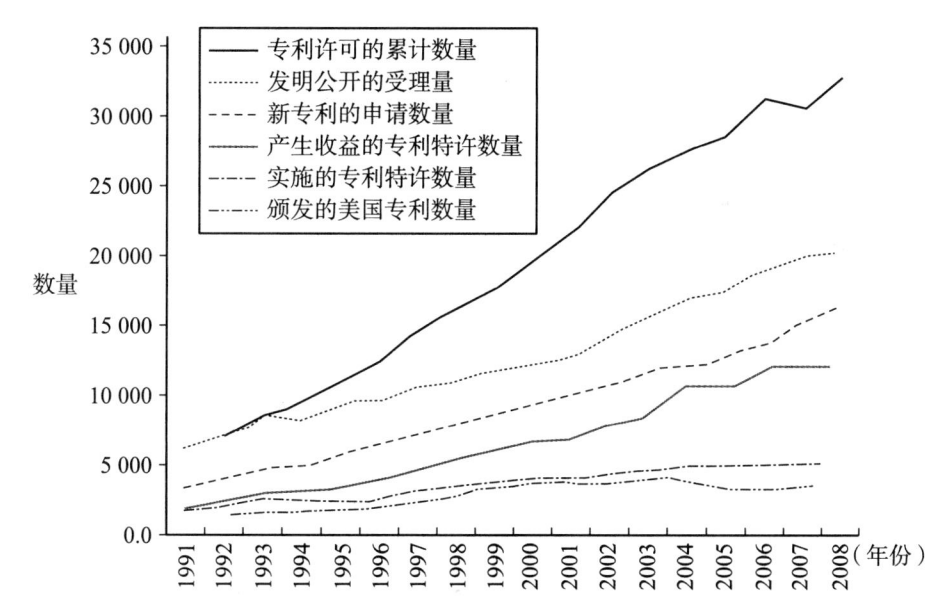

图 15-1　1991 年以来美国大学的发明、申请专利和技术转让情况

资料来源：Vicki Loise and Ashley J. Stevens, 2010, The Bayh–Dole Act Turns 30. Les Nouvelles, December 2010.

《拜杜法案》所推动的大学和联邦实验室的技术创新和技术扩散极大地推动了高新技术产业的发展。随着现代生物科技的重大突破，人类在有效控制过去束手无策的许多疑难疾病方面取得积极的进展。从 1990~2008 年，美国食品药品监督管理局（FDA）审查通过的创新药物和医疗技术中，有 21% 建立在公共研究组织发明的基础上。广为人知的产品包括：加州大学发明的有助于提高新生儿呼吸的人工肺表面活性剂，华盛顿大学和耶鲁大学联合开发的恰加斯（Chagas）病无毒疗法，斯坦福大学和加州大学联合开发的 DNA 重组技术等。而深刻改变了人类生活的互联网浏览器、电子邮件、光纤电缆、Google、移动通讯技术等等也都起源于大学和公共研究机构。这些创新产品产生的巨大收益，推动着美国经济的持续发展。

二、大学和政府实验室从事技术转让的机构数量和技术转让收入持续上升

在 1980 年以前，美国设立 OTL（offices of technology licensing，技术许可办公室）的大学只有 23 所，但目前几乎所有的研究型大学都设有 OTL。由大学作为发起人的企业数量明显增多。1980~2003 年，共有 4 081 个大学初创企业成立，特别是 1997 年后上升趋势更加明显，即使在高科技泡沫破灭后的 2003 年，也有多达 374 家大学初创企业成立。1981 年美国大学的技术转让收入只有 730 万美元，到 2011 年就增加到 26 亿美元。在 2011 年，通过特许经营权转让获得授权收入的技术或产品数量达到 9 640 项，其中技术转让费超过 100 万美元的技术或产品数量为 224 项。

尽管美国大学的技术转让收入总规模增长很快，但从校际分布来看，不同学校之间也存在苦乐不均的现象。为了鼓励大学和公共研究机构参与到技术转让过程中，技术转让收入中的大部分分配给了发明机构及发明人，只有少部分（20%~40%）用来补偿技术转让的成本。AUTM 在 2006 年的一次调查显示，52% 的研究机构在技术转让上的支出大于技术转让得到的收入。而技术转让收入也主要集中在少数著名的研究型大学中。从 2008 年的情况来看，西北大学拥有美国大学技术转让总收入的 24%，因为该校将用于治疗中枢性神经痛的专利乐瑞卡（Lyrica）转让给了辉瑞制药，从中获益匪浅。

三、大学科研经费不断提高，推动了持续的技术创新

随着大学及其他公共科研机构的技术发明商业化率的提高，它们从中获得的收入也在增加。《拜杜法案》规定大学的专利许可收入除作为奖励分配给发明人之外，其余必须用于科研，这样随着专利许可收益的提高，大学和研究机构的研

究经费也越来越多。在1980年，大学和科研机构的研发经费只占全社会研发经费的14%，这一比例到2001年上升为20%。2011年美国大学获得的研发经费资助总额达到了637亿美元，较上年增加了4.1%。其中来自联邦政府的资助额为400亿美元，产业部门资助额为41亿美元，其他来源为189亿美元，分别比上年增加了0.3%、2.4%和10.7%。科研经费的增加可以让更多的科研人员进行科学研究，更多的学生可以参加科研项目，这样一种机制在美国的科研领域形成了良性循环，有力地推动着美国的科技进步。

第五节 存在的问题与争论

尽管公认《拜杜法案》取得了很大的成功，但美国国内对《拜杜法案》的批评之声一直不绝于耳。批评者指出，《拜杜法案》是美国特殊的制度环境和科研体制的产物，绝非放之四海而皆准的制度安排，事实上，在美国之外移植《拜杜法案》的国家鲜有成功者。即便对《拜杜法案》的绩效也众说纷纭，批评者认为，美国技术创新和经济增长的功劳并不能归因于《拜杜法案》，相反，《拜杜法案》已经对基础研究和创新产生了不利影响。这主要体现在：

（一）科学研究的商业化导向与基础研究之间的冲突

一些学者认为，大学是创造知识的场所，科学研究是创造知识的机制。大学通过科学研究所创造的知识应当是公共产品，能够获得免费的传播和利用，这样才能激发更多的知识创造，从而推动人类认知水平的提高。如果过分强调科学研究与商业化的结合，就容易形成与大学研究宗旨相悖的科研导向，诱导更多的学者倾向于从事具有商业前景的应用研究而不是基础研究（OECD，2002）。

（二）知识使用限制与公共利益之间的冲突

研究成果的商业化通常是与知识和技术的垄断相伴而生的，专利制度会阻碍知识的传播和技术的扩散，最终有损于公共利益。政府资助科技项目的最终目的是使公众受益，它所形成的成果很多都是进一步研究或者产业化的基础分析工具，应当是全社会的公共知识和共同财产，而专利制度必然与这类研发成果的公共属性相冲突，进而会减少公共知识的存量，反而与政府资助研发的初衷背道而驰。

(三) 双重课税

这个问题在新药研发领域表现得非常明显。不少学者指出，导致美国高药价的根源是过度保护的专利制度。由于近年来很多创新药物都来源于联邦政府资助而产生的科研成果，一些学者因而批评道，既然纳税人已经向政府缴纳了税款，政府用纳税人的资金资助制药企业开展药物研发，但制药企业却用研发出来的新药向纳税人索取高价，这无疑是对纳税人的双重征税。

第十六章

金砖国家的产业合作与产业升级[①]

近年来,金砖国家创造了经济持续高速增长的奇迹,经济实力显著增强,已经越来越深入地融入到世界经济体系之中,成为全球资本的重要流入地和世界经济的重要增长点。市场化改革和对外开放改善了金砖国家的要素配置状况,提高了产业部门的效率,从而造就了金砖国家的产业成长和经济发展。目前金砖国家都处在产业转型升级的关键时期,推动金砖国家间的产业合作,有助于金砖国家应对国际国内经济环境的新挑战,实现产业升级和产业赶超。

第一节 金砖国家工业化进程中的产业结构变迁

一、经济增长和产业结构升级实现了良性互动

经济发展史表明,在一个经济体从欠发达状态进入快速发展状态的过程中,伴随着迅速的经济增长,经济结构——尤其是产业结构——也会发生很大的变化。在一个以市场机制为主导的经济体制中,市场供求双方相互竞争导致的价格波动,引导着生产要素在不同的产业部门和企业之间流动。在经济发展的不同时

[①] 本章部分内容曾发表于林跃勤、周文主编:《金砖国家发展报告(2013)》,社科文献出版社2013年版。

期，不同的产业部门会产生不同的市场容量和生产率，如果不存在要素流动的制度障碍，生产要素总是会从发展潜力小、生产率低的产业部门向发展潜力大、生产率高的产业部门流动，这就决定了不同的产业部门会呈现出不同的发展态势，产业结构也因此逐渐由低级化向高级化演进。霍夫曼、克拉克、库兹涅茨等经济学家先后运用统计方法对许多国家经济发展过程中产业结构的变化进行了研究，发现了产业结构的演进过程中三次产业依次在产业结构中占据主导地位的演变规律。随着经济增长带来的收入水平的提高，人们的需求结构会发生变化，这必然刺激生产结构的调整，并进而推动产业结构的变迁。

目前，金砖国家都处在工业化的过程中，三次产业变动的趋势表现得尤为明显。从 2010 年的数据来看（见图 16-1），金砖国家农业占 GDP 的比重已经大幅下降，除了印度农业在 GDP 的占比稍高，其余四国农业占比都不超过 12%；金砖国家第二产业的比重在 21%～47%，其中中国第二产业所占的比重最大；除中国之外，其余四国服务业在国民经济中的比重已经超过 50%，成为名副其实的第一大产业。金砖国家产业结构的变迁是经济发展内在规律驱动的结果。在金砖国家经济发展的初始状态，农业在国民经济中居于主要地位，农产品在人们的需求结构中占有很大比重。随着人们的收入水平因经济增长而提高，对工业品的需求会不断增加，从而激励着工业部门的扩张，以不断满足人们的物质需求。当人们的收入水平增加到一定程度，对非物质服务将会产生越来越大的需求，服务业因此而迅速发展。不仅如此，伴随着经济增长过程中需求结构和产业结构的变化，金砖国家的贸易结构也将会发生相应的变化，并推动要素使用结构的变化，最

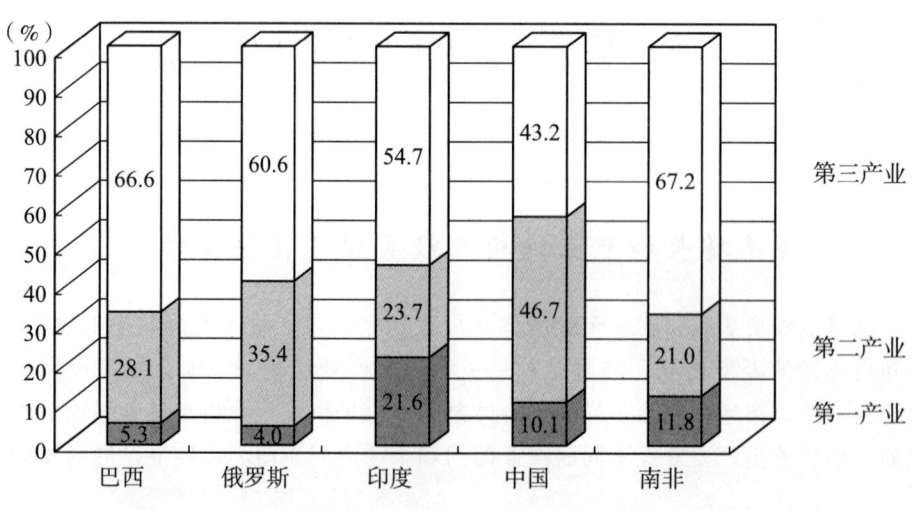

图 16-1 金砖国家三次产业占 GDP 的比重（2010 年）

资料来源：金砖国家联合统计手册（2012），国家统计局网站。

终从根本上改变二元经济结构。快速的经济增长推动了产业结构的转变，产业结构、就业结构和需求结构的转变又为金砖国家经济的进一步增长提供了新的动力。

二、立足资源禀赋的差异，发展各具优势的工业部门

从金砖国家的发展历程来看，不同的国家在不同的经济发展阶段，会面临着不同的要素禀赋、资源环境和市场条件，金砖国家大力发展最能充分利用当时的资源禀赋、最能增进社会福利总水平的产业部门，推动了本国经济的快速增长和产业部门的成长。中国、印度等国在全球制造业中所占份额大幅提升，俄罗斯、巴西、南非等国形成了在国际市场上极具竞争优势的能源和资源产业，并在全球大宗商品市场上具备了一定的话语权。

自20世纪80年代以来，经济全球化的浪潮席卷全球，国际产业分工体系也发生了深刻的变化。发达国家加快了以跨国公司为主导的国际分工进程，将大量的非核心制造和组装业务环节向市场潜力巨大、产业配套能力较强、生产成本较低的国家和地区转移，导致了资本、商品、技术、人员及管理技能等生产要素的跨国界流动，形成了制造业的全球价值链。根据联合国工业发展组织提供的数据，1990年发达国家的制造业增加值占全球制造业增加值的比重为79.3%，随着发达国家制造业向发展中国家的不断转移，这一比重也呈现不断下降的趋势，2000年降至76.1%，2010年更是降低到64.4%。面对制造业国际分工体系的发展趋势，金砖国家积极承接国际产业转移，而廉价的劳动力成本优势和优越的区位优势，也使得使金砖国家成为发达国家产业转移的重要区域，这一切推动着金砖国家在全球制造业增加值中的比重大幅攀升，2010年较1990年上升了15%。

在金砖国家中，制造业发展最为迅速的是中国。1990年中国（不含台湾地区）仅占发展中国家和地区制造业增加值的13%，而这一比重在2010年就上升到了43.3%，二十年时间里增加了大约两倍（见图16-2）。尽管印度制造业的规模总体仍然偏小，但其发展势头不可小觑。从制造业增加值来看，印度已经超过了墨西哥和巴西，成为发展中国家里制造业第二大国。中国和印度的制造业加起来，几乎占据了发展中国家和地区的半壁江山。由于大部分发展中国家都在大力推动制造业的发展，因此，尽管近年来巴西、俄罗斯等国的制造业也取得了不小的进步，但它们在制造业增加值中的比重相比而言反而有所下降。必须指出的是，作为产业转移的承接者，整体上的产品技术含量不高和技术创新能力不足，已成为金砖国家制造业发展与升级的主要制约性因素。

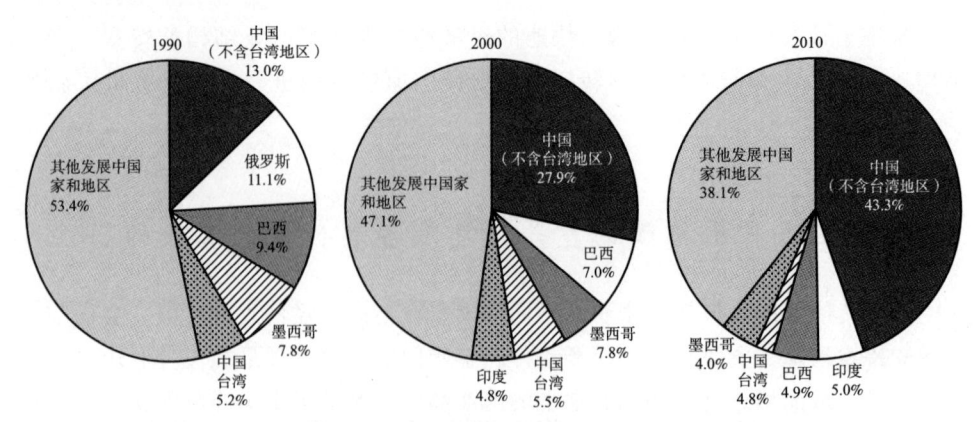

图 16-2　主要经济体在发展中经济体制造业增加值中所占
比重的变化（1990 年、2000 年和 2010 年）

资料来源：United Nations Industrial development organization, Industrial Development Report 2011.

三、服务业成为金砖国家的支柱产业

随着金砖国家经济发展和收入水平的持续提高，第三产业比重不断提高。在 20 世纪 80 年代开始，金砖国家的服务业开始出现快速发展的趋势，是这一时期经济中增长最快的部门之一。到 2000 年，除中国以外的金砖国家服务业占国内生产总值的比重都已经超过 50%。印度服务业占 GDP 比重从 1980 年的 40.32% 上升为 2011 年的 56.37%，巴西从 1980 年的 45.16% 上升为 2011 年的 67.01%，南非从 1980 年的 45.43% 上升为 2011 年的 67.01%，俄罗斯从 1989 年的 32.97% 上升为 2010 年的 59.28%，增长幅度均在 16% 以上[①]（见图 16-3）。尽管中国的服务业在 GDP 中所占比例没有超过 50%，但同期服务业的发展也非常迅速，在 GDP 中的占比增加了 21.75%。在服务业发展的同时，金砖国家服务业吸纳的就业人口占就业总人口的比重也大幅上升。服务业不仅成为带动金砖国家经济增长的主要部门，也成为吸纳劳动力最多的部门之一。

服务业目前已经在金砖国家经济活动中占有支配性地位，对经济发展产生了强劲的拉动作用，现代服务业已经成为金砖国家国民经济的重要产业和经济发展的新增长点。金砖国家服务业增长的主要动力是商业、酒店业、交通业和通信业等相对传统的服务行业，包括金融、保险、房地产和商务服务业在内的生产性服务业近年来发展也很快。

---

① 数据来源：WIND 资讯。

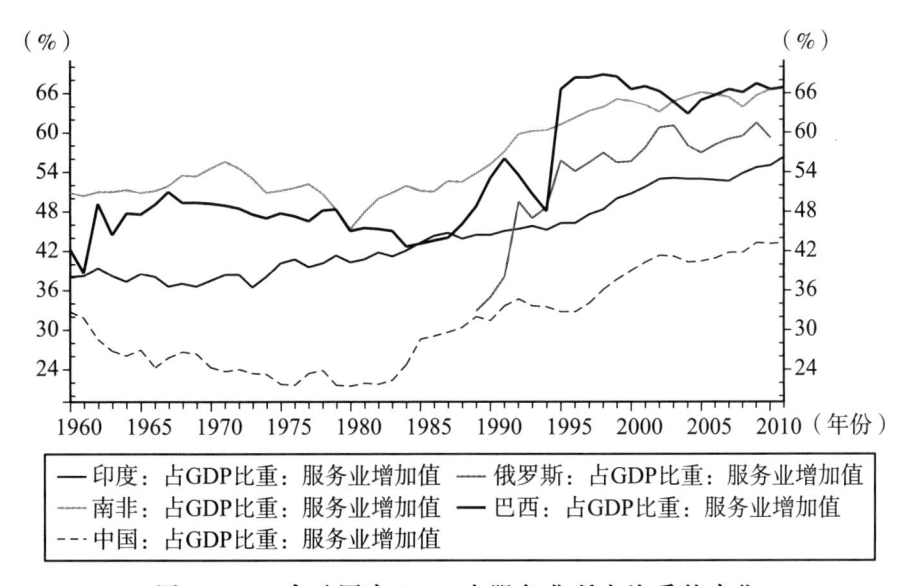

图 16-3　金砖国家 GDP 中服务业所占比重的变化

资料来源：WIND 资讯。

虽然金砖国家都在发展服务业方面取得了很大的进步，但印度的成就最为引人注目。印度抓住了发达国家服务外包的难得机遇，充分挖掘本国科技人力资源的潜力，大力发展以软件业为核心的服务外包产业，将软件外包领域从过去的信息技术外包服务（ITO）扩展到业务流程外包服务（BPO），使本国潜在的人力资源优势转化为服务业领域的产业竞争优势，迅速崛起为世界信息产业大国。联合国教科文组织发表的报告指出，自 2005 年以来，印度就一直是全球最大的信息技术服务出口国。

中国的制造业发展成就有目共睹，但其服务业发展则稍显不足，是金砖国家中唯一一个服务业占比不足 50% 的国家。其原因可能在于，中国经济中也存在着与日本类似的二重结构：即同时存在一个面向国际市场竞争的高效率的出口部门，和一个主要面向国内市场的生产率低下的内需部门。中国的服务业相对于制造业而言开放进程偏慢，在一些服务业部门，大型企业具有很强的市场势力，非国有经济比重低，产业中竞争不足，因而效率提升缓慢，使制造业和服务业之间的相对生产率差距不断扩大，从而使产业结构偏差加深。未来的产业结构调整应引导和鼓励非国有经济进入大多数服务业部门；在扩大开放服务业的基础上，加快服务业内部的体制变革，促进社会资源在各产业之间和各所有制经济之间的合理流动和有效配置。

四、金砖国家产业升级的趋势日益明显

金砖国家在促进本国产业部门发展的过程中，通过引导本国的资源向有效率的部门流动，从而推动了本国具有比较优势的产业部门的扩张，而这些产业部门的产业关联效应和技术溢出效应又带动了整个产业结构的升级。金砖国家正在努力实现从资源密集、劳动密集型产业到资本、技术密集型产业再到高新技术产业的有序替代，力争在主导产业更替的过程中实现持续的经济增长。

汽车工业和航空工业具有高度的产业关联性，不仅能够对一个国家的经济增长起到积极的拉动作用，还能够带动冶金、化工、电子、新材料等相关产业的发展，它们在很大程度上体现出一个国家高端制造业的发展水平，无可置疑的成为支撑国民经济发展的战略性产业。中国汽车工业的崛起是金融危机以来全球汽车工业中最引人注目的事件。在汽车工业调整和振兴政策以及下调乘用车购置税等一系列汽车消费政策的刺激下，2009年中国汽车业历史性地首次荣登世界产销量第一的宝座。近年来，中国汽车市场购买力依然旺盛，拉动了汽车产能继续扩张，2012年汽车产销量均突破1 900万辆，不仅连续四年蝉联全球第一大汽车市场，而且创造了世界汽车生产史上年产量的最高记录。巴西、印度也跻身世界汽车产量前十名之列。

近年来，随着巴西、中国、俄罗斯等新兴经济体纷纷进入民用航空工业，使这一领域的全球市场竞争更趋激烈。金砖国家的大型民用飞机产业主要集中在支线飞机制造领域，巴西航空工业公司是这一领域的全球领跑者之一。自20世纪90年代以来，巴航相继研发生产了ERJ135/140/145和E170/175/190/195两大系列的商用喷气飞机，基本覆盖了40~120座级。目前，巴西航空工业公司在全球支线飞机市场上已经拥有了约50%的市场份额，与行业巨头加拿大庞巴迪公司形成了分庭抗礼之势。作为支线飞机领域的新进者，中国和俄罗斯都在积极研发基于现代航空技术的新型飞机。中国中航商飞公司推出了ARJ21"翔凤"，俄罗斯苏霍伊公司研发了"超级喷气"100客机，并且这两家公司都在研发系列化的机型，力图以更有针对性的产品来满足不同细分市场的需求。不仅如此，中国在自主研制大型干线飞机方面也迈出了坚实的一步，组建了中国商用飞机有限公司并开始研制大型干线飞机C919。C919将以中国航空市场上需求量最大的单通道150座级为切入点。如果2016年C919能够如期交付用户，将意味着中国乃至金砖国家高端制造业的发展上升到了一个新阶段。

不仅在制造业领域，金砖国家服务业的产业升级也在加快。以印度为例。长期提供软件外包服务不仅促进了印度信息服务业的发展，也在很大程度上提升了

印度企业的研发能力，使它们能够将新兴技术领域的前沿进展和自身的技术优势有机结合，为客户提供更加全面的解决方案。现在不少印度软件企业的经营领域已经开始从软件产业链低端的软件编程和维护业务向 IT 基础架构设计、信息技术咨询、芯片设计、软件产品测试等产业链的高端跃迁。从近年来印度软件企业的出口情况来看，WAP、3G 无线应用、VOIP 等前沿技术领域的软件和技术服务所占比重越来越高，Wipro、Infosys、TCS 公司等印度本土企业迅速成长，成为世界级的 IT 技术服务供应商之一。

第二节 金砖国家产业发展面临的新挑战

一、新工业革命可能再次拉大金砖国家与发达经济体之间的技术落差

近年来，在快速成型、人工智能、纳米材料、清洁能源等关键技术领域发生了一系列革命性的技术变迁，随着不同领域的重大技术之间相互影响和深度融合，以现代科技为依托的先进制造技术已日趋成熟并正在得到广泛应用。越来越多的现象表明，当今世界正处于新科技革命的时代，一些重要科技领域显现出发生革命性突破的先兆，第三次工业革命已经初现端倪。以生产工艺数字化、制造过程智能化、新材料高性能化和新能源利用网络化为特征的第三次工业革命将在很大程度上改变制造业的要素组合和生产方式，推动制造业的整体性变革。

第三次工业革命将颠覆传统的生产方式，使生产制造模式从大规模生产转向个性化定制生产，生产组织方式从工厂化转向社会化，产业组织形态从大企业主导的产业链转向中小企业的网络集聚，从而对全球制造业生产方式产生深刻的影响，导致全球生产格局的调整和国家间产业竞争优势的重构。为了进一步强化竞争优势，发达国家都在大力发展先进技术和新兴产业。由于发达国家处于技术创新的前沿，新兴技术领域的重大突破有利于发达国家的企业以技术优势克服成本劣势，不仅能够生产出附加值更高、更加个性化的新产品，还可以将竞争优势从产品竞争前移到研究开发能力乃至研究开发方向选择的竞争，从而在国际产业竞争继续处于主导地位。

"引进—消化—吸收—再创新"是后发国家实现技术追赶的必由之路，在沿

着这个路径提升技术水平的过程中，后发国家通过在主流技术路线的框架内不断完善现有的主导技术，逐渐形成了较强的消化吸收再创新的能力。金砖国家通过多年来持续的技术引进和技术创新，工业部门的现代化程度和生产能力获得了极大的提高，与发达国家之间的技术落差不断缩小。但赶超型经济模式的特点决定了金砖国家的技术进步更多的是依靠"拿来主义"，而不是建立在深入的基础研究之上的原始创新。但工业革命必定以重大的的技术突破为先导，新的工业革命通常会颠覆传统的技术路线，使沿着传统技术路线寻求技术改良的金砖国家与发达国家之间的技术差距有可能再一次拉大。

二、发达国家的制造业回流使金砖国家的产业升级模式面临挑战

在经济全球化的背景下，金砖国家通过引进外国直接投资、融入全球生产体系等方式有效实现了产业升级。随着跨国公司的兴起，外国直接投资的技术溢出效应一直为人们所关注。正如一些学者曾经指出的，在东道国的市场竞争中，跨国公司与熟知当地消费者行为、拥有丰富当地业务经验的东道国企业分庭抗礼的前提是，跨国公司必须具备专有知识和技能的所有权优势。但跨国公司对东道国的投资却有可能使其专有知识和技能转移到东道国企业中，从而产生FDI的技术溢出效应。国际产业转移有利于金砖国家学习工艺和产品创新技能，金砖国家可以直接利用发达国家丰富的知识存量，通过模仿、人员流动等方式实现FDI技术溢出，从而逐步升级制造能力，促进产业快速成长。

席卷全球的金融危机使美国和欧盟等发达经济体重新认识到制造业对于推动技术进步、拉动就业的重要性，再度将重整制造业视作拉动经济复苏、恢复经济活力的关键，并出台了一系列政策来实现本国的"再工业化"并吸引制造企业的回归。发达国家产业发展的新态势已经开始吸引部分高端制造企业的回流。据波士顿咨询集团2011年的调查，总部设在美国的、收入超过100亿美元的跨国公司中，有48%表示愿意"回流"美国。制造企业向发达国家回流的现象如果持续下去，将使金砖国家通过承接国际产业转移、利用跨国公司的技术溢出效应向价值链高端攀升的产业升级模式难以为继。

三、成本上升使得金砖国家制造业的竞争优势遭到削弱

成本优势一直是中国、印度等制造业发达的金砖国家最主要的竞争优势。拥有几乎无限供应的廉价劳动力的资源禀赋决定了中国、印度在劳动密集型产业和

资金、技术密集型产业的制造装配环节具有显著的成本优势。但近年来，国内外宏观经济环境的剧烈变动使金砖国家的资源禀赋和经济结构不断发生着新的变化。随着劳动力成本提高、土地稀缺、能源短缺、环境恶化等约束因素的日益凸显，金砖国家维持制造业低成本优势的现实基础逐步被侵蚀，这在中国表现得尤为明显。随着中国人口红利的消失，劳动力成本开始持续上升，第三次工业革命的兴起，使中国的产业竞争优势又面临着新的挑战。工业革命将改变制造业的要素投入结构，随着生产自动化水平的显著提高，智能控制系统和机器人对劳动力会形成越来越多的替代，企业成本结构中人工成本所占比重将会进一步下降，使得中国劳动力成本优势不再突出，但工业部门的技术创新能力、品牌与渠道管理能力等新的竞争优势尚未形成，这将进一步弱化中国制造业的国际竞争力。艾睿铂咨询公司在《2011年美国制造业外包指数》中的分析表明，尽管与在美国本土的生产成本相比，目前中国还有一定的成本优势，但随着劳动力成本的不断上升、人民币的持续升值以及运输费用的提高，在给定的条件下，2015年中国的生产成本可能与美国本土的生产成本基本持平，这将会诱致美国企业从中国回流，将在中国设立的工厂搬回更贴近终端消费市场的本土（见图16-4）。

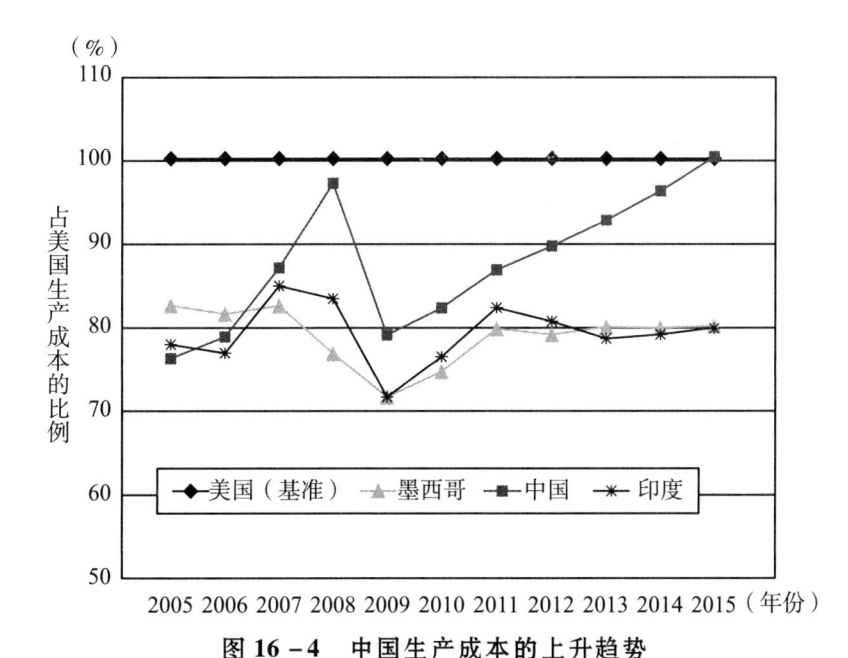

图16-4 中国生产成本的上升趋势

资料来源：AlixPartners LLP，2011 U. S. Manufacturing – Outsourcing Cost Index.

第三节　通过产业合作推动金砖国家的产业发展

一、经济的互补性决定着金砖国家产业合作的广度和深度

金砖国家的资源禀赋和产业结构之间存在着明显的差异，这推动了金砖国家之间对外贸易的互通有无、产业部门的相互投资和技术领域的共同研发。中国是金砖国家中制造业最发达的国家。随着对外开放的不断深化，中国的工业部门成功融入了国际分工体系，在诸多产业部门形成了巨大的产能。根据著名咨询公司 IHS Global Insight 发布的报告，2010 年中国制造业产值达 1.955 万亿美元，而当年美国的制造业产值为 1.952 万亿美元，中国和美国在全球制造业的占比分别为 19.8% 和 19.4%，中国历史性地成为世界制造业第一大国，成为了名副其实的"世界工厂"。但能源资源短缺、产业部门创新能力不足的问题也制约着中国经济的可持续发展，与资源能源储量丰富的金砖国家开展产业合作，能有效弥补中国经济的短板。印度的总人口仅次于中国，65 岁以上的老人只占总人口的 5.3%，拥有充足的人口红利，具有发展劳动密集型产业的巨大潜力。但印度的产业发展路径与众不同，它并没有向中国一样沿着三次产业渐次发展的产业升级路径前行，而是抓住发达国家发展服务业离岸外包的难得机遇，充分利用本国丰富的人力资源优势和历史原因形成的语言优势，大力发展软件出口和服务外包，2010/2011 财年实现软件出口约 600 亿美元，预计 2011/2012 财年较上年增加 17%，达到 700 美元左右。印度在信息服务业方面的优势，使印度享有"世界办公室"的美誉。俄罗斯、巴西和南非在制造业和服务业发展方面各有千秋，在石油、天然气、煤炭等能源和铁矿石等资源方面更是具有巨大的优势，俄罗斯的天然气储量达 48 万亿立方米，居世界第一；巴西铁矿砂年产量 3.7 亿吨，居世界第二；南非的黄金储量和产量均为世界第一[①]。如果金砖国家之间能够形成建立在互惠互利、合作共赢基础上的产业合作机制，使中国的制造业优势、印度的服务业优势和其他三国的资源能源优势有机结合在一起，将有利于实现金砖国家的共同繁荣和发展。

---

① 数据来源：商务部：《2012 对外投资合作国别（地区）指南》。

二、贸易合作为金砖国家出口部门提供了新的增长动力

金砖国家的经济增长带动了居民收入的不断增加,国内市场容量正在扩大,但金砖国家目前的国内市场规模还不足以支撑这些国家快速的产业发展。随着金砖国家越来越深地融入国际生产体系之中,它们对国际市场的依赖性也在不断增加。全球金融危机前持续多年的世界贸易扩张,在很大程度上拉动了金砖国家的经济增长和产业发展,使金砖国家巨大的产能通过国际市场得以释放。全球金融危机使世界贸易进入一轮收缩周期,作为最终市场需求的发达经济体遭到重创,尽管各国政府相继出台了一系列经济刺激政策,但发达经济体仍然欲振乏力,发达国家的外需萎缩和大宗商品价格回落对金砖国家的外贸增长和出口产业一度造成不小的影响。

包括金砖国家在内的新兴经济体的崛起在很大程度上改变了全球经济发展格局,新兴经济体对制成品和原材料的旺盛需求,使之成为拉动全球经济复苏和贸易增长的主要力量。由于金砖国家经济结构上存在着很强的互补性,近年来,金砖国家之间的贸易合作发展很快。南非标准银行不久前发布的报告显示,自2001年以来,金砖五国之间贸易的增长速度快于同全球其他地区间贸易的增速。2012年金砖五国之间的贸易额约达3 100亿美元,是2002年的11倍以上。作为世界上最大的贸易国,2012年在中国的十大出口目的国中有7个是新兴市场国家,中国已成为除巴西外其他金砖国家的首要商品进口来源,以中国作为交易对手的贸易占金砖五国间贸易流量的85%[①]。从中国与金砖国家之间的进出口的产品结构来看,产业互补性非常明显,中国对巴西的主要出口产品是:机电产品、有机化学品、钢铁制品等,进口主要产品为矿产品、植物产品、贱金属及制品等;中国主要向俄罗斯出口机械与电子产品、服装等轻纺产品以及农产品等,而进口的主要商品是石油、煤炭、原木等能源资源产品、化工品、金属及制品等;中国向印度出口的主要是机电设备、有机化学品和钢铁制品等,主要进口矿砂、棉花等初级产品以及钢铁、机器零件等原材料和中间产品。中国对南非的出口也主要是机电设备、服装纺织品等[②]。由此可见,金砖国家之间贸易规模的不断攀升建立在产业互补的基础上,随着金砖国家经济规模的持续扩张,金砖国家间的进出口规模未来还有巨大的成长空间。

[①] 杨博:《去年金砖国家间贸易额达3 100亿美元》,中国证券报,2013年2月20日。
[②] 商务部:《国别贸易投资环境报告2011》。

三、金砖国家之间的直接投资成为产业合作的突破口

在对外贸易规模不断扩大的同时，金砖国家之间的相互投资也日趋活跃。中国是金砖国家中经济规模最大的国家，近年来经常项目和资本项目下持续的双顺差，使中国积累了巨额的外汇储备，这也为中国企业走出去开展海外投资提供了雄厚的财力支持。根据商务部、国家统计局、国家外汇管理局三部委联合发布的数据，2011 年中国对外直接投资流量连续十年增长，达到 746.5 亿美元，投资存量也突破 4 000 亿美元，再创历史新高，其中 80% 左右的投资流向发展中国家。中国企业对巴西的投资规模增加非常迅速，据巴西中央银行统计，目前中国在巴西的直接投资累计约有 104 亿美元，其中 66% 的投资是在石油天然气领域，17% 在金属矿产领域，金融服务业占 3%。而巴中企业家理事会的一项调查则表明，中国企业在巴西的投资意向甚至超过了 240 亿美元[①]。2011 年中国对俄罗斯的直接投资为 7.16 亿美元，同比增长 26.1%，从行业分布来看（见图 16 - 5），其中 42% 的投资投向了采矿业，对农林牧渔业的投资占 21%，其他主要投资领域还包括批发零售业、房地产业、租赁和商务服务业等，但对于制造业的投资仅占 6%。

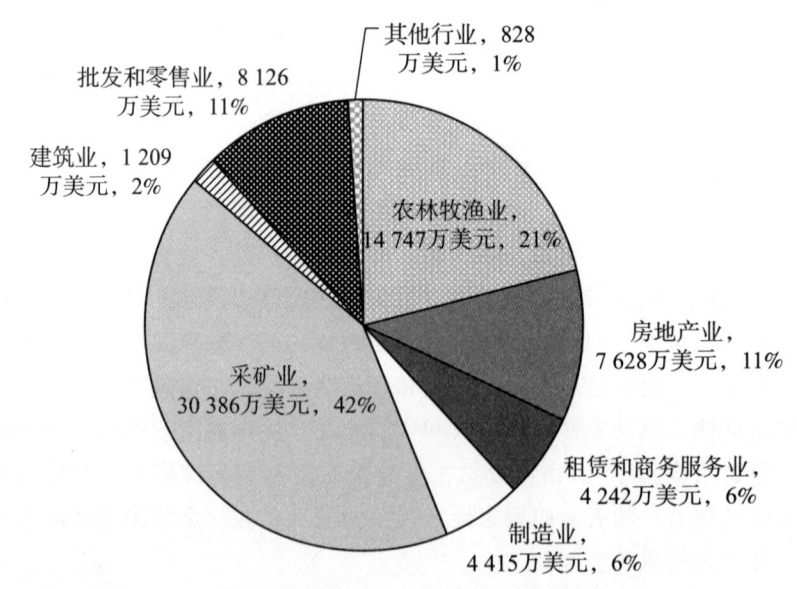

图 16 - 5　2011 年中国对俄罗斯直接投资的行业分布

资料来源：根据 WIND 资讯数据绘制。

---

① 吴志华：《中国在巴西投资超过 240 亿美元》，人民网，2012 年 11 月 21 日。

相比之下，其他金砖国家对中国投资的规模则小得多。据商务部统计，2001～2010年间，巴西对华投资存量由3 900万美元增长到5.73亿美元，巴西对华投资占同期中国吸收外资总额的0.04%，占同期巴西对外投资总额的0.06%。这种情况表明，尽管金砖国家之间通过直接投资的方式开展产业合作已经取得突破，但这种合作才刚刚起步，还有很大的发展潜力。

四、研发合作将成为金砖国家产业合作的新领域

第三次工业革命给金砖国家既带来了严峻的挑战，也提供了产业赶超的契机。与前两次工业革命主要发生在发达国家不同，经济全球化使得信息、技术和产品的跨国流动更为便捷，第三次工业革命的影响将很快波及到金砖国家，从而为金砖国家工业部门通过技术赶超实现弯道超车提供了难得的历史机遇。金砖国家充分利用后发优势，积极引进国外先进技术，并通过消化吸收的技术学习过程逐渐形成了生产能力和创新能力，迅速缩短了与发达国家在技术上的差距。在第三次工业革命的背景下，通过承接国际产业转移和引进先进技术的方式来提升产业技术能力的难度大大增加，这反过来也迫使金砖国家大力发展创新技术和新兴产业，引导创新要素向符合未来产业发展方向的领域集聚。如俄罗斯将交通与航天系统列为今后几年优先发展的八大科技领域之一，已制定出2040年前的航天发展计划，并启动太阳系行星研究计划和载人登月计划，开始研发航天核动力发动机和超重型运载火箭。印度已经成为全球最大的仿制药生产国，在生物医药领域也开始取得一些重大进展。如果金砖国家能够在技术创新领域开展持续的大强度投资，将形成建立在技术能力之上的新竞争优势，进而提升在国际产业分工中的位置。

尽管金砖国家的总体科技水平落后于发达国家，但它们在不同的产业领域也形成了各自的技术优势，如中国在通信设备等产业，俄罗斯在航空航天业、核电产业，印度的软件开发和生物制药业、巴西的民用航空和深海石油开发业，南非在煤化工等领域都拥有比较先进的技术。为了更好地推动金砖国家之间的科技合作，金砖国家在2011年9月已经召开了第一次科技创新合作高级官员会议，一致同意在科技创新战略和政策交流、促进技术转移、粮食安全与可持续农业、气候变化和自然灾害减灾、新能源、可再生能源与节能、纳米技术、基础研究、医药、生物技术等领域开展合作。但从目前的情况来看，金砖国家间的科技合作主要集中于高校和科研机构，企业只占有极小的比例。民间科技合作是政府科技合作的重要补充，企业间的技术交流与合作应当是民间科技合作中最活跃的力量，金砖国家企业之间的科技合作对企业自主创新能力的提高会产生积极的影响，将成为金砖国家产业合作的重要领域。

第十七章

实现区域协调发展的战略选项

第一节 引 言

改革开放后，我国经济得到了高速发展，但不同地区的经济绩效不尽相同，从珠三角到长三角再到环渤海的开发开放，使得中国东部沿海地区经济取得了长足发展，而中西部的广大内陆地区的经济发展则相当滞缓。尽管近几年中西部一些省份的经济增长速度超过了东部的一些省份，但中西部地区在经济总量、人均收入、结构提升等方面仍然明显滞后于东部地区。2008年由美国次贷危机引发的全球金融危机对世界经济产生了严重的影响，已经深度融入世界经济一体化的中国也未能幸免。金融危机对我国东部地区的影响远大于内陆地区，且呈现从沿海地区到中部、西部逐渐递减态势。2008~2011年期间的国内生产总值的平均增长率，东部地区为11.26%，中部地区为12.74%，东北地区为13.11%，西部地区为13.74%。尽管突如其来的金融危机使得我国东部许多地区措手不及，然而它为我国区域经济发展战略的大调整提供了机遇，进而也出现了区域经济总体格局上比较大的调整。

(一) 经济驱动方式由过去的单极驱动向多极驱动转变

这是我国区域发展战略最主要的变化。20世纪80年代以广东深圳开发开放为标志的珠三角地区、90年代以上海浦东新区开发开放为标志的长三角地区以及21世纪初以天津滨海新区开发开放为标志的环渤海区域三大增长极的发展，使得我国东部地区经济得到了高速发展，然而东部地区的发展并没有带动中西部地区的发展。首先，东部地区依赖国外市场，可以实现资源的有效配置，并利用国外资源促进东部地区的经济增长，然而一旦形成这种发展路径，则必然逐渐疏远国内市场，因为它主要从国外市场进口与出口品生产相关的技术设备，从中西部索取与出口品生产相关的原材料和劳动力，这种生产方式可以导致东部与国外市场的双向互动，而与中西部地区只能形成单向的经济互动关系。东部地区的发展更大程度上带动了海外市场的拓展，并没有有效带动中西部内陆地区相关市场的形成或拓展。然而金融危机的爆发，使得主要依赖国外市场的东部地区的经济发展模式遭到严重打击，发展动力受到弱化，东部地区正经历着增长方式转型的阵痛。其次，从享受经济福利的公平角度来看，不能像当年开发深圳和浦东那样持续地对某一个地区进行特殊照顾，而不顾广大的中西部地区，国家应实行差异化的普惠制，而不应持续实行过去的特惠制。最后，中西部地区也迫切需要国家给予一些政策和制度上的支持。在这种背景下，我国区域发展战略由过去的单极驱动转向为多极驱动，据不完全统计，2009年以来国家相继批复了三十多个区域发展战略，出现了前所未有的"经济区圈地运动"。

（二）开发方式由过去的以重点项目为主的单项开发向以促进产业聚集为主要目标的综合开发转变

地方政府从传统上对资金、项目的诉求逐渐过渡到对政策和战略的诉求。在具有比较优势和内生增长动力的地区设立综合性的经济开发区，已成为我国区域发展战略的主要方面。中央政府通常根据这些区域所拥有的产业或地区比较优势，重点定位或打造其形成和发展某种功能的产业集聚区，从而培育和促进这些区域可持续发展的自生能力。过去，我国对中西部欠发达地区实施的许多区域经济开发活动，大都以单项开发为主，例如资源开发、农业开发、基础设施建设、扶贫开发等，很少考虑以经济聚集为基础的综合性开发。但近来的许多经济区规划所强调的都是以当地比较优势为基础的经济区域的功能性定位。珠三角地区改革发展规划纲要明确提出，要把珠三角建设成科学发展模式的试验区、深化改革先行区、扩大开放的重要国际门户、世界先进制造业和现代服务业基地、全国重要的经济中心；关中—天水经济区发展规划提出要打造全国先进制造业基地、全国现代农业高技术产业基地和彰显华夏文明的历史文化基地，等等。

（三）由国家向地方主动转变，进而形成中央和地方的良性互动

无论是 20 世纪 80 年代的深圳特区开发开放，还是 90 年代的浦东新区开发开放，都是国家自上而下的战略思考。自上而下的发展战略，主要是国家根据国家总体发展战略，以及当地所处的位置和发展阶段而提出的发展战略，因此可以用世界上最好的规划师用世界上最先进的技术，制定出最大胆的规划，甚至可以超越过某些阶段，实现跨越式发展。为了更快、更好地实现国家的战略意图，实行自上而下的发展战略时，中央政府会利用手中的一切资源和手段来提供支持，这种支持通常是一些独享性的大项目和优惠政策。因此，无论是深圳特区还是浦东新区，国家及相关部委给予了大量资金和项目的"真金白银"支持。例如，对于浦东新区，除了 1990 年中央宣布开发开放浦东时给予浦东享有我国经济技术开发区的全部优惠政策和特区的基本优惠政策的"10 条政策"外，1992 年，国务院又给予浦东扩大了五类项目的审批权限，增加了五个方面的资金筹措渠道。当时，国家的优惠政策对于一个地区的发展几乎是具有决定性影响的。但在后金融危机时期，所有获批的地方发展战略都是地方政府主动申请，国家根据国家总体发展战略和地方发展实际进行批复，而且批复后几乎都不给予传统的财税和资金方面的支持，通常只是允许在某些方面"先行先试"。正是由于新时期国家批复区域发展战略游戏规则的改变，使得各个省份竞相根据其具有的比较优势和发展状况，试图寻找适合于自身发展的区域发展战略，并尽可能把它上升到国家发展战略层面。在中央政府不会给予资金和项目上的支持的情况下，地方政府仍一再坚持报批规划的主要原因在于，报批获得的"国家级开发区"名号是一项很有用的"帽子"。地方政府利用头上的这项帽子，可以名正言顺地向国家相关部委寻求政策上的支持、向央企寻求项目合作、向银行寻求贷款支持、向外展开招商引资等。这显然是一个中央和地方共赢的博弈结果，也正是近期几乎所有省份都在积极向中央报批区域发展规划（一般相对容易得到批复）的原因。这种中央和地方的互动既有利于实施国家发展战略，又有利于调动地方发展经济的积极性。

上述这些我国区域经济总体格局上的调整，为实现区域经济协调发展创造了机遇和条件，也反映了我国对区域协调发展的重视程度和所倾注的力度。然而，对如何实现区域协调发展，尤其何为实现区域协调发展的战略性选项并不是所有人都很清晰的。本章[①]将重点讨论实现区域协调发展的战略性选项问题。

[①] 本章对发表在《探索与争鸣》2012 年 12 期上的《区域差距内生机制与区域协调发展总体思路》（作者为安虎森、何文）一文进行了适当的调整。

第二节 区际差距的形成机理

两个多世纪以来,空间问题一直不能进入主流经济学的研究领域,其主要原因是缺乏处理规模收益递增和不完全竞争的技术工具,或者说无法突破"空间不可能定理"的屏障。我们常把空间不可能定理作为研究空间(区域)问题时的一种参照系。根据空间不可能定理,当研究空间经济问题时,如果认为不存在规模收益递增现象,且把经济活动区位的不同状况归结为空间的非均质特性,则可以在新古典的一般均衡框架下讨论空间问题,如杜能的农业区位理论、李嘉图的比较优势理论以及赫克歇尔—俄林的要素禀赋理论等,都强调了这种空间的非均质性特征,且在新古典的一般均衡框架下都有解。如果认为存在规模收益递增,则此时的市场结构为不完全竞争,无法在新古典一般均衡框架下进行研究,因为此时不存在空间竞争的解或只存在零解。然而现实中的许多经济现象都具有规模收益递增的特征,经济活动区位更是如此,因此许多区域问题无法在新古典框架下进行讨论。

如果规模收益递增,那么每个企业都专注于具有规模收益递增特征的产品的生产,因而也就成为该产品生产领域的垄断厂商,并成为该产品的专业化厂商。因此,规模经济必然促使专业化大规模生产方式的出现。此时,如果贸易成本很高,那么在专业化生产基地集中生产某种产品并运到其他市场区消费时的成本大于其他市场区自产自销该产品时的成本,则此时就不能形成统一的大市场,可能出现相互分割的两个或多个市场。反过来,如果贸易成本低,那么在专业化基地集中生产某种产品并运到其他市场区的成本低于其他市场区自产自销时的成本,则此时就有可能形成统一的大市场。这意味着,如果贸易成本很高,则市场是相互分割的,此时生产活动和人口是分散分布的;如果贸易成本很低,则会形成统一的大市场,即在某一中心区位集中生产并向各市场区提供商品和服务是完全可能的,此时各种生产活动和人口将高度集中在中心区位,该中心区位就成了该区域的中心城市或核心区。那么,规模收益递增条件下,贸易成本的变化为什么促使区域结构的变化,也就是为什么会发生经济活动的空间聚集现象呢?

现实的区域是一种块状结构,这些不同块状体之间在作用力强度(常表现为吸引力和排斥力)上存在很大的差异,有些块状体的吸引力很强,有些块状体的排斥力大于吸引力等,也就是说不同块状体之间存在一种非均衡力,而这种非均衡力表现为一种聚集力。这样,要揭示区域结构的变化或经济活动空间聚集的内在机理的关键在于，要破解这种非均衡力的源泉。这种非均衡力就是我们熟悉的分别与市场接近效应、生活成本效应以及市场拥挤效应相对应的三种力量之合力。市场接近效应，也称本地市场效应，指在其他条件相同的情况下，厂商选择生产区位时偏好市场规模较大的区域，因为市场规模大才能实现规模经济，同时生产地接近大市场区还能节省销售环节中的运输和贸易成本，因此市场接近效应必然产生激励厂商向市场规模较大区域集中的力量，它是一种聚集力。生活成本或生产成本效应，也称价格指数效应。在厂商聚集区生产的产品种类和数量较多，从外地输入的最终消费品和中间投入品种类与数量较少，从外地输入产品要支付较高的运输成本和贸易成本，而本地生产的产品在本地消费支付较低的运输成本，那么本地生产的产品种类和数量多，意味着厂商聚集区产品价格相对低廉，因而生活成本和生产成本较低，因此它也是吸引劳动力和厂商向厂商聚集区转移的聚集力。在市场接近效应和生活成本效应所产生的聚集力作用下，如果启动劳动力和资本的转移过程，则这种过程将得到自我强化，因为它包含了循环累积过程。现在我们设想一下由东西两个区域组成的经济系统，且假设两个区域初始的资源禀赋相同，称之为对称结构。假设此时发生了有利于东部的轻微的扰动，少量劳动力从西部转移到东部了。当然，这种轻微的扰动是如何发生的，发生了何种扰动，我们无从知晓，我们现假设它已经发生了。由于劳动力维持其生计所需的消费就支付在目前居住的地区，因此劳动力从西部转移到东部，东部的消费需求增加从而市场规模变大，西部的消费需求减少从而市场规模变小。这样，东西两个区域市场规模的非对称，导致了西部厂商向东部迁移趋势的形成，因为厂商总是选择市场规模较大的地区作为其生产区位，这就产生了聚集力。一旦这种转移过程启动，则将引发另一种循环累积过程，而这种循环累积过程的启动与东部地区市场规模也就是东部市场需求变大有关，因而称它为需求关联的循环累积因果机制。如果西部的厂商转移到东部，则东部厂商数量增多进而东部生产的产品种类增多。本地生产的产品种类多，意味着从外地输入的产品种类就少，由于支付较低的运输成本和交易成本，进而价格指数则会较低，这对消费者而言是生活成本指数（CPI）下降了，对生产者而言是生产成本指数（PPI）下降了。生产成本指数的下降进一步刺激西部的厂商向东部转移，形成了一种循环累积过程，因这种循环累积过程与生产成本的下降有关，所以称它为成本关联的循环累积因果机制。一旦形成需求关联和成本关联的循环累积因果机制，则这两种循环累积因果机制之间也形成循环累积因果机制。在这种循环累积因果机制作用下，西部的厂商和劳动力不断转移到东部，直到所有厂商和劳动力聚集在东部为止，此时东部成了核心区而西部沦落为边缘区，形成了核心—边缘的区域结构。当然，也存在抑制聚集的分散力。当厂商高度聚集在某一区位时，厂商之间争夺消费者的竞争将趋于激烈，这种竞争将导致厂商盈利能力的降低，因为除了正常的生产成本以外，还要支付应对其他竞争性厂商的额外成本，因此厂商选择生产区位时会考虑竞争者数量因素，倾向于选择竞争性厂商较少的区域，这种效应成为市场拥挤效应，也称本地竞争效应。市场拥挤效应的强度，取决于贸易成本、规模经济和消费者偏好，城市的拥挤成本或土地价格不断上涨等因素也会影响市场拥挤效应。

根据上面的讨论，当贸易成本下降或规模收益递增进一步得到增强时，将发生经济活动的聚集和城市化过程，而且原有的对称结构会向核心—边缘结构转变，这种结论对揭示我国区域差距的核心机制具有重要意义。上面的非均衡力所表现的是一种聚集力，因这种聚集力的存在，各种经济活动选择区位时，首先，选择市场规模较大的区域，因为此时可以实现规模经济，同时生产地接近大市场区还能节省销售环节中的运输和贸易成本；其次，其他条件相同的情况下，经济活动将选择区内经济开放程度较大的区域，因为区内经济开放程度较大意味着可以实现要素的充分流动，而要素的充分流动与实现资源的优化配置是联系在一起的；最后，当区际经济开放程度很大时，经济活动区位不稳定，市场规模较小区域的经济活动很容易被市场规模较大区域所吸引。有必要记住区域经济学中的一条重要定理，即如果厂商的生产区位是内生决定而不是外生决定的，则区际开放程度的提高总是不利于市场规模较小的地区。该定理是上面三种结论的总结。生产区位的内生决定指的是厂商根据自己利润最大化目标，自己来选择生产区位的行为，这些厂商大多数属于可转移性企业；生产区位的外生决定指的是厂商并非根据自身的利润最大化目标选择区位，这些厂商的区位选择常受到外界的限制，如地方政府为保证当地一定的产业份额而采取保护措施的厂商，或专用性很强的对原材料、能源、专用市场或交通运输条件的依赖性很强的厂商等。其实，该定理已经暗含了这种含义，即实现区域协调发展主要与政府的调控行为相关，而非与市场调控相关。

由此容易看出，区际市场规模差异较大而且区际经济开放度很高，则各种可流动要素包括劳动力和资本向市场规模较大区域聚集，这将进一步放大市场规模较大区域的产业份额，进而使之成为核心区，也进一步缩小市场规模较小区域的产业份额，进而使之成为边缘区。如果国民收入包括劳动力工资和资本收益两部分，则核心区因大量产业的聚集，使得其国民收入不仅包括劳动力工资收入，还包括资本收益；而边缘区因产业份额较小，国民收入只包括劳动力工资收入或还包括少量的资本收益。如果一国不同地区劳动力的工资水平都相等（其实经济发达地区的工资水平远高于经济欠发达地区的工资水平），则核心区的名义收入水平因包括资本收益远而高于边缘区名义收入水平。假设国内不同地区的价格指数水平都相等，则产业份额较大的核心区的人均实际收入水平就高于产业份额较小的边缘区的人均实际收入水平，这就形成了区际发展水平的巨大差距。可以看出，国民收入地区分配取决于产业份额的大小。这种解释强调了循环累积因果机制作用下，可流动要素的聚集和分散（或流入和流出）导致的产业总量规模的变化决定区域发展差距的主张，这种机制就是形成区域发展差距的核心机制。因此，存在区际发展差距是一种普遍的现象，但不同国家或地区在强度上存在较大的差异。

第三节　实现区域协调发展的基本思路

市场规模较大区域的吸引力大于市场规模较小区域的吸引力，因此市场规模较大区域常常吸引可流动要素，而市场规模较小区域常常损失可流动要素。如果在区域之间形成这种可流动要素的转移过程，那么将形成不断强化市场规模较大区域区位优势的循环累积过程。但在区域间市场规模不同情况下能否发生可流动要素的转移，则取决于区域间市场开放程度或一体化程度的大小，区际市场开放度的大小是可流动要素区际转移的前提条件。区际市场开放度或区域经济一体化程度又是由经济系统的政策环境所决定的，这种政策包括财政政策、金融政策、产业政策、资源政策、土地政策、人力资本政策等，如果区域之间实行的政策是高度一致的，则区域一体化程度就很高，如果区域之间在政策上的差异化程度较大，则区域一体化程度较低，区域一体化程度与区际政策的一致性程度是密切相关的。

有了前面的讨论，我们现在可以讨论实现区域经济协调发展的总体思路了。区域经济为块状经济，不同块状体之间存在一种非均衡力，在这种非均衡力作用下可流动要素不断向聚集力较大区域聚集，而这种过程对聚集力较弱的区域来讲就形成了不断损失可流动要素的恶性循环累积过程。这个过程不断放大聚集力较大区域的产业份额，不断缩小聚集力较弱区域的产业份额，而产业份额的区际差异决定了国民收入地区分配的区际差异，产业份额的区域分布越不均衡，国民收入地区分配越不均衡，区域经济发展差距也就越大，这就形成了不断扩大区域发展差距的循环累积因果机制。但能否形成这种不断积累区域发展差距的循环累积因果机制，取决于区际市场开放度或区域一体化程度，当区际市场开放度或区域一体化程度达到某一临界值时，开始启动这种循环累积过程，且随着区际市场开放度的提高不断得到加强。因此，要实现区域协调发展，必须打破这种不断扩大区域发展差距的循环累积机制，而要打破这种不断积累区域发展差距的机制，不外乎就有两种途径，一是尽可能减弱区际非均衡力，二是尽可能降低区域一体化程度。

减弱区际非均衡力，就是尽可能放大欠发达地区或边缘区的吸引力，而放大吸引力就是要扩大欠发达地区或边缘区的市场规模，而放大市场规模就是要扩大欠发达地区的产业份额或扩大欠发达地区的消费份额。放大欠发达地区产业份额，不外乎就是内生和外生两种路径：内生路径就是欠发达地区自身的发展，这不属于本章重点关注的范畴；外生路径就是指通过引入外部资源促进欠发达地区的经济发展，外生路径强调的是外部资源的流入，最主要的形式就是我们经常讨论的引导外资和产业从发达地区向欠发达地区的转移，这也是本章重点关注的内容。从20世纪末至今，国家相继实施了西部大开发、振兴东北老工业基地和中部崛起等战略，并对合理引导我国东部地区产业向中西部地区转移的问题给予高度重视。早在20世纪90年代中期，中央政府就实施了以纺织业"东锭西移"工程为标志的政府主导的区域产业转移战略，鼓励东部沿海地区的一些制造业合理有序地向中西部地区的原材料基地转移，以建立东西部之间新型的产业分工格局。2010年年初，国务院又正式批复了《皖江城市带承接产业转移示范区规划》，这是在我国区域发展规划中唯一以承接产业转移为主题的区域发展规划，主要功能是引导和支持中西部地区承接产业转移，这有利于在全国范围内形成较为合理的产业分工格局。与此相关联的是要提高中西部参与全国经济大循环的能力。这要求我们应采取有力的措施提高东部与中西部产业的关联性，包括提高对中西部地区科研活动及科技人才的支持力度，提升中西部地区产业与东部地区相关产业的配套能力，加强中西部地区向东部沿海的交通运输能力的建设。

扩大欠发达地区的消费份额，主要是指国家对欠发达地区实施的各种转移支付政策，因为转移支付扩大了欠发达地区的支出。我们可以把转移支付理解为缩小区域发展差距所带来的公共服务和福利水平差距而采取的措施，但现有的许多转移支付政策反而加剧了公共服务和居民福利水平的不平等程度。例如，税收返还政策把税收返还与税收收入挂钩，这就客观上进一步加大了我国东西部的差距。不同的转移支付类型在实现公共服务和福利水平均等化方面的绩效是不相同的。如果区域一体化程度较高，则主要以提高居民公共服务和福利水平为主要目标的收入型转移支付的均等化绩效，优于以发展欠发达地区产业为主要目标的转移支付政策的绩效。因为在一体化程度很高的情况下，资本完全可以自由流动，且其收益（或企业利润）全部转移到资本所有者所在的地区，初始资本禀赋差异通过套利过程（或生产过程）仍保持下来，但劳动力的区际流动常受到很大限制，尤其在中国更是这样。因此，这种公共资源均等化政策与城乡一体化是联系在一起的，这就是我们强调城乡一体化的主要原因。

适度降低一体化程度，并不是指地方政府强制性设置各种壁垒阻碍要素流动，而主要是指要实行差异化的政策。区域一体化程度是由经济系统整体的政策环境所决定的，不同区域之间各种政策的一致性程度越高，则区域一体化程度也就越高；不同区域之间各种政策的差异化程度越大，则区域一体化程度就越低。因此，要适度降低区域一体化程度，则要适度降低区域之间各种政策的一致性程度。而一致性程度的适度降低就等于区域之间设定了适度的"政策梯度"，也就是区域之间实行差别化政策，而不是一体化的"一刀切"的政策。例如，中央政府应提高对中西部产业部门投资的支持力度，加大对中西部地区的转移支付和预算内投资的财政支持力度，对重点扶持和鼓励发展的产业和项目实行税收优惠政策；可以对中西部地区实行差别化的财政政策，可以适度提高中西部地区地方税在税收收入中的比重，提高一般性转移支付所占的比重，因为目前我国六种转移支付中属于远行化转移支付形式的只有一般性转移支付，但其比重还不到10%；在严格保护基本农田指标的前提下，应实行差别化的土地政策，对处于工业化初期阶段的中西部地区适度放宽土地利用限制，尝试对土地管理模式进行创新。尤其不要过分迷信"以地为本"的主体功能区战略能够解决区域协调发展问题，尽管"十二五规划"已把主体功能区战略提升为实现我国区域协调发展的国家战略。提出这种战略的基本依据为对外生条件和历史事件的绝对遵从，因为一个地区划入何种开发区的主要标准为资源环境承载能力、现有开发密度和发展潜力。一般来讲，相对落后的中西部广大地区都有可能被划入限制开发区和禁止开发区，如果被划入限制开发区和禁止开发区，则它应更多地承担环境和生态维持功能。而目前我国各种补偿机制相对缺乏或很不完善，这些相对落后的限制开发区和禁止开发区自身是无法承担生态和环境维持功能的。

第四节 小 结

追求利润最大化和追求福利最大化的厂商与劳动力，在较强的聚集力和较大的自由度下，必然向聚集力较大区域聚集。非均衡力作用下可流动要素不断向聚集力较大区域聚集，这对聚集力较大地区来讲就形成了不断吸引可流动要素的良性循环累积过程，而对聚集力较弱的区域来讲就形成了不断损失可流动要素的恶性循环累积过程。这种过程不断放大聚集力较大区域的产业份额，不断缩小聚集力较小区域的产业份额，而产业份额的区际差异就决定了国民收入地区分配的区际差异，产业份额的区域分布越不均衡，国民收入地区分配越不均衡，区域经济发展差距也就越大。但能否形成这种不断积累区域发展差距的循环累积因果机制，取决于区际市场开放度或区域一体化程度。当区际市场开放度或区域一体化程度达到某一临界值时，开始启动这种循环累积过程，且随着区际市场开放度的提高不断得到加强。可以看出，存在区际发展差距是一种普遍的现象，不管发达国家还是欠发达国家都存在区际发展差距。不过，因国度、国情以及发展水平的不同，其发展差距的强度不同，解决途径也不同。总之，如果厂商的生产区位是内生决定而不是外生决定的，则区际开放程度的提高总是不利于市场规模较小的地区，这是区域经济学一条很重要的定理。

要实现区域协调发展，必须打破这种不断扩大区域发展差距的循环累积机制，而要打破这种不断积累区域发展差距的机制，不外乎两种途径，一是尽可能减弱区际非均衡力，二是尽可能降低区域一体化程度。减弱区际非均衡力，就是尽可能放大欠发达地区或边缘区的吸引力，而放大吸引力就是要扩大欠发达地区或边缘区的市场规模，而放大市场规模就是要扩大欠发达地区的产业份额或扩大欠发达地区的消费份额。扩大欠发达地区的产业份额，除了该区域自身的发展以外，主要是指引进外资和国内厂商的迁移。这需要国家有序地组织东部地区的产业向中西部地区迁移，并提高中西部地区参与全国经济大循环的能力。扩大欠发达地区的消费份额，主要是指国家对欠发达地区实施的各种转移支付政策，因为转移支付扩大了欠发达地区的支出。这需要中央政府改革现有的转移支付政策，加大提高居民公共服务和福利水平为主要目标的收入型转移支付。不同区域之间各种政策的一致性程度决定了区域一体化程度，因此适度降低区域一体化程度，并不是指地方政府强制性设置各种壁垒阻碍可流动要素的流动，而是指要实行差异化的政策，这些差异化的政策包括东西有别的财政政策、金融信贷政策、产业政策、资源政策、土地政策、人力资本政策等。

综上所述，要实现区域协调发展，应在发达地区和欠发达地区之间应实行有"梯度"的政策，不要过度宣扬经济一体化。其实，经济一体化与效率是联系在一起的，而不是与公平和正义联系在一起的。

第十八章

欠发达地区工业化所需最小市场规模

主张区域经济一体化的学者认为,形成全国统一的大市场,可以实现资源要素的优化配置,提高经济效率,可以把蛋糕做大,中西部从中分得的蛋糕份额也就较大。这些学者还认为,经济系统总是先聚集后扩散。其实,现实并非如此,国民收入的地区分配主要取决于当地掌握的资源份额的多少,如果在一体化过程中,中西部的可流动要素转移到东部,则中西部的产业份额将缩小,所分得的蛋糕份额也就变小;产业聚集就产生聚集租金,正因为这种聚集租金的存在,尽管存在拥挤效应,但产业不会自动向外分散。正因为这种产业份额的减少和聚集租金的存在,区域经济一体化过程可能进一步加大区际收入差距。

本章[①]的核心观点与传统的区域经济一体化的观点不同。本章将强调不同地区所具有的比较优势,以及不同于传统的区域经济一体化的观点,更多地强调政策上的适度"梯度",它指的是差别化的政策而不是一体化的政策。

第一节 区域产业份额的确定

本部分不讨论地区经济是如何起步的问题,而是将关注如何确定产业份额以及哪些因素影响产业份额的问题,因为产业份额的确定将涉及市场规模的问题以

---

① 本章对发表在《广东社会科学》2006年6期上的《欠发达地区工业化所需最小市场规模——二论区域协调发展》(作者为安虎森)一文进行了适当的调整。

及对内外的市场开放度问题。为了讨论的方便,我们首先进行假设。

一、基本假设

经济系统由东西两个区域组成,每个区域都拥有两种部门(农业和工业)和两种生产要素(资本和劳动力)。两个区域的生产技术和要素禀赋是对称的;工业部门以规模收益递增、垄断竞争和冰山交易成本为特征,生产差异化产品;农业部门以规模收益不变和完全竞争为特征,生产同质商品。农产品的区际区内贸易无成本,工业品的区内贸易同样无成本,但区际贸易存在成本,遵循冰山交易成本。

两个区消费者的偏好相同,代表性消费者消费农产品和工业品时的效用函数为 C—D 型效用函数($U = C_M^\mu C_A^{1-\mu}$),消费一组工业品时的效用函数为 CES 型效用函数($C_M = (\int_0^N c_i^\rho \mathrm{d}i)^{1/\rho}$)。

两个区域工业品的贸易成本不同,东部生产的产品出售在东部时无须支付贸易成本,但出售在西部时需要支付 τ^*(>1)倍的价格;西部生产的产品出售在西部时无须支付贸易成本,但出售在东部时需要支付 τ 倍的价格。

资本可以流动,但资本所有者不流动,资本收益全部返回到资本所有者所在地进行消费,劳动力不流动。资本只作为固定成本,每个企业以一单位资本作为固定成本,劳动力作为可变成本,每单位产出需要 a_m 单位的劳动,则企业的成本函数可以写成 $\pi + a_m w_L x$,其中 π 和 w_L 是资本和劳动力的报酬,x 是企业的产出。农业只需劳动力,生产一单位农产品需 a_A 单位的劳动力。

根据厂商利润最大化的一阶条件,可以得出第 j 种产品生产者的最优价格为 $p_j = w_L a_m \sigma / (\sigma - 1)$,但该式的右边与下标 j 无关,故可以把下表 j 去掉,写成 $p = w_L a_m \sigma / (\sigma - 1)$。现我们假设存在李嘉图的比较优势,即两个区域在生产单位工业产品时的劳动投入方面存在差异,也就是 $a_m^D \neq a_m^X$,其中上标 D 和 X 分别表示东部和西部。由于东部和西部的出厂价格分别为 $p = w_L a_m^D / (1 - 1\sigma)$ 和 $p^* = w_L a_m^X / (1 - 1\sigma)$,因而可以写成 $\dfrac{p^*}{p} = \dfrac{a_m^X}{a_m^D}$,进而 $p^* = p\left(\dfrac{a_m^X}{a_m^D}\right)$。我们把东部生产的产品出售在西部时的价格记为 p^*,则 $p^* = p\tau^*$,西部产品出售在东部时的价格记为 $\bar{p}$,则 $\bar{p} = p^* \tau$。

二、相关经济变量

根据前面的假设条件,我们可以讨论区域产业份额的确定问题。但给出区域产业份额之前，我们不得不讨论下面诸多经济变量，因为不讨论这些变量，我们无法建立均衡关系。

（一）消费者的需求函数

根据消费者效用最大化的一阶条件，可以得出消费者对工业品的需求函数。根据 C-D 型效用函数和 CES 型效用函数，可以得出东部消费者对东部生产的某种工业品的需求函数为 $c = \mu E p^{-\sigma}/P_M^{1-\sigma}$。同理，西部对东部生产的某种工业品的需求函数为 $c^* = \mu E^*(p\tau^*)^{-\sigma}/(P_M^*)^{1-\sigma}$。其中，$c$ 和 c^* 为东部和西部消费者对东部生产的某种产品的需求；E 和 E^* 分别为东部和西部总收入水平（也等于总支出水平）；μ 为收入中对工业品的支出份额；p 和 p^* 为东部和西部生产的产品分别出售在本地时的价格；σ 为任意两种工业品之间的替代弹性，P_M 和 P_M^* 分别为东部和西部工业品价格指数。

（二）企业的利润函数

考虑一家东部企业，该企业在东部市场的销售量为 c，销售价格为 p；在西部的销售量为 c^*，销售价格为 $p^* = p\tau^*$，则企业的总产出为 $x = c + \tau^* c^*$，总销售收入为 $pc + p^* c^* = p(c + \tau^* c^*) = px$。在垄断竞争情况下，企业的利润为零，即 $qx = \pi + w_L a_m x$。由于 $p = w_L a_m^D/(1 - 1\sigma)$，所以 $\pi = px/\sigma$。这样，就可以写出利润函数为：

$$\pi = px/\sigma = \mu p^{1-\sigma}(EP_M^{-(1-\sigma)} + E^*(\tau^*)^{1-\sigma} P_M^{*-(1-\sigma)})/\sigma$$

（三）工业品价格指数

接着讨论一下东部工业品价格指数 $P_M^{1-\sigma}$。在东部出售的工业品包含东部本地生产的产品和西部生产的产品（考虑比较优势），则：

$$\begin{aligned} P_M^{1-\sigma} &= \int_0^{n^w} p^{1-\sigma} \mathrm{d}i = np^{1-\sigma} + n^* p^{1-\sigma} \\ &= n^w p^{1-\sigma}[(n/n^w) + \tau^{1-\sigma}(a_m^X/a_m^D)^{1-\sigma}(n^*/n^w)] \\ &= n^w p^{1-\sigma}[s_n + \tau^{1-\sigma}(a_m^X/a_m^D)^{1-\sigma} s_n^*] \end{aligned}$$

现设 $\phi_D = \tau^{1-\sigma}$，$\phi_X = (\tau^*)^{1-\sigma}$，$x = (a_m^D/a_m^X)^{1-\sigma}$，则 ϕ_D 和 ϕ_X 以及 x 分别表示东部和西部的市场开放度以及比较优势，则上式可以写成 $P_M^{1-\sigma} = n^w p^{1-\sigma}(s_n + s_n^* \phi_D/x)$。同理，西部工业品价格指数可以写成 $(P_M^*)^{1-\sigma} = n^w p^{1-\sigma}(s_n \phi_X + s_n^*/x)$。其中，$n^w$ 为经济系统的厂商总数，如果假设厂商总数保持不变，则可以把 n^w 标准化为 1；s_n 和 s_n^* 分别表示东部和西部厂商数量所占的份额。

（四）东部和南部的资本收益率

现可以写出东部和西部的资本收益率。先考虑东部厂商的资本收益率，东部厂商总销售收入包括东部本地市场上的销售收入和在西部市场上的销售收入，但在本地市场销售时不需支付贸易成本。根据式 $\pi = px/\sigma$，可以写成 $\pi = px/\sigma = [s_E/(x_{s_n} + \phi_D s_n^*) + \phi_X s_E^*/(x\phi_X s_n + s_n^*)]\mu x E^w/n^w$，其中，$E^w$ 为经济系统总消费支出，我们设它等于 1；s_E 和 s_E^* 分别表示东部和西部的支出份额；设 $b = \mu/\sigma$，则可以分别写出东部和西部的资本收益率 π 和 π^*，即：

$$\begin{cases} \pi = bx\left[\dfrac{s_E}{x_{s_n} + \phi_D s_n^*} + \dfrac{\phi_X s_E^*}{x\phi_X s_n + s_n^*}\right] \\ \pi^* = b\left[\dfrac{\phi_D s_E}{x_{s_n} + \phi_D s_n^*} + \dfrac{s_E^*}{x\phi_X s_n + s_n^*}\right] \end{cases} \quad (1)$$

三、区域产业份额函数

有了上面的讨论，我们现在可以写出某一区域的产业份额函数，式（1）中的 x 是比较优势的度量指标，如果 $x > 1$，则东部具有比较优势；如果 $x < 1$，则西部具有比较优势。资本可以流动，但资本收益全部返回到资本所有者所在地进行消费，这说明市场份额 s_E 是外生决定的。资本流动取决于资本收益率，哪一个区域的资本收益率高，资本流向该区域，直到两个区域的资本收益率相等为止，也就是 $\pi = \pi^*$ 时资本流动就停止了。根据 $\pi = \pi^*$ 条件以及式（1），我们可以写出区域产业份额函数，即：

$$s_n = \dfrac{[x\phi_D\phi_X(1 - s_E) + x_{s_E} - \phi_D]}{[(x - \phi_D)(1 - x\phi_X)]} \quad (2)$$

其中，$s_n \in [0, 1]$。如果式（2）右边的值大于 1 或小于 0，则我们规定取端点值。式（2）表明，某一区域的产业份额（s_n）取决于该区域的市场份额（s_E）、该区域的比较优势（x）、该区域的市场开放度（ϕ_D）和外区域的市场开放度（ϕ_X），这就回答了某一区域的产业份额是如何确定的问题。

四、产业份额与决定要素之间的关系

现在讨论一下区域产业份额与诸要素之间的关系。

首先，市场份额与产业份额的关系。在式（2），求 s_n 对 s_E 的微分，则可以证明只要满足 $x\phi_X<1$ 的条件，那么 $ds_n/ds_E=x(1-\phi_D\phi_X)/[(x-\phi_D)(1-x\phi_X)]>0$。这说明当满足 $x\phi_X<1$ 条件时，某一区域的产业份额与该区域的市场份额呈同向变化，即市场份额越大，产业份额也就越大。那么条件 $x\phi_X<1$ 的含义是什么？现我们假设东部的市场开放度很大，西部产品在东部出售时不需支付额外的成本，也就是 $\tau=1$。根据 $\tau=1$ 以及前面的条件，则 $x\phi_X<1\Rightarrow a_m^D/a_m^X<1/\tau^*\Rightarrow p/p^*<\tau/\tau^*\Rightarrow p\tau^*<p^*\tau\Rightarrow p^*<p$。$p^*$ 为东部生产的产品在西部出售时的价格，p 为西部生产的产品在东部出售时的价格。因此，$p^*<p$ 意味着，只要东部生产的产品在西部出售时的价格低于西部生产的产品在东部出售时的价格，则东部的产业份额随东部市场份额的扩大而扩大。根据我们的假设，东部实行全部开放的政策（也就是 $\tau=1$），西部生产的产品在东部出售时不需支付额外的成本，而西部市场没有全部开放，东部生产的产品在西部出售时还要支付额外的成本（τ^*）。在这种情况下，东部生产的产品在西部市场上的价格仍低于西部生产的产品在东部市场上的价格，因此 $x\phi_X<1$ 表明东部在产品生产方面存在明显的比较优势。在我们的模型中，市场份额（s_E）是外生给出的，当经济系统处于均衡状态时，下一轮的产业份额如何变动是无法确定的，此时对某一区域的外生冲击（如国家的重大决策、突发性事件、新资源的发现等）将起关键作用，如我国西部大开发、振兴东北老工业基地、中央对天津滨海新区的特殊政策等，而这种外生冲击对某一区域而言就是使它具有某种优势的过程。因此，可以得出结论，只要某一地区具有比较优势，则该地区的产业份额随市场份额的扩大而扩大。

其次，比较优势与产业份额的关系。在式（2），求 s_n 对 x 的微分，则可以证明 $ds_n/dx=\phi_D(1-s_E)/(x-\phi_D)^2>0$。这说明在其他条件不变的情况下，某一区域的产业份额与该地区的比较优势呈同向变化，某一区域的比较优势越明显，则该区域的产业份额也就越大。如果某一区域具有某种比较优势，则该区域有利于吸引可流动要素，这将提高该区域的产业份额。

再次，考虑 ϕ_D 对 s_n 的影响，我们可以证明 $ds_n/d\phi_D=-(1-s_E)x/(x-\phi_D)^2<0$，说明在其他条件不变的情况下，某一区域的产业份额与该区域本身的市场开放度呈反向变化，东部对西部的开放程度很高，则东部的产业份额将缩小，西部的产业份额将扩大。如果东部对西部全部开放，则可流动的一些要素，如资本可以向西部转移，资本的转移意味着厂商的转移。资本总量不变（这是本模型的重要假设），则企业数量也不变，在这种情况下，一部分企业的转移将降低东部的产业份额而扩大西部的产业份额。该结论具有重要意义，要实现我国东西部协调发展，则东部应实行更加开放的政策，使得部分产业活动向西

部转移。

最后，考虑 ϕ_X 对 s_n 的影响，我们可以证明 $\mathrm{d}s_n/\mathrm{d}\phi_X = X_E^*/(1-x\phi_X)^2 > 0$，这说明在其他条件不变的情况下，某一区域的产业份额与另一个区域的市场开放度同向变化，如果西部对东部的开放程度很高，则东部的产业份额也就很大。这很容易理解，如果西部提高市场开放度，则可流动要素将向东部转移，在资本总量不变的情况下，资本的转移必然降低西部的产业份额而提高东部的产业份额。这说明要实现我国东西部协调发展，西部的对外开放度和东部的对外开放度之间要有一定的梯度。

总之，通过前面的讨论，我们可以得出如下重要的结论：

结论1（区域产业份额的决定）：某一区域的比较优势明显，市场规模较大，外区域对该区域的市场开放度较高，该区域对外区域的市场开放度较低，则有利于拥有较大份额的产业。

结论1中的企业主要指一般的竞争性企业，对于那些专用性资产很大的企业，一旦确定生产区位以后就不容易改变。

第二节　欠发达地区工业化所需最小市场规模

式（2）告诉我们的是在市场规模、市场开放度、比较优势方面存在差异时，某一区域的产业份额是如何决定的问题。可以证明实际收入水平取决于产业份额的多少，而产业份额又取决于市场规模的大小、比较优势和市场开放度。如果东部和西部市场开放度相同，且西部的市场份额小于东部，那么西部的生产份额也低于东部，收入水平也低于东部。

不过，我们感兴趣的是西部具有某种比较优势时的情况。西部具有丰富的自然资源，因而原材料可以就地解决；西部有丰富的劳动力，因而劳动力工资水平较低。这种丰富的原材料和较低的劳动力成本，可以降低单位产品生产成本，也就是说西部在生产成本方面具有比较优势。根据新古典理论，不管市场开放度大小如何，具有比较优势的区域总具有一定份额的工业生产。新古典理论的这种解释是否成立？如果西部的产业份额等于零，则我们可以求出西部开始工业化时所需的最小市场规模。为了求出西部的最小市场规模，我们令 $s_n^* = 0$，则根据式（2），可以得出西部产业份额接近于0时的市场规模，即：

$$s_E^{*Z} = \phi_X(x - \phi_D)/(1 - \phi_D\phi_X) \tag{3}$$

其中，s_E^{*Z} 是西部最小市场规模临界值，也就是西部具有最低限度生产份额所需的最小市场规模。如果西部具有的比较优势特别大，即 x 非常小，则从式（3）可以看出，西部市场临界值可能小于0，就是说在西部具有特别大的比较优势的情况下，西部很小的市场规模也可以吸引一定份额的产业活动，为了排除这种极端情况，我们令 $s_E^{*z}>0$，即 $x>\phi_D$，可以称这一条件为"非黑洞比较优势条件"。

式（3）告诉我们，西部市场规模小于 s_E^{*z} 时，不存在任何工业生产，如果超过该规模，西部就可以吸引部分工业生产。从式（3）可以看出，尽管西部在工业生产方面具有某种比较优势，但如果西部的市场规模小于临界规模，那么西部没有工业部门，工业生产都集中在东部。这说明，我们的结论与新古典理论不同，新古典理论在我们的框架下是不成立的。目前我国的现实就是这样，尽管西部在自然资源、劳动力资源等方面确实具有较大的优势，然而仍然缺乏对产业的吸引力。这样，我们可以得出如下结论：

结论2：尽管欠发达地区具有某种比较优势，但如果市场规模过小，则仍缺乏对工业生产的吸引力。

结论2回答了具有某种比较优势的欠发达地区为什么不能吸引产业的问题，其核心就是市场规模小。尽管西部地区具有劳动力成本较低、自然资源丰富等方面的比较优势，但在市场规模很小的情况下，企业无法实现利润最大化的目标，因而也不会选择西部。即使专门生产出口品的企业，因西部需支付更大的运输成本，也不会选择西部。

在式（3），分别求 ds_E^{*z}/dx、$ds_E^{*z}/d\phi_X$ 以及 $ds_E^{*z}/d\phi_D$，则满足"非黑洞比较优势条件"情况下，可以证明 $ds_E^{*z}/dx>0$、$ds_E^{*z}/d\phi_X>0$ 以及 $ds_E^{*z}/d\phi_D<0$。这说明，西部最小市场规模与 x 和 ϕ_X 同向变化，与 ϕ_D 反向变化。西部比较优势越强，即 x 越小，则 s_E^{*z} 也越小，西部开始工业化所需的最小市场规模也越小，有利于西部工业化的开始；东部市场开放度越大，则西部开始工业化所需的最小市场规模也越小，有利于西部工业化的开始；西部市场开放度越大，西部开始工业化所需的最小市场规模也越大，不利于西部工业化的开始。这样，我们可以得出如下结论：

结论3：欠发达地区开始工业化所需的最小市场规模，取决于该区域所具有的比较优势和区内区际市场开放度。尽管欠发达地区的市场规模很小，但欠发达地区具有较大的比较优势，发达地区实行更加开放的政策，欠发达地区实行循序渐进的开放政策，则有利于欠发达地区工业化的开始。

结论3是容易理解的，即比较优势越大，市场规模的约束作用相对减弱，在市场规模较小的情况下，也可以开始工业化过程；发达地区实行更加开放的政策，则部分可流动要素可以向欠发达地区转移，这有利于欠发达地区工业化的开始。反过来说，发达地区实行更加严格的保护政策，那么欠发达地区难以实现工业化；欠发达地区实行与发达地区同样的经济政策，则可流动的生产要素将向发达地区集中，欠发达地区的产业份额变得更小，尽管产业的集中会提高整体的经济效率，可以将"蛋糕"做大，然而目前国民收入的地区分配主要依据不同地区所掌握资源的多少，因此欠发达地区所获得的收入份额变得更少。这样，我们可以得出如下重要的结论：

结论4：要实现区域经济协调发展，那么欠发达地区尽可能发展具有比较优势的产业，发达地区应实行更加开放的政策，欠发达地区应实行循序渐进的开放政策。

结论4的含义很明确，要实现区域经济协调发展，那么欠发达地区要发展具有比较优势的产业，应采取循序渐进的开放政策；而发达地区应实行更加开放的政策，使得可流动要素尽可能向欠发达地区转移。要引起足够重视的是，发达地区和欠发达地区之间在开放度方面应有适度的梯度，不应要求欠发达地区实行同发达地区同样程度的开放政策。这又等价于在发达地区和欠发达地区不应实行一体化的政策，而要实行差别化的政策。这种结论也适合于我国的对外开放政策，我国实行循序渐进的开放政策是我国改革开放比较成功的主要经验之一。如果按照发达国家的要求，全部开放国内市场，则将带来严重的经济安全问题。

第三节 小 结

本章的自有资本模型与马丁和罗杰斯（1995）的自有资本模型有所区别，本章假设了两个区域不同的市场开放度和比较优势，这种假设使本章的讨论更加符合我国的实际情况。本章以此作为基本的分析工具，讨论了如何协调区域发展问题。

1. 某一区域的产业份额主要取决于市场规模、比较优势、区内外市场开放度；市场规模大，比较优势明显，外区域实行高度开放的政策，本区域实行循序渐进的开放政策，则有利于拥有较大份额的产业。

2. 尽管欠发达地区具有明显的比较优势，但市场规模很小，则仍然缺乏对产业的吸引力，这就是目前我国西部所面临的现实。欠发达地区开始工业化所需的最小市场规模，主要取决于该区域所具有的比较优势和区内区际市场开放度。尽管欠发达地区的市场规模很小，但欠发达地区具有较大的比较优势，发达地区实行更加开放的政策，欠发达地区实行循序渐进的开放政策，则在较小的市场规模下也可以开始工业化进程。

3. 要实现我国经济的协调发展，则欠发达地区大力发展具有比较优势的产业的同时，发达地区与欠发达地区之间在市场开放度方面应有适度的梯度，也就是说不应实行一体化政策，而要实行差别化政策。

第十九章

区际产业分布不平衡与政府的有效调控

区域经济一体化可以实现全国统一的大市场，实现各种资源要素的充分流动，提高经济效率，加快区域经济的发展。但区域经济一体化所追求的是效率而不是公平，它在提高经济效率的同时可能扩大区际差距。协调发展强调的是逐渐缩小区际发展差距，核心是区际和人际的公平。本章[①]根据新经济地理学基本理论，主要分析在区域市场规模和人口规模已确定的情况下，区际产业份额的变化所导致的区际和人际收入水平的变化，以及政府干预的主要方式等问题。

第一节 厂商自由选择区位时的区际人际收入变动

在市场力作用下，厂商是可以自由选择生产区位的。这里根据自由资本模型，讨论在一体化条件下厂商自由选择区位而导致的实际收入变动的问题。当讨论收入变动问题时，必须考虑两个问题，一是当厂商自由选择区位时，不同区域实际收入水平是如何变化的；二是当厂商自由选择区位时，不同区域不同要素所有者的实际收入水平是如何变化的问题。

[①] 本章对发表在《广东社会科学》2007年第4期上的《产业空间分布、收入差异和政府的有效调控》（作者为安虎森）一文进行了适当的调整。

一、自由资本模型简介

（一）基本假设

经济系统由北部和南部两个区域组成。如果两个区域市场规模不对称，则假定南部的市场规模比北部小。每一区域有两种生产要素：物质资本（K）和劳动力（L）。劳动力在区域间不能流动，且假设劳动力全部就业，因此北部的劳动力份额等于北部的劳动力禀赋，南部也如此。资本可以流动，但资本收益都返回到资本所有者所在地消费，因而资本流动不会影响市场规模，市场规模是外生决定的。也就是说，历史已经造就了市场规模的差异。北部使用的资本份额和北部拥有的资本份额可以分别表示为 S_n 和 S_k。

每个区域都有两种生产部门，制造业部门（M）和农业部门（A）。农业部门以规模收益不变和完全竞争为特征，只利用劳动力生产同质产品；制造业部门以规模收益递增和垄断竞争为特征，生产差异化的产品，每种产品的生产需要一单位资本和 a_M 单位的劳动，因此北部使用的资本份额等于北部的企业份额。

两个区域的生产技术相同。农产品的区内区际交易无成本，制造业产品的区内交易无成本，但区际交易需支付交易成本，交易成本遵循冰山交易成本。两个区域消费者的偏好相同，假设消费者消费农产品和工业品组合时的效用函数为 C-D 型效用函数，消费一组工业品组合时的效用函数为 CES 型效用函数。我们可以利用如下间接效用函数来表示实际收入水平：

$$V = \ln(E/P), P = p_A^{1-\mu}(\int_0^{n^w} p_i^{1-\sigma} di)^{-a}, a = \mu/(\sigma-1), 0 < \mu < 1 < \sigma \tag{1}$$

其中，V 为北部的间接效用函数，E 为北部的消费支出（也等于北部的收入水平），P 为北部的价格指数，n^w 为南北制造业产品种类总数，μ 为对工业品支出所占的份额，σ 为任意两种工业品之间的替代弹性。南部间接效用函数也类同。

（二）短期均衡

农业部门是完全竞争部门，规模收益不变，生产同质产品。因此，农产品价格等于边际成本，即 $p_A = a_A w_L$，其中 w_L 是劳动力工资，a_A 是单位产出所需的劳动量。农产品交易是无成本的，因此农产品的区际交易使得两个区域农产品价格相等，进而农业部门的工资水平也相等。由于农业劳动力和工业劳动力是可以转换的，因此当农业部门的工资水平和工业部门的工资水平相等时，劳动力的就业转换也就结束。也就是说，劳动力的就业转换处于稳定状态时，工业劳动力和农业劳动力的工资水平相等。在制造业部门，企业是自由进入和退出的，因此均衡时企业的利润为零。该市场上的厂商都为寡头垄断厂商，每个厂商可以自行定价，都以边际成本加成定价法定价，即 $p = w_L a_M / (1 - 1\sigma)$。设 $a_M = 1 - 1/\sigma$，$w_L = 1$，则制造业产品在区内销售时的均衡价格为 $p = w_L = 1$。由于向区外出售遵循冰山交易成本（τ），因此区外出售时的均衡价格为 $p* = \tau_{WL} = \tau(\tau > 1)$，也就等于单位产品价格的 τ 倍。

n^w 为经济系统制造业产品种类总数，$n^w = n + n^*$。在自由资本模型中，资本可以转移，因而企业也可以转移，但经济系统资本总额不会发生变化，因此我们可以设定 $n^w = 1$，也就是 $n + n^* = n^w = 1$，n、n^*、n^w 分别表示北部、南部和世界的产品种类所占的份额。这样，可以写成北部和南部的价格指数，即：

$$P = \Delta^{-a}, \quad P^* = (\Delta^*)^{-a}, \quad \Delta \equiv s_n + \phi s_n^*, \quad \Delta^* \equiv \phi s_n + s_n^*, \quad a = \mu/(\sigma - 1) \quad (2)$$

其中，s_n 和 s_n^* 分别为北部和南部的工业品种类份额（$s_n + s_n^* = 1$）。由于每种工业品的生产需要一个单位的资本，所以 s_n 和 s_n^* 分别为北部和南部利用的资本在总资本中所占的份额。设 $\phi = \tau^{1-\sigma}$，称 ϕ 为市场开放度。

（三）长期均衡

资本的区际流动是为了获得高的名义收益率，因此长期稳定均衡时，$\pi = \pi^*$，或 $s_n = 1$，或 $s_n = 0$；前一种情况为内点解的情况，也就是两个区都享有一定份额的工业（或资本）时的情况；后两种情况为角点解的情况，也就是所有工业（或资本）集中在一个区域时的情况。我们感兴趣的是内点解的情况，也就是工业没有全部集中在北部（当 $s_n = 1$ 时）或南部（当 $s_n = 0$ 时）的情况。但不管何种情况，均衡时各地的资本收益率都等于世界的平均资本收益率，即 $bE^w/K^w (b = \mu/\sigma)$，这同时也意味着世界总支出等于世界总收入，即 $E_w = L^w + bE^w = L^w/(1-b)$。因此，在均衡条件下，资本收益在区域间是相等的。这一点在我们的讨论中具有重要意义，它表明在均衡时，南北两个区域资本所有者的收益都是相同的，不管资本所有者投资在何处，他所获得的收益是一样的。北部资本所有者的资本收益可以写成 $\pi = \beta$，而 $\beta = (bL^w)/[(1-b)K^w]$。由于我们假设每个资本所有者都具有单位资本，每种产品的生产都以单位资本作为固定成本，因此资本所有者的资本收益又等于单位资本利润率。

二、产业的空间分布

根据上面的长期均衡条件 $\pi = \pi^*$，可以写出资本（工业）在空间上的分布。

当均衡时，聚集在北部的资本份额和支出份额分别等于：

$$s_n = 1/2 + (s_E - 1/2)(1+\phi)/(1-\phi), \quad s_E = E/E^w = (1-b)s_L + bs_k \quad (3)$$

其中，s_k 为北部资本禀赋在经济系统总资本禀赋中所占的份额，s_L 为北部劳动力禀赋在经济系统总劳动力禀赋中所占的份额。由式（3）可以看出，完全对称结构（即 $s_L = s_k = s_E = s_n = 1/2$）是一种稳定均衡。由于 s_L 和 s_k 是外生给出的，因此相对市场规模 s_E 也是外生给出的。由于我们假设每个工人具有单位劳动力以及每个资本所有者具有单位资本，因此相对市场规模 s_E 主要取决于劳动力人数和资本所有者人数以及这些人口的实际收入水平，而人口规模和实际收入水平实际上是由区域本身所决定的。式（3）告诉我们，在市场力作用下的工业分布取决于市场规模和市场开放度，只要市场规模偏离对称结构（$s_E > 1/2$），则产业份额就大（$s_n > 1/2$）；当某一区域的市场规模偏离对称结构时，如果市场开放度大，则进一步放大这种偏离程度，因而市场规模较大区域的产业份额也就越大。由此，可以得出如下结论：

结论1（市场配置）：市场力作用下的产业配置取决于市场规模和市场开放度；当某一区域的市场规模较大时，产业份额也就较大；当区域的市场规模已外生给定时，如果市场开放度大，则可流动要素容易聚集在市场规模较大区域，因而产业份额就变得更大。

结论1告诉我们，在市场力作用下，产业的空间分布主要取决于市场规模。它还告诉我们，当两个区域市场规模不等时，如果我们实行一体化政策（也就是市场开放度很大），则市场规模较大的区域的产业份额就更大。这在某种意义上解释了改革开放以来我国经济主要集中在东部地区的主要原因。正如我们所讨论的那样，由于劳动者和资本所有者的收入水平不同，因而在人口规模相同的情况下，如果资本所有者所占的份额越大，则该区域的市场规模就越大，因而产业份额也就越大，这正是目前我国东西部发展差距很大的主要原因之一。

三、产业份额与收入的区际人际差异

在前面，讨论了市场条件下的产业空间分布问题，产业空间分布的变化必然影响区域实际收入水平。如果产业分布发生变化，哪一个区域的实际收入水平变好？哪一个群体的实际收入水平变好？前一个问题就是区际公平问题，后一个问题就是人际公平问题。

（一）产业空间分布结构与区际收入差异

为分析区际公平问题，首先要建立经济系统中四个利益群体（即北部和南部的资本所有者、北部和南部的劳动力所有者）实际收入表达式。根据前面的假定，每个工人拥有一单位的劳动力，每个资本所有者拥有一单位资本。每个工人的平均名义收入为平均工资水平，在前面我们已经假设 $w_L = 1$。每个资本所有者都拥有一单位资本，每种产品的生产都以单位资本为固定成本，因此每个企业的平均收益等于单位资本的利润率，也等于资本所有者的名义收入水平，也就是 $\pi = \beta$。在前面，我们已经假定用间接效用水平来衡量实际收入水平，故如果用下标来表示不同要素所有者，用 * 表示南部，则南北两个区代表要素所有者的人均实际收入水平可以写成如下形式：

$$\begin{cases} V_K = \ln(\beta/P) = \ln(\beta/\Delta^{-a}), & V_L = \ln(1/P) = \ln(1/\Delta^{-a}) \\ V_K^* = \ln(\beta/P^*) = \ln[\beta/(\Delta^*)^{-a}], & V_L^* = \ln(1/P^*) = \ln[1/(\Delta^*)^{-a}] \end{cases} \quad (4)$$

可以看出，四个群体的人均收入水平取决于价格指数（由于农产品的区际交易是无成本的，因此农产品的价格不影响总价格指数，总价格指数取决于工业品的价格指数），也就是主要取决于产业重新分布所导致的 P^* 的变动。根据前面的假定，两个区域消费者的偏好相同，而且制造业部门生产的都是异质的最终消费品，因此当企业大量聚集在某一区域时，区内提供的最终消费品种类较多，从区外输入的消费品的种类较少，因而可以节省大量的贸易成本，这必然降低生活成本。也就是说，如果企业从南部向北部转移，则降低北部的价格指数 P，提高南部的价格指数 P^*，进而北部的人均实际收入增加，南部的人均实际收入减少。所以，产业的重新区位，必然导致区际收入水平的差距。因此，只要 $s_n > 1/2$，北部的人均实际收入水平就高于南部。但产业布局的这种变动不会影响同一个区域内的不同要素所有者之间原有的收入结构，因为同一个区域内的不同要素所有者都面对着相同的价格指数。这样，我们可以得出如下结论：

结论 2（收入水平的区际差异）：在市场力作用下，产业活动的重新分布提高产业份额较大区域的收入水平，降低产业份额较少区域的收入水平，但产业活动的重新分布不会影响同一个区域内不同群体之间原有的收入结构。

从结论 2 可以看出，产业活动的重新布局导致收入水平的区际不均衡。在市场力作用下，产业的转移将提高产业份额较大地区的实际收入水平，降低产业份额较小地区的实际收入水平。因此，如果产业的空间结构保持不变，就可以在保证不损害某一区域利益的同时也不会增加另一个区域的利益。但在市场条件下，因要素的趋利性特征，如果市场开放度变大，则必然导致流动要素的转移，也必然导致区际收入水平的差距。也就是说，在市场条件下，不进行干预就很难实现区际收入水平的帕累托改进。根据结论 1，当初始市场规模不等时，如果区际市场开放度很大，则进一步扩大区际产业份额的差距，这进一步扩大区际收入差距。由此可以看出，在无法人为改变现有市场规模区际差异的情况下，为了缩小区际收入差距,适度降低区际市场开放度是很有必要的。

(二) 产业空间分布结构与人际收入差异

接着我们讨论公平问题的第二个问题,即产业份额的变化会使哪一个群体的福利变得更好的问题。由于资本所有者获得的收益率是经济系统平均收益率,因此资本所有者投资在何处不影响他们的收入水平,不管在何地都能得到相同的回报率。所以,人际收入公平问题的分析主要考虑南北两区劳动者实际收入的变动。考虑一下 s_n 的变动对北部劳动者和南部劳动者实际收入的影响。设南北代表性劳动者的人均实际收入水平之和为 V,则 $V = \ln(1/P) + \ln(1/P^*)$,对其微分,则:

$$dV/ds_n = a(\Delta^* d\Delta + \Delta d\Delta^*)/(\Delta\Delta^*) = -2a(1-\phi)^2(s_n - 1/2)/(\Delta\Delta^*) \tag{5}$$

从式(5)可以看出如下几点:第一,当 $s_n < 1/2$ 时,南北两区劳动者总体收入水平随北部产业份额的增大而提高;当 $s_n = 1/2$ 时,南北劳动者总体收入水平最大;当 $s_n > 1/2$ 时,南北两区劳动者总体收入水平随北部产业份额的增大而下降,北部产业份额越大,总体收入水平下降得越多。第二,当 $s_n = 1/2$ 时,也就是两个区域产业份额各为一半时,南北劳动者总体收入水平最高,但产业空间分布偏离对称结构(也就是 $s_n > 1/2$),即发生产业从南向北转移,则北部受益,南部受损,北部劳动者收入增加部分等于南部劳动者收入的减少部分,导致区际劳动者收入水平的差距。这是结论 2 的进一步解释。第三,当北部的初始产业份额大于 1/2 时,如果发生产业从南向北转移,则南部劳动者收入的减少部分大于北部劳动者收入的增加部分,总体收入水平是下降的。反过来,如果产业分布趋向平衡,也就是发生从北向南的产业转移,则南部劳动者收入的增加部分大于北部劳动者收入的减少部分,总体收入水平是提高的。由此,可以得出如下结论:

结论 3(收入的人际差距):当初始产业分布不均衡时,如果产业分布趋向于更加不平衡,则损失者的福利损失部分大于获益者的福利增加部分;如果产业分布趋向于平衡,则获益者的福利增加部分大于损失者的损失部分。

实际上,我们所说的产业转移或资本转移,并不是主要指原来区位在某一地区的工厂搬迁到另一个地区,主要是指某一地区产业份额的变化情况,这种份额的变化不外乎是通过本地自生企业和流入的企业(或资本)两种途径实现的,如果自生企业较多或流入资本较多,则该地区的产业份额增加。在我们的模型中,某一行业中不同企业的技术水平相同、劳动者的技能相同、不同地区消费者(也是劳动者)的消费偏好也是相同的,这种情况可能与现实情况不符,但如果某一地区生产的某种商品的种类较多(也就是企业数量较多),则不需从外地大量购入产品，减少了运输、销售等中间环节，消费者（也是劳动者）的消费价格指数较低，因而实际上可以提高收入水平。结论3告诉我们的是产业份额的变动与劳动者实际收入变化之间的关系，当初始产业份额不均衡时，如果产业份额进一步向某一地区集中，则此时总体福利水平将下降，欠发达地区劳动者福利损失大于发达地区劳动者福利水平的增加，进而导致人际收入水平的巨大差异；如果产业分布趋向于均衡，则此时总体福利水平将提高，欠发达地区劳动者的福利增加大于发达地区劳动者的福利损失，进而缩小人际收入水平的差距。

上述表明，如果要缩小区际劳动者收入水平差距，那么应尽可能地实现产业分布的均衡。然而，在市场力作用下，要素的趋利性特性使得各种生产要素向发达地区聚集，进一步加剧产业份额的不均衡。因此，政府必须采取有效措施防止这种后果的发生。在现实中，不同地区的市场规模不同，最优的产业分布应为如何，这就是下面要讨论的问题。

第二节 政府有效干预时的总体福利提高和最优产业分布

根据上面的讨论，市场行为不会导致收入分配的帕累托改进，因此政府的干预是很有必要的。但政府的干预也不能把产业均匀地配置在不同地区，如果某一区域的市场规模较大，则该区域应拥有较大份额的产业。下面的讨论将回答两个问题，即政府干预能否提高总体福利水平，以及社会最优的产业分布应为如何。

为了讨论的方便，假设企业的行为是理性的，企业的目标函数就是尽可能扩大利润；政府的行为也是理性的，政府的目标函数是提高总体福利水平，尽可能实现区际收入水平的均衡。由于企业的目标函数就是扩大利润，因而企业定价时价格高于边际成本，或企业选择生产区位时不考虑消费者福利的损失和其他厂商的损失（市场扭曲）。根据政府的目标函数假设，政府的主要职责并不是干预市场的正常运行，而是解决各种市场扭曲问题，也就是解决定价过高、消费者福利的损失以及对其他厂商的损失等问题。根据前面讨论的两个区、两种要素所有者的情况，我们可以写出经济系统总体福利函数，即：

$$W = K^w [S_K \ln(\beta/P) + S_K^* \ln(\beta/P^*)] + L^w [S_L \ln(1/P) + S_L^* \ln(1/P^*)] \quad (6)$$

式（6）表明，经济系统的总体福利是南北两个区不同要素福利水平之和，其中，W为总体福利水平；K^w为经济系统的资本总量，每个企业都以单位资本作为固定成本，因此资本总量等于企业总数量，不过在自由资本模型中，我们关心的并不是资本总量的大小问题，而是实际资本禀赋的份额和实际使用的资本份额，因此常表示为 $K^w = 1$；S_K 是在经济系统资本禀赋中北部所占份额；S_L 是在总劳动力禀赋中北部所占份额；S_K^* 和 S_L^* 为南部的相应份额；β 为资本收益；P 和 P^* 分别为北部和南部的价格指数；L^w 为劳动力总量；工人工资水平 (w_L) 为 1。

如果政府能够采取措施消除市场的扭曲现象，那么整个经济系统福利将达到最优状态。尽管本书以垄断竞争理论为基础，但现实中如果出现垄断或企业之间的共谋行为，则这些企业并不按边际成本加成定价法定价，将出现定价过高或市场扭曲现象。这时，政府的干预就是消除市场扭曲现象。假设政府为消除市场扭曲现象，采取强制性措施，实行严格的边际成本加成定价法，此时企业的额外利润为零，而正常利润为 $\pi = \beta$，由前面的讨论可知 β 是外生决定的。此时代表性工业品的区内价格为 $[1-(1/\sigma)]$，区外价格为 $\tau[1-(1/\sigma)]$。由于农产品价格在两个区相同且农产品的区际交易无需成本，因此农产品价格对两个区价格指数的影响是相同的，这样只考虑工业品价格对两个区价格指数的影响就可以。此时，北部的价格指数为 $P = [1-(1/\sigma)]^\mu \Delta^{-a}$，南部的价格指数为 $P^* = [1-(1/\sigma)]^\mu (\Delta^*)^{-a}$，把它们分别代入式 (6)，则可以写出下式：

$$W = \ln\beta - \mu(K^w + L^w)\ln[1-(1/\sigma)] + a(K+L)\ln\Delta + a(K^* + L^*)\ln\Delta^* \quad (7)$$

其中，右边的第一项、第二项都是常数，第一项是企业的正常收益部分，第二项是因边际成本定价而获得的福利增加部分，它并不随企业空间布局的变化而变化。可以看出，如果政府实施边际成本加成定价，则可以提高总体福利水平。

现设 $K^w + L^w$ 为经济系统总的人口规模（K^w 为经济系统中资本所有者总数，L^w 为经济系统中劳动者总数），并用 $S_R = (K+L)/(K^w+L^w)$、$S_R^* = (K^*+L^*)/(K^w+L^w)$ 分别表示北部和南部人口所占份额（$S_R^* = 1 - S_R$）。式 (7) 的两边除以 $(K^w + L^w)$，并根据福利最大化的一阶条件，求 dW/dS_n 并等于零，则 $S_R(1-\phi)/[S_n + \phi(1-S_n)] + (1-S_R)(\phi-1)/[\phi S_n + (1-S_n)] = 0$。根据该式，解 S_n 并以 S_n^s 来表示 S_n，则：

$$S_n^s = 1/2 + (S_R - 1/2)(1+\phi)/(1-\phi) \quad (8)$$

式 (8) 说明的是，当政府实施边际成本加成定价法，因而实现社会总体福利最大化时，北部的产业份额是如何决定的问题。北部的产业份额确定了，则南部的产业份额也确定了。因此，此时的产业份额为社会最优的产业份额，我们用上标 S 来表示社会最优，则 S_n^s 就是社会最优时的北部产业份额。在式 (8) 中，根据 S_n^s 等于 1 或 0 的条件，可以得出 $S_R \in [1/(1+\phi), \phi(1+\phi)]$，其含义是如果北部的人口份额不在此范围之内，则所有的产业都配置在南部。式 (8) 告诉我们，如果北部人口规模较大，则与此相对应的产业份额也要大。$(1+\phi)/(1-\phi)$ 为本地市场规模放大系数且大于 1，ϕ 越大，市场规模放大效应越大，人口规模较大地区的产业份额要更大。如果 ϕ 等于 0，也就是两个区域都是封闭经济时，社会最优产业份额与人口规模是同步的，此时的产业分布就是均匀分布，此时的产业配置是缺乏效率的。因此，只要区域经济不是封闭经济，则人口份额较大地区应拥有大于人口份额的产业份额，此时的产业配置是有效率的。由此，可以得出如下结论：

结论 4（政府的有效配置）：如果政府进行有效干预，则可以提高总体福利水平。此时，社会最优的产业分布要求人口规模较大区域拥有较大产业份额；市场开放度较大时，人口规模较大区域的产业份额要更大。

结论 4 具有重要意义，它告诉我们，社会最优的产业分布，不是均衡的产业分布而是非均衡的产业分布，人口规模较大区域或市场规模较大区域应拥有更大份额的产业。反过来，人口规模较大地区的产业份额较小，或与人口规模同比例，则不仅降低人口规模较大地区的福利水平，同时也是无效率的配置。尽管社会最优的产业分布应该是非均衡分布，但这种非均衡程度超过某一临界值，则将损害人口规模较小地区的福利水平。由于人口规模或市场规模是外生决定的，因产业高度集中在人口规模较大地区而降低整体福利水平时，可能的解决途径之一为适度"降低"市场开放度，适当保护人口规模较小地区的产业份额，看来这是政府干预的主要内容之一。

通过上面的讨论，我们可以得出有关政府调控的重要结论，即政府调控的第一个内容就是建立和完善市场机制，保护合理竞争，尽可能消除市场的扭曲。政府调控的第二个内容就是对市场规模较小的欠发达地区实行一些有别于发达地区的特殊政策，尽可能保护欠发达地区的产业份额。

第三节　政府干预无效时的总体福利下降和次优的产业分布

政府无法消除上述的扭曲现象，那么总体福利下降，经济系统处于次优状态。假定边际成本定价无法实施，此时厂商以利润最大化为目标，完全自由定价。此时，在式（7）中的第二项，也就是因边际成本定价而获得的福利改进项变为 0，造成总体福利水平的下降。这种次优状态下的产业份额的确定，是由式（3）给出的，也就是市场力作用下的产业分布。从式（3）和式（8）可以看出，社会最优产业份额和社会次优产业份额的确定，在结构上是一致的，然而市场配置强调的是支出规模，而社会配置强调的是人口规模。支出份额的大小，取决于在人口规模份额中富裕的个人所占份额的大小，而较富裕的人群所占比例较大，则区域人均收入水平高，人均支出水平也高。区域的人均收入水平取决于两个方面：一是区域的相对要素禀赋，二是两种要素的相对收益。资本所有者的收入水平高于劳动者的收入水平，因此某一地区所拥有的资本禀赋多，那么该区域是富裕的地区，此时该区域的产业份额很大，区域收入水平也很高。因此，在市场力作用下，产业份额高度集中在收入水平高的地区，这将进一步加剧区际差距。这就是目前我国东西部绝对差距进一步拉大的主要原因。那么何时出现市场配置也是社会最优的情况？只在两种特殊情形下出现这种情况，一种情况是每个区域中的两种要素规模相等（$S_L = S_K$），另一种情况是每个区域中两种要素的收益相等，也就是$\beta = 1$。因此，除了特殊情况以外，区际产业份额差距越大，区际收入差距也越大；资本所有者和劳动者收入差距越大，人均收入差距也就越大。可以看出，市场力配置下的产业分布更加趋向于产业份额大的区域，进一步加大区际产业份额差距和区际收入差距，因此此时的产业配置是缺乏效率的，这也是政府进行干预的主要原因。由此，我们可以得出如下结论：

结论5（市场配置的无效率）：市场配置强调的是收入水平的高低，当某一个区域的收入水平较高时，市场会把更多的产业配置在该区域，进而扩大区际收入差距。因此，除了一些特殊情况，市场力作用下的产业分布是缺乏效率的。

如果式（3）减去式（8），则$S_n - S_n^* = [(1+\phi)/(1-\phi)](S_E - S_R)$。

可以看出，当存在要素收益和相对要素禀赋差异时，如果市场开放度ϕ越大，则$S_n - S_n^*$越大，这说明市场开放度越大，市场配置无效率程度也就越大。它具有重要的政策含义，即应实行开放政策，封闭经济不利于福利水平的提高，但要实现区际协调发展，那么区际市场开放度要适中，也就是发达地区和欠发达地区之间在市场开放度方面要有一定的梯度。这等价于在欠发达地区和发达地区不应实行一体化的政策，而应实行差别化的政策，这种差别化的政策正是由政府宏观调控来解决的问题。在现实中，不同地区之间的要素收益和相对要素禀赋差异是无法人为解决的。因而得出如下结论：

结论6（市场开放度）：市场规模和人口规模已确定时，适度降低市场开放度，则可以降低市场配置的无效率。现实当中，在无法人为解决不同地区之间要素收益和相对要素禀赋差异的情况下，解决市场配置无效率的主要途径就是适度降低区际市场开放度，这就是上面曾涉及的政府干预的主要内容之一。适度降低区际市场开放度，就是采取有效措施保护欠发达地区的产业活动。

第四节 小 结

本章主要利用新经济地理学模型揭示了有关区域经济协调发展深层次的理论问题，其核心是区际人际收入水平与产业分布和市场开放度之间的关系。市场力作用下的产业配置取决于市场规模和市场开放度，当某一区域的市场规模较大时，产业份额也就较大。当区域的市场规模已外生给定时，如果市场开放度很大，则可流动要素进一步聚集在市场规模较大区域，因此产业份额也就很大。市场力作用下的产业配置提高产业份额较大区域的收入水平，降低产业份额较少区域的收入水平。当初始产业分布不均衡时，如果产业分布趋向于更加不平衡，则损失者的福利损失大于获益者的福利增加；如果产业分布趋向于平衡，则获益者的福利增加大于损失者的福利损失。这说明，当原有产业分布不平衡时，要缩小区际人际收入差距，产业配置必须尽可能地趋向均衡。

如果政府采取有力措施，消除市场扭曲现象，则可以提高总体福利水平。此时，社会最优的产业分布要求人口规模较大区域拥有较大产业份额，当市场开放度较大时，人口规模较大区域的产业份额要更大。这说明，在社会福利最大化条件下的产业分布，不是均衡的产业分布而是非均衡的产业分布，人口规模较大区域应拥有更大份额的产业。社会最优的产业份额所强调的是人口规模。

与社会最优的产业份额相反，市场配置强调的是收入水平的高低，当某一个区域的收入水平较高时，市场会把更多的产业配置在该区域，进而扩大区际收入差距。因此，除了一些特殊情况，市场力作用下的产业分布是缺乏效率的。但在现实中，不同地区之间的要素收益和相对要素禀赋差异是无法人为解决的。市场规模和人口规模已确定时，适度降低市场开放度，则可以降低市场配置的无效率。

通过上面的讨论，我们可以得出有关政府调控的重要结论，政府调控的第一个内容就是建立和完善市场机制，保护合理竞争，尽可能消除市场的扭曲。政府调控的第二个内容就是对市场规模较小的欠发达地区应实行一些有别于发达地区的特殊政策，尽可能保护欠发达地区的产业份额。

第二十章

增长极形成机制及增长极与外围区的关系

第一节 引 言

国家对天津滨海新区的定位为我国新一轮经济增长的"增长极"。增长极或增长极模式对区域经济研究而言并不是新鲜事,但出现在政府的正式文件中,这还是第一次。增长极模式作为一种非平衡发展模式,曾被许多国家和地区应用过,在我国区域经济学界也大量讨论过如何在实践中应用增长极模式的问题。增长极概念是佩鲁(1950)提出的,后经过布代维尔(1966)的进一步延伸,克拉森等学者(1972)的研究,以及希金斯等学者(1988)的完善和补充,鲍德温、马丁、奥塔维诺等学者(2003)的模型化研究(2003),已基本成型。但在实践中遇到许多问题,主要有:一是如何保持持续增长,这涉及增长极持续增长的源泉问题。持续增长意味着某种循环累积因果关系的存在,把握这种关系是应用这种模式的前提。二是增长极与外围区之间的关系,一旦形成(或培育)增长极,它将对外围区产生重大影响,这种影响有些是正向的,有些是负向的。

以何种理论为背景,是揭示这种循环累积因果关系的关键。新古典增长理论认为,经济增长是由资本积累所驱动的,但由于资本的规模收益递减,当资本和劳动比率达到一种稳定状态时,经济将处于停滞状态,此时只能靠外力来驱动。当外部的某种冲击改变长期均衡的资本存量时,经济开始增长,但随着资本存量接近新的长期均衡水平,经济增长速度逐渐下降。当长期均衡时,资本存量和总支出为常量，此时托宾的 q 值等于 1，说明长期经济增长率为 0，其原因在于资本积累的规模收益递减。企业的固定成本是以资本为单位的，因此新的资本意味着新企业的进入，而新企业的进入导致市场的拥挤，企业的盈利空间缩小。企业利润的降低，最终无法提供新资本形成所需的成本，资本积累将停止。

内生增长理论也认为经济增长由资本积累驱动，但此时的资本指物质资本（机器设备）、人力资本（技能）和知识资本（技术）。而知识资本或人力资本具有规模收益递增的特征。随着资本积累的增加，溢出效应加强，更易于创造新的知识和技术，不存在规模收益递减对经济增长的约束。然而，如何把内生增长理论纳入区域经济分析中并以此来解释增长极的形成？鲍德温、马丁和奥塔维诺等学者在这些领域做出了很大贡献，在马丁和奥塔维诺（1999）的模型以及鲍德温、马丁和奥塔维诺的模型中，知识资本存量的溢出效应降低新资本的形成成本，从而促使资本积累。但前者的模型为空间中性模型，后者的模型为空间非中性模型。可以看出，内生增长理论可以解释增长极的持续增长问题。

如上所述，要解释增长极的形成，就必须跳出资本积累规模收益递减的陷阱。有两种方法可以解决：一是资本收益率不随资本存量的增加而下降，二是新资本的生产成本随资本存量的增加而下降。本章①采取后者，即创造新资本的成本曲线遵循学习曲线。当然，此时的资本就是知识资本或人力资本，随着知识的积累，创造知识的边际成本下降。换句话说，过去知识和技术的积累可以提高目前生产知识和技术的效率，这是知识的溢出效应。任何创新都可从过去的创新中受益，但知识和技术的溢出强度在不同区域是不同的，这种溢出效应具有部分的本地化特征。

第二节 局部溢出模型概述

一、局部溢出模型的基本假设

经济系统由南北两个区域组成，有农业、工业两种部门和资本、劳动力两种要素。农业部门以规模收益不变和完全竞争为特征，只使用劳动生产同质产品，

---

① 本章对发表在《南开学报（哲学社会科学版）》2007 年 7 期上的《增长极形成机制及增长极与外围区的关系》（作者为安虎森）一文，进行了适当的调整。

单位劳动生产单位农产品，农产品的区际区内贸易是无成本的。工业部门以规模收益递增和垄断竞争为特征，以一单位资本为固定成本，每种差异化的工业产品只使用一单位资本，这里的资本主要指知识资本。劳动作为可变成本，每单位产出需要一单位的劳动。工业品区内贸易无成本，而区际贸易遵循冰山交易成本。劳动力在区域间是不能流动的，每个区域的劳动力禀赋为世界的一半且长期不变。

跨时期效用函数。该模型涉及消费者的跨时期效用最大化问题。假设两个区消费者的偏好相同，代表性消费者消费农产品和工业品组合时的效用函数由 C-D 型效用函数给出，消费工业品组合时的效用函数由 CES 型效用函数给出。为了讨论的方便，我们假设消费者的跨期替代弹性为 1，并把各期效用函数表示为对数形式，则：

$$U = \int_{\tau=0}^{\infty} e^{-tp} \ln C \mathrm{d}t, \quad C = C_A^{1-\mu} C_M^\mu, \quad C_M = \left(\int_{i=0}^{n^w} c_i^{1-1/\sigma} \mathrm{d}i \right)^{1/(1-1/\sigma)} \tag{1}$$

其中，C_A 为农产品消费，C_M 为工业产品消费，μ 为总消费支出中工业品消费所占份额，$1-\mu$ 为总消费支出中农业品消费所占份额，c_i 为第 i 种工业品的消费，σ 为任意两种工业品之间的替代弹性，n^w 为经济系统工业品种类总数，ρ 是消费者的时间偏好率，即消费者的效用折现率。

资本是通过资本创造部门（用 I 表示）利用劳动来创造的。创造单位资本的成本随着知识资本的积累而降低（知识溢出提高学习效应），单位资本的生产需要 a_I 单位的劳动，单位劳动的工资水平为 W_L，则创造单位资本的边际成本为 $F = a_I W_L$。由于存在学习效应或技术溢出效应，知识生产部门的 a_I 随 I 部门产出的增加而逐渐降低，故 $a_I \equiv 1/K^w$，其中 K^w 为经济系统总资本存量。但知识的溢出效应在各地并非都相同，某区域生产资本的效率，既取决于本区域资本存量的大小，又取决于外区域资本存量的溢出效应，如果用 A 来表示北部实际利用的资本份额，则 $A \equiv s_K + \lambda(1-s_K)$，$a_I \equiv 1/(K^w A)$。其中 $\lambda \in [0,1]$ 为溢出系数，λ 越大，溢出越大，A 也就越大，新资本形成的成本就越小。如果用 * 来表示南部，则：

$$\begin{cases} F = w_L a_I, & a_I \equiv 1/(K^w A), \quad A \equiv s_K + \lambda(1-s_K) \\ F^* = w_L a_I^*, & a_I^* \equiv 1/(K^w A^*), \quad A^* \equiv \lambda s_K + 1 - s_K \end{cases} \tag{2}$$

I 部门生产的知识资本分为两种：一种是私人知识，它可以获得专利，在区域间不能流动。由于私人知识资本专门用于新产品开发和新企业的创建，所以私人知识资本的数量等于企业数量（因为一种差异化产品的生产需要一单位资本作为固定成本），故 $s_n = s_K$、$s_n^* = s_K^*$，其中 s_K 和 s_n 分别表示北部私人知识资本和企业所占份额，带 * 则表示南部。另一种是公共知识，它无法获得专利，可以广泛传播并被其他企业吸收，因此可以通过较小的努力创造新的知识资本。资本还存在折旧，资本折旧率用 δ 来表示，每个时期资本品的 δ 部分被折旧。

二、相关变量

增长极为经济持续增长的地区，因此资本存量一直在增长，这在本模型中表现为 K^w 是资本存量增长率 g 的函数。另一个长期变量是知识资本的空间分布 s_K（显然是指私人知识资本，以下相同）。为了讨论的方便，我们假设在初期资本的空间分布 s_K 为外生变量，保持固定不变，这意味着两个区域的资本增长率必须相等，否则 s_K 发生变化；在中期，s_K 发生变化，这意味着两个区域的资本增长率不同，资本份额较大区域的增长率高；到末期，达到长期均衡时，s_K 又固定下来，此时两个区域的增长率必然相等，或者资本全部集中到一个区域。当所有资本集中到一个地区时，形成核心边缘结构，此时经济系统的资本增长率就是核心区的资本增长率。这可以解释为经济增长速度快的地区成为增长极，增长滞后地区成为塌陷区。

(一) 需求函数和价格

在本模型中，根据消费者效用最大化的一阶条件，可以得出消费者对工业品的需求函数为 $c_j = \mu E p_j^{-\sigma}/P_M^{1-\sigma}$，其中 c_j 为对第 j 产品的需求，E 为总支出（总收入），p_j 为第 j 产品的价格，P_M 为工业品价格指数。又根据生产者利润最大化的一阶条件，可以得出生产者的最优定价策略，即边际成本加成定价，则 $p = w_L a_L \sigma/(\omega - 1)$。选取适当的工业品度量单位，我们使 $a_L = (\sigma - 1)/\sigma$，同时选取单位劳动生产的农产品作为劳动力工资的度量单位，使得 $w_L = 1$，因此 $p = 1$，$p^* = \tau$。

(二) 资本收益率

假设一个北部企业，该企业在北部的销售量为 c，销售价格为 p；在南部的销售量为 c^*，销售价格为 $p^* = \tau p$。该企业的总产出为 $x = c + \tau c^*$，那么该企业的销售收入是 $pc + p^* c^* = p(c + \tau c^*) = px$。在垄断竞争情况下，企业获得零利润，因此，销售收入减去生产成本等于零，即 $px = \pi + w_L a_m x$。根据 $p = w_L a_m/(1 - 1/\sigma)$，可以得出 $\pi = px/\sigma$。而 $c = \mu E p^{-\sigma}/P_M^{(1-\sigma)}$，$c^* = \mu E^* (p^*)^{-\sigma}/(P_M^*)^{(1-\sigma)}$。因此 $px = \mu p^{1-\sigma}[EP_M^{-(1-\sigma)} + E^* \tau^{-\sigma}(p_M^*)^{-(1-\sigma)}]$。

如果知道两个区域的工业品价格指数，然后把它代入资本收益表达式 $\pi =$

px/σ 中，就可以求出利润函数。下面讨论两个区域的工业品价格指数。根据 $p = 1$、$p^* = \tau$，可以写出：

$$\begin{cases} (p_M)^{1-\sigma} = \int_0^{n^w} p^{1-\sigma} di = np^{1-\sigma} + n^*(\tau p)^{1-\sigma} = n^w p^{1-\sigma}(s_n + \phi s_n^*) \\ (p_m^*)^{1-\sigma} = \int_0^{n^w} p^{1-\sigma} di = np^{1-\sigma} + n^* p^{1-\sigma} = n^w p^{1-\sigma}(\phi s_n + s_n^*) \end{cases}$$

其中 $\varphi = \tau^{1-\sigma}$，表示的是区际交易的难易程度，$\varphi$ 越大，区际交易的自由度越大，更容易进行交易；φ 越小，区际贸易自由度越小，难以进行交易，当 $\varphi = 0$ 时两个区域之间不存在交易活动，两个区域实行封闭经济；$s_n = n/n^w$ 为北部企业所占份额，$s_n^* = n^*/n^w = 1 - s_n$ 为南部企业所占份额。我们设 $b = \mu/\sigma$，并把上面两个式子带入 π 的表达式，则：

$$\pi = px/\sigma = \frac{\mu p^{1-\sigma}}{\sigma}\left[\frac{E^w s_E}{n^w p^{1-\sigma}(s_n + \varphi s_n^*)} + \frac{\varphi E^w s_E^*}{n^w p^{1-\sigma}(\varphi s_n + s_n^*)}\right]$$

$$= b\frac{E^w}{n^w}\left(\frac{s_E}{s_n + \varphi s_n^*} + \frac{\varphi s_E^*}{\varphi s_n + s_n^*}\right)$$

其中，$s_E = E/E^w$ 为北部在总支出中所占份额，$s_E^* = E^*/E^w = 1 - s_E$ 为南部支出所占份额。每个企业只使用一单位资本，因此 $n^w = K^w$。

设 $\Delta = s_n + \varphi s_n^*$、$\Delta^* = \varphi s_n + s_n^*$，$B = s_E/\Delta + \varphi s_E^*/\Delta^*$、$B^* = \varphi s_E/\Delta + s_E^*/\Delta^*$，则可以分别写出北部和南部企业的利润：

$$\begin{cases} \pi = bB\dfrac{E^w}{K^w}, \quad \pi^* = bB^*\dfrac{E^w}{K^w}, \quad b = \dfrac{\mu}{\sigma} \\ B = \dfrac{s_E}{\Delta} + \varphi\dfrac{1-s_E}{\Delta^*}, \quad B^* = \varphi\dfrac{s_E}{\Delta} + \dfrac{1-s_E}{\Delta^*} \\ \Delta = s_n + \varphi(1-s_n), \quad \Delta^* = \varphi s_n + (1-s_n) \end{cases} \quad (3)$$

（三）长期均衡条件

长期均衡是指保持资本的空间分布长期稳定和经济增长率的长期稳定。在长期，两个区域都进行资本的生产与折旧，进而导致区域资本存量和资本份额的变化。每一个区域的资本存量不断增加或者减少，直到每单位资本的回报率恰好等于创造新资本的成本，此时经济系统达到长期均衡，经济系统的总资本存量 K^w 以及总支出水平 E^w、北部资本存量份额 s_K 和支出份额 s_E 都不再发生变化。长期均衡只有两种类型：一是内点均衡（$0 < s_K < 1$），两个区域资本增长率相同，此时 $g = g^*$；二是角点均衡，也就是核心边缘结构（$s_K = 0$ 或 $s_K = 1$），此时一个区域占有所有资本，该区域也是唯一生产资本的区域。北部资本存量增长率 g 和南

部资本存量增长率 g^* 长期影响资本份额 s_K。根据 s_K 随时间的变化，我们可以得到如下恒等式：

$$\dot{s}_K \equiv (g - g^*) s_K (1 - s_K) \quad (4)$$

当出现内部均衡时，两个地区都生产资本；当出现核心—边缘结构时，只有一个地区生产资本。内部均衡时，两个区域的企业发现继续投资于资本生产部门并以某种速率 g 扩大资本存量是值得的；但核心—边缘结构均衡时，只有北部（或南部）的企业继续投资于资本生产部门，此时北部资本增长率就等于经济系统资本增长率。因此，有如下关系：

$$\begin{cases} 当 0 < s_K < 1 时，q \equiv v/F，q^* \equiv v^*/F^* \\ 当 s_K = 1 时，q = 1，q^* < 1 \end{cases} \quad (5)$$

其中，q 是资本现值与资本成本之比，即托宾的 q 值。当托宾的 q 值等于1时，资本增长率 g 和资本的空间分布 s_K 达到稳定状态，经济系统的总收入 E^w（等于总支出）也达到稳定状态。因此，总资本收益（总经营利润）$\pi s_K K^w + \pi^* (1 - s_K) K^w = b E^w$ 也是一个常量。在本模型中，每个企业都以单位资本为固定成本且生产一种差异化的产品。因此，经济系统资本存量以 g 的速率积累，意味着经济中工业品种类或企业数量也以 g 的速率增加。由于存在市场竞争效应，此时单位资本的经营利润以 g 的速率下降，即 $\pi(t) = \pi e^{-gt}$，$\pi^*(t) = \pi^* e^{-gt}$。再则，资本还面临着一个固定的折旧率，单位资本在未来仍可使用的部分为 $e^{-\delta t}$；另外还要考虑资本所有者对未来收益的折现率，故单位资本现值可以写为：

$$v = \int_0^\infty e^{-\rho t} e^{-\delta t} (\pi e^{-gt}) \mathrm{d}t = \pi/(\rho + \delta + g)，v^* = \pi^*/(\rho + \delta + g) \quad (6)$$

第三节 循环累积因果关系

如果某一区域的经济要持续增长，则要形成某种循环累积因果关系。如果不存在这种循环累积关系，那么可以培育增长极，但它无法持续下去，经济增长将停止。

一、长期资本增长率

首先要讨论确定资本长期增长率的问题。在我们的模型中，在长期均衡时，不管资本的空间分布如何，单位资本的收益都是相同的，这是因为生产新资本的成本在任何地方都相同，同时要满足资本价值与资本成本相等的条件（即 $q=1$ 的条件），因此资本的收益率都相同。这样，每单位资本的收益就是整个经济系统总收益与资本存量的比率，即 $\pi = \pi^* = bE^w/K^w$。根据长期均衡时托宾 q 值等于 1 的条件，可以得出资本增长率。经济系统的总支出等于经济系统要素总收入减去创造新资本所支出的部分。总收入包括劳动的收入（$w_L L + w_L^* = L^w$）和资本收益（$\pi s_n K^w + \pi^* (1-s_n) K^w = bE^w$）。支出包括补偿资本折旧的支出（$-\delta K^w a_I$），保持资本存量以 g 增长的支出（$-gK^w a_I$）。因此，北部和南部的收入可以分别写成 $E = s_L L^w + s_K bBE^w - (g+\delta) K a_I$ 和 $E^* = (1-s_L) L^w + s_K B^* bE^w - (g+\delta) K^* a_I^*$。二者相加就是经济系统的总收入，即 $E^w = L^w + bE^w - (g+\delta)(Ka_I + K^* a_I^*)$。从此式中求出 E^w，则：

$$E^w = \frac{L^w}{1-b} - \frac{(g+\delta)}{1-b}\left(\frac{s_K}{s_K + \lambda(1-s_K)} + \frac{1-s_K}{\lambda s_K + (1-s_K)}\right) \tag{7}$$

根据式（7）和 $q = v/F = 1$，我们可以求出均衡时的资本增长率。我们分别讨论对称结构均衡时的资本增长率和核心边缘结构均衡时的资本增长率。

（一）对称均衡时的资本增长率

对称均衡时，$s_K = 1/2$，把它代入式（7），则：

$$\begin{aligned}E^w &= \frac{L^w}{1-b} - \frac{(g+\delta)}{1-b}\left(\frac{s_K}{s_K + \lambda(1-s_K)} + \frac{1-s_K}{\lambda s_K + (1-s_K)}\right)\\ &= \frac{1}{1-b}\left(L^w - \frac{2(g+\delta)}{1+\lambda}\right)\end{aligned} \tag{8}$$

当对称均衡时，$s_L = s_K = s_E = 1/2$，$B = B^* = 1$，因此：

$$\begin{aligned}q &= \frac{u}{F} = \frac{\pi}{(\rho + \delta + g)w_L a_I} = \frac{\pi K^w A}{\rho + \delta + g}\\ &= \frac{bBE^w A}{\rho + \delta + g} = \frac{b(1+\lambda)E^w}{2(\rho + \delta + g)} = 1\end{aligned}$$

把 E^w 代入上式并解出 g，则：

$$g^s = \frac{b(1+\lambda)}{2}L^w - (1-b)\rho - \delta,\quad E^w = L^w + \frac{2\rho}{1+\lambda} \tag{9}$$

式（9）中的 g^s 表示对称均衡时的资本增长率。式（9）中的 E^w 是把 g^s 代入式（8）的结果，即对称均衡时的总收入（总支出）。根据我们的假设，资本折旧率 δ、折现率 ρ 和 $b = \mu/\sigma$ 是常量。从式（9）可以看出，在对称均衡下，资本增长率与知识资本溢出效应和人口禀赋成正比。溢出效应越大，则资本增长率越大，也就是知识资本的溢出效应将提高均衡增长率，这与新增长理论的结论是一致的。我们的模型中，两个区域的人口份额长期不变且人口不流动，但人口规模是发生变化的。因此，人口规模越大，则经济增长率也越大，这与新古典理论中的自然增长率观点是一致的。可以看出，不存在区际知识资本溢出障碍时（当 $\lambda=1$ 时），长期均衡增长率达到最大。式（9）给出的资本增长率既是经济系统的资本增长率，也是北部（或南部）的资本增长率。

（二）核心边缘结构均衡时的资本增长率

核心边缘结构均衡时，$s_K=1$，$\Delta=1$，$\Delta^*=\varphi$，$A=1$，$B=1$，$q=1$，$q^*<1$。因为：

$$E^w=\frac{L^w-(g+\delta)}{1-b},\quad q=\frac{u}{F}=\frac{bBE^w A}{\rho+\delta+g}=\frac{b(L^w-G-\delta)}{(1-b)(\rho+\delta+g)}=1$$

所以：

$$g^c=bL^w-(1-b)\rho-\delta,\quad E^w=L^w+\rho \tag{10}$$

式（10）的 g^c 是所有资本都集中在北部时的均衡增长率，它是式（9）在 $\lambda=1$ 时的情况。这是很自然的，因为所有的资本都集中在一个区域，都生产在同一个区域，此时的知识资本溢出效应也全部集中在该区域，均衡增长率取决于人口规模，总收入由劳动力禀赋和折现率所决定。如果比较式（10）和式（9），则可以发现聚集下的增长率比对称分布时的增长率高，即：

$$g^C-g^S=b(1-\lambda)L^w/2>0 \tag{11}$$

这说明，聚集时的资本增长率大于分散时的资本增长率，资本增长率随着资本聚集度的提高而提高（此时资本增长率最大）。

总结前面的讨论，我们可以得出如下结论：

结论1（资本增长率）：经济系统的资本均衡增长率取决于知识资本的溢出程度和人口禀赋，溢出程度和人口禀赋越大，经济系统资本增长率也越大。

由结论1可知，知识资本溢出程度越大，其增长率也就越大，当 $\lambda=1$ 时，知识资本的溢出程度最大，而这种情况也就是知识资本全部集中到某一区域时的情况。因此，又可以得出：

结论2（资本聚集度与资本增长率）：资本聚集时的资本增长率大于资本分散时的资本增长率。

二、资本增长率与北部资本份额

结论1告诉我们，知识溢出越大，资本增长率越大，也就是 $\lambda=1$ 时资本增长率最大。从式（9）和式（10）可以看出，当 $\lambda=1$ 时，资本实际上都集中在一个地区了。那么资本增长率和资本份额间的关系到底如何？用 $\dot{g}/g(t)$ 来表示当对称结构变为核心—边缘结构时的资本增长率的平均增长率，则：$g^c(t) = g^s(t)e^{[\dot{g}/g(t)]}t$。其中 $g^c(t)$ 为核心—边缘结构均衡时北部的资本增长率，$g^c(t) = bL^w - (1-b)\rho - \delta$；$g^s(t)$ 为对称均衡时北部的资本增长率，$g^s(t) = \frac{b(1+\lambda)}{2}L^w - (1-b)\rho - \delta$，$\dot{g} = bL^w(1-\lambda)/2$。因此，$t = \frac{2}{bL^w(1-\lambda)}\ln\frac{g^c(t)}{g^s(t)}g(t)$。

同理，用 $\dot{s}_K/s_K(t)$ 来表示北部资本份额变化的平均变化率，则 $s_K^c(t) = s_K^s(t)e^{[\dot{s}_K/s_K(t)]}t$，其中 $s_K^c(t)$ 为核心边缘均衡时北部的资本份额，$s_K^c(t) = 1$；$s_K^s(t)$ 为对称均衡时北部的资本份额，$s_K^s(t) = 1/2$；$\dot{s}_K = 1/2$。

因此，$t = 2\ln2 \cdot s_K(t)$。

由于资本增长率由 $g^s(t)$ 达到 $g^c(t)$，以及资本份额达到 1 是同时发生的，因而上面两个式子中的 t 是相同的，因此：

$$s_K(t) = \frac{1}{bL^W(1-\lambda)\ln2}[\ln g^c(t) - \ln g^s(t)]g(t) \tag{12}$$

其中：$1/2 \leq s_K(t) \leq 1$，$g^s(t) \leq g(t) \leq g^c(t)$，$g^c(t) = bL^w - (1-b)\rho - \delta$
$$g^s(t) = (1-\lambda)bL^W/2 - (1-b)\rho - \delta, \lambda < 1$$

在式（12）中，分母为正。在分子部分，$g^c(t) > g^s(t) \Rightarrow \ln g^c(t) - \ln g^s(t) > 0$。此式告诉我们，北部资本份额与资本增长率成正比，由此可以得出如下结论：

结论 3（资本份额与资本增长率的关系）：北部资本份额与经济系统资本增长率成正比，经济系统资本增长率越大，北部资本份额也就越大。

此结论告诉我们的是北部资本份额与经济系统资本增长率的关系，经济系统资本增长率越大，则北部所拥有的资本份额也就越大，资本逐渐向北部集中，或者北部生产的资本越来越多，而南部生产的资本越来越少。

三、实际收入增长率与市场规模

（一）实际收入增长率

在本模型中，经济系统的名义收入 E^W（总支出）指的是居民的可支配收入（相当于购买力），包括劳动收入、资本收入，还要减去补偿资本折旧和维持资本按一定增长率积累所需的投入；名义 GDP 还包括投资（用 I 表示），而投资又等于 $(g+\delta)(Ka_I + K^*a_I^*)$。因此：

对称均衡时：$E^w = \dfrac{L^w}{1-b} - \dfrac{2(g+\delta)}{(1-b)(1+\lambda)}$，$GDP = E^w + I + L^w + bE^w$

核心—边缘均衡时：$E^w = L^w + \rho$，$GDP = (1+b)L^w + b\rho$

从上面两组式子中可以看出，不管何种均衡，两个式子都不包含资本份额，与资本份额无关，这说明资本份额的增加并不影响经济系统的名义收入和名义GDP。但单位资本对应着一种工业品的生产，因此随着资本份额的增加，产品种类也以资本增长率相同的速度增加，而产品种类的增加降低每个区域的生活成本指数，进而提高居民的实际收入水平和实际GDP。

$\dot{K}^w/K^w = g \Rightarrow K^w(t) = K^w(0)e^{gt} \Rightarrow n^w(t) = n^w(0)e^{gt}$。而北部工业品的价格指数为 $P_M = (\int_{i=0}^{n^w} p_i^{1-\sigma} di)^{-1/(1-\sigma)} = [np^{1-\sigma} + n^*(\tau p)^{1-\sigma}]^{1/(1-\sigma)}$。当资本的空间分布为对称时，$n = n^* = n^w/2$，因此 $P_M = 2^{1/(\sigma-1)} p[(1+\phi)n^w]^{1/(1-\sigma)}$。这说明工业品价格指数随工业品种类数目的增加而下降，即 $P_M(t) = P_M(0)e^{gt/(1-\sigma)}$；同理，$P_M^*(t) = P_M^*(0)e^{gt/(1-\sigma)}$，南部的工业品价格指数也下降。北部总价格指数为 $P = P_A^{-(1-\mu)} P_M^{-\mu}$，但根据假设，农产品价格为1，总价格指数取决于工业品的价格指数，因此，$P(t) = P_M^{-\mu}(t) = P_M^{-\mu}(0)e^{-\mu gt/(1-\sigma)}$；同理，$P^*(t) = (P_M^*)^{-\mu}(0)e^{-\mu gt/(1-\sigma)}$。这说明，价格指数以 $\mu g/(\sigma-1)$ 的速度下降，而实际收入和实际GDP以 $\mu g/(\sigma-1)$ 的速度增加，即：

$$g_R = ag, \quad a = \mu/(\sigma-1) \qquad (13)$$

其中，g_R 表示实际收入增长率，g 为资本增长率。由此可以得出如下结论：

结论4（实际收入增长率）：实际收入增长率随产业份额的增加而增加。

（二） 区际收入分配

当资本的空间分布为对称时，两个区域的名义收入相等，实际收入也相等。但由于某种冲击，资本的对称分布被打破时，名义收入和实际收入开始发生变化。当所有资本都聚集在一个区域时，经济系统的名义收入为 $E^w = L^w + \rho$，而名义收入的地区分配是完全不同的，资本聚集区的居民不仅获得劳动报酬，同时也获得资本收益，而无资本聚集区的居民由于没有资本份额，只获得劳动报酬。由于两个区域的劳动力禀赋是相等的，因此，资本聚集区的名义收入为 $\rho + L^w/2$，无资本聚集区的名义收入为 $L^w/2$，资本聚集区的名义收入水平高于无资本聚集区的名义收入水平。再则，两个区域工业品价格指数不同。根据前面的价格指数计算公式，资本聚集区域的价格指数 $P=1$，而无资本聚集区域的价格指数为 $P^* = \varphi^{-\mu(1-\sigma)} > 1$（其中 $0 < \varphi < 1$，$\sigma > 1$，$0 < \mu < 1$），因此 $P^* > P$。这说明，资本聚集区的实际收入水平为 $\rho + L^w/2$，而无资本聚集区的实际收入水平为 $L^w/2\varphi^{-\mu/(1-\sigma)}$，前者大于后者。这样，我们可以得出如下结论：

结论 5（国民收入区际分配）：国民收入区际分配取决于各区域拥有的资本份额的大小，拥有的资本份额越多，则所分得的国民收入也就越多，反之亦然。

结论 5 告诉我们，当对称均衡被打破时，区际收入差距开始出现，资本份额的区际差距越大，区际收入差距也越大。尽管我们采取积极措施可以缩小这种差距，但这种差距是永远存在的，除非世界经济是完全对称的经济。

（三）市场份额

在我们的模型中，劳动力和企业家是不能转移的。同时，尽管存在公共知识资本的溢出效应，但私人知识资本不能流动。这说明所有收入都消费在本地，消费不能转移。由于所有收入都支付在本地，因此实际收入水平高的区域的消费支出也很大。在我们的模型中，资本聚集区的消费支出为 $\rho + L^w/2$，无资本聚集区的消费支出为 $L^w/2 \varphi^{-\mu(1-\sigma)}$，$\rho + L^w/2 > L^w/2 \varphi^{-\mu(1-\sigma)}$。由于我们的模型中南北两区的劳动力禀赋是相等的，因而可以得出如下结论：

结论 6（市场份额）：资本份额较大地区的收入水平较高，因而市场份额也较大。

从上面的讨论中可以看出，实际收入水平取决于资本份额的大小，而市场份额大小取决于收入水平的高低。在本模型中，经济增长速度为资本增长速度的 a 倍，因此可以用经济增长速度来表述经济状况。增长极的经济增长速度高于外围区的经济增长速度，这将提高增长极的资本份额，而资本份额的提高将提高收入水平，收入水平的提高又扩大增长极的市场份额。

四、资本生产成本和创新中心

接着我们讨论第一轮循环末期的情况，我们用 $K^{w(1)}$、A^1、F^1、s_K^1 来分别表示第一轮循环末期经济系统资本总量、北部实际使用的资本份额、北部资本生产成本以及北部拥有的资本份额，则：

$$k^{w(1)} = [1 + g^C(t)]K^w, \quad F^1 = 1/(K^{w(1)}A^1)$$
$$A^1 = [1 + g^C(t)]s_K + \lambda[1 - (1 + g^C(t)s_K]$$

其中，$g^C(t) = bL^w - (1-b)\rho - \delta$。因此：

$$F^1 = \cfrac{1}{[1 + bL^w - (1-b)\rho - \delta]\left\{1 + \cfrac{(1-\lambda)[bL^w - (1-b)\rho - \delta]s_k}{s_K + \lambda(1-s_K)}\right\}} F^0$$

其中，F^0 为初始的资本生产成本。由于 b、ρ、δ、λ 为常数，且在初始，劳

动力规模 L^w 和 s_K 是固定的，故设：

$$k = [1 + bL^w - (1-b)\rho - \delta]\left\{1 + \frac{(1-\lambda)[bL^w - (1-b)\rho - \delta]s_K}{s_K + \lambda(1-s_K)}\right\}$$

由于 $1 - \lambda > 0$，$bL^w - (1-b)\rho - \delta > 0$，$s_K + \lambda(1-s_K) > 0$，因此 $k > 1$。则：

$$F^1 = \frac{1}{k}F^0 \qquad (14)$$

式（14）表明，第一轮循环末期，北部的资本创造成本降低了 k 倍，这等于可以多生产 k 倍的知识资本，也就是说北部大量生产新的知识资本和技术，因而北部就成了创新中心。这样可以得出如下结论：

结论 7（创新中心）：资本聚集区成为创新中心。

五、简单总结

内生增长理论告诉我们，知识资本和人力资本是经济增长的源泉，知识资本和人力资本越多，则新资本的生产成本越少，生产更多的知识资本，因而经济增长率也越高。尽管两个区域知识资本的拥有量不同，但知识溢出的障碍少，每个区域实际享用的知识也较多，因而经济增长率就大，当不存在任何溢出障碍时经济增长率最大。

某一区域的经济增长率较高，则该区域的资本份额也较高。资本份额的扩大并不一定提高经济系统的名义收入，但资本份额的提高以相同的速度扩大了工业品种类，大量节省了从外地购入产品时的交易成本，因而降低了本地的生活成本指数，而生活成本指数的降低意味着实际收入水平的提高，因此实际收入水平随产业份额的提高而提高，资本份额较高地区的国民收入分配份额较大。在我们的模型中，消费者的支出是不能转移的，也就是消费者的收入全部支付在本地市场范围内，因此收入水平高的地区的消费支出也就很大，因而该区域的市场份额也就很大。

经济系统的资本总量越多，则新资本的生产成本越小。当资本份额为非对称时，资本份额较大地区的新资本生产成本较低，资本份额较小地区的新资本生产成本较高。因此，资本份额较高地区生产的新资本较多，也就是创造的知识资本较多，成为区域创新中心。

总之，知识资本溢出强度大，经济增长率也大；经济增长率越大，则区域的资本份额也就越大，资本向该区域集中；区域的资本份额越大，实际收入水平越高，市场份额（规模）也越大；资本的集中可以降低新资本生产成本，因而生产更多的知识资本，最终成为创新中心。这样，就形成了循环累积因果关系。

从上面的讨论中可以看出，增长极具有经济持续增长、经济实力大（包括企业数量和消费额度）、市场规模大、创新中心四大特征。反过来说，作为带动某一区域经济增长的增长极，它的经济必须持续增长；经济规模要很大，在某一区域范围内具有很大的支配权，代表该区域的发展趋势；它的市场规模要很大，这种很强的市场势力可以使得受该市场势力影响的区域范围不断向外延伸，包括国内和国外市场区；资本的高度集中，必然使得增长极的创新成本和新技术应用成本较低，在不断创造新的知识资本的同时，区外的知识资本也不断流入，而这些新知识资本的应用使得增长极的经济持续增长。

第四节 增长极与外围区的关系

增长极形成后，将对外围区产生重大影响，这种影响有些是正面的，有些是负面的。负面影响包括因强大的吸引力而导致的各种生产要素的集中，以及因产业集中而导致的收入水平的差距；正面影响包括资本的转移以及知识和技术的扩散作用。由于篇幅的关系，这里只重点讨论正面影响。

一、资本转移

由于本模型假设资本是不流动的，因此本模型不能直接回答资本是否转移的问题。但如果核心区资本的过度集中，也就是产业的过度集中将导致经济增长率的下降，因而企业获利条件变坏，则有可能使产业向外围区转移。我们在前面曾提过，由于存在市场竞争效应，产业的集中使得单位资本的经营利润以 g 的速率下降。不过，模型中并没有专门讨论过产业聚集而导致的拥挤效应。资本或产业的聚集提高经济增长率，但存在拥挤效应时，产业的过度聚集会降低经济增长率，这时适度降低产业的空间聚集度，可以维持较高的经济增长率。

（一）拥挤效应降低经济增长率

当存在拥挤效应时，资本的过度集中将降低经济增长率。为此，本部分将讨论溢出效应和拥挤效应同时存在的情况。我们仍利用前面的模型，不过北部的创新成本有了变动，引入拥挤效应后，式（2）可以写成如下形式：

$$F = w_L a_1, \quad a_1 \equiv 1/(K^w A), \quad A \equiv s_K + \lambda(1 - s_K) - \gamma(s_K - 1/2)^2 \qquad (15)$$

式（15）与式（2）没有多大的变化，各变量的含义与前面的讨论相同。不过,式 (15) 中的 A 与式 (2) 中 A 有所区别,多了 $-\gamma(s_K - 1/2)^2$ 一项,其中 γ 是度量拥挤效应(也称为市场竞争效应)的系数,当两个区域对称时(也就是 $s_K = 1/2$),拥挤效应为 0;但不对称时就存在拥挤效应,且以不对称程度的平方的速度递增。从 A 的表达式可以看出,在产业高度集中的情况下(s_K 很大),继续提高北部资本份额,则技术溢出效应仍然很大;但此时拥挤效应也很大,新资本的形成成本变大,从而将降低经济增长率。我们直接给出此时的经济增长率:

$$g = -\gamma b L^w s_K^2 + b L^w (1 - \lambda + \gamma) s_K + [b L^w (\lambda - \gamma/4) - \rho(1-b) - \delta] \quad (16)$$

可以看出,经济增长率是资本禀赋份额的抛物线型函数。当 $1/2 \leq s_K < (1+\gamma-\lambda)/2\gamma$ 时,均衡经济增长率随产业集中度的提高而提高;当 $S_K = (1+\gamma-\lambda)/2\gamma$ 时,均衡经济增长率最大;当 $(1+\gamma-\lambda)/2\gamma < s_K \leq 1$ 时,均衡经济增长率随产业集中度的提高而下降。这说明存在拥挤效应,因而产业的过度集中降低经济增长率时,分散一部分产业向外围转移可以提高经济系统的经济增长率。由此,可以得出如下结论:

结论 8(产业的分散化):当存在拥挤效应时,资本的空间集中度超过某一临界值,则降低经济增长率,此时部分资本向外围区转移可以提高经济系统的经济增长率。

结论 8 说明的是这样一种事实,即同时存在溢出效应和拥挤效应时,产业的过度集中将降低经济增长率,此时把部分资本转移到外围区,可以维持较高的经济增长率。当北部的资本份额 $s_K = (1+\gamma-\lambda)/2\gamma$ 时,经济增长率最高,此时尽可能避免资本份额的进一步集中。由于北部区是创新中心,不断生产新的资本,因此尽可能把资本不断向外围区转移。

(二)市场开放度与产业转移

如何提高资本流动性?为讨论市场开放度对产业转移的影响,对原先的模型进行适当的调整。我们假设核心区和外围区的市场开放度不同,用 φ 声表示核心区的市场开放度,用 φ^* 表示外围区的市场开放度。则式 (3) 可以改写为如下:

$$\begin{cases} \pi = bB\dfrac{E^w}{K^w}, \quad \pi^* = bB^*\dfrac{E^w}{K^w}, \quad b = \dfrac{\mu}{\sigma} \\ B = \dfrac{s_E}{\Delta} + \varphi\dfrac{1-s_E}{\Delta^*}, \quad B^* = \varphi\dfrac{s_E}{\Delta} + \dfrac{1-s_E}{\Delta^*} \\ \Delta = s_K + \phi(1-s_K), \quad \Delta^* = \phi^* s_K + (1-s_K) \end{cases} \quad (17)$$

由于资本流动,因此长期的内点均衡条件不再是 $g = g^*$,而是 $\pi = \pi^*$。根据 $\pi = \pi^*$ 的均衡条件,我们可以得出如下式子:

$$s_K^* = \dfrac{1-\varphi\varphi^*}{(1-\varphi)(1-\varphi^*)}s_E^* - \dfrac{\varphi^*}{1-\varphi^*} \quad (18)$$

其中，s_K^* 为外围区的资本份额或产业份额，s_E^* 为外围区的市场份额。在式（18）中，我们可以证明 $ds_K^*/ds_E^* > 0$，$ds_k^*/d\varphi^* < 0$，$ds_k^*/d\varphi > 0$。首先，$ds_K^*/ds_E^* > 0$ 意味着外围区的产业份额与市场份额同向变化，也就是市场份额越大，产业份额也越大。在一般情况下，外围区的市场份额总是小于核心区的市场份额，但随着外围区市场份额的变大，产业份额也变大。其次，$ds_K^*/d\varphi^* < 0$ 意味着外围区的产业份额与自身的市场开放度反向变化，也就是外围区的市场开放度越大，其产业份额越小。这是合乎逻辑的，因为核心区的市场份额远大于外围区，因此外围区的市场开放度越大，可流动的要素向核心区集中，外围区的产业份额变小。最后，$ds_K^*/d\varphi > 0$ 意味着外围区的产业份额与核心区的市场开放度同向变化，也就是说，核心区的市场开放度越大，则外围区的产业份额也就越大。这是符合逻辑的，因核心区实行更加开放的政策，则核心区中的有些可流动要素可以向外围转移。由此，可以得出如下重要的结论：

结论9（市场开放度）：核心区实行更加开放的政策，则可以提高资本流动性。

结论9的含义是很丰富的，根据该结论，可以解释区域协调发展问题。根据结论5，国民收入的区际分配取决于各地区掌握的资本份额的大小，因此区际协调发展的核心问题是欠发达地区必须拥有一定份额的产业。如果欠发达地区和发达地区实行同样程度的开放政策，则欠发达地区的可流动要素向发达地区转移，从而降低欠发达地区的产业份额，提高发达地区的产业份额。因此，要实现协调发展，欠发达地区和发达地区之间在市场开放度方面要有一定的梯度。

二、核心区知识和技术的扩散

核心区既是经济中心又是创新中心，从 $A^* \equiv \lambda s_K + s_K^*$ 可以看出，外围区实际可使用的知识资本量除了该区自主的知识资本以外，还有从核心区溢出的。溢出部分的知识资本与核心区创新能力和溢出系数成正比，核心区创新能力越强，溢出系数越大，则该部分的知识量也就越大，外围区也可以接受较多的从增长极扩散的知识资本。

增长极持续的经济增长为加速经济聚集的力量，而知识溢出为促使经济分散的力量。这需要从两个方面认识：首先，当 $\lambda = 1$ 时，不存在地区间知识溢出障碍，如果市场开放度足够低，则对称均衡是稳定的；其次，随着 λ 的增大，维持对称均衡为稳定的 ϕ 的取值范围越大。这说明，知识溢出是促进经济分散的力量。这样可以得出如下结论：

结论10（知识溢出）：消除知识溢出障碍是促进经济分散的主要途径之一。

三、有条件的福利补偿

上面的讨论告诉我们,如果核心区和外围区的市场开放度相同且市场开放度持续提高,则外围区的可流动要素向增长极集中,最终导致发展的空间差异,核心区集中大量的产业活动,提高核心区的实际收入水平。显然产业聚集对核心区的福利水平具有正向效应。那么产业的空间聚集对外围区有何种影响呢?一般认为,外围区失去产业份额,因而实际收入水平下降。但我们不能简单地下这种结论,因为失去产业份额而导致的静态损失,和经济增长而导致的动态收益之间的相对关系,决定外围区总体福利水平的变化情况。假设初始市场开放度很低,这时如果提高市场开放度,则可以同时提高两个区域的福利水平,因为此时交易成本逐渐变小,这可以降低输入品的价格。当市场开放度达到某一临界(φ^B)时①,核心区与外围区的福利水平开始出现差距,核心区从经济聚集和经济快速增长中获益,但外围区从经济快速增长中获益而从经济聚集中遭受损失。当市场开放度大于另一个临界点(φ^S)时,所有经济全部集中在北部,此后北部的福利水平保持不变。

当所有产业都集中在核心区时,外围区福利水平的分析较为复杂,我们分两种情况来看:第一种情况为外围区对制造业产品的支出份额 μ 足够低。此时,经济增长率的提高对福利水平的影响小,因此从经济聚集中受到的静态损失占主导,也就是市场开放度的提高促使产业向核心区集中,因而外围区产业份额减少,福利水平降低,有时可能低于初始的福利水平。第二种情况为外围区对制造业产品的支出份额 μ 足够高。此时,外围区从经济增长中获得的动态收益占主导,核心区和外围区都从经济发展中获益。因此,可以得出如下结论:

结论11(有条件的补偿作用):如果外围区居民对制造业产品的消费支出所占份额很大,则产业活动聚集可以提高外围区居民的福利水平。

但值得注意的是,在居民的消费结构中,制造业产品支出份额很大的区域已经不是传统意义上的欠发达地区。欠发达地区居民的消费结构中,对制造业产品的支出份额很少或几乎等于零。在这种情况下,产业活动的高度集中必然导致区际收入水平和福利水平的巨大差距。因此,如果把增长极模式看成一种生产组织模式,则这种模式不适合欠发达地区的协调发展,在经济发展水平较高的地区,

---

① $\phi^B = \{[(1+\lambda)L^w + 2p] - [(1-\lambda^2)[(1+\lambda)L^w + 2p]^2 + 4p^2\lambda^2\}/[\lambda(1+\lambda)L^w + 4p\lambda]$,$\phi^B$ 为突破点;$\phi^s = \{(L^w + p) - [(L^w + p)^2 - \lambda^2 L^w(L^w + 2\rho)]^{1/2}\}/[(K^w + 2\rho)\lambda]$,$\phi^s$ 为持续点。由于 ϕ^B 和 ϕ^S 的推导很复杂,本章没有给出推导过程,对此感兴趣的读者可以与作者联系。

如我国的东部地区,这种模式是可行的。因此,如果要实现区域协调发展,我们不要盲目地提出大力培育增长极的口号,欠发达地区更是这样。

第五节 小 结

本章根据鲍德温、马丁、奥塔维诺建立的局部溢出模型,论证了增长极形成机制以及增长极与外围区的关系。知识资本溢出强度大,则经济增长率高;经济增长率高,则区域的资本份额就大,资本向该区域集中;资本份额大,则实际收入水平高,市场份额就大;资本集中,可以降低新资本生产成本,因而生产更多的知识资本,成为创新中心。这样,就形成经济增长率→资本集中→市场规模放大→创新中心→经济增长率的循环累积因果关系。这种循环累积因果关系是增长极形成以及经济持续增长的机制。对增长极形成机制的分析,同时也得出了增长极的持续增长、经济规模、市场规模、创新中心四大特征,这些特征同时也成了增长极的形成条件。

增长极与外围区的关系较为复杂,但对外围区而言具有资本转移效应、知识和技术溢出效应,以及在较发达地区的福利补偿效应。当存在拥挤效应时,部分资本向外围区转移可以提高经济系统整体的经济增长率,发达地区实行更加开放的政策,可以提高资本流动性;增长极第二大功能为知识和技术的溢出效应,消除知识溢出障碍,促使经济分散;在发达地区,增长极可以补偿外围区的福利损失。增长极战略为非均衡战略,这种模式在发达地区比较适合,而不适合欠发达地区的协调发展。在欠发达地区应用增长极模式时,该区域内的发达地区和落后地区之间在市场开放度方面要有梯度,即发达地区实行高度开放的政策,欠发达地区应实行循序渐进的开放政策。同时,在欠发达地区提出培育增长极的口号时必须要慎重。

第二十一章

转移支付与区际收入差距收敛

第一节 引 言

   以缩小区域收入差距、促进财政均等化等为目的的政府间转移支付制度，是我国财政分权体制的重要组成部分。自1994年分税制改革以来，随着西部大开发、振兴东北老工业基地、中部崛起等国家区域战略的实施，我国对经济欠发达地区的转移支付力度在逐渐增加，如2000~2008年，中央财政对西部地区的转移支付累积高达30 338亿元，占中央对地方转移支付的43.6%，尽管这期间西部地区GDP年均增长率达到11.7%，但仍未能有效遏制东部与中西部之间收入差距进一步扩大的趋势。

   国内外学术界对于转移支付是否在长期能够促进区域经济收敛缺乏统一认识。以奥茨（1999）为代表的传统理论认为政府间转移支付可以弥补因财政分权引起的地方财政能力缺失，实现区际财政能力均等化，而转移支付的效果则取决于转移支付制度设计能否对地方政府形成有效的激励和约束机制。但斯泰恩（1994）指出，由于存在地方政府的预算支出对转移支付增长的弹性远高于本地非公共部门收入增长弹性的"粘蝇纸效应"，使地方政府由于转移支付而对中央政府产生依赖，从而会抑制地方政府的财政努力。一些学者（崔，2005；郭庆旺和贾俊雪，2008；范子英和张军，2010）从对我国的实证研究中发现，转移支付从总体上说没能实现缩小区域差距的目标。形成此现象的主要原因，有些学者

（汪冲，2007）认为专项转移支付资金的不合理挤占、挪用是造成转移支付政策成效低下的重要原因，而一些学者（乔宝云、范剑勇和彭骥鸣，2006）认为现行的财政转移支付制度抑制了地方政府的财政努力，不利于实现财政均衡。但一些学者（张恒龙、秦鹏亮，2011）的结论与上述结论完全不同，认为转移支付从总体上发挥了缩小区际发展差距的作用，有助于省际经济收敛，有些学者（毛捷、汪德华和白重恩，2011）认为我国民族地区转移支付在一定程度上发挥了均等化效应。

本章[①]认为上述研究大多集中于宏观层面，缺乏对微观主体的分析，而且不能准确追踪转移支付资金的最终流向。虽然传统的公共财政研究已注意到这一问题，并将消费者效用函数和企业生产函数纳入分析框架中，但传统的公共财政研究均以边际生产率递减的新古典框架为基本研究平台，而且在研究中很少关注区际要素流动的影响，这便是目前财政研究的两大不足，又恰恰是新经济地理学研究的出发点。本章以规模收益递增的新经济地理学理论为研究平台，在资本自由流动条件下以追溯转移支付资金的来源和最终去向为主线，深入剖析转移支付与区域差距收敛的关系。本章整合了马丁和罗杰斯（1995）自有资本模型与杜邦和马丁（2006）的区域补贴模型，并在差异化税率条件下分别讨论了补贴企业、补贴劳动者以及补贴企业和劳动者三种情形。结果显示，不同的转移支付政策对区际差距收敛会产生不同的效果，有些转移支付政策反而扩大了区际差距。

第二节　基准模型

一、基本假设

假设经济体由东部和西部两个区域组成，其中东部为相对发达地区。存在农业部门（A）和工业部门（M）两种部门。农业部门以规模收益不变和完全竞争为特征，利用劳动生产同质产品，农产品在区内区际交易无成本。由于农产品为同质产品，因而农产品充当计价物，即设其价格为 $p_a = 1$。工业部门以规模收益递增和不完全竞争为特征，每个企业利用资本和劳动力生产一种差异化的产品，

[①] 本章对发表在《西南民族大学学报》2013 年 1 期上的《差异化税率、转移支付和区域差距收敛分析》（作者为安虎森、周亚雄、朴银哲）一文进行了适当的调整。

工业品的区内交易无成本而区际交易遵循冰山交易成本，即要在其他地区出售一单位产品，则必须运输 $\tau>1$ 单位的产品。

工业生产中使用两种要素：劳动力和资本。劳动力可以在部门间自由流动，但不能跨区流动，两地区拥有等量的劳动力 $L=L^*=1/2$（除特别说明外，本章上标 * 表示西部地区的变量）；资本可自由流动，但资本所有者不能流动，即资本收益要回到资本所有者所在地。设东部和西部拥有的资本量分别为 K 和 K^*，资本总量为 $K^w=K+K^*$（并标准化 $K^w=1$），则东西部拥有的资本份额分别为 $s_K=K/K^w$ 和 $s_K^*=K^*/K^w$。同时假设一个企业只使用一单位资本，则资本总量 K^w、企业总数和产品种类数 n^w 相等，且每个地区实际使用的资本量与其企业数量相等。设东部和西部的企业数量分别为 n 和 n^*，则有 $n^w=n+n^*=K^w$，于是东部和西部的厂商份额分别为 $s_n=n$ 和 $s_n^*=n^*$。

二、基本变量

消费者只追求当期效用最大化，代表性消费者的效用函数为 $U=C_M^\mu C_A^{1-\mu}$（$0<\mu<1$），其中 C_M 为一组工业品组合，且 $C_M=(\int_0^{n^w} c_i^{(\sigma-1)/\sigma}\mathrm{d}i)^{\sigma/(\sigma-1)}$，$\sigma>1$ 为任意两种工业品之间的替代弹性；C_A 为农产品消费量；μ 为对工业品的支出份额；$1-\mu$ 为对农产品的支出份额。消费者不进行储蓄，因此消费者的支出正好等于收入，即 $p_A C_A+P_M C_M=Y$，其中，P_M 为工业品价格指数，且 $P_M=(\int_0^{n^w} p_i^{(1-\sigma)}\mathrm{d}i)^{1/(1-\sigma)}$，$p_A$ 为农产品价格，Y 为消费者的收入。根据消费者的效用函数，可以求出代表性消费者对某种差异化工业品 j 的需求函数：

$$c_j=\mu Y P_M^{\sigma-1} p_j^{-\sigma} \qquad (1)$$

农业部门以规模收益不变和完全竞争为特征，故设单位劳动力的农业产出为 1，则两地区劳动者的工资收入相等，即 $w_a=w_a^*=1$。

设厂商需要投入一单位资本作为固定成本，资本收益为 π；单位产出需要投入 α 单位的劳动力，则厂商的成本函数为 $TC_M=\pi+\alpha w_a x$。每个厂商生产差异化的产品，根据边际成本加成定价法可得厂商的出厂价格为 $p=\alpha\sigma/(\sigma-1)$，不失一般性，设 $\alpha=(\sigma-1)/\sigma$，则 $p=1$，考虑冰山运输成本，则产品在异地的出售价格为 $p^*=\tau$。

根据工业品价格指数 P_M 的公式，可得东部的工业品价格指数为 $P_M=\Delta^{1/(1-\sigma)}$，其中，$\Delta=s_n+\phi s_n^*$，$\phi=\tau^{1-\sigma}$ 表示市场开放度。西部的工业品价格指数为 $P_M^*=(\Delta^*)^{1/(1-\sigma)}$，其中，$\Delta^*=\phi s_n+s_n^*$。资本收益与劳动者收入构成了地区总

支出，则两地区的支出及全社会总支出分别为：$E = \pi K + L$、$E^* = \pi^* K^* + L$、$E^w = E + E^*$。

在迪克希特—斯蒂格利茨框架下，工业企业超额利润为 0，则有：$\pi = px/\sigma$ 和 $\pi^* = px^*/\sigma$，结合公式（1）可得企业营业利润为：

$$\begin{cases} \pi = b\dfrac{E^w}{K^w}\left(\dfrac{s_E}{\Delta} + \dfrac{\phi^* s_E^*}{\Delta^*}\right) \\ \pi^* = b\dfrac{E^w}{K^w}\left(\dfrac{\phi s_E}{\Delta} + \dfrac{s_E^*}{\Delta^*}\right) \end{cases} \quad (2)$$

其中，$b = \mu/\sigma$，$s_E = E/E^w$ 和 $s_E^* = E^*/E^w$ 分别为东西部的支出份额。

在资本没有完全集中于一个地区时，由资本的逐利性可得长期均衡条件为：$\pi = \pi^*$，从而可得均衡时东部地区的企业份额为：

$$s_n = \frac{(1+\phi)s_E - \phi}{1 - \phi} \quad (3)$$

由 $s_E = E/E^w$ 可得东部地区的支出份额为：

$$s_E = \frac{1 + b(2s_K - 1)}{2} \quad (4)$$

第三节　税收补贴模型Ｉ——对企业提供补贴

一、模型的基本逻辑

政府间财政转移支付的根本目的是为了提升落后地区的发展水平、缩小区域差距。为了研究的方便，本章以地区支出份额 s_E 来度量两地区间的相对发展差距，并假定东部地区为发达地区，即 $s_K > 1/2$，所以本章主要在非对称情形下讨论不同的补贴模式与差异化税率对区域差距的影响。

本章在上述基准模型基础上，引入对西部的补贴率 $0 \leqslant z < 1$，并考虑到对不同行为主体实施补贴后可能产生的不同效果，构建了 3 个税收补贴模型，即补贴企业、补贴劳动者、同时补贴企业和劳动者。每一种模型在均衡时必然存在 4 个基本关系：（1）由于资本自由流动必然要求资本在地区间的收益相等；（2）在国家层面，政府的税收收入必然等于补贴支出（这里未考虑政府其他补贴资金来源的强约束假设）；（3）充分就业假设，即劳动力总供给等于传统部门和制造业

部门的劳动力需求；（4）用税收补贴后的地区支出份额来度量区域发展水平。根据以上 4 个关系可以内生地确定 4 个变量：东部的企业份额 s_n、东部的支出份额 s_E、均衡利润 π、均衡税率。假设 μ、σ、τ 等均为已知外生变量，从而上述 4 个内生变量均是关于可变外生变量 z 的函数。

在税收补贴研究中，往往需要解决两个问题，一是研究补贴行为是否有利于区域差距收敛，也就是要研究当补贴从无到有时对长期均衡的影响；二是若补贴行为有利于区域差距收敛，那么应该选择什么水平的补贴和税率。正是基于对这两点的考虑，后面的每个模型将首先讨论引入补贴行为后模型的一般均衡，其次分析实施补贴政策（从 $z=0$ 开始变化）对区域差距的影响，并着重分析能够使区域差距不变的差异化税率比的门槛值。

二、补贴西部企业的税收补贴模型

假设对东西部居民（劳动者和资本所有者）分别按税率 t 和 t^* 征收个人所得税，并对西部企业按其营业利润额以补贴率 z 进行补贴，于是西部企业的利润将由 π^* 变为 $(1+z)\pi^*$。在资本自由流动情况下，长期均衡时两地区企业的利润必然相等，从而有 $\pi=(1+z)\pi^*$。除此之外，其他条件均与基准模型相同。

（一）一般均衡分析

第一，从营业利润来看，由于 $\pi=(1+z)\pi^*$，由式（2）可得东部的企业份额为：

$$s_n = \frac{s_E(1-\phi^2) - \phi(1+z-\phi)}{(1-\phi)(1+z-\phi) - zs_E(1-\phi^2)} \tag{5}$$

第二，考虑补贴与税收后的东部支出份额为：

$$s_E = \frac{(1-t)E}{(1-t)E + (1-t^*)E^*} = \frac{(1-t)(L+\pi s_K)}{(1-t)(L+\pi s_K) + (1-t^*)(L+\pi-\pi s_K)} \tag{6}$$

其中 E、E^* 分别为东西部补贴后息税前的支出水平。

第三，税收收入等于补贴支出使得政府面临的预算约束为：

$$tE + t^*E^* = t(L+\pi s_K) + t^*[L+\pi(1-s_K)]$$
$$= z(1-s_n)\pi^* = \frac{z}{1+z}(1-s_n)\pi \tag{7}$$

第四，根据劳动力充分就业假设，在无税收时两地区劳动力获得的总收入为 $2Lw_a = E^w(1-b)$，则补贴征税后全社会劳动力的总收入为：

$$2L = [(1-t)E + (1-t^*)E^*](1-b)$$
$$= \{(1-t)(L+\pi s_K) + (1-t^*)[L+\pi(1-s_K)]\}(1-b) \quad (8)$$

第五，为研究的方便，假设两地区的税率存在线性关系：
$$t = \gamma t^* \quad (9)$$

其中 $\gamma \geq 0$ 为两地区的税率比。显然 $\gamma = 1$ 表示在全国按同等税率征税，$\gamma \neq 1$ 表示按差异化税率征税，特别是 $\gamma = 0$ 表示只在西部征税，$\gamma = \infty$ 表示只在东部征税。

此时有 5 个变量、5 个方程，从而方程组可解。

联袂式 (7) ~ (9) 可得东部企业的利润：
$$\pi = \frac{2bL(1+z)}{(1-b)(1+zs_n)} \quad (10)$$

显然当 $z = 0$ 时，$\pi = 2Lb/(1-b)$，与基准模型的结论相同。由式 (10) 可知企业利润只与补贴率有关，而与从何处征税无关。

同时可以得到两地区的税率为：
$$\begin{cases} t = \dfrac{2bz\gamma(1-s_n)}{(1+\gamma)(1-b)(1+zs_n) + 2b(1+z)(\gamma s_K + 1 - s_K)} \\ t^* = \dfrac{2bz(1-s_n)}{(1+\gamma)(1-b)(1+zs_n) + 2b(1+z)(\gamma s_K + 1 - s_K)} \end{cases} \quad (11)$$

显然当 $z \geq 0$ 时，有 $t \geq 0$、$t^* \geq 0$，即只要对西部企业实施补贴，就必须征税。

将式 (10) 代入式 (6) 可得东部的支出份额为：
$$s_E = \frac{(1-t)[(1-b)(1+zs_n) + 2bs_K(1+z)]}{(2-t-t^*)(1-b)(1+zs_n) + 2b(1+z)[(1-t)s_K + (1-t^*)(1-s_K)]} \quad (12)$$

由 $\pi = px/\sigma$ 与 $\pi = (1+z)px^*/\sigma$ 可得两地区企业的产出量为：
$$\begin{cases} x = \sigma \dfrac{2Lb(1+z)}{(1-b)(1+zs_n)} \\ x^* = \dfrac{\sigma 2Lb}{(1-b)(1+zs_n)} \end{cases} \quad (13)$$

（二）补贴对一般均衡的影响

由式 (10) 可得：$\left.\dfrac{d\pi}{dz}\right|_{z=0} = \pi(1-s_n) > 0$，这表明对西部企业的补贴将使两地区企业的利润均增加，东部企业也从对西部企业的补贴中获得了好处，对西部企业的补贴事实上意味着对两地区所有企业的补贴。在式 (11)，分别对补贴率

求导, 可得:

$$\begin{cases} \dfrac{\mathrm{d}t}{\mathrm{d}z}\bigg|_{z=0} = \dfrac{2b\gamma(1-s_n)}{(1+b-2bs_K)+\gamma(1-b+2bs_K)} > 0 \\ \dfrac{\mathrm{d}t^*}{\mathrm{d}z}\bigg|_{z=0} = \dfrac{2b(1-s_n)}{(1+b-2bs_K)+\gamma(1-b+2bs_K)} > 0 \end{cases} \quad (14)$$

这表明当对西部企业实施补贴政策时,需要征收税收,而且随着补贴率提高,税率也将提高。显然,$\gamma=1$ 时,$\dfrac{\mathrm{d}t}{\mathrm{d}z}\bigg|_{z=0,\gamma=1} = \dfrac{\mathrm{d}t^*}{\mathrm{d}z}\bigg|_{z=0,\gamma=1} = b(1-s_n)$;$\gamma=0$ 时,$\dfrac{\mathrm{d}t^*}{\mathrm{d}z}\bigg|_{z=0,\gamma=0} = \dfrac{2b(1-s_n)}{1+b-2bs_K}$;$\gamma=\infty$ 时,$\dfrac{\mathrm{d}t}{\mathrm{d}z}\bigg|_{z=0,\gamma=\infty} = \dfrac{2b(1-s_n)}{1-b+2bs_K}$。由于 $s_K > 1/2$,从而有 $\dfrac{\mathrm{d}t^*}{\mathrm{d}z}\bigg|_{z=0,\gamma=0} > \dfrac{\mathrm{d}t}{\mathrm{d}z}\bigg|_{z=0,\gamma=\infty} > \dfrac{\mathrm{d}t^*}{\mathrm{d}z}\bigg|_{z=0,\gamma=1}$,即从全国按同等税率征税时的税率最小,只从西部征税时的税率最大。

从支出来看,税收补贴政策以两个方向相反的作用力影响支出,首先只要 $\gamma\neq 0$,就存在东部税收向西部的直接转移支付,并会直接减少东部的支出;其次资本自由流动机制具有收益均等化效应,对西部企业的补贴将使两地区企业的利润均增加,于是又存在收益从西部向东部的转移。由于东部拥有更多的资本,所以东部从利润增加中得到了更多的收益,而一旦东部获得的收益大于其税收支出,事实上存在西部向东部的净转移支付。所以有必要找到使东部对西部的净转移支付为 0 时两地区税率比的某一门槛值,为此在式(12)对 z 求导,并将式(11)~(14)的相关结果代入(附录A),可得,当 $\dfrac{\mathrm{d}s_E}{\mathrm{d}z}\bigg|_{z=0} = 0$ 时,则:

$$\bar{\gamma}_e = \dfrac{2b(L+\pi s_K)(L+\pi-\pi s_K)+\pi L(2s_K-1)(1+b-2bs_K)}{2b(L+\pi s_K)(L+\pi-\pi s_K)-\pi L(2s_K-1)(1-b+2bs_K)} > 1 \quad (15)$$

其中 $\bar{\gamma}_e$ 表示当补贴企业时,使区域差距不变的差异化税率比的门槛值。当 $\gamma=\bar{\gamma}_e$ 时,东部向西部的净转移支付为 0,税收补贴政策不改变东部的支出份额,也就是说补贴落后地区企业时,若要防止区域差距扩大,则必须在发达地区征收更高的税率($\bar{\gamma}_e>1$)。

由于 $\partial^2 s_E/\partial z\partial\gamma\big|_{z=0} < 0$,所以当 $0\leqslant\gamma<\bar{\gamma}_e$ 时,$\mathrm{d}s_E/\mathrm{d}z\big|_{z=0} > 0$,东部的支出份额将增加。此时虽然区域补贴政策使财政资金从东部向西部转移(东部税收流向西部),但是一般均衡分析表明,由于 $s_K>1/2$,东部获得的利润收益大于其税收支出,事实上造成了西部向东部的净转移支付,区域差距将扩大。当 $\gamma>\bar{\gamma}_e>1$ 时,$\mathrm{d}s_E/\mathrm{d}z\big|_{z=0} < 0$,东部的支出份额将减小。此时东部负担的税率水平较高,且东部的税收支出超过了其利润收益,存在东部向西部的净转移支付,区域差距将收敛。这说明,若要通过补贴企业的方式提升落后地区的发展水平、缩小区域差

距，则两地区差异化税率比要大于临界值 $\bar{\gamma}_e$，否则税收补贴政策只能扩大区域差距。由于 $\bar{\gamma}_e > 1$，所以如果在全国实行看似公平的均等化税率，则会导致表面上对落后地区的补贴而事实上形成对发达地区补贴，区域差距将扩大。

从企业份额的变化来看，首先补贴西部企业会提高企业的利润水平，吸引企业到西部投资；其次税收政策具有缩小两地区市场规模的直接效应，补贴政策通过企业利润均等化机制使收益重新分配并改变两地区的市场规模，在本地市场效应作用下，企业具有向市场规模较大区域集中的趋势。由于不同的差异化税率会导致市场规模的不同变化，从而导致企业份额的不同变化，为此需要寻找使两地区企业份额不变的税率比的门槛值。在式（6）中，对 z 求导，并将式（11）~（15）的相关结果代入附录 B，可得当 $\left.\dfrac{\mathrm{d}s_n}{\mathrm{d}z}\right|_{z=0} = 0$ 时，有：

$$\tilde{\gamma}_e = \frac{2b(L+\pi s_K)(L+\pi-\pi s_K) - D(1+b-2bs_K)}{2b(L+\pi s_K)(L+\pi-\pi s_K) + D(1-b+2bs_K)} < 1 \qquad (16)$$

其中 $\tilde{\gamma}_e$ 表示当补贴企业时，使企业份额不变的两地区差异化税率比的门槛值。当 $\gamma = \tilde{\gamma}_e$ 时，税收补贴政策不改变东西部的企业份额。由于 $\tilde{\gamma}_e < 1$，所以在补贴落后地区企业时，只需要在发达地区征收较低的税率就能保证企业份额不变。由于 $\left.\partial^2 s_n/\partial z \partial \gamma\right|_{z=0} < 0$，表明当 γ 增加且 $\gamma > \tilde{\gamma}_e$ 时，企业将由东部向西部转移；当 γ 值减小且 $\gamma < \tilde{\gamma}_e$ 时，企业将由西部向东部转移。

对比式（15）、式（16）可以发现，当 $\gamma > \bar{\gamma}_e > 1$ 时，$\left.\dfrac{\mathrm{d}s_E}{\mathrm{d}z}\right|_{z=0} < 0$、$\left.\dfrac{\mathrm{d}s_n}{\mathrm{d}z}\right|_{z=0} < 0$，表明当东部的税率远高于西部时，补贴政策导致企业向西部转移，区域差距趋于收敛；当 $\gamma < \bar{\gamma}_e$ 时，$\left.\dfrac{\mathrm{d}s_E}{\mathrm{d}z}\right|_{z=0} > 0$、$\left.\dfrac{\mathrm{d}s_n}{\mathrm{d}z}\right|_{z=0} > 0$，表明当东部的税率远低于西部时，补贴政策导致企业向东部转移，区域差距趋于扩大；当 $\tilde{\gamma}_e < \gamma < \bar{\gamma}_e$ 时，$\left.\dfrac{\mathrm{d}s_E}{\mathrm{d}z}\right|_{z=0} > 0$、$\left.\dfrac{\mathrm{d}s_n}{\mathrm{d}z}\right|_{z=0} < 0$，表明当税率比介于两个门槛值之间时，补贴政策导致企业向西部转移，而区域差距趋于扩大。关系式 $0 < \tilde{\gamma}_e < 1 < \bar{\gamma}_e$ 说明地方政府通过补贴企业以吸引投资的目标相对容易实现，而要通过吸引投资带动地区经济发展，从而缩小区域差距的目标则比较困难，吸引投资与区域差距收敛并不完全相关。所以落后地区政府通过为企业提供优惠政策等手段能够起到吸引投资的作用，但是这种吸引投资的行为不一定会产生提升地区经济实力、缩小区域差距的功效。如果优惠政策的补贴资金主要来自落后地区的话，那么这种对企业的补贴行为只能产生虚假繁荣：企业部分地向落后地区转移而区域差距进一步扩大。只有当对落后地区企业的补贴主要来自发达地区时，落后地区才能真正克服资本收益均等化产生的发达地区对收益的虹吸效应，并实现真正的繁荣：企业向落后地

区转移且区域差距趋于收敛。

对式（13）求导，可得：$\left.\frac{\mathrm{d}x}{\mathrm{d}z}\right|_{z=0} = x(1-s_n) > 0$、$\left.\frac{\mathrm{d}x^*}{\mathrm{d}z}\right|_{z=0} = -x^* s_n < 0$，这说明在实施补贴西部企业的政策下，西部企业规模将缩小，东部企业规模会扩大。这是因为补贴增加了西部企业的营业利润，使得企业通过较小的产量就可以弥补固定成本支出，在超额利润为0的垄断竞争市场条件下，西部企业愿意供给的产量会下降。资本收益均等化意味着补贴增加了资本收益，由于每个企业均投入单位资本作为固定成本，所以东部企业需要更大的产出才能弥补固定成本支出。从单位资本的产出能力来看，对西部企业的补贴行为降低了西部企业的生产率水平而提高了东部企业的生产率水平，西部企业因补贴而变得缺乏竞争力，东部企业的竞争力却进一步提高。

结论1：资本收益均等化使经济体的企业均从对落后地区企业的补贴中获得好处。对落后地区来说缩小区域差距比吸引投资的难度更大，而且两者间并不完全相关。只有当对落后地区企业的补贴资金主要来自发达地区时，落后地区才能真正克服资本利润均等化产生的发达地区对收益的虹吸效应，并实现真正的繁荣，企业向落后地区转移且区际差距趋于收敛。同时对落后地区企业的保护性补贴有损于落后地区企业的竞争力，反而会提升发达地区企业的竞争力。

第四节 税收补贴模型 II——对劳动者提供补贴

区域补贴可以是对西部地区劳动者的补贴，如为劳动者提供失业保险、医疗保障、基础教育等社会保障，以及提供便利的社会服务、基础设施等。为了简化分析，本章假设由社会对西部劳动者按补贴率 z 提供外生补贴，这种补贴政策只改变劳动者的名义收入，而不影响农业与工业品的市场结构。于是，土地所有者和企业提供给劳动者的工资水平仍然为 $w^* = 1$，在经过社会补贴后，西部劳动者实际获得的工资为 $\hat{w}^* = (1+z)$。其余假设与基准模型相同。

一、一般均衡分析

第一，均衡时资本收益相等 $\pi = \pi^*$，则企业份额与式（2）相同，即：

$$s_n = \frac{s_E(1+\phi) - \phi}{(1-\phi)}$$

第二，从支出份额来看，东部的支出份额为：

$$s_E = \frac{(1-t)(L+\pi s_K)}{(1-t)(L+\pi s_K)+(1-t^*)[L(1+z)+\pi(1-s_K)]} \tag{17}$$

第三，假定税收收入等于补贴支出，政府面临的预算约束为：

$$tE + t^*E^* = t(L+\pi s_K) + t^*[L(1+z)+\pi(1-s_K)] = Lz \tag{18}$$

第四，从劳动力充分就业的收入来看，有：

$$2L + Lz = [(1-t)E + (1-t^*)E^*](1-b)$$
$$= [(1-t)(L+\pi s_K) + (1-t^*)(L+Lz+\pi-\pi s_K)](1-b) \tag{19}$$

第五，同样假设两地区的税率水平存在线性关系：$t = \gamma t^*$。
联袂式（9）、式（18）、式（19），可得企业利润：

$$\pi = (2bL + Lz)/(1-b) \tag{20}$$

同时可以得到两地区的税率为：

$$\begin{cases} t = \dfrac{\gamma z(1-b)}{\gamma(1-b+2bs_K+zs_K)+(1+b-2bs_K)+z(2-b-s_K)} \\ t^* = \dfrac{z(1-b)}{\gamma(1-b+2bs_K+zs_K)+(1+b-2bs_K)+z(2-b-s_K)} \end{cases} \tag{21}$$

显然当 $z \geq 0$ 时，有 $t \geq 0$、$t^* \geq 0$，即只要对西部劳动者实施补贴，就必须征税。

将式（20）代入式（17），可得东部的支出份额为：

$$s_E = \frac{(1-t)(1-b+2bs_K+zs_K)}{(1-t)(1-b+2bs_K+zs_K)+(1-t^*)[(1+b-2bs_K)+z(2-b-s_K)]} \tag{22}$$

由 $\pi = \dfrac{px}{\sigma}$ 与 $\pi^* = \dfrac{px^*}{\sigma}$ 可得企业的产出量为：

$$x = x^* = \sigma \frac{2bL + Lz}{1-b} \tag{23}$$

二、补贴对一般均衡的影响

对式（20）求导，可得 $\left.\dfrac{d\pi}{dz}\right|_{z=0} = \dfrac{L}{1-b} > 0$，这表明对西部劳动者的补贴使两地区企业的利润均增加，企业也从对劳动者的补贴中获得了好处。

对式（21）求导可得：

$$\begin{cases} \left.\dfrac{\mathrm{d}t}{\mathrm{d}z}\right|_{z=0} = \dfrac{\gamma(1-b)}{\gamma(1-b+2bs_K)+(1+b-2bs_K)} > 0 \\ \left.\dfrac{\mathrm{d}t^*}{\mathrm{d}z}\right|_{z=0} = \dfrac{(1-b)}{\gamma(1-b+2bs_K)+(1+b-2bs_K)} > 0 \end{cases} \quad (24)$$

与对企业进行补贴时相似，有 $\left.\dfrac{\mathrm{d}t^*}{\mathrm{d}z}\right|_{z=0,\gamma=0} > \left.\dfrac{\mathrm{d}t}{\mathrm{d}z}\right|_{z=0,\gamma=\infty} > \left.\dfrac{\mathrm{d}t^*}{\mathrm{d}z}\right|_{z=0,\gamma=1}$，即从全国按同等税率征税时的税率最小，只从西部征税时的税率最大。

从支出变化来看，首先，只要 $\gamma \neq 0$，就存在东部税收向西部的转移支付，并减少东部的市场规模；其次，对西部劳动者的补贴将直接增加西部的支出水平；最后，西部市场规模的扩大会推高企业利润，从而又存在资本收益由西部向东部流动。由于这三种作用力的方向不一致，所以需要求东部对西部的净转移支付为 0 时税率比的门槛值。对式（22）求导，并将式（20）~（24）的相关结果代入附录 C，可得当 $\left.\dfrac{\mathrm{d}s_E}{\mathrm{d}z}\right|_{z=0}=0$ 时，则：

$$\bar{\gamma}_w = \dfrac{1-(1+b-2bs_K)R}{1+(1-b+2bs_K)R} \quad (25)$$

其中 $R = \dfrac{L(2L+\pi s_K - 2Ls_K - Lb - b\pi s_K)}{(L+\pi s_K)(L+\pi-\pi s_K)(1-b)^2}$，$\bar{\gamma}_w$ 表示当补贴劳动者时，使地区差距不变的差异化税率比的门槛值。对于任意 $s_K \in [0,1]$，均有 $R>0$，从而有 $\bar{\gamma}_w < 1$，也就是说，当选择补贴落后地区劳动者的模式时，不论发达地区拥有多大的资本份额，只需在东部征收一个比西部更低的税率就能够阻止西部对东部的净转移支付，并使区域差距保持不变。由于 $\bar{\gamma}_w < 1 < \bar{\gamma}_e$，所以当 $\bar{\gamma}_w < \gamma < \bar{\gamma}_e$，特别是当在全国实行统一税率（$\gamma=1$）时，补贴企业的模式将会扩大区域差距，而补贴劳动者的模式则会缩小区域差距。由此可见，从缩小区域差距的视角来看，当补贴劳动者时，对区域差异化税率的要求较低，在发达地区征收较低的税率就能实现区域差距收敛，故补贴劳动者模式在财政上的可行性要高于补贴企业模式。

对于给定的 $s_K > 1/2$，由于 $\left.\dfrac{\partial^2 s_E}{\partial z \partial \gamma}\right|_{z=0} < 0$，则当 $0 < \gamma < \bar{\gamma}_w$ 时，$\left.\dfrac{\mathrm{d}s_E}{\mathrm{d}z}\right|_{z=0} > 0$，说明当税率比低于门槛值，即东部的税率较低时，东部从企业利润重新分配中获得的收益将大于税收支出，补贴政策只能扩大区域差距。当 $\gamma > \bar{\gamma}_w$ 时，$\left.\dfrac{\mathrm{d}s_E}{\mathrm{d}z}\right|_{z=0} < 0$，即当东部的税率足够高时，才能保证东部对西部的净转移支付，区域差距会收敛。

从企业份额来看，对西部劳动者进行补贴时，主要是通过市场规模效应影响

企业重新布局，首先，征税行为具有使市场规模缩小的效应；其次，对西部劳动者的补贴具有直接扩大西部市场规模的效应；最后，对劳动者的补贴又会通过提高企业利润而间接扩大东部市场规模。在式（2）对 z 求导，并将式（20）~（24）的相关结果代入附录 D，可得当 $\left.\frac{ds_n}{dz}\right|_{z=0}=0$ 时，税率比的门槛值与式（25）相同，即 $\tilde{\gamma}_w = \bar{\gamma}_w$，从而企业份额变化的趋向与支出份额变化的趋向一致。这说明当补贴西部劳动者时，吸引资本投资与缩小区域差距是同一个命题，通过补贴劳动者扩大本地市场规模，可以同时实现吸引投资与区域差距收敛的双重目的。

对式（23）求导，可得：$\left.\frac{dx}{dz}\right|_{z=0}=\left.\frac{dx^*}{dz}\right|_{z=0}=\frac{L\sigma}{1-b}>0$，这表明对西部劳动者实施补贴政策，两地区的企业规模均会扩大，企业的生产能力均增加。这是因为补贴西部劳动者增强了落后地区消费者的购买力，从而推高了企业利润，提高了资本收益，在超额利润为 0 的垄断竞争市场条件下，企业需要更大的产出量来弥补固定成本支出，于是两地区单位资本的生产率水平增加，企业竞争力提升。

结论 2：对落后地区劳动者的补贴能够增强消费者的购买力，提高经济系统的企业利润，还会提高全社会企业的生产率水平与竞争力。补贴劳动者不仅可以吸引投资，同时也可以缩小区际发展差距，而且对差异化税率的要求较低，在发达地区征收较低的税率也能实现目标。因此，补贴劳动者模式比补贴企业模式更为有效。

第五节　小　　结

本章基于新经济地理学的视角，以追踪转移支付资金的最终流向为主线，分析了税收补贴政策对企业利润、生产率水平、区域差距和企业分布的影响，并着重探讨了维持区域差距和企业分布不变的差异化税率比的门槛值。

首先，相对于补贴企业来说，补贴劳动者更有利于区域差距收敛，且对差异化税率的要求较低，财政上的可行性更强。在税收补贴政策中，只要对落后地区实施补贴且发达地区的税率不为 0，就存在通常意义上所说的发达地区对落后地区的财政转移支付，但是这个转移支付资金最终在多大程度上转化为落后地区的 GDP 水平，则与该转移支付资金的使用有关。如果转移支付资金主要用来补贴企业，则在资本收益均等化机制下，发达地区利用资本优势向落后地区输出资本与产品而形成对收益的虹吸效应，并导致净转移支付资金减少。为了防止发达地区的资本收益超过其税收支出而形成转移支付资金倒流、区域差距扩大现象，就必须从发达地区征收更高的税率,而这一措施在现实中又难以操作。如果采取主要补贴劳动者的模式,则转移支付资金将直接转变为劳动者的收入,提高落后地区的有效需求,落后地区的市场规模、GDP水平将增加,并通过市场规模放大效应推高全社会的企业利润;发达地区也将从对劳动者的补贴中获得资本收益,其净转移支付资金也会减少,但是由于转移支付资金通过形成落后地区的有效需求后再以企业利润形式产生资本回流,相对于补贴企业的模式,补贴劳动者模式能够使转移支付资金更多地转移为落后地区的支出水平,于是从发达地区征收较低的税率就能保证发达地区对落后地区的净转移支付为正。

其次,补贴企业的政策会导致吸引投资与区域差距收敛两大目标相分离,而补贴劳动者的政策能够实现两大目标的统一。当落后地区采取补贴企业的政策时,厂商转移受补贴政策和市场规模效应的双重影响,补贴政策会直接吸引企业移向落后地区,市场规模效应则取决于发达地区对落后地区净转移支付资金的流向。而区域差距收敛只与落后地区市场规模的扩大相一致,落后地区政府吸引投资与区域差距收敛之间存在补贴政策影响企业移动的差异,导致两大目标相分离。当虹吸效应导致的净转移支付资金向发达地区回流时,吸引投资与区域差距收敛两大目标将彻底背离,并产生经济发展的虚假繁荣,厂商部分地向落后地区转移而区域差距扩大。当落后地区采取补贴劳动者的政策时,厂商转移与区域差距收敛均只受市场规模变化的影响,从而吸引投资与缩小区域差距成为同一个命题。

最后,补贴企业和劳动者的政策均会使经济系统厂商的利润增加,但利润增加的影响机制不同,且对企业生产率和竞争力也会产生不同的影响。补贴企业模式以直接补贴的形式增加企业利润,发达地区的转移支付只经过落后地区的企业层面并部分地回流于发达地区;补贴劳动者模式以提升落后地区有效需求、扩大市场规模的方式间接、迂回地提升企业利润。补贴企业模式使落后地区企业在获得额外收益的同时,抑制了企业的努力,使其缺乏继续扩大生产、增加利润的动力,从而使落后地区企业的生产率水平下降;补贴劳动者模式要求企业在有效需求增加的市场中通过竞争获取收益,从而会提高落后地区企业的生产率水平,所以只有通过市场竞争手段提升企业利润的模式才能增加企业竞争力,任何长期保护或直接给予的补贴的模式均会损害企业的竞争力。

在我国区域差距特征较为显著,以及后金融危机时代东南沿海地区经济发展面临困难、赋税能力有所下降的现实背景下,基于上述认识,本章对我国政府间转移支付提出如下政策考虑:

第一,需要适当实施区域差异化税率,对落后地区给予更多的税收优惠,提高发达地区向落后地区的财政转移支付力度,如在现行分税制框架内进一步加大对落后地区的税收返还比重。

第二，在落后地区应当更重视对差异化税率要求较低的补贴劳动者的模式，如加强基础教育、医疗等社会保障制度、公共基础设施等，能够直接激励落后地区有效需求的制度与环境建设。

第三，应进一步完善市场机制与企业创新能力建设，落后地区的地方政府应当更少地介入竞争性和高盈利性行业，适当降低国有经济比重，提高经济的多元化特征，提升企业的生产率水平与竞争力。

第二十二章

税收政策与区际收入差距收敛

第一节 引 言

改革开放后,我国经济持续高速增长。2012 年人均 GDP 达到了 3.84 万元,比 1978 年增加了约 100 倍。但是,区域差距仍然十分显著,比如 2011 年上海人均 GDP 为 8.34 万元,是贵州 1.61 万元的 5.2 倍。从 20 世纪 90 年代开始,我国区域差距呈现出扩大的态势。为此,我国先后出台一系列区域发展战略,包括西部大开发、振兴东北老工业基地和中部崛起等。

围绕区域发展战略出台的区域政策主要包括财政政策和税收政策。其中,区域财政政策主要包括中央对地方的转移支付。1994 年分税制改革后,中央通过转移支付对中西部落后地区的经济发展进行了大力支持,且支持力度逐年加大。2011 年中央对地方转移支付达到 3.48 万亿元,相当于 1994 年 550 亿元的 63 倍多,年均增长 27.6%。其中,中央对地方一般性转移支付为 1.83 万亿元,约占中央公共财政总支出的 1/3。转移支付成了落后地区平衡财政支出、支撑经济发展的主要来源。对于如何完善我国的转移支付政策以及评价转移支付政策的效果,国内学者作了大量的研究。这些研究通常从改善市场效率、提高市场开放度以及缩小地区收入差距等角度入手(刘溶沧,1996;周业安和赵坚毅,2004;付文林和沈坤荣,2005;王文剑和覃成林,2008),整体而言,转移支付政策在促进区域协调发展、提高欠发达地区居民的收入水平等方面起到了积极的作用（刘玉和刘毅，2003；李桢业和汪贵浦，2006）；但是，目前的转移支付政策在缩小区域间收入差距方面的效果很不明显（陈秀山和张启春，2003；马拴友和于红霞，2003；刘凤伟，2007；郭庆旺等，2009）。除了财力补偿的区域政策，众多的差异化区域政策体现为直接增加微观主体的收入水平，这些政策从效果上可以统一表述为税收政策。相关研究（国家税务总局，2000；江世银，2003；曹燕萍和付淑琴，2004）认为，税收优惠向东部倾斜，在促进东部经济发展的同时，进一步扩大了东西部差距，扩大了已经存在的区域经济发展差距。为了说明财税政策的影响，本章[①]将通过构建理论模型对此进行深入分析。

在相关的理论研究领域，传统的公共财政理论（佐德罗和米斯佐克沃斯基，1986）认为边际税率变化会引起要素边际转移，但由于缺乏微观基础，传统的公共财政理论难以对财税政策的具体作用进行深入分析，而且通常假设了经济主体在区际是自由流动的，这与要素流动存在障碍的现实不符。宏观公共财政理论（戈登，1983；珀森和塔布里尼，1996；龚六堂和邹恒甫，2002；肖芸和龚六堂，2003；龚六堂，2009）在增长模型中引入财政分权，并把政府的公共开支纳入消费者效用函数和企业的生产函数，这些处理相比于传统的公共财政理论进了一步，但是其所采用的效用函数和生产函数是 Arrow – Kurz – Barro 型，即消费者的边际效用和企业的边际生产率都是递减的，这与现实并不十分相符。基于上述的缺陷，为了使研究与现实尽量相符，本章将采用新经济地理学的理论分析框架。

新经济地理学模型考虑了要素流动障碍、消费者的多样化偏好和企业的规模收益递增生产技术，通过解析企业投资决策行为受到的影响及其反应来研究宏观变量在区域之间的变化，从而就可以将财税政策置于一个具体的空间背景，分析其对经济活动空间分布的影响。但是到目前为止，新经济地理学的理论研究（乌尔特维特—莫，2007；希尔德，2008；塔芬诺，2008）对财税系统框架的设计都相对简单，通常未能把税收来源和转移支付相结合，也没能区分税收的不同来源。本章将打破这一局限，建立纳入中央、地方两级政府财政分权行为的两地区三部门两要素一般均衡框架，并根据我国实际情况区分不同的税种，研究财税政策与区域差距收敛之间的关系。

第二节　模型构建

为了简化分析，假设经济系统包含东部和西部两个区域（本章分别用上标 *

[①] 本章对发表在《财经研究》2013 年 6 期上的《财税政策对于经济总量和区域差距的影响研究——基于多维框架的新经济地理学的理论分析》（作者为何文、安虎森）一文进行了适当的调整。

和 w 表示西部和整个经济系统的变量），两个区域在消费者偏好、技术水平、贸易开放度、劳动力要素禀赋方面都相同；包含农业和工业两个生产部门（本章分别用下标 A 和 M 表示）以及政府部门；存在资本和劳动力两种投入要素（本章分别用下标 H 和 L 表示）。农业部门以规模收益不变和完全竞争为特征，仅使用劳动力作为可变投入生产同质的农业品；工业部门以规模收益递增和垄断竞争为特征，分别使用资本和劳动力作为固定和可变投入生产异质的工业品；农产品没有交易成本，工业品在区域间交易遵循冰山交易成本（τ）；劳动力只在区域内流动，不能跨区域转移；而本章中的资本为人力资本，可以在区域间流动，流动的驱动力为区际实际收入差异。

分别用 H 和 H^w 表示东部和整个经济系统的资本量，那么 $s_H = H/H^w$ 就表示东部的资本份额。用 L^w 表示整个经济系统的劳动力禀赋，并假定两个区域的劳动力禀赋相等。

一、政府部门和税收、财政支出

考虑到我国已经取消了农业税，因此假设只对工业部门及其所投入的劳动力征税，税种包括流转税、企业所得税和个人所得税。税收的征收遵循属地原则，也就是把税额缴纳给企业的营业所在地。流转税对企业销售收入征收，设流转税率为 t_F，那么政府与企业按照 $t_F:1$ 的比例进行企业（税前）销售收入的分配；企业所得税对企业利润（也就是资本收益）征收，设企业所得税率为 t，那么政府与资本所有者按照 $t:1-t$ 的比例进行资本收益的分配；个人所得税对企业劳动力的收入征收，设个人所得税率为 t_w，那么政府与企业劳动力按照 $t_w:1-t_w$ 的比例进行收入分配。

资本的税前和税后的名义收入分别用 w' 和 w 表示，税前和税后的实际收入分别用 ω' 和 ω 表示，$w'(1-t) = w$，，$\omega'(1-t) = \omega$；企业劳动力税前和税后的名义收入分别用 w'_L 和 w_L 表示，$w'_L = w_L(1-t_w)$；由于劳动力可以在区域内跨产业流动，因此农业劳动力与企业劳动力的税后收入相等，又由于不对农业劳动力征税，因而农业劳动力的税前和税后的名义收入均为 w_L。

对于东西部的税率差异，本章集中考虑企业所得税[①]，假设流转税和个人所得税的税率在东西部均相等。设企业所得税率在东部和西部分别为 t 和 t^*，如果 $t = t^*$，则称之为税收结构对称。

包含地方和中央两级政府。区域内所征收的税额按照 $\alpha:1-\alpha$ 的比例进行地

[①] 此处对模型进行了简化，考虑流转税或者个人所得税区际差异时，也会产生与企业所得税区域差异相类似的效应。

方政府和中央政府之间的分成。中央政府将所分得的税额以 $\beta:1-\beta$ 的比例分别支出到东部和西部,地方政府把所分得的税额以与消费者相同的消费结构支出到本区域。将 α 和 β 分别称为税收分成系数①和转移支付系数②,$\alpha,\beta\in(0,1)$。如果 $\beta=1/2$,则称之为支出结构对称。

二、消费者行为

消费者的效用函数为双层效用函数,总效用函数是消费农业品和工业品的 $C-D$ 型效用函数;子效用函数是消费工业品组合的 CES 型效用函数,即:

$$U = C_M^\mu C_A^{1-\mu}, \ C_M = (\sum_{i=1}^{n^w} c_i^{\sigma/(\sigma-1)})^{\sigma/(\sigma-1)}, \ 0 < \mu < 1 < \sigma \tag{1}$$

其中,U 为总效用函数,C_A 为农业品消费量,C_M 为工业品组合的消费量,c_i 为第 i 种工业品的消费量,σ 为任意两种工业品之间的替代弹性,n^w 为工业品种类数量。分别用 P_A、p_i 和 P_M 表示农业品、第 i 种工业品和工业品组合的价格,用 Y 表示消费者的收入。那么,

消费者的预算约束为:$P_A C_A + P_M C_M = Y$,$P_M C_M = \sum_{i=1}^{n^w} p_i c_i$。最优化消费者的效用函数可以得到消费者对于农业品和工业品的消费量。假设政府财政支出对于农业品和工业品的偏好结构与消费者相同,这就可以得到整个区域对于农产品和工业品的总需求量,用 E 表示(东部)区域的总支出:

$$P_A C_A = (1-\mu)E, \ P_M C_M = \mu E, \ c_j = \mu E p_j^{-\sigma}/P_M^{1-\sigma} \tag{2}$$

从而可以得到资本的税前和税后的实际收入(间接效用)函数:$\omega' = w'/P$,

$$\omega = w/P, \ P = P_A^{1-\mu} P_M^\mu, \ P_M = (\sum_{i=1}^{n^w} p_i^{1-\sigma})^{1/(1-\sigma)} \tag{3}$$

这里,P 表示(东部地区)物价水平。

三、生产者行为

假设生产每单位农产品需要消耗 a_A 单位的劳动力,那么东西部农产品价格

---

① 事实上,不同税种的税收分成比例并不相同,在本章中为了简化分析,将税收分成比例简化为一个参数。

② 在一个只有东西部的封闭经济系统里,中央政府的所有收入最终支出到地方,无论是西部还是东部。因此,在本章中,转移支付是指广义上中央政府对地方的所有支出,包括转移支付、税收返还以及直接投资、政府采购等。

分别为：$P_A = w_L a_A$，$P_A^* = w_L^* a$。根据假设农产品贸易不存在交易成本，因此东西部农产品的价格相等，把农产品作为计价物：$P_A = P_A^* = 1$。这样，两个区域农业劳动力的工资水平相等：$w_L = w_L^*$。

对于工业品，假设所有企业同质且可以自由进出市场，那么每个企业只生产一种产品。选取合适的度量单位，可以设定每个企业把一单位资本作为固定投入，从而工业品种类、企业数量和资本量都相等，区域的企业份额与资本 c 份额同样也相等。用 x 表示产出量，设每单位产出需要 a_M 单位劳动力，从而每一个企业的成本函数可以写成 $w' + w'_L a_M x$。生产产品 j 的企业，它的产出包括两个市场上的需求，即本地市场的需求以及外地市场的需求，由于假设交易成本为冰山交易成本，因此生产产品 j 的企业产出量为：$x_j = c_j + \tau c_j^*$。基于企业的同质性，企业的产出量可以简化表示为：$x = c + \tau c^*$。这样，就可以得到企业的利润函数为 $\pi = px/(1 + t_F) - (w' + w' a_M x)$。最大化企业的利润，则可以得到工业品价格：

$$p = \frac{w'_L a_M}{1 - 1/\sigma}(1 + t_F) = \frac{w_L a_M (1 + t_F)}{(1 - 1/\sigma)(1 - t_w)}, \quad p^* = \tau p \quad (4)$$

流转税使工业品的销售价格增加至税前的 $1 + t_F$ 倍，但不影响工业品的出厂价格 $p/(1 + t_F)$。由于企业可以自由进出市场，从而净利润为 0，企业的经营利润就是资本的税前收入：

$$w' = \frac{\mu E^w B}{\sigma H^w (1 + t_F)}, \quad B = \frac{s_E}{\Delta} + \varphi \frac{s_E^*}{\Delta^*}, \quad s_E = \frac{E}{E^w},$$

$$\Delta = s_H + \varphi(1 - s_H), \quad \Delta^* = \varphi s_H + (1 - s_H) \quad (5)$$

其中，$\varphi = \tau^{1-\sigma} \in (0, 1)$ 表示市场开放度。同理，可设 $B^* = \varphi s_E/\Delta + s_E^*/\Delta^*$。

四、经济总量

这样，就可以得到东西部的税收总额 T、T^*，以及政府部门在东部的支出 $G = \alpha T + \beta(1 - \alpha)(T + T^*)$。各地区的支出规模等于劳动力和企业家的税后收入加上政府支出：$E = w_L L + Hw + G$。将东西部的支出规模加总，得到整个经济系统的总支出：

$$E^W = \frac{(1 + t_F) w_L L^W}{(\mu - \mu/\sigma)(1 - t_w) + (1 - \mu)(1 + t_F)} \quad (6)$$

分别对各参数求导，可以得到，E^w 与企业所得税率、税收分成系数和转移支付系数无关，且 $\partial E^w/\partial t_F > 0$，$\partial E^w/\partial t_w > 0$，则可以得到如下结论：

结论 1：提高流转税或个人所得税的税率会增加整个经济系统的名义 GDP。企业所得税与整个经济系统的名义 GDP 无关，财政分权以及转移支付也不影响整个经济系统的名义 GDP。

还可以得到整个经济系统的名义国民可支配收入为：

$$Y^w = w_L L^\beta \frac{1+(1-\mu)t_F - (\mu-\mu/\sigma)t_w - \mu/\sigma(ts_H B + t^* s_H^* B^*)}{(\mu-\mu/\sigma)(1-t_w)+(1-\mu)(1+t_F)} \tag{7}$$

显然有 $\partial Y^w/\partial t_F < 0$，$\partial Y^w/\partial t_w < 0$，$\partial Y^w/\partial t < 0$，$\partial Y^w/\partial t^* < 0$。此外，根据式（3）可以得到东西部的物价水平：

$$p = p^\mu \Delta^{\mu/(1-\sigma)}, p^* = p^\mu (\Delta^*)^{\mu/(1-\sigma)} \tag{8}$$

资本份额较大区域的物价水平较低。根据式（4）中 p 的表达式可知，提高流转税和个人所得税的税率都会导致物价水平的上升，而企业所得税与物价水平无关。这就意味着，国民可支配收入的实际水平随着各税种税率的提高而降低。

结论 2：整个经济系统的物价水平随着流转税和个人所得税税率的提高而上升，但与企业所得税的税率无关。提高各税种的税率都会使国民可支配收入的名义水平和实际水平降低。

整个经济系统的实际 GDP 为 $\bar{E}^W = E/P + E^*/P^*$，分别对各主要参数求导，则：

1. $\text{sgn}\{\partial \bar{E}^W/\partial \beta\} = \text{sgn}\{s_H - 1/2\}$。

2. $\partial \bar{E}^W/\partial \alpha$ 的表达式比较复杂，当 $t = t^*$ 时，有：

$$\text{sgn}\{\partial \bar{E}^W/\partial \alpha\} = \text{sgn}\{(\beta - Bs_H)(s_H - 1/2)\}。$$

3. $\text{sgn}\{\partial \bar{E}^W/\partial t\} = \text{sgn}\{s_H(1/2 - s_H)\}$ 且 $\text{sgn}\{\partial \bar{E}^W/\partial t + \partial \bar{E}^W/\partial t^*\} = \text{sgn}\{\partial \bar{E}^W/\partial \alpha\}$。

4. $\partial \bar{E}^W/\partial t_F$ 的表达式比较复杂，当 ϕ、t_F 和 t_w 均较小，且 s_H 和 β 同时较小（或同时较大）时，$\partial \bar{E}^W/\partial t_F > 0$，否则 $\partial \bar{E}^W/\partial t_F < 0$。

5. $\partial \bar{E}^W/\partial t_w$ 的表达式与 $\partial \bar{E}^W/\partial t_F$ 类似，当 ϕ、t_F 和 t_w 均较小，且 s_H 和 β 同时较小（或同时较大）时，$\partial \bar{E}^W/\partial t_w > 0$，否则 $\partial \bar{E}^W/\partial t_w < 0$。但 $\partial \bar{E}^W/\partial t_w > 0$ 的条件比 $\partial \bar{E}^W/\partial t_F > 0$ 的条件更为严格。

从上述的分析以及式（4）、式（6）、式（8）可以看出，个人所得税与企业所得税影响经济总量的机理不同，却与流转税很类似，不仅影响了产品价格和物价水平，也影响整个经济系统的名义 GDP。即使为企业所得税，尽管不影响名义 GDP 和物价水平，也会通过改变名义 GDP 在不同区域的分配而影响整个经济系统的实际 GDP。

结论 3（所得税非中性）：企业所得税不影响名义 GDP 和物价水平，但通过改变名义 GDP 在不同区域的分配而影响整个经济系统的实际 GDP：提高产业份额较小区域的企业所得税率，会扩大整个经济系统的实际 GDP，反之亦然；如果按相同幅度提高整个经济系统的企业所得税率，那么转移支付偏向产业份额较小区域时，会导致整个经济系统的实际 GDP 的提高，反之亦然。个人所得税与流转税类似，不仅影响物价水平，也影响整个经济系统的名义 GDP。如果各区域的支出规模差异很大，当市场开放度以及流转税和个人所得税的税率都较低时，提高个人所得税（流转税）的税率会提高整个经济系统的实际 GDP，反之亦然。

$\partial \bar{E}^W/\partial t$、$\partial \bar{E}^W/\partial t^*$ 以及 $\partial \bar{E}^W/\partial t_F$ 都是 ϕ 的单调连续函数，并且当 $\phi = 1$ 时，不论资本如何分布，都有 $\partial \bar{E}^W/\partial t = \partial \bar{E}^W/\partial t^* = 0$，$\partial \bar{E}^W/\partial t_F < 0$，$\partial \bar{E}^W/\partial t_w < 0$，因此得出如下结论。

结论4（税制调整）：区际市场开放度提高到一定水平之后，如果降低流转税和（或）个人所得税的税率并适当提高企业所得税的税率，则可以增加总税收或（和）整个经济系统的实际 GDP。

第三节 政 策 分 析

上面的讨论没有考虑资本流动。下面通过分析资本的均衡布局来讨论政策的绩效问题。由于资本流动的驱动力为区际实际收入差距，因此存在两类均衡：（1）内点均衡（当 $0 < s_H < 1$ 时），此时资本分散在两个区域，并且所有的资本在其所在地有相同水平的实际收入（$\omega = \omega^*$），令 $\Omega = \ln(\omega/\omega^*)$，从而实现内点均衡的条件为 $\Omega = 0$；（2）核心—边缘均衡（也就是当 $s_H = 0$ 或 1 时），这时所有的资本聚集在一个区域。当然，并非所有均衡都是稳定均衡，稳定均衡是指经济系统处于资本的某种空间布局，如果该布局发生一个微小变动（这个变动可能是偶然的），经济系统会产生一个负反馈，使得资本的空间布局恢复原状。可以判断，以东部为核心的核心—边缘结构稳定的条件为 $\Omega|_{s_H=1} > 0$；以西部为核心的核心—边缘结构稳定的条件为 $\Omega|_{s_H=0} < 0$；而内点均衡稳定的条件是在该均衡点上 $\partial \Omega / \partial s_H < 0$。

因为在一般情况下无法通过求得内点均衡 s_H 的解析表达式来分析资本分布稳定时的情况，所以下面的分析主要采用图解法，选取适当的参数，通过数值模拟方法来进行分析。选择不同的模拟参数，并不会对结论产生影响。模拟参数分别取值如下[①]：$\mu = 0.4$，$\sigma = 5$，$t_F = 0.15$，$t_w = 0.04$，$t^* = 0.25$，$\alpha = 0.5$。

[①] 分税制改革后，每年中央和地方财政收入数额均相近。近年来，我国流转税额约占 GDP 的 10%，如 2011 年，三大流转税额约为 4.49 万亿元，GDP 为 47.16 万亿元。根据 2007 年 3 月 16 日发布实施的《中华人民共和国企业所得税法》的规定，一般的企业所得税率为 25%。2011 年个人所得税 0.6 万亿元，而城镇人口 6.9 亿，城镇居民人均收入为 2.4 万元。根据上述数据，本章在进行数值模拟时，分别选取参数为：流转税率为 0.15，企业所得税率为 0.25，个人所得税率为 0.04，税收分成系数为 0.5。参数选取参考安虎森主编，《新经济地理学原理》，经济科学出版社，2009 年，第 107 页。

一、支出结构和税收结构均对称（$\beta = 1/2$, $t = t^*$）

如果支出结构和税收结构均对称如图22-1所示，那么对于不同的市场开放度ϕ，有三种稳定均衡，分别为$s_H = 1$、$s_H = 1/2$、$s_H = 0$。在图22-1中，这些稳定均衡用粗实线来表示。对称结构在$0 < \phi < \phi^B$范围内稳定，核心—边缘结构在$\phi^S < \phi < 1$范围内稳定，而且必然有$\phi^S < \phi^B$。随着市场开放度逐渐提高，达到并超过ϕ^B时，将发生突发性聚集（突发性聚集是指一种非连续的聚集过程，当市场开放度达到ϕ^B后，稍微提高市场开放度，经济系统会从内点均衡稳定结构向核心—边缘结构转变，而没有中间连续过渡的其他稳定结构）。

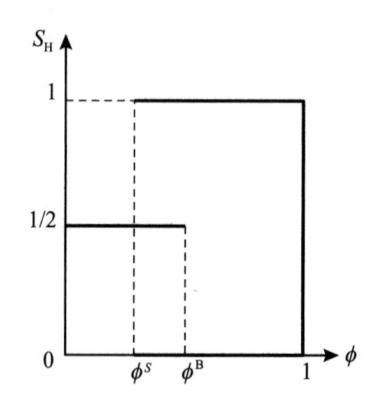

图22-1 税收结构和支出结构均为对称时的稳定均衡

二、支出结构不对称，税收结构对称（$\beta \neq 1/2$, $t = t^*$）

如果税收结构对称但支出结构非对称，那么稳定均衡情况如图22-2所示。假设转移支付偏向东部，即$\beta > 1/2$，那么对于不同的市场开放度ϕ有三种稳定均衡，分别为：在$\phi \in [0, \phi^B)$范围内存在内点均衡稳定结构、在$\phi \in [0, \phi^{SE})$范围内存在东部为核心的核心—边缘稳定结构、在$\phi \in [0, \phi^{SW})$范围内存在西部为核心的核心—边缘稳定结构。通过模拟可以知道，存在一个临界点β'（如果采用本节选取的模拟参数，那么$\beta' \approx 0.53$），转移支付系数小于和大于临界点时的稳定均衡分别如图22-2的a和b所示。随着市场开放度逐渐提高，如果转移支付系数小于临界点，那么，当市场开放度达到并超过ϕ^B时，将发生（仅向东部的）突发性聚集；如果转移支付系数大于临界点，则不会发生任何突发性聚集，由内点均衡稳定结构连续变化至（东部为核心的）核心—边缘稳定结构。转移支付偏向于西部（$\beta < 1/2$）的情况可以同理分析。

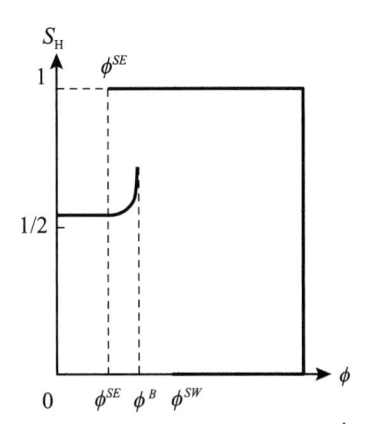

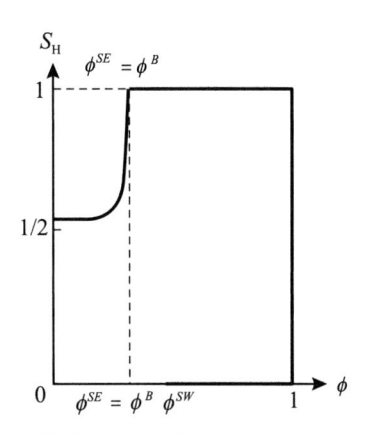

a. 转移支付差异较小（$1/2<\beta<\beta'$）　　b. 转移支付差异较大（$1/2<\beta'<\beta$）

图 22-2　支出结构非对称时的稳定均衡

三、支出结构对称，税收结构不对称（$\beta=1/2, t\neq t^*$）

如果支出结构对称但税收结构非对称，那么稳定均衡情况如图 22-3 所示。假设给予东部税收优惠政策，此时 $t^*>t$。那么，对于不同的市场开放度 ϕ，同样可能存在三种稳定均衡：$s_H=1$、$s_H\in(0,1)$、$s_H=0$。通过模拟可以知道，东部税率存在一个临界值 t'（如果采用本节的模拟参数，那么 $t'\approx 0.236$），东部税率高于和低于该临界值的稳定均衡分别如图 22-3 的 a 和 b 所示。由于税收差异对于稳定均衡的影响很大，因此无论区域税率差异有多大，随着市场开放度的提高，稳定均衡都会连续变化，由内点均衡稳定结构连续变化至（东部为核心区的）核心—边缘稳定结构，而不会发生突发性聚集。而且，通过与图 22-2 比较可以看

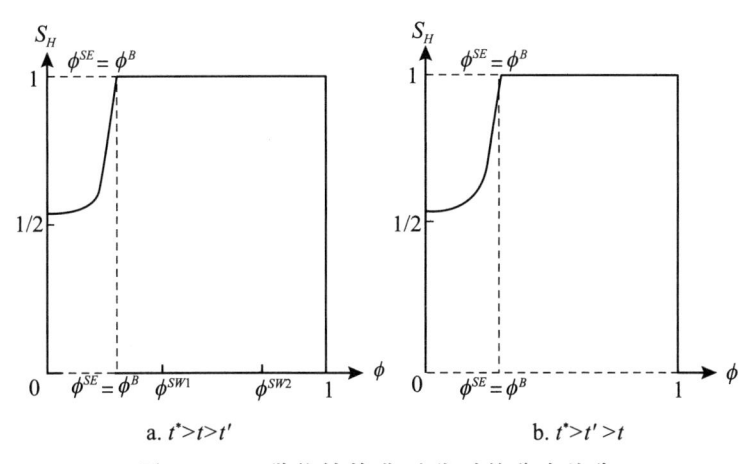

a. $t^*>t>t'$　　b. $t^*>t'>t$

图 22-3　税收结构非对称时的稳定均衡

到，如果 $t>t'$，在 ϕ 超过 ϕ^{SW2} 后，（以西部为核心区的）核心—边缘结构并不稳定；如果 $t<t'$，那么，在任意贸易开放度下均不存在（以西部为核心区的）核心—边缘稳定结构。给予西部税收优惠（$t>t^*$）时的情况同样可以同理分析。

四、政策评价

综合图 22-1、图 22-2 和图 22-3，并结合我国改革开放以来的实际情况，就可以得到如下的发展路径，如图 22-4 所示，其中，a 图部分来源于图 22-1，b 图、c 图的上半部分两图来源于图 22-2，b 图、c 图的下半部分两图来源于图 22-3。

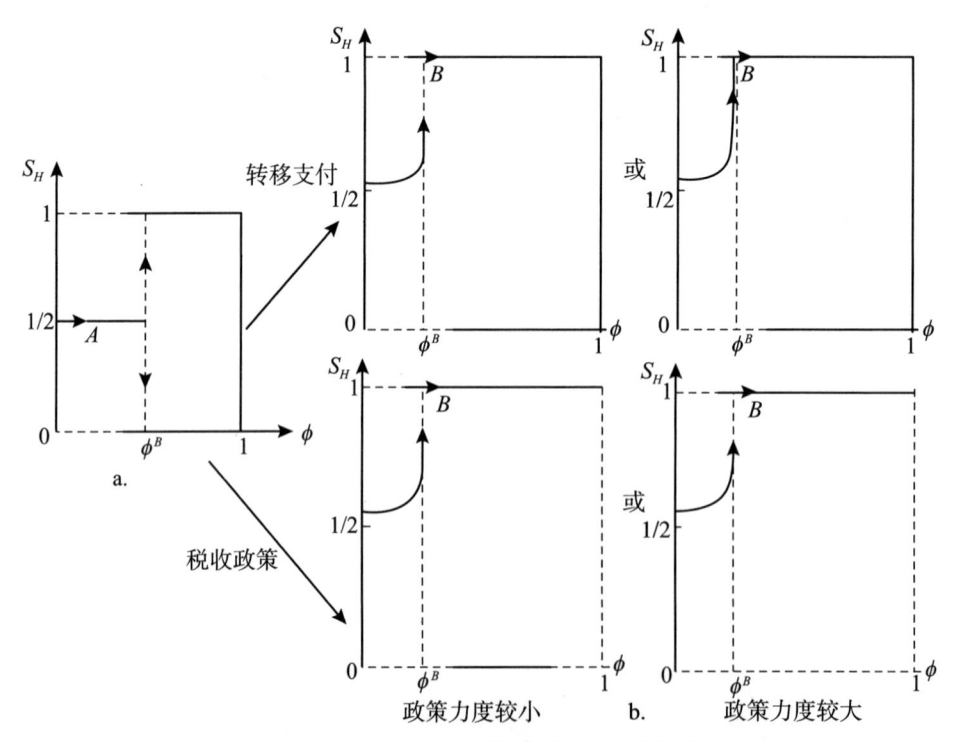

图 22-4　a、b：区域非均衡发展轨迹

如 a 图所示，我国最初的区域发展水平位于点 A，如果不实行差别化的区域政策，那么随着区域间市场开放度的逐渐提高，在市场开放度达到 ϕ^B 之后，经济系统将从对称均衡结构转为核心—边缘结构，核心区可能是东部地区，也可能是中西部地区。改革开放以来，我国实行的差别化区域发展政策（让一部分地区先富起来），不论是财力上（b 图上）还是税收政策上（b 图下）都向东部倾斜，因而无论支持力度多大（b图左边的两图为支持力度较小时的情况，右边两图为支持力度较大时的情况），当市场开放度超过 ϕ^B 之后，都形成以东部为核心的核心—边缘结构，从而进入轨迹 B，这就是目前东西部区域差距产生的重要原因。

为了缩小区域差距，中央采取了包括转移支付和税收政策在内的多种区域政策，但是其效果迥异。如图 22-4c 上面两图所示，不论转移支付的力度多大，都无法摆脱轨迹 B，以东部为核心的核心—边缘结构不会发生改变。而如 c 图下面两图所示，如果采取税收政策，则有可能摆脱轨迹 B，进入轨迹 C。如果税收政策的力度较小（c下左图），虽然以东部为核心的核心—边缘结构暂时不会改变，但是当市场开放度提高到 ϕ^{SW2} 之后，东部的产业将向中西部转移；如果税收政策力度较大（c下右图），那么这种转移将迅速发生。

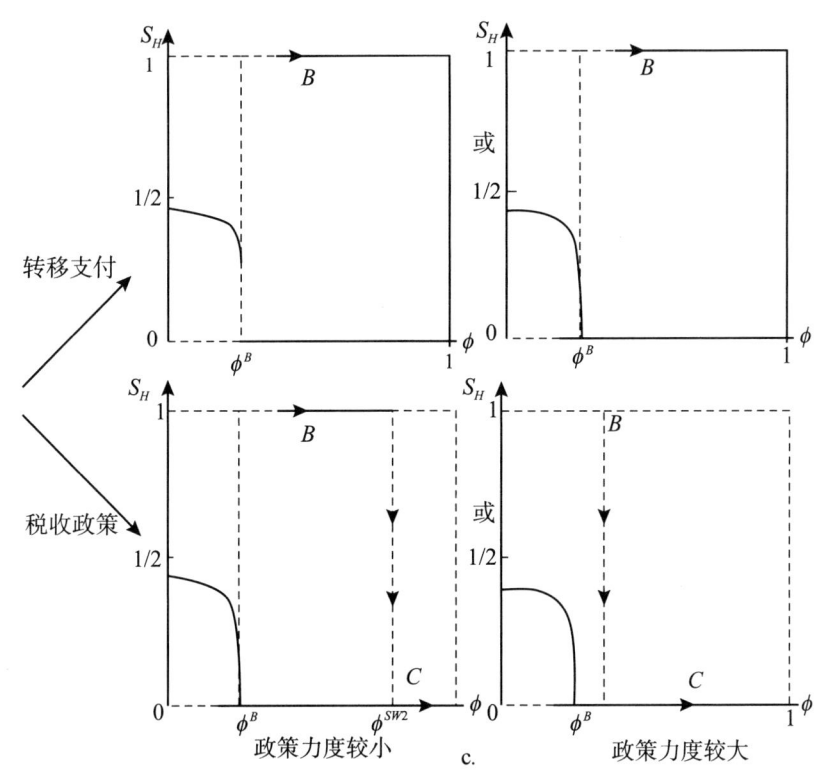

图 22-4c 区域非均衡发展轨迹

结论 5（政策有效性）：当区际市场开放度较低时，经济系统处于内点均衡结构；随着市场开放度逐渐提高，无论是采取转移支付政策还是税收政策，也不论政策力度的大小，都会导致经济系统发展为以政策所偏向的地区为核心区的核心—边缘结构。而在经济系统已经处于核心—边缘结构之后，如果只采用转移支付政策，无论政策力度多大，都无法改变当前的产业布局。如果采用税收政策，但此时的政策力度较小，那么区际市场开放度提高至一定水平之后，经济系统将会形成以政策所偏向的地区为核心区的核心—边缘结构，但此时的政策力度较大，则经济系统将迅速转变为以政策所偏向的地区为核心区的核心—边缘结构。

第四节 小　　结

本章结合我国实际情况，把税收来源与财政分权、转移支付相结合，构建了一个新经济地理学一般均衡分析框架，从理论上分析了不同的税种对于经济总量的影响以及财税政策对于区域差距的形成及消除过程中所发挥的作用。得到的结论为：首先，所得税对于经济总量的影响非中性，其中个人所得税对经济总量的影响机制与企业所得税不同，但与流转税类似，当市场开放度较高时，降低流转税、个人所得税的税率并相应提高企业所得税的税率，可以增加总税收和（或）整个经济系统的实际 GDP；其次，财税政策在缩小区际差距方面发挥重要的作用，但单纯依靠转移支付无法缩小区域差距而税收政策却能起到显著的作用。这些结论提供了以下几点启示：

1. 一直以来的一个基本认识是个人所得税与企业所得税都只是收入分配的一种方式，但事实上两者对于经济发展的影响迥异，由于劳动者关注的是税后收入，因此提高个人所得税的税率就必然会使劳动者向企业索取更高的名义收入，而企业通过提高产品价格把成本的增加转嫁给了消费者，这一机制与流转税是相同的。个人所得税实行的是累进税制，随着我国国民收入的整体提高，会出现个税缴纳普遍提档的情况，如果不适时降低个人所得税的税率或提高纳税起征点，就可能会加剧通货膨胀。在进行税制改革和调整的时候，应对这一点予以充分的重视。当然，这一点也适用于流转税，流转税在我国的税收构成中举足轻重，但是流转税的税率偏高也容易加剧通货膨胀，从而极大地降低了普通民众的生活水平。此外，随着我国交通基础设施快速发展，区际市场开放度必然越来越高，因此在税制改革中可以考虑降低流转税和个人所得税的税率，如果为了弥补因此而损失的税收，可以考虑同时提高企业所得税的税率。

2. 鉴于我国目前已经形成的区域差距，国家不能只从财政上对落后地区进行支持，因为这样难以产生显著的效果，应该与差别化的区域政策相结合，在融资、土地、用工等各方面给予落后地区更优惠的政策。

第二十三章

户籍制度、高房价与城乡收入差距收敛

第一节 引 言

长期以来，户籍制度和城市高房价限制了非技能劳动力在城乡之间自由流动，这被认为是城乡收入差距扩大的主要原因之一。传统的发展经济学理论和新劳动力流动理论普遍认为劳动力流动性增强将缩小收入差距（路易斯，1954；泰勒和马丁，2001），但中国的经验并不支持相关理论假说。自20世纪90年代以来，大量的农民工往返于城乡之间，劳动力的流动性大大地增强了。然而中国的城乡收入差距并没有因为农民工的流动性增强而缩小，反而出现了劳动力流动性增强与城乡收入差距扩大并存的悖论（蔡昉，2005；钟笑寒，2006）。对于这种悖论的出现，通常的解释包括：（1）城市人口的统计口径存在一定的问题，在某种程度上城市居民收入水平被高估，而农村居民收入水平被低估（蔡昉和王美艳，2009）；（2）国家的政策导向以及区际劳动生产率的差异在某种程度上抵消了劳动力流动所产生的收入差距收敛的趋势（周重阳，2006）。

上述研究结论是在新古典的规模收益不变和完全竞争假设基础上得出的，然而正如空间不可能定理所述的那样，在存在运输成本时，不能把空间转移问题纳入新古典完全竞争的分析框架中，因为此时不存在解或只存在零解。以规模收益递增和不完全竞争为基础的新经济地理学理论可以把空间因素纳入主流经济学的分析框架中。然而，现有的新经济地理学文献（福斯里德和奥塔维诺，2003）通常假设农民和工人的身份转换并不存在任何成本。虽然这一假设能够在简化模型的同时得到丰富的理论内涵，但是这种假设与中国的国情相差甚远，新经济地理学理论模型在中国的适用性大打折扣。新经济地理学发端于西方发达国家，这些国家农业人口少，也不存在大量农村劳动力转移的问题，因此在新经济地理学的研究中很少考虑劳动力转移的成本问题，当然也不会在研究中考虑异质性移民问题。然而，就我国而言，居民在城乡以及区域之间的流动存在着明显的流动障碍，由于户籍制度的存在我们不得不考虑迁移成本的问题。为此，本章[①]以异质移民离散选择理论（安德森等，1992；田源和蒂斯，2002；村田，2003）为基础，讨论户籍制度对劳动力迁移的影响问题。此外，城市高房价是中国农民迁移以及城市化进程中至关重要的因素，为使理论研究更加贴近中国的国情，在研究中加入了住房部门因素（赫尔普曼，1998；弗卢格和萨德库姆，2008）。尽管从2000年开始，在浙江奉化、海宁、金华等地区先后进行了城乡一体化户籍制度改革试点，并且近年重庆市和成都市也开展了户籍制度改革试点工作，但从这些城市试行的结果来看，区域内的城乡收入差距或扩大或缩小，户籍制度的放开对城乡收入差距影响目前尚无定论。本章将重点讨论户籍制度和城市高房价是扩大还是缩小了中国城乡收入差距的问题。

第二节 基本模型：弗卢格模型

一、基本假设

本章的基础模型为弗卢格（2004）的自由企业家模型，该模型最大的好处是可以得到核心—边缘结构的显性解。弗卢格模型为 $2 \times 2 \times 2$ 模型，即两地区、两部门和两种生产要素。在本章的研究中，我们假定两个地区分别为城市地区和农村地区，城市地区变量我们不采用任何上标，农村地区与之对应的变量我们用上标 * 来表示。为研究城乡分异的动态演化，我们假定两地区的初始资源禀赋（技

[①] 本章对发表于《世界经济文汇》2011年第4期上的《城市高房价和户籍制度：促进或抑制城乡收入差距扩大——中国劳动力流动和收入差距扩大悖论的一个解释》（作者为安虎森、颜银根、朴银哲）一文进行了适当的调整。

能劳动力 K 和非技能劳动力 L）相同。技能劳动力可以在现代部门之间自由流动，在基本模型中非技能劳动力仅限于城市地区或农村地区的不同部门之间流动，但扩展的户籍制度模型中我们放松了这一假设，假定非技能劳动力也可以在城乡之间流动。两部门分别为传统的农业部门 A 和制造业部门 M，农业部门以规模收益不变和完全竞争为特征，利用非技能劳动力生产同质产品，生产 1 单位同质产品需要 a_A 单位非技能劳动力作为可变投入；现代制造业部门以规模收益递增和不完全竞争为特征，利用技能劳动力和非技能劳动力生产差异化的产品，生产中需要使用 1 单位技能劳动力作为固定投入以及 a_M 单位非技能劳动力作为可变投入。我们假设同质品在城乡之间贸易不存在贸易成本，而异质品在城乡之间贸易存在萨缪尔森的冰山交易成本。

二、消费者偏好与产品需求

假设农村地区和城市地区代表性消费者的效用函数为两层效用函数，上层效用函数为拟线性效用函数，是一个关于同质品和异质品组合的效用函数；下层效用函数为消费异质品的 CES 型效用函数。上层效用函数体现出消费者在消费同质品以及异质品组合时的效用，而下层效用函数体现出消费者消费一组异质品组合时的效用。首先看一下城市地区代表性消费者的效用函数：

$$u = \alpha \ln C_M + C_A, \quad C_M = \left(\int_0^n c_i^{1-1/\sigma} di + \int_n^{n+n^*} c_k^{1-1/\sigma} dk \right)^{\sigma/(\sigma-1)} \quad (1)$$

其中，u 为代表性消费者的效用水平，α 为消费者对异质品组合的需求系数，是大于 0 的常数。C_M 和 C_A 分别为代表性消费者对同质品和异质品组合的消费量，c_i 和 c_k 分别为城市代表性消费者对城市生产的第 i 种异质品和农村生产的第 k 种异质品的消费量。σ 为任意两种异质品之间的替代弹性且大于 1，n 和 n^* 分别为城市和农村生产的异质产品的种类数。假定消费者不存在储蓄行为，那么消费者的支出与收入相同，令消费者的支出水平为 Y，那么消费者的预算约束函数为：

$$p_A C_A + P_M C_M = Y, \quad P_M = \left(\int_0^n p_i^{1-\sigma} di + \int_n^{n+n^*} (p_k)^{1-\sigma} dk \right)^{1/(1-\sigma)} \quad (2)$$

其中，p_A 为同质品价格，P_M 为城市生产的异质品组合的价格指数，p_i 和 p_k 分别代表城市地区第 i 种异质品和农村地区第 k 种异质品的价格[①]。假设冰山交易成本为 $\tau > 1$，那么从农村地区运出的 1 单位异质品最终只有 $1/\tau$ 单位能够抵达

---

① 城市地区代表性消费者对异质品的组合由两部分组成，其中一部分为本地生产的异质品 i，另一部分为农村地区生产的异质品 k。如果我们将本章的异质品看作工业品，那么 PM 实际上就是工业品价格指数。

城市，供城市地区的消费者消费。因此，城市地区代表性消费者对农村地区生产异质品的消费量（c_k）是农村地区代表性消费者对异质品消费量（c_k^*）的 τ 倍，农村地区生产的异质品在城市地区的售价（p_k）是该产品在农村地区售价（p_k^*）的 τ 倍，即 $c_k = \tau c_k^*$，$p_k = \tau p_k^*$。由式（1）和式（2）我们可以得到城市代表性消费者对同质品以及异质品组合的需求函数为：

$$\begin{cases} C_A = Y/p_A - \alpha \\ C_M = \alpha p_A/P_M \end{cases} \quad (3)$$

将式（3）代入到式（1），我们可以得到代表性消费者的间接效用函数 V：

$$V(p_A, P_M, Y) = Y/p_A - \alpha \ln P_M + \alpha \ln p_A + \alpha(\ln \alpha - 1) \quad (4)$$

在式（4）中，分别求 p_A、P_M、Y 的偏导，则可以得到：

$$\frac{\partial V}{\partial p_A} = \frac{\alpha}{p_A} - \frac{Y}{(p_A)^2} \leq 0, \quad \frac{\partial V}{\partial p_M} = -\frac{\alpha}{P_M} < 0, \quad \frac{\partial V}{\partial Y} = \frac{1}{p_A} > 0 \quad (5)$$

从式（5）中我们不难看出，消费者的福利水平（间接效用函数）与消费者的收入水平同向变化，而与异质品的价格指数以及同质品的价格水平反向变化。我们假设异质品的消费为连续形式，对于消费者而言，在 C_M 固定时需要最小化其支出：

$$\begin{cases} \min \int_0^n p_i c_i \mathrm{d}i + \int_n^{n+n^*} p_k c_k \mathrm{d}k \\ s.t. \ C_M = (\int_0^n c_i^{1-1/\sigma} \mathrm{d}i + \int_n^{n+n^*} (c_k)^{1-1/\sigma} \mathrm{d}k)^{\sigma/(\sigma-1)} \end{cases} \quad (6)$$

由此，我们可以得到代表性城市消费者对城市生产的 i 种异质品的需求函数和农村生产的 k 种异质品的需求函数为：

$$\begin{cases} c_i = \alpha p_i^{-\sigma} P_M^{\sigma-1} \\ c_k = \alpha (\tau p_k^*)^{-\sigma} P_M^{\sigma-1} \end{cases} \quad (7)$$

在前文中我们假定农村地区代表性消费者和城市地区代表性消费者有着相同的效用函数，因此我们可以得到农村地区代表性消费者对城市生产的 i 种异质品的需求函数和对农村生产的 k 种异质品的需求函数，这一需求函数与式（7）相似，即：

$$\begin{cases} c_i^* = \alpha (\alpha p_i)^{-\sigma} (P_M^*)^{\sigma-1} \\ c_k^* = \alpha (p_k^*)^{-\sigma} (P_M^*)^{\sigma-1} \end{cases} \quad (8)$$

与 P_M 相似，P_M^* 为农村地区异质品组合的价格指数。

三、厂商生产与产品供给

由于农业部门生产的同质品在地区之间贸易不存在交易成本，因此两地区生产的同质品价格相同，即 $p_A = p_A^*$。此外，由于农业部门为完全竞争部门（$p_A = a_A w$），并且两地区生产同质品的边际投入相同（$a_A = a_A^*$），因此两地区非技能劳动力的工资水平相同，即 $w = w^*$。我们选取农产品作为计价物（$p_A = 1$），令 $a_A = 1$，可以得到 $w = w^* = 1$。

我们假设代表性厂商 i 生产异质品时需要投入 1 单位技能劳动力作为固定投入，a_M 单位非技能劳动力作为可变投入。技能劳动力的报酬率假定为 r，非技能劳动力的工资为 w，那么该厂商生产 x_i 单位产品的成本函数为：

$$f_i(x_i) = r + a_M w x_i \tag{9}$$

厂商利润函数为：

$$\prod_i = (p_i - a_M w)x_i - r \tag{10}$$

假设异质产品的种类数量足够大，根据张伯伦垄断竞争理论，厂商利润最大化时采用加成定价法定价：

$$p_i = \frac{\sigma}{\sigma - 1} a_M w \tag{11}$$

由于我们假定每一个厂商只使用 1 单位的技能劳动力作为固定投入，整个系统中技能劳动力的数量固定不变且不存在失业问题，因此地区厂商数量与地区技能劳动力数量相等。此外，由于存在规模收益递增，理性的厂商会选择生产单一产品。因此，每一地区内技能劳动力的数量与产品种类数相等，即 $K = n$、$K^* = n^*$。根据式（11）可知，两地区异质品在本地的售价始终相等，即 $p_i = p_k^*$。将厂商对异质品的定价式（11）代入到异质品组合的价格指数式（2）中，我们可以得到城市和农村异质品组合的价格指数分别为 P_M 和 P_M^*：

$$\begin{cases} P_M = p_i (K + \phi K^*)^{\frac{1}{1-\sigma}} \\ P_M^* = p_i (\phi K + K^*)^{\frac{1}{1-\sigma}} \end{cases} \tag{12}$$

其中，$\phi = \tau^{1-\sigma} \leqslant 1$ 采用了鲍德温等（2003）对贸易自由度的定义，代表城乡市场开放度；$\phi = 0$ 表示城乡市场完全分割；而 $\phi = 1$ 表示城乡完全一体化。

四、短期均衡

短期均衡时产品和劳动力市场完全出清。城市（农村）消费者包括技能劳动力 $K(K^*)$ 及非技能劳动力 $L(L^*)$，产品市场出清时供求均衡，即 $x_i = (L + K)c_i + (L^* + K^*)(\tau c_i^*)$。均衡时厂商自由进出，厂商获得利润为 0。根据零利润条件以及市场出清时供求均衡，我们可以得到城市技能劳动力的收入为：

$$r = \frac{\alpha}{\sigma} \left[\frac{(L+K)}{K + \phi K^*} + \frac{(L^* + K^*)}{\phi K + K^*} \right] \tag{13}$$

令城市部门的产业份额 $s_n = K/(K + K^*)$，城市劳动力资本比例为 $\rho = L/(K + K^*)$，整个系统中劳动力资本比 $\bar{\rho} = (L + L^*)/(K + K^*)$，则式（13）可以变为：

$$r = \frac{\alpha}{\sigma}\left[\frac{s_n + \rho}{s_n + \phi(1-s_n)} + \phi\frac{1 - s_n + \bar{\rho} - \rho}{\phi s_n + (1-s_n)}\right] \tag{14}$$

同理，我们也可以得到农村技能劳动力的收入为：

$$r^* = \frac{\alpha}{\sigma}\left[\phi\frac{s_n + \rho}{s_n + \phi(1-s_n)} + \frac{1 - s_n + \bar{\rho} - \rho}{\phi s_n + (1-s_n)}\right] \tag{15}$$

短期均衡时，劳动力市场出清。以城市地区为例，现代部门每个企业为生产异质品需要投入 $a_M x_i$ 单位的非技能劳动力。由于城市地区的企业数量为 n，因此城市地区为生产异质品合计需要投入 $na_M x_i$ 单位的非技能劳动力，即 $L_M = na_M x_i$。将式（11）代入，可以得到 $L_M = nr(\sigma - 1)$。只要异质部门对非技能劳动力的需求（L_M）不超过地区非技能劳动力的总数（L），非技能劳动力市场总是可以出清的。因此劳动力市场出清的条件为 $L > nr(\sigma - 1)$，进一步地，我们化简之后可以得到 $\alpha < \rho\sigma/(2\rho + 1)(\sigma - 1)$①。因此，非技能劳动力市场出清的条件为：

$$\alpha < \rho\sigma/(2\rho + 1)(\sigma - 1) \tag{16}$$

第三节 模型拓展：城市高房价与户籍制度

一、城市高房价：房屋部门的加入

为了让模型更符合实际情况，将模型拓展为包括房屋部门的 2×3×2 模型。房屋部门是影响劳动力流动的重要因素。② 这里，我们采用与村田（2003）、弗卢格和萨德库姆（2008）相同的假设，假设房屋部门是完全竞争部门。含有房屋部门时，消费品中增加了房屋，消费者的效用函数需要做出调整。与式（1）类似，我们引入房屋部门（H）后消费者的效用函数为：

$$U = \alpha\ln C_M + \beta\ln C_H + C_A \quad C_M = \left(\int_0^n c_i^{1-1/\sigma}di + \int_n^{n+n^*} c_k^{1-1/\sigma}dk\right)^{\sigma/(\sigma-1)} \tag{17}$$

---

① 为了确保两地区同时具有现代部门和传统部门，即不会出现完全集聚情况，这里我们不可以取等号。这一表达式也就是在新经济地理学中经常提到的非黑洞条件。

② 在赫尔普曼（1998）的研究中，房屋部门是非贸易品生产部门。虽然房屋部门与传统部门均为完全竞争的部门，但是两者进入消费者效用函数方式是不同的，详见式（17）。

其中，$\beta > 0$ 为常数。消费者的预算约束同样也发生了变化，

$$\begin{cases} p_A C_A + P_M C_M + P_H C_H = Y \\ C_A^H = \alpha p_A / P_M \end{cases} \quad (18)$$

其中，P_H 为房屋的平均价格水平，C_H 为房屋消费量。此时消费者对同质品、异质品以及房屋的需求函数分别为：

$$\begin{cases} C_M^H = Y/p_A - \alpha - \beta \\ C_A^H = \alpha p_A / P_M \\ C_H = \beta p_A / P_H \end{cases} \quad (19)$$

为了与没有房屋部门时消费者对同质品以及异质品需求进行区分，这里我们在 C_M 和 C_A 变量上加了上标 H。将式（19）代入到式（17），则可以得到消费者的间接效用函数，即：

$$V(p_A, P_M, P_H, Y) = Y/p_A - \alpha \ln P_M - \beta \ln P_H + (\alpha + \beta) \ln p_A + \varepsilon \quad (20)$$

其中，$\varepsilon = \alpha(\ln \alpha - 1) + \beta(\ln \beta - 1)$ 为常数。我们假设城市和乡村两个区域的房屋初始供给量各为 H_0，两地区房屋供给增长率 g 相同，则第 t 期总供给量分别为 $H_0 e^{gt}$[①]。根据式（19）消费者对房屋的需求，供求均衡时 $H_0 e^{gt} = (L+K)\beta/P_H$，由此得到两地区房屋的价格分别为：

$$\begin{cases} P_H = \dfrac{\beta(\rho + s_n)(K + K^*)}{H_0 e^{gt}} \\ P_H^* = \dfrac{\beta(\bar{\rho} - \rho + 1 - s_n)(K + K^*)}{H_0 e^{gt}} \end{cases} \quad (21)$$

从式（21）我们可以看到，当技能劳动力或者非技能劳动力向城市地区迁移时，城市的房价将会变高。因为移民的出现，城市的房价变高，进而城市居民的福利水平变低，城市高房价成为模型中的一个分散力。

二、户籍制度：非技能劳动力移民的异质偏好

我国的户籍制度有一个明显的特征，即限制非技能劳动力的流动，但对技能劳动力的流动几乎没有任何限制。户籍制度直接关系到居民的福利，尤其对进城的非技能劳动力而言更是如此。没有户籍，他们无法享受和城镇居民一样的福利待遇。非技能劳动力的迁移，除了受到户籍制度的限制以外，还受到许多条件的限制，如陌生环境、不同的文化或习俗、不同的地方法规，甚至城市居民的歧视

---

① 本章只考虑了不同地区（城乡）房产价格比值，因此两地区住房供给量增长率相同并不会影响分析的结果。

等（Ludema and Wooton，1999）。本章采用类似于安德森等（1992）以及村田（2003）的离散选择模式。我们假设非技能劳动力迁移后的效用包括市场要素和非市场要素两种方面的效用，第 t 个非技能劳动力的效用函数为：

$$V_B^t(\lambda) = V_U(\lambda) + \xi_B^t \tag{22}$$

式（22）中 $V_U(\lambda)$ 是代表性非技能劳动力的间接效用函数，ξ^t 是 B 地区第 t 个消费者随机的间接效用，它服从独立同分布（i.i.d.）。λ 为地区技能劳动力的比重，是影响非技能劳动力迁移的重要因素，$\rho/\bar{\rho}$ 为城市非技能劳动力占整个系统中非技能劳动力的比重。ξ^t 服从均值为 0、方差为 $\pi^2\beta^2/6$ 的双指数分布，分布函数如下：[①]

$$F(X) = \text{Pr.}\,(\xi_B^t \leqslant X) = \exp\left[-\exp\left(-\frac{X}{\mu} - \gamma\right)\right] \tag{23}$$

其中，μ 指偏好的异质程度，其值越大，消费者的异质性偏好越强。非技能劳动力从农村迁移至城市的制度成本越高，异质性偏好越强。γ 为欧拉常数，$\gamma = 0.5772$。根据霍尔曼和马利（Holman and Marley）定理，我们可以知道消费者选择 B 地区的概率 $P_B(\lambda)$ 为：

$$P_B(\lambda) = \frac{\exp(V_U^B(\lambda)/\mu)}{\sum_{=1}^{m} \exp(V_U^B(\lambda)/\mu)}, \quad B = 1\cdots m \tag{24}$$

我们假设实际上选择移民概率与式（24）完全一致，采用与米耀和夏皮罗（Miyao and Shapiro，1981）相同的方法，动态调整路径为：

$$\frac{\mathrm{d}(\rho/\bar{\rho})}{\mathrm{d}t} = P(\rho/\bar{\rho}) - \rho/\bar{\rho} = G(\rho/\bar{\rho}) \tag{25}$$

均衡时，必然有 $G(\rho/\bar{\rho}) = 0$。根据式（23）和式（24），我们可以得到非技能劳动力在迁移前后的福利差异：

$$\Delta V_U^F = \mu \ln \frac{\rho/\bar{\rho}}{1 - \rho/\bar{\rho}} \tag{26}$$

由此我们可以得到城市非技能劳动力的数量为：

$$\rho(\Delta V_U^F) = \frac{\bar{\rho}}{1 + \exp(-\Delta V_U^F/\mu)} \tag{27}$$

式（27）表明，城市的非技能劳动力的数量直接取决于城乡非技能劳动力间接效用的差距（ΔV_U）。在 $\Delta V_U = 0$ 时，$\rho = \bar{\rho}/2$，即城乡非技能劳动力均匀分布。技能劳动力在两地区之间的转移直接影响着两地区消费者的价格指数，从而影响两个地区非技能劳动力的实际工资以及间接效用函数，非技能劳动力根据其迁移

[①] 请参见安德森等（1992）第二章中有关双指数分布性质的介绍。

前后的福利水平做出迁移与否的决策。非技能劳动力迁移直接影响迁入地和迁出地房地产市场，从而影响技能劳动力的迁移决策。对此，我们对地区非技能劳动力的数量用 $\rho(s_n)$ 来表示。

第四节　福利分析：城乡收入差距与城市不同群体收入差距

本部分的重点是户籍制度和城市高房价对城乡收入差异的影响，我们并不重点讨论长期均衡问题。事实上，克鲁格曼（1991）核心—边缘结构中的经济活动的完全集聚，在现实世界中是不存在的。长期均衡时的经济活动空间分布状况并不是本部分所关注的重点。这里，我们只是研究在既定的经济活动非均衡分布情况下，城乡收入差距与城市不同群体之间的收入差距。与新经济地理学的假设一样，在短期均衡时城乡之间产业份额已经给定，因此城乡技能劳动力之间在名义收入和实际收入方面存在差距，而城乡非技能劳动力之间只存在实际收入方面的差距。此外，为了便于问题的分析，我们只考虑城市制造业部门产业份额 $s_n > 1/2$ 的情形。由于工资是非技能劳动力的唯一收入，因此下面对居民的福利（间接效用函数）差异的分析实质上是对居民的实际收入差距的分析。

一、基本模型的福利分析

（一）城乡非技能劳动力的福利分析

上文提到，在基础模型中两地区非技能劳动力的名义收入相同，即 $w = w^*$。根据式（4），我们可以得到城乡非技能劳动力的效用水平差距：

$$\Delta V = (Y - Y^*)/p_A - \alpha \ln\left(\frac{P_M}{P_M^*}\right) \tag{28}$$

由于工资收入是非技能劳动力的唯一收入来源，根据式（12）和式（28），我们可以得到城乡非技能劳动力的福利水平差距：

$$\Delta V_U = \frac{\alpha}{\sigma - 1} \ln\left[\frac{s_n + \phi(1 - s_n)}{\phi s_n + 1 - s_n}\right] \tag{29}$$

在式（29）中，对地区产业份额 s_n 求偏导，则：

$$\frac{\partial(\Delta V_U)}{\partial s_n} = \frac{\alpha(1-\phi^2)}{(\sigma-1)[s_n+\phi(1-s_n)](\phi s_n+1-s_n)} > 0 \quad (30)$$

由式（29）我们可以得到 $\Delta V_U|_{s_n=1/2} = 0$，而由式（30）可知，城乡收入差距随城市产业份额的变化单调递增。因此在 $s_n > 0.5$ 时，城乡收入差距随 s_n 的增加而扩大（见图 23-1）。

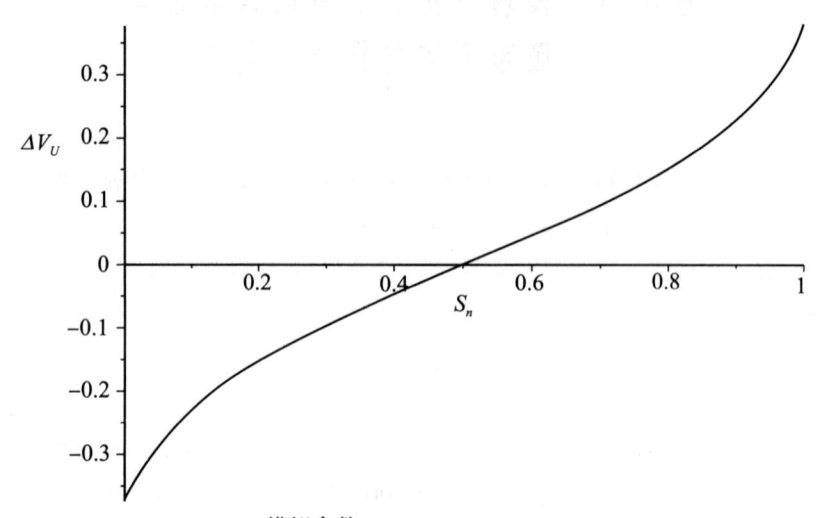

模拟参数：$\sigma=5, \alpha=0.5, \phi=0.05$

图 23-1　基本模型下经济活动非对称分布与城乡非技能劳动力的福利水平差距

结论 1：如果城乡初始禀赋相同，那么短期内在 $s_n > 1/2$ 时城乡非技能劳动力之间的福利水平差距随着城市产业份额的增大而扩大。总是存在城乡非技能劳动力之间的收入差距。

在 $s_n > 1/2$ 时，城市生产更多的制造业产品，城市居民消费和农村居民相同的制造业产品组合时，支付更少的运输成本。即使城乡非技能劳动力的名义收入相同，但运输成本的节约降低城市居民的生活成本，从而城市非技能劳动力的实际收入相对较高。

此外，对式（29）中城乡市场开放度 ϕ 求偏导，则我们可以得到：

$$\frac{\partial(\Delta V_U)}{\partial \phi} = \frac{\alpha}{(\sigma-1)[s_n+\phi(1-s_n)](\phi s_n+1-s_n)}(1-2s_n) < 0 \quad (31)$$

式（31）表明，随着城乡市场开放度变大，城乡非技能劳动力之间的福利水平差距将缩小，由此我们可以得到结论 2。

结论 2：如果城乡的初始禀赋相同，当 $s_n > 1/2$ 时，城乡非技能劳动力之间的福利水平差距随城乡市场开放度的提高而缩小。从某种程度上说，更加开放的城乡市场有利于缩小城乡非技能劳动力之间的收入差距。

（二）城乡技能劳动力的福利分析

短期内地区产业份额给定，即城乡技能劳动力来不及流动以调整区际福利水平差距，因此在城乡技能劳动力的福利水平方面存在差距。我们假设技能劳动力收入全部用于消费，因此将式（12）、式（14）以及式（15）代入到式（28）中，我们可以得到：

$$\Delta V_K = \frac{\alpha}{\sigma p_A}(1-\phi)\left[\frac{s_n+\rho}{s_n+\phi(1-s_n)} - \frac{1-s_n+\bar{\rho}-\rho}{\phi s_n+(1-s_n)}\right] + \frac{\alpha}{\sigma-1}\ln\left[\frac{s_n+\phi(1-s_n)}{\phi s_n+1-s_n}\right] \tag{32}$$

式（32）中第二项与式（29）完全一致，即价格指数效应。我们发现，城乡技能劳动力的福利水平随着城市产业份额 s_n 以及城乡之间市场开放度的变化而变化。然而，即便是在 $s_n > 1/2$ 时，如果城乡市场开放度比较低，那么城市技能劳动力福利水平也会低于农村技能劳动力的福利水平。只有当城乡市场开放度大于某一临界点（称它为突破点）时，城市地区技能劳动力才有可能获得更高的福利水平，也就是新经济地理学中经常提到的聚集租金。现实世界中城乡市场开放度已经相对较大，因而我们看到更多的是城市的技能劳动力的收入水平高于农村技能劳动力的收入水平。

（三）城市内不同群体的福利分析

根据前文的分析，我们可以得出城市技能劳动力和非技能劳动力的收入差距。这两个不同群体之间的福利水平差距主要来源于名义收入，因为不存在价格指数方面的差异。在我们的模型中：

$$\Delta V_{K-U} = V_K - V_U = \left[\frac{\alpha}{\sigma}(1-\phi)\frac{s_n+\rho}{s_n+\phi(1-s_n)} - w\right]\bigg/ p_A \tag{33}$$

从式（33）我们可以发现，农产品价格（p_A）、制造业部门份额（s_n）、城市劳动力的资本比例（ρ）以及城乡市场开放度（ϕ）等将直接影响城乡不同群体之间的收入差距。可以得出结论3。

结论3：城市内不同群体之间的收入差距主要取决于农产品价格、城市制造业部门份额、市场开放度以及制造业产品之间的替代弹性等。提高农产品价格，提高非技能劳动力的工资水平，以及提高城乡之间的市场开放度，则可以缩小城市内不同群体之间的收入差距。

根据结论1和结论3，我们可以知道城乡市场开放度 ϕ 的提高能够有效地缩小城乡非技能劳动力之间的收入差距以及城市内不同群体之间的收入差距。在过去30多年中，我国的城乡收入差距迅速扩大，国家统计局统计资料显示1978年城乡收入差距为2.57∶1，而到2009年已经达到3.33∶1。根据中国社会科学院经济研究所2009年的调查数据，我国城乡收入实际差距已经达到6∶1。如果说制造业部门的生产聚集在城市有利于城市居民的福利水平的提高，那么城乡贸易成本的降低则会提高农村非技能劳动力的福利水平。无论是城镇化还是新农村建设或者交通设施的改善，都可以看作城乡一体化协调发展的一部分，因此都将有利于城乡非技能劳动力之间收入差距的缩小。

二、城市高房价模型下非技能劳动力的福利分析

事实上，城乡住房价格差异是影响要素流动的重要因素之一。在基础模型中我们并没有考虑住房部门，正如我们在前文所分析的那样，技能劳动力的迁移直接影响住房市场的供求关系。

同样，根据式（12）、式（20）以及式（21），我们可以得出城市高房价贸易下非技能劳动力的福利水平：

$$\Delta V_U^H = \frac{\alpha}{\sigma - 1} \ln\left[\frac{s_n + \phi(1-s_n)}{\phi s_n + 1 - s_n}\right] + \beta \ln\left(\frac{\bar{\rho} - \rho + 1 - s_n}{\rho + s_n}\right) \tag{34}$$

式（34）与式（29）相比，等式右边第一项完全相同，等式右边第二项即为我们加入城市住房部门之后新增加的部分，在我们的模型中是一种额外的"分散力"。由于城市住房供给量有限，随着人口流入城市之后拥挤效应增强。当 $s_n \geq 1/2$ 和 $\rho \geq \bar{\rho}/2$ 时，第二项小于0。对式（34）求关于 s_n 的一阶导数，则可以得到：

$$\frac{d(\Delta V_U^H)}{ds_n} = \frac{\alpha(1-\phi^2)}{(\sigma-1)[s_n + \phi(1-s_n)](\phi s_n + 1 - s_n)}$$
$$- \frac{\beta(1+\bar{\rho})}{(\bar{\rho} - \rho + 1 - s_n)(\rho + s_n)} \tag{35}$$

从式（35）中，我们并没有办法直接判定其值的正负号。对式（35）求有关 s_n 的二次导数，则：

$$\frac{d^2(\Delta V_U^H)}{ds_n^2} = \frac{\alpha(1-\phi^2)(1-\phi)^2}{(\sigma-1)[s_n + \phi(1-s_n)]^2(\phi s_n + 1 - s_n)^2}(2s_n - 1)$$
$$+ \frac{\beta(1+\bar{\rho})}{(\bar{\rho} - \rho + 1 - s_n)(\rho + s_n)}(2\rho - \bar{\rho} + 2s_n - 1) \tag{36}$$

当 $s_n \geq \frac{1}{2}$ 和 $\rho \geq \frac{\bar{\rho}}{2}$ 时，$\frac{d^2(\Delta V_U^H)}{ds_n^2} \geq 0$。将临界值 $s_n = \frac{1}{2}$ 和 $\rho = \frac{\bar{\rho}}{2}$ 代入式（35）

中，我们就得到：

$$\left.\frac{\partial(\Delta V_U^H)}{\partial s_n}\right|_{s_n=\frac{1}{2},\rho=\frac{\bar{\rho}}{2}} = \frac{4\alpha(1-\phi)}{(\sigma-1)(1+\bar{\rho})} - \frac{4\beta}{(1+\bar{\rho})} \quad (37)$$

从式（37）可以看出，如果 $\phi < 1 - \frac{2\beta(\sigma-1)}{\alpha(1+\bar{\rho})+\beta(\sigma-1)}$，则 $\left.\frac{\partial(\Delta V_U^H)}{\partial s_n}\right|_{s_n=\frac{1}{2},\rho=\frac{\bar{\rho}}{2}} > 0$，这表明随着城市制造业部门生产规模的扩大，城乡收入差距进一步扩大，反之亦然。

由式（30）、式（35）可以知道：

$$\frac{\partial(\Delta V_U^H - \Delta V_U)}{\partial s_n} = -\frac{\beta(1+\bar{\rho})}{(\bar{\rho}-\rho+1-s_n)(\rho+s_n)} < 0 \quad (38)$$

根据式（38）我们发现，随着城市制造业部门份额的扩大，城乡收入差距进一步扩大趋势得到了遏制，甚至开始出现减小趋势（见图 23-2）。

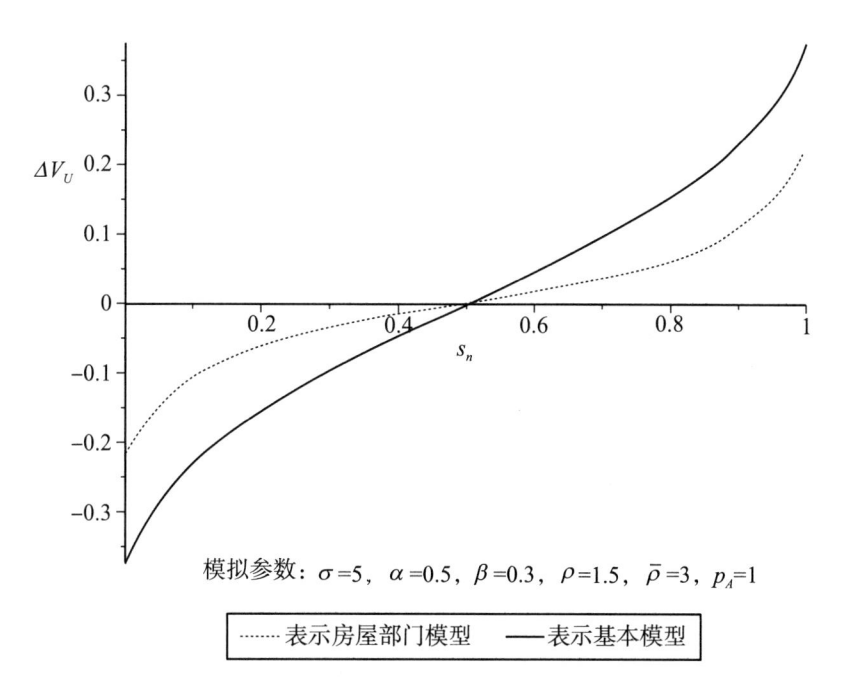

模拟参数：$\sigma=5$，$\alpha=0.5$，$\beta=0.3$，$\rho=1.5$，$\bar{\rho}=3$，$p_A=1$

······表示房屋部门模型　——表示基本模型

图 23-2　基本模型与房屋部门模型下非技能劳动力收入差距比较

结论 4：在一个含有住房部门的城市高房价模型中，如果城乡市场开放小于其临界值 $[1-2\beta(\sigma-1)]/[\alpha(1+\bar{\rho})+\beta(\sigma-1)]$，则城乡收入差距随城市制造业部门产业份额的扩大而扩大，但城乡收入差距扩大趋势开始逐渐减缓；如果城乡市场开放度大于临界值，则城乡收入差距随着城市制造业部门产业份额的扩大而缩小，即城乡收入差距呈现"倒 U"型。

正如我们在上文中所提到的那样，随着农村技能劳动力向城市迁移，城市房价就上升。式（34）右边的第二项，就体现了城市房价加入模型之后对城乡收入差距的影响。显然，城市的高房价对城市居民不利，但对农村居民有利，因此这将作为一种分散力抑制了农村地区非技能劳动力向城市的转移。但是，由于城市地区原有的集聚租金相对较大，这种分散力并不一定能够缩小城乡之间的收入差距。只有在城乡市场开放度大于某一临界值时，城乡收入差距才会缩小。

此外，根据式（12）、式（14）、式（15）、式（20）以及式（21），我们可以推出城乡技能劳动力的收入差距：

$$\Delta V_K^H = \frac{\alpha}{\sigma p_A}(1-\phi)\left[\frac{s_n+\rho}{s_n+\phi(1-s_n)} - \frac{1-s_n+\bar{\rho}-\rho}{\phi s_n+(1-s_n)}\right]$$
$$+ \frac{\alpha}{\sigma-1}\ln\left[\frac{s_n+\phi(1-s_n)}{\phi s_n+(1-s_n)}\right] + \beta\ln\left(\frac{\bar{\rho}-\rho+1-s_n}{\rho+s_n}\right) \tag{39}$$

三、城市高房价、户籍制度综合模型分析

类似于式（30），在含有户籍制度的模型中，我们探讨了非技能劳动力在城乡之间的迁移问题，此时 $\rho \neq \bar{\rho}/2$。我们现在要讨论农村非技能劳动力向城市的流动问题，即 $\rho > \bar{\rho}/2$。此时，城乡非技能劳动力的收入差距为：

$$\Delta V_U^F = \frac{\alpha}{\sigma-1}\ln\left[\frac{s_n+\phi(1-s_n)}{\phi s_n+1-s_n}\right] + \beta\ln\left(\frac{\bar{\rho}-\rho+1-s_n}{\rho+s_n}\right) \tag{40}$$

式（40）与式（34）的表达式在形式上相似，但 ρ 不再是外生变量，而是一个关于 s_n 的函数。正如上文所指出的那样，如果技能劳动力和非技能劳动力都发生流动，则某种类型劳动力的流动需要考虑其他类型劳动力的流动情况。根据式（40），我们可以得到 $\Delta V_U^F|_{\rho>\frac{1}{2},s_n=\frac{1}{2}} < 0$。由于户籍制度的存在，非技能劳动力存在异质性移民。当非技能劳动力迁移处于均衡状态时，由式（26）和式（40）可以得到：

$$\frac{\alpha}{\sigma-1}\ln\left[\frac{s_n+\phi(1-s_n)}{\phi s_n+1-s_n}\right] + \beta\ln\left(\frac{\bar{\rho}-\rho+1-s_n}{\rho+s_n}\right) = \mu\ln\frac{\rho/\bar{\rho}}{1-\rho/\bar{\rho}} \tag{41}$$

在式（40），求有关 s_n 的偏导数，则可以得到如下形式：

$$\frac{\partial(\Delta V_U^F)}{\partial s_n} = \frac{d(\Delta V_U^H)}{d s_n} + \frac{\partial(\Delta V_U^F)}{\partial \rho}\frac{d\rho}{d s_n} \tag{42}$$

式（42）的第一项与城市高房价模型一致，故我们关注式（42）右边的第二项，则：

$$\frac{\partial(\Delta V_U^F - \Delta V_U^H)}{\partial s_n} = \frac{\partial(\Delta V_U^F)}{\partial \rho}\frac{d\rho}{d s_n} \tag{43}$$

根据式（26），我们可以得到：

$$\frac{\partial(\Delta V_U^F)}{\partial \rho} = \frac{-\beta(1+\bar{\rho})}{(\rho+s_n)(\bar{\rho}-\rho+1-s_n)} < 0 \quad (44)$$

此外，对式（41）两边同时求有关 s_n 的导数，则可以得到：

$$\frac{d\rho}{ds_n} = \frac{\mu\dfrac{\bar{\rho}}{\rho(\bar{\rho}-\rho)} + \dfrac{\beta(1+\bar{\rho})}{(\rho+s_n)(1-s_n+\bar{\rho}-\rho)}}{\dfrac{\alpha}{\sigma-1}\dfrac{1-\phi^2}{(s_n+\phi-\phi s_n)(\phi s_n+1-s_n)} - \dfrac{\beta(1+\bar{\rho})}{(\rho+s_n)(1-s_n+\bar{\rho}-\rho)}} \quad (45)$$

式（45）的分子部分大于0，分母部分与式（35）相同。故，当 ϕ 小于临界值 $1-2\beta(\sigma-1)/[\alpha(1+\bar{\rho})+\beta(\sigma-1)]$ 时 $d\rho/ds_n > 0$，从而 $\partial(\Delta V_U^F - \Delta V_U^H)/\partial s_n < 0$；而 ϕ 大于临界值时，$\partial(\Delta V_U^F - \Delta V_U^H)/\partial s_n > 0$。这意味着，在城乡市场开放度比较小时，户籍制度缩小城乡收入差距；当市场开放度大于某一临界值时，户籍制度扩大城乡收入差异。由此我们可以得到结论5。

结论5：如果包含住房部门以及户籍制度约束，则在城乡市场开放度较低时，户籍制度缩小城乡收入差距；当城乡市场开放度大于某一临界值时，户籍制度加大城乡收入差距。

对于中国区域间收入差距的扩大，一些研究者指出这主要是由于中国的户籍制度限制了要素的流动，因而要素无法获得均等化的价格。但本章的研究结果表明，在市场开放度较低时，这种结论不成立。恰恰是户籍制度限制了要素的流动，阻碍了经济活动的进一步聚集，从而减缓了城乡收入差距的进一步扩大。当市场开放度比较高时，放松户籍制度是合理的，此时放松户籍制度能够有效抑制城乡收入差距进一步扩大的趋势，因而有利于城乡协调发展。

第五节 小　　结

在弗卢格的模型（2004）中加入了完全竞争的住房部门，构建了两地区、三部门和两要素模型。研究结果表明：（1）存在城乡收入差距，城乡一体化过程中除了提高农产品价格、提高农民工工资水平之外，提高城乡市场开放度也是缩小城乡收入差距一条重要的途径。（2）在城乡市场开放度比较小时，城乡收入差距仍然会扩大，但城乡收入差距扩大趋势开始逐渐减缓；当城乡市场开放度比较大时，城市高房价会缩小城乡收入差距。（3）放开户籍制度不一定能遏制城乡收入差距进一步扩大的趋势，只有在城乡市场开放度达到临界值时，放开户籍制度才能缩小城乡收入差距。正是由于户籍制度的这种特性，导致了我国劳动力流动强度的增强与城乡收入差距进一步扩大之间的悖论。城市高房价和户籍制度虽然都限制非技能劳动力的流动,同为"分散力"影响了经济活动的空间集聚,但是由于城市高房价模型中城市高房价只对技能劳动力的流动产生影响,但是在户籍制度模型中城市的高房价对技能劳动力和非技能劳动力的流动同时产生影响,因此两者会产生截然不同的效果。城市高房价和户籍制度具有"门槛效应"。由此可见,缩小城乡收入差距的关键在于提高城乡市场开放度,只有当城乡市场开放度达到一定程度之后放开户籍制度才是合理的。

  本章具有重要的政策性含义。首先,强调城乡一体化的同时需要多项措施并举,如提高农产品价格、提高农民工资水平才能有效缩小城乡之间的收入差距和城市不同阶层之间的收入差距;其次,尽管近年来改革户籍制度的呼声很高,但根据我们的研究,只有当城乡市场开放度达到某个临界值时户籍制度的放开才能有效缩小城乡收入差距。如果现代部门的生产聚集在城市有利于城市居民的福利水平提高,那么城乡贸易成本的降低则会提高农村非技能劳动力的福利水平。无论是城镇化还是新农村建设,都是城乡一体化协调发展的一部分,提高城乡市场开放度的措施,如交通设施的改善等,都将有利于缩小城乡非技能劳动力的收入差距。

第二十四章

区际生态补偿主体与补偿模式

第一节 引 言

20世纪90年代以来，我国逐渐实施了退耕还林、京津风沙源治理、三江源保护等一系列跨区域生态治理保护工程，在国家"十一五规划"中更是提出了主体功能区战略，并在"十二五规划"中将其上升为国家战略。在主体功能区划中，西部大部分地区被划为限制开发和禁止开发区域（龚霄侠，2009）。然而自西部大开发以来，我国东西部发展差距拉大的趋势虽然得到了一定缓解，但绝对差距仍在不断扩大。从国家层面来看，实施跨区域的生态环境保护是抑制生态环境恶化的有效举措，而西部等生态地区为保护环境却丧失了大量的发展机会，所以迫切需要通过区际生态补偿来实现既能有效保护生态环境又能缩小区域差距的和谐发展。

生态环境具有公共产品、外部性、产权不清等特征，并会导致市场失灵，使得自然资本消耗经常快于社会最佳消耗值（泰藤博格，2006）。生态补偿是一种通过将外部性内部化来克服市场失灵的转化机制，它能够将没有市场价值的生态环境转化为现实价值，以对生态保护者提供激励。生态补偿是基于受益者支付而非污染者支付（恩格拉等，2008；帕吉拉和普拉泰斯，2007；毛显强等，2002），主要解决"谁保护，谁受益"的问题，即应当对生态保护者提供奖励性补偿

（王青云，2008）。

虽然众多学者对生态环境保护给予了高度重视，而且大部分学者支持区际生态补偿政策，但对于生态补偿的实施模式意见并不一致。部分学者（恩格拉等，2008；毛显强等，2002）认为生态补偿应以科斯定理为理论基础，在产权界定清晰情况下，通过受生态影响各方的私人谈判就能够克服外部性问题；帕吉拉和普拉泰斯（2007）认为，由于生态服务产品的提供者与受益者双方拥有关于生态服务产品最直接的信息，能够观察其是否符合要求且拥有谈判能力，所以市场主导的生态补偿机制是有效率的。部分学者（希尔森，2002；王军锋等，2011）认为政府在生态补偿中应当发挥主要作用；王兴杰等（2010）认为政府不是生态补偿的利益相关方，政府的介入能够显著降低贸易成本，提高生态补偿的运行效率；但帕吉拉和普拉泰斯（2007）认为，由于贸易成本中的规模经济特征以及信息传递的间接性，使得政府主导的生态补偿比市场主导模式成本高、运行效率低。还有学者认为生态补偿是个复杂的系统工程，需要政府与市场相结合的补偿分担模式，如王青云（2008）认为生态补偿模式可分为主要受益者分担模式（主要受益的企业和居民通过对产品付费方式承担部分补偿费用，其余部分由地方或中央政府承担）和政府全部承担模式（由中央政府或地方政府承担补偿）。

现有文献侧重于从外部性内部化视角研究区际生态补偿，并从国家层面（帕吉拉，2008）或区域、流域层面（希尔森，2002；王军锋等，2011）探讨补偿模式、原则、标准等问题。然而，这些研究均未能在理论上界定市场、地方政府和中央政府在区际生态补偿中所应担当的角色，也未能厘清分别由市场、地方政府和中央政府主导的区际生态补偿政策实施的可行性。本章[①]试图在新经济地理学框架下构建一个差异化贸易成本的污染外部性模型，从福利改进角度分析生态环境产品的市场失灵，以及地方政府、中央政府在区际生态补偿中的角色定位问题，进一步完善有关区际生态补偿政策的理论基础。

第二节 基准模型

克鲁格曼的核心边缘模型开创了新经济地理学的研究框架，福斯里德和奥塔维诺（2003）建立了自有企业家模型，本章在福斯里德和奥塔维诺（2003）的

[①] 本章对发表在《世界经济》2013年2期上的《区域生态补偿主体的研究：基于型经济地理学的分析》（作者为安虎森、周亚雄）进行了适当的调整。

模型基础上进一步引入差异化贸易成本和污染指数，构建一个新经济地理学的污染外部性基准模型。

一、基本假设

假设一个经济体有两个地区：地区 1（上游生态区）和地区 2（下游非生态区），地区 1 进行工业生产会产生污染，并对地区 2 造成负外部性，而地区 2 进行工业生产对地区 1 没有影响。这一经济体存在两个部门：农业部门 A 和工业部门 M。农业生产无污染且必须在两地区同时进行，农业部门以规模收益不变和完全竞争为特征，农业部门利用劳动生产同质产品，且农产品的区际交易无成本，设农产品为计价物（$p_a = 1$ 为农产品价格）。工业部门以规模收益递增和不完全竞争为特征，工业部门利用企业家和劳动力生产差异化的产品；工业品的区际交易遵循冰山贸易技术，设地区 2 的贸易成本为 $\tau > 1$，即地区 1 向地区 2 提供一单位工业品需要运输 τ 单位产品；地区 1 的贸易成本为 $\tau^* > 1$，即地区 2 向地区 1 提供一单位工业品需要运输 τ^* 单位产品。

生产中使用两种要素：劳动力和企业家。劳动力可以在部门间自由流动，但不能跨区域流动，两地区拥有等量的劳动力 $L = L^*$；企业家自由流动。农业生产只需劳动力，地区 1、2 用于农业生产的劳动力分别为 l、l^*。工业生产需要劳动力和企业家，地区 1、2 企业家数量分别为 h、h^*，企业家总数为 $H = h + h^*$，并标准化 $H = 1$。

二、消费者行为

不考虑时间因素，代表性消费者追求当期效用最大化，其效用函数为 $U = C_m^\mu C_a^{1-\mu}$，$(0 < \mu < 1)$，其中 $C_m = (\int_0^{n^w} c_i^{(\sigma-1)/\sigma} \mathrm{d}i)^{\sigma/(\sigma-1)}$ 为一组工业品组合；n^w 为产品种类总数；$\sigma > 1$ 为任意两种工业品之间的替代弹性；C_a 为农产品消费量；μ 为对工业品的支出份额，$1-\mu$ 为对农产品的支出份额。消费者不进行储蓄，因此消费者对工业品和农产品支出之和正好等于其收入，即 $p_a C_a + P_m C_m = Y$，其中，$P_m = (\int_0^{n^w} p_i^{(1-\sigma)} \mathrm{d}i)^{1/(\sigma-1)}$ 为工业品价格指数，Y 表示消费者收入。根据上述条件可以得到代表性消费者对某种差异化工业品 j 的需求函数为：

$$q_j = \mu Y P_m^{\sigma-1} p_j^{-\sigma} \qquad (1)$$

三、农产品生产

农业部门采用规模报酬不变的生产技术，设地区 1 一单位劳动力能够生产 c 单位农产品，则地区 1 的农业生产函数为：$Y_A = lc$。由于劳动力可在部门间自由流动，于是地区 1 的劳动力市场是完全竞争的，劳动力工资为：$w_A = MR \cdot MP_l = c$。其中，MR 为农业部门的边际成本，MP_l 为农业部门边际产出。

假设无污染时两地区农业生产技术相同。由于受地区 1 工业污染负外部性的影响，地区 2 单位劳动的农业产量为 $c/(1+n)^\gamma$，其中 n 表示地区 1 生产的工业品种类数，$\gamma \geq 0$ 表示污染系数，$\gamma = 0$ 表示地区 1 对地区 2 无污染，γ 越大表示地区 1 对地区 2 的污染程度越高。令 $e = (1+n)^\gamma > 1$，显然 $de/dn > 0$，说明地区 1 生产的工业品越多，对地区 2 的污染就越大。由单位劳动产出可得地区 2 的农产品产出量为 $Q_a^* = 1^* c/e$。同样，地区 2 的劳动力市场是完全竞争的，劳动力工资为：$w_a^* = c/e$。

四、工业产品生产

（一）产品价格

工业部门是规模收益递增的生产部门，设地区 1 的厂商需要投入一单位企业家作为固定成本，企业家报酬为 w；每单位产出需要投入 α 单位的劳动力作为可变成本，则地区 1 厂商的成本函数为：$TC_m = w + \alpha cx$。在寡头垄断竞争市场中，厂商根据边际成本加成法定价，则地区 1 产品的出厂价格为 $TC_m = w + \alpha cx$，不失一般性，设 $\alpha = (\sigma - 1)/\sigma$，则 $p_1 = c$。由于存在冰山运输成本，则地区 1 的产品在地区 2 的销售价格为 $p_1^* = \tau c$。由规模收益递增假设可知每个厂商只生产一种差异化产品，因而产品种类与厂商数量相等，显然在地区 1 有：$h = n$。

假设无污染时两地区工业生产技术相同。由于受污染外部性影响，地区 2 工业生产成本是无污染时的 e 倍，于是地区 2 厂商的成本函数为：$TC_m^* = (w^* + \alpha x^* w_a^*)e = w^* e + \alpha cx^*$，其中 w^* 为地区 2 的企业家报酬。根据边际成本加成定价法，地区 2 产品的出厂价为 $p_2^* = c$，其在地区 1 的出售价格为 $p_2 = \tau^* c$。显然在地区 2 厂商数量与企业家数量满足等式：$n = h^*/e = (1-n)/e$，于是两地区的厂商总数为：$n^w = n + (1-n)/e$。

根据工业品价格指数 P_m 的公式可得地区 1 的工业品价格指数为 $P_m = $

$c\Delta^{1(\sigma-1)}$，其中，$\Delta = n + \phi^* n^*$，$\phi^* = (\tau^*)^{1-\sigma}$ 表示地区 1 的市场开放度，$\phi^* \in [0,1]$ 与 τ^* 呈反向变化，当 $\tau^* \to 1$ 时 $\phi^* = 1$，当 $\tau^* \to \infty$ 时 $\phi^* = 0$；地区 2 的工业品价格指数为 $P_m^* = c(\Delta^*)^{1(1-\sigma)}$，其中，$\Delta^* = \phi n + n^*$，$\phi = \tau^{1-\sigma}$，表示地区 2 的市场开放度。由工业品价格指数和农产品价格，可得两个地区的总价格指数：

$$\begin{cases} P = (P_a)^{1-\mu}(P_m)^{\mu} \\ P^* = (P_a)^{1-\mu}(P_m^*)^{\mu} \end{cases}$$

（二）收益决定

由于总支出等于农产品支出与工业品支出之和，所以两地区的总支出分别为：$E = wh + Lc$ 和 $E^* = w^* h^* + L^* c/e$。根据式（1）可以分别求得地区 1 对本地与异地生产的某种工业品的需求量，从而可以得到两地区代表性企业的产出量为：

$$\begin{cases} x = \mu E P_m^{\sigma-1} p_1^{-\sigma} + \phi \mu E^* (P_m^*)^{\sigma-1} p_1^{-\sigma} \\ x^* = \phi^* \mu E P_m^{\sigma-1} (p_2^*)^{-\sigma} + \mu E^* (P_m^*)^{\sigma-1} (p_2^*)^{-\sigma} \end{cases} \quad (2)$$

在垄断竞争市场条件下厂商的超额利润为 0，则地区 1 企业的利润为：$\pi = p_1 x - (w + \alpha c x) = 0$，从而可得企业家报酬 $w = p_1 x / \sigma$，结合式（2）可得：

$$w = b\left\{(wn + cL)\Delta^{-1} + \phi\left[w^*(1-n) + \frac{c}{e}L^*\right](\Delta^*)^{-1}\right\} \quad (3)$$

其中，$b = \mu / \sigma$。

地区 2 的企业利润为：$\pi^* = p_2^* x^* - (w^* e + \alpha c x_i^*) = 0$，结合式（2）可得：

$$w^* = \frac{b}{e}\left\{\phi^*(wn + cL)\Delta^{-1} + \left[w^*(1-n) + \frac{c}{e}L^*\right](\Delta^*)^{-1}\right\} \quad (4)$$

联袂式（3）、式（4），可得短期均衡时两地区企业家名义工资的显性解：

$$\begin{cases} w = \dfrac{bc}{e\Delta^*} \cdot \dfrac{(e\Delta^* L + \phi\Delta L^*)[e\Delta^* - b(1-n)] + b\phi(\phi^* Le\Delta^* + \Delta L^*)(1-n)}{(\Delta - bn)[e\Delta^* - b(1-n)] - b^2 n(1-n)\phi\phi^*} \\ w^* = \dfrac{bc}{e\Delta} \cdot \dfrac{(\Delta - bn)(\phi^* Le\Delta^* + \Delta L^*) + bn\phi^*(Le\Delta^* + \Delta\phi L^*)}{(\Delta - bn)[e\Delta^* - b(1-n)] - b^2 n(1-n)\phi\phi^*} \end{cases}$$

$$(5)$$

式（5）中除地区 1 的企业数量 n 外均是外生变量。由总价格指数 P、P^* 以及式（5），可得企业家的实际收入为：

$$\begin{cases} \omega = w / p_a^{1-\mu} P_m^{\mu} \\ \omega^* = w^* / p_a^{1-\mu} P_m^{*\mu} \end{cases} \quad (6)$$

同样可得劳动力的实际收入为：

$$\begin{cases} \omega_a = w_a / p_a^{1-\mu} P_m^{\mu} \\ \omega_a^* = w_a^* / p_a^{1-\mu} P_m^{*\mu} \end{cases} \quad (7)$$

其中，ω、ω^*、ω_a、ω_a^* 分别为两地区企业家和劳动力的实际收入。

第三节 长期均衡与污染外部性分析

一、长期均衡条件

在长期，企业家受实际收入的驱动而流动，于是存在如下长期均衡条件：

$$\begin{cases} \omega = \omega^*, & 0 < n < 1 \\ \omega \geq \omega^*, & n = 1 \\ \omega \leq \omega^*, & n = 0 \end{cases} \tag{8}$$

由式（5）~（8）可以得到长期均衡时厂商数量的函数 $f(n)=0$，只要能够从 $f(n)=0$ 解得长期均衡时的厂商数量 n，就可以通过式（5）、式（6）得到企业家的收入水平，从而能够求得全社会的总支出水平：

$$E^w = wn + w^*(1-n) + c(L + L^*/e) \tag{9}$$

为了研究方便，本章用实际收入来界定福利水平，地区与全国层面的福利水平为：

$$\begin{cases} \Omega = E/P = (wn + cL)/(p_a^{1-\mu} P_m^\mu) \\ \Omega^* = E^*/P^* = [w^*(1-n) + cL^*]/[p_a^{1-\mu}(P_m^*)^\mu] \\ \Omega^w = \Omega + \Omega^* \end{cases} \tag{10}$$

其中，Ω、Ω^*、Ω^w 分别为地区1、地区2和全国的福利水平。由于 $f(n)=0$ 的表达式过于复杂，无法得到其显性解，于是本章借助于数值模拟求长期均衡时的企业家收入、总支出及福利水平。

二、数值模拟及福利分析

附图1至附图6给出了不同贸易成本和污染指数下的长期均衡[①]，其中 a 图为两地区企业家实际收入差（$\Delta\omega = \omega - \omega^*$）的滚摆线图。当 $\Delta\omega > 0$ 时厂商具有向地区1移动的趋向，当 $\Delta\omega < 0$ 时厂商具有向地区2移动的趋向，当 $\Delta\omega = 0$ 时

---

① 本章着重分析存在污染（$\gamma > 0$）时的情形，无污染（$\gamma = 0$）的情形不是本章研究的重点。

为长期均衡点。当 $n=0$ 或 $n=1$ 时为克鲁格曼的核心—边缘均衡，$\Delta\omega$ 曲线与横轴的交点 $0<n^{**}<1$ 为非均匀分布均衡。在本章所有的数值模拟中，参数取值为 $\sigma=5$，$\mu=0.4$，$c=1$，$L=L^{*}=1/2$。下面结合附图1至附图6来分析贸易成本与污染指数对长期均衡的影响。

1. 当贸易成本很低（贸易自由度很高）时，不论污染程度如何，在长期存在两个稳定的核心—边缘均衡与一个非均匀分布的不稳定均衡（如附图1a 所示）。由于地区1厂商数量的初始值 $n|_{初始}$ 是 $[0,1]$ 区间分布的随机变量，$n^{**}\leqslant 0.5$ 值就是在长期工业在地区2集聚的概率。显然随着污染程度增加，工业在地区2实现集聚的概率下降。

2. 当地区1的贸易成本较低，地区2的贸易成本较高时①（如附图2a 所示），若污染程度较低（如 $\gamma=0.5$），则工业聚集在地区2是稳定均衡；而随着污染程度提高，在长期工业聚集在地区2的稳定性将下降，若污染程度超过某一临界值（如 $\gamma=0.91$），则长期均衡将转变为图1a所示的情形：工业在长期只能以较小的概率聚集于地区2。

从福利水平来看（见附图1b、2b），当 $n|_{初始}<n^{**}$ 时，工业在地区2聚集，有 $\Omega^{w}|_{n=0}=\Omega^{w}|_{\max}$，此时整个经济系统实现了福利最大化的最优选择。当 $n|_{初始}>n^{**}$ 时，工业在地区1聚集，有 $\Omega^{w}|_{n=1}=\Omega^{w}|_{\min}$，此时整个经济系统实现了福利最小化的最劣选择。当工业在两地区非均匀分布时，有 $\Omega^{w}|_{\min}<\Omega^{w}|_{n=n^{**}}<\Omega^{w}|_{\max}$，$0<n^{**}<1$，此时整个经济系统只能实现总福利水平的次优选择。

从企业家实际收入水平来看（见附图1、附图2 的c、d），当 $n|_{初始}<n^{**}$ 时，$\omega^{*}>\omega$，厂商向地区2聚集，受益于污染外部性内部化，厂商将实现实际收入最大化（$\omega^{*}|_{n=0}$）。当 $n|_{初始}>n^{**}$ 时，$\omega^{*}<\omega$，厂商向地区1移动，受地区1企业竞争强度增加以及地区2污染外部性的影响，厂商将实现实际收入的次优化（$\omega^{*}|_{0<n^{**}<1}$）或实际收入的最小化（$\omega^{*}|_{n=1}$）。

当贸易成本很低、地区1实施相对自由的贸易政策时，在市场机制作用下，只要政府采取必要的引导，如重置厂商的初始分布、调控贸易政策等，工业聚集于地区2是一种可能的长期均衡，此时全社会与企业家均实现了最优选择。

结论1：当市场开放度很高，或生态区实施自由贸易政策、非生态区实施贸易保护政策时，虽然存在污染外部性，但只要通过政府的合理引导，在市场机制下能够实现全社会总体福利水平的最优选择，此时在一个较低概率下市场机制是有效的。

---

① 此时，地区1可能采取限制出口、鼓励进口等自由贸易政策，地区2可能采取鼓励出口、限制进口等贸易保护政策。

3. 当贸易成本较高（贸易自由度较低）时，若污染系数较低（如 $\gamma=0.5$），那么工业分布在长期只有一种非均匀分布的稳定均衡（$0.5<n^{**}<1$），随着污染系数的递增（如 $\gamma=1.5$），长期均衡将向聚集于地区 1 的核心边缘结构（$n=1$）转变（如附图 3a 所示）。这表明随着污染程度的加深，地区 2 的生产成本提高，厂商受实际收入驱动逐渐向地区 1 迁移。

从总福利来看，当污染系数较小时只能实现次优选择（$\Omega^w|_{n=n^{**}}$）。随着污染程度增加，厂商逐渐向地区 1 转移，与此同时全社会的污染量增加，地区 2 的生产成本增加，进一步导致生产向地区 1 聚集，整个经济陷入污染程度越大、制造污染量越大的恶性循环累积过程。当生产完全聚集于地区 1 时，只能实现整个经济系统福利水平的最劣选择（$\Omega^w|_{n=1}=\Omega^w|_{min}$）。

4. 在污染系数较低时，若贸易成本较低（如 $\tau=1.2$），则工业分布在长期只有聚集于地区 1 的一种稳定均衡（$n=1$），随着贸易成本的增加（如 $\tau=1.8$），工业分布将逐渐转变为非均匀分布的稳定均衡（$0.5<n^{**}<1$）（如附图 4a 所示）。这表明随着贸易成本的增加，地区 2 的价格指数变大，以至于价格指数的影响超过了污染外部性，部分产品在地区 2 生产变得有利可图。但由于污染负外部性的存在，地区 1 的厂商数量始终占优，即 $0.5<n^{**}<1$。

5. 从总福利来看，在市场机制下，当贸易成本较高时只能达到次优水平（$\Omega^w|_{n=n^{**}}$）。随着市场化进程的推进，贸易成本下降，价格指数随之下降，地区 2 的厂商为了逃避污染的影响，向地区 1 转移，结果全社会的污染量增加，地区 2 的生产成本进一步增加，导致更多的厂商向地区 1 转移，整个经济陷入污染程度越大、制造污染量越大的恶性循环累积过程。当生产完全聚集于地区 1 时，只能实现全社会总福利的最劣选择（$\Omega^w|_{n=1}=\Omega^w|_{min}$）。

6. 在污染程度很高时（如 $\gamma=3$），不论贸易成本如何提高，工业分布在长期只能聚集于地区 1（$n=1$）（如附图 5a 所示）。这表明此时污染的负外部性是如此之强，以至于在任何贸易成本水平下，地区 2 因污染导致生产成本的提高超过了价格指数下降的影响。从总福利来看，经济体最终只能实现最劣选择（$\Omega^w|_{n=1}=\Omega^w|_{min}$）。

7. 当地区 2 的贸易成本较低，而地区 1 的贸易成本较高时[1]，则不论污染程度如何，工业分布在长期只有聚集于地区 1 的一种均衡模式（如附图 6a 所示）。在市场机制下，经济体在长期只能实现全社会总福利的最劣选择（$\Omega^w|_{n=1}=\Omega^w|_{min}$）。

---

[1] 此时，地区 1 可能采取鼓励出口、限制进口等贸易保护政策，地区 2 可能采取限制出口、鼓励进口等自由贸易政策。

结论2：当贸易成本较高时，污染外部性导致市场失灵，全社会福利只能实现次优或最劣选择。污染系数与贸易成本对长期均衡的影响不同：污染系数增加倾向于生产聚集于制造污染的上游生态区，并陷入污染的恶性循环累积过程；贸易成本的提高倾向于生产在两地区间均匀分布，但是当污染系数达到一定程度后，贸易成本无论多高生产都将聚集于制造污染的上游生态区。

8. 再从厂商实际收入来看（附图3至附图6的c图），如果工业聚集于地区1的核心边缘模式为长期均衡，那么厂商获得在地区1的所有可能收入中的最低收入 $\omega|_{n=1}$（附图3、附图5、附图6中的 f 点）。如果生产的长期均衡为非均匀分布模式（$0.5 < n^{**} < 1$），则厂商的实际收入为 $\omega|_{n=n^{**}}$（附图4中的 f 点）。如果工业聚集于地区2，那么厂商获得地区2的所有可能收入中的最高收入 $\omega^*|_{n=0}$（如附图3至附图6中的 g 点）。显然，在其他条件不变时，$\omega^*|_{n=0} > \omega|_{n=n^{**}} > \omega|_{n=1}$ 成立。虽然 $\omega^*|_{n=0}$ 为厂商所有可能收入中的最高现实收入，但是厂商在地区1的潜在收入 $\omega|_{n=0}$ 大于 $\omega^*|_{n=0}$，于是厂商将向地区1转移，但在达到长期均衡时厂商只能获得次高或最低收入。所以对厂商来说，存在个体理性（追求个体利益最大化）导致集体非理性（长期均衡时实际收入水平下降）的博弈悖论。

结论3：由于市场失灵，市场机制下厂商只能获得次高或最低的实际收入，厂商群体由于个体理性导致集体非理性。

第四节 生态补偿模型

一、政府生态补偿干预对象

本章认为只有当市场失灵时，才需要政府实施区际生态补偿政策进行干预。前文的分析表明，当贸易成本很低（市场开放度很高），或地区1实行更为自由的贸易政策时，虽然存在污染外部性，但只要政府对厂商的初始分布、区际贸易政策、污染系数等条件进行适当调控，市场机制依然是有效的。所以，我们将政府生态补偿干预对象集聚于附图3至附图6所示的市场失灵情形。

二、生态补偿的基本原则

从附图3至附图6可以看到，当生产全部聚集于地区2时，全社会总福利最大，所以政府实施区际生态补偿政策使工业生产聚集于地区2，并对在此过程中的获益者征税、利益受损者补偿，以使他们的实际收入保持在生产转移前的长期均衡水平。然后核算政府总收入 Γ（即税收收入与补偿支出之差），若 Γ≥0，则政府主导的区际生态补偿政策是可行的，若 Γ<0，则该政策不可行。具体过程如下：

1. 对厂商和劳动力按差别化的税率征收所得税。设 t、t_a、t_a^* 分别为厂商、地区1和地区2劳动力的税率，税率值大于0表示征税，否则是补偿。

2. 长期均衡时厂商的实际收入必然相等，所以在其他条件不变时，分别计算厂商在长期均衡点的实际收入 $\omega|_{长期均衡}$ 与聚集于地区2的实际收入 $\omega^*|_{n=0}$，然后选择恰当的税率 t，使等式 $\omega|_{长期均衡} = \omega^*|_{n=0} \times (1-t)$ 成立。

3. 分别计算两地区劳动力长期均衡的实际收入 $\omega_a|_{长期均衡}$ 和 $\omega_a^*|_{长期均衡}$，以及厂商聚集于地区2的实际收入 $\omega_a|_{n=0}$ 和 $\omega_a^*|_{n=0}$，然后选择恰当的税率，使等式 $\omega_a|_{长期均衡} = \omega_a|_{n=0} \times (1-t_a)$ 和 $\omega_a^*|_{长期均衡} = \omega_a^*|_{n=0} \times (1-t_a^*)$ 成立。

4. 计算政府净收入，如果 Γ≥0，说明政府主导的区际生态补偿政策是可行的；若 Γ<0，说明政府缺乏干预市场的经济实力，只能接受市场的次优或最劣选择。

三、长期均衡为生产聚集于地区1（$n=1$）时的政府干预

（一）厂商的税率

由式（5）可以求得工业生产聚集于地区2时厂商的名义收入 $w^*|_{n=0}$；当工业生产聚集于地区1时厂商的名义收入 $w|_{n=1}$。为保持征税前后实际收入相等，必须满足等式：$\dfrac{w^*|_{n=0}(1-t)}{P^*|_{n=0}} = \dfrac{w|_{n=1}}{P|_{n=1}}$，从而可得对厂商的税率为：

$$t = 1 - \frac{2^\gamma L + L^*}{2^\gamma (L + L^*)} \tag{11}$$

显然 $t>0$，说明对厂商需要征税，且 $\dfrac{dt}{d\gamma} = \gamma 2^{\gamma-1} L^*(L+L^*)/[2^\gamma(L+L^*)]^2 > 0$，说明污染程度越高，厂商从生产转移中获得的收益越大，其要交纳的税率也越高。

（二）地区1劳动力的税率

地区1劳动力的名义收入为：$w_a|_{n=0} = c$，$w_a|_{n=1} = c$。保持征税前后实际收入相等，必须满足：$\dfrac{w_a|_{n=0}(1-t_a)}{P|_{n=0}} = \dfrac{w_a|_{n=1}}{P|_{n=1}}$，从而可得税率：

$$t_a = 1 - (\phi^*)^{\mu(1-\sigma)} \tag{12}$$

显然 $t_a < 0$，说明需要对地区 1 的劳动力补偿，且 $\dfrac{dt_a}{d\phi^*} = \dfrac{\mu}{\sigma-1}(\phi^*)^{\frac{\mu}{(1-\sigma)}-1} > 0$，这说明随着地区 1 市场开放度的提高，价格指数下降，劳动力实际收入的损失也减少，从而对劳动力的补偿也会减少，特别是当地区 1 实现了完全自由贸易（$\phi^* = 1$）时，$t_a = 0$。这表明在政策层面上，政府可以通过提高地区 1 的市场开放度（降低贸易成本），减少补偿成本，提高区际生态补偿政策实施的可行性。

（三）地区 2 劳动力的税率

地区 2 劳动力的名义收入为：$w_a^*|_{n=0} = c$，$w_a^*|_{n=1} = c/2^\gamma$。保持征税前后实际收入相等，必须满足：$\dfrac{w_a^*|_{n=0}(1-t_a^*)}{P^*|_{n=0}} = \dfrac{w_a^*|_{n=1}}{P^*|_{n=1}}$，从而可得税率为：

$$t_a^* = 1 - \dfrac{1}{2^\gamma \phi^{\mu(1-\sigma)}} \tag{13}$$

显然 $t_a^* > 0$，说明需要对地区 2 的劳动力征税。由于 $dt_a^*/d\gamma = \gamma 2^{-\gamma-1} \phi^{\mu(\sigma-1)} > 0$，表明污染程度越高，地区 2 劳动力受污染外部性影响的损失越大，从而当生产全部转移到地区 2 后，劳动力不但可以享受价格指数下降的好处，而且可以免遭污染损失，所以其应承担的税率也就越高。同时，$dt_a^*/d\phi = -\mu 2^{-\gamma} \phi^{[\mu(\sigma-1)-1]}/(\sigma-1) < 0$，表明随着地区 2 市场开放度的提高，劳动力从价格指数下降中得到的好处在递减，所以其税率也应该减少。这表明在政策层面上，政府可通过在地区 2 实行一定的贸易保护，增加税收水平，提高区际生态补偿政策实施的可行性。

（四）政府净收入

政府在地区 1 的税收收入为 $\Gamma_t = t_a L w_a|_{n=0} < 0$，政府在地区 2 的税收收入为 $\Gamma_t^* = t(1-n)w^*|_{n=0} + t_a^* L^* w_a^*|_{n=0} > 0$，政府净收入为：

$$\Gamma = \Gamma_t + \Gamma_t^* = \dfrac{b}{1-b}\left(\dfrac{1}{2} - \dfrac{1}{2^{\gamma+1}}\right) + \dfrac{2(\phi^*)^{\mu(\sigma-1)}-1}{2(\phi^*)^{\mu(\sigma-1)}} - \dfrac{\phi^{\mu(\sigma-1)}}{2^{\gamma+1}} \tag{14}$$

由于 $d\Gamma/d\gamma = 2^{-(\gamma+2)}(\gamma+1)[b/(1-b) + \phi^{\mu(\sigma-1)}] > 0$，表明污染系数越大，政府净收入越大，政府实施区际生态补偿政策的可行性越大（在图 24-1 中表现为 Γ 与 γ 呈同向变化）。也就是说，污染程度越高，越需要政府出面治理生态环境，这与现实情况是一致的。

政府净收入与地区 2 的市场开放度之间存在反向关系，即 $d\Gamma/d\phi = -\mu \phi^{[\mu(\sigma-1)-1]}/[(\sigma-1)2^{\gamma+1}] < 0$。也就是说，地区 2 实行贸易保护政策，政府净收

入将提高,政府实施区际生态补偿政策的可行性增强,这在图 24-1b 中表现为随着 τ 增加,Γ 曲线向上平移。

政府净收入与地区 1 的市场开放度之间存在同向关系,即 $d\Gamma/d\phi^* = -\mu(\phi^*)^{[-\mu(\sigma-1)-1]}/2(\sigma-1) > 0$。也就是说,地区 1 实行自由贸易政策,政府净收入将提高,政府实施区际生态补偿政策的可行性增强,这在图 24-1c 中表现为随着 τ^* 减少,Γ 曲线向上平移。

从图 24-1 的 a、c 图中我们还可以看到,当污染系数较小,且贸易成本不为 0 或地区 1 实行贸易保护政策时,政府净收入 $\Gamma < 0$,此时存在政府干预的盲区。[①] 由于污染程度较小,地区 1 工业生产对地区 2 的负外部性比较小,而贸易成本较高,地区间的贸易保护现象比较严重,导致价格指数较大,政府将工业生产聚集到地区 2 时,能够获得的税收收入不足以弥补补偿支出。所以此时虽然存在市场失灵,但是政府缺乏干预市场的经济实力。

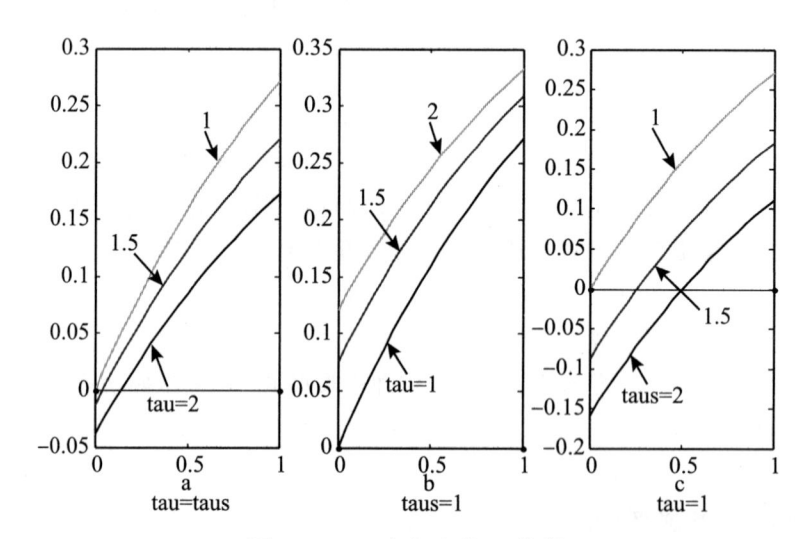

图 24-1 政府净收入曲线

注:横轴表示污染程度 Y,纵轴表示政府净收入 Γ,tau 表示 τ,taus 表示 τ^*。

结论 4:当污染外部性导致市场失灵时,需要实施政府主导的区际生态补偿政策:将污染性生产集中在非生态区,并对厂商和非生态区的劳动力征税,向生态区的劳动力提供补偿。当污染系数较大、生态区实行自由贸易政策、非生态区实行贸易保护政策时,政府主导的区际生态补偿政策实施的空间就大。但当污染程度较小、贸易成本不为零以及生态区实施贸易保护政策时,则存在政府干预的盲区。

---

① 虽然存在污染外部性导致的市场失灵,但政府由于缺乏足够的资金,就像进入了信号盲区那样对市场失灵无能为力。

四、生态补偿主体

前文的分析表明,除了政府干预的盲区外,通过政府主导的区际生态补偿政策来治理市场失灵是可行的。但这种政府主导的区际生态补偿政策能否通过地方政府间的博弈实现呢?本章认为,对地方政府而言,存在一个两阶段博弈过程,一是地区 1 政府是否愿意采取一定措施(如更加自由的贸易政策等)促进工业向地区 2 转移;二是当工业从地区 1 转移到地区 2 后,地区 2 政府是否会信守承诺向地区 1 给予补偿。

(一)第一阶段:地区 1 政府缺乏促进工业转移的动力

长期均衡时,两地区的总支出分别为:$E|_{n=1} = \frac{b(2^\gamma + 1)}{2^{\gamma+1}(1-b)} + \frac{1}{2}$ 和 $E^*|_{n=1} = \frac{1}{2^{\gamma+1}}$;政府干预后地区 1 的总支出为 $E|_{n=0} = 1/2$,地区 2 的总支出为 $E^*|_{n=0} = b/(1-b) + 1/2$。政府干预前后地区 1 总支出的变化为:$dE|_{转移} = E|_{n=0} - E|_{n=1} = -\frac{b(2^\gamma+1)}{2^{\gamma+1}(1-b)} < 0$。政府干预前后地区 2 总支出的变化为:$dE^*|_{转移} = E^*|_{n=0} - E^*|_{n=1} = \frac{b}{1-b} + \frac{2^\gamma - 1}{2^{\gamma+1}} > 0$。

当工业不发生转移时,有 $dE|_{不转移} = 0$,$dE^*|_{不转移} = 0$。显然,只有当地区 1 愿意将工业转移出去且地区 2 愿意接受工业转移时,工业转移才能真正发生。如表 24-1 所示。

表 24-1　　　　　　　地方政府总支出变化支付矩阵

		下游地区 2	
		接受转移	不接受转移
上游地区 1	转移	$dE\|_{转移} < 0$,$dE^*\|_{转移} > 0$	$dE\|_{不转移} = 0$ $dE^*\|_{不转移} = 0$
	不转移	$\underline{dE\|_{不转移} = 0}$ $\underline{dE^*\|_{不转移} = 0}$	$\underline{dE\|_{不转移} = 0}$ $\underline{dE^*\|_{不转移} = 0}$

注:表中下划线表示不同博弈条件下地方政府的策略选择。下表同。

从表 24-1 的支付矩阵中可以看到,如果工业发生转移,则地区 1 的总支出

将下降（$dE|_{转移} < 0$），地区 2 的总支出将增加（$dE^*|_{转移} > 0$）。显然在缺乏外界约束或没有得到地区 2 政府实质性承诺的条件下，选择不转移工业是地区 1 政府的占优策略。

在我国当前 GDP 作为考核地方政府政绩的现实环境下，即使地区 2 政府承诺工业转移发生后将会向地区 1 给予补偿，工业转移也一定不会发生。因为：首先，工业转移与补偿行为不是同时发生的，地区 2 政府只有在工业转移发生后才需要向地区 1 提供补偿，但地区 2 政府在获得工业转移后是否守约是值得怀疑的，地区 1 政府根本无法约束地区 2 政府的违约行为。其次，工业转移相对缓慢，而地方官员大多热衷于在短期内通过扩大工业推动地方 GDP 增长，然后获得升迁，对地区 1 政府官员来说，促进工业转移与其政绩要求相矛盾。

（二）第二阶段：地区 2 政府缺乏提供补偿的动力

若工业发生转移后，地区 1 政府的补偿缺口为 $\Gamma_t = [1 - (\phi^*)^{-\mu(\sigma-1)}]/2 \leq 0$，显然只要 $\phi^* < 1$，即只要贸易成本不为 0，工业转移发生后，地区 1 必然会存在一个实际收入缺口。地区 2 政府获得的税收收入为 $\Gamma_t^* = b(1 - 1/2^\gamma)/[2(1-b)] + (1-\phi^{\mu(\sigma-1)}2^\gamma)/2 \geq 0$，显然只要 $\gamma > 0$、$\phi < 1$，则工业转移发生后，地区 2 必然会获得一个正的税收收入。

当地区 2 不支付补偿时，地区 1 获得的补偿为 $|\Gamma_t||_{不支付} = 0$。在理论上，只要满足 $\Gamma_t^* - |\Gamma_t| \geq 0$，政府主导的区际生态补偿政策就是可行的。如表 24 – 2 所示。

表 24 – 2　　　　　　　地方政府税收补偿变化支付矩阵

		下游地区 2	
		支付补偿	不支付补偿
上游地区 1	接受补偿	$\|\Gamma_t\| \geq 0$, $\Gamma_t^* - \|\Gamma_t\| \geq 0$	$\|\Gamma_t\|\|_{不支付} = 0$, Γ_t^*
	不接受补偿	$\|\Gamma_t\|\|_{不支付} = 0$, Γ_t^*	$\|\Gamma_t\|\|_{不支付} = 0$, Γ_t^*

从表 24 – 2 的支付矩阵可以看到，如果地区 2 提供补偿，地区 2 的税收收入将下降 $\Gamma_t^* - |\Gamma_t| < \Gamma_t^*$，同时，地区 1 因工业转移而导致的损失将得到弥补（$|\Gamma_t| \geq 0$），显然选择不支付补偿是地区 2 政府的占优策略。

上述分析表明，由于地方政府间利益追求不完全一致，使得地方政府在治理市场失灵时会导致政府失灵,区际生态补偿政策不可能由地方政府主导实施。虽然我们只讨论了不重复的两阶段博弈行为,其实博弈理论已经证明了只要是有限次的重复博弈,其结果均与一次博弈行为相同。事实上,即使我们将模型扩展到无限次重复博弈的情形,地区 2 政府也不必因为担心地区 1 政府的报复行为而向其支付补偿,因为厂商从地区 1 转移到地区 2,需要支付厂房等沉没成本,当厂商转移到地区 2 后,在一段时期内就会相对稳定下来。当地区 1 政府再一次将企业吸引过来并具备报复条件时,两地区的政府官员可能早已更换,一切博弈行为又重新开始。

(三) 中央政府以第三方当事人身份主导区际生态补偿政策

长期均衡时,全社会的总支出为:$E^w|_{n=1} = E|_{n=1} + E^*|_{n=1} = \dfrac{b(2^\gamma+1)}{2^{\gamma+1}(1-b)} + \dfrac{1}{2} + \dfrac{1}{2^{\gamma+1}}$;政府干预后,全社会的总支出为:$E^w|_{n=0} = E|_{n=0} + E^*|_{n=0} = b/(1-b)+1$。政府干预前后全社会的总支出变化为:

$$dE^w|_{n=0} = \left(\dfrac{1}{2} - \dfrac{1}{2^{\gamma+1}}\right) + \left(1 - \dfrac{2^\gamma+1}{2^{\gamma+1}}\right)\dfrac{b}{1-b} \tag{15}$$

显然,只要 $\gamma > 0$,就有 $dE^w|_{n=0} > 0$。也就是说,只要存在污染外部性,从全社会来看,将工业集聚于地区 2,就能够增加全社会的总支出水平。

然而,式 (15) 表明,作为区际生态补偿政策中的第三方当事人,中央政府也受 $\Gamma \geq 0$ 的约束。当工业从地区 1 转移到地区 2 后,只要中央政府从地区 2 获得的税收收入能够弥补向地区 1 的补偿支出,中央政府必然会受全社会总支出水平增加的驱动而不遗余力地推进区际生态补偿政策。这也就是在现实世界中,中央政府在治理生态环境方面的热情远大于地方政府的原因。

结论 5:由于地方政府间利益追求不完全一致,使得地方政府在治理市场失灵时会导致政府失灵。中央政府作为第三方当事人,只要具有实施生态补偿措施的经济实力,就会受全社会总支出水平增加的驱动而主导实施区际生态补偿政策。

五、长期均衡为非均匀分布 ($n=n^{**}$) 时的政府干预

当工业生产的长期均衡为非均匀分布 ($n = n^{**}$) 时,必然有 $\omega|_{n=n^{**}} = \omega^*|_{n=n^{**}}$,从而厂商的税率为:

$$t = 1 - \omega|_{n=n^{**}} / \omega|_{n=0} \tag{16}$$

地区 1 劳动力工资为 $w_a = c$，其税率为：
$$t_a = 1 - P\big|_{n=n^{**}} / P\big|_{n=0} \qquad (17)$$
地区 2 劳动力工资为 $w_a^* = c/e$，其税率为：
$$t_a^* = 1 - eP^*\big|_{n=n^{**}} / P^*\big|_{n=0} \qquad (18)$$
于是政府净收入为：
$$\Gamma = \Gamma_t + \Gamma_t^* = ct_a L + t(1-n)w^*\big|_{n=0} + ct_a^* L^* \qquad (19)$$

显然，只要 $\Gamma \geq 0$，政府主导的区际生态补偿政策就是可行的。但是由于无法得到长期均衡时 $f(n)=0$ 的显性解，从而得不到式（16）~（19）的解，于是求助于数值模拟法求解。本章对 γ 在 0.5~3 之间以 0.1 为步长取值，对 τ 和 τ^* 在 1.4~3 之间以 0.1 为步长取值，取 $\sigma=5$，$\mu=0.4$，$c=1$，$L=L^*=1/2$，分别数值模拟出长期均衡时地区 1 的厂商数量 n^{**}、税率 t、t_a、t_a^*、政府净收入 Γ 等值（见附录 B）。

从附录 B 可以进一步验证在不同长期均衡状态下，结论 4 和结论 5 的正确性。

1. 政府实施区际生态补偿政策时，需要对企业家与地区 2 的劳动力征税（$t>0$、$t_a^*>0$），同时对地区 1 的劳动力给予补偿（$t_a<0$）。

2. 从总支出来看，随着工业转移到地区 2，地区 1 的总支出将减少（$dE<0$），而地区 2 的总支出将增加（$dE^*>0$）。工业转移也就意味着地区生产总值的转移，而这与地区 1 政府的政绩追求并不一致。从全社会来看，工业转移到地区 2 时，$dE^w>0$，所以中央政府受总支出水平增加的驱动，必然会推动实施区际生态补偿政策。

3. 在保持工业转移前后厂商与劳动力实际收入水平不变的条件下，工业转移使地区 1 的利益受损（$\Gamma_t<0$），而地区 2 受益（$\Gamma_t^*>0$），显然地区 2 不会将既得利益转让给地区 1（向地区 1 提供补偿）。但是只要政府净收入 $\Gamma \geq 0$，中央政府就会推动实施区际生态补偿政策。

4. 政府净收入 $\Gamma<0$ 的情形出现在污染系数较小且贸易成本较大时，此时存在政府干预的盲区，即虽然出现了市场失灵，但是中央政府缺乏实施区际生态补偿政策的经济实力而无力干预。

第五节 小　　结

本章构建了一个存在污染外部性的新经济地理学模型，研究了区际生态补偿过程中市场、地方政府与中央政府的角色定位。主要结论是，依据工业污染程度与区际贸易成本的不同，应当采取不同的区际生态补偿模式。

首先，当贸易成本很低或在生态区实施更为自由的贸易政策时，只要调整可流动要素的初始值或调控区域贸易政策，就可以保证市场机制的有效性。

其次，当贸易成本不足够低或生态区相对实施地方保护政策时，污染外部性会导致市场失灵，市场机制不但无法实现全社会福利最优选择，反而会陷入污染恶性循环累积过程，此时需要政府运用区际生态补偿政策调整生产布局。由于生态区与非生态区地方政府作为利益直接相关者，在工业转移与区际生态补偿中的利益并不完全一致，在一个两阶段的地方政府博弈中，必然会出现地方政府在治理市场失灵时导致政府失灵的现象。由于工业在由生态区向非生态区转移并消除污染外部性的过程中，全社会的总支出将增加，所以中央政府作为第三方当事人，只要能够打破经济约束，就会不遗余力地推动实施区际生态补偿政策。

再次，在政府与市场机制之外还存在政府干预的盲区，即当污染程度较小且贸易成本较大时，虽然存在市场失灵，但政府因资金短缺而无力实施区际生态补偿政策，只能维持市场机制下社会福利的次优选择，这与我国目前在生态区发展低污染工业的现状是相符的。在本章中我们只考虑了以区际生态补偿政策的收益弥补补偿支出的强假设条件，如果考虑将中央政府的其他财政收入作为区际补偿的可用来源，那么政府干预的盲区将缩小，区际生态补偿政策实施的可行性将进一步增强，但这并不影响中央政府的主导地位。

最后，本章认为在区际生态补偿过程中，对不同的受益者与受损者应实施差异化的税收补偿政策，如对厂商和非生态区劳动力应当征税，对生态区劳动力应给予补偿。由于税率与污染程度正相关，则企业越发展低污染工业，其承担的税负越低，这表明区际生态补偿政策有利于促进企业发展低污染工业。从市场开放度来看，生态区实施相对自由的贸易政策，非生态区实施相对保护的贸易政策，不但有利于降低非生态区劳动力的税率、提高生态区劳动力的补偿率，而且有利于实现经济活动聚集于非生态区的最优配置。但这与目前我国东部非生态区相对自由的贸易环境和中西部生态区相对封闭的贸易环境并不相符，对此的一个解释是可能本章仅限于在一个两地区的封闭模型中展开讨论。而现实情况是，由于接近于广阔的海外市场，东部地区比西部地区更具有贸易成本优势，在市场规模效应下，西部企业具有向东部地区流动的倾向。于是在追求GDP的驱动下，西部地区政府必然实行相对保护的贸易政策以阻止企业向东部地区迁移，从而导致现实中在西部地区往往实行相对保护的贸易政策。

附录

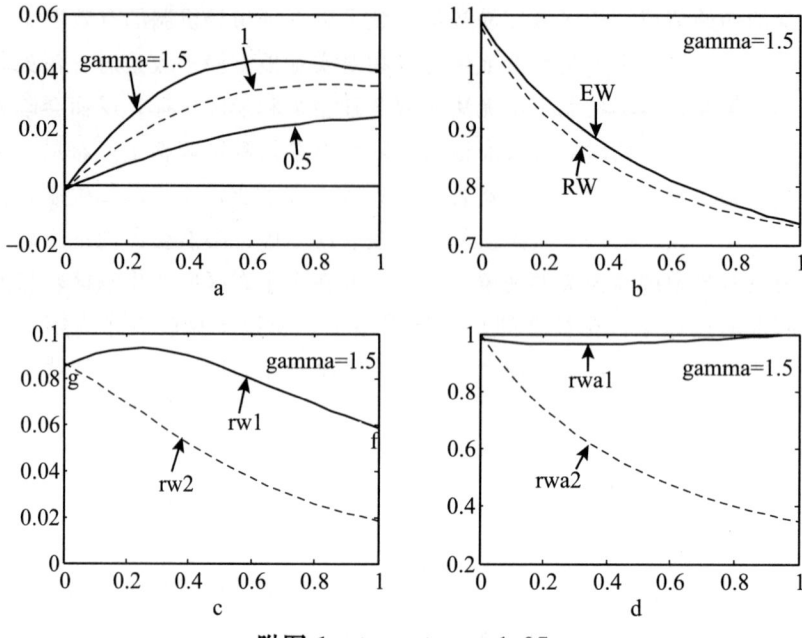

附录 A：数值模拟图

附图 1　tau = taus = 1.05

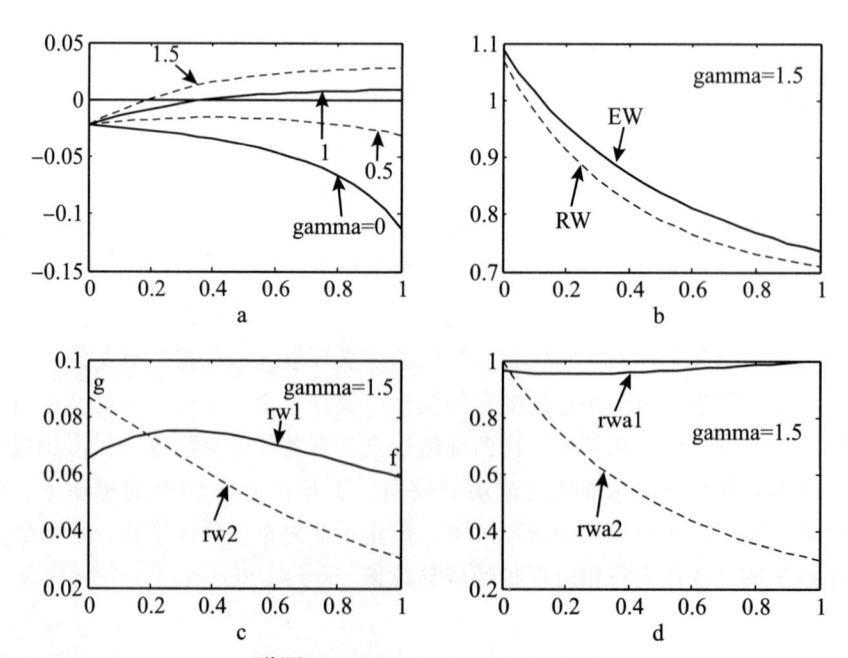

附图 2　tau = 1.5　taus = 1.1

附图3 tau = taus = 1.5

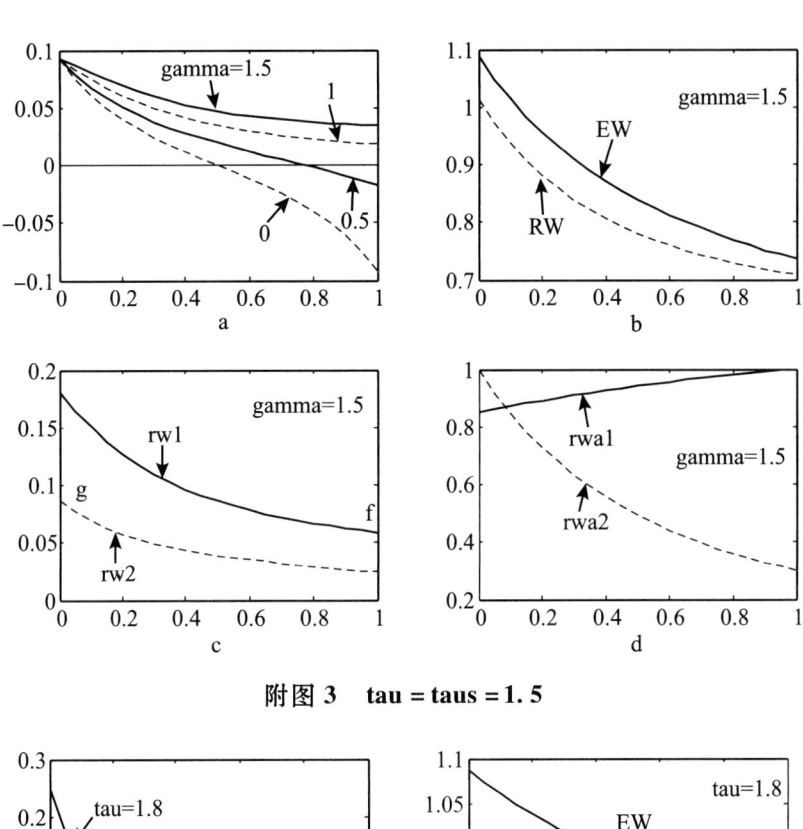

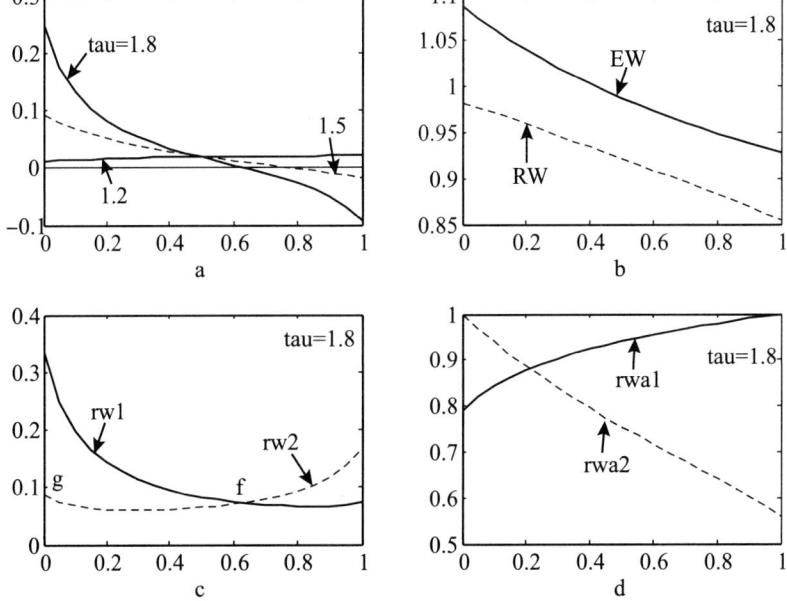

附图4 gamma = 0.5 tau = taus

附图 5　gamma = 3　tau = taus

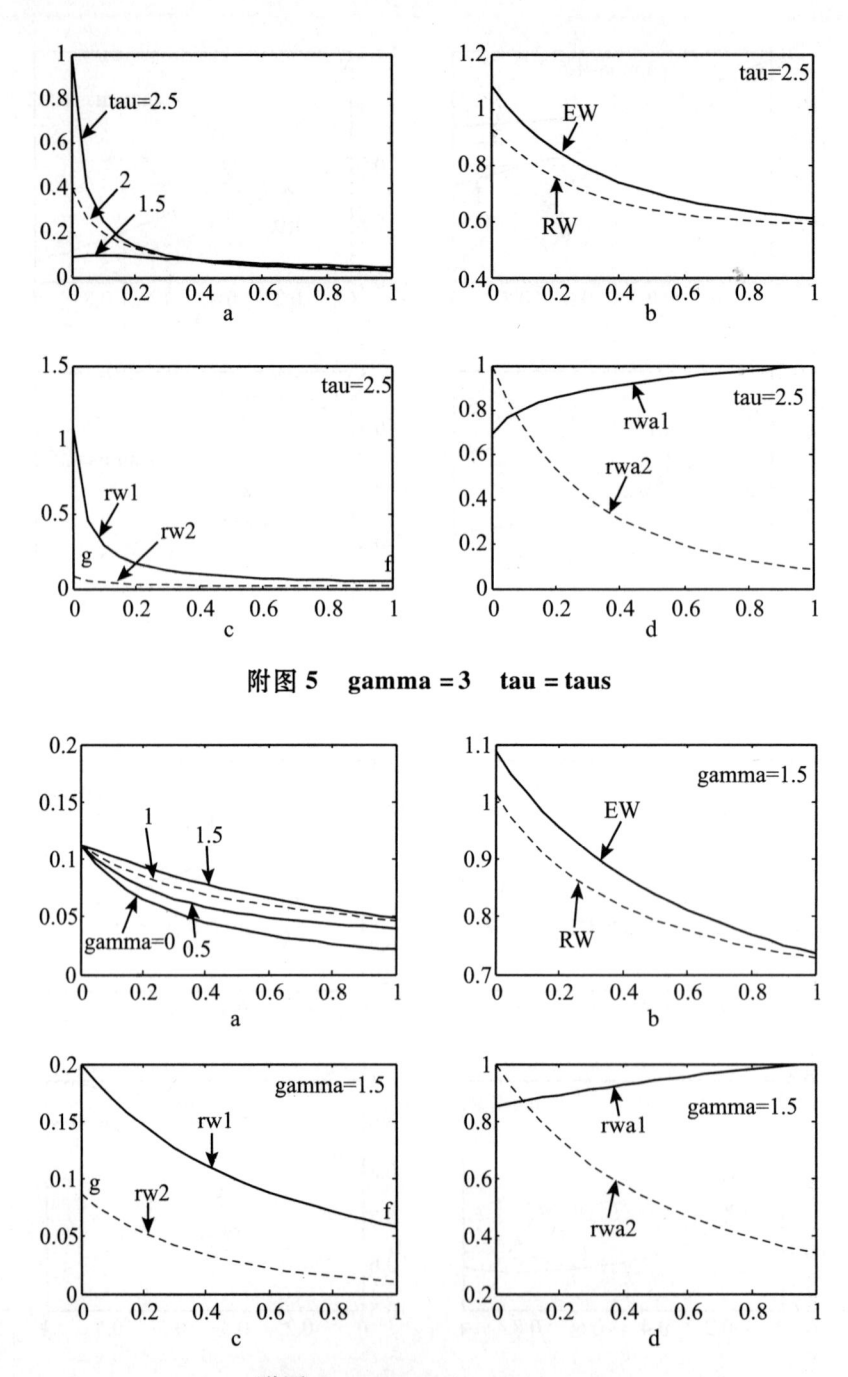

附图 6　tau = 1.1　taus = 1.5

注：①附图 1 至附图 6 中纵轴所代表的含义是：a 图为厂商的实际收入差，b 图为全社会的名义总收入 E^w 和实际总收入 Ω^w，c 图为地区 1 厂商的实际收入 ω 和地区 2 厂商的实际收入 ω^*，d 图为地区 1 劳动力的实际收入 ω_a 和地区 2 劳动力的实际收入 ω_a^*。横轴表示地区 1 的

厂商数量 n。

②gamma 表示 γ，tau 表示 τ，taus 表示 τ^*。

③在本章所有的数值模拟中，参数取值为：$\sigma=5$，$\mu=0.4$，$c=1$，$L=L^*=1/2$。

说明：在此需要对数值模拟中 σ 与 μ 的取值做一点必要的说明。首先从主体文献来看，现有研究成果中，σ 的取值大多在 4～6 之间，μ 的取值大多在 0.3～0.5 之间（当然不限于该区间）。其次从 σ 与 μ 对均衡的影响来看，当 $\mu\in[0.2,0.8]$、$\sigma\in[2,8]$（该区间已远大于大部分现有文献的取值区间）时，用 σ 与 μ 按不同组合进行模拟，结果变化的只是两参数不同组合下的具体均衡状态，而附图 1 至附图 6 的基本形状并不改变，也就是说 σ 与 μ 的不同取值不会改变本章的基本结论。这表明取 $\sigma=5$、$\mu=0.4$ 时得到的结论具有较好的稳定性（关于 σ 与 μ 取值更详细的讨论有兴趣的读者可向作者索取）。

附录 B：数值模拟结果表

γ	τ	n^{**}	t	t_a	t_a^*	dE^w	dE	dE^*	Γ	Γ_t	Γ_t^*
0.50	1.40	0.99	0.1475	-0.1431	0.3793	0.1582	-0.0735	0.2317	0.1309	-0.0716	0.2025
0.50	1.60	0.70	0.1648	-0.1703	0.3121	0.1267	-0.0524	0.1791	0.0852	-0.0851	0.1704
0.50	1.80	0.63	0.1639	-0.2131	0.2948	0.1178	-0.0478	0.1656	0.0551	-0.1066	0.1617
0.50	2.00	0.61	0.1700	-0.2598	0.2914	0.1152	-0.0461	0.1613	0.0306	-0.1299	0.1605
0.50	2.10	0.60	0.1685	-0.2819	0.2888	0.1139	-0.0455	0.1594	0.0181	-0.1410	0.1591
0.50	2.20	0.59	0.1647	-0.3034	0.2859	0.1124	-0.0451	0.1575	0.0056	-0.1517	0.1573
0.50	2.30	0.59	0.1693	-0.3262	0.2868	0.1125	-0.0448	0.1573	-0.0050	-0.1631	0.1581
0.50	2.40	0.58	0.1624	-0.3464	0.2834	0.1111	-0.0445	0.1556	-0.0174	-0.1732	0.1558
0.50	2.50	0.58	0.1654	-0.3682	0.2839	0.1111	-0.0444	0.1555	-0.0278	-0.1841	0.1563
0.50	2.60	0.58	0.1679	-0.3896	0.2844	0.1111	-0.0443	0.1554	-0.0380	-0.1948	0.1568
0.50	2.70	0.58	0.1700	-0.4104	0.2847	0.1111	-0.0442	0.1553	-0.0481	-0.2052	0.1572
0.50	2.80	0.58	0.1717	-0.4309	0.2851	0.1111	-0.0441	0.1552	-0.0580	-0.2155	0.1575
0.50	2.90	0.58	0.1732	-0.4510	0.2853	0.1111	-0.0440	0.1551	-0.0678	-0.2255	0.1577
0.60	2.30	0.61	0.1889	-0.3303	0.3306	0.1351	-0.0451	0.1802	0.0165	-0.1652	0.1817
0.60	2.40	0.60	0.1832	-0.3507	0.3270	0.1335	-0.0448	0.1783	0.0041	-0.1753	0.1794
0.60	2.50	0.60	0.1867	-0.3726	0.3276	0.1335	-0.0446	0.1781	-0.0063	-0.1863	0.1800
0.60	2.60	0.60	0.1897	-0.3941	0.3281	0.1336	-0.0444	0.1780	-0.0165	-0.1970	0.1805
0.60	2.70	0.60	0.1921	-0.4150	0.3284	0.1336	-0.0443	0.1779	-0.0266	-0.2075	0.1809
0.60	2.80	0.59	0.1830	-0.4332	0.3244	0.1321	-0.0441	0.1762	-0.0385	-0.2166	0.1781
0.60	2.90	0.59	0.1847	-0.4533	0.3247	0.1320	-0.0441	0.1761	-0.0483	-0.2267	0.1784
0.60	3.00	0.59	0.1861	-0.4730	0.3249	0.1320	-0.0440	0.1760	-0.0579	-0.2365	0.1786

续表

γ	τ	n^{**}	t	t_a	t_a^*	dE^w	dE	dE^*	Γ	Γ_t	Γ_t^*
0.70	2.50	0.62	0.2067	−0.3769	0.3703	0.1558	−0.0448	0.2006	0.0147	−0.1884	0.2031
0.70	2.60	0.62	0.2100	−0.3984	0.3708	0.1558	−0.0446	0.2004	0.0045	−0.1992	0.2037
0.70	2.70	0.61	0.2025	−0.4173	0.3667	0.1541	−0.0444	0.1985	−0.0077	−0.2086	0.2010
0.70	2.80	0.61	0.2048	−0.4379	0.3671	0.1541	−0.0443	0.1984	−0.0176	−0.2189	0.2013
0.70	2.90	0.61	0.2067	−0.4581	0.3673	0.1541	−0.0442	0.1983	−0.0274	−0.2290	0.2016
0.70	3.00	0.61	0.2083	−0.4778	0.3676	0.1541	−0.0441	0.1982	−0.0370	−0.2389	0.2019
0.80	2.70	0.63	0.2226	−0.4217	0.4083	0.1758	−0.0446	0.2204	0.0127	−0.2108	0.2235
0.80	2.80	0.63	0.2251	−0.4424	0.4087	0.1759	−0.0444	0.2203	0.0027	−0.2212	0.2239
0.80	2.90	0.63	0.2273	−0.4626	0.4090	0.1758	−0.0443	0.2201	−0.0071	−0.2313	0.2242
0.80	3.00	0.63	0.2291	−0.4825	0.4092	0.1758	−0.0442	0.2200	−0.0167	−0.2413	0.2245
0.90	2.80	0.65	0.2442	−0.4468	0.4491	0.1972	−0.0446	0.2418	0.0224	−0.2234	0.2458
0.90	2.90	0.65	0.2466	−0.4671	0.4494	0.1972	−0.0444	0.2416	0.0126	−0.2336	0.2461
0.90	3.00	0.65	0.2486	−0.4870	0.4497	0.1972	−0.0443	0.2415	0.0029	−0.2435	0.2464

注：① $\tau = \tau^*$。

② 精度：$d\omega < 0.001$。

③ 在 $\gamma > 0.9$ 之后，Γ 的模拟值均大于 0。

④ 我们总共得到了 219 组模拟数据，限于篇幅，在此只列出了大部分 $\Gamma < 0$ 和部分 $\Gamma > 0$ 的模拟值。使用这些模拟数值已经完全可以表达主要结论。若读者对此感兴趣，可以与作者取得联系。

第二十五章

环境标准与产业区位选择

第一节 引 言

改革开放30多年来,我国经济高速发展,但同时环境也遭受了巨大的破坏,使得我国当前面临着极其严重的环境问题。环境污染不仅直接危害了我国国民的身体健康和生活质量,还极大地制约了我国的经济发展。因此,环境问题日益受到大家的关注。近年来,各类环保社团兴起并逐步壮大,人民群众的环保意识和需求大幅度提高。党中央和国家政府非常重视环境问题,1997年的中共"十五大"把可持续发展战略确定为我国"现代化建设中必须实施"的战略,其中,可持续发展主要包括社会可持续发展、生态可持续发展、经济可持续发展。2012年召开的"十八大"明确再次强调了环境保护与社会建设之间的关系,"面对资源约束趋紧、环境污染严重、生态系统退化的严峻形势,必须树立尊重自然、顺应自然、保护自然的生态文明理念,把生态文明建设放在突出地位,融入经济建设、政治建设、文化建设、社会建设各方面和全过程"。

发达国家同样经历过环境污染和破坏然后保护与恢复的过程,并随着经济发展水平的提高日益重视环境保护,而欠发达国家在经济发展到一定水平之前通常都无法像发达国家一样重视环境。我国地域广阔,各地区环境情况和发展水平迥异。环境对于区域经济发展的影响问题,目前国内学者主要进行定性分析和实证分析，研究认为环境与区域经济发展是对立统一的关系（白永秀，2012），环境能有效促进区域经济增长，在不同经济发展阶段，区域经济发展环境对经济增长的支撑作用差异明显（曹洪军和莎娜，2011）。国内对于环境与区域经济发展的理论研究还非常少，而国外对于环境与经济发展之间关系的理论研究主要是采用新古典的经济增长模型或者内生经济增长模型，这类宏观模型未能充分考虑区域的空间特征，从而无法得出令人信服的结论。

区域是一种块状结构，这些不同块状体之间在作用力强度（常表现为吸引力和排斥力）上存在很大的差异，有些块状体的吸引力很强，有些块状体的排斥力大于吸引力等，也就是说，不同块状体之间总存在一种非均衡力。这样，要揭示区域结构的变化或经济活动空间聚集的内在机理的关键在于要破解这种非均衡力的源泉。本章[①]通过把消费者对于环境的偏好纳入效用函数中，致力于构建一个空间一般均衡模型，试图分析环境与区域经济发展之间的相互关系。

第二节 基本假设和模型框架

经济系统包括本地和外地两个区域；两个区域在消费者偏好、生产技术、交易成本、区域的环境标准以及资源、要素禀赋等方面都相同；每个区域都包括农业部门和工业部门，农业部门以规模收益不变和完全竞争为特征，工业部门以规模收益递增和不完全竞争为特征；存在资本和劳动力两种投入要素。

本章假设劳动力只可以在区域内跨产业流动[②]。本章中的资本为人力资本（可以理解为企业家或管理者、技能人员），资本可以跨区域流动，而跨区域流动的驱动力为区际实际福利水平差异，分别用上标 "＊" 和 "w" 来表示外地和整个经济系统的各种变量；用 L、H 分别表示本地所拥有的劳动力禀赋和资本量；用 s_L、s_H 分别表示本地的劳动力份额和资本份额，即 $s_L = L/L^w$，$s_H = H/H^w$。假设两个区域的劳动力禀赋相同，也就是 $s_L = 1/2$。

代表性消费者的效用函数为双层效用函数，总效用函数是指消费者消费农产品和多样化的工业品并对环境有所偏好的效用函数，它用 C—D 型效用函数来表

[①] 本章对发表在《西南民族大学学报》2013 年 4 期上的《从空间视角分析环境对于区域产业布局的影响》（作者为安虎森、何文）一文进行了适当的调整。

[②] 我们可以认为，劳动力流动的驱动力为区际名义收入差距，这种流动导致了区际劳动力收入水平相同。如果考虑到劳动力区际流动所支付的迁移成本，则这些迁移成本使得区际劳动力分布保持着相对稳定。

示；子效用函数是消费多样化的工业品时的效用函数，用 CES 型效用函数来表示：

$$U = C_M^{\mu} C_A^{1-\mu} Q^{\gamma}, \quad C_M = \left(\sum_{i=1}^{n^w} c_i^{(\sigma-1)/\sigma} \right)^{\sigma/(\sigma-1)}$$

其中，U 为总效用函数，C_A 为农产品消费量，C_M 为消费多样化的工业品时的子效用函数，$Q>0$ 表示消费者所在区域的环境情况，μ、$1-\mu$ 和 γ 分别表示消费者对农业品、工业品和环境的偏好程度，c_i 为对第 i 种工业品的消费量，σ 为任意两种工业品之间的替代弹性，n^w 为工业品种类数量，设 $0<\mu<1<\sigma$，$\gamma>0$。

工业部门以规模收益递增和垄断竞争为特征，使用资本和劳动力，生产差异化的工业产品，并产生污染。假设所有企业成本构成相同且可以自由进出市场，从而每个企业只生产一种产品①。选取合适的度量单位，可以设定每个企业把一单位人力资本作为固定投入。这样，资本禀赋就等于企业总量和工业品种类数量，从而资本份额也就是企业份额：$n=H$、$n^*=H^*$、$n^w=H^w$，$s_H=s_n$，$s_H^*=s_n^*$。分别用 w 和 w_L 表示资本和劳动力的名义收入，用 x 表示产出量，设每单位产出需要 a_M 单位的劳动力，那么，可以把每一个企业的成本函数表示为 $w+w_L a_M x$。工业品的区际交易存在冰山交易成本，也就是说，如果把某一区域生产的一单位产品销售到区外市场，那么它必须从生产地运出 $\tau(\geqslant 1)$ 单位的产品，在运输过程中 $\tau-1$ 单位产品被"融化"掉了；工业品的区内交易无成本。

农业部门具有规模收益不变特征，具有完全竞争的市场结构，生产同质产品，且不会产生污染。农业部门仅使用劳动力一种要素作为投入要素，一单位产品的产出需要 a_A 单位的劳动，因此一单位产品的成本是 $w_L a_A$。农产品交易不存在交易成本，因此农产品价格在各个区域都相等。

假设只有工业企业造成污染，因而只对工业企业进行环境管制。如果工业企业每单位产出产生的污染量为 q_0，那么每个企业的污染量就是 $q_0 x$。用 q 表示整个经济系统的环境（管制）标准，这一标准体现在，假设要求每个工业企业从营业利润中提取出 $qq_0 w$，以与消费者偏好相同，也以 μ 和 $1-\mu$ 的份额分别购买农业品和工业品，从而减少相应的污染量。通过选择适当的污染计量单位，可以令所减少的污染量与所使用的金额相等，设 $q\geqslant 0$、$q_0<1$。

为了简化分析，假设区域间不存在污染的扩散，并认为企业的污染量可以进行简单叠加，由于企业的同质性，从而可以设 $Q=Q_0+Hq_0(qw-x)$，其中 Q_0 为区域的环境初始禀赋，假设 $Q_0>q_0 H^w x|_{H=H^w}$。

---

① 根据工业企业的生产函数可以判断，企业的利润最大化选择是只生产一种产品。

模型中没有储蓄，所有收入都在当期支出。用 E 表示本地的总支出。假设劳动收益和资本收益都在所有者居住的地区消费，因此，农业部门和工业部门的收入分别为 $(1-\mu)E$ 和 μE。用 ω 表示资本的实际福利（间接效用），则[①]：

$$\omega = w(1-qq_0)Q^{\gamma}/P, \quad P = p_A^{1-\mu}P_M^{\mu}, \quad P_M = \left(\sum_{i=1}^{n^w} p_i^{1-\sigma}\right)^{1/(1-\sigma)} \tag{1}$$

其中，p_i 为工业产品 i 的价格，P_M 为消费者所面对的工业品价格指数；p_A 为农产品价格；P 为完全价格指数，表示一个区域的综合物价水平。

由于资本具有空间流动性，因此在模型中，资本的空间分布是一个内生变量。资本的空间流动，由区际实际福利水平差异所决定。这样，资本流动方程为：

$$\dot{s}_H = (\omega - \omega^*)s_H(1-s_H)$$

第三节 模型的主要变量

一、农业部门

农业部门是完全竞争部门，规模收益不变，因此对农产品实行边际成本定价：

$$p_A = w_L a_A, \quad p_A^* = w_L^* a_A \tag{2}$$

根据农产品不存在交易成本的假设，可以知道 $p_A = p_A^*$，这样，两个区域农业劳动力的工资水平相等，即 $w_L = w_L^*$。把劳动力的工资水平作为计价单位，也就是令 $w_L = 1$。

二、工业部门

（一）工业品需求函数

我们可以先求出某一工业部门产品 j 的消费量：

[①] 本章不给出推导过程，对推导过程感兴趣的读者可以与作者联系，邮箱地址：husen@nankai.edu.cn。

$$c_j = \mu E p_j^{-\sigma} / P_M^{1-\sigma} \tag{3}$$

生产产品 j 的企业，它的产出包括两个市场上的需求，即本地市场的需求以及外地市场的需求，由于假设交易成本为冰山交易成本，因此生产产品 j 的企业的产出量为：$x_j = c_j + \tau c_j^*$。基于企业的同质性，企业的产量可以简化表示为：

$$x = c + \tau c^* \tag{4}$$

（二）边际成本加成定价

由于工业企业可以自由进出市场，因此净利润为零。这就可以得出工业品在本地和外地销售的价格分别为：

$$p = w_L a_M / (1 - 1\sigma), \quad p^* = \tau p \tag{5}$$

销售收入中可变成本所占份额为 $1 - 1/\sigma$，固定成本 w 所占的份额为 $1/\sigma$，故：

$$w = px/\sigma \tag{6}$$

（三）企业利润函数

企业的营业利润是：

$$w = bE^w B/H^w \tag{7}$$

其中，$b \equiv \mu/\sigma$，$B = s_E/\Delta + \phi s_E^*/\Delta^*$，$s_E = E/E^w$，$\Delta = s_H + \phi s_H^*$，$\Delta^* = \phi s_H + s_H^*$；用 $\phi = \tau^{1-\sigma} \in [0, 1]$ 表示市场开放度，当 $\phi = 1$ 时，区域间贸易实现完全自由，当 $\phi = 0$ 时，区域间贸易则是完全封闭的。

根据式（6）和式（7）可以得到，$x = (\sigma - 1)w/(w_L a_M)$，选取适当的计量单位，可以令 $a_M = \sigma - 1$，因而 $x = w$。这样，就有 $Q = Q_0 + Hwq_0(q - 1)$。我们称 $q \leq 1$ 为不足的环境标准，在此标准下无法完全遏制污染；$q > 1$ 为充分的环境标准，在此标准下不仅完全遏制了污染，还进一步改善了环境。

三、支出和市场份额

总支出为劳动力工资加上资本收益，即：

$$E = w_L L + wH \tag{8}$$

求出整个经济系统的总支出为：

$$E^w = w_L L^w / (1 - b) \tag{9}$$

结合式（8）和式（9），可以得出本地的支出份额为：

$$s_E = (1 - b)/2 + bBs_H \tag{10}$$

第四节 均衡的稳定性分析

一、稳定均衡

上节求出了模型的各主要参数，接下来我们分析当资本的空间分布 s_H 为状态变量时，资本的空间布局情况，也就是动态的均衡状况。均衡是指资本流动所处的稳定状态，也就是当 $\dot{s}_H$ 等于 0 时 s_H 所处的状态。根据资本流动方程，我们可以发现有两种类型的均衡：

1. 内点均衡（$0 < s_H < 1$），此时，资本分散在两个区域，并且所有资本在其所在地具有相同水平的效用，令 $\Omega = \ln(\omega/\omega^*)$，从而实现内点均衡的条件为：

$$\Omega = 0 \tag{11}$$

式（10）和式（11）共同决定了经济系统的内点均衡。

2. 核心—边缘结构均衡（$s_H = 0$ 或 1），这时所有的资本聚集在一个区域。

但是，并非所有的均衡都是稳定均衡。稳定均衡是指经济系统所处于资本的某种空间布局状态，如果这种布局状态发生轻微的变动（这个变动可能是偶然的），经济系统会产生一个负反馈，使得资本的空间布局恢复原状。根据资本流动方程可以知道，以本地为核心的核心—边缘结构稳定的条件为 $\Omega|_{s_H=1} > 0$；以外地为核心的核心—边缘结构稳定的条件为 $\Omega|_{s_H=0} < 0$；而内点均衡稳定的条件为，在该点上 $\partial\Omega/\partial s_H < 0$。

二、资本空间布局

首先，我们对 Ω 求导，可以判断，$\text{sgn}\{\partial\Omega/\partial q\} = \text{sgn}\{s_H - 1/2\}$。这就意味着，如下结论是成立的：

结论1：提高环境标准有利于资本份额较大的地区，反之亦然。

这就是说，提高统一的环境标准可能会加剧资本聚集。

接下来，我们可以得到稳定均衡下的资本布局情况及其对应的条件。借助于数值模拟，可以判断，对称结构（$s_H = 1/2$）和核心—边缘结构是可能的两种稳定均衡，如图 25-1 所示。

当环境禀赋相对较小或者居民对于环境的偏好程度较高时，稳定均衡的资本分布有图 25-1 中的三种情况：如 a 图所示，如果环境标准较低，那么对称结构是唯一的稳定均衡；如 b 图所示，如果环境标准适中但仍为不足的环境标准，那么当 $\phi \in [0, \phi^{B1}) \cup (\phi^{B2}, 1]$ 时，对称结构稳定，当 $\phi \in [\phi^{S1}, \phi^{S2}]$ 时，核心—边缘结构稳定；如果制定了充分的环境标准，那么稳定均衡情况如 c 图所示，当 $\phi \in [0, \phi^{B1})$ 时，对称结构稳定，当 $\phi \in [\phi^{S1}, 1]$ 时，核心—边缘结构稳定。如果环境禀赋相对较大或者居民对于环境的偏好程度较低，那么 a 图的情况并不会出现。

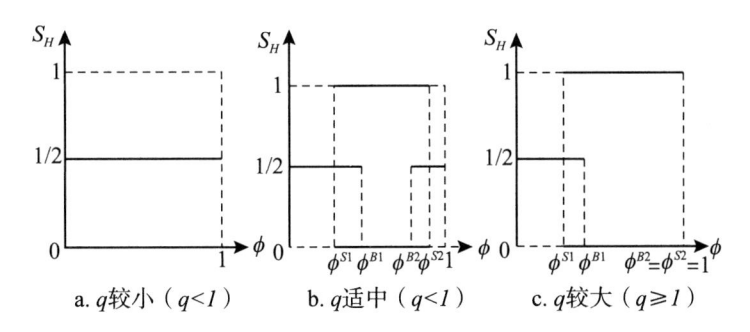

a. q 较小（$q<1$）　　b. q 适中（$q<1$）　　c. q 较大（$q \geq 1$）

图 25-1　稳定均衡资本布局（Q_0/q_0 较小、γ 较大时）

此外，还可以画出不同的市场开放度和环境标准组合下的稳定的资本分布图。如图 25-2 所示。

a. Q_0/q_0 较大、γ 较小　　b. Q_0/q_0 较小、γ 较大

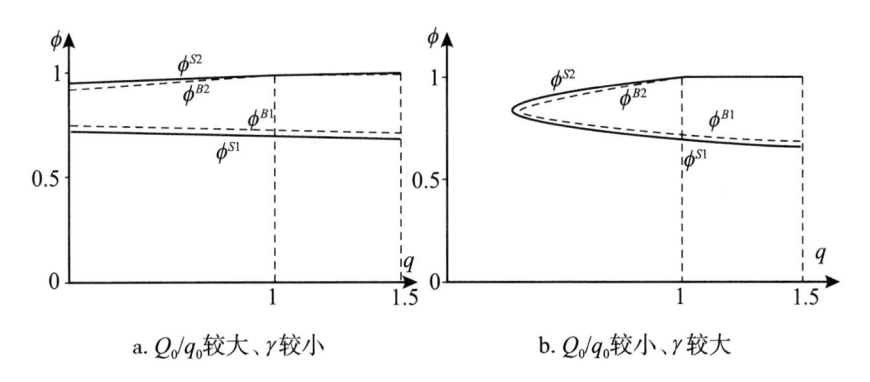

图 25-2　不同的市场开放度和环境标准下的稳定的资本分布

图 25-2 中，a 图两条粗实线所围成的区域内对称均衡不稳定，其他区域对称均衡均稳定；b 图两条粗虚线所围成的区域内核心边缘结构稳定，其他区域核心边缘结构不稳定。此外，$\phi^{B1} > \phi^{S1}$；当 $q \geq 1$ 时，$\phi^{B2} = \phi^{S2} = 1$；当 $q < 1$ 时，$\phi^{B2} < \phi^{S2}$。

结论2：在不足的环境标准下，消费者对于环境的偏好是资本布局的一种分散力，力度随着环境标准的提高而减弱；在充分的环境标准下，消费者对于环境的偏好则是一种聚集力，力度随着环境标准的提高而增强。

结论3：在不足的环境标准下，如果环境禀赋较大、居民对环境偏好程度较低或者环境标准较高，则随着市场开放度的提高，资本的空间分布呈现出先分散、后聚集、再分散的过程。如果环境禀赋较小、居民对环境偏好程度较高并且环境标准较低时，资本的空间分布能够在任何市场开放度下一直保持分散。如果设定了充分的环境标准，则随着市场开放度的提高，资本的空间分布呈现先分散、后聚集的过程。

第五节 小 结

如果区域之间制定相同的环境标准，那么当环境标准未能完全遏制污染之前，居民对于环境的偏好是区域资本布局和产业布局的一种分散力，这种分散力随着环境标准的提高而减弱，直到环境标准已经能够完全遏制污染甚至改善环境为止，此时，居民对于环境的偏好成了区域资本分布和产业分布的一种聚集力。这种作用力是很明显的。一个地区，如果生活环境较差，则代表着人力资本的高层次人才（甚至一般劳动力）不愿意在这里工作和生活。基于这样的原因，许多大城市在产业发展到一定水平之后，都会限制本地的污染性行业，并且大力发展清洁环保行业，比如高端服务业等。

环境对于产业区位的影响力是随着环境情况的恶化或者社会环保意识的提高而增强的。在经济发展的初期，环境质量还比较好，社会的环保意识还不够强烈，此时环境的影响力比较小，加上此时区际市场开放度也比较小，因此区际产业分布通常呈现出分散分布的格局。但是，随着环境的破坏，社会环保意识的提升，市场开放度的提高，产业开始出现不同程度的聚集，从而产业规模较大、经济发展水平较高的区域就提出较高的环境标准，使得环境的影响力变成有利于产业聚集在此地的一种聚集力，此时，率先改善环境的城市会获得先发优势，而对于后发的城市，不论是采取追随策略还是继续保持原有较低的环境标准，都难以避免产业的流失。这就是为什么很多发达地区争先恐后地提出日益提高的环境标准的原因，在这种情况下，后进地区或国家却通常必须跟随。

本章是根据对称假设得到一些一般性的结论和一个分析框架的。当然，如果放弃对称假设，可以得出很多新的经济含义，比如，如果考虑区际禀赋非对称，那么禀赋较大的区域无疑会占有优势，而禀赋较小区域无法通过与之相同的环境标准来与禀赋较大区域进行竞争，只有通过设定较高的环境标准提高环境总量（典型的例子有新加坡），或者设定较低的环境标准提高资本收益来与之竞争（后进国家在发展过程中采取了低税收却导致环境破坏的情况很多）。具体采取何种策略必须根据区域具体情况，其结论可以在本模型框架基础上通过相应的设定而得出。

附 录

附录 A

在式（12），对 z 求导，并将式（11）~（14）的相关结果代入，则：

$$\frac{ds_E}{dz}\bigg|_{z=0} = \frac{\left\{\begin{array}{l}\left[-\frac{dt}{dz}\bigg|_{z=0}(L+\pi s_K)+s_K\frac{d\pi}{dz}\bigg|_{z=0}\right](2L+\pi)-(L+\pi s_K) \\ \left[-\frac{dt}{dz}\bigg|_{z=0}(L+\pi s_K)-\frac{dt^*}{dz}\bigg|_{z=0}(L+\pi(1-s_K))+\frac{d\pi}{dz}\bigg|_{z=0}\right]\end{array}\right\}}{(2L+\pi)^2}$$

$$= \frac{(2Ls_K-L)\frac{d\pi}{dz}\bigg|_{z=0}+(L+\pi s_K)(1-\gamma)(L+\pi-\pi s_K)\frac{dt^*}{dz}\bigg|_{z=0}}{(2L+\pi)^2}$$

$$= \frac{(1-s_n)}{(2L+\pi)^2}\left[(2Ls_K-L)\pi+\frac{2b(L+\pi s_K)(1-\gamma)(L+\pi-\pi s_K)}{(1+b-2bs_K)+\gamma(1-b+2bs_K)}\right]$$

(A1)

当式（A1）的分子为 0 时，补贴政策使东部的支出比重至少不发生变化。此式中只有 γ 是未知量，解此方程，有：

$$\bar{\gamma}_e = \frac{2b(L+\pi s_K)(L+\pi-\pi s_K)+\pi L(2s_K-1)(1+b-2bs_K)}{2b(L+\pi s_K)(L+\pi-\pi s_K)-\pi L(2s_K-1)(1-b+2bs_K)} \quad (A2)$$

显然式（A2）中的分子大于分母，所以 $\bar{\gamma}_e > 1$。

在式（A1）对 γ 求导，则有：

$$\frac{\partial^2 s_E}{\partial z \partial \gamma}\bigg|_{z=0} = -\frac{4b(1-s_n)(L+\pi s_K)(L+\pi-\pi s_K)(1-b+2bs_K)}{(2L+\pi)^2\left[(1+\gamma)(1-b)+2b(\gamma s_K+1-s_K)\right]^2} < 0 \quad (A3)$$

附录 B

在式（6）对 z 求导，并将式（11）~（15）的相关结果代入，则：

$$\frac{ds_n}{dz}\bigg|_{z=0} = \frac{(1-\phi^2)\frac{ds_E}{dz}\bigg|_{z=0} + (s_E^2 - s_E)(1+\phi)^2}{(1-\phi)^2}$$

$$= \frac{(1+\phi)(1-s_n)}{(2L+\pi)^2(1-\phi)}\left\{\left[\begin{array}{l}s_K\pi - \dfrac{2b\gamma(L+\pi s_K)}{(1+\gamma)(1-b)+2b(\gamma s_K+1-s_K)}\end{array}\right](2L+\pi) \\ -(L+\pi s_K)\left[\pi - \dfrac{2b\gamma(L+\pi s_K)+2b(L+\pi(1-s_K))}{(1+\gamma)(1-b)+2b(\gamma s_K+1-s_K)}\right]\end{array}\right] - A\right\}$$

(B1)

其中，$A = \dfrac{(L+\pi-\pi s_K)(L+\pi s_K)(1+\phi)}{(1-\phi)(1-s_n)}$。当式（B1）的分子为 0 时，补贴政策使东部的企业份额不变，解此方程，则：

$$\tilde{\gamma}_e = \frac{2b(L+\pi s_K)(L+\pi-\pi s_K) - D(1+b-2bs_K)}{2b(L+\pi s_K)(L+\pi-\pi s_K) + D(1-b+2bs_K)} \tag{B2}$$

由于

$$D = A - (2s_K - 1)L\pi = \left[\frac{(L+\pi-\pi s_K)(L+\pi s_K)(1+\phi)}{(1-\phi)(1-s_n)} - (2s_K-1)L\pi\right] >$$

$$[(L+\pi-\pi s_K)(L+\pi s_K)(1+\phi) - 2s_K L\pi + L\pi] >$$

$$[(L+\pi-\pi s_K)(L+\pi s_K) - 2s_K L\pi + L\pi] >$$

$$[LL + 2L\pi(1-s_K) + (\pi^2 s_K - \pi^2 s_K^2)] > 0$$

所以有 $\tilde{\gamma}_e < 1$。

在式（B1）对 γ 求导，则有：

$$\frac{\partial^2 s_n}{\partial z \partial \gamma}\bigg|_{z=0} = -\frac{4b(1-s_n)(L+\pi s_K)(L+\pi-\pi s_K)(1-b+2bs_K)(1+\phi)}{(2L+\pi)^2[(1+\gamma)(1-b)+2b(\gamma s_K+1-s_K)]^2(1-\phi)} < 0$$

(B3)

附录 C

在式（22）对 z 求导，并将式（20）~（24）的相关结果代入，则：

$$\frac{ds_E}{dz}\bigg|_{z=0} = \frac{\left[-(L+\pi s_K)\dfrac{dt}{dz}\bigg|_{z=0} + s_K\dfrac{d\pi}{dz}\bigg|_{z=2}\right][2L+\pi] -}{(2L+\pi)^2}$$

$$\frac{(L+\pi s_K)\left[-(L+\pi s_K)\dfrac{dt}{dz}\bigg|_{z=0} - (L+\pi-\pi s_K)\dfrac{dt^*}{dz}\bigg|_{z=0} + L + \dfrac{d\pi}{dz}\bigg|_{z=0}\right]}{(2L+\pi)^2}$$

$$= \frac{(L+\pi s_K)(1-\gamma)(L+\pi-\pi s_K)\frac{dt^*}{dz}\Big|_{z=0} + (2Ls_K-L)\frac{d\pi}{dz}\Big|_{z=0} - (L+\pi s_K)L}{(2L+\pi)^2}$$

$$= \frac{\dfrac{(1-\gamma)(L+\pi s_K)(L+\pi-\pi s_K)(1-b)}{\gamma(1-b+2bs_K)+(1+b-2bs_K)} - \dfrac{L(2L+\pi s_K-2Ls_K-Lb-b\pi s_K)}{1-b}}{(2L+\pi)^2}$$

(C1)

当式（C1）的分子为 0 时，补贴政策使东部的支出份额不变。解此方程，并令 $R = \dfrac{L(2L+\pi s_K-2Ls_K-Lb-b\pi s_K)}{(L+\pi s_K)(L+\pi-\pi s_K)(1-b)^2}$，则：

$$\bar{\gamma}_w = \frac{1-(1+b-2bs_K)R}{1+(1-b+2bs_K)R} \quad (C2)$$

当 $2L+\pi s_K-2Ls_K-Lb-b\pi s_K>0$，即 $s_K<\dfrac{2-b}{2(1-b)}$ 时，$R>0$。由于 $\dfrac{2-b}{2(1-b)}>1$ 且 $s_K\in[0,1]$，所以对于所有 s_K 的取值，均有 $\bar{\gamma}_w<1$。

在式（C1）对税率比 γ 求导，可得：

$$\frac{\partial^2 s_E}{\partial z \partial \gamma}\bigg|_{z=0} = -\frac{2(L+\pi s_K)(L+\pi-\pi s_K)(1-b)}{(2L+\pi)[\gamma(1-b+2bs_K)+(1+b-2bs_K)]^2}<0 \quad (C3)$$

附录 D

在式（2）对 z 求导，并将式（10）~（14）的相关结果代入，可得：

$$\frac{ds_n}{dz}\bigg|_{z=0} = \frac{1+\phi}{1-\phi}\frac{ds_E}{dz}\bigg|_{z=0}$$

$$= \frac{1+\phi}{1-\phi} \frac{\left[\dfrac{(1-\gamma)(L+\pi s_K)(L+\pi-\pi s_K)(1-b)}{\gamma(1-b+2bs_K)+(1+b-2bs_K)} - \dfrac{L(2L+\pi s_K-2Ls_K-Lb-b\pi s_K)}{1-b}\right]}{(2L+\pi)^2} \quad (D1)$$

对于补贴政策使得东部企业份额不发生变化的情况，式（D1）与（C1）的结论完全一致，所以存在东部地区企业份额不变的均衡税率比 $\tilde{\gamma}_w = \bar{\gamma}_w$。

在式（D1）对 γ 求导，则：

$$\frac{\partial^2 s_n}{\partial z \partial \gamma}\bigg|_{z=0} = -\frac{2(1+\phi)(L+\pi s_K)(L+\pi-\pi s_K)(1-b)}{(1-\phi)(2L+\pi)[\gamma(1-b+2bs_K)+(1+b-2bs_K)]^2}<0$$

(D2)

参考文献

［1］［加］蒙代尔著：《蒙代尔经济学文集（第二卷）——一般货币与宏观经济理论》，向松祚译，中国金融出版社 2003 年版。

［2］［加］蒙代尔著：《蒙代尔经济学文集（第三卷）——国际宏观经济模型》，向松祚译，中国金融出版社 2003 年版。

［3］［加］蒙代尔著：《蒙代尔经济学文集（第四卷）——宏观经济学与国际货币史》，向松祚译，中国金融出版社 2003 年版。

［4］［加］蒙代尔著：《蒙代尔经济学文集（第五卷）——汇率与最优货币区》，向松祚译，中国金融出版社 2003 年版。

［5］［加］蒙代尔著：《蒙代尔经济学文集（第六卷）——国际货币：过去、现在和未来》，向松祚译，中国金融出版社 2003 年版。

［6］［美］巴里·艾肯格林著：《资本全球化——国际货币体系史》，彭兴韵译，上海人民出版社 2009 年版。

［7］［美］赫德森著：《金融帝国——美国金融霸权的来源和基础》，嵇飞等译，中央编译出版社 2008 年版。

［8］［美］金德尔伯格著：《1929～1939 年世界经济萧条》，宋承先，洪文达译，上海译文出版社 1986 年版。

［9］［美］查理斯·P. 金德尔伯格著：《经济过热、经济恐慌及经济崩溃——金融危机史（第三版）》，朱隽、叶翔译，北京大学出版社 2000 年版。

［10］［英］麦迪逊（Angus Maddison）著：《世界经济千年统计》，伍晓鹰，施发启译，北京大学出版社 2009 年版。

［11］陈彪如：《国际货币体系》，华东师范大学出版社 1990 年版。

［12］陈彪如：《国际货币体系的回顾与前瞻》，载于《世界经济》1984 年第 9 期。

［13］黄梅波：《货币国际化及其决定因素——欧元与美元的比较》，载于《厦门大学学报（哲学社会科学版）》2001 年第 2 期。

[14] 黄益平：《国际货币体系变迁与人民币国际化》，载于《国际经济评论》2009 年第 5~6 期。

[15] 姜波克：《国际金融新编》，复旦大学出版社 1994 年版。

[16] 姜凌：《经济全球化趋势下的国际本位货币》，载于《经济学家》2003 年第 4 期。

[17] 李扬、黄金老：《金融全球化研究》，上海远东出版社 1999 年版。

[18] 李扬：《国际货币体系改革及中国的机遇》，载于《中国金融》2008 年第 13 期。

[19] 李扬：《推动国际货币体系多元化的冷思考》，载于《南方金融》2010 年第 4 期。

[20] 李若谷：《国际货币体系改革与人民币国际化》，中国金融出版社 2009 年版。

[21] 李若谷：《全球金融危机与国际货币体系重构》，载于《中国经济时报》2008 年 11 月 24 日。

[22] 刘骏民：《从虚拟资本到虚拟经济》，山东人民出版社 1998 年版。

[23] 刘骏民：《虚拟经济的经济学》，载于《开放导报》2008 年第 6 期；载于《新华文摘》2009 年第 6 期。

[24] 刘骏民：《理解流动性膨胀：美元与国际货币体系的危与机》，2007 年 8 月 15 日；载于《新华文摘》2007 年第 20 期。

[25] 刘骏民：《中国外汇储备的最佳用途是支撑人民币国际化》，载于《开放导报》2010 年第 2 期。

[26] 刘骏民、张云：《金融危机、美元危机和国际货币体系》，第七届全国虚拟经济研讨会，2010 年。

[27] 王立中：《国际货币发展的趋势与对策》，中国经济出版社 1995 年版。

[28] 吴晓灵、唐欣语：《对未来金融改革的建议》，载于《国际金融研究》2009 年第 5 期。

[29] 中共中央马克思恩格斯，列宁斯大林著作编译局编译：《马克思恩格斯全集（第四十六卷）》，人民出版社 1976 年版。

[30] 中共中央马克思恩格斯，列宁斯大林著作编译局编译：《资本论（第一卷）》，人民出版社 2004 年版。

[31] 中共中央马克思恩格斯，列宁斯大林著作编译局编译：《资本论（第二卷）》，人民出版社 2004 年版。

[32] 中共中央马克思恩格斯，列宁斯大林著作编译局编译：《资本论（第三卷）》，人民出版社 2004 年版。

［33］李宝伟：《经济虚拟化与政府对金融市场的干预》，南开大学出版社 2005 年版。

［34］李宝伟：《现代金融危机的演进与政府干预深化》，载于《经济学家》2009 年第 7 期。

［35］迈克尔·赫德森：《金融帝国》，中央编译出版社 2008 年版。

［36］麦金农：《麦金农经济学文集（第六卷）》，中国金融出版社 2006 年版。

［37］卢卡斯·门克霍夫等：《金融市场的变迁——金融部门与实体经济分离了吗（中译本）》，中国人民大学出版社 2005 年版。

［38］易纲、王召：《货币政策与金融资产价格》，载于《经济研究》2002 年第 3 期。

［39］让·梯诺尔：《金融危机、流动性与国际货币体系》，中国人民大学出版社 2004 年版。

［40］朱民：《改变未来的金融危机》，中国金融出版社 2009 年版。

［41］张忠军：《金融业务融合与监管制度创新》，北京大学出版社 2007 年版。

［42］奥村洋彦：《日本"泡沫经济"与金融改革》，中国金融出版社 2000 年版。

［43］张宇燕：《人民币国际化，是赞成还是反对》，载于《国际经济评论》2010 年第 10 期。

［44］何国华：《西方货币国际化理论综述》，载于《经济评论》2007 年第 4 期。

［45］南开大学虚拟经济与管理研究中心课题组：《人民币国际化研究报告》，第六届全国虚拟经济研讨会，2008 年。

［46］程大中：《收入效应、价格效应与中国的服务性消费》，载于《世界经济》2009 年第 3 期。

［47］仇恒喜：《我国城镇居民消费结构分析》，载于《商业研究》2001 年第 9 期。

［48］方福前：《中国居民消费需求不足原因研究——基于中国城乡分省数据》，载于《中国社会科学》2009 年第 2 期。

［49］黄赜琳、刘社建：《基于 ELES 模型的上海城镇居民消费结构动态变迁分析》，载于《上海经济研究》2007 年第 6 期。

［50］李军：《收入差距对消费需求影响的定量分析》，载于《数量经济技术经济研究》2003 年第 9 期。

[51] 龙志和：《我国城镇居民消费结构分析》，载于《经济体制改革》2001年第2期。

[52] 王曦：《当期收入还是永久收入：转型时期中国居民消费模式的检验》，载于《世界经济》2002年第12期。

[53] 杨汝岱、朱诗娥：《公平与效率不可兼得吗？——基于居民边际消费倾向的研究》，载于《经济研究》2007年第12期。

[54] 杨文芳、方齐云：《财政收入、财政支出与居民消费率》，载于《当代财经》2010年第2期。

[55] 袁志刚、夏林峰、樊潇彦：《中国城镇居民消费结构变迁及其成因分析》，载于《世界经济文汇》2009年第4期。

[56] 臧旭恒、孙文祥：《城乡居民消费结构：基于ELES模型和AIDS模型的比较分析》，载于《山东大学学报》2003年第6期。

[57] 臧旭恒、张继海：《收入分配对中国城镇居民消费需求影响的实证分析》，载于《经济理论与经济管理》2005年第6期。

[58] 臧旭恒、张治军：《山东省城镇居民消费结构的实证分析与政策建议》，载于《山东经济》2004年第1期。

[59] 周发明、杨婧：《基于ELES模型的中国城乡居民消费结构实证研究》，载于《江西农业大学学报》2010年第3期。

[60] J.O.哈利：《东亚国家的竞争政策》，载于王晓晔、[日]伊从宽主编：《竞争法与经济发展》，社会科学文献出版社2003年版。

[61] OECD：《韩国的规制改革》，张汉林、蔡春林等编译，上海，上海财经大学出版社2007年版。

[62] 阿伦·休斯：《竞争政策》，《新帕尔格雷夫经济学大词典》，第一卷，经济科学出版社1992年版。

[63] 丹尼·罗德里克：《产业政策的回归》，财经网。

[64] 丹尼·罗德里克：《相同的经济学，不同的政策处方》，中信出版社2009年版。

[65] 迪克西特：《经济政策的制定：交易成本政治学的视角》，中国人民大学出版社2004年版。

[66] 冯晓琦、万军：《从产业政策到竞争政策——东亚地区政府干预方式的转型及对中国的启示》，载于《南开经济研究》2005年第5期。

[67] 冯晓琦、万军：《转轨时期中国的产业政策与竞争政策》，载于《经济问题》2005年第7期。

[68] 高桥岩和：《日本产业政策和竞争政策的关系》，载于王晓晔主编：

《经济全球化下竞争法的新发展》,社会科学文献出版社2005年版。

[69] 国家工商总局公平交易局反垄断处:《在华跨国公司限制竞争行为表现及对策》,载于《工商行政管理》2004年第5期。

[70] 江小涓:《经济转轨时期的产业政策》,上海三联书店1996年版。

[71] 江小涓:《中国的外资经济》,中国人民大学出版社2002年版。

[72] 江小涓等:《体制转型中的增长、绩效与产业组织变化－对中国若干行业的实证研究》,上海三联书店1999年版。

[73] 金麟洙:《从模仿到创新——韩国技术学习的动力》,新华出版社1998年版。

[74] 金滢基,马骏:《政府在获得技术能力方面的作用:对东亚石化业的案例分析》,见青木昌彦等主编:《政府在经济发展中的作用》,中国经济出版社1998年版。

[75] 林毅夫:《潮涌现象与发展中国家宏观经济理论的重新构建》,载于《经济研究》2007年第1期。

[76] 路风、封凯栋:《发展我国自主知识产权汽车工业的政策选择》,国家重大科技创新政策委托研究项目,2004年2月。

[77] 吕政:《完善我国产业政策需要明确的问题》,载于《中国社会科学院院报》2004年5月27日。

[78] 迈克尔·波特、竹内广高、榊原鞠子著:《日本还有竞争力吗?》,陈小悦等译,中信出版社2002年版。

[79] 曼弗里德·诺伊曼:《竞争政策——历史、理论及实践》,北京大学出版社2003年版。

[80] 权五乘:《韩国国立汉城大学法学院权五乘教授专题讲座》,华东政法学院,2003年10月。

[81] 世界银行:《变革中的政府:1997年世界发展报告》,中国财政经济出版社1997年版。

[82] 世界银行:《东亚奇迹——经济增长与公共政策》,中国财政经济出版社1995年版。

[83] 世界银行:《全球变革与东亚政策倡议》,中国财政经济出版社2005年版。

[84] 世界银行:《全球经济展望与发展中国家:通过投资获得全球机遇》,中国财政经济出版社2003年版。

[85] 宋磊:《论日本型产业政策的本质与制度基础——租的分配成本及其运用效率》,载于《现代日本经济》2002年第4期。

[86] 万军：《产业政策与竞争政策》，胡家勇等著：《构建有效政府》，中国社会科学出版社 2010 年版。

[87] 王德迅：《日本规制改革：特点、举措与成效》，载于《世界经济调研》2007 年第 17 期。

[88] 王岳平：《十六大以来我国产业政策及结构调整的进展和展望》，载于《经济研究参考》2007 年第 65 期。

[89] 魏后凯：《市场竞争，经济绩效与产业集中——对中国制造业集中与市场结构的实证分析》，经济管理出版社 2003 年版。

[90] 吴小丁：《反垄断与经济发展——日本竞争政策研究》，商务印书馆 2006 年版。

[91] 小宫隆太郎、奥野正宽、铃村幸太郎编：《日本的产业政策》，国际文化出版公司 1988 年版。

[92] 新庄浩二：《日本产业结构的变化与再生》，载于《产业经济评论》，2003 年第 2 辑。

[93] 约翰·威廉姆森：《华盛顿共识简史》，载黄平、崔之元主编：《中国与全球化：华盛顿共识还是北京共识》，社会科学文献出版社 2005 年版。

[94] 约瑟夫·斯蒂格里茨：《后华盛顿共识的共识》，载黄平、崔之元主编：《中国与全球化：华盛顿共识还是北京共识》，社会科学文献出版社 2005 年版。

[95] 约瑟夫·斯蒂格里茨等著：《东亚奇迹的反思》，王玉清等译，中国人民大学出版社 2003 年版。

[96] 赵英主编：《中国产业政策实证分析》，社会科学文献出版社 2000 年版。

[97] 上冈一史："戦後日本鉄鋼業発展のダイナミズム"，日本経済評論社，2005。

[98] 早稲田大学商学部編、経済広報センター編："業のグローバル戦略ダイナミック経営をめざす"，中央経済社，1994。

[99] 小野五郎："現代日本の産業政策—段階別政策決定のメカニズム"，日本経済新聞社，2005。

[100] 電子計算機基礎技術開発推進委員会："第五世代コンピュータプロジェクトの評価及び今後の課題と展開のあり方中間報告"（1992）。

[101] 電子計算機基礎技術開発推進委員会：学術的・技術的評価ワーキング・グループ"第五世代コンピュータプロジェクト最終評価報告書"（1993）。

[102] 財団法人新世代コンピュータ技術開発機構（ICOT）："ICOTジャー

ナル",No. 34（1993）。

［103］ICOT：第五世代コンピュータ国際会議基調論文（1984，1988，1992）。

［104］ICOT：第五世代コンピュータ国際会議会議録（1984，1988，1992）。

［105］中村吉明・渋谷稔："日本の技術政策－第五世代コンピュータの研究開発を通じて－"，通産研究レビュー第 5 号，1995 年 5 月。

［106］D·W·乔根森：《生产率第 2 卷：经济增长的国际比较》，中国发展出版社 2001 年版。

［107］陈淮：《日本产业政策研究》，中国人民大学出版社 1991 年版。

［108］大野健一、樱井宏二郎：《东亚发展经济学》，民族出版社 1999 年版。

［109］大野健一：《从江户到平成》，中信出版社 2006 年版。

［110］丁敏：《日本产业结构研究》，世界知识出版社 2006 年版。

［111］国务院发展研究中心"世界经济趋势与格局"课题组：《日本经济的主要特点与中长期增长前景》，国研网，2013 年 11 月。

［112］侯珺然、郭士信：《从全要素生产率的国际比较看日本的产业竞争力》，载于《日本学刊》2002 年第 2 期。

［113］江小涓：《经济转轨时期的产业政策》，上海三联书店 1996 年版。

［114］姜维久：《日本能源结构与经济增长方式转变过程的启示》，载于《社会科学战线》2007 年第 4 期。

［115］李毅：《经济转型中的产业发展路径选择——对日本经济长期低迷的一种新解释》，载于《日本学刊》2013 年第 5 期。

［116］马丁·弗朗斯曼：《赢在创新：日本计算机与通信业成长之路》，知识产权出版社 2006 年版。

［117］桥本寿郎、长谷川信、宫岛英昭：《现代日本经济》，上海财经大学出版社 2001 年版。

［118］青木昌彦等主编：《政府在经济发展中的作用》，中国经济出版社 1998 年版。

［119］日本大平正芳纪念财团编著，中日友好协会、中日关系史研究会编著：《大平正芳》，中国青年出版社 1991 年版。

［120］日本垄断分析研究会：《战后日本钢铁工业》，天津人民出版社 1979 年版。

［121］神樶英资：《日本为何难以推进结构性改革》，载于《国际经济评论》2002 年第 3~4 期。

［122］沈建光、肖红：《日本经济展望：失落的第三个十年？》，中国国际金融有限公司研究报告，2009年4月2日。

［123］世界银行：《东亚奇迹》，中国财政经济出版社1995年版。

［124］汤元健治：《政府与民间共同进行结构改革》，载于《日本经济研究中心会报》，1999年3月15日。

［125］万军：《经济发展不同阶段日本产业政策的变迁》，载郭树言、欧新黔主编：《推动中国产业结构战略性调整与优化升级探索》，经济管理出版社2008年版。

［126］万军、唐龙等：《转变经济发展方式：基于国内外的经验》，四川社会科学基金会新知研究院研究报告，2009年。

［127］小宫隆太郎、奥野正宽、铃村幸太郎编：《日本的产业政策》，国际文化出版公司1988年版。

［128］新庄浩二：《日本产业结构的变化与再生》，载于《产业经济评论》2003年第2辑。

［129］约瑟夫·斯蒂格里茨等著：《东亚奇迹的反思》，王玉清等译，中国人民大学出版社2003年版。

［130］张季风：《重新审视日本经济"失去的二十年"》，载于《日本学刊》2013年第6期。

［131］内閣府政策統括官，平成24年度科学技術関係予算案の概要について。

［132］産業構造審議会，日本産業構造ビジョン概要（全体版），2010。

［133］H. J. 哈巴库克，M. M. 波斯坦：《剑桥欧洲经济史（第6卷）》，经济科学出版社2002年版。

［134］巴西制定科技创新发展行动计划，中国（巴西）投资开发贸易中心网站，http：//cbitc.mofcom.gov.cn/aarticle/guonyw/200711/20071105240922.html。

［135］陈敬全、俞阳、张超英、高洪善、韩军：《欧洲2020战略旗舰计划：创新型联盟（上）》，载于《全球科技经济瞭望》，第26卷，2011年第4期。

［136］黄群慧、贺俊：《技术经济范式转变："第三次工业革命"与中国工业发展战略调整》，载于《中国工业经济》2013年第1期。

［137］杰里米·里夫金：《第三次工业革命》，中信出版社2012年版。

［138］李晓华、吕铁：《战略性新兴产业的特征与政策导向研究》，载于《宏观经济研究》2010年第9期。

［139］任洪涛：《美国电动汽车的发展现状及目标》，载于《全球科技经济瞭望》，第26卷，2011年第5期。

［140］万军、冯晓琦：《全球视角下的中国新兴产业发展模式探讨》，载于

《江西社会科学》2012 年第 5 期。

［141］万军、刘秀莲：《金砖国家新兴产业发展及其比较》，载于《金砖国家发展报告 2012》，社会科学文献出版社 2012 年版。

［142］万军：《第三次工业革命对我国的影响及应对策略》，国家开发银行课题研究报告，2013 年 1 月。

［143］黄剑辉、王阁、应习文、万军：《第三次工业革命对我国的影响及应对策略》，载于《经济要参》2013 年 8 月第 33 期。

［144］万军：《发达经济体新兴产业发展的态势、特点及其启示》，载于《中国市场》2012 年第 8 期。

［145］万军：《国外新兴产业发展的态势、特点及影响》，载于《世界经济黄皮书 2010》，社科文献出版社 2011 年 12 月版。

［146］万军：《战略性新兴产业发展中的政府定位：日本的经验教训及其启示》，载于《科技成果纵横》2010 年第 1 期。

［147］赵刚等：《巴西大力发展新能源产业的做法与启示》，载于《高科技与产业》2010 年第 1 期。

［148］中国科技部网站"国内外科技动态"相关文章。

［149］中国社会科学院工业经济研究所课题组：《第三次工业革命与北京制造业战略转型》，研究报告，2012 年。

［150］Paul Gao：《中国汽车产业再出发》，载于《麦肯锡季刊》，2002 年第 1 季。

［151］安同良著：《企业技术能力发展论－经济转型过程中中国企业技术能力实证研究》，人民出版社 2004 年版。

［152］冯晓琦、万军：《技术学习与技术能力的提高：后发工业国技术进步的一个分析框架》，载于《生产力研究》2006 年第 10 期。

［153］贾根良：《演化经济学》，山西人民出版社 2004 年版。

［154］金麟洙著：《从模仿到创新——韩国技术学习的动力》，刘小梅、刘鸿基译，新华出版社 1998 年版。

［155］刘世锦：《中国汽车产业 30 年发展中的争论和重要经验》，载于《管理世界》2008 年第 12 期。

［156］路风：《走向自主创新：寻求中国力量的源泉》，广西师范大学出版社 2006 年版。

［157］纳尔逊和温特：《经济变迁的演化理论》，商务印书馆 1997 年版。

［158］诺斯：《经济史中的结构与变迁》，上海三联书店，上海人民出版社 1994 年版。

[159] 宋泓、柴瑜、张泰：《市场开放、企业的适应和学习能力以及产业发展模式转型——中国汽车产业案例研究》，载于《管理世界》2004年第8期。

[160] 宋泓、柴瑜：《依靠外资与自立发展：中国汽车产业发展的战略对比分析》，中国社会科学院世界经济与政治研究所工作论文，2008年。

[161] 万军：《外资并购与提高企业自主创新能力》，中国社会科学院国情调研报告，2008年。

[162] 经济合作与发展组织：《OECD科学技术与工业概览2002》，科学技术文献出版社2003年版。

[163] 赵志耘、杜红亮、任昱仰：《美国技术转移制度体系探微》，载于《科技与法律》2012年第1期。

[164] 杨智杰：《反省美国拜杜法的理论与经验》，载于《科技法律评论》第6卷第1期，2009年4月。

[165] 王宏飞：《〈拜-杜法〉与美国的国家专利战略》，载于《全球科技经济瞭望》2003年第7期。

[166] 宗晓华、唐阳：《大学——产业知识转移政策及其有效实施条件：基于美日中三版拜杜法案的比较分析》，载于《科技与经济》2012年第2期。

[167] 上海研发公共服务平台：《美国技术转让法律政策简介》。

[168] 《金砖国家联合统计手册（2012）》，国家统计局网站。

[169] 《中国在巴西投资超过240亿美元》，人民网，2012年11月21日。

[170] 工业与信息化部赛迪研究院：《金砖国家工业发展与合作研究》，载于《世界工业研究》2013年第1期。

[171] 黄群慧、贺俊：《技术经济范式转变："第三次工业革命"与中国工业发展战略调整》，载于《中国工业经济》2013年第1期。

[172] 杰里米·里夫金：《第三次工业革命》，中信出版社2012年版。

[173] 商务部：《2012对外投资合作国别（地区）指南》。

[174] 商务部：《国别贸易投资环境报告2011》。

[175] 杨博：《去年金砖国家间贸易额达3100亿美元》，中国证券报，2013年2月20日。

[176] 中国社会科学院工业经济研究所课题组：《第三次工业革命与北京制造业战略转型》，研究报告，2012年。

[177] WIND资讯数据库。

[178] 林毅夫、刘培林：《中国的经济发展战略与地区收入差距》，载于《经济研究》2003年第3期。

[179] 蔡昉、都阳：《中国地区经济增长的趋同与差异——对西部开发战略

的启示》，载于《经济研究》2000 年第 10 期。

[180] 金煜、陈钊、陆铭：《中国的地区工业集聚：经济地理、新经济地理与经济政策》，载于《经济研究》2006 年第 4 期。

[181] 郭时伟：《促进区域经济协调发展的财税政策研究》，载于《财会研究》2004 年第 3 期。

[182] 刘夏明、魏英琪、李国平：《收敛还是发散？——中国区域经济发展争论的文献》，载于《经济研究》2004 年第 7 期。

[183] 李颖、陈银生：《区际差距与区域经济协调发展》，载于《经济体制改革》2004 年第 3 期。

[184] 谢晓波：《地方政府竞争与区域经济协调发展的博弈分析》，载于《社会科学战线》2004 年第 4 期。

[185] 范子英、张军：《财政分权、转移支付与国内市场整合》，载于《经济研究》2010 年第 3 期。

[186] 安虎森等编著：《新经济地理学原理》，经济科学出版社 2009 年版。

[187] 郭庆旺、贾俊雪：《中央财政转移支付与地方公共服务提供》，载于《世界经济》2008 年第 9 期。

[188] 范子英、张军：《中国如何在平衡中牺牲了效率：转移支付的视角》，载于《世界经济》2010 年第 11 期。

[189] 汪冲：《专项转移支付漏损的理论分析与实证检验》，载于《财经研究》2007 年第 12 期。

[190] 乔宝云、范剑勇、彭骥鸣：《政府间转移支付与地方财政努力》，载于《管理世界》2006 年第 3 期。

[191] 贾晓俊、岳希明：《我国均衡性转移支付资金分配机制研究》，载于《经济研究》2012 年第 1 期。

[192] 张恒龙、秦鹏亮：《政府间转移支付与省际经济收敛》，载于《上海经济研究》2011 年第 8 期。

[193] 毛捷、汪德华、白重恩：《民族地区转移支付、公共支出差异与经济发展差距》，载于《经济研究》2011 年第 2 增期。

[194] 曹燕萍、付淑琴：《缩小我国区域经济差距的税收政策探讨》，载于《财经理论与实践》2004 年第 6 期。

[195] 陈秀山、张启春：《转轨期间财政转移支付制度的区域均衡效应》，载于《中国人民大学学报》2003 年第 4 期。

[196] 刘玉、刘毅：《区域政策的调控效应分析——以我国财政转移支付制度为例》，载于《地理研究》2003 年第 2 期。

[197] 龚六堂、邹恒甫：《最优税率、政府转移支付与经济增长》，载于《数量经济技术经济研究》2002 年第 1 期。

[198] 肖芸、龚六堂：《财政分权框架下的财政政策和货币政策》，载于《经济研究》2003 年第 1 期。

[199] 龚六堂编著：《公共财政理论》，北京大学出版社 2009 年版。

[200] 国家税务总局科研所课题组报告：《西部大开发与税收政策研究》，总局税科所研究，2000 年。

[201] 郭庆旺、贾俊雪、高立：《中央财政转移支付与地区经济增长》，载于《世界经济》2009 年第 12 期。

[202] 江世银：《区域经济发展宏观调控论》，四川人民出版社 2003 年版。

[203] 刘溶沧：《重建中国政府间财政转移支付制度的总体构想》，载于《管理世界》1996 年第 4 期。

[204] 李桢业、汪贵浦：《我国的县域差距与公共政策——基于浙江省 64 县（市）统计数据的实证分析》，载于《财经研究》2006 年第 10 期。

[205] 马拴友、于红霞：《地方税与区域经济增长的实证分析——论西部大开发的税收政策取向》，载于《管理世界》2003 年第 5 期。

[206] 沈坤荣、付文林：《中国的财政分权制度与地区经济增长》，载于《管理世界》2005 年第 1 期。

[207] 王文剑、覃成林：《地方政府行为与财政分权增长效应的地区性差异——基于经验分析的判断、假说及检验》，载于《管理世界》2008 年第 1 期。

[208] 周业安、赵坚毅：《市场化、经济结构变迁和政府经济结构政策转型——中国经验》，载于《管理世界》2004 年第 5 期。

[209] 蔡昉：《为什么劳动力流动没有缩小城乡收入差距》，载于《理论前沿》2005 年第 20 期。

[210] 蔡昉、王美艳：《为什么劳动力流动没有缩小城乡收入差距》，载于《经济学动态》2009 年第 8 期。

[211] 钟笑寒：《劳动力流动与工资差异》，载于《中国社会科学》2006 年第 1 期。

[212] 周重阳：《劳动力流动与收入差距扩大的悖论——基于两种劳动生产率差异的分析》，载于《中国人力资源开发研究会第九次会员代表大会暨学术研讨会论文集》2006 年。

[213] 龚霄侠：《推进主体功能区形成的区域补偿政策研究》，载于《兰州大学学报（社会科学版）》2009 年第 4 期。

[214] 毛显强、钟瑜、张胜：《生态补偿的理论探讨》，载于《中国人口资

源与环境》2002 年第 4 期。

［215］刘贵生：《改革开放 30 年来西部地区经济金融发展与全国的对比分析》，载于《金融研究》2008 年第 7 期。

［216］王军锋、侯超波、闫勇：《政府主导型流域生态补偿机制研究——对子牙河流域生态补偿机制的思考》，载于《中国人口资源与环境》2011 年第 7 期。

［217］王青云：《关于我国建立生态补偿机制的思考》，载于《宏观经济研究》2008 年第 7 期。

［218］王兴杰、张骞之、刘晓雯、温武军：《生态补偿的概念、标准及政府的作用——基于人类活动对生态系统作用类型分析》，载于《中国人口资源与环境》2010 年第 5 期。

［219］曹洪军、莎娜：《区域环境视角下的区域经济发展模式研究》，载于《中国工业经济》2011 年第 8 期。

［220］白永秀：《区域经济与环境保护如何协调发展》，载于《中国环境报》2012 年 5 月 21 日（2）。

［221］Bond Stephen R. and Michael P. Devereux. Financial Instability and the Stock Market Crash and Corporate Investment. Fiscal Studies, 1998, 9: 2, 72 – 80.

［222］Bryan, Cecchtti and Sullivan. Asset Prices in the Measurement of Inflation. NBER, Working Paper No. 8700, 2002.

［223］Charles Bean. Asset Price, Financial Imbalances and Monetary Policy: Are Inflation Targets Enough? BIS working paper No. 140, 2003.

［224］Ben Benanke and Mark Gertler. Should central banks respond to movements in asset prices? American Economic Review, May 2000.

［225］Cecchetti, Stephen G. Crisis and Response: The Federal Reserve and the Financial Crisis of 2007 – 2008 [DB]. NBER Working Paper No. 14134, June, 2008.

［226］Eichengreen B. Three generations of crises, three generations of crisis models. Journal of International Money and Finance, 2003, 22: 1089 – 1094.

［227］Rüffer and Stracca. What is global excess liquidity, and does it matter? ECB Working Paper No. 696, 2006.

［228］Eichengreen, B., Rose, A., and Wyplosz, C. Contagious Currency Crises. NBER Working Paper No. 5681, July, 1996.

［229］Eichengreen, B., Rose, A., and Wyplosz, C. Speculative Attacks on Pegged Exchange Rates: An Empirical Exploration with Special Reference to the European Monetary System. Transatlantic Economic Issues. Cambridge University Press,

Cambridge, UK. 1996.

[230] Flood, R. P. and Nancy P. Marion. Perspectives on the Recent Currency Crisis Literature. NBER Working Paper No. 6380, December 1997.

[231] Flood, R. P. and Nancy P. Marion. Self-fulfilling Risk Predictions: An Application to Speculative Attacks. Working Paper, Dartmouth College, 1998.

[232] Frenkel, J. and Rose A. Currency Crashes in Emerging Markets: An Empirical Treatment, International Finance Discussion Paper No. 534, Washington: Board of Governors of the Federal Reserve, January.

[233] Kenneth, W. Bubbles, Fads and Stock Price Volatility Tests: A Partial Evaluation. Journal of Finance, 1988, 43: 639-656.

[234] Krugman, P. Currency Crises. Chicago: The University of Chicago Press, 2000.

[235] Mathieson, D. J. and Rojas-Suarez, L. Liberalization of the Capital Account—Experience and Issues. IMF Working Paper No. 103.

[236] Obstfeld, M. The Logic of Currency Crises. Cahiers Economiques et Monetaires, 1994, 43: 189-213.

[237] Taval, Geroege S. International of Currencies: The Case of the US Dollar and its Challenger Euro.

[238] Hartmann. P. The International Role of Euro. Journal of Policy Modeling. Vol. 24: 365.

[239] Chinn Frankel Jeffrey. Will the Euro Eventually Surpass the Dollar as Leading International Reserve Currency? NBER Conference on G7 Current Account, 2005.

[240] Heyek. Denationalization of Money London: Institute of Economics Affairs, 1978.

[241] Eichengreen Barry. The Euro as a Reserve Currency. Journal of Japanese and International Economics, 1998.

[242] Eichengreen & Flandreau. The Rise and Fall of the Dollar, or When did the Dollar Replace Sterling as the Leading Reserve Currency? NBER Working Paper, No. 14154, July 2008.

[243] Eichengreen & Hausmann. Exchange Rate and Financial Fragility. NBER Working Paper, No. 7418, November 1996.

[244] Eichengreen. Global Imbalance and the Lessons of Bretton Woods. NBER Working Paper, No. 10497, May 2004.

[245] Eichengreen. Golden Fetters: The Gold Standard and the Great Depres-

sion, 1919 – 1939. Oxford: Oxford University Press, 1992.

[246] Eichengreen. Hegemonic Stability Theories of the International Monetary System. NBER Working Paper, No. 2193, Apr. 1987.

[247] Eichengreen. Sterling's Past, Dollar's Future: Historical Perspectives on Reserve Currency Competition. NBER Working Paper, No. 11336, May 2005.

[248] Eichengreen. The Dollar and the New Bretton Woods System. The Henry Thornton Lecture Delivered at the Cass School of Business, December15, 2004.

[249] Eichengreen. The Euro as a Reserve Currency. Journal of the Japanese and International Economies, 1998 (12), Vol 12 (04).

[250] Eichengreen. Globalizing Capital: A History of the International Monetary System. Princeton: Princeton University Press, 1996.

[251] Eichengreen. Golden Fetters. Oxford: Oxford University Press, 1998.

[252] Elias, Portes & Gregorios. Optimal Currency Shares in International Reserves: The Impact of the Euro and the Prospects for the Dollar. CEPR Discussion Paper, No. 5734, 2006.

[253] Frankel & Rose. The Endogeneity of The Optimumcurrency Area Criteria. The Economic Journal, 1998 (108).

[254] Frankel. No Single Currency Regime Is Right for All Countries or at All Times. Essays in International Finance. Princeton University, August 1999.

[255] Blanciforti, Green and King. U. S. Consumer Behavior over the Postwar Period: An Almost Ideal Demand System Analysis. Giannini Foundation Monograph Number 40 August 1986.

[256] Abon, Edgardo B. "The Need for a Philippine Comperhensive Competition Policy and Law". Paper Presented on Competition Policy Seminar organized by NEDA and KDI. June 20 – 21, 2002.

[257] Amsden, Alice H. *Asia's Next Giant: South Korea and Late Industrialization*. New York: Oxford University Press, 1989.

[258] Asian Development Bank. *Asian Development Outlook* 2005.

[259] Chalmers Johnson, *MITI and the Japanese Miracle: The Growth of Industrial Policy*, Stanford, California: Stanford University Press. 1982.

[260] Dani Rodrik. Industrial policy for the twenty-first century. Discussion Paper no. 4767, Centre for Economic Policy Research, London. November. 2004.

[261] Freeman C. *Technology Policy and Economic Performance. Lessons from Japan*. London: Pinter. 1987.

[262] Ha-Joon Chang: Industrial Policy: Can We Go Beyond an Unproductive Confrontation? Lessons from East Asia and the Global Financial Crisis, Annual World Bank Conference on Development Economics—Global (2010: Seoul, Korea), Ed. by Justin Yifu Lin and Boris Pleskovic. The World Bank, 2011, P80-109.

[263] Hal Hill, Indonesia's Industrial Policy and Performance: "Orthodoxy" Vindicated, *Economic Development and Cultural Change*. 45. 1996. PP. 147-174.

[264] Huang, Y., "Between Two Coordination Series: Automotive Industrial Policy in China with a Comparison to Korea", Review of International Political Economy, 2002, 9 (3).

[265] James A. Robinson: Industrial Policy and Development: A political Economy Perspective, Lessons from East Asia and the Global Financial Crisis, Annual World Bank Conference on Development Economics—Global (2010: Seoul, Korea), Ed. by Justin Yifu Lin and Boris Pleskovic. The World Bank, 2011, P61-79.

[266] Josh Whitford and Andrew Schrank, The paradox of the Weak State Revisited: Industrial Policy, Network Governance, and Political Decentralization, in State of Innovation: Technology Policy in the United States, edited by F. Block and M. Keller. New York. 2010.

[267] Nam-Kee Lee, "Korean Economic Development Policy Lessons - The Shift from Industrial to Competition Policy", The 4th UNCTAD/IGE Meeting, July 3, 2002.

[268] Noland Marcus and Howard Pack. Industrial policy in an Era of Globalization: Lessons from Asia. Institute for International Economics, Washington, DC. 2003.

[269] Philippe Aghion, Industrial policy, entrepreneurship and growth, Handbook of Research on Innovation and Entrepreneurship. Ed. By David B. Audretsch, Oliver Falck, Stephan Heblich, Adam Lederer, Edward Elgar Publishing, 2011.

[270] Randall G. Holcombe: South Korea's economic future: Industrial Policy, or economic democracy?, Journal of Economic Behavior & Organization, 88 (2013).

[271] Sanjaya Lall, Selective Industrial and Trade Policies in Developing Countries: Theoretical and Empirical Issues, Working Paper Number 48, Queen Elizabeth House, University of Oxford, 2000.

[272] Sanjaya Lall. Reinventing Industrial Strategy: The Role of Goventment Policy In Building Industrial Competitiveness. UNCTAD. G-24 Discussion Paper No. 28. April 2004.

[273] United Nations Conference on Trade And Development (UNCTAD): TRADE AND DEVELOPMENT REPORT, 2006.

[274] Wade, Robert. 1990. *Governing the Market: Economic Theory and the Role of Government in East Asian Industrialization.* Princeton: Princeton University Press.

[275] World Bank. *Economic Growth in the 1990s. Learning from a Decade of Reform.* Washington, DC, World Bank. 2005.

[276] Naohiko Baba, et al, Will the first two Abenomics arrows hit the mark? Pointers from Takahashi policy, Goldman Sachs Research Report, No. 13/09, 2013.

[277] Randall S. Jones and Taesik Yoon: Enhancing the Productivity of the Service Sector in Japan, Economics Working Papers No. 651, ECO/WKP (2008) 59, OECD.

[278] World Bank, *An East Asian Renaissance*, 2008.

[279] Battelle, 2012 Global R&D Funding Forecast.

[280] BIS, Building Britain's Future—New Industry, New Jobs, 2009.

[281] Council of Economic Advisers, Economic Report of the President, 2011, 2012.

[282] EUROPEAN COMMISSION, EUROPE 2020: A strategy for smart, sustainable and inclusive growth, Brussels, 3. 3. 2010.

[283] Federal Ministry of Education and Research, Ideas, Innovation. Prosperity. High–Tech Strategy 2020 for Germany, 2010.

[284] Joint Research Centre and Research Directorates – General of the EuropeanCommission. , The 2012 EU Industrial R&D Investment Scoreboard.

[285] Matt Hourihan, Federal R&D in the FY 2013 Budget An Introduction, http://www.aaas.org/spp/rd/rdreport2013/13pch01.pdf.

[286] National Economic Council, Council of Economic Advisers, and Office of Science and Technology Policy, A Strategy for American Innovation: Securing OurEconomic Growth and Prosperity, February 2011.

[287] The European Wind Energy Association, Wind in power: 2011 European statistics. February 2012.

[288] The German Solar Industry Association, Development of the German PV Market, 2011.

[289] National Science Board, Science and Engineering Indicators 2012.

[290] The Government of the Republic of South Africa, South Africa's National Research and Development Strategy, August 2002.

[291] Bloomberg New Energy Finance, India saw record $10.3bn clean energy Investment in 2011, 2 February, 2012.

[292] Renewable Energy Policy Network for the 21st Century, RENEWABLES 2010, Global Status Report.

[293] Tassey, G., (2005), Underinvestment in Public Good Technologies, The Journal of Technology Transfer, Volume 30, 89–113.

[294] UNESCO, UNESCO Science Report 2010: The Current Status of Science around the World.

[295] National Innovation Council, Report to the People, First Year, November, 2011.

[296] World Bank: "China industrial Organization and Efficiency Case Study: The Automotive Sector" Report No. 12134–CHA, December 31, 1993.

[297] Andrew F. Christie, Stuart D'Aloisio, Katerina L. Gaita, Melanie J. Howlett, Elizabeth M. Webster (2003), Analysis of the legal framework for patent ownership in publicly funded research institutions. Report of Department of Education, Science and Training, Australia.

[298] AUTM (2012), FY 2012 U.S. Licensing Activity Survey Highlights.

[299] Innovation's golden goose, The Economist, Dec 12th, 2002.

[300] Rebecca S. Eisenberg (1996), Public Research and Private development: Patents and Technology Transfer in Government–Sponsored research, 82 Virginia Law Review.

[301] United States General Accounting Office (1998), Administration of the Bayh–Dole Act by Research Universities, Report to Congressional Committees.

[302] Vicki Loise, and Ashley J. Stevens (2010), The Bayh–Dole Act Turns 30. Les Nouvelles, December 2010: 185–94.

[303] The Bayh–Dole Act at 25, www.bayhdole25.org.

[304] http://www.sgst.cn/xwdt/shsd/200705/t20070518_118074.html.

[305] AlixPartners LLP, 2011 U.S. Manufacturing–Outsourcing Cost Index.

[306] MGI, Manufacturing the future: The next era of global Growth and Innovation, November 2012.

[307] Paul Markillie, A third industrial revolution, *The Economist*, April, 21st 2012.

[308] United Nations Industrial development organization, Industrial Development Report 2011.

[309] Thünen, J. H. Von. 1826. Der isolierte Staat in Beziehung auf Landwirtschaft und Nationalökonomie. 3rd edn, Stuttgart: Gustav Fischer, 1966.

[310] Henderson, J. V. 1974. The sizes and types of cities. American Economic Review 64, 640 – 656.

[311] Starrett, D. 1978. Market Allocations of Location Choice in a Model with Free Mobility. Journal of Economic Theory, (17): 21 – 37.

[312] Krugman, Paul. 1991. Increasing returns and economic geography. Journal of Political Economy, (99): 483 – 499.

[313] Fujita M., Krugman P., A. J. Venables. 1999. The Spatial Economy: Cities, Regions and International Trade. MIT Press.

[314] Baldwin R., Forslid R., Martin, P., Ottaviano G. I. P., Robert – Nicoud F. 2003. Economic Geography and Public Policy. Princeton University Press.

[315] Matin, P. & C. A. Rogers. 1995. Industrial Location and Public Infrastructure. Journal of International Economics, (39): 335 – 351.

[316] Richard Baldwin, Rikard Forslid, Philippe Martin. Gianmarco Ottavino and Frederic Robert – Nicoud: Economic Geography and Public Policy. Princeton University Press, 2003.

[317] Puga, Diego and A. Venables. 1997. Preferential trading arrangements and industrial location. Journal of International economics, (43): 347 – 368.

[318] Robert – Nicoud, F. 2002. A sample model of agglomeration with vertical linkages and capital mobility. Mimeo, London School of Economics.

[319] Dixit, A. and V. Norman. 1980. Theory of International Trade. London, Cambridge University Press.

[320] Helpman, E. and P. Krugman. 1989. Trade policy and Market Structure. Cambridge, MIT Press.

[321] Matin, P. & C. A. Rogers. 1995. Industrial Location and Public Infrastructure. Journal of International Economics, (39): 335 – 351.

[322] Richard Baldwin, Rikard Forslid, Philippe Martin. Gianmarco Ottavino and Frederic Robert – Nicoud: Economic Geography and Public Policy. Princeton University Press, 2003.

[323] Ottaviano, G. I. P. 2001. Home market effects and the (in) efficiency of international specialization. Mimeo, Graduate Institute of International Studies.

[324] Benjamin Higgins and Dounald J. Savoie. Regional Economic DevelopmerU. Unwin Hyman Ltd., 1988.

[325] A. Kuklinski and R. Petrella. Muton, Grmuth Poles and Regionnl Policies. The Hague – Paris, 1972.

［326］Richard Baidwin, Rikard Forslid, Philippe Martin. Gianmarco Ottavino and Frederic Robert – Nicoud. Economic Geographyand Publi Policy, Princeton University Press, 2003.

［327］Martin, P. and G. Ottaviano. Growing Locations: Industry in a Model of Endogenous Growth. European Economic Review, (43): 1999.

［328］Baldwin, R., P. Martin and G. Ottaviano. Global Income Divergence. Trade and Industrialization: The Geography of Growth Take-off. Journal of Economic Growth, (6): 2001.

［329］Romer, P. Endogenous Technological Change. Journal of Political Economy, 98 (5), 1990.

［330］Oates, W. E.. An essay on fiscal federalism. Journal of Economic Literature, 1999 (37): 1120 – 1149.

［331］Stine, W. F.. Is local government revenue response to federal aid symmetrical? Evidence from Pennsylvania County Governments in an era of retrenchment. National Tax Journal, 1994 (47): 799 – 816.

［332］Tsui, K.. Local tax system, intergovernmental transfers and China's local fiscal disparities. Journal of Comparative Economics, 2005 (33): 173 – 196.

［333］Martin, P. and Rogers, C. A.. Industrial location and public infrastructure. Journal of international economics, 1995 (39): 335 – 351.

［334］Dupont, V. and Martin, P. Subsidies to poor regions and inequalities: some unpleasant arithmetic. Journal of Economic Geography, 2006 (6): 223 – 240.

［335］Zodrow G. R., Mieszkowski. Pigou, Tiebout, Property Taxation, and the Underprovision of Local Public Goods. Journal of Urban Economics, 1986, 19 (3): 356 – 370.

［336］Gordon R. H. An Optimal Taxation Approach to Fiscal Federalism. The Quarterly Journal of Economics, 1983, 98 (4): 567 – 586.

［337］Persson T., Tabellini G. Federal Fiscal Constitutions: Risk Sharing and Moral Hazard. Econometrica, 1996a, 64 (3): 623 – 646.

［338］Persson T., Tabellini G. Federal Fiscal Constitutions: Risk Sharing and Redistribution. Journal of Political Economics, 1996b, 104 (5): 979 – 1009.

［339］Ulltveit – Moe K. H. Regional policy design: An analysis of relocation, efficiency and equity. European Economic Review, 2007, 51 (6): 1443 – 1467.

［340］Sheard N. Regional Policy in a Multiregional Setting: When the Poorestare Hurt bySubsidies. http://www.econ.ucl.ac.uk/jamboree/downloads/ NS%20paper.

pdf, 2008.

[341] Tafenau E. Can Welfare Be Improved By Relocating Firms? The Case of The Constructed Capital Model. http://infutik.mtk.ut.ee/www/kodu/RePEc/mtk/febpdf/febawb64.pdf, 2008.

[342] Anderson, Simon P., André De Palma and Jacques-Francois Thisse. Discrete Choice Theory of Product Differentiation. Published by The MIT Press. 1992.

[343] Baldwin, Richard, Rikard Forslid, Philippe Martin, Gianmarco Ottaviano and Frederic Robert-Nicoud. Economic Geography and Public Policy. Published by Princeton University Press. 2003.

[344] Forslid, Rikard and Gianmarco I. P. Ottaviano. An Analytically Aolvable Core-Periphery Model. Journal of Economic Geography, 2003, 3 (3): 229-240.

[345] Helpman, Elhanan. The Size of Regions. Topics in Public Economics: Theoretical and Applied Analysis. Eds. by D. Pines, E. Sadka and I. Zilcha, 1998, 33-56.

[346] Krugman, Paul. Increasing Returns and Economic Geography. The Journal of Political Economy, 1991, 99 (3): 483-499.

[347] Lewis, W. Arthur. Economic Development with Unlimited Supplies of Labour. The Manchester School, 1954, 22 (2): 139-191.

[348] Ludema, Rodney D. and Ian Wooton. Economic Geography and the Fiscal Effects of Regional Integration. Journal of International Economics, 2000, 52 (2): 331-357.

[349] Miyao, Takahiro and Perry Shapiro. Discrete Choice and Variable Returns to Scale. International Economic Review, 1981, 22 (2): 257-273.

[350] Murata, Yasusada. Product Diversity, Taste Heterogeneity, and Geographic Distribution of Economic Activities: Market Vs. Non-Market Interactions. Journal of Urban Economics, 2003, 53 (1): 126-144.

[351] Pflüger, Michael and Jens Südekum. A Synthesis of Footloose-Entrepreneur New Wconomic Geography Models: When Is Agglomeration Smooth and Easily Reversible? Journal of Economic Geography, 2008, 8 (1): 39-54.

[352] Pfluger, Michael. A Simple, Analytically Aolvable, Chamberlinian Agglomeration Model. Regional Science and Urban Economics, 2004, 34: 565-573.

[353] Russek, Stephan. Differential Labour Mobility and Agglomeration. Papers in Regional Science, 2010, 89 (3): 587-606.

[354] Tabuchi, Takatoshi and Jacques-François Thisse. Taste Heterogeneity,

Labor Mobility and Economic Geography. Journal of Development Economics, 2002, 69 (1): 155 – 177.

[355] Taylor, J. Edward and Philip L. Martin. Human Capital: Migration and Rural Population Change. Handbook of Agricultural Economics, Eds. by L. G. Bruce and C. R. Gordon, 2001, 457 – 511.

[356] Dixit. A. K. and J. E. Stiglitz. Monopolistic competition and optimum product diversity. American economic review, 1977, 67 (3): 297 – 308.

[357] Engela, S., Pagiola, S. and Wunder S. Designing payments for environmental services in theory and practice: An overview of the issues. Ecoligical. Economics, 2008, 65 (4): 663 – 674.

[358] Forslid, R. and Ottaviano, G. I. P. An analytically solvable core-periphery model. Journal of economic geography, 2003, 3 (3): 229 – 240.

[359] Hilson, G. An overview of land use conflicts in mining communities. Land Use Policy, 2002, 19 (1): 65 – 73.

[360] Krugman, P. Increasing returns and economic geography. Journal of political economy, 1991, 99 (3): 483 – 499.

[361] Pagiola, S. Payments for environmental services in Costa Rica. Ecoligical Economics, 2008, 65 (4): 712 – 724.

[362] Pagiola, S. and Platais, G. Payments for Environmental Services: From Theory to Practice. World Bank, Washington, 2007.

[363] Tietenberg, T. Environmental and Natural Resource Economics. 6th edition, Addison – Wesley, Boston, 2006.

[364] Richard Baidwin, RikardForslid, Philippe Martin, Gianmarco Ottavino and Frederic Robert – Nicoud. Economic Geography and Public Policy. Princeton University Press, 2003.

[365] Ottaviano, G. I. P. Monopolistic competition, trade, and endogenous spatial fluctuations. Regional Science & Urban Economics, 2001, 31: 51 – 77.

[366] Forslid, R. Agglomeration with human and physical capital: an analytically solvable case. Discussion Paper No. 2102, Center for Economic Policy Research. 1999.

[367] Forslid, R. and Ottaviano, G. I. P. An analytically solvable core-periphery model. Journal of Economic Geography, 2003, 3: 229 – 240.

教育部哲学社会科学研究重大课题攻关项目成果出版列表

书　名	首席专家
《马克思主义基础理论若干重大问题研究》	陈先达
《马克思主义理论学科体系建构与建设研究》	张雷声
《马克思主义整体性研究》	逄锦聚
《改革开放以来马克思主义在中国的发展》	顾钰民
《新时期　新探索　新征程 ——当代资本主义国家共产党的理论与实践研究》	聂运麟
《坚持马克思主义在意识形态领域指导地位研究》	陈先达
《当代中国人精神生活研究》	童世骏
《弘扬与培育民族精神研究》	杨叔子
《当代科学哲学的发展趋势》	郭贵春
《服务型政府建设规律研究》	朱光磊
《地方政府改革与深化行政管理体制改革研究》	沈荣华
《面向知识表示与推理的自然语言逻辑》	鞠实儿
《当代宗教冲突与对话研究》	张志刚
《马克思主义文艺理论中国化研究》	朱立元
《历史题材文学创作重大问题研究》	童庆炳
《现代中西高校公共艺术教育比较研究》	曾繁仁
《西方文论中国化与中国文论建设》	王一川
《中华民族音乐文化的国际传播与推广》	王耀华
《楚地出土戰國簡册［十四種］》	陳　偉
《近代中国的知识与制度转型》	桑　兵
《中国抗战在世界反法西斯战争中的历史地位》	胡德坤
《近代以来日本对华认识及其行动选择研究》	杨栋梁
《京津冀都市圈的崛起与中国经济发展》	周立群
《金融市场全球化下的中国监管体系研究》	曹凤岐
《中国市场经济发展研究》	刘　伟
《全球经济调整中的中国经济增长与宏观调控体系研究》	黄　达
《中国特大都市圈与世界制造业中心研究》	李廉水
《中国产业竞争力研究》	赵彦云

书　名	首席专家
《东北老工业基地资源型城市发展可持续产业问题研究》	宋冬林
《转型时期消费需求升级与产业发展研究》	臧旭恒
《中国金融国际化中的风险防范与金融安全研究》	刘锡良
《全球新型金融危机与中国的外汇储备战略》	陈雨露
《全球金融危机与新常态下的中国产业发展》	段文斌
《中国民营经济制度创新与发展》	李维安
《中国现代服务经济理论与发展战略研究》	陈　宪
《中国转型期的社会风险及公共危机管理研究》	丁烈云
《人文社会科学研究成果评价体系研究》	刘大椿
《中国工业化、城镇化进程中的农村土地问题研究》	曲福田
《中国农村社区建设研究》	项继权
《东北老工业基地改造与振兴研究》	程　伟
《全面建设小康社会进程中的我国就业发展战略研究》	曾湘泉
《自主创新战略与国际竞争力研究》	吴贵生
《转轨经济中的反行政性垄断与促进竞争政策研究》	于良春
《面向公共服务的电子政务管理体系研究》	孙宝文
《产权理论比较与中国产权制度变革》	黄少安
《中国企业集团成长与重组研究》	蓝海林
《我国资源、环境、人口与经济承载能力研究》	邱　东
《"病有所医"——目标、路径与战略选择》	高建民
《税收对国民收入分配调控作用研究》	郭庆旺
《多党合作与中国共产党执政能力建设研究》	周淑真
《规范收入分配秩序研究》	杨灿明
《中国社会转型中的政府治理模式研究》	娄成武
《中国加入区域经济一体化研究》	黄卫平
《金融体制改革和货币问题研究》	王广谦
《人民币均衡汇率问题研究》	姜波克
《我国土地制度与社会经济协调发展研究》	黄祖辉
《南水北调工程与中部地区经济社会可持续发展研究》	杨云彦
《产业集聚与区域经济协调发展研究》	王　珺
《我国货币政策体系与传导机制研究》	刘　伟
《我国民法典体系问题研究》	王利明
《中国司法制度的基础理论问题研究》	陈光中
《多元化纠纷解决机制与和谐社会的构建》	范　愉
《中国和平发展的重大前沿国际法律问题研究》	曾令良
《中国法制现代化的理论与实践》	徐显明

书　名	首席专家
《农村土地问题立法研究》	陈小君
《知识产权制度变革与发展研究》	吴汉东
《中国能源安全若干法律与政策问题研究》	黄　进
《城乡统筹视角下我国城乡双向商贸流通体系研究》	任保平
《产权强度、土地流转与农民权益保护》	罗必良
《矿产资源有偿使用制度与生态补偿机制》	李国平
《巨灾风险管理制度创新研究》	卓　志
《国有资产法律保护机制研究》	李曙光
《中国与全球油气资源重点区域合作研究》	王　震
《可持续发展的中国新型农村社会养老保险制度研究》	邓大松
《农民工权益保护理论与实践研究》	刘林平
《大学生就业创业教育研究》	杨晓慧
《新能源与可再生能源法律与政策研究》	李艳芳
《中国海外投资的风险防范与管控体系研究》	陈菲琼
《生活质量的指标构建与现状评价》	周长城
《中国公民人文素质研究》	石亚军
《城市化进程中的重大社会问题及其对策研究》	李　强
《中国农村与农民问题前沿研究》	徐　勇
《西部开发中的人口流动与族际交往研究》	马　戎
《现代农业发展战略研究》	周应恒
《综合交通运输体系研究——认知与建构》	荣朝和
《中国独生子女问题研究》	风笑天
《我国粮食安全保障体系研究》	胡小平
《城市新移民问题及其对策研究》	周大鸣
《新农村建设与城镇化推进中农村教育布局调整研究》	史宁中
《农村公共产品供给与农村和谐社会建设》	王国华
《中国大城市户籍制度改革研究》	彭希哲
《国家惠农政策的成效评价与完善研究》	邓大才
《以民主促进和谐——和谐社会构建中的基层民主政治建设研究》	徐　勇
《城市文化与国家治理——当代中国城市建设理论内涵与发展模式建构》	皇甫晓涛
《中国边疆治理研究》	周　平
《边疆多民族地区构建社会主义和谐社会研究》	张先亮
《新疆民族文化、民族心理与社会长治久安》	高静文
《中国大众媒介的传播效果与公信力研究》	喻国明
《媒介素养：理念、认知、参与》	陆　晔
《创新型国家的知识信息服务体系研究》	胡昌平

书　名	首席专家
《数字信息资源规划、管理与利用研究》	马费成
《新闻传媒发展与建构和谐社会关系研究》	罗以澄
《数字传播技术与媒体产业发展研究》	黄升民
《互联网等新媒体对社会舆论影响与利用研究》	谢新洲
《网络舆论监测与安全研究》	黄永林
《中国文化产业发展战略论》	胡惠林
《20世纪中国古代文化经典在域外的传播与影响研究》	张西平
《教育投入、资源配置与人力资本收益》	闵维方
《创新人才与教育创新研究》	林崇德
《中国农村教育发展指标体系研究》	袁桂林
《高校思想政治理论课程建设研究》	顾海良
《网络思想政治教育研究》	张再兴
《高校招生考试制度改革研究》	刘海峰
《基础教育改革与中国教育学理论重建研究》	叶　澜
《我国研究生教育结构调整问题研究》	袁本涛　王传毅
《公共财政框架下公共教育财政制度研究》	王善迈
《农民工子女问题研究》	袁振国
《当代大学生诚信制度建设及加强大学生思想政治工作研究》	黄蓉生
《从失衡走向平衡：素质教育课程评价体系研究》	钟启泉　崔允漷
《构建城乡一体化的教育体制机制研究》	李　玲
《高校思想政治理论课教育教学质量监测体系研究》	张耀灿
《处境不利儿童的心理发展现状与教育对策研究》	申继亮
《学习过程与机制研究》	莫　雷
《青少年心理健康素质调查研究》	沈德立
《灾后中小学生心理疏导研究》	林崇德
《民族地区教育优先发展研究》	张诗亚
《WTO主要成员贸易政策体系与对策研究》	张汉林
《中国和平发展的国际环境分析》	叶自成
《冷战时期美国重大外交政策案例研究》	沈志华
《新时期中非合作关系研究》	刘鸿武
《我国的地缘政治及其战略研究》	倪世雄
《中国海洋发展战略研究》	徐祥民
*《中国政治文明与宪法建设》	谢庆奎
*《非传统安全合作与中俄关系》	冯绍雷
*《中国的中亚区域经济与能源合作战略研究》	安尼瓦尔·阿木提
……	

＊为即将出版图书